ŒUVRES
COMPLÈTES
DE BOSSUET

PUBLIÉES

D'APRÈS LES IMPRIMÉS ET LES MANUSCRITS ORIGINAUX

PURGÉES DES INTERPOLATIONS ET RENDUES A LEUR INTÉGRITÉ

PAR F. LACHAT

ÉDITION

RENFERMANT TOUS LES OUVRAGES ÉDITÉS ET PLUSIEURS INÉDITS

VOLUME VII

PARIS

LIBRAIRIE DE LOUIS VIVÈS, ÉDITEUR

RUE DELAMBRE, 5

1862

# ŒUVRES COMPLÈTES
DE BOSSUET.

Besançon, imprimerie d'Outhenin-Chalandre fils.

ŒUVRES
COMPLÈTES
DE BOSSUET

PUBLIÉES

D'APRÈS LES IMPRIMÉS ET LES MANUSCRITS ORIGINAUX

PURGÉES DES INTERPOLATIONS ET RENDUES A LEUR INTÉGRITÉ

PAR F. LACHAT

ÉDITION

RENFERMANT TOUS LES OUVRAGES ÉDITÉS ET PLUSIEURS INÉDITS

VOLUME VII

PARIS
LIBRAIRIE DE LOUIS VIVÈS, ÉDITEUR
RUE DELAMBRE, 5
1862

près de quitter la plume, adresse-t-il à tous les fidèles « ce petit et humble écrit ; » il l'adresse à tout lecteur de bonne volonté, « grand ou petit, pauvre ou riche, prêtre ou laïque, religieux et religieuse ou vivant dans la vie commune. »

Quand cet ouvrage a-t-il été composé? La première feuille du manuscrit porte, écrits par l'abbé Ledieu, les mots que voici : « Discours sur l'Epitre du Samedi saint : *Vous êtes morts, et votre vie est cachée en Dieu avec Jésus-Christ*, composé par l'évêque de Meaux au temps de Pâques 1692. » Ces deux lignes ne laissent aucun doute sur la date de notre chef-d'œuvre ; elles la fixent clairement au temps de Pâques 1692.

C'est l'évêque de Troyes qui publia le premier, en 1731, le *Discours sur la vie cachée en Dieu*. Dans l'instruction qui l'annonçoit aux fidèles de son diocèse, il en place l'origine à l'époque des *Méditations* ; erreur contraire aux indications les plus positives, et qui se retrouve dans plusieurs éditions. D'un autre côté, des faits certains l'indiquent et la remarque de l'abbé Ledieu pourroit seule nous en convaincre, Bossuet vouloit intituler *son petit et humble écrit* : « Discours sur ces paroles de saint Paul : *Vous êtes morts, et votre vie est cachée en Dieu avec Jésus-Christ.* » Ces mots indiquent clairement, simplement, tout le sujet du livre, la mort du chrétien, sa vie cachée en Dieu et l'exemple de Jésus-Christ. L'évêque de Troyes, ou plutôt son conseil, a remplacé ce titre par une formule sonore à la vérité, mais qui énonce à peine, et fort mal, une seule partie du sujet ; il a dit, comme on ne le sait que trop : *Discours sur la vie cachée en Dieu*. Aujourd'hui, que faire? Le titre apocryphe, si souvent imprimé, répété tant de fois, se trouve gravé dans toutes les mémoires : on ne pourroit le changer, sans bouleverser les idées reçues.

II.

Traité de la concupiscence. Voici encore une indication précieuse, tracée par l'abbé Ledieu sur la première feuille du manuscrit : « Considérations sur ces paroles de saint Jean : *N'aimez pas le monde,... parce que tout ce qui est dans le monde est concupiscence de la chair, et concupiscence des yeux, et orgueil de la vie*[1]. »

On vient de lire, dans la simple dénomination des trois concupiscences, pour ainsi dire le sommaire de notre opuscule. Premièrement la concupiscence de la chair, qu'est-ce? Bossuet la définit ici comme dans le *Catéchisme du diocèse de Meaux* : c'est « l'amour du plaisir des sens, » c'est ce funeste penchant qui rabaisse l'homme vers les choses sensibles, c'est ce ferment de corruption qui soulève les passions déréglées, c'est ce germe empoisonné qui porte autant de fruits mauvais

---

[1] I *Joan.*, II, 15, 16.

qu'il produit de délectations coupables. Deuxièmement la concupiscence des yeux, se nourrissant d'illusions et de mensonges, va chercher les objets de sa pâture aussi loin que s'étend la vue du corps et de l'esprit : d'abord ce qui flatte et éblouit les regards : le brillant de la parure et des ornemens, la magnificence des richesses et du luxe, la fausse splendeur des spectacles et des cours, et toutes les pompes de Satan; ensuite ce que recherche et convoite la vaine curiosité : les nouvelles qui reposent l'esprit accablé sous le poids du désœuvrement, le ressort des affaires et des intrigues qu'on veut saisir, les secrets de l'avenir et du monde invisible qu'on brûle de pénétrer, les mystères de la nature et de Dieu même qu'on s'efforce d'approfondir. Troisièmement l'orgueil, principe de haine et de division, brise la charité, ce lien si doux qui rattache les êtres intelligens et libres; il sépare le cœur du bien général et du bien divin : aussitôt l'homme tombe de l'ordre social et des régions surnaturelles sur lui-même; et comme il ne trouve aucun appui dans ce néant, il roule d'abîme en abîme jusqu'au fond du précipice. Par une réaction aussi nécessaire qu'impuissante, du fond de sa misère extrême, il s'élève au-dessus de ses semblables et jusqu'au niveau du souverain Etre; il s'attribue la prééminence sur ses frères et le bien qui n'appartient qu'à Dieu. Ainsi l'orgueil, la curiosité et la convoitise, en un mot la triple concupiscence, voilà le sujet de l'ouvrage dont nous parlons en ce moment. D'après une note du manuscrit, Bossuet le composa en 1694, à la prière d'une religieuse de Meaux.

C'est encore l'évêque de Troyes qui le mit au jour en 1731 : « Il crut que cet ouvrage, disent ses apologistes des Blancs-Manteaux, ne pouvoit suivre de trop près les *Elévations* et les *Méditations*[1]. » A la bonne heure; mais pourquoi laissa-t-il les *Méditations* et les *Elévations* plus d'un quart de siècle ensevelies dans les cartons qu'il avoit hérités de l'auteur? Au titre primitif donné plus haut par l'abbé Ledieu, il ajouta : *Traité de la concupiscence*. Addition qui n'ajoute rien à l'idée de l'ouvrage, mais qui la mutile; indication qui n'indique rien, si ce n'est une fausse conception; car le mot *concupiscence*, pris absolument, ne comprend ni la curiosité ni l'orgueil; et puis Bossuet n'a pas voulu traiter *ex professo* de la concupiscence, mais expliquer ces paroles de saint Jean : « N'aimez pas le monde, etc. » Qu'il me suffise, toutefois, d'avoir prévenu le lecteur que le titre : *Traité de la concupiscence*, n'est pas de Bossuet, mais des savans critiques qui ont corrigé ses ouvrages.

III.

Restent plusieurs opuscules. Dans le *Catéchisme du diocèse de Meaux,*

---

[1] *Œuvres de Bossuet,* édit. de Boudet, 1772; vol. III, p. XVIII.

après avoir rapporté l'exemple de Jésus qui fut trouvé dans le temple écoutant et interrogeant les docteurs, Bossuet dit que les fidèles et les enfans doivent non-seulement écouter, mais interroger les pasteurs chargés de les instruire dans la doctrine du salut. Jamais conseil ne fut mieux entendu, jamais désir mieux obéi : tout le monde consultoit Bossuet, les évêques et les prêtres, les religieuses et les veuves, aussi bien que les savans et les capitaines, les princes et les rois.

C'est pour répondre à tant de demandes, c'est pour résoudre tant de questions que Bossuet a composé les *Opuscules*. Ce charitable économe de l'Evangile se fait tout à tous, pour distribuer à tous une nourriture convenable; il donne à l'un des lumières, à l'autre des encouragemens, à un autre des consolations; il enseigne tantôt la science de la prière et de la méditation, tantôt les secrets de la vie intérieure et de l'union avec Jésus-Christ, tantôt la manière d'entendre la messe et de recevoir la communion, tantôt l'art de bien vivre et de bien mourir.

L'art de bien mourir! L'opuscule qui traite ce sujet, la *Préparation à la mort*, mérite une attention particulière. On y trouvera tout ensemble et l'onction de la tendre piété, et les consolations de la ferme espérance, et les transports de la charité qui s'élance vers la céleste patrie. C'est surtout de cet ouvrage qu'il faut dire ce que La Harpe disoit des *Méditations* : On ne connoît pas Bossuet, quand on n'a pas lu la *Préparation à la mort*. Aucun Père ne surpasse Bossuet, ni saint Anselme dans la profondeur de la pensée, ni saint Chrysostome dans l'éloquence du cœur, ni saint Augustin dans les élans de l'amour divin; mais Bossuet ne surpasse-t-il pas quelquefois les Pères par la beauté du langage et la sublimité de l'expression? Loin de moi la pensée d'établir ici des degrés de comparaison! Tous les Pères, et je comprends Bossuet sous ce terme, ont une seule foi, une seule doctrine, une seule parole.

Il y a longtemps que les manuscrits des *Opuscules* se dérobent à toutes les recherches; l'évêque de Troyes les a sans doute perdus, quand il s'en alloit distribuant partout les chefs-d'œuvre que sa foi devoit garder par les engagemens les plus sacrés.

On s'est servi, pour le collationnement, des premières éditions. Les anciennes copies méritent peu de confiance; elles renferment des inexactitudes de toute sorte, des altérations de tout genre.

ÉLÉVATIONS

A DIEU

SUR TOUS LES MYSTÈRES

DE LA RELIGION CHRÉTIENNE.

PRIÈRE A JÉSUS-CHRIST.

Jésus, mon Sauveur, vrai Dieu et vrai homme, et le vrai Christ, promis aux patriarches et aux prophètes dès l'origine du monde, et fidèlement donné dans le temps au saint peuple que vous avez choisi, vous avez dit de votre sainte et divine bouche : « C'est ici la vie éternelle de vous connoître, vous qui êtes le seul vrai Dieu, et Jésus-Christ que vous avez envoyé [1]. » En la foi de cette parole, je veux avec votre grace me rendre attentif à connoître Dieu et à vous connoître.

Vous êtes Dieu vous-même, et un seul Dieu avec votre Père, selon ce qu'a dit votre disciple bien-aimé en parlant de vous : « Celui-ci est le vrai Dieu et la vie éternelle [2] ; » et saint Paul : que « vous êtes né des patriarches, Dieu béni au-dessus de tout [3]. » Et quand vous dites que « la vie éternelle est de connoître Dieu et Jésus-Christ [4], » ce n'est pas pour vous distinguer d'avec Dieu : loin de nous un tel blasphème ! mais pour nous rendre attentifs à votre divinité unie à nous par le mystère de l'incarnation, qui vous rend le vrai Emmanuel, « Dieu avec nous [5] : » et par vous nous fait entrer en société avec Dieu, selon ce que dit saint Pierre, que « nous sommes participans de la nature divine [6]. »

---

[1] *Joan.*, XVII, 3. — [2] I *Joan.*, V, 20. — [3] *Rom.*, IX, 5. — [4] *Joan.*, XVII, 3. — [5] *Matth.*, I, 23. — [6] II *Petr.*, I, 4.

Je m'approche donc de vous autant que je puis, avec une vive foi, pour connoître Dieu en vous et par vous, et le connoître d'une manière digne de Dieu, c'est-à-dire d'une manière qui me porte à l'aimer et à lui obéir : selon ce que dit encore votre disciple bien-aimé : « Celui qui dit qu'il connoît Dieu, et ne garde pas ses commandemens, c'est un menteur[1]; » et vous-même : « Celui qui fait mes commandemens, c'est celui qui m'aime[2]. »

C'est donc uniquement pour vous aimer, que je veux vous connoître; et c'est pour m'attacher à faire votre volonté, que je veux vous connoître et vous aimer, persuadé qu'on ne peut vous bien connoître sans s'unir à vous par un chaste et pur amour.

Pour vous bien connoître, ô mon Dieu et cher Sauveur! je veux toujours, avec votre grace, vous considérer dans tous vos états et tous vos mystères, et connoître avec vous en même temps votre Père qui vous a donné à nous, et le Saint-Esprit que vous nous avez donné tous deux. Et toute ma connoissance ne consistera qu'à me réveiller et à me rendre attentif aux simples et pures idées que je trouverai en moi-même dans les lumières de la foi, ou peut-être dans celles de la raison, aidée et dirigée par la foi même : car c'est ainsi que j'espère parvenir à vous aimer, puisque le propre de la foi, selon ce que dit saint Paul, c'est d'être « opérante et agissante par amour[3]. » *Amen.*

[1] I *Joan.,* II, 4. — [2] *Joan.,* XIV, 21. — [3] *Galat.,* V, 6.

PREMIÈRE SEMAINE.

ÉLÉVATIONS A DIEU SUR SON UNITÉ ET SA PERFECTION.

PREMIÈRE ÉLÉVATION.

L'être de Dieu.

De toute éternité Dieu est : Dieu est parfait : Dieu est heureux : Dieu est un. L'impie demande : Pourquoi Dieu est-il ? Je lui réponds : Pourquoi Dieu ne seroit-il pas ? Est-ce à cause qu'il est parfait : et la perfection est-elle un obstacle à l'être ? Erreur insensée ! au contraire la perfection est la raison d'être. Pourquoi l'imparfait seroit-il, et le parfait ne seroit-il pas ? C'est-à-dire : pourquoi ce qui tient plus du néant seroit-il, et que ce qui n'en tient rien du tout ne seroit pas ? Qu'appelle-t-on parfait ? Un être à qui rien ne manque. Qu'appelle-t-on imparfait ? Un être à qui quelque chose manque. Pourquoi l'être à qui rien ne manque ne seroit-il pas, plutôt que l'être à qui quelque chose manque ? D'où vient que quelque chose est, et qu'il ne se peut pas faire que le rien soit, si ce n'est parce que l'être vaut mieux que le rien, et que le rien ne peut pas prévaloir sur l'être, ni empêcher l'être d'être ? Mais par la même raison, l'imparfait ne peut valoir mieux que le parfait, ni être plutôt que lui, ni l'empêcher d'être. Qui peut donc empêcher que Dieu ne soit : et pourquoi « le néant de Dieu que l'impie veut imaginer dans son cœur insensé [1], » pourquoi, dis-je, ce néant de Dieu l'emporteroit-il sur l'être de Dieu : et vaut-il mieux que Dieu ne soit pas que d'être ?

O Dieu, on se perd dans un si grand aveuglement : l'impie se

[1] *Psal.* XIII, 1.

perd dans le néant de Dieu qu'il veut préférer à l'être de Dieu. Et lui-même cet impie ne songe pas à se demander à lui-même pourquoi il est. Mon ame, ame raisonnable, mais dont la raison est si foible, pourquoi veux-tu être et que Dieu ne soit pas? Hélas! vaux-tu mieux que Dieu? Ame foible, ame ignorante, dévoyée, pleine d'erreur et d'incertitude dans ton intelligence, pleine dans ta volonté de foiblesse, d'égarement, de corruption, de mauvais désirs, faut-il que tu sois : et que la certitude, la compréhension, la pleine connoissance de la vérité, et l'amour immuable de la justice et de la droiture ne soit pas?

IIᵉ ÉLÉVATION.

La perfection et l'éternité de Dieu.

On dit : Le parfait n'est pas : le parfait n'est qu'une idée de notre esprit qui va s'élevant de l'imparfait qu'on voit de ses yeux jusqu'à une perfection qui n'a de réalité que dans la pensée. C'est le raisonnement que l'impie voudroit faire dans son cœur insensé, qui ne songe pas que le parfait est le premier et en soi et dans nos idées, et que l'imparfait en toutes façons n'en est qu'une dégradation. Dis-moi, mon ame, comment entends-tu le néant, sinon par l'être; comment la privation, si ce n'est par la forme dont elle prive; comment l'imperfection, si ce n'est par la perfection dont elle déchoit? Mon ame, n'entends-tu pas que tu as une raison, mais imparfaite, puisqu'elle ignore, qu'elle doute, qu'elle erre et qu'elle se trompe? Mais comment entends-tu l'erreur, si ce n'est comme privation de la vérité : et comment le doute ou l'obscurité, si ce n'est comme privation de l'intelligence et de la lumière : ou comment enfin l'ignorance, si ce n'est comme privation du savoir parfait : comment dans la volonté le déréglement et le vice, si ce n'est comme privation de la règle, de la droiture et de la vertu? Il y a donc primitivement une intelligence, une science certaine, une vérité, une fermeté, une inflexibilité dans le bien, une règle, un ordre, avant qu'il y ait une déchéance de toutes ces choses : en un mot il y a une perfection avant qu'il y ait un défaut ; avant tout déréglement, il faut qu'il y ait une chose qui est elle-même sa règle, et qui ne pouvant se quitter soi-même, ne peut non plus ni faillir, ni défaillir. Voilà donc un être parfait : voilà Dieu, nature parfaite et heureuse. Le reste est incompréhensible, et nous ne pouvons même pas comprendre jusqu'où il est parfait et heureux : pas même jusqu'à quel point il est incompréhensible.

D'où vient donc que l'impie ne connoît point Dieu ; et que tant de nations, ou plutôt que toute la terre ne l'a pas connu, puisqu'on en porte l'idée en soi-même avec celle de la perfection ? D'où vient cela, si ce n'est par un défaut d'attention, et parce que l'homme livré aux sens et à l'imagination, ne veut pas ou ne peut pas se recueillir en soi-même, ni s'attacher aux idées pures dont son esprit embarrassé d'images grossières ne peut porter la vérité simple ?

L'homme ignorant croit qu'il connoît le changement avant l'immutabilité, parce qu'il exprime le changement par un terme positif, et l'immutabilité par la négation du changement même : et il ne veut pas songer qu'être immuable c'est être, et que changer c'est n'être pas : or l'être est, et il est connu devant la privation qui est le non-être : avant donc qu'il y ait des choses qui ne sont pas toujours les mêmes, il y en a une qui toujours la même ne souffre point de déclin : et celle-là non seulement est, mais encore elle est toujours connue, quoique non toujours démêlée ni distinguée, faute d'attention. Mais quand recueillis en nous-mêmes, nous nous rendrons attentifs aux immortelles idées dont nous portons en nous-mêmes la vérité, nous trouverons que la perfection est ce que l'on connoît le premier, puisque, comme nous avons vu, on ne connoît le défaut que comme une déchéance de la perfection.

IIIᵉ ÉLÉVATION.

Encore de l'être de Dieu et de son éternelle béatitude.

« Je suis celui qui suis : Celui qui est m'envoie à vous[1] : » c'est ainsi que Dieu se définit lui-même ; c'est-à-dire que Dieu est celui en qui le non-être n'a point de lieu : qui par conséquent est toujours, et toujours le même : par conséquent immuable, par conséquent éternel : tous termes qui ne sont qu'une explication de celui-ci : « Je suis celui qui est. » Et c'est Dieu qui donne lui-même cette explication par la bouche de Malachie, lorsqu'il dit chez ce prophète : « Je suis le Seigneur, et je ne change pas[2]. »

Dieu est donc une intelligence qui ne peut ni rien ignorer, ni douter de rien, ni rien apprendre ; ni perdre, ni acquérir aucune perfection : car tout cela tient du non-être. Or Dieu est celui qui est, celui qui est par essence. Comment donc peut-on penser que celui qui est ne soit pas, ou que l'idée qui comprend tout l'être ne soit pas réelle ; ou que pendant qu'on voit que l'imparfait est, on puisse dire, on puisse penser, en entendant ce qu'on pense, que le parfait ne soit pas ?

Ce qui est parfait est heureux : car il connoît sa perfection, puisque connoître sa perfection est une partie trop essentielle de la perfection pour manquer à l'être parfait. O Dieu, vous êtes bienheureux ! ô Dieu, je me réjouis de votre éternelle félicité ! Toute l'Ecriture nous prêche que « l'homme qui espère en vous est heureux[3]. A plus forte raison êtes-vous heureux vous-même, ô Dieu en qui on espère ! Aussi saint Paul vous appelle-t-il expressément *bienheureux* : « Je vous annonce ces choses selon le glorieux Evangile de Dieu bienheureux[4]. » Et encore : « C'est ce que nous montrera en son temps celui qui est bienheureux et le seul puissant, Roi des rois et Seigneur des seigneurs qui seul possède l'immortalité et habite une lumière inaccessible, à qui appartient

---

[1] *Exod.*, III, 14. — [2] *Malach.*, III, 6. — [3] *Psal.* XXXIII, 9 ; *Psal.* LXXXIII, 13. — [4] *Timoth.*, I, 11.

la gloire et un empire éternel. *Amen* [1]. » O Dieu bienheureux, je vous adore dans votre bonheur. Soyez loué à jamais, de me faire connoître et savoir que vous êtes éternellement et immuablement bienheureux. Il n'y a d'heureux que vous seul, et ceux qui connoissant votre éternelle félicité, y mettent la leur. *Amen, amen.*

IVᵉ ÉLÉVATION.

L'unité de Dieu.

« Ecoute, Israël : le Seigneur ton Dieu est un seul Dieu [2] : » car il est celui qui est : celui qui est indivisible. Tout ce qui n'est pas le parfait dégénère de la perfection. Ainsi le Seigneur ton Dieu étant le parfait, est seul, « et il n'y a point un autre Dieu que lui [3]. » Tout ce qui n'est pas celui qui est par essence et par sa nature, n'est pas et ne sera pas éternellement, si celui qui est seul ne lui donne l'être.

S'il y avoit plus d'un seul Dieu, il y en auroit une infinité : s'il y en avoit une infinité, il n'y en auroit point : car chacun n'étant que ce qu'il est, seroit fini, et il n'y en auroit point à qui l'infini ne manquât : ou il en faudroit entendre un qui contînt tout, et qui dès là seroit seul. « Ecoute, Israël : » écoute dans ton fond : n'écoute pas à l'endroit où se forgent les fantômes : écoute à l'endroit où la vérité se fait entendre, où se recueillent les pures et simples idées. Ecoute là, Israël : et là dans ce secret de ton cœur, où la vérité se fait entendre, là retentira sans bruit cette parole : « Le Seigneur ton Dieu est un seul Dieu [4] : devant lui les cieux ne sont pas : tout est devant lui comme n'étant point, tout est réputé comme un néant [5], » comme un vide, comme une pure inanité : parce qu'il est celui qui est, qui voit tout, qui sait tout, qui fait tout, qui ordonne tout et « qui appelle ce qui n'est pas comme ce qui est [6]. »

---

[1] I *Timoth.*, VI, 15, 16. — [2] *Deuter.*, VI, 4. — [3] *Ibid.*, III, 24; IV, 35, 39. — [4] *Ibid.*, VI, 4. — [5] *Isa.*, XL, 17, 22, 23; *Psal.* XXXVIII, 6. — [6] *Rom.*, IV, 17.

Vᵉ ÉLÉVATION.

La prescience est la providence de Dieu.

« Qui est celui qui appelle toute la suite des générations dès le commencement? C'est moi le Seigneur : qui suis le premier et le dernier [1] : » qui dans le centre de mon éternité vois tout commencer et tout finir.

Babylone, assemble tes devins : que dis-je tes devins? assemble tes dieux : « Qu'ils viennent : qu'ils nous annoncent les choses futures : qu'ils nous annoncent du moins tous les temps passés » et qu'ils fassent la liaison des uns avec les autres : « nous serons attentifs à vos paroles. Dites-nous ce qui arrivera : que nous sachions les choses futures : annoncez-les-nous, et nous avouerons que vous êtes des dieux : faites-nous du bien et du mal, si vous pouvez [2] : » car si vous pouvez le faire à votre gré, vous pouvez le prévoir et le deviner. « Mais vous n'êtes rien, » tant que vous êtes de faux dieux. « Votre ouvrage n'est rien non plus : il est au rang de ce qui n'est pas : celui qui vous choisit pour son Dieu est abominable [3]. » C'est ainsi que le prophète Isaïe, et avec lui tous les saints convainquent de néant les dieux des païens.

« Mais moi, » dit le Seigneur par la bouche de ce saint prophète, comme je fais tout, je prédis ce que je veux. « Qui sera celui qui le fera venir de l'orient : qui l'appellera de loin, afin qu'il le suive? qui dissipera devant son épée les nations comme de la poussière, et les armées devant son arc, comme de la paille que le vent emporte [4]? Je le ferai venir de l'aquilon et de l'orient [5], » celui que je sais et que je vois de toute éternité. C'est *Cyrus* que j'ai nommé pour être le libérateur de mon peuple. « Il connoîtra mon nom : tous les princes seront devant lui comme des gens qui amassent de la boue. Qui est-ce qui l'a annoncé dès le commencement [6]?

---

[1] *Isa.*, XLI, 4. — [2] *Ibid.*, 22, 23. — [3] *Ibid.*, 24. — [4] *Ibid.*, 2. — [5] *Ibid.*, 25. — [6] *Ibid.*, 25, 26.

C'est moi le Seigneur : c'est là mon nom : je ne donnerai pas ma gloire à un autre, ni ma louange aux idoles : ce que j'ai annoncé au commencement et qui a paru le premier dans mes oracles, voilà qu'il arrive : je découvrirai encore de nouvelles choses : devant qu'elles paroissent, je vous les ferai entendre [1]. Israël, tu es un peuple dissipé : qui t'a donné en proie à tes ennemis, si ce n'est le Seigneur lui-même, parce que nous avons péché? et il a répandu sur nous le souffle de sa colère [2]. »

« Et maintenant, dit le Seigneur [3], je te crée de nouveau, Jacob; et je te forme, Israël. Je suis. Il n'y a point de Dieu devant moi, et il n'y en aura point après. Je suis, je suis le Seigneur, et il n'y a que moi qui sauve. Dès le commencement je suis : je suis le Seigneur votre saint, le roi et le créateur d'Israël : ne songez plus aux choses passées : j'en vais faire de nouvelles : j'ai formé ce peuple pour moi, et je veux qu'il raconte mes louanges. Je suis le premier et le dernier » encore un coup, « et il n'y a de Dieu que moi seul. Je suis le Seigneur qui fais tout : qui rends inutiles tous les présages des devins : je leur renverse l'esprit, et je change leur sagesse en folie. » Mais au contraire j'exécuterai après plusieurs siècles, « et je ferai revivre la parole du prophète mon serviteur » que j'ai inspiré : « et j'accomplirai les prédictions de mes messagers. Je dis à Jérusalem ruinée et changée en solitude : Tu seras pleine d'habitans. Je dis aux villes de Juda : Vous serez rebâties, » je relèverai vos ruines, « et je remplirai vos rues solitaires et abandonnées. J'ai dit à Cyrus : Vous êtes le prince que j'ai choisi : vous accomplirez ma volonté. J'ai dit à Jérusalem : Vous serez bâtie; et au temple réduit en cendres : Vous serez fondé de nouveau [4]. » J'ai nommé Cyrus pour accomplir cet ouvrage.

« Voici ce qu'a dit le Seigneur à Cyrus mon oint, que j'ai pris par la main pour lui assujettir les nations et mettre en fuite les rois devant lui : Je te livrerai les trésors cachés : ce qu'on aura recélé dans les lieux les plus cachés, te sera ouvert, afin que tu saches que je suis le Seigneur, le Dieu d'Israël, qui te nomme par

---

[1] *Isa.*, XLII, 8, 9. — [2] *Ibid.*, 22, 24, 25. — [3] *Ibid.*, XLIII, 1, 3, 10, 11, 13, 15, 18, 19, 21. — [4] *Ibid.*, XLIV, 6, 24, 25, 26, 28.

ton nom. » Je ne l'ai pas fait pour l'amour de toi ; mais « pour l'amour de Jacob mon serviteur, et d'Israël que j'ai choisi. C'est pour lui que je t'ai nommé par ton nom : je t'ai représenté : je t'ai figuré tel que tu es : tu ne me connoissois pas : et moi je te revêtois de puissance, afin que du levant jusqu'au couchant on sache qu'il n'y a de Dieu que moi ; et que moi, et non pas un autre. Je suis le Seigneur : c'est moi qui crée la lumière et qui répands les ténèbres : » je pardonne et je punis : « je distribue » le bien et « le mal, la paix » et la guerre, selon le mérite d'un chacun : « je suis le Seigneur qui fais toutes ces choses [1]. » Ainsi parloit Isaïe. Et deux cent cinquante ans après, Cyrus, vainqueur selon cet oracle, vit la prophétie, et publia cet édit : « Voici ce que dit Cyrus, roi de Perse : Le Dieu du ciel, le Seigneur m'a livré tous les royaumes de la terre, et m'a commandé de rebâtir sa maison dans Jérusalem [2]. »

Cent autres pareils exemples justifient la prescience et la providence de Dieu : mais celui-ci comprend tout et ne laisse rien à désirer.

VIe ÉLÉVATION.

La toute-puissante protection de Dieu.

« Montez à la cime d'une montagne élevée, vous qui évangélisez, vous qui annoncez à Sion la bonne nouvelle de son salut : élevez une voix puissante, vous qui annoncez à Jérusalem son bonheur : élevez votre voix, ne craignez pas. Dites aux villes de Juda : Voici votre Dieu qui vient à votre secours : c'est votre Dieu qui vient avec force et avec un bras dominant : il vient, et avec lui vient sa récompense, et son ouvrage ne manquera pas. Comme un pasteur paît son troupeau ; comme il ramasse avec son bras pastoral ses tendres agneaux, et qu'il porte lui-même les petits qui ne peuvent pas se soutenir : ainsi fera le Seigneur [3]. »

« Qui est celui qui a mesuré l'immensité des eaux par sa main,

---

[1] *Isa.*, XLV, 1, 3, 4, 5, 6, 7. — [2] II *Paralip.*, XXXVI, 22, 23 ; I *Esdr.*, I, 1, 2 ; VI, 2, 3. — [3] *Isa.*, XL, 9, 10, 11.

et qui a pesé les cieux avec son poignet, et avec trois doigts toute la masse de la terre? Qui est celui qui a mis les montagnes et les collines dans une balance¹, » et a pu faire que toute la terre se servant à elle-même de contre-poids, demeurât dans l'équilibre au milieu des airs? « Qui a aidé l'esprit du Seigneur, ou qui lui a servi de conseiller et lui a montré dans ces grands ouvrages ce qu'il falloit faire²? » S'il faut lui offrir des sacrifices selon sa grandeur, « le Liban n'aura pas assez de bois, ni la terre assez d'animaux pour son holocauste³. » C'est-à-dire que le cœur de l'homme, quoique plus grand que tout l'univers et que toute la nature corporelle, n'aura pas assez d'amour ni assez de désirs à lui immoler. Le cœur de l'homme se perd, quand il veut adorer Dieu.

« Savez-vous bien le commencement de toutes choses? Avez-vous compris les fondemens de la terre, ni comme Dieu se repose sur son vaste tour⁴, » et en fait comme son siége ou comme l'escabeau de ses pieds? « Levez les yeux, et voyez qui a créé tous ces luminaires, qui les fait marcher comme en ordre de bataille, et les nomme chacun par son nom, sans en omettre un seul dans sa puissance. Jacob, » qui vous défiant de cette puissance, « dites en vous-même : Mes voies sont cachées au Seigneur, il ne sait plus où je suis, et mon Dieu n'exercera pas son jugement sur moi, » pour me punir ou pour me sauver : « ignorez-vous que le Seigneur est éternel, qu'il a marqué et créé les limites de la terre? Sans défaillance, sans travail, sans lassitude, il agit sans cesse, et sa sagesse est impénétrable. Il rend la force à celui qui est épuisé, du courage et de la vertu à celui qui n'est plus. La jeunesse la plus robuste tombera en foiblesse malgré sa vigueur : mais ceux qui espèrent au Seigneur, verront leurs forces se renouveler de jour en jour : » quand ils croiront être à bout et n'en pouvoir plus, tout d'un coup « ils pousseront des ailes semblables à celles d'un aigle : ils courront et ne se lasseront point : ils marcheront, et ils seront infatigables⁵. » Marchez donc, ames pieuses, marchez : et quand vous croirez n'en pouvoir plus, redoublez votre ardeur et votre courage.

---

¹ *Isa.*, XL, 12. — ² *Ibid.*, 13. — ³ *Ibid.*, 16. — ⁴ *Ibid.*, 21, 22. — ⁵ *Ibid.*, 26, 27, 28, 29, 30, 31.

« Je vous tirerai, dit le Seigneur [1], des extrémités de la terre. Je vous ai pris par la main, et je vous ferai revenir du bout du monde : je vous ai dit : Vous êtes mon serviteur, je vous ai choisi et ne vous ai pas rejeté. Ne craignez donc rien, puisque je suis avec vous : ne vous laissez point affoiblir, puisque je suis votre Dieu. Je vous ai fortifié : je vous ai secouru, et la droite de mon Juste, » de mon Christ, « a été votre soutien. Tous vos ennemis seront confondus, et seront comme n'étant pas : vous demanderez où ils sont, et vous les verrez disparus : vos rebelles qui vous livroient de continuels assauts, seront comme n'étant pas : tous leurs efforts seront vains et comme un néant, parce que moi qui suis le Seigneur, je vous ai pris par la main et je vous ai dit » dans le fond du cœur : « Ne craignez point, je vous ai aidé. Jacob qui étoit » petit et foible comme « un vermisseau, » qui à peine se peut traîner : « Israélites qui étiez » languissans, abattus et réduits au rang des « morts, je vous ai ressuscités, moi le Seigneur, par mon secours tout-puissant, et je suis votre rédempteur, moi le Saint d'Israël. Vous mettrez vos ennemis en fuite : vous serez sur eux comme un chariot neuf armé de tranchans de fer : vous détruirez leurs armées ; et » leurs forteresses fussent-elles élevées comme des montagnes, « vous les réduirez en poudre : vous pousserez devant vous vos ennemis comme un tourbillon fait la poussière : et vous vous réjouirez dans le Seigneur, et votre cœur transporté d'aise triomphera dans le Saint d'Israël. »

Il ne faut pas dire que ce soient ici des miracles, des effets extraordinaires de la toute-puissance de Dieu. Dieu ne montre des effets sensibles de cette puissance, que pour nous convaincre de ce qu'il fait en toute occasion plus secrètement. Son bras n'est pas moins fort quand il se cache que quand il se déclare ; il est toujours et partout le tout-puissant, « le triomphateur en Israël [2], » comme il s'appelle lui-même, le protecteur invincible et toujours présent de ses amis.

« Ecoute donc, Jacob mon serviteur, Israël que j'ai élu : Voici ce que dit le Seigneur : Moi qui te forme, moi qui te crée, qui te

---

[1] *Isa.*, XLI, 9, 10 et seq. — [2] I *Reg.*, XV, 29.

tire du néant à chaque moment, qui suis ton secours dès le ventre de ta mère ¹, » dès le commencement de ta vie, dans ta plus grande foiblesse et parmi les plus impénétrables ténèbres : « Mon serviteur, que j'ai aimé, homme droit que j'ai choisi, » je t'enverrai du ciel mes consolations : « j'épancherai des eaux abondantes sur celui qui aura soif : je verserai des torrens sur cette terre desséchée : je répandrai mon esprit sur toi : » je te rendrai féconde en bonnes œuvres, et « je bénirai tes productions. » Ecoutez ces paroles, ames désolées, que Dieu semble avoir délaissées dans son courroux, mais que son amour cependant met à l'épreuve. Vous vivrez, c'est moi qui le promets, moi qui suis le véritable et le saint, le fidèle et le tout-puissant : je fais tout ce que je veux : le Seigneur a juré et il a dit : Si ce que je pense n'arrive pas, si ce que je résous ne s'accomplit point, je ne suis pas Dieu : mais je suis Dieu, je suis le Dieu des armées, le Dieu qui fait tout ce qui lui plaît dans le ciel et dans la terre. Le Seigneur a prononcé, « et qui pourra anéantir son jugement ²? » Le Seigneur a étendu son bras, et qui en pourra éviter les coups ou en détourner l'effet ?

VIIe ÉLÉVATION.

La bonté de Dieu et son amour envers les siens.

C'est un père, c'est une mère, c'est une nourrice. « Une mère peut-elle oublier son enfant qu'elle a porté dans son sein ? Et quand elle l'oublieroit, je ne vous oublierai pas ³, » dit le Seigneur. « Le Seigneur ton Dieu t'a porté sur ses bras comme un petit enfant ⁴. Comme un aigle qui porte ses petits, qui étend ses ailes sur eux, qui vole sur eux et les provoque à voler : » ainsi Dieu ne détourne point ses regards de dessus son nid « et le garde comme la prunelle de son œil ⁵. Il nous porte à ses mamelles pour nous allaiter, il nous met sur ses genoux : » et non content de

---
¹ *Isa.*, XLIV, 1, 2, etc.— ² *Job*, XL, 3.— ³ *Isa.*, XLIX, 15. — ⁴ *Deuter.*, I, 31. — ⁵ *Ibid.*, XXXII, 10, 11.

nous nourrir, il joint à la nourriture les tendresses et les caresses :
« comme une mère caresse son enfant qui suce son lait, ainsi je
vous consolerai [1], » dit le Seigneur.

Plus que tout cela : c'est un amant passionné, c'est un tendre
époux. « Voici ce que dit le Seigneur à Jérusalem, » à l'ame
fidèle : « Quand tu es venue au monde, tu étois dans l'impureté »
de ton père Adam, dont tu avois hérité la corruption et le péché.
« On ne t'avoit point coupé le nombril : tu n'avois point été lavée
d'eau, ni salée de sel, ni enveloppée dans des langes : personne
n'avoit eu compassion de toi, ni ne t'avoit regardée d'un œil de
pitié : exposée et jetée à terre comme un avorton par un extrême
mépris dès le jour de ta naissance, tu n'étois que pour ta perte, et
personne n'avoit soin de toi [2] : » voilà quelle est par elle-même la
nature humaine conçue en iniquité et dans le péché. « Alors, dit
le Seigneur, je t'ai vue en passant, pauvre et délaissée ; et pendant que souillée encore de ton sang » et toute pleine de l'impureté de ta naissance, tu n'avois rien qui ne fît horreur, et que tu
étois livrée inévitablement à la mort, « je t'ai dit : Je veux que
tu vives. Vis, » malheureuse ame, « c'est moi qui le dis, vis toute
horrible que tu es dans l'impureté de ton sang, » dans l'ordure
de ton péché. C'est ainsi que Dieu parle à l'ame qu'il lave par
le baptême.

Mais ce n'est pas là qu'il borne ses soins : « Tu croissois, » dit
le Seigneur ; ta raison se formoit peu à peu, « et tu devenois capable des ornemens qu'on donne à de jeunes filles [3], » des vertus
dont il faut parer les ames dès leur jeunesse. Tu commençois à
pouvoir porter des fruits : « tes mamelles s'enfloient et se formoient : et tu étois parvenue à l'âge qui donne des amans : » mais
de peur que tu n'en prisses qui fussent indignes de toi, je me suis
présenté moi-même à tes désirs. « J'ai passé et je t'ai vue en cet
âge : » et quoique tu fusses nue et pleine encore de confusion,
sans raison, sans règle par toi-même et dans tes premiers désirs,
je t'ai épousée : je t'ai appelée dans ma couche et à des embrassemens qui purifient l'ame : j'ai contracté avec toi un mariage
éternel : « J'ai juré par ma vérité que je ne t'abandonnerois pas,

[1] *Isa.*, LXVI, 12, 13. — [2] *Ezech.*, XVI, 3, 4, 5. — [3] *Ibid.*, 6, 7, 8, 9, 10.

LES MÉDITATIONS

ET

DIVERS OPUSCULES.

REMARQUES HISTORIQUES.

Comme on a parlé des *Méditations* dans le précédent volume, il suffira de signaler en quelques traits les écrits qui suivent cet ouvrage, le *Discours sur la vie cachée en Dieu*, le *Traité de la concupiscence* et d'autres opuscules.

I.

Le *Discours sur la vie cachée en Dieu* fut composé pour Louise de Luynes. Louise de Luynes, ainsi que sa sœur Marie-Henriette-Thérèse d'Albert, avoit pour ainsi dire sucé avec le lait et puisé dans l'éducation paternelle la plus grande estime pour les hôtes de Port-Royal. Pareillement le duc de Chevreuse, son frère, échangea pendant longtemps, avec les austères solitaires et leurs amis, les rapports les plus intimes de l'amitié; pendant qu'il leur prodiguoit l'affection de son cœur, Arnault fit pour lui sa *Géométrie*, Lancelot sa *Grammaire générale*, et Racine lui dédia sa tragédie de *Britannicus*. Plus tard, abjurant des principes qui désespèrent les plus nobles efforts pour embrasser une doctrine qui console la bassesse et la lâcheté, le duc de Chevreuse se donna avec l'abandon de son ame à Fénelon; et de ce jour il le servit en toute rencontre de son influence et de sa personne, à ce point qu'il alla s'établir dans une imprimerie pour corriger les épreuves des *Maximes des saints*.

Ses deux sœurs, Louise de Luynes et Thérèse d'Albert, renoncèrent, en 1664, à l'éclat du monde pour s'ensevelir dans l'obscurité du cloître. Une sorte de prévention, qu'avoit fait naître l'éducation de leurs premières années, les suivit à Jouarre et les tint longtemps éloignées de la position que sembloit réclamer leur haute naissance, et que réclamoit effectivement leur rare mérite; Louis XIV, suivant les avis que Bossuet lui avoit donnés du haut de la chaire sacrée, ne confioit les places élevées dans la religion qu'à la rigide pureté de la foi; de longues épreuves et de puissantes sollicitations le décidèrent seules à nommer, en 1696, Louise de Luynes au prieuré de Torcy, dans le diocèse de Paris. Thérèse suivit son ainée dans cette maison religieuse, où la mort vint bientôt l'enlever à la terre pour la donner à son céleste Epoux.

Malgré leurs relations de famille, ou plutôt à cause de ces relations, les sœurs du duc de Chevreuse trouvèrent un père dans leur premier pasteur; Bossuet les entoura toujours d'une touchante sollicitude et d'une sainte affection; c'est lui qui prononça le sermon de vêture à la profession de leurs vœux, c'est lui aussi qui transmit aux âges futurs le souvenir de Thérèse en traçant son épitaphe [1].

Louise avoit longtemps médité ces paroles de saint Paul : « Vous êtes morts, et votre vie est cachée en Dieu avec Jésus-Christ [2] : » elle implora les lumières de son charitable directeur. Bossuet lui envoya, pour employer le titre reçu, le *Discours sur la vie cachée en Dieu*. Cet écrit peut se résumer en trois propositions : le chrétien meurt au péché par les travaux de la pénitence, le crucifiement de la chair, en mortifiant le vieil homme; il vit en conservant à la vie l'homme nouveau, par la vertu de la grace et les œuvres de la charité; Jésus-Christ a livré son corps à la mort au milieu des supplices, et il vit avec ses membres caché en Dieu, même après sa glorification.

Bien qu'il ait été composé pour une religieuse sous l'inspiration de la plus haute spiritualité, le *Discours sur la vie cachée en Dieu* portera partout les fruits les plus abondans; partout, dans le siècle comme dans le cloître, il produira la foi, la religion, le salut. Aussi l'auteur,

---

[1] Cette épitaphe, la voici :

> Ci-gît Marie-Henriette-Thérèse d'Albert de Luynes.
> Elle préféra aux honneurs
> D'une naissance si illustre et si distinguée
> Le titre d'épouse de Jésus-Christ
> En mortification et piété.
> Humble, intérieure, spirituelle
> En toute simplicité et vérité,
> Elle joignit la paix de l'innocence
> Aux saintes frayeurs d'une conscience timorée.
> Fidèle à celui qui, presque dès sa naissance,
> Lui avoit mis dans le cœur le mépris du monde,
> Elle fut longtemps l'exemple
> Du saint et célèbre monastère de Jouarre,
> D'où étant venue en cette maison
> Pour accompagner une sœur chérie,
> Elle y mourut de la mort des justes
>   Le 4 février 1694 :
> Subitement en apparence,
> En effet avec les mêmes préparations
> Que si elle avoit été avertie de sa fin...

[2] *Coloss.*, III, 3.

et tu es devenue mienne. Je t'ai lavée d'une eau » sainte. Dès les premiers jours de ta naissance, où je t'avois ordonné de vivre, tu avois déjà été purgée par l'eau du baptême : mais il a fallu te laver encore des mauvais désirs que la racine impure de ta convoitise poussoit sans cesse : l'impureté du sang dont tu étois née, étoit encore sur toi : je l'ai ôtée par de saintes instructions, et j'ai mis sur toi toute la sainteté de ton baptême. « Et je t'ai ointe d'une huile » sainte par l'abondance de mes graces. « Je t'ai donné des habits de diverses couleurs : » je t'ai ornée de toutes les vertus « et je t'ai chaussée avec soin » des plus belles peaux, « et je t'ai environnée d'habits de fin lin, » qui sont « les justices des saints, et je t'ai revêtue des étoffes les plus fines [1] : » je t'ai ôté par ma grace tes désirs grossiers et charnels.

Mon amour a été plus loin; et ne voulant pas seulement que tu fusses nette et pure, mais encore riche et opulente, « je t'ai donné les grands ornemens, des bracelets dans tes bras, un riche collier autour de ton col, des cercles d'or et des pierreries pendantes à tes oreilles, et une couronne sur ta tête : tu reluisois toute d'or et d'argent, et tout étoit riche et magnifique dans tes habits. Je te nourrissois de ce qu'il y a de meilleur et de plus exquis : » toutes les douceurs étoient servies sur ta table. Par ces ornemens, par ces soins, « ta beauté avoit reçu un si grand éclat que tout le monde en étoit ravi. Je t'ai élevée jusque dans le trône. Tout l'univers ne parloit que de ta beauté, de cette beauté que moi seul je t'avois donnée, dit le Seigneur Dieu [2], » qui suis le beau et le bon par excellence, et l'auteur de toute beauté et de tout bien dans mes créatures.

Regarde, ame chrétienne, quel amant, quel époux t'a été donné. Il t'a trouvée étant laide : il t'a faite belle : il n'a cessé de t'embellir de plus en plus : il a prodigué sur toi tous ses dons, toutes ses richesses : il t'a placée dans son trône : il t'a faite reine : ses anges t'ont admirée comme l'épouse du Roi des rois, comme reçue dans sa couche, unie à son éternelle félicité, comblée de sa gloire et de ses délices : qu'avois-tu à désirer, ame chrétienne, pour connoître toutes les bontés et tout l'amour de cet époux bienfaisant?

[1] *Apoc.*, XIX, 8. — [2] *Ezech.*, XVI, 11, 12, 13, 14.

VIIIᵉ ÉLÉVATION.

Bonté et amour de Dieu envers les pécheurs pénitens.

« On dit par commun proverbe : Si un mari quitte sa femme, et que se retirant de lui elle épouse un autre mari, la reprendra-t-il ? » Cette femme ne sera-t-elle pas souillée et abominable? « Et toi, » ame pécheresse, « tu t'es livrée à tous tes amans. » Ce n'est pas moi qui t'avois quittée : non, je suis un époux fidèle et qui jamais ne fais divorce de moi-même : c'est toi, ame infidèle, qui m'as abandonné et t'es donnée non pas à un seul amant, mais à mille et mille corrupteurs. « Reviens toutefois à moi, dit le Seigneur, et je te recevrai [1]. Regarde de tous côtés, » et tant que ta vue se pourra étendre, tu ne verras que des marques de tes infamies. « En quel lieu ne t'es-tu pas prostituée, » ame impudique et livrée à tous les désirs de ton cœur? « Tu étois comme exposée dans les chemins publics, » et il n'y avoit créature aucune qui ne captivât ton cœur. Te répéterai-je tes vengeances, tes envies, tes haines secrètes, ton ambition à laquelle tu sacrifiois tout, tes amours impures et désordonnées? « Toute la terre a été souillée de tes prostitutions et de tes malices. Tu as le front d'une impudique : tu n'as pas rougi de tes excès. Reviens donc du moins dorénavant : appelle-moi ton Père, » ton Epoux « et le conducteur de ta virginité. Pourquoi veux-tu toujours t'éloigner de moi comme une femme courroucée, et veux-tu persister dans ton injuste colère? Tu as dit que tu ferois mal, tu t'en es vantée, et tu l'as fait, et tu l'as pu [2]. » Je t'ai abandonnée à tes voies : « Reviens, infidèle, et je ne détournerai pas mes yeux de toi, parce que je suis le Saint, dit le Seigneur; et ma colère ne sera pas éternelle. Connois seulement ton iniquité et que tu as prévariqué contre le Seigneur. Il n'y a point d'arbre feuillu dans la forêt, qui ne soit témoin de ta honte : » il n'y a point de vain plaisir qui ne t'ait déçue, « et tu ne m'as point écouté, dit le Seigneur. Convertissez-vous, enfans

---

[1] *Jerem.*, III, 1. — [2] *Ibid.*, 2, 3, 4, 5.

rebelles ; convertissez-vous[1] » et revenez à la maison paternelle, enfans prodigues[2] ; on vous rendra votre première robe : on célébrera un festin pour votre retour : toute la maison sera en joie ; et votre père, touché d'une tendresse particulière, s'excusera envers les justes qui ne l'ont jamais quitté, en leur disant : « Vous êtes toujours avec moi; mais il faut que je me réjouisse, parce que votre frère étoit mort, et il est ressuscité : il étoit perdu, et il a été retrouvé[3]. » Réjouissez-vous avec moi et avec tout le ciel, qui fait une fête de la conversion des pécheurs, et « conçoit une joie plus grande pour le retour d'un seul que pour la persévérance de quatre-vingt-dix-neuf justes qui n'ont pas besoin de pénitence[4]. »

« Revenez donc, enfans désobéissans; » revenez, épouses infidèles, « parce que je suis votre Epoux[5]. Est-ce ma volonté que l'impie périsse, et non pas qu'il se convertisse et qu'il vive? Convertissez-vous, faites pénitence, et votre péché ne vous tournera pas à ruine : éloignez de vous toutes vos prévarications et vos désobéissances, et faites-vous un cœur nouveau et un nouvel esprit. Et pourquoi voulez-vous mourir, enfans d'Israël, » pendant que moi, moi que vous avez offensé, je veux votre vie? « Non, je ne veux point la mort du pécheur, dit le Seigneur Dieu : revenez et vivez[6]. »

« C'est moi, c'est moi-même qui efface vos iniquités pour l'amour de moi-même » et pour contenter ma bonté : « et je ne me ressouviendrai plus de vos péchés. Seulement, souvenez-vous de moi : entrons en jugement l'un avec l'autre : » je veux bien me rabaisser jusque-là : « Plaidez votre cause : avez-vous de quoi justifier vos ingratitudes[7], » après que je vous ai pardonné tant de fois? « Jacob, souvenez-vous-en, ne m'oubliez pas : j'ai effacé comme un nuage vos iniquités : j'ai dissipé vos péchés » comme le soleil dissipe un brouillard : pécheurs, « retournez à moi, parce que je vous ai rachetés. O cieux, chantez ses louanges : terre, faites retentir vos louanges d'une extrémité à l'autre : montagnes, portez vos cantiques jusqu'aux nues, parce que le Seigneur a fait

---

[1] *Jerem.*, III, 12-14. — [2] *Luc.*, XV, 22, 23 et seqq. — [3] *Ibid.*, 31, 32. — [4] *Ibid.*, 6, 7. — [5] *Jerem.*, III, 14. — [6] *Ezech.*, XVIII, 23, 30-32. — [7] *Isa.*, XLIII, 25, 26.

miséricorde[1]. Autant que le ciel est élevé au-dessus de la terre, autant a-t-il exalté et affermi ses miséricordes : autant que le levant est loin du couchant, autant a-t-il éloigné de nous nos iniquités : comme un père a pitié de ses enfans, ainsi Dieu a eu pitié de nous, parce qu'il connoît » nos foiblesses et « de quelle masse nous sommes pétris. Nous ne sommes que boue et poussière : nos jours s'en vont comme une herbe et tombent comme une fleur : et notre ame, » plus fragile encore que notre corps, « n'a point de consistance[2]. »

IXe ÉLÉVATION.

L'amour de Dieu méprisé et implacable.

« Parce que vous n'avez pas voulu servir le Seigneur votre Dieu avec plaisir et dans la joie de votre cœur, dans l'abondance de tous biens, vous serez assujetti à un ennemi implacable que le Seigneur enverra sur vous, dans la faim et dans la soif, dans la nudité et dans la disette : et il mettra sur vos têtes un joug de fer dont vous serez accablé[3] : et comme le Seigneur a pris plaisir de vous bien faire, de vous multiplier, de vous enrichir à pleines mains : ainsi il prendra plaisir de vous perdre, de vous détruire, de vous écraser[4]. » Pesez ces paroles : la mesure de vos tourmens sera l'amour méprisé.

« Pourquoi criez-vous vainement, » et que vous sert de pousser jusqu'au ciel vos plaintes inutiles sous la main qui vous brise ? « Votre fracture est incurable : la gangrène est dans votre plaie, et il n'y a plus de remède : il n'y a plus pour vous de baume ni de ligature. Je vous ai frappé d'un coup d'ennemi[5], » d'une plaie cruelle : non d'un châtiment paternel pour vous corriger, mais du coup d'une main vengeresse et impitoyable, pour contenter une inexorable justice. « Vos péchés sont devenus durs » par la

---

[1] *Isa.*, XLIV, 21-23. — [2] *Psal.* CII, 11-15. — [3] *Deuter.*, XXVIII, 47, 48. — [4] *Ibid.*, 63. — [5] *Jerem.*, XXX, 12-14.

dureté de votre cœur, par vos habitudes invétérées, par votre inflexibilité dans le mal : et moi aussi, dit le Seigneur, je m'endurcirai sur vous et j'oublierai que je suis Père. Vous implorerez en vain ma miséricorde, poussée à bout par vos ingratitudes : votre insensibilité fait la mienne : « Je vous ai fait ce cruel et insupportable traitement à cause de la multitude de vos crimes et de vos durs péchés [1] : » à cause de la dureté inflexible de votre cœur rebelle et opiniâtre. « Il est temps que le jugement commence par la maison de Dieu [2]. » Amenez-moi Jérusalem : amenez-moi cette ame comblée de tant de graces : « je la perdrai : je l'effacerai comme on efface une écriture dont on ne veut pas qu'il reste aucun trait : je passerai et repasserai un stylet de fer sur son visage [3], » et il n'y restera rien de sain et d'entier.

Xe ÉLÉVATION.

La sainteté de Dieu : Dieu est le Saint d'Israël.

Dieu se délecte particulièrement dans le nom de Saint. Il s'appelle très-souvent « le Saint d'Israël [4] : » il veut que sa sainteté soit le motif, soit le principe de la nôtre : « Soyez saints, parce que je suis saint [5], » dit le Seigneur. Sa sainteté, qui fait la consolation de ses fidèles, fait aussi l'épouvante de ses ennemis. « A qui est-ce que tu t'attaques, » Rabsace insensé : « de qui as-tu blasphémé le nom : contre qui as-tu élevé ta voix et lancé tes regards superbes? Contre le Saint d'Israël. Pendant que tu t'emportois comme un furieux contre moi, ton orgueil est monté jusqu'à mes oreilles; et voilà que je mettrai un frein à ta bouche, et un cercle de fer à tes narines; et je te ramènerai au chemin par où tu es venu [6]. » Et ailleurs : « Le vigilant et le saint est descendu du ciel [7] : » c'est un ange, si vous voulez; quoi qu'il en

---

[1] *Jerem.*, XXX, 15. — [2] I *Petr.*, IV, 17. — [3] IV *Reg.*, XXI, 12, 13. — [4] *Psal.* LXX, 22; *Isa.*, XII, 6, et alibi. — [5] *Levit.*, XI, 44, 45; XIX, 2, et alibi. — [6] IV *Reg.*, XIX, 22, 28; *Isa.*, XXXVII, 23, 29. — [7] *Dan.*, IV, 10, 11, 14.

soit, sa puissance est dans sa sainteté : et la sentence est partie d'en haut, « et il a crié puissamment : Coupez l'arbre, abattez ses branches : il a été ainsi ordonné dans l'assemblée de ceux qui veillent toujours : c'est la sentence des saints, » dont la force est dans leur sainteté. Et après : « Le royaume a été donné au peuple des saints du Très-Haut [1], » parce qu'il est saint et le tout-puissant protecteur de la sainteté. Les païens mêmes savoient la puissance attachée à la sainteté du nom divin : la reine vint dire au roi Balthazar : « Il y a un homme dans votre royaume qui a en lui-même l'esprit des saints Dieux [2]; » c'étoit-à-dire l'esprit de prédiction et d'une efficace divine.

« J'ai vu le Seigneur assis sur un trône élevé et haut, et ce qui étoit au-dessous de lui remplissoit le temple : deux séraphins étoient autour, l'un avoit six ailes, et l'autre autant : deux ailes couvroient la face du Seigneur, deux voiloient ses pieds, et les deux autres servoient à voler : et ils crioient l'un à l'autre, et ils disoient : Saint, saint, saint, le Seigneur Dieu des armées; toute la terre est remplie de sa gloire. Et les gonds des portes trembloient à la voix de celui qui crioit; et la maison fut remplie de fumée [3]. » Voilà donc la sainteté de Dieu, voilà pourquoi il est appelé « le Saint d'Israël : » il se manifeste à son prophète comme le très-saint : le trois fois saint dans ses trois personnes : et la gloire et la majesté qui remplissent toute la terre sont l'éclat de sa sainteté : « La sainteté est son vêtement [4], » dit David. Et saint Jean dans l'*Apocalypse* voit « quatre animaux qui ne cessoient de crier nuit et jour : Saint, saint, saint, le Seigneur Dieu tout-puissant, qui étoit, et qui est, et qui doit venir [5]. » Remarquez ce cri partout : il n'y a rien qu'on publie avec un cri plus grand et plus persévérant : rien qui éclate plus hautement dans tout l'univers, que la sainteté de Dieu.

La sainteté est l'abrégé et comme un précis des perfections divines. Le Fils de Dieu même, dans sa dernière oraison parlant à son Père, comme pour renfermer en un seul mot ses perfections, l'appelle mon « Père saint, » mon « Père juste [6] : » et on ne trouve

---

[1] *Dan.*, VII, 18, 22. — [2] *Ibid.*, V, 10, 11. — [3] *Isa.*, VI, 1-4. — [4] *Psal.* CIII, 2. — [5] *Apoc.*, IV, 8. — [6] *Joan.*, XVII, 11, 25.

pas dans son Evangile qu'il lui ait donné d'autre titre que ces deux qui n'en font qu'un : lui-même est connu sous le nom de Saint et de Juste : « La chose sainte qui naîtra en vous sera appelée le Fils de Dieu [1] : » les démons parlent comme l'ange : « Je sais qui vous êtes, le Saint de Dieu [2] : » Daniel l'avoit nommé en esprit à cause de son onction, « le Saint des saints [3] : » Isaïe l'appelle « le Juste [4] : » saint Pierre unit ensemble ces deux qualités en disant : « Vous avez renié le Saint et le Juste [5]. »

XIe ÉLÉVATION.

Ce qu'on entend par la sainteté.

La sainteté est en Dieu une incompatibilité essentielle avec tout péché, avec tout défaut, avec toute imperfection d'entendement et de volonté.

1° L'injustice, l'iniquité, le péché ne peut être en lui : il est la règle, et bon par essence, sans qu'il puisse y avoir en lui aucun défaut. Il n'entend et ne veut que ce qu'il faut entendre et vouloir : son entendre et son vouloir sont sa nature qui est toujours excellente. Sa perfection morale et sa perfection naturelle ne sont qu'un : il est également indéfectible par son être, et infaillible dans son intelligence et sa volonté : par conséquent incompatible avec tout péché, avec tout défaut.

2° Il appartient à lui seul de purifier du péché les consciences souillées : il est « saint et sanctificateur : » il est « juste et justifiant le pécheur, » comme dit saint Paul [6].

3° Il est incompatible avec les pécheurs et les rejette de devant lui par toute sa sainteté et par toute son essence. « Le matin » et dans le temps que les pensées sont les plus nettes et qu'on en doit offrir à Dieu les prémices, « Seigneur, dit le Psalmiste, je me présenterai devant vous, et je verrai » clairement dans votre lumière

---

[1] *Luc.*, I, 35. — [2] *Marc.*, I, 24. — [3] *Dan.*, IX, 24. — [4] *Isa.*, XLV, 21. — [5] *Act.*, III, 14. — [6] *Rom.*, III, 26.

« que vous êtes un Dieu qui ne voulez point l'iniquité : le malin n'habite point auprès de vous; et les injustes ne subsisteront point devant vos yeux. Vous haïssez tous ceux qui commettent des péchés : vous perdrez tous ceux qui profèrent des mensonges : l'homme sanguinaire et l'homme trompeur sont en abomination devant le Seigneur[1]. »

4° Les pécheurs l'attaquent inutilement par leur rébellion : et sa sainteté demeure inviolable au milieu des impiétés, des blasphèmes, des impuretés dont tout l'univers est rempli par la malice des hommes et des démons.

5° Il demeure saint, quoique pour punir les pécheurs il les livre à leurs mauvais désirs, parce que les y livrer n'est pas les produire : Dieu ne fait que se soustraire lui-même à un cœur ingrat : et cette soustraction est sainte, parce que Dieu se soustrait justement lui-même à ceux qui le quittent, et punit leur égarement volontaire en les frappant d'aveuglement. Il fait tout dans l'homme, excepté le seul péché, où son action ne se mêle point. Celui qu'il permet ne le souille point, parce que lui seul il en peut tirer un bien infini et plus grand que n'est la malice de tous les péchés ensemble : comme quand il tire de la malice des Juifs un sacrifice si saint, qu'il y a de quoi expier tous les crimes.

6° Il purifie les justes par mille épreuves : il les met dans le creuset et dans le feu : dans le feu de cette vie, dans le feu de l'autre, et « rien de souillé n'entre en son royaume[2]. »

7° Sa sainteté est la conviction de toute l'iniquité des hommes : « Malheur à moi, » s'écrie Isaïe, après avoir vu la majesté du trois fois saint : « malheur à moi, avec mes lèvres impures, au milieu d'un peuple souillé. J'ai vu de mes yeux le roi des armées : Va, dit-il, et dis à ce peuple : Ecoutez, et ne comprenez pas : aveugle le cœur de ce peuple : appesantis ses oreilles : ferme ses yeux[3]. » C'est l'effet de la sainteté de Dieu, lorsqu'elle a été méprisée. Je serai sanctifié au milieu d'eux en les punissant : je laverai mes mains dans leur sang : et ma juste vengeance fera éclater ma sainteté.

« Les choses saintes sont pour les saints, » s'écrioit-on autrefois

---

[1] *Psal.* V, 5-7. — [2] *Apoc.*, XXI, 27. — [3] *Isa.*, VI, 5, 9, 10.

avant la communion. « Il n'y a qu'un saint, un seul Seigneur, un seul Jésus-Christ, » répondoit le peuple. O Seigneur! sanctifiez-nous, afin que nous sanctifiions et glorifiions votre nom. En vérité, en vérité, je vous le dis : « Je ne vous connois pas : retirez-vous de moi, vous tous qui opérez l'iniquité [1]. »

Approchez, pécheurs pénitens : purifiez-vous dans la source de la pureté : « Si vos péchés sont rouges comme l'écarlate, je les blanchirai comme la neige [2]. » Quel merveilleux changement! l'Ethiopien n'a plus la peau noire : elle éclate d'une céleste blancheur : la sainteté de Dieu a fait cet ouvrage : « Soyez donc saints, parce que je suis saint, » dit le Seigneur [3]. Soyez saints, ministres de Dieu et de ses autels, dispensateurs de sa parole et de ses mystères, parce que Dieu vous a choisis pour sanctifier son peuple : peuple de Dieu, soyez saint, « parce que Dieu habite au milieu de vous [4]. » Sanctifiez vos ames où il veut établir sa demeure, et vos corps qui sont les temples de son Saint-Esprit.

[1] *Matth.*, VII, 23.— [2] *Isa.*, I, 18.— [3] *Levit.*, XI, 43, 44; I *Petr.*, I, 16.— [4] *Levit.*, XXVI, 2; I *Cor.*, III, 16, 17; II *Cor.*, VI, 16.

IIᵉ SEMAINE.

ÉLÉVATIONS A LA TRÈS-SAINTE TRINITÉ.

PREMIÈRE ÉLÉVATION.

Dieu est fécond : Dieu a un fils.

Pourquoi Dieu n'auroit-il pas de Fils ? Pourquoi cette nature bienheureuse manqueroit-elle de cette parfaite fécondité qu'elle donne à ses créatures ? Le nom de Père est-il si déshonorant et si indigne du premier être, qu'il ne lui puisse convenir selon sa propriété naturelle ? « Moi qui fais enfanter les autres, ne pourrai-je pas enfanter moi-même[1] ? » Et s'il est si beau d'avoir, de se faire des enfans par l'adoption, n'est-il pas encore plus beau et plus grand d'en engendrer par nature ?

Je sais bien qu'une nature immortelle n'a pas besoin, comme la nôtre mortelle et fragile, de se renouveler, de se perpétuer, en substituant à sa place des enfans qu'on laisse au monde quand on le quitte. Mais en soi-même, indépendamment de cette nécessaire réparation, n'est-il pas beau de produire un autre soi-même par abondance, par plénitude, par l'effet d'une inépuisable communication, en un mot par fécondité et par la richesse d'une nature heureuse et parfaite ?

C'est par une participation de cette bienheureuse fécondité que l'homme est fécond. Quand il seroit demeuré immortel selon le premier dessein de sa création, quand il eût plu à son créateur de consommer au temps destiné sa félicité sur la terre, on entend toujours que de soi il est beau d'être fécond et d'engendrer de soi-

[1] *Isa.*, LXVI, 9.

même et de sa propre substance un autre soi-même. Qu'on laisse cette féconde efficacité dans sa pureté primitive et originaire, elle pourra cesser quand Dieu voudra, quand le nombre d'hommes qu'il veut rendre heureux sera complété. Mais d'elle-même elle sera toujours regardée comme riche et comme parfaite. Et d'où viendroit cette perfection, sinon de celle de Dieu toujours fécond en lui-même et toujours père ?

Quand le Sage a prononcé ces paroles : « Qui est celui qui est élevé au plus haut des cieux » par sa puissance, « et qui en descend » continuellement par ses soins ? « Qui tient les vents en ses mains ? Qui tient la mer dans ses bornes et mesure les extrémités de la terre ? Quel est son nom, et quel est le nom de son fils, si vous le savez [1] ? » Ce n'est pas là une simple idée et des paroles en l'air : il a prétendu proposer un mystère digne de Dieu, et quelque chose de très-véritable et de très-réel, quoiqu'en même temps incompréhensible. Dans sa nature infinie il y a vu un père qu'on ne comprend pas, et un fils dont le nom n'est pas connu. Il n'est donc plus question que de le nommer, et on le doit reconnoître, pourvu qu'on avoue qu'il est ineffable.

C'est-à-dire que pour connoître le Fils de Dieu, il faut s'élever au-dessus des sens et de tout ce qui peut être connu et nommé parmi les hommes : il faut ôter toute imperfection au nom de fils pour ne lui laisser que ceci, que tout fils est de même nature que son père, sans quoi le nom de fils ne subsiste plus : un enfant d'un jour n'est pas moins homme que son père : il est un homme moins formé, moins parfait, mais pour moins homme cela ne se peut, et les essences ne se peuvent pas diviser ainsi. Mais si un homme et un fils de l'homme peut être imparfait, un Dieu et un Fils de Dieu ne le peut pas être. Otons donc cette imperfection au Fils de Dieu, que demeurera-t-il autre chose, sinon ce qu'ont dit nos Pères dans le concile de Nicée et dès l'origine du christianisme, qu'il est « Dieu de Dieu, lumière de lumière, vrai Dieu de vrai Dieu : » fils parfait d'un père parfait : d'un père qui n'attendant pas sa fécondité des années, est père dès qu'il est : qui n'est jamais sans fils : dont le fils n'a rien de dégénérant, rien d'imparfait,

---

[1] *Prov.*, XXX, 4.

rien à attendre de l'âge : car tout cela n'est que le défaut de la naissance des hommes ?

Dieu le Père n'a non plus besoin de s'associer à quelque autre chose que soi, pour être père et fécond : il ne produit pas hors de lui-même cet autre lui-même : car rien de ce qui est hors de Dieu n'est Dieu. Dieu donc conçoit en lui-même; il porte en lui-même son fruit qui lui est coéternel. Encore qu'il ne soit que père, et que le nom de mère qui est attaché à un sexe imparfait de soi et dégénérant, ne lui convienne pas, il a toutefois un sein comme maternel où il porte son Fils : « Je t'ai, dit-il, engendré aujourd'hui d'un sein maternel : » *ex utero*[1]. Et le Fils s'appelle lui-même le « Fils unique qui est dans le sein du Père[2] : » caractère uniquement propre au Fils de Dieu. Car où est le Fils, excepté lui qui est toujours dans son Père et ne sort jamais de son sein ? Sa conception n'est pas distinguée de son enfantement : le fruit qu'il porte est parfait dès qu'il est conçu, et jamais il ne sort du sein qui le porte. Qui est porté dans un sein immense, est d'abord aussi grand et aussi immense que le sein où il est conçu, et n'en peut jamais sortir. Dieu l'engendre, Dieu le reçoit dans son sein, Dieu le conçoit, Dieu le porte, Dieu l'enfante : et la Sagesse éternelle, qui n'est autre chose que le Fils de Dieu, s'attribue dans Salomon et « d'être conçue » et « d'être enfantée[3] : » et tout cela n'est que la même chose.

Dieu n'aura jamais que ce Fils, car il est parfait; et il ne peut en avoir deux : un seul et unique enfantement de cette nature parfaite en épuise toute la fécondité et en attire tout l'amour. C'est pourquoi le Fils de Dieu s'appelle lui-même l'Unique, le Fils unique, *Unigenitus*[4] *:* par où il démontre en même temps qu'il est Fils, non par grâce et par adoption, mais par nature. Et le Père confirmant d'en haut cette parole du Fils, fait partir du ciel cette voix : « Celui-ci est mon Fils bien-aimé, en qui je me suis plu[5] : » c'est mon Fils, je n'ai que lui, et aussi de toute éternité je lui ai donné et lui donne sans fin tout mon amour.

[1] *Psal.* CIX, 3. — [2] *Joan.*, I, 18. — [3] *Prov.*, VIII, 24, 25. — [4] *Joan.*, I, 18. — [5] *Luc.*, IX, 35.

IIᵉ ÉLÉVATION.

Dieu de Dieu : le Fils de Dieu ne dégénère pas.

Un Dieu peut-il venir d'un Dieu? Un Dieu peut-il avoir l'être d'un autre que de lui-même? Oui, si ce Dieu est fils. Il répugne à un Dieu de venir d'un autre comme créateur qui le tire du néant; mais il ne répugne pas à un Dieu de venir d'un autre comme d'un père qui l'engendre de sa propre substance. Plus un fils est parfait, si l'on peut ainsi parler, plus un fils est fils, plus il est de même nature et de même substance que son père, plus il est un avec lui : et s'il pouvoit être de même nature et de même substance individuelle, plus il seroit fils parfait. Mais quelle nature peut être assez riche, assez infinie, assez immense pour cela, si ce n'est la seule infinie et la seule immense, c'est-à-dire la seule nature divine? C'est ainsi qu'il nous a été révélé que Dieu est Père, que Dieu est Fils, et que le Père et le Fils sont un seul Dieu, parce que le Fils engendré de la substance de son Père, qui ne souffre point de division et ne peut avoir (a) de parties, ne peut être rien moins qu'un Dieu et un même Dieu avec son Père; car qui dit substance de Dieu, la dit toute, et dit par conséquent Dieu tout entier : qui sort de Dieu de cette sorte, c'est-à-dire de toute sa substance, possède en même temps son éternité tout entière, selon ce que dit le prophète : « Sa sortie est dès le commencement, dès les jours de l'éternité [1], » parce que l'éternité est la substance de Dieu; et quiconque est sorti de Dieu et de sa substance, en sort nécessairement avec une même éternité, une même vie, une même majesté. Car si un père transmet à son fils toute sa noblesse, combien plus le Père éternel communique-t-il à son Fils toute la noblesse avec toute la perfection et l'éternité de son être! Ainsi le Fils de Dieu nécessairement est coéternel à son Père : car il ne peut rien y avoir de nouveau ni de temporel dans le sein de Dieu : la mutation et le temps, dont

---

[1] *Mich.*, v, 2.
(a) *Var.* : Et n'a point.

la nature est de changer toujours, n'approche point de ce sein auguste; et la même perfection, la même plénitude d'être qui en exclut le néant, en exclut toute nature changeante. En Dieu tout est permanent : tout est immuable : rien ne s'écoule dans son être : rien n'y arrive de nouveau ; et ce qu'il est un seul moment, si on peut parler de moment en Dieu, il l'est toujours.

« Au commencement le Verbe étoit[1]. » Remontez à l'origine du monde, « le Verbe étoit : » remontez plus haut si vous pouvez, et mettez tant d'années que vous voudrez les unes devant les autres, « il étoit : » il est comme Dieu « celui qui est. » Saint Jean disoit dans l'*Apocalypse :* « La grace vous soit donnée par celui » qui n'est autre que celui « qui est, qui étoit et qui viendra : » c'est Dieu. Et un peu après : c'est Jésus-Christ, dont saint Jean dit : « Le voilà qui vient dans les nues ; » et c'est lui qui prononce ces paroles : « Je suis l'alpha et l'oméga : le commencement et la fin : dit le Seigneur Dieu, qui est, et qui étoit, et qui viendra[2]. » Jésus-Christ est donc comme son Père « celui qui est, » et « qui étoit : » il est celui dont l'immensité embrasse le commencement et la fin des choses : et comme Fils, et étant de même nature, de même substance que son Père, il est aussi de même être, de même durée et de même éternité.

IIIe ÉLÉVATION.

Images dans la nature de la naissance du Fils de Dieu.

Voyez cette délicate vapeur que la mer doucement touchée du soleil et comme imprégnée de sa chaleur, envoie jour et nuit comme d'elle-même vers le ciel, sans diminution de son vaste sein. C'est pourtant le plus pur de sa substance et quelque chose de même nature, quoique non de même matière, que les eaux qu'elle se réserve. Ainsi, dit Salomon, « la sagesse » que Dieu engendre dans l'éternité, « est une vapeur de sa toute-puissante vertu et une très-pure émanation de sa clarté[3]. »

---

[1] *Joan.*, I, 1. — [2] *Apoc.*, I, 4, 7, 8. — [3] *Sap.*, VII, 25.

On peut entendre encore par cette vapeur la chaleur même qui sort du soleil, « dont nul ne se peut cacher [1], » comme dit David. Quoi qu'il en soit, on voit que le Sage cherche par toutes ses comparaisons à nous faire entendre une génération qui n'altère ni n'entame point la substance, et dans le Père et le Fils une distinction qui n'en ôte point l'unité. C'est ce qui ne se trouve pas dans les créatures, et encore moins dans les créatures corporelles : mais il nous propose pourtant ce qu'il y a de plus épuré dans la nature sensible, pour en tirer des images les plus dégagées qu'il sera possible de l'altération qui paroît dans les productions ordinaires.

Considérez cet éclat, ce rayon, cette splendeur qui est la production et comme le fils du soleil : elle en sort sans le diminuer, sans s'en séparer elle-même, sans attendre le progrès du temps : tout d'un coup, dès que le soleil a été formé, sa splendeur est née et s'est répandue avec lui, et on y voit toute la beauté de cet astre : ainsi, disoit Salomon, la sagesse sortie du sein de Dieu, « est la délicate vapeur, la très-pure émanation, » le vif rejaillissement, « l'éclat de sa lumière éternelle [2] : » ou, comme parle saint Paul, c'est « le rayon resplendissant de la gloire de Dieu et l'empreinte de sa substance [3]. » Dès que la lumière est, elle éclate : si l'éclat et la splendeur du soleil n'est pas éternelle, c'est que la lumière du soleil ne l'est pas non plus : et par une contraire raison, si la lumière étoit éternelle, son éclat et sa splendeur le seroient aussi. Or Dieu est une lumière où il n'y a point de ténèbres : une lumière qui n'étant point faite, subsiste éternellement par elle-même et ne connoît ni commencement ni déclin. Ainsi son éclat, qui est son Fils, est éternel comme lui et ne se divise pas de sa substance. Tous les rayons, pour ainsi parler, tiennent au soleil ; son éclat ne se détache jamais : ainsi sans se détacher de son Père, le Fils de Dieu en sort éternellement ; et mettre Dieu sans son Fils, c'est mettre la lumière sans rayon et sans splendeur.

Mais passons à l'autre expression de saint Paul : « Le Fils de Dieu, dit l'Apôtre, est le caractère et l'empreinte de la substance de son Père [4]. » Lorsqu'un sceau est appliqué sur de la cire,

---

[1] *Psal.* XVIII, 7. — [2] *Sap.*, VII, 25. — [3] *Hebr.*, I, 3. — [4] *Ibid.*

cette cire, sans rien détacher du sceau qui s'imprime en elle, en tire la ressemblance tout entière et se l'incorpore, en sorte qu'on ne peut plus l'en séparer : regardez-la bien, aucun trait ne lui est échappé ; et cependant tout est demeuré dans le sceau sous lequel elle a pris sa forme. Ainsi le Fils de Dieu a pris tout du Père sans lui rien ôter : il en est la parfaite image, « l'empreinte, » l'expression tout entière, non de sa figure, car Dieu n'en a point ; mais, comme parle saint Paul, « de sa substance : » selon la force de l'original, on pourroit traduire, « de sa personne. » Il en porte tous les traits ; c'est pourquoi il dit : « Qui me voit, voit mon Père [1]. Et comme le Père a la vie en soi, ainsi il a donné à son Fils d'avoir la vie en soi [2] : comme le Père ressuscite les morts et leur rend la vie, ainsi le Fils donne la vie à qui il lui plaît [3]. » Et il n'exprime pas seulement son Père dans les effets de sa puissance ; il en exprime tous les traits, tous les caractères naturels et personnels ; en sorte que si on pouvoit voir le Fils sans voir le Père, on le verroit tout entier dans son Fils.

Mais qui pourroit expliquer quels sont ces traits et ces caractères du Père éternel qui reluisent dans son Fils ? Cela n'est pas de cette vie ; et tout ce qu'on en peut dire, c'est que n'y ayant rien en Dieu d'accidentel, tous ces traits du Père que le Fils porte empreints dans sa personne, sont de la substance ou de la personne du Père : il est cette impression substantielle que le Père opère de tout ce qu'il est, et c'est en opérant cette impression qu'il engendre son Fils.

Voici dans le Sage quelque chose de plus délicat : la sagesse éternellement conçue dans le sein de Dieu, « est un miroir sans tache de sa majesté et l'image de sa bonté [4]. » C'est une chose de trop grossier pour le Fils de Dieu, que l'impression d'un cachet, ou que l'expression de la ressemblance dans une image qu'on taille avec un ciseau ou qu'on fait avec des couleurs. La nature a quelque chose de plus délicat : et voici dans de claires eaux et dans un miroir, un nouveau secret pour peindre et faire une image. Il n'y a qu'à présenter un objet : aussitôt il se peint lui-même, et cet admirable tableau ne dégénère par aucun endroit de l'original :

[1] *Joan.*, XIV, 9. — [2] *Ibid.*, V, 26. — [3] *Ibid.*, 21. — [4] *Sap.*, VII, 26.

c'est en quelque sorte l'original même. Cependant rien ne dépérit ni à l'original, ni à la glace polie où il s'est imprimé lui-même tout entier. Pour achever ce portrait, on n'a pas besoin du secours du temps, ni d'une ébauche imparfaite : un même instant le commence et l'achève, et le dessin comme le fini n'est qu'un seul trait.

IVe ÉLÉVATION.

Image plus épurée dans la créature raisonnable.

Tout cela est mort : le soleil, son rayon, sa chaleur ; un cachet, son expression ; une image ou taillée ou peinte ; un miroir et les ressemblances que les objets y produisent, sont choses mortes : Dieu a fait une image plus vive de son éternelle et pure génération ; et afin qu'elle nous fût plus connue, c'est en nous-mêmes qu'il l'a faite.

Il l'a faite lorsqu'il a dit : « Faisons l'homme. » Il voulut alors faire quelque chose où fût déclarée l'opération de son Fils, d'un autre lui-même, puisqu'il dit : « Faisons : » il voulut faire quelque chose qui fût vivant comme lui, intelligent comme lui, saint comme lui, heureux comme lui : autrement on ne sauroit ce que voudroit dire : « Faisons l'homme à notre image et ressemblance [1] : à notre image » dans le fond de sa nature ; « à notre ressemblance, » par la conformité de ses opérations avec la nôtre éternelle et indivisible.

C'est par l'effet de cette parole : « Faisons l'homme à notre image, » que l'homme pense : et penser, c'est concevoir : toute pensée est conception et expression de quelque chose : toute pensée est l'expression et par là une conception de celui qui pense, si celui qui pense pense à lui-même et s'entend lui-même ; et c'en seroit une conception et expression parfaite, éternelle, substantielle, si celui qui pense étoit parfait, éternel, et s'il étoit par sa nature toute substance, sans rien avoir d'accidentel en lui-même,

---

[1] *Genes.*, I, 26.

ni rien qui puisse être surajouté à sa pure et inaltérable substance.

Dieu donc qui pense substantiellement, parfaitement, éternellement, et qui ne pense ni ne peut penser qu'à lui-même, en pensant conçoit quelque chose de substantiel, de parfait et d'éternel comme lui : c'est là son enfantement, son éternelle et parfaite génération : car la nature divine ne connoît rien d'imparfait ; et en elle la conception ne peut être séparée de l'enfantement. C'est donc ainsi que Dieu est Père ; c'est ainsi qu'il donne la naissance à un Fils qui lui est égal : c'est là cette éternelle et parfaite fécondité dont l'excellence nous a ravi, dès que sous la conduite de la foi nous avons osé y porter notre pensée. Concevoir et enfanter de cette sorte, c'est être la perfection et l'original : et concevoir et enfanter comme nous faisons, à notre manière imparfaite, c'est être fait à l'image et ressemblance de Dieu.

Nous pouvons donc maintenant répondre à la question de Salomon : « Dites-nous son nom et le nom de son fils, si vous le pouvez [1]. » Nous le pouvons à présent qu'il nous l'a appris : son nom est « le Verbe [2], » la parole : non une parole étrangère et accidentelle, Dieu ne connoît rien de semblable ; mais une parole qui est en lui une personne subsistante, coopératrice, concréatrice, « composant et arrangeant toutes choses avec lui [3], » comme dit le même Salomon : une personne qui n'a point commencé, puisque, dit saint Jean : « Au commencement elle étoit [4] : » une personne qui est un avec Dieu, puisque, dit le même saint Jean, « elle est Dieu, » et que Dieu essentiellement est un : une personne qui est pourtant distincte de Dieu, puisque, continue le même apôtre, elle est en Dieu, avec Dieu, « chez Dieu, » *apud Deum :* son Fils unique qui est dans son sein, *in sinu Patris* [5], qu'il envoie au monde, qu'il fait paroître dans la chair comme le Fils unique de Dieu. Voilà son nom : c'est « le Verbe, » c'est la parole, la parole, dis-je, par laquelle un Dieu éternel et parfait se dit lui-même à lui-même tout ce qu'il est ; et conçoit, et engendre, et enfante tout ce qu'il dit : enfante par conséquent un parfait, un coéternel, un coessentiel et consubstantiel.

[1] *Prov.*, XXX, 4. — [2] *Joan.*, I, 1. — [3] *Prov.*, VIII, 27, 30. — [4] *Joan.*, I, 1, 2. — [5] *Ibid.*, 18.

Ne trouvons point ce mystère indigne de Dieu, puisqu'il ne lui attribue rien qui ne soit parfait : ne trouvons point incroyable que Dieu ait révélé le mystère de son éternelle génération à ceux qu'il avoit faits à sa ressemblance, en qui il avoit imprimé une foible image de cette éternelle et parfaite production. Soyons attentifs à nous-mêmes, à notre conception, à notre pensée : nous y trouverons une idée de cette immatérielle, incorporelle, pure, spirituelle génération que l'Evangile nous a révélée.

Sans cette révélation, qui oseroit porter ses yeux sur cet admirable secret de Dieu? Mais après la foi nous osons non-seulement le contempler, mais encore en voir en nous une image : nous osons en quelque sorte transporter en Dieu cette conception de notre esprit, et la dépouillant de toute altération, de tout changement, de toute imperfection, il ne nous reste que la pure, que la parfaite, l'incorporelle, l'intellectuelle naissance du Fils de Dieu; et dans son Père, une fécondité digne du premier Etre par sa plénitude, par son abondance, par l'infinité d'une nature parfaite et parfaitement communicative, non-seulement au dehors où tout ce qu'elle produit dégénère jusqu'à l'infini, parce qu'au fond il vient du néant et ne peut perdre la bassesse de cette origine; mais encore en elle-même et au dedans, où tout ce qu'elle produit étant produit de sa substance et de toute sa substance, lui est nécessairement égal en tout.

Vᵉ ÉLÉVATION.

Le Saint-Esprit : la Trinité tout entière.

Dieu est donc fécond : Dieu a un Fils : mais où est ici le Saint-Esprit, et où est la Trinité sainte et parfaite, que nous servons dès notre baptême? Dieu n'aime-t-il pas ce Fils, et n'en est-il pas aimé? Cet amour n'est ni imparfait ni accidentel à Dieu : l'amour de Dieu est substantiel comme sa pensée; et le Saint-Esprit qui sort du Père et du Fils, comme leur amour mutuel, est de même substance que l'un et l'autre : un troisième consubstantiel et avec eux un seul et même Dieu.

Mais pourquoi donc n'est-il pas Fils, puisqu'il est par sa production de même nature ? Dieu ne l'a pas révélé. Il a bien dit que le Fils étoit « unique [1] : » car il est parfait, et tout ce qui est parfait est unique : ainsi le Fils de Dieu, Fils parfait d'un Père parfait, doit être unique, et s'il pouvoit y avoir deux fils, la génération du fils seroit imparfaite. Tout ce donc qui viendra après ne sera plus fils : et ne viendra point par génération, quoique de même nature. Que sera-ce donc que cette finale production de Dieu ? C'est une procession sans nom particulier : le Saint-Esprit « procède du Père [2] : » le Saint-Esprit est l'esprit commun du Père et du Fils, « le Saint-Esprit prend du Fils [3] ; » et : « le Fils l'envoie [4] » comme le Père. Taisez-vous, raisonnemens humains : Dieu a voulu expliquer que la procession de son Verbe étoit une véritable et parfaite génération : ce que c'étoit que la procession de son Saint-Esprit, il n'a pas voulu le dire, ni qu'il y eût rien dans la nature qui représentât une action si substantielle et tout ensemble si singulière : c'est un secret réservé à la vision bienheureuse.

O Dieu Saint-Esprit, vous n'êtes pas le Fils, puisque vous êtes l'amour éternel et subsistant du Père et du Fils : qui supposez par conséquent le Fils engendré, et engendré comme Fils unique, à cause qu'il est parfait. Vous êtes parfait aussi et unique en votre genre et en votre ordre : vous n'êtes pas étranger au Père et au Fils, puisque vous en êtes l'amour et l'union éternelle : vous procédez nécessairement de l'un et de l'autre, puisque vous êtes leur amour mutuel : qui vous voudroit séparer d'eux, les séparerait eux-mêmes entre eux et diviseroit leur règne éternel.

Vous êtes égal au Père et au Fils, puisque nous sommes également consacrés « au nom du Père, et du Fils, et du Saint-Esprit [5] ; » et que vous avez avec eux « un » même « temple qui est notre âme, notre corps [6], » tout ce que nous sommes. Rien d'inégal ni d'étranger au Père et au Fils ne doit être nommé avec eux en égalité : je ne veux pas être baptisé et consacré au nom

---

[1] *Joan.*, I, 18. — [2] *Ibid.*, XV, 26. — [3] *Ibid.*, XVI, 14. — [4] *Ibid.*, 7. — [5] *Matth.*, XXVIII, 19. — [6] I *Cor.*, III, 16, 17 ; VI, 19.

d'un conserviteur : je ne veux pas être le temple d'une créature : ce seroit une idolâtrie de lui bâtir un temple, et à plus forte raison d'être et se croire soi-même son temple.

VIe ÉLÉVATION.

Trinité créée, image de l'incréée, et comme elle incompréhensible.

Revenons encore à nous-mêmes : nous sommes, nous entendons, nous voulons. D'abord, entendre et vouloir. Si c'est quelque chose, ce n'est pas absolument la même chose : si ce n'étoit pas quelque chose, ce ne seroit rien, et il n'y auroit ni entendre ni vouloir. Mais si c'étoit absolument la même chose, on ne les distingueroit pas. Mais on les distingue : car on entend ce qu'on ne veut pas, ce qu'on n'aime pas, encore qu'on ne puisse aimer ni vouloir ce qu'on n'entend point : Dieu même entend et connoît ce qu'il n'aime pas, comme le péché : et nous combien de choses entendons-nous que nous haïssons et que nous ne voulons ni faire ni souffrir, parce que nous entendons qu'elles nous nuisent ! Nous entendons ce que c'est que se précipiter du haut d'une tour, et ce mouvement n'est pas moins bien entendu que les autres : mais cependant on ne le veut pas, à cause qu'il nous est nuisible.

Nous sommes donc quelque chose d'intelligent, quelque chose qui s'entend et s'aime soi-même ; qui n'aime que ce qu'il entend, mais qui peut connoître et entendre ce qu'il n'aime pas : toutefois en ne l'aimant pas, il sait et entend qu'il ne l'aime pas, et cela même il veut le savoir, et il ne veut pas l'aimer, parce qu'il sait ou qu'il croit qu'il lui est nuisible ; mais au contraire il veut ne l'aimer pas. Ainsi entendre et aimer sont choses distinctes, mais tellement inséparables, qu'il n'y a point de connoissance sans quelque volonté. Et si l'homme semblable à l'ange connoissoit tout ce qu'il est, sa connoissance seroit égale à son être : et s'aimant à proportion de sa connoissance, son amour seroit égal à l'un et à l'autre. Et si tout cela étoit bien réglé, tout cela ne feroit ensemble qu'un seul et même bonheur de la même ame, et à vrai dire la même ame heureuse, en ce que par la droiture de sa volonté conforme à la vérité de sa connoissance, elle seroit juste. Ainsi ces trois choses : être, connoître et vouloir, font une seule ame heureuse et juste, qui ne pourroit ni être sans être connue, ni être connue sans être aimée, ni distraire de soi-même une de ces choses sans se perdre tout entière avec tout son bonheur. Car que seroit-ce à une ame que d'être sans se connoître, et que seroit-ce de se connoître sans s'aimer de la manière qu'il faut s'aimer pour être véritablement heureux, c'est-à-dire sans s'aimer par rapport à Dieu, qui est tout le fondement de notre bonheur?

Ainsi, à notre manière imparfaite et défectueuse, nous représentons un mystère incompréhensible. Une Trinité créée que Dieu fait dans nos ames, nous représente la Trinité incréée, que lui seul pouvoit nous révéler; et pour nous la faire mieux représenter, il a mêlé dans nos ames qui la représentent, quelque chose d'incompréhensible.

Nous avons vu qu'entendre et vouloir, connoître et aimer sont actes très-distingués : mais le sont-ils tellement que ce soient choses entièrement et substantiellement différentes? Cela ne peut être : la connoissance n'est autre chose que la substance de l'ame affectée d'une certaine façon, et la volonté n'est autre chose que la substance de l'ame affectée d'une autre. Quand je change ou de pensée et de volonté, ai-je cette volonté et cette pensée sans que ma substance y entre? Sans doute elle y entre : et tout cela au fond n'est autre chose que ma substance affectée, diversifiée, modifiée de différentes manières, mais dans son fond toujours la même : car en changeant de pensée, je ne change pas de substance; et ma substance demeure une pendant que mes pensées vont et viennent, et pendant que ma volonté va se distinguant de mon ame, d'où elle ne cesse de sortir : de même que ma connoissance va se distinguant de mon être, d'où elle sort pareillement; et pendant que tous les deux, je veux dire ma connoissance et ma volonté, se distinguent en tant de manières et se portent successivement à tant de divers objets, ma substance est toujours la même dans son fond, quoiqu'elle entre tout entière dans toutes ces manières d'être si différentes.

Voilà déjà en moi un prodige inconcevable : mais ce prodige s'étend dans toute la nature. Le mouvement et le repos, choses si distinctes, ne sont dans le fond que la substance qui se meut et qui se repose ; qui change à la vérité, mais non dans son fond, quand elle passe du mouvement au repos, et du repos au mouvement. Car ce qui se meut maintenant, c'est la même chose qui se reposera bientôt ; et ce qui se repose en ce moment, est la même chose qui bientôt sera mise en mouvement. Et le mouvement droit, et l'oblique, et le circulaire, sont des mouvemens divers entre eux, mais qui n'ont qu'une seule et même substance ; et cent circulations successives d'un même corps ne sont au fond que ce même corps agité en cercle. Et tout cela est distinct et un : un en substance, distinct en manières : et ces manières, quoique différentes, n'ont toutes qu'un même sujet, un même fond, une seule et même substance.

Je ne sais qui se peut vanter d'entendre cela parfaitement : ni qui pourra se bien expliquer à soi-même ce que les manières d'être ajoutent à l'être : ni d'où vient leur distinction dans l'unité et identité qu'elles ont avec l'être même : ni comment elles sont des choses, ni comment elles n'en sont pas. Ce sont des choses, puisque si c'étoit un pur néant, on ne pourroit véritablement ni les assurer ni les nier : ce n'en sont point, puisqu'en elles-mêmes elles ne subsistent pas. Tout cela ne s'entend pas bien ; tout cela est pourtant chose véritable : et tout cela nous est une preuve que même dans les choses naturelles, l'unité est un principe de multiplicité en elle-même, et que l'unité et la multiplicité ne sont pas autant incompatibles qu'on le pense.

O Dieu, devant qui je me considère moi-même et me suis à moi-même un grand énigme, j'ai vu en moi ces trois choses : être, entendre, vouloir. Vous voulez que je sois toujours, puisque vous m'avez donné une ame immortelle, dont le bonheur ou le malheur sera éternel ; et si vous vouliez, j'entendrois et voudrois toujours la même chose : car c'est ainsi que vous voulez que je sois toujours, quand vous me rendrez heureux par votre présence. Si je ne voulois et n'entendois éternellement que la même chose, comme je n'ai qu'un seul être, je n'aurois aussi qu'une seule connoissance et une seule volonté, ou si l'on veut, un seul entendre et un seul vouloir. Cependant ma connoissance et mon amour ou ma volonté n'en seroient pas pour cela moins distingués entre eux, ni moins identifiés; c'est-à-dire n'en seroient pas moins un avec le fond de mon être, avec ma substance. Et mon amour ou ma volonté ne pourroient pas ne pas venir de ma connoissance, et mon amour seroit toujours une chose que je produirois en moi-même, et je ne produirois pas moins ma connoissance : et toujours il y auroit en moi trois choses, l'être produisant la connoissance, la connoissance produite, et l'amour aussi produit par l'un et par l'autre. Et si j'étois une nature incapable de tout accident survenu à sa substance, et en qui il fallut que tout fût substantiel, ma connoissance et mon amour seroient quelque chose de substantiel et de subsistant : et je serois trois personnes subsistantes dans une seule substance : c'est-à-dire je serois Dieu. Mais comme il n'en est pas ainsi, je suis seulement fait à l'image et à la ressemblance de Dieu, et un crayon imparfait de cette unique substance qui est tout ensemble Père, Fils et Saint-Esprit : substance incompréhensible dans sa trine divinité, qui n'est au fond qu'une même chose souveraine, immense, éternelle, parfaitement une en trois personnes distinctement subsistantes, égales, consubstantielles; à qui est dû un seul culte, une seule adoration, un seul amour, puisqu'on ne peut ni aimer le Père sans aimer son Fils, ni aimer le Fils sans aimer son Père, ni les aimer tous deux sans aimer leur union éternellement subsistante et leur amour mutuel. Et pour aider la foi qui m'attache à ce mystère incompréhensible, j'en vois en moi-même une ressemblance qui, toute imparfaite qu'elle est, ne laisse pas d'avoir quelque chose que je ne puis comprendre, et je me suis à moi-même un mystère impénétrable. Et pour m'ôter toute peine de perdre en Dieu toute ma compréhension, je commence par la perdre premièrement, non-seulement dans tous les ouvrages de la nature, mais encore dans moi-même plus que dans tout le reste.

VIIe ÉLÉVATION.

Fécondité des arts.

Je suis un peintre, un sculpteur, un architecte : j'ai mon art, j'ai mon dessein ou mon idée, j'ai le choix et la préférence que je donne à cette idée par un amour particulier. J'ai mon art; j'ai mes règles, mes principes, que je réduis autant que je puis à un premier principe qui est un, et c'est par là que je suis fécond. Avec cette règle primitive et ce principe fécond qui fait mon art, j'enfante au dedans de moi un tableau, une statue, un édifice, qui dans sa simplicité est la forme, l'original, le modèle immatériel de ce que j'exécuterai sur la pierre, sur le marbre, sur le bois, sur une toile où j'arrangerai toutes mes couleurs. J'aime ce dessein, cette idée, ce fils de mon esprit fécond et de mon art inventif. Et tout cela ne fait de moi qu'un seul peintre, un seul sculpteur, un seul architecte : et tout cela se tient ensemble et inséparablement uni dans mon esprit : et tout cela dans le fond, c'est mon esprit même et n'a point d'autre substance : et tout cela est égal et inséparable.

Lequel des trois que l'on ôte, tout s'en va. Le premier qui est l'art, n'est pas plus parfait que le second qui est l'idée, ni le troisième qui est l'amour. L'art produit l'un et l'autre, et on suppose qu'il existe, quand il les produit. On ne peut dire ce qui est plus beau, ou de commencer ou de terminer, ou d'être produit ou de produire. L'art qui est comme le père, n'est pas plus beau que l'idée qui est le fils de l'esprit; et l'amour qui nous fait aimer cette belle production, est aussi beau qu'elle : par leur relation mutuelle chacune a la beauté des trois. Et quand il faudra produire au dehors cette peinture ou cet édifice, l'art et l'idée et l'amour y concourront également et en unité parfaite; en sorte que ce bel ouvrage se ressentira également de l'art, de l'idée et de l'amour ou de la secrète complaisance qu'on aura pour elle.

Tout cela, quoiqu'immatériel, est trop imparfait et trop grossier pour Dieu : je n'ose lui en faire l'application : mais de là, aidé de la foi, je m'élève et je prends mon vol; et cette contemplation de ce que Dieu a mis dans mon ame, quand il l'a créée à sa ressemblance, m'aide à faire mon premier effort.

VIIIe ÉLÉVATION.

Sagesse essentielle, personnelle, engendrante et engendrée.

« Dieu m'a possédée, » dit la Sagesse [1] : c'est-à-dire Dieu m'a engendrée, conformément à cette parole d'Eve, quand elle enfanta Caïn : « Et, dit-elle, j'ai possédé un homme par » la grace de « Dieu [2] : » il m'a engendrée « avant que de rien faire : je suis ordonnée, » et garde mon rang « de toute éternité » et de toute antiquité, « avant que la terre fût faite : les abîmes n'étoient pas encore, et j'étois déjà conçue : Dieu m'enfantoit devant les collines [3]; » c'est-à-dire devant tous les temps et de toute éternité, parce qu'il n'y a que l'éternité avant tous les temps. Mais Dieu n'a-t-il de sagesse que celle qu'il engendre? A Dieu ne plaise! Car nous-mêmes nous ne pourrions pas produire en nous notre verbe, notre parole intérieure, s'il n'y avoit en nous un fond de raison dont notre verbe est le fruit : à plus forte raison y a-t-il en Dieu une Sagesse essentielle, qui étant primitivement et originairement dans le Père, le rend fécond pour produire dans son sein cette Sagesse qui est son Verbe et son Fils, sa parole, sa raison, son intelligence, son conseil, l'idée de ce divin ouvrier qui précède tous ces ouvrages, le bouillonnement pour ainsi dire ou la première effusion de son cœur, et la seule production qui le fait nommer vraiment Père avant tous les temps. « C'est de là » donc, dit saint Paul, « que vient toute paternité dans le ciel et dans la terre [4] : » c'est de là que « nous est donnée, à nous qui croyons au Fils unique, la puissance d'être enfans de Dieu » à son image,

---

[1] *Prov.*, VIII, 22. — [2] *Genes.*, IV, 1. — [3] *Prov.*, VIII, 22, 23, 24, 25. — [4] *Ephes.*, III, 15.

« en naissant non du sang, ni de la volonté de l'homme, ni de la volonté de la chair, mais de Dieu [1], » qui par sa bonté et par la grace de son adoption a daigné nous associer à son Fils unique.

IX· ÉLÉVATION.

La béatitude de l'ame : image de celle de Dieu heureux dans la trinité de ses personnes.

Quand Dieu m'a fait à son image et ressemblance, il m'a fait pour être heureux comme lui, autant qu'il peut convenir à une créature : et c'est pourquoi il me fait trouver en moi ces trois choses : moi-même qui suis fait pour être heureux, l'idée de mon bonheur, et l'amour ou le désir du même bonheur. Trois choses que je trouve inséparables en moi-même, puisque je ne suis jamais sans être une chose qui est faite pour être heureuse, et par conséquent qui porte en soi-même et l'idée de son bonheur et le désir d'en jouir provenant nécessairement de cette idée.

Qu'on me demande laquelle de ces trois choses je voudrois perdre plutôt que l'autre, je ne saurai que répondre : car premièrement je ne veux point perdre mon être : je veux pour ainsi parler encore moins perdre mon bonheur, puisque sans bonheur il vaudroit mieux pour moi que je ne fusse pas, conformément à cette parole du Sauveur sur son malheureux disciple : « Il vaudroit mieux à cet homme de n'avoir jamais été [2]. » Je ne veux donc non plus perdre mon bonheur que mon être, ni non plus perdre l'idée et l'amour de mon bonheur que mon bonheur, puisqu'il n'y a point de bonheur sans cette idée et cet amour.

S'il y a quelque chose en moi qui ait toujours été avec moi-même, c'est cette idée et cet amour de mon bonheur : car je ne puis jamais avoir été sans fuir ce qui me nuisoit et désirer ce qui m'étoit convenable; ce qui ne peut provenir que du désir d'être heureux, et de la crainte de ne l'être pas. Ce sentiment commence

---

[1] *Joan.*, I, 12, 13. — [2] *Matth.*, XXVI, 24.

à paroître dès l'enfance; et comme on l'apporte en venant au monde, on doit l'avoir eu, quoique plus obscurément et plus sourdement, jusque dans le sein de la mère.

Voilà donc une idée qui naît en nous avec nous, et un sentiment qui nous vient avec cette idée ; et tout cela est en nous avant tout raisonnement et toute réflexion. Quand la raison commence à poindre, elle ne fait autre chose que de chercher les moyens, bons ou mauvais, de nous rendre heureux : ce qui montre que cette idée et cet amour du bonheur est dans le fond de notre raison.

D'une certaine façon cette idée qui nous fait connoître notre bonheur, et ce sentiment qui nous le fait aimer, font de tout temps notre seule idée et notre seul sentiment. Pour le sentiment, il est clair, puisque tous nos autres sentimens se rapportent à celui-là : et pour l'idée, c'est une suite, puisque ce n'est que pour remplir celle-là que nous nous rendons attentifs à toutes les autres. Supposons donc que Dieu qui nous donne tout et peut aussi nous ôter ce qui lui plaît, nous ôte tout, excepté notre être, et l'idée de notre bonheur et le désir qui nous presse de le rechercher, nous serons quelque chose de fort simple ; mais dans notre simplicité nous aurons trois choses qui ne diviseront point notre unité simple, mais plutôt concourront toutes trois à sa perfection.

Alors serons-nous heureux? Hélas! point du tout. Nous désirerons seulement de l'être, et par conséquent nous ne le serons pas, puisque le bonheur ne peut consister avec le besoin, dont le désir est la preuve.

Que faut-il donc ajouter à tout cela pour nous rendre heureux? Il faut ajouter à l'idée confuse que j'ai du bonheur, la connoissance distincte de l'objet où il consiste, et en même temps changer le désir confus du bonheur en la possession actuelle de ce qui le fait.

Mais où peut consister mon bonheur que dans la chose la plus parfaite que je connoîtrai, si je la puis posséder? Ce que je connois le plus parfait, c'est Dieu sans doute, puisque même je ne puis trouver en moi-même d'autre idée de perfection que celle de Dieu. Il reste à savoir si je le puis posséder. Mais qu'est-ce que le posséder, si ce n'est le connoître? Se possède-t-il autrement lui-même qu'en connoissant sa perfection? Je suis donc capable de le posséder, puisque je suis capable de le connoître, pourvu qu'en le connoissant je me porte aussi à l'aimer, puisque le connoître sans l'aimer, c'est le méconnoître en effet.

Après cette heureuse addition qui s'est faite à la connoissance et à l'idée que j'avois de mon bonheur, serois-je heureux? Point du tout. Mais quoi! Je connois et j'aime Dieu, et cela même, avons-nous dit, c'est le posséder, et c'est posséder ce que je connois de meilleur; et nous avons dit que cela c'est être heureux : je le suis donc? Cependant si j'étois heureux, je n'aurois rien à désirer : puis-je dire que je n'ai rien à désirer? Loin de moi cet aveuglement! Je ne suis donc pas heureux.

Il faut donc encore chercher en moi-même ce qui me manque. Je connois Dieu, je l'avoue, mais très-imparfaitement : ce qui fait que mon amour pour lui est trop foible; et de là aussi me vient la foiblesse de désirer tant de choses bonnes ou mauvaises. J'ai donc à désirer de connoître Dieu plus parfaitement que je ne fais : « De le connoître, comme dit saint Paul, ainsi que j'en suis connu[1] : » de le connoître à nu, « à découvert; » en un mot de le voir « face à face[2], » sans ombre, sans voile, sans obscurité. Que Dieu m'ajoute cela; qu'il me dise comme à Moïse : « Je te montrerai tout bien[3] : » alors je dirai avec saint Philippe : « Maître, cela nous suffit[4]. » Mais cela n'est pas de cette vie. Quand ce bonheur nous arrivera, nous n'aurons rien à désirer pour la connoissance. Mais pour l'amour, que sera-ce? Quand nous verrons Dieu face à face, pourrons-nous faire quelque chose de plus que l'aimer? Non sans doute : et saint Paul a dit que « l'amour » demeure éternellement « sans jamais se perdre[5]. » Qu'aura donc de plus notre amour dans cette éternelle et bienheureuse occupation, sinon qu'il sera parfait, venant d'une parfaite connoissance? Et il ne pourra plus changer comme il peut changer en cette vie : et il absorbera toutes nos volontés dans une seule, qui sera celle d'aimer Dieu : « Et il n'y aura plus de gémissement, et nos larmes seront essuyées pour jamais[6], » et nos désirs s'en iront avec nos besoins. Alors donc

---

[1] *I Cor.*, XIII, 12. — [2] *II Cor.*, III, 18. — [3] *Exod.*, XXXIII, 19. — [4] *Joan.*, XIV, 8. — [5] *I Cor.*, XIII, 8. — [6] *Apoc.*, VII, 17.

nous serons réduits à la parfaite unité et simplicité. Mais dans cette simplicité nous porterons la parfaite image de la Trinité, puisque Dieu uni au fond de notre être et se manifestant lui-même, produira en nous la vision bienheureuse qui sera en un sens Dieu même, lui seul en étant l'objet comme la cause : et par cette vision bienheureuse il produira un éternel et insatiable amour, qui ne sera encore autre chose en un certain sens que Dieu même vu et possédé : et « Dieu sera tout en tous[1] : » et il sera tout en nous-mêmes : un seul Dieu uni à notre fonds, se produisant en nous par la vision et se consommant en un avec nous par un éternel et parfait amour.

Alors donc s'accomplira notre parfaite unité en nous-mêmes, et avec tout ce qui possédera Dieu avec nous : et ce qui nous fera tous parfaitement un, c'est que nous serons, et nous verrons, et nous aimerons ; et tout cela sera en nous tous une seule et même vie. Et alors s'accomplira ce que dit le Sauveur : « Comme vous, mon Père, êtes en moi et moi en vous, ainsi » ils seront « un en nous[2] : » un en eux-mêmes, et un avec tous les membres du corps de l'Eglise qu'ils composent.

Formons donc en nous la Trinité sainte : unis à Dieu, connoissant Dieu, aimant Dieu. Et comme notre connoissance, qui à présent est imparfaite et obscure, s'en ira ; et que l'amour est en nous la seule chose qui ne s'en ira jamais et ne se perdra point, aimons, aimons, aimons : faisons sans fin ce que nous ferons sans fin : faisons sans fin dans le temps ce que nous ferons sans fin dans l'éternité. Oh ! que le temps est incommode ! Que de besoins accablans le temps nous apporte ! Qui pourroit souffrir les distractions, les interruptions, les tristes nécessités du sommeil, de la nourriture, des autres besoins ? Mais celles des tentations, des mauvais désirs, qui n'en seroit honteux autant qu'affligé ? « Malheureux homme que je suis ! qui me délivrera de ce corps de mort[3] ? » O Dieu, que le temps est long, qu'il est pesant, qu'il est assommant ! O Dieu éternel, tirez-moi du temps : fixez-moi dans votre éternité. En attendant, faites-moi prier sans cesse et passer les jours et les nuits dans la contemplation de votre loi, de vos vérités, de vous-même qui êtes toute vérité et tout bien. *Amen, Amen.*

[1] I *Cor.*, XV, 28. — [2] *Joan.*, XVII, 21. — [3] *Rom.*, VII, 24.

IIIᴱ SEMAINE.

ÉLÉVATIONS SUR LA CRÉATION DE L'UNIVERS.

PREMIÈRE ÉLÉVATION.

Dieu n'en est pas plus grand ni plus heureux, pour avoir créé l'univers.

Recueilli en moi-même, ne voyant en moi que péché, imperfection et néant, je vois en même temps au-dessus de moi une nature heureuse et parfaite; et je lui dis en moi-même avec le Psalmiste : « Vous êtes mon Dieu; vous n'avez pas besoin de mes biens [1] : » vous n'avez besoin d'aucuns biens : « que me sert la multitude de vos victimes [2]? » Tout est à moi : mais je n'ai pas besoin de tout ce qui est à moi : il me suffit d'être, et je trouve en moi toutes choses : je n'ai pas besoin de vos louanges : les louanges que vous me donnez vous rendent heureux, mais ne me le rendent pas, et je n'en ai pas besoin : mes « œuvres » me « louent [3] : » mais encore n'ai-je pas besoin de la louange que me donnent mes œuvres : tout me loue imparfaitement, et nulle louange n'est digne de moi que celle que je me donne moi-même en jouissant de moi-même et de ma perfection.

« Je suis celui qui suis [4]. » C'est assez que je sois : tout le reste m'est inutile. Oui, Seigneur, tout le reste vous est inutile et ne peut faire aucune partie de votre grandeur : vous n'êtes pas plus grand avec tout le monde, avec mille millions de mondes, que vous l'êtes seul. Quand vous avez fait le monde, c'est par bonté et non par besoin. Il vous convient de pouvoir créer tout ce qui vous plaît : car il est de la perfection de votre être et de l'efficace de

[1] *Psal.* xv, 2. — [2] *Isa.*, I, 11. — [3] *Psal.* xviii, 1. — [4] *Exod.*, III, 14.

votre volonté, non-seulement que vous soyez, mais que tout ce que vous voulez soit : qu'il soit dès que vous le voulez, autant que vous le voulez, quand vous le voulez. Et quand vous le voulez, vous ne commencez pas à le vouloir : de toute éternité vous voulez ce que vous voulez, sans jamais changer : rien ne commence en vous, et tout commence hors de vous par votre ordre éternel. Vous manque-t-il quelque chose, parce que vous ne faites pas tant de choses que vous pouvez faire? Tout cet univers que vous avez fait n'est qu'une petite partie de ce que vous pouviez faire, et après tout n'est rien devant vous. Si vous n'aviez rien fait, l'être manqueroit aux choses que vous n'auriez pas voulu faire : mais rien ne vous manqueroit, parce qu'indépendamment de toutes choses vous êtes celui qui est, et qui est tout ce qu'il faut être pour être heureux et parfait.

O Père, éternellement et indépendamment de toute autre chose, votre Fils et votre Esprit-Saint sont avec vous : vous n'avez pas besoin de société : en voilà une en vous-même, éternelle et inséparable de vous. Content de cette infinie et éternelle communication de votre parfaite et bienheureuse essence, à ces deux personnes qui vous sont égales, qui ne sont point votre ouvrage, mais vos coopérateurs, ou pour mieux dire avec vous un seul et même créateur de tous vos ouvrages; qui sont comme vous, non par votre commandement ou par un effet de votre toute-puissance, mais par la seule perfection et plénitude de votre être : toute autre communication est incapable de rien ajouter à votre grandeur, à votre perfection, à votre félicité.

IIe ÉLÉVATION.

Avant la création, rien n'étoit que Dieu.

« Puisque j'ai commencé, je continuerai de parler à mon Seigneur, quoique je ne sois que poussière et cendre [1]. » Et de quoi

---

[1] *Genes.*, XVIII, 27.

vous parlerai-je, Seigneur? Par où puis-je mieux commencer à vous parler que par où vous avez vous-même commencé à parler aux hommes? J'ouvre votre Ecriture, et j'y trouve d'abord ces paroles : « Au commencement Dieu a créé le ciel et la terre [1]. » Je ne trouve point que Dieu qui a créé toutes choses, ait eu besoin comme un ouvrier vulgaire de trouver une matière préparée sur laquelle il travaillât et de laquelle il fît son ouvrage. Mais n'ayant besoin pour agir que de lui-même et de sa propre puissance, il a fait tout son ouvrage : il n'est point un simple faiseur de formes et de figures dans une matière préexistante : il a fait et la matière et la forme, c'est-à-dire son ouvrage dans son tout : autrement son ouvrage ne lui doit pas tout, et dans son fond il est indépendamment de son ouvrier. Mais il n'en est pas ainsi d'un ouvrier aussi parfait que Dieu : lui qui est la forme des formes et l'acte des actes, il a fait tout ce qui est selon ce qu'il est et autant qu'il est; c'est-à-dire que comme il a fait la forme, il a fait aussi ce qui étoit capable d'être formé, parce que cela même c'est quelque chose qui ne pouvant avoir de soi-même d'être formé, ne peut non plus avoir de soi-même d'être formable.

C'est pourquoi je lis ainsi dans votre Ecriture toujours véritable : « Au commencement Dieu a créé le ciel et la terre. Et la terre étoit inutile, » informe, « vide, » invisible, confuse : « et les ténèbres couvroient la face de l'abîme, » qui étoit la mer. « Et l'esprit de Dieu, » le Saint-Esprit en figure, selon la première signification de la lettre, un vent, un air que Dieu agitoit, « étoit porté sur les eaux [2], » ou, posoit sur elles. Voilà cette matière confuse, sans ordre, sans arrangement, sans forme distincte. Voilà ce chaos, cette confusion, dont la tradition s'est conservée dans le genre humain et se voit encore dans les poëtes les plus anciens. Car c'est ce que veulent dire ces ténèbres, cet abîme immense dont la terre étoit couverte, ce mélange confus de toutes choses, cette informité, si l'on peut parler de cette sorte, de la terre vide et stérile. Mais en même temps tout cela n'est pas sans commencement, tout cela est créé de Dieu : « Au commencement Dieu a créé le ciel et la terre : » cet « esprit, » cet air ténébreux qui « se portoit sur les

[1] *Genes.*, I, 1. — [2] *Ibid.*, I, 1, 2.

eaux, » venoit « de Dieu » et n'étoit fait ni agité que de sa main : en un mot toute cette masse, quoiqu'informe, étoit néanmoins sa créature, le commencement et l'ébauche, mais toujours de la même main, de son grand ouvrage.

O Dieu, quelle a été l'ignorance des sages du monde, qu'on a appelés philosophes, d'avoir cru que vous, parfait architecte et absolu formateur de tout ce qui est, vous aviez trouvé sous vos mains une matière qui vous étoit coéternelle, informe néanmoins et qui attendoit de vous sa perfection! Aveugles! qui n'entendoient pas que d'être capable de forme, c'est déjà quelque forme, c'est quelque perfection que d'être capable de perfection : et si la matière avoit d'elle-même ce commencement de perfection et de forme, elle en pourroit aussitôt avoir d'elle-même l'entier accomplissement.

« Aveugles, conducteurs d'aveugles, qui tombez dans le précipice et y jetez ceux qui vous suivent [1], » dites-moi qui a assujetti à Dieu ce qu'il n'a pas fait, ce qui est de soi aussi bien que Dieu, ce qui est indépendamment de Dieu même? Par où a-t-il trouvé prise sur ce qui lui est étranger et indépendant de sa puissance, et par quel art ou par quel pouvoir se l'est-il soumis? Comment s'y prendra-t-il pour le mouvoir? Ou s'il se meut de lui-même, quoiqu'encore confusément et irrégulièrement, comme on veut se l'imaginer dans ce chaos, comment donnera la règle à ces mouvemens celui qui ne donne pas la force mouvante? Cette nature indomptable échapperoit à ses mains; et ne s'y prêtant jamais tout entière, elle ne pourroit être formée tout entière selon l'art et la puissance de son ouvrier. Mais qu'est-ce après tout que cette matière, si parfaite qu'elle ait d'elle-même ce fond de son être, et si imparfaite qu'elle attende sa perfection d'un autre? Son ornement et sa perfection ne sera que son accident, puisqu'elle est éternellement informe. Dieu aura fait l'accident, et n'aura pas fait la substance! Dieu aura fait l'arrangement des lettres qui composent les mots, et n'aura pas fait dans les lettres la capacité d'être arrangées! O chaos et confusion dans les esprits plus encore que dans cette matière et ces mouvemens qu'on imagine éternelle-

---

[1] *Matth.*, XV, 14.

-ment irréguliers et confus! Ce chaos, cette erreur, cet aveuglement étoit pourtant dans tous les esprits, et il n'a été dissipé que par ces paroles : « Au commencement Dieu a créé le ciel et la terre[1]; » et par celles-ci : « Dieu a vu toutes les choses qu'il avoit faites, et elles étoient très-bonnes [2], parce que lui seul en avoit fait toute la bonté : toute la bonté, encore un coup, et non-seulement la perfection et la fin, mais encore le commencement.

IIIe ÉLÉVATION.

Dieu n'a eu besoin de trouver ni un lieu pour placer le monde, ni un temps pour y assigner le commencement de toutes choses.

Foible et imbécille que je suis, qui ne vois que des artisans mortels dont les ouvrages sont soumis au temps et qui désignent par certains momens le commencement et la fin de leur travail, qui aussi ont besoin d'être en quelque lieu pour agir, et de trouver une place pour y fabriquer et poser leur ouvrage, je veux imaginer la même chose ou quelque chose de semblable dans ce toutpuissant ouvrier qui a fait le ciel et la terre, sans songer que s'il a tout fait, il a fait le temps et le lieu; et que ces deux choses que tout autre ouvrier que lui doit trouver faites, font elles-mêmes partie de son ouvrage!

Cependant je veux m'imaginer il y a six ou sept mille ans, et avant que le monde fût, comme une succession infinie de révolutions et de momens entre-suivis, dont le créateur en ait choisi un pour y fixer le commencement du monde : et je ne veux pas comprendre que Dieu qui fait tout, ne trouve rien de fait dans son ouvrage avant qu'il agisse : qu'ainsi avant le commencement du monde il n'y avoit rien du tout que Dieu seul : et que dans le rien il n'y a ni succession, ni durée, ni rien qui soit, ni rien qui demeure, ni rien qui passe, parce que le rien est toujours rien, et qu'il n'y a rien hors de Dieu que ce que Dieu fait.

[1] *Gen.*, I, 1.— [2] *Ibid.* 31.

Elevez donc ma pensée au-dessus de toute image des sens et de la coutume, pour me faire entendre dans votre éternelle vérité que vous, qui êtes celui qui est, êtes toujours le même sans succession ni changement; et que vous faites le changement et la succession partout où elle est. Vous faites par conséquent tous les mouvemens et toutes les circulations dont le temps peut être la mesure. Vous voyez dans votre éternelle intelligence toutes les circulations différentes que vous pouvez faire; et les nommant pour ainsi dire toutes par leur nom, vous avez choisi celles qu'il vous a plu pour les faire aller les unes après les autres. Ainsi la première révolution que vous avez faite du cours du soleil, a été la première année; et le premier mouvement que vous avez fait dans la matière, a été le premier jour. Le temps a commencé selon ce qu'il vous a plu, et vous en avez fait le commencement tel qu'il vous a plu; comme vous en avez fait la suite et la succession, que vous ne cessez de développer du centre immuable de votre éternité.

Vous avez fait le lieu de la même sorte que vous avez fait le temps. Pour vous, ô Dieu de gloire et de majesté, vous n'avez besoin d'aucun lieu : vous habitez en vous-même tout entier. Sans autre étendue que celle de vos connoissances, vous savez tout; ou celle de votre puissance, vous pouvez tout; ou celle de votre être, de toute éternité vous êtes tout. Vous êtes tout ce qui est nécessairement; et ce qui peut ne pas être, et qui n'est pas éternellement comme vous, n'ajoute rien à la perfection et à la plénitude de l'être que vous possédez seul. Qu'ajouteroit à votre science, à votre puissance, à votre grandeur, quelque espèce d'étendue locale que ce soit? Rien du tout. Vous êtes dans vos ouvrages par votre vertu, qui les forme et qui les soutient; et votre vertu c'est vous-même, c'est votre substance. Quand vous cesseriez d'agir, vous n'en seriez pas moins tout ce que vous êtes, sans avoir besoin ni de vous étendre, ni d'être dans vos créatures, ni dans quelque lieu ou espace que ce soit. Car le lieu ou l'espace est une étendue : et un espace et une étendue, des proportions, des distances, des égalités, ne sont pas un rien : et si on veut que vous trouviez toutes faites ces distances, ces étendues, ces proportions, sans les avoir faites vous-même, on retombe dans l'erreur de ceux qui mettent quelque chose hors de vous, qui vous soit nécessairement coéternel et ne soit pas votre ouvrage.

O Dieu, dissipez ces fausses idées de l'esprit de vos serviteurs : faites-leur entendre que, sans avoir besoin d'être nulle part, ou de vous faire une demeure, vous vous étiez tout à vous-même; et que lorsqu'il vous a plu sans aucune nécessité de faire le monde, vous avez fait avec le monde, et le temps et le lieu, toute étendue, toute succession, toute distance : et enfin que de toute éternité et avant le commencement, il n'y avoit rien du tout que vous seul; vous seul encore une fois, vous seul n'ayant besoin que de vous-même. Tout le reste n'étoit pas : il n'y avoit ni temps ni lieu, puisque le temps et le lieu sont quelque chose : il n'y avoit qu'une pure possibilité de la créature que vous vouliez faire, et cette possibilité ne subsistoit que dans votre toute-puissance.

Vous êtes donc éternellement : et parce que vous êtes parfait, vous pouvez tout ce que vous voulez : et parce que vous pouvez tout ce que vous voulez, tout vous est possible : et il n'est possible radicalement et originairement, que parce que vous le pouvez.

Je vous adore, ô celui qui pouvez tout, et je me soumets à votre toute-puissance pour ne vouloir éternellement que ce que vous voulez de moi, et ne me réserver de puissance que pour l'accomplir.

IV° ÉLÉVATION.

Efficace et liberté du commandement divin.

« Dieu dit : Que la lumière soit, et la lumière fut [1]. » Le roi dit : Qu'on marche, et l'armée marche : qu'on fasse telle évolution, et elle se fait : toute une armée se remue au seul commandement d'un prince, c'est-à-dire à un seul petit mouvement de ses lèvres. C'est parmi les choses humaines l'image la plus excellente de la puissance de Dieu : mais au fond que cette image est

[1] *Genes.*, I, 3.

défectueuse ! Dieu n'a point de lèvres à remuer : Dieu ne frappe point l'air avec une langue pour en tirer quelque son : Dieu n'a qu'à vouloir en lui-même; et tout ce qu'il veut éternellement s'accomplit comme il l'a voulu, et au temps qu'il a marqué.

Il dit donc : « Que la lumière soit, et elle fut : Qu'il y ait un firmament, et il y en eut un : Que les eaux s'assemblent, et elles furent assemblées : Qu'il s'allume deux grands luminaires, et ils s'allumèrent : Qu'il sorte des animaux, et il en sortit [1] : » et ainsi du reste : « Il a dit, et les choses ont été faites : il a commandé, et elles ont été créées [2] : Rien ne résiste à sa voix [3], » et l'ombre ne suit pas plus vite le corps que tout suit au commandement du Tout-Puissant.

Mais les corps jettent leur ombre nécessairement, le soleil envoie de même ses rayons; les eaux bouillonnent d'une source comme d'elles-mêmes, sans que la source les puisse retenir; la chaleur, pour ainsi parler, force le feu à la produire; car tout cela est soumis à une loi et à une cause qui les domine. Mais vous, ô loi suprême, ô cause des causes, supérieur à vos ouvrages, maître de votre action, vous n'agissez hors de vous qu'autant qu'il vous plaît : tout est également rien devant vos yeux : vous ne devez rien à personne : vous n'avez besoin de personne : vous ne produisez nécessairement que ce qui vous est égal : vous produisez tout le reste par pure bonté, par un commandement libre; non de cette liberté changeante et irrésolue qui est le partage de vos créatures; mais par une éternelle supériorité que vous exercez sur les ouvrages qui ne vous font ni plus grand ni plus heureux, et dont aucun, ni tous ensemble, n'ont droit à l'être que vous leur donnez.

Ainsi, mon Dieu, je vous dois tout : je devrois moins à votre bonté, si vous me deviez quelque chose : si votre libéralité étoit nécessaire. Je veux vous devoir tout, je veux être à vous de la manière la plus absolue et la plus entière : car c'est celle qui convient mieux à votre suprême perfection, à votre domination absolue. Je consacre à votre empire libre et souverain tout ce que vous m'avez donné de liberté.

[1] *Genes.*, I, 3, 6, 9, 14, 20, 24. — [2] *Psal.* XXXII, 9. — [3] *Judith.*, XVI, 17.

Vᵉ ÉLÉVATION.

Les six jours.

Le dessein de Dieu dans la création et dans la description que son Saint-Esprit en a dictée à Moïse[1], est de se faire connoître d'abord comme le tout-puissant et très-libre créateur de toutes choses ; qui, sans être astreint à une autre loi qu'à celle de sa volonté, avoit tout fait sans besoin et sans contrainte, par sa seule et pure bonté. C'est donc pourquoi lui qui pouvoit tout ; qui pouvoit par un seul décret de sa volonté créer et arranger toutes choses, et par un seul trait de sa main, pour ainsi parler, mettre l'ébauche et le fini dans son tableau et tout ensemble le tracer, le dessiner et le parfaire, il a voulu néanmoins suspendre avec ordre l'efficace de son action, et faire en six jours ce qu'il pouvoit faire en un instant.

Mais la création du ciel et de la terre et de toute cette masse informe que nous avons vue dans les premières paroles de Moïse, a précédé les six jours qui ne commencent qu'à la création de la lumière. Dieu a voulu faire et marquer l'ébauche de son ouvrage, avant que d'en montrer la perfection ; et après avoir fait d'abord comme le fond du monde, il en a voulu faire l'ornement avec six différens progrès, qu'il a voulu appeler six jours. Et il faisoit ces six jours l'un après l'autre, comme il faisoit toutes choses, pour faire voir qu'il donne aux choses l'être, la forme, la perfection, comme il lui plaît, autant qu'il lui plaît, avec une entière et parfaite liberté.

Ainsi, il a fait la lumière avant que de faire les grands luminaires où il a voulu la ramasser : et il a fait la distinction des jours, avant que d'avoir créé les astres dont il s'est servi pour les régler parfaitement : et le soir et le matin ont été distingués, avant que leur distinction et la division parfaite du jour et de la nuit fût bien marquée : et les arbres, et les arbustes, et les herbes ont germé

[1] *Genes.*, I.

sur la terre par ordre de Dieu, avant qu'il eût fait le soleil qui devoit être le père de toutes les plantes : et il a détaché exprès les effets d'avec leurs causes naturelles, pour montrer que tout naturellement ne tient qu'à lui seul et ne dépend que de sa seule volonté : et il ne se contente pas d'approuver tout son ouvrage après l'avoir achevé, en disant « qu'il étoit » très-beau et « très-bon ; » mais il distingue chaque ouvrage en particulier, en remarquant que chacun est beau et bon en soi-même : il nous montre donc que chaque chose « est bonne » en particulier, et que l'assemblage en est « très-bon [1]. » Car c'est ainsi qu'il distingue la beauté du tout d'avec celle des êtres particuliers, pour nous faire entendre que si toutes choses sont bonnes en elles-mêmes, elles reçoivent une beauté et bonté nouvelle par leur ordre, par leur assemblage, par leur parfait assortiment et ajustement les unes avec les autres, et le secours admirable qu'elles s'entre-donnent.

Ainsi la création de l'univers, comme Dieu l'a voulu faire et comme il en a inspiré le récit à Moïse, le plus excellent et le premier de ses prophètes, nous donne les vraies idées de sa puissance, et nous fait voir que s'il a astreint la nature à certaines lois, il ne s'y astreint lui-même qu'autant qu'il lui plaît, se réservant le pouvoir suprême de détacher les effets qu'il voudra des causes qu'il leur a données dans l'ordre commun ; et de produire ces ouvrages extraordinaires que nous appelons miracles, selon qu'il plaira à sa sagesse éternelle de les dispenser.

VIe ÉLÉVATION.

Actes de foi et d'amour sur toutes ces choses.

Vous êtes tout-puissant, ô Dieu de gloire : j'adore votre immense et volontaire libéralité. Je passe tous les siècles et toutes les évolutions et révolutions de la nature : je vous regarde comme

[1] *Genes.*, I, 31 ; *ibid.*, 4 et seqq.

vous étiez avant tout commencement et de toute éternité, c'est-à-dire que je vous regarde comme vous êtes : car vous êtes ce que vous étiez : la créature a changé : mais vous, Seigneur, vous êtes toujours ce que vous êtes. Je laisse donc toute créature, et je vous regarde comme étant seul avant tous les siècles : ô la belle et riche aumône que vous avez faite en créant le monde ! Que la terre étoit pauvre sous les eaux, et qu'elle étoit vide dans sa sécheresse, avant que vous en eussiez fait germer les plantes, avec tant de fruits et de vertus différentes; avant la naissance des forêts ; avant que vous l'eussiez comme tapissée d'herbes et de fleurs ; et avant encore que vous l'eussiez couverte de tant d'animaux ! Que la mer étoit pauvre dans la vaste amplitude de son sein, avant qu'elle eût été faite la retraite de tant de poissons! Et qu'y avoit-il de moins animé et de plus vide que l'air, avant que vous y eussiez répandu tant de volatiles ? Mais combien le ciel même étoit-il pauvre, avant que vous l'eussiez semé d'étoiles et que vous y eussiez allumé le soleil pour présider au jour, et la lune pour présider à la nuit! Que toute la masse de l'univers étoit informe, et que le chaos en étoit affreux et pauvre, lorsque la lumière lui manquoit! Avant tout cela, que le néant étoit pauvre, puisque ce n'étoit qu'un pur néant! Mais vous, Seigneur, qui étiez et qui portiez tout en votre toute-puissance, « Vous » n'avez fait « qu'ouvrir votre main, et vous avez rempli de bénédiction [1] » le ciel et la terre.

O Dieu, que mon ame est pauvre ! C'est un vrai néant d'où vous tirez peu à peu le bien que vous voulez y répandre : ce n'est qu'un chaos, avant que vous ayez commencé à en débrouiller toutes les pensées. Quand vous commencez par la foi à y faire poindre la lumière; qu'elle est encore imparfaite, jusqu'à ce que vous l'ayez formée par la charité; et que vous qui êtes le vrai soleil de justice, aussi ardent que lumineux, vous m'avez embrasé de votre amour ! O Dieu, soyez loué à jamais par vos propres œuvres ! Ce n'est pas assez de m'avoir illuminé une fois : sans votre secours je retombe dans mes premières ténèbres. Car le soleil même est toujours nécessaire à l'air qu'il éclaire, afin qu'il

[1] *Psal.* CXLIV, 16.

demeure éclairé : combien plus ai-je besoin que vous ne cessiez de m'illuminer, et que vous disiez toujours : « Que la lumière soit faite ! »

VIIe ÉLÉVATION.

L'ordre des ouvrages de Dieu.

Dieu a fait le fond de son ouvrage, Dieu l'a orné, Dieu y a mis la dernière main ; Dieu s'est reposé.

Quand il a fait le fond de son ouvrage, c'est-à-dire en confusion le ciel et la terre, l'air et les eaux, il n'est point dit qu'il ait parlé. Quand il a commencé à orner le monde, et à mettre l'ordre, la distinction et la beauté dans son ouvrage, c'est alors qu'il a fait paroître sa parole. « Dieu a dit : Que la lumière soit, et la lumière fut [1]. » Et ainsi du reste.

La parole de Dieu, c'est sa sagesse ; et la sagesse commence à paroître avec l'ordre, la distinction et la beauté : la création du fond appartenoit plutôt à la puissance.

Et cette sagesse, par où devoit-elle commencer, si ce n'étoit par la lumière, qui de toutes les natures corporelles est la première qui porte son impression ? La sagesse est la lumière des esprits ; l'ignorance est comparée aux ténèbres : sans la lumière tout est difforme, tout est confus ; c'est elle qui la première embellit et distingue les objets par l'éclat qu'elle y répand, et dont pour ainsi dire elle les peint et les dore. Paroissez donc, lumière, la plus belle des créatures matérielles et celle qui embellissez toutes les autres ; et faites voir que votre auteur est tout lumière en lui-même : que « la lumière est le vêtement dont il se pare : » *Amictus lumine sicut vestimento* [2] *:* que « la lumière qu'il habite est inaccessible [3] » en elle-même : mais qu'elle s'étend, quand il lui plaît, sur les natures intelligentes, et se tempère pour s'accommoder à de foibles yeux : qu'il est beau et embellissant ; qu'il est éclatant et

[1] *Genes.*, I, 3. — [2] *Psal.* CIII, 2. — [3] I *Timoth.*, VI, 16.

éblouissant ; lumineux , et par sa lumière obscur et impénétrable, connu et inconnu tout ensemble. Paroissez, encore une fois , belle lumière, et faites voir que la lumière de l'intelligence prévient et dirige tous les ouvrages de Dieu. Lumière éternelle, je vous adore : j'ouvre à vos rayons mes yeux aveugles ; je les ouvre et les baisse tout ensemble, n'osant ni éloigner mes regards de vous, de peur de tomber dans l'erreur et dans les ténèbres ; ni aussi les arrêter trop sur cet éclat infini, de peur que « scrutateur » téméraire « de la majesté, » je ne sois « ébloui par la gloire [1]. »

C'est à la faveur de votre lumière que je vois naître la lumière dans le monde; et que suivant vos ouvrages, j'en vois croître peu à peu la perfection , jusqu'à ce que vous y mettiez une fin heureuse et digne de vous en créant l'homme, le spectateur et l'admirateur de tous vos ouvrages, et le seul qui peut profiter de tant de merveilles. Après cela que vous restoit-il que le repos , pour montrer que votre ouvrage étoit parfait et qu'il n'y avoit plus rien à y ajouter.

Béni soyez-vous, ô Seigneur, dans le premier jour de lumière, où parut la création de la lumière; et tout ensemble le symbole du jour que vous deviez sanctifier dans le Nouveau Testament, qui est le Dimanche, où reluit tout ensemble et la lumière corporelle dans cette parole : « Que la lumière soit faite [2] : » et la lumière spirituelle, dans la résurrection du Sauveur et dans la descente du Saint-Esprit, qui a commencé à faire naître dans le monde la lumière de la prédication apostolique.

Que ce soit donc là notre premier jour : que ce jour nous comble de joie : que ce soit pour nous un jour d'allégresse et de sanctification, où nous dirons avec David : « C'est ici le jour que le Seigneur a fait : réjouissons-nous et tressaillons d'aise en ce jour [3]. » C'est le jour de la Trinité adorable : le Père y paroît par la création de la lumière, le Fils par sa résurrection, et le Saint-Esprit par sa descente. O saint jour ! ô jour heureux ! Puisses-tu être toujours le vrai dimanche, le vrai jour du Seigneur, par notre fidèle observance, comme tu l'es par la sainteté de ton institution.

Voilà quel est notre premier jour. Mais n'oublions pas le sixième,

[1] *Prov.*, XXV, 27. — [2] *Genes.*, I, 3. — [3] *Psal.* CXVII, 24.

où l'homme a été créé. Ne nous réjouirons-nous pas en ce jour de notre création? Elle nous est devenue bientôt malheureuse : et peut-être a-ce été celui de notre chute; du moins est-il bien certain que celui de notre chute l'a suivi de près. Mais admirons le mystère; le jour où le premier homme, le premier Adam a été créé, est le même où le nouvel homme, le nouvel Adam est mort sur la croix. C'est donc pour l'Eglise un jour de jeûne et de deuil dans toutes les générations suivantes : jour qui est suivi du triste repos de Jésus-Christ dans le sépulcre, et qui pourtant est plein de consolation par l'espérance de la résurrection future.

O homme, vois dans ce sixième jour ta perte heureusement réparée par la mort de ton Sauveur. Renouvelle donc en ce jour la mémoire de ta création et la figure admirable de la formation de l'Eglise par celle d'Eve, notre mère et la mère de tous les vivans.

O Seigneur, donnez-moi la grace en célébrant la mémoire des six jours de votre travail, de parvenir à celui de votre repos dans un parfait acquiescement à vos volontés; et par ce repos de retourner à mon origine, en ressuscitant avec vous et me revêtant de votre lumière et de votre gloire.

VIIIᵉ ÉLÉVATION.

L'assistance de la divine sagesse dans la création de l'univers.

Il n'y a ici qu'à lire ce bel endroit des *Proverbes*[1], où la Sagesse incréée parle ainsi : « Le Seigneur m'a possédée, » m'a engendrée « au commencement de ses voies : » je suis moi-même ce commencement, étant l'idée ouvrière de ce grand artisan et le modèle primitif de toute son architecture : il m'a engendrée dès le commencement et avant qu'il eût rien fait : avant donc tous ces ouvrages j'étois, et j'étois par conséquent de toute éternité, puisqu'il n'y a que l'éternité avant tous les siècles. « De toute éternité,

[1] *Prov.*, VIII, 22,-24, etc.

j'ai été ordonnée, » selon la Vulgate : j'ai été le commandement et l'ordre même de Dieu qui ordonne tout. « J'ai été fondée, » disent les Septante : j'ai été l'appui et le soutien de tous les êtres, et la parole par laquelle Dieu porte le monde. « J'ai eu la primauté, la principauté, la souveraineté sur toutes choses, » selon l'original hébreu. « J'ai été dès le commencement, et avant que la terre fût. Les abîmes n'étoient pas encore, et moi j'étois déjà conçue, » déjà formée dans le sein de Dieu, et toujours parfaite. « Devant qu'il eût fondé les montagnes avec leur masse pesante, et devant les collines et les coteaux j'étois enfantée : il n'avoit point fait la terre ni les lieux habitables et inhabitables, » selon les Septante; ni « ce qui tient la terre en état et ce qui l'empêche de se dissiper en poudre, » selon l'hébreu : selon la Vulgate, « les gonds et les soutiens » de ce lourd et sec élément. « J'étois avec lui, » non pas seulement quand il formoit, mais encore « quand il préparoit les cieux : quand il tenoit les eaux en état, et les formoit en cercle » avec son compas : « quand il élevoit les cieux : quand il affermissoit la source des eaux, » pour couler éternellement et arroser la terre : « quand il faisoit la loi à la mer, et la renfermoit dans ses bornes : quand il affermissoit la terre sur ses fondemens, » et la « tenoit balancée » par un contre-poids : « j'étois en lui et avec lui, composant, » nourrissant, réglant et gouvernant toutes choses; « me réjouissant tous les jours, » et disant à chaque jour avec Dieu, que tout étoit bon, « et me jouant » en tout temps : me jouant dans l'univers par la facilité, la variété et l'agrément des ouvrages que je produisois : magnifique dans les grandes choses, industrieuse dans les petites, et encore riche dans les petites et inventrice dans les grandes. « Et mes délices étoient de converser avec les enfans des hommes : » formant l'homme d'une manière plus familière et plus tendre, comme la suite le fera paroître ; car l'homme mérite bien sa méditation particulière, que nous ferons dans les jours suivans.

Cependant admirons l'ouvrage de la sagesse de Dieu assistante et coopérante avec sa puissance. Louons-le avec le Sage, et mettons en abrégé toutes ses louanges en disant encore avec lui : « Le Seigneur a fondé la terre avec sa sagesse : son intelligence a a établi les cieux : les abîmes sont sortis sous sa conduite; et c'est par elle que la rosée s'épaissit en nuages [1]. »

Concluons : Dieu a orné et ordonné le monde par sa parole : c'est dans l'ornement et dans l'ordre que l'opération de sa parole et de sa sagesse commence à paroître, lorsqu'il a mis la distinction et la beauté dans l'univers. Ce n'est pas que Dieu n'en ait fait le fond, comme l'ordre et l'ornement, par sa sagesse. Car, comme nous avons vu, si la sagesse seule pouvoit ordonner et former le monde, elle seule pouvoit aussi le rendre capable d'ordre et de forme. On attribue donc principalement à la parole et à la sagesse l'ordre et l'ornement de l'univers, parce que c'est où son opération paroît plus distincte et plus propre. Mais au reste il faut dire avec saint Jean : « Le Verbe étoit au commencement : par lui tout a été fait : et rien n'a été fait sans lui [2]. Par lui » donc « ont été faits le ciel et la terre avec tout leur ornement [3] : » tout l'ouvrage de Dieu est plein de sagesse, et la sagesse nous en doit apprendre le bon usage.

Le premier bon usage qu'on en doit faire, c'est de louer Dieu par ses œuvres. Chantons-lui donc ici en action de graces le cantique des trois enfans; et invitant tous les ouvrages de Dieu à le bénir, finissons en nous y invitant nous-mêmes et en disant par-dessus tout : « O enfans des hommes, bénissez le Seigneur ! Qu'Israël bénisse le Seigneur : bénissez-le, vous qui êtes ses ministres et ses sacrificateurs : bénissez-le, serviteurs du Seigneur : ames des justes, bénissez-le : bénissez-le, ô vous tous qui êtes saints et humbles de cœur : louez-le et l'exaltez aux siècles des siècles. *Amen* [4]. »

[1] *Prov.*, III, 19, 20. — [2] *Joan.*, I, 1, 3. — [3] *Genes.*, II, 1. — [4] *Dan.*, III, 82, 87.

IVᴱ SEMAINE.

ÉLÉVATIONS SUR LA CRÉATION DES ANGES ET CELLE DE L'HOMME.

PREMIÈRE ÉLÉVATION.

La création des anges.

Dieu qui est un pur esprit, a voulu créer de purs esprits comme lui : qui comme lui vivent d'intelligence et d'amour : qui le connoissent et l'aiment, comme il se connoît et s'aime lui-même : qui comme lui soient bienheureux en connoissant et aimant ce premier Être, comme il est heureux en se connoissant et aimant lui-même : et qui par là portent empreint dans leur fond un caractère divin par lequel ils sont faits à son image et ressemblance.

Des créatures si parfaites sont tirées du néant comme les autres : et dès là toutes parfaites qu'elles sont, elles sont peccables par leur nature. Celui-là seul par sa nature est impeccable, qui est de lui-même et parfait par son essence. Mais comme il est le seul parfait, tout est défectueux, excepté lui, « et il a trouvé de la dépravation même dans ses anges [1]. »

Ce n'est pourtant pas lui qui les a faits dépravés : à Dieu ne plaise ! Il ne sort rien que de très-bon d'une main si bonne et si puissante : tous les esprits sont purs dans leur origine, toutes les natures intelligentes étoient saintes dans leur création, et Dieu y avoit tout ensemble formé la nature et répandu la grace.

Il a tiré de ses trésors des esprits d'une infinité de sortes. De ces trésors infinis sont sortis les anges : de ces mêmes trésors infinis sont sorties les ames raisonnables, avec cette différence, que les

[1] *Job*, IV, 18.

anges ne sont pas unis à un corps : c'est pourquoi ils sont appelés des esprits purs : au lieu que les ames raisonnables sont créées pour animer un corps; et quoiqu'en elles-mêmes elles soient des esprits purs et incorporels, elles composent un tout qui est mêlé du corporel et du spirituel, et ce tout est l'homme.

O Dieu, soyez loué à jamais dans la merveilleuse diversité de vos ouvrages. Vous qui êtes esprit, vous avez créé des esprits; et en faisant ce qu'il y a de plus parfait, vous n'avez pas dénié l'être à ce qu'il y a de plus imparfait. Vous avez donc fait également et les esprits et les corps : et comme vous avez fait des esprits séparés des corps, et des corps qui n'ont aucun esprit, vous avez aussi voulu faire des esprits qui eussent des corps; et c'est ce qui a donné lieu à la création de la race humaine.

Qui doute que vous ne puissiez et séparer et unir tout ce qui vous plaît? Qui doute que vous ne puissiez faire des esprits sans corps? A-t-on besoin d'un corps pour entendre, et pour aimer, et pour être heureux? Vous qui êtes un esprit si pur, n'êtes-vous pas immatériel et incorporel? L'intelligence et l'amour, ne sont-ce pas des opérations spirituelles et immatérielles, qu'on peut exercer sans être uni à un corps? Qui doute donc que vous ne puissiez créer des intelligences de cette sorte? Et vous nous avez révélé que vous en avez créé de telles.

Vous nous avez révélé que ces pures créatures « sont innombrables[1]. » Un de vos prophètes, éclairé de votre lumière et comme transporté en esprit parmi vos anges, en a vu « un millier de milliers qui exécutoient vos ordres; et dix mille fois cent mille qui demeuroient en votre présence[2], » sans y faire autre chose que vous adorer et admirer vos grandeurs. Il ne faut pas croire qu'en parlant ainsi il ait entrepris de les compter : cette prodigieuse multiplication qu'il en fait par les plus grands nombres, nous signifie seulement qu'ils sont innombrables et que l'esprit humain se perd dans cette immense multitude. Comptez, si vous pouvez, ou le sable de la mer, ou les étoiles du ciel, tant celles qu'on voit que celles qu'on ne voit pas : et croyez que vous n'avez pas atteint le nombre des anges. Il ne coûte rien à Dieu de multiplier les

---

[1] *Hebr.*, XII, 22. — [2] *Dan.*, VII, 10.

choses les plus excellentes : et ce qu'il a de plus beau ; c'est pour ainsi dire ce qu'il prodigue le plus.

« O mon Dieu, je vous adorerai devant vos saints anges : je chanterai vos merveilles en leur présence[1] ; » et je m'unirai en foi et en vérité à cette immense multitude des habitans de votre saint temple, de vos adorateurs perpétuels dans le sanctuaire de votre gloire.

O Dieu, qui avez daigné nous révéler que vous les avez faits en si grand nombre, vous avez bien voulu nous apprendre encore que vous les avez distribués en neuf chœurs ; et votre Ecriture qui ne ment jamais et ne dit rien d'inutile, a nommé « des anges, des archanges, des vertus, des dominations, des principautés, des puissances, des trônes, des chérubins, des séraphins[2]. » Qui entreprendra d'expliquer ces noms augustes, ou de dire les propriétés et les excellences de ces belles créatures ? Trop content d'oser les nommer avec votre Ecriture toujours véritable, je n'ose me jeter dans cette haute contemplation de leurs perfections ; et tout ce que j'aperçois, c'est que parmi ces bienheureux esprits, les séraphins, qui sont les plus sublimes et que vous mettez à la tête de tous les célestes escadrons le plus près de vous, n'osent pourtant lever les yeux jusqu'à votre face. Votre prophète qui leur a donné six ailes, pour signifier la hauteur de leurs pensées, leur en donne « deux pour les mettre devant votre face : deux pour les mettre devant vos pieds[3]. » Tout est également grand en votre nature et ce qu'on appelle la face et ce qu'on appelle les pieds ; il n'y a rien en vous qui ne soit incompréhensible. Les esprits les plus épurés ne peuvent soutenir la splendeur de votre visage : s'il y a quelqu'endroit en vous par où vous sembliez vous rapprocher d'eux davantage, et qu'on puisse par cette raison appeler vos pieds, ils le couvrent encore de leurs ailes et n'osent le regarder. De six ailes, ils en emploient quatre à se cacher à eux-mêmes votre impénétrable et inaccessible lumière, et adorer l'incompréhensibilité de votre être : et il ne leur reste que « deux ailes pour voltiger[4], si on l'ose dire, autour de vous, sans pouvoir

[1] *Psal.* CXXXVII, 1. — [2] *Ibid.*, XC, 11 ; CIII, 4 ; *Matth.*, XVIII, 10 ; I *Thessal.*, IV, 16 ; *Ephes.*, I, 21 ; *Coloss.*, I, 16 ; *Isa.*, VI, 2 ; XXXVII, 16. — [3] *Ibid.*, VI, 2. — [4] *Ibid.*

jamais entrer dans vos profondeurs, ni sonder cet abîme immense de perfection, devant lequel ils battent à peine des ailes tremblantes et ne peuvent presque se soutenir devant vous.

O Dieu, je vous adore avec eux; et n'osant mêler mes lèvres impures avec ces bouches immortelles qui font retentir vos louanges dans tout le ciel, j'attends qu'un de ces célestes esprits me vienne toucher du feu des charbons qui brûlent devant votre autel. Quelle grandeur me montrez-vous dans ces esprits purifians, et vous me montrez cependant que ces esprits qui me purifient, sont si petits devant vous!

IIe ÉLÉVATION.

La chute des anges.

Tout peut changer, excepté Dieu : « Rien n'est immuable (par soi-même) parmi ses saints, et les cieux ne sont pas purs en sa présence [1] : ceux qu'il avoit créés pour le servir n'ont pas été stables, et il a trouvé de l'impureté et de la dépravation dans ses anges [2]. » C'est ce que dit un ami de Job, et il n'en est pas repris par cet homme irrépréhensible. C'étoit la doctrine commune de tout le monde, conformément à cette pensée : « Dieu, dit saint Pierre [3], n'a point épargné les anges pécheurs; mais il les a précipités dans les ténèbres infernales, où ils sont tenus comme par des chaînes de fer et de gros cordages, pour y être tourmentés et réservés aux rigueurs du jugement dernier. » Et Jésus-Christ a dit lui-même, parlant de Satan : « Il n'est pas demeuré dans la vérité [4]. »

« Comment êtes-vous tombé du ciel, ô bel astre du matin [5]? Vous portiez en vous le sceau de la ressemblance, plein de sagesse et d'une parfaite beauté; vous avez été avec tous les esprits sanctifiés dans le paradis de votre Dieu, tout couvert de pierres pré-

---

[1] *Job*, XV, 15. — [2] *Ibid.*, IV, 18. — [3] II *Petr.*, II, 4. — [4] *Joan.*, VIII, 44. — [5] *Isa.*, XIV, 12.

cieuses, » des lumières et des ornemens de sa grace. « Comme un chérubin a des ailes étendues, vous avez brillé dans la sainte montagne de Dieu au milieu des pierreries embrasées : parfait dans vos voies dès le moment de votre création, jusqu'à ce que l'iniquité s'est trouvée en vous [1]. » Comment s'y est-elle trouvée, par où y est-elle entrée ? L'erreur a-t-elle pu s'insinuer au milieu de tant de clartés, ou la dépravation et l'iniquité parmi de si grandes graces ? Vraiment tout ce qui est tiré du néant en tient toujours. Vous étiez sanctifié, mais non pas saint comme Dieu : vous étiez réglé d'abord : mais non pas comme Dieu, la règle même. Une de vos beautés étoit d'être doué d'un libre arbitre : mais non pas comme Dieu, dont la volonté est sa règle, d'un libre arbitre indéfectible. Esprit superbe et malheureux, vous vous êtes arrêté en vous-même : admirateur de votre propre beauté, elle vous a été un piége. Vous avez dit : Je suis beau, je suis parfait et tout éclatant de lumière ; et au lieu de remonter à la source d'où vous venoit cet éclat, vous avez voulu comme vous mirer en vous-même. Et c'est ainsi que vous avez dit : « Je monterai jusqu'aux cieux ; et je serai semblable au Très-Haut [2]. » Comme un nouveau Dieu vous avez voulu jouir de vous-même. Créature si élevée par la grace de votre créateur, vous avez affecté une autre élévation qui vous fût propre, et vous avez voulu « vous élever un trône au-dessus des astres, » pour être comme le Dieu, et de vous-même et des autres esprits lumineux que vous avez attirés à l'imitation de votre orgueil : et voilà que tout à coup « vous êtes tombé : » et nous qui sommes en terre, nous vous voyons « dans l'abîme » au-dessous de nous. C'est vous qui l'avez voulu, ange superbe, et il ne faut point chercher d'autre cause de votre défection que votre volonté propre. Dieu n'a besoin ni de foudre ni de la force d'un bras indomptable, pour atterrer ces rebelles ; il n'a qu'à se retirer de ceux qui se retirent de lui, et qu'à livrer à eux-mêmes ceux qui se cherchent eux-mêmes. Maudit esprit laissé à toi-même, il n'en a pas fallu davantage pour te perdre : esprits rebelles qui l'avez suivi, Dieu, sans vous ôter votre intelligence sublime, vous l'a tournée en supplice :

[1] *Ezech.*, XXVIII, 12-15. — [2] *Isa.*, XIV, 13-15.

vous avez été les ouvriers de votre malheur, et dès que vous vous êtes aimés vous-mêmes plus que Dieu, tout en vous s'est changé en mal. Au lieu de votre sublimité naturelle, vous n'avez plus eu qu'orgueil et ostentation : les lumières de votre intelligence se sont tournées en finesse et artifices malins : l'homme que Dieu avoit mis au-dessous de vous, est devenu l'objet de votre envie : et dénués de la charité qui devoit faire votre perfection, vous vous êtes réduits à la basse et malicieuse occupation d'être premièrement nos séducteurs, et ensuite les bourreaux de ceux que vous avez séduits. Ministres injustes de la justice de Dieu, vous l'éprouvez les premiers : vous augmentez vos tourmens en leur faisant éprouver vos rigueurs jalouses : votre tyrannie fait votre gloire, et vous n'êtes capables que de ce plaisir noir et malin, si on le peut appeler ainsi, que donne un orgueil aveugle et une basse envie. Vous êtes ces esprits privés d'amour, qui ne vous nourrissez plus que du venin de la jalousie et de la haine. Et comment s'est fait en vous ce grand changement? Vous vous êtes retirés de Dieu, et il s'est retiré : c'est là votre grand supplice et sa grande et admirable justice. Mais il a pourtant fait plus encore : il a tonné, il a frappé : vous gémissez sous les coups incessamment redoublés de sa main invincible et infatigable : par ses ordres souverains la créature corporelle, qui vous étoit soumise naturellement, vous domine et vous punit : le feu vous tourmente : sa fumée, pour ainsi parler, vous étouffe : d'épaisses ténèbres vous tiennent captifs dans des prisons éternelles : maudits esprits, haïs de Dieu et le haïssant, comment êtes-vous tombés si bas? Vous l'avez voulu, vous le voulez encore, puisque vous voulez toujours être superbes, et que par votre orgueil indompté vous demeurez obstinés à votre malheur.

Créature, quelle que tu sois et si parfaite que tu te croies, songe que tu as été tirée du néant : que de toi-même tu n'es rien : c'est du côté de cette basse origine que tu peux toujours devenir pécheresse, et dès là éternellement et infiniment malheureuse.

Superbes et rebelles, prenez exemple sur le prince de la rébellion et de l'orgueil; et voyez, et considérez, et entendez ce qu'un seul sentiment d'orgueil a fait en lui et dans tous ses sectateurs.

Fuyons, fuyons, fuyons-nous nous-mêmes : rentrons dans notre néant et mettons en Dieu notre appui comme notre amour. *Amen. Amen.*

IIIe ÉLÉVATION.

La persévérance et la béatitude des saints anges.

« Il y eut un grand combat dans le ciel : Michel et ses anges combattoient contre le dragon et ses anges : le dragon et ses anges combattoient, et la force leur manqua, » et ils tombèrent du ciel, « et leur place ne s'y trouva plus [1]. » Quel est ce combat ? Quelles sont les armes des puissances spirituelles ? « Nous n'avons point à combattre contre la chair et le sang, mais contre des malices spirituelles qui sont dans les cieux et dans cet air ténébreux » qui nous environne [2].

Il ne faut donc point s'imaginer dans ce combat, ni des bras de chair, ni des armes matérielles, ni du sang répandu comme parmi nous : c'est un conflit de pensées et de sentimens. L'ange d'orgueil qui est appelé le dragon, soulevoit les anges et disoit : Nous serons heureux en nous-mêmes et nous ferons comme Dieu notre volonté ; et Michel disoit au contraire : « Qui est comme Dieu ? » Qui se peut égaler à lui ? d'où lui est venu le nom de *Michel,* c'est-à-dire *qui est comme Dieu ?* Mais qui doute dans ce combat, que le nom de Dieu ne l'emporte ? Que pouvez-vous, foibles esprits ; foibles, dis-je, par votre orgueil ? que pouvez-vous contre l'humble armée du Seigneur qui se rallie à ce mot : « Qui est comme Dieu ? » Vous tombez du ciel comme un éclair, et votre place qui y étoit si grande y demeure vide. O quel ravage y a fait votre désertion ! quels vastes espaces demeurent vacans ! ils ne le seront pas toujours, et Dieu créera l'homme pour remplir ces places que votre désertion a laissées vacantes. Fuyez, troupe malheureuse : « Qui est comme Dieu ? » Fuyez devant Michel et devant ses anges.

[1] *Apoc.,* XII, 7, 8. — [2] *Ephes.,* VI, 12.

Voilà donc le ciel purifié : les esprits hautains en sont bannis à jamais : il n'y aura plus de révolte, il n'y aura plus d'orgueil ni de dissension : c'est une Jérusalem, c'est une ville de paix, où les « saints anges » unis à Dieu et unis entre eux, « voient éternellement la face du Père [1] ; » et assurés de leur félicité, attendent avec soumission le supplément de leurs Ordres qui leur viendront de la terre.

Saints et bienheureux esprits, qui vous a donné de la force contre cet esprit superbe qui étoit un de vos premiers princes, et peut-être le premier de tous ? Qui ne voit que c'est le nom de Dieu que vous avez mis à votre tête en disant avec saint Michel : « Qui est comme Dieu ? » Mais qui vous a inspiré cet amour victorieux pour le nom de Dieu ? Ne nous est-il pas permis de penser que Dieu même vous a inspiré, comme il a fait aux saints hommes, cette dilection invincible et victorieuse qui vous a fait persévérer dans le bien ; et de chanter en action de grace de votre victoire, ce que dit à Dieu un de ses saints : « C'est à vous qu'ils doivent leur être : c'est à vous qu'ils doivent leur vie : c'est à vous qu'ils doivent de vivre justes : c'est à vous qu'ils doivent de vivre heureux [2] ? » Ils ne se sont pas faits eux-mêmes meilleurs et plus excellens que vous ne les avez faits ; ce degré de bien qu'ils ont acquis en persévérant, leur vient de vous. Et comme dit un autre de vos saints : « La même grace qui a relevé l'homme tombé, a opéré dans les anges saints le bonheur de ne tomber pas : elle n'a pas délaissé l'homme dans sa chute, mais elle n'a pas permis que les anges bienheureux tombassent [3]. »

J'adore donc la miséricorde qui les a faits heureux en les faisant persévérans ; et appelé par votre Apôtre au témoignage des « anges élus [4], » je reconnois en eux comme en nous votre élection en laquelle seule ils se glorifient. Car si je disois qu'ils se glorifient, pour peu que ce fût, en eux-mêmes, je craindrois, Seigneur, et pardonnez-moi si je l'ose dire, je craindrois en les rangeant avec les déserteurs, de leur en donner le partage.

Mais quoi donc ! a-t-il manqué quelque chose aux mauvais

---

[1] *Matth.*, XVIII, 10. — [2] S. August. — [3] S. Bernard., serm. XXII *in Cant.*, n. 6. — [4] I *Timoth.*, V, 21.

anges du côté de Dieu ? Loin de nous cette pensée ! ils sont tombés par leur libre arbitre : et quand on demandera : Pourquoi Satan s'est-il soulevé contre Dieu ? La réponse est prête : c'est parce qu'il l'a voulu. Car il n'avoit point comme nous à combattre une mauvaise concupiscence qui l'entraînât au mal comme par force : ainsi sa volonté étoit parfaitement libre, et sa désertion est le pur ouvrage de son libre arbitre. Et les saints anges, comment ont-ils persévéré dans le bien ? Par leur libre arbitre sans doute, et parce qu'ils l'ont voulu. Car n'ayant point cette maladie de la concupiscence, ni cette inclination indélibérée vers le mal dont nous sommes tyrannisés, ils n'avoient pas besoin de la prévention de cet attrait indélibéré qui nous incline vers le bien, et qui est dans les hommes enclins à mal faire, le secours médicinal du Sauveur. Au contraire, dans un parfait équilibre, la volonté des saints anges donnoit seule, pour ainsi parler, le coup de l'élection ; et leur choix que la grace aidoit, mais qu'elle ne déterminoit pas, sortoit comme de lui-même par sa propre et seule détermination. Il est ainsi, mon Dieu ; et il me semble que vous me faites voir cette liberté dans la notion que vous me donnez du libre arbitre, lorsqu'il a été parfaitement sain.

Il étoit tel dans tous les anges ; mais cependant ce bon usage de leur libre arbitre, qui est un grand bien, et en attire un plus grand encore, qui est la félicité éternelle, peut-il ne pas venir de Dieu ? Je ne le puis croire ; et je crois, si je l'ose dire, faire plaisir aux saints anges en reconnoissant que celui qui leur a donné l'être comme à nous, la vie comme à nous, la première grace comme à nous, la liberté comme à nous, par une action particulière de sa puissance et de sa bonté, leur a donné comme à nous encore, par une action de sa bonté particulière, le bon usage du bien ; c'est-à-dire le bon usage de leur libre arbitre, qui étoit un bien, mais ambigu, dont on pouvoit bien et mal user, que Dieu néanmoins leur avoit donné ; et combien plus leur a-t-il donné le bien dont on ne peut pas mal user, puisque ce bien n'est autre chose que le bon usage ? Tout vient de Dieu ; et l'ange, non plus que l'homme, « n'a point à se glorifier en lui-même [1] » par quelque

---

[1] I *Cor.*, 1, 29, 31.

endroit que ce soit, mais toute sa gloire est en Dieu. Il lui a donné la justice commencée, et à plus forte raison la justice persévérante qui est plus parfaite comme plus heureuse, puisqu'elle a pour sa récompense cet immuable affermissement de la volonté dans le bien, qui fait la félicité éternelle des justes.

Oui, saints anges, je me joins à vous pour dire à Dieu que vous lui devez tout, et que vous voulez lui tout devoir, et que c'est par là que vous avez triomphé de vos malheureux compagnons, parce que vous avez voulu tout devoir à celui à qui vous deviez l'être, la vie et la justice, pendant que ces orgueilleux oubliant ce qu'ils lui devoient, ont voulu se devoir à eux-mêmes leur perfection, leur gloire, leur félicité.

Soyez heureux, saints anges. Venez à notre secours : périssent en une nuit, par la main d'un seul de vous, les innombrables armées de nos ennemis [1] : périssent en une nuit, par une semblable main, tous les premiers nés de l'Egypte, persécutrice du peuple de Dieu [2] : saint ange, qui que vous soyez, que Dieu a commis à ma garde, repoussez ces superbes tentateurs, qui pour continuer leur combat contre Dieu, lui disputent encore l'homme qui est sa conquête, et vous le veulent enlever. O saint ange, puissant protecteur du peuple saint, « dont vous offrez à Dieu les prières comme un encens agréable [3], ô saint Michel, que je puisse dire sans fin avec vous : « Qui est comme Dieu ? » O saint Gabriel, qui êtes appelé *la force de Dieu,* vous qui avez annoncé à Marie la venue actuelle du Christ [4], dont vous aviez prédit à Daniel l'arrivée future [5], inspirez-nous la sainte pensée de profiter de vos prédictions. O saint Raphaël, dont le nom est interprété *la médecine de Dieu,* guérissez mon ame d'un aveuglement plus dangereux que celui du saint homme Tobie : liez le démon d'impudicité, qui attaque les enfans d'Adam même dans la sainteté du mariage [6] : liez-le, car vous êtes plus puissant que lui, et Dieu même est votre force. Saints anges, tous tant que vous êtes « qui voyez la face de Dieu [7] » et à qui « il a commandé de

---

[1] IV *Reg.*, XIX, 35; *Isa.*, XXXVII, 36. — [2] *Exod.*, XII, 29. — [3] *Apoc.*, VIII, 3. — [4] *Luc.*, 1, 26. — [5] *Dan.*, IX, 2, 22, 23, etc. — [6] *Tob.*, V, 17, 21, 27; VIII, 3; XI, 13-15. — [7] *Matth.*, XVIII, 10.

nous garder dans toutes nos voies¹, » développez sur notre foiblesse les secours de toutes les sortes que Dieu vous a mis en main pour le salut de ses élus, « pour lesquels il a daigné vous établir des esprits administrateurs². »

O Dieu, envoyez-nous vos saints anges : ceux qui ont servi Jésus-Christ après son jeûne : ceux qui ont gardé son sépulcre et annoncé sa résurrection³ : celui qui l'a fortifié dans son agonie⁴ : car Jésus-Christ n'avoit pas besoin de son secours pour lui-même, mais seulement parce qu'il s'étoit revêtu de notre foiblesse, et ce sont les membres infirmes que cet ange consolateur est venu fortifier en la personne de leur chef.

IVᵉ ÉLÉVATION.

Création de l'homme.

« Vous l'avez abaissé un peu au-dessous de l'ange : vous l'avez couronné d'honneur et de gloire, et vous l'avez préposé à tous les ouvrages de vos mains⁵. » C'est ce que chantoit David en mémoire de la création de l'homme. Et il est vrai que Dieu « l'a mis un peu au-dessous des anges : au-dessous ; car uni à un corps il est inférieur à ces esprits purs : mais seulement un peu au-dessous ; car comme eux il a la vie et l'intelligence et l'amour ; et l'homme n'est pas heureux par la participation d'un autre bonheur que de celui des anges : Dieu est la commune félicité des uns et des autres ; et de ce côté, égaux aux anges, « leurs frères⁶ » et non leurs sujets, nous ne sommes « qu'un peu au-dessous d'eux. »

« Vous l'avez couronné d'honneur et de gloire, » selon l'ame et selon le corps. Vous lui avez donné la justice, la droiture originelle, l'immortalité et l'empire sur toute la créature corporelle. Les anges n'ont pas besoin de ces créatures qui ne leur sont d'aucun usage, n'ayant point de corps. Mais Dieu a introduit l'homme

---

¹ *Psal.* xc, 11. — ² *Hebr.*, I, 14. — ³ *Matth.*, IV, 11 ; XXVIII, 2, 5. — ⁴ *Luc.*, XXII, 43. — ⁵ *Psal.* VIII, 6, 7. — ⁶ *Apoc.*, XIX, 10 ; XXII, 9.

dans ce monde sensible et corporel pour le contempler et en jouir. Le contempler, selon que David le venoit de dire par ces mots : « Je verrai vos cieux qui sont l'œuvre de vos doigts : je verrai la lune et les étoiles que vous avez fondées [1] » au milieu de la liqueur immense qui les environne, et dont vous avez réglé le cours par une loi d'une inviolable stabilité. L'homme doit aussi jouir du monde, selon les usages que Dieu lui en a prescrits : du soleil, de la lune et des étoiles, « pour distinguer les jours, les mois, les saisons et les années [2]. » Tout le reste de la nature corporelle est soumis à son empire : il cultive la terre et la rend féconde : il fait servir les mers à ses usages et à son commerce : elles font la communication des deux mondes qui forment le globe de la terre : tous les animaux reconnoissent son empire, ou parce qu'il les dompte, ou parce qu'il les emploie à divers usages. Mais le péché a affoibli cet empire et ne nous en a laissé que quelques malheureux restes.

Comme tout devoit être mis en la puissance de l'homme, Dieu le crée après tout le reste, et l'introduit dans l'univers, comme on introduit dans la salle du festin celui pour qui il se fait, après que tout est prêt et que les viandes sont servies. L'homme est le complément des œuvres de Dieu : et après l'avoir fait comme son chef-d'œuvre, il demeure en repos.

Dieu honore l'homme : pourquoi se déshonore-t-il lui-même, « en se rendant semblable aux bêtes [3], » sur qui l'empire lui est donné ?

Ve ÉLÉVATION.

Sur les singularités de la création de l'homme. Première singularité dans ces paroles : Faisons l'homme.

Homme animal, qui te ravilis jusqu'à te « rendre semblable aux bêtes [4] » et souvent te mettre dessous et envier leur état, il

[1] *Psal.* VIII, 4. — [2] *Genes.*, I, 14. — [3] *Psal.* XLVIII, 13, 21. — [4] *Ibid.*

faut aujourd'hui que tu comprennes ta dignité par les singularités admirables de ta création. La première est d'avoir été fait, non point comme le reste des créatures par une parole de commandement : *fiat;* mais par une parole de conseil : *faciamus,* « faisons [1]. » Dieu prend conseil en lui-même, comme allant faire un ouvrage d'une plus haute perfection, et pour ainsi dire d'une industrie particulière, où reluisît plus excellemment la sagesse de son auteur. Dieu n'avoit rien fait sur la terre ni dans la nature sensible, qui pût entendre les beautés du monde qu'il avoit bâti, ni les règles de son admirable architecture ; ni qui pût s'entendre soi-même à l'exemple de son créateur ; ni qui de soi-même se pût élever à Dieu et en imiter l'intelligence et l'amour, et comme lui être heureux. Pour donc créer un si bel ouvrage, Dieu consulte en lui-même, et voulant produire un animal capable de conseil et de raison, il appelle en quelque manière à son secours, parlant à un autre lui-même, à qui il dit : « Faisons ; » qui n'est donc point une chose faite, mais une chose qui fait comme lui et avec lui, et cette chose ne peut être que son Fils et son éternelle Sagesse, engendrée éternellement dans son sein, par laquelle et avec laquelle il avoit à la vérité fait toute chose, mais qu'il déclare plus expressément en faisant l'homme.

Gardons-nous donc bien de nous laisser entraîner aux aveugles impulsions de nos passions, ni à ce que le monde appelle hasard et fortune. Nous sommes produits par un conseil manifeste, toute la sagesse de Dieu pour ainsi dire appelée. Ne croyons donc pas que les choses humaines puissent aller un seul moment à l'aventure : tout est régi dans le monde par la providence : mais surtout ce qui regarde les hommes est soumis aux dispositions d'une sagesse occulte et particulière, parce que de tous les ouvrages de Dieu, l'homme est celui d'où son ouvrier veut tirer le plus de gloire. Soyons donc toujours aveuglément soumis à ses ordres, et mettons là toute notre sagesse. Quoi qu'il nous arrive d'imprévu, de bizarre et d'irrégulier en apparence, souvenons-nous de cette parole : « Faisons l'homme, » et du conseil particulier qui nous a donné l'être.

[1] *Genes.*, I, 26.

VIᵉ ÉLÉVATION.

Seconde distinction de la création de l'homme, dans ces paroles :
A notre image et ressemblance.

« Faisons l'homme à notre image et ressemblance [1] : » à ces admirables paroles, élève-toi au-dessus des cieux et de tous les esprits célestes, ame raisonnable, puisque Dieu t'apprend que pour te former, il ne s'est pas proposé un autre modèle que lui-même. Ce n'est pas aux cieux, ni aux astres, ni au soleil, ni aux anges mêmes, ni aux archanges, ni aux séraphins qu'il te veut rendre semblable : « Faisons, dit-il, à notre image : » et pour inculquer davantage : « Faisons à notre ressemblance : » qu'on voie tous nos traits dans cette belle créature, autant que la condition de la créature le pourra permettre.

S'il faut distinguer ici l'image et la ressemblance; ou si c'est, comme on vient de le proposer, pour inculquer davantage cette vérité que Dieu emploie ces deux mots à peu près de même force, je ne sais si on le peut décider. Quoi qu'il en soit, Dieu exprime ici toutes les beautés de la nature raisonnable et à la fois toutes les richesses qu'il lui a données par sa grace : entendement, volonté, droiture, innocence, claire connoissance de Dieu, amour infus de ce premier être, assurance de jouir avec lui d'une même félicité, si on eût persévéré dans la justice où l'on avoit été créé.

Chrétiens, élevons-nous à notre modèle, et n'aspirons à rien moins qu'à imiter Dieu. « Soyez miséricordieux, dit le Fils de Dieu, comme votre Père céleste est miséricordieux [2]. » Dieu est bon par sa nature, il ne fait que le bien et ne fait du mal à personne que forcé. Ainsi, « faisons du bien à tout le monde, et même à nos ennemis, » comme Dieu « qui fait luire son soleil sur les bons et sur les mauvais, et pleut sur le champ du juste comme sur celui du pécheur [3]. » Dieu est indulgent et s'apaise aisément

---

[1] *Genes.*, I, 26. — [2] *Luc.*, VI, 36. — [3] *Matth.*, V, 44, 45.

envers nous, malgré notre malice : pardonnons à son exemple. Il est saint : « Soyez saints comme je suis saint, » dit le Seigneur Dieu tout-puissant[1]. En un mot, il est parfait : « Soyez parfaits comme votre Père céleste est parfait[2]. » Qui peut atteindre à la perfection de ce modèle ? Il faut donc croître toujours et ne se donner aucun repos ni aucun relâche. C'est pourquoi saint Paul « s'avance toujours dans la carrière : oubliant ce qu'il » laissoit « derrière, et ne cessant de s'étendre en avant[3] » par de nouveaux et continuels efforts. Pesez toutes ces paroles, cet oubli, cette extension, cette infatigable ardeur. C'est au bout d'une telle course qu'on « trouve la couronne et le prix proposé par la vocation divine en Jésus-Christ. » Que nul chrétien ne s'imagine être exempt de ce travail, ou que cette perfection n'est pas pour lui. Cette voie demande, dit saint Augustin, « des gens qui marchent sans cesse : elle ne souffre pas ceux qui reculent : elle ne souffre pas ceux qui se détournent : enfin elle ne souffre pas ceux qui s'arrêtent pour peu que ce soit. » En quelque point qu'ils s'arrêtent, là les prend l'orgueil, là les prend la paresse : ils pensent avoir avancé, ou avoir fait quelque chose ; et dans ce relâchement leur pesanteur naturelle les entraîne en bas, et il n'y a plus de ressource.

VIIe ÉLÉVATION.

L'image de la Trinité dans l'ame raisonnable.

« Faisons l'homme[4] : » nous l'avons dit, à ces mots l'image de la Trinité commence à paroître. Elle reluit magnifiquement dans la créature raisonnable : semblable au Père, elle a l'être : semblable au Fils, elle a l'intelligence : semblable au Saint-Esprit, elle a l'amour : semblable au Père, au Fils et au Saint-Esprit, elle a dans son être, dans son intelligence, dans son amour, une même félicité et une même vie. Vous ne sauriez lui en rien ôter, sans lui

[1] *Levit.*, XIX, 2. — [2] *Matth.*, V, 48. — [3] *Philip.*, III, 13, 14. — [4] *Genes.*, I, 26.

ôter tout. Heureuse créature, et parfaitement semblable, si elle s'occupe uniquement de lui : alors parfaite dans son être, dans son intelligence, dans son amour, elle entend tout ce qu'elle est, elle aime tout ce qu'elle entend : son être et ses opérations sont inséparables : Dieu devient la perfection de son être, la nourriture immortelle de son intelligence et la vie de son amour : elle ne dit comme Dieu qu'une parole, qui comprend toute sa sagesse : comme Dieu elle ne produit qu'un seul amour, qui embrasse tout son bien : et tout cela ne meurt point en elle. La grace survient sur ce fond, et relève la nature : la gloire lui est montrée, et ajoute son complément à la grace : heureuse créature encore un coup, si elle sait conserver son bonheur ! Homme, tu l'as perdu. Où s'égare ton intelligence, où se va noyer ton amour? Hélas ! hélas ! et sans fin hélas ! Reviens à ton origine.

VIIIe ÉLÉVATION.

L'empire de l'homme sur soi-même.

« Faisons l'homme à notre image et ressemblance, afin qu'il commande aux poissons de la mer, aux oiseaux du ciel, aux bêtes et à toute la terre, et à tout ce qui se remue ou rampe dessus[1]. » Troisième caractère particulier de la création de l'homme : c'est un animal né pour le commandement : s'il commande aux animaux, à plus forte raison se commande-t-il à lui-même, et c'est en cela que je vois reluire un nouveau trait de la divine ressemblance. L'homme commande à son corps, à ses bras, à ses mains, à ses pieds ; et dans l'origine nous verrons jusqu'à quel point tout étoit soumis à son empire. Il lui reste encore quelque chose du commandement absolu qu'il avoit sur ses passions : il commande à sa propre intelligence qu'il applique à quoi il lui plaît : à sa propre volonté par conséquent, à cause de son libre arbitre, comme nous verrons bientôt : à ses sens intérieurs et extérieurs ;

[1] *Genes.*, I, 26.

et à son imagination qu'il tient captive sous l'autorité de la raison et qu'il fait servir aux opérations supérieures : il modère les appétits qui naissent des images des sens ; et dans l'origine il étoit maître absolu de toutes ces choses : car telle étoit la puissance de l'image de Dieu en l'ame, qu'elle tenoit tout dans la soumission et dans le respect.

Travaillons à rétablir en nous-mêmes l'empire de la raison : contenons les vives saillies de nos pensées vagabondes ; par ce moyen nous commanderons en quelque sorte aux oiseaux du ciel : empêchons nos pensées de ramper toujours dans les nécessités corporelles, comme font les reptiles sur la terre ; par ce moyen nous dominerons ces bas sentimens, et nous en corrigerons la bassesse. Ceux-là s'y laissent dominer, qui toujours occupés de leur santé, de leur vie mortelle et des besoins de leurs corps, sont plongés dans la chair et dans le sang, et se remuent sur la terre, c'est-à-dire qu'ils n'ont aucuns mouvemens que ceux qui sont terrestres et sensuels. Ce sera dompter des lions que d'assujettir notre impétueuse colère. Nous dominerons les animaux venimeux, quand nous saurons réprimer les haines, les jalousies et les médisances. Nous mettrons le frein à la bouche d'un cheval fougueux, quand nous réprimerons en nous les plaisirs. Quelle nécessité de pousser plus loin la similitude, ni de nous appliquer celle des poissons ? Nous pourrions dire seulement que leur caractère particulier est d'être muets, de ne respirer jamais l'air et d'être toujours attachés à un élément plus grossier. Tels sont ceux, qui possédés « du démon sourd et muet[1], » n'écoutent pas la prédication de l'Evangile et sont empêchés par une mauvaise honte de confesser leurs péchés. Ils sont toujours dans des sentimens grossiers, et entrevoient à peine la lumière du soleil. Sortons de ces mouvemens charnels, où nous nageons, pour ainsi parler, par le plaisir que nous y prenons ; nous exerçons une espèce de basse liberté, en nous promenant d'une passion à une autre, et ne sortant jamais de cette basse sphère, pour ainsi parler, ni de cet élément grossier. Quoi qu'il en soit, dominons en nous tout ce qu'il y a d'animal, de volage, de rampant. S'il se faut

[1] *Marc.*, IX, 24.

servir de notre imagination, que ce soit en l'épurant de toutes pensées corporelles et terrestres, et l'occupant saintement des mystères de Jésus-Christ, des exemples des saints, et de toutes les pieuses représentations qui nous sont offertes par l'Ecriture : non pour nous y arrêter, mais pour nous élever plus haut après en avoir tiré le suc, c'est-à-dire les instructions dont nos ames se doivent nourrir : par exemple des mystères de la vie et de la passion de Notre-Seigneur, l'esprit de pauvreté, de douceur, d'humilité et de patience.

Pour donc corriger l'abus et l'égarement de notre imagination vagabonde et dissipée, il la faut remplir d'images saintes. Quand notre mémoire en sera pleine, elle ne nous ramènera que ces pieuses idées. La roue agitée par le cours d'une rivière, va toujours, mais elle n'emporte que les eaux qu'elle trouve en son chemin : si elles sont pures, elle ne portera rien que de pur : mais si elles sont impures, tout le contraire arrivera. Ainsi, si notre mémoire se remplit de pures idées, la circonvolution pour ainsi dire de notre imagination agitée, ne puisera dans ce fonds et ne nous ramènera que des pensées saintes. La meule d'un moulin va toujours, mais elle ne moudra que le grain qu'on aura mis dessous : si c'est de l'orge, on aura de l'orge moulu : si c'est du blé et du pur froment, on en aura la farine. Mettons donc dans notre mémoire tout ce qu'il y a de saintes et de pures images, et quelle que soit l'agitation de notre imagination, il ne nous reviendra, du moins ordinairement, dans l'esprit, que la fine et pure substance des objets dont nous nous serons remplis. Remplissons-nous de Jésus-Christ, de ses actions, de ses souffrances, de ses paroles : pour donner plus d'un objet à nos sens, remplissons-nous des saintes idées d'un Abraham immolant son fils; d'un Jacob arrachant à Dieu par un saint combat la bénédiction qu'il en espéroit ; d'un Joseph laissant son habit entre les mains d'une impudique pour en tirer son chaste corps; d'un Moïse qui n'ose approcher du buisson ardent que le feu ne consume pas, et qui se déchausse par respect ; d'un Isaïe qui tremble devant Dieu jusqu'à ce que ses lèvres soient purifiées ; d'un Jérémie qui bégaie si humblement devant Dieu, et n'ose annoncer sa parole; des trois jeunes hommes dont la flamme d'une fournaise brûlante respecte la foi ; d'un Daniel aussi sauvé par la foi des dents des lions affamés ; d'un Jean-Baptiste prêchant la pénitence sous la haire et sous le cilice ; d'un Saul abattu par la puissante parole de Jésus qu'il persécutoit ; et de toutes les autres belles images des prophètes et des apôtres. Votre mémoire et votre imagination consacrées comme un temple saint par ces pieuses images, ne vous rapporteront rien qui ne soit digne de Dieu.

Prenez garde seulement de ne laisser jamais votre imagination s'échauffer trop, parce qu'excessivement échauffée et agitée, elle se consume elle-même par son propre feu et offusque les pures lumières de l'intelligence, qui sont celles qu'il faut faire luire dans notre esprit ; et à qui l'imagination doit seulement préparer un trône, comme elle fit au saint prophète Ezéchiel et aux autres saints prophètes, ses compagnons inspirés du même esprit.

IX⁰ ÉLÉVATION.

L'empire de Dieu exprimé dans celui de l'ame sur le corps.

On passe toute sa vie dans des miracles continuels qu'on ne remarque même pas. J'ai un corps ; et sans connoître aucun des organes de ses mouvemens, je le tourne, je le remue, je le transporte où je veux, seulement parce que je le veux. Je voudrois remuer devant moi une paille, elle ne branle ni ne s'ébranle en aucune sorte : je veux remuer ma main, mon bras, ma tête, les autres parties plus pesantes, qu'à peine pourrois-je porter, si elles étoient détachées, toute la masse du corps ; et les mouvemens que je commande se font comme par eux-mêmes, sans que je connoisse aucun des ressorts de cette admirable machine : je sais seulement que je veux me remuer de cette façon ou d'une autre, tout suit naturellement : j'articule cent et cent paroles entendues ou non entendues, et je fais autant de mouvemens connus et inconnus des lèvres, de la langue, du gosier, de la poitrine, de la tête : je lève, je baisse, je tourne, je roule les yeux : j'en dilate, j'en rétrécis la prunelle, selon que je veux regarder de près ou de loin : et sans même que je connoisse ce mouvement, il se fait dès que je veux regarder ou négligemment et comme superficiellement, ou bien déterminément, attentivement, ou fixement quelque objet. Qui a donné cet empire à ma volonté, et comment puis-je mouvoir également ce que je connois et ce que je ne connois pas ? Je respire sans y penser et en dormant : et quand je veux, ou je suspends, ou je hâte la respiration, qui naturellement va toute seule : elle va aussi à ma volonté ; et encore que je ne connoisse ni la dilatation ni la restriction des poumons, ni même si j'en ai, je les ouvre, je les resserre, j'attire, je repousse l'air avec une égale facilité : pour parler d'un ton plus aigu, ou plus gros, ou plus haut, ou plus bas, je dilate encore ou je resserre une autre partie dans le gosier, qu'on appelle trachée artère, quoique je ne sache même pas si j'en ai une : il suffit que je veuille parler ou haut ou bas, afin que tout se fasse comme de soi-même : en un moment, je fais articulément et distinctement mille mouvemens dont je n'ai nulle connoissance distincte ni même confuse le plus souvent, puisque je ne sais pas si je les fais ou s'il les faut faire. Mais, ô Dieu, vous le savez, et nul autre que vous ne fait ce que vous savez seul : et tout cela est l'effet du secret concert que vous avez mis entre nos volontés et les mouvemens de nos corps : et vous avez établi ce concert inviolable, quand vous avez mis l'ame dans le corps pour le régir.

Elle y est donc, non point comme dans un vaisseau qui la contient, ni comme dans une maison où elle loge, ni comme dans un lieu qu'elle occupe : elle y est par son empire, par sa présidence pour ainsi parler, par son action. Ainsi vous êtes en nous, et vous ne pouvez en être loin, puisque c'est « par vous que nous vivons, que nous nous mouvons, et que nous sommes[1]. » Et vous êtes de la même sorte dans tout l'univers : au-dessus, en le dominant ; au dedans, en le remuant et faisant concourir en un toutes ses parties ; au-dessous, en le portant, comme dit Moïse, « avec vos bras éternels. Il n'y a point de Dieu comme Dieu, » ajoute cet homme divin : « par son empire magnifique les vents vont deçà

[1] *Act.*, XVII, 28.

et delà, et les nuées courent dans le ciel¹ : » il dit aux astres : Marchez : il dit à l'abîme et à la baleine : Rendez ce corps englouti : il dit aux flots : Accoisez-vous (*a*) : il dit aux vents : Soufflez et mettez-moi en pièces ces gros mâts ; et tout suit à sa parole. Tout dépend naturellement d'une volonté : les corps et leurs mouvemens dépendent naturellement d'un esprit et d'une intelligence toute-puissante : Dieu peut donner à la volonté, qu'il fait à l'image de la sienne, tel empire qu'il lui plaît ; et par là nous donner l'idée de sa volonté, qui meut tout et fait tout.

Rendons-lui l'empire qu'il nous donne : et au lieu de « faire servir nos membres à l'iniquité, » puisque c'est Dieu qui nous les soumet, « faisons-les servir, comme dit saint Paul², à la justice. »

X.ᵉ ÉLÉVATION.

Autre admirable singularité de la création de l'homme : Dieu le forme par ses doigts.

« Que la terre produise des herbes et des plantes : que les eaux produisent les poissons et les oiseaux : que la terre produise les animaux³. » Tous les animaux sont créés par commandement, sans qu'il soit dit que Dieu y ait mis la main. Mais quand il veut former le corps de l'homme, il prend lui-même « de la boue⁴ » entre ses doigts, et il lui donne sa figure. Dieu n'a point de doigts ni de mains : Dieu n'a pas plus fait le corps de l'homme que celui des autres animaux : mais il nous montre seulement dans celui de l'homme un dessein et une attention particulière. C'est parmi les animaux, le seul qui est droit : le seul tourné vers le ciel : le seul où reluit par une si belle et si singulière situation l'inclination naturelle de la nature raisonnable aux choses hautes. C'est de là aussi qu'est venue à l'homme cette singulière beauté sur le

---

¹ *Deuter.*, XXXIII, 26, 27. — ² *Rom.*, VI, 19. — ³ *Genes.*, I, 11, 20, 24. — ⁴ *Ibid.*, II, 7.
(*a*) Tranquillisez-vous.

visage, dans les yeux, dans tout le corps. D'autres animaux montrent plus de force, d'autres plus de vitesse et plus de légèreté, et ainsi du reste : l'excellence de la beauté appartient à l'homme, et c'est comme un admirable rejaillissement de l'image de Dieu sur sa face.

XIe ÉLÉVATION.

La plus excellente distinction de la création de l'homme dans celle de son ame.

Encore un coup Dieu a formé les autres animaux en cette sorte : « Que la terre, que les eaux produisent les plantes et les animaux [1] : » et c'est ainsi qu'ils ont reçu l'être et la vie. Mais Dieu après avoir pris dans ses mains toutes-puissantes la boue dont le corps humain a été formé, il n'est pas dit qu'il en ait tiré son ame : mais il est dit « qu'il inspira sur sa face un souffle de vie, » et que « c'est ainsi qu'il a été fait en ame vivante [2]. » Dieu fait sortir chaque chose de ses principes : il produit de la terre les herbages et les arbres avec les animaux, qui n'ont d'autre vie qu'une vie terrestre et purement animale : mais l'ame de l'homme est tirée d'un autre principe, qui est Dieu. C'est ce que veut dire ce souffle de vie, que Dieu tire de sa bouche pour animer l'homme : ce qui est fait à la ressemblance de Dieu, ne sort point des choses matérielles ; et cette image n'est point cachée dans ces bas élémens pour en sortir, comme fait une statue du marbre ou du bois. L'homme a deux principes : selon le corps il vient de la terre, selon l'ame il vient de Dieu seul ; et c'est pourquoi, dit Salomon, pendant que le corps « retourne en la terre d'où il a été tiré, l'esprit retourne à Dieu qui l'a donné [3]. » C'est ainsi qu'il vient de Dieu, non qu'il soit en Dieu en substance et qu'il en sorte comme quelques-uns l'ont imaginé, car ces idées sont grossières et trop corporelles ; mais il est en Dieu comme dans son seul principe et sa seule cause, et c'est pourquoi on dit qu'il le donne. Tout le reste

---

[1] *Genes.*, I, 11, 20-24. — [2] *Ibid.*, II, 7. — [3] *Eccles.*, XII, 7.

est tiré des élémens : car tout le reste est terrestre et corporel. Ce qu'on appelle les esprits dans les animaux, ne sont que des parcelles détachées et une vapeur du sang : ainsi tout vient de la terre. Mais l'ame raisonnable faite à l'image de Dieu est donnée de lui et ne peut venir que de cette divine bouche.

Hélas ! hélas ! « L'homme qui a été mis dans un si grand honneur, » distingué des animaux par sa création, « s'est égalé aux bêtes insensées, et leur a été fait semblable [1]. »

[1] *Psal.* XLVIII, 13, 21.

Vᴱ SEMAINE.

SUITE DES SINGULARITÉS DE LA CRÉATION DE L'HOMME.

PREMIÈRE ÉLÉVATION.

Dieu met l'homme dans le paradis, et lui amène tous les animaux pour les nommer.

Après avoir formé l'homme, Dieu commence à lui faire sentir ce qu'il est dans le monde par deux mémorables circonstances : l'une en lui plantant de sa propre main un jardin délicieux qu'on appelle paradis, où il avoit ramassé toutes les beautés de la nature pour servir au plaisir de l'homme, et par là l'élever à Dieu qui le combloit de tant de biens : l'autre en lui amenant tous les animaux comme à celui qui en étoit le maître, afin de lui faire voir que non-seulement toutes les plantes et tous les fruits de la terre étoient à lui, mais encore tous les animaux qui par la nature de leurs mouvemens sembloient moins sujets à son empire.

Pour le paradis, Dieu ordonna deux choses à l'homme : l'une « de le cultiver, » et l'autre « de le garder : » c'est-à-dire d'en conserver la beauté; ce qui revient encore à la culture. Car au reste il n'y avoit pas d'ennemi qui pût envahir ce lieu tranquille et saint : *Ut operaretur, et custodiret illum*[1]. Dieu apprenoit à l'homme, par cette figure, à se garder soi-même et à garder à la fois la place qu'il avoit dans le paradis. Pour la culture, ce n'étoit pas cette culture laborieuse qui a été la peine de notre péché, lorsqu'il a fallu comme arracher dans la sueur de notre front, du sein de la terre, le fruit nécessaire à la conservation de notre vie : la culture donnée à l'homme pour son exercice, étoit cette culture

---

[1] *Genes.*, II, 15.

comme curieuse, qui fait cultiver les fruits et les fleurs, plus pour le plaisir que pour la nécessité. Par ce moyen l'homme devoit être instruit de la nature des terres et du génie des plantes, de leurs fruits ou de leurs semences : et il y trouvoit la figure de la culture des vertus.

En amenant les animaux à l'homme [1], Dieu lui fait voir qu'il en est le maître, comme un maître dans sa famille, qui nomme ses serviteurs pour la facilité du commandement. L'Ecriture, substantielle et courte dans ses expressions, nous indique en même temps les belles connoissances données à l'homme, puisqu'il n'auroit pas pu nommer les animaux, sans en connoître la nature et les différences, pour ensuite leur donner des noms convenables selon les racines primitives de la langue que Dieu lui avoit apprise.

C'est donc alors qu'il connut les merveilles de la sagesse de Dieu, dans cette apparence et cette ombre de sagesse qui paroît dans les industries naturelles des animaux. Louons Dieu avec Adam, et considérons comme devant nous toute la nature animale, comme l'objet de notre raison. Qui a formé tant de genres d'animaux, et tant d'espèces subordonnées à ces genres, toutes ces propriétés, tous ces mouvemens, toutes ces adresses, tous ces alimens, toutes ces forces diverses, toutes ces images de vertu, de pénétration, de sagacité et de violence? Qui a fait marcher, ramper, glisser les animaux? Qui a donné aux oiseaux et aux poissons ces rames naturelles qui leur font fendre les eaux et les airs? Ce qui peut-être a donné lieu à leur Créateur de les produire ensemble, comme animaux d'un dessein à peu près semblable; le vol des oiseaux semblant être une espèce de faculté de nager dans une liqueur plus subtile, comme la faculté de nager dans les poissons est une espèce de vol dans une liqueur plus épaisse. Le même Auteur a fait ces convenances et ces différences : celui qui a donné aux poissons leur triste et pour ainsi dire leur morne silence, a donné aux oiseaux leurs chants si divers, et leur a mis dans l'estomac et dans le gosier une espèce de lyre et de guitare, pour annoncer chacun à leur mode les beautés de leur Créateur. Qui

---

[1] *Genes.*, II, 19.

n'admireroit les richesses de sa providence, qui fait trouver à chaque animal jusqu'à une mouche, jusqu'à un ver, sa nourriture convenable? En sorte que la disette ne se trouve dans aucune partie de sa famille; mais au contraire que l'abondance y règne partout, excepté maintenant parmi les hommes, depuis que le péché a introduit la cupidité et l'avarice.

Par la considération tous les animaux sont à l'usage de l'homme, puisqu'ils lui servent à connoître et à louer Dieu. Mais outre cet usage plus universel, Adam connut dans les animaux des propriétés particulières, qui leur donnoient le moyen d'aider par leur ministère celui que Dieu faisoit leur seigneur. O Dieu, j'ai considéré vos ouvrages, et j'en ai été effrayé! Qu'est devenu cet empire que vous nous aviez donné sur les animaux? On n'en voit plus parmi nous qu'un petit reste, comme un foible mémorial de notre ancienne puissance et un débris malheureux de notre fortune passée.

Rendons graces à Dieu de tous les biens qu'il nous a laissés dans le secours des animaux; accoutumons-nous à le louer en tout. Louons-le dans le cheval qui nous porte ou qui nous traîne : dans la brebis qui nous habille et qui nous nourrit : dans le chien qui est notre garde et notre chasseur : dans le bœuf qui fait avec nous notre labourage. N'oublions pas les oiseaux, puisque Dieu les a amenés à Adam comme les autres animaux; et qu'encore aujourd'hui apprivoisés par notre industrie, ils viennent flatter nos oreilles par leur aimable musique; et chantres infatigables et perpétuels, ils semblent vouloir mériter la nourriture que nous leur donnons. Si nous louons les animaux dans leur travail et pour ainsi dire dans leurs occupations, ne demeurons pas inutiles : travaillons : gagnons notre pain chacun dans son exercice, puisque Dieu l'a mis à ce prix depuis le péché.

IIe ÉLÉVATION.

La création du second sexe.

En produisant les autres animaux, Dieu a créé ensemble les deux sexes; et la formation du second est une singularité de la création de l'homme.

Que servoit à l'homme d'être introduit dans ce paradis de délices, dans tout un vaste pays que Dieu avoit mis en son pouvoir, et au milieu de quatre grands fleuves dont les riches eaux traînoient des trésors : au reste sous un ciel si pur, que sans être encore obscurci par ces nuages épais qui couvrent le nôtre et produisent les orages, il s'élevoit de la terre par une bénigne chaleur une vapeur douce qui se distilloit en rosée et qui arrosoit la terre et toutes ses plantes? L'homme étoit seul, et le plus seul de tous les animaux; car il voyoit tous les autres partagés et appareillés en deux sexes; et, dit l'Ecriture, il n'y avoit que l'homme « à qui on ne trouvoit point d'aide semblable à lui [1]. » Solitaire, sans compagnie, sans conversation, sans douceur, sans espérance de postérité, et ne sachant à qui laisser ou avec qui partager ce grand héritage et tant de biens que Dieu lui avoit donnés, il vivoit tranquille, abandonné à sa providence, sans rien demander. Et Dieu aussi de lui-même, ne voulant laisser aucun défaut dans son ouvrage, dit ces paroles : « Il n'est pas bon que l'homme soit seul : donnons-lui une aide semblable à lui [2]. »

Peut-être donc va-t-il former le second sexe, comme il avoit formé le premier? Non : il veut donner au monde dans les deux sexes l'image de l'unité la plus parfaite et le symbole futur du grand mystère de Jésus-Christ. C'est pourquoi il tire la femme de l'homme même, et la forme d'une côte superflue qu'il lui avoit mise exprès dans le côté. Mais pour montrer que c'étoit là un grand mystère et qu'il falloit regarder avec des yeux plus épurés

[1] *Genes.*, II, 20. — [2] *Ibid.*, 18.

que les corporels, la femme est produite dans une extase d'Adam ; et c'est par un esprit de prophétie qu'il connut tout le dessein d'un si bel ouvrage. « Le Seigneur Dieu envoya un sommeil à Adam : » un sommeil, disent tous les saints, qui fut un ravissement et la plus parfaite de toutes les extases : Dieu « prend une côte d'Adam et il en remplit de chair la place [1]. » Ne demandez donc point à Dieu pourquoi voulant tirer de l'homme la compagne qu'il lui donnoit, il prit un os plutôt que de la chair : car s'il avoit pris de la chair, on auroit pu demander de même pourquoi il auroit pris de la chair plutôt qu'un os. Ne lui demandons non plus ce qu'il ajouta à la côte d'Adam pour en former un corps parfait : la matière ne lui manque pas : et quoi qu'il en soit, cet os se ramollit entre ses mains. C'est de cette dureté qu'il voulut former ces délicats et tendres membres, où dans la nature innocente il ne faut rien imaginer qui ne fût aussi pur qu'il étoit beau. Les femmes n'ont qu'à se souvenir de leur origine ; et sans trop vanter leur délicatesse, songer après tout qu'elles viennent d'un os surnuméraire, où il n'y avoit de beauté que celle que Dieu y voulut mettre.

Mon Dieu, que de vains discours je prévois dans les lecteurs au récit de ce mystère ! Mais pendant que je leur raconte un grand et mystérieux ouvrage de Dieu, qu'ils entrent dans un esprit sérieux et, s'il se peut, dans quelque sentiment de cette admirable extase d'Adam, pendant laquelle il édifia, « il bâtit en femme la côte d'Adam [2] : » grave expression de l'Ecriture, pour nous faire voir dans la femme quelque chose de grand et de magnifique, et comme un admirable édifice où il y avoit de la grace, de la majesté, des proportions admirables et autant d'utilité que d'ornement.

La femme ainsi formée est présentée « de la main de Dieu » au premier homme, qui ayant vu dans son extase ce que Dieu faisoit : « C'est ici, dit-il d'abord, l'os de mes os, et la chair de ma chair : elle s'appellera *Virago*, parce qu'elle est formée de l'homme ; et l'homme quittera son père et sa mère, et il s'unira à sa femme [3]. » On peut croire par cette parole que Dieu avoit formé la femme d'un os revêtu de chair, et que l'os seul est nommé

---

[1] *Genes.*, II, 21. — [2] *Ibid.*, 22. — [3] *Ibid.*, 23, 24.

comme prévalant dans cette formation. Quoi qu'il en soit, encore une fois sans nous arrêter davantage à des questions curieuses, et remarquant seulement en un mot ce qui paroît dans le texte sacré, considérons en esprit cette épouse mystérieuse ; c'est-à-dire la sainte Eglise tirée et comme arrachée du sacré côté du nouvel Adam pendant son extase, et formée pour ainsi parler par cette plaie dont toute la consistance est dans les os et dans les chairs de Jésus-Christ, qui se l'incorpore par le mystère de l'incarnation et par celui de l'Eucharistie qui en est une extension admirable. Il quitte tout pour s'unir à elle : il quitte en quelque façon son Père qu'il avoit dans le ciel, et sa mère la Synagogue, d'où il étoit issu selon la chair, pour s'attacher à son épouse ramassée parmi les Gentils. C'est nous qui sommes cette épouse : c'est nous qui vivons des os et des chairs de Jésus-Christ, par les deux grands mystères qu'on vient de voir : « C'est nous qui sommes, comme dit saint Pierre, cet édifice spirituel et le temple vivant du Seigneur[1], » bâti en esprit dès le temps de la formation d'Eve notre mère, et dès l'origine du monde. Considérons dans le nom d'Eve, qui signifie *mère des vivans*, et l'Eglise mère des véritables vivans, et la bienheureuse Marie la vraie mère des vivans, qui nous a tous enfantés avec Jésus-Christ qu'elle a conçu par la foi. O homme! voilà ce qui t'est montré dans la création de la femme, pour prévenir par ce sérieux toutes les frivoles pensées qui passent dans l'esprit des hommes au souvenir des deux sexes, depuis seulement que le péché en a corrompu l'institution. Revenons à notre origine : respectons l'ouvrage de Dieu et son dessein primitif : éloignons les pensées de la chair et du sang; et ne nous plongeons point dans cette boue, pendant que dans le récit qu'on vient d'entendre Dieu prend tant de soins de nous en tirer.

[1] 1 *Petr.*, II, 5.

IIIᵉ ÉLÉVATION.

Dieu donne à l'homme un commandement, et l'avertit de son franc arbitre, et tout ensemble de sa sujétion.

« Vous mangerez de tous les fruits du paradis : mais vous ne mangerez point de l'arbre de la science du bien et du mal : car au jour que vous en mangerez, vous mourrez de mort [1] : » la mort vous sera inévitable.

Eve fut présente à ce commandement, quoique par anticipation il soit rapporté avant sa production; ou en tout cas il fut répété en sa présence, puisqu'elle dit au serpent : « Le Seigneur nous a commandé de ne point manger ce fruit [2] : » si ce n'est qu'on aime mieux croire qu'elle apprit d'Adam la défense de Dieu; et que dès lors il ait plu à Dieu de nous enseigner que c'est un devoir des femmes « d'interroger, comme dit saint Paul, dans la maison et en particulier leurs maris [3], » et d'attendre d'eux les ordres de Dieu.

Quoi qu'il en soit, Dieu fait deux choses par ce commandement, et il enseigne à l'homme premièrement son libre arbitre, et secondement sa sujétion.

Le libre arbitre est un des endroits de l'homme où l'image de Dieu paroît davantage. Dieu est libre à faire ou ne faire pas au dehors tout ce qui lui plaît, parce qu'il n'a besoin de rien et qu'il est supérieur à tout son ouvrage : qu'il fasse cent mille mondes, il n'en est pas plus grand : qu'il n'en fasse aucun, il ne l'est pas moins. Au dehors le néant ou l'être lui est égal; et il est maître ou de ne rien faire, ou de faire tout ce qui lui plaît. Que l'ame raisonnable puisse aussi faire d'elle-même ou du corps qui lui est uni, ce qui lui plaît, c'est assurément un trait admirable et une admirable participation de l'être divin. Je ne suis rien; mais parce qu'il a plu à Dieu de me faire à son image et d'imprimer dans

---

[1] *Genes.*, II, 16, 17. — [2] *Ibid.*, III, 3. — [3] I *Cor.*, XIV, 35.

mon fond une ressemblance quoique foible de son libre arbitre, je veux que ma main se lève, que mon bras s'étende, que ma tête, que mon corps se tourne ; cela se fait : je cesse de le vouloir, et je veux que tout se tourne d'un autre côté ; cela se fait de même. Tout cela m'est indifférent : je suis aussi bien d'un côté que d'un autre : et de tout cela il n'y en a aucune raison que ma volonté : cela est, parce que je le veux : et je le veux, parce que je le veux : et c'est là une dernière raison, parce que Dieu m'a voulu donner cette faculté : et quand même il y a quelque raison de me déterminer à l'un plutôt qu'à l'autre, si cette raison n'est pas pressante, et qu'il ne s'agisse pour moi que de quelque commodité plus ou moins grande, je puis aisément ou me la donner, ou ne me la donner pas : et je puis ou me donner ou m'ôter de grandes commodités, et si je veux des incommodités et des peines aussi grandes, et tout cela parce que je le veux, et Dieu a soumis cela à ma volonté : et je puis même user de ma liberté jusqu'à me procurer à moi-même de grandes souffrances, jusqu'à m'exposer à la mort, jusqu'à me la donner ; tant je suis maître de moi-même par ce trait de la divine ressemblance qu'on appelle le libre arbitre. Et si je rentre au dedans de moi, je puis appliquer mon intelligence à une infinité d'objets divers, et à l'un plutôt qu'à l'autre, et à tout successivement, à commencer par où je veux : et je puis cesser de le vouloir, ou même vouloir le contraire ; et d'une infinité d'actes de ma volonté, je puis faire ou celui-ci ou celui-là, sans qu'il y en ait d'autre raison, sinon que je le veux ; ou s'il y en a d'autre raison, je suis le maître de cette raison pour m'en servir ou ne m'en servir pas, ainsi que je le veux. Et par ce principe de libre arbitre, je suis capable de vertus et de mérites, et on m'impute à moi-même le bien que je fais ; et la gloire m'en appartient.

Il est vrai que je puis aussi me détourner vers le mal, et mon œuvre m'est imputée à moi-même. Et je commets une faute dont je puis aussi me repentir ou ne me repentir pas ; et ce repentir est une douleur bien différente des autres que je puis souffrir. Car je puis bien être fâché d'avoir la fièvre ou d'être aveugle, mais non pas me repentir de ces maux, lorsqu'ils me viennent malgré moi. Mais si je mens, si je suis injuste ou médisant, et que j'en sois fâché, cette douleur est un repentir que je puis avoir et n'avoir pas ; heureux si je me repens du mal, et que volontairement je persévère dans le bien.

Voilà dans ma liberté un trait défectueux, qui est de pouvoir mal faire : ce trait ne me vient pas de Dieu, mais il me vient du néant dont je suis tiré. Dans ce défaut je dégénère de Dieu qui m'a fait : car Dieu ne peut vouloir le mal ; et le Psalmiste lui chante : « Vous êtes un Dieu qui ne voulez pas l'iniquité[1]. » Mon Dieu, voilà le défaut et le caractère de la créature : je ne suis pas une image et ressemblance parfaite de Dieu : je suis seulement fait à l'image : j'en ai quelque trait : mais parce que je suis, je n'ai pas tout : et on m'a tourné à la ressemblance ; mais je ne suis pas une ressemblance, puisqu'enfin je puis pécher. Je tombe dans le défaut par mille endroits : par l'imperfection, par la multiplicité, par la variabilité de mes actes ; tout cela n'est pas en Dieu, et je dégénère par tous ces endroits ; mais l'endroit où je dégénère le plus, le foible et pour ainsi dire la honte de ma nature, c'est que je puisse pécher.

Dieu dans l'origine m'a donné un précepte ; car il étoit juste que je sentisse que j'étois sujet. Je suis une créature à qui il convient d'être soumise : je suis né libre, Dieu l'a voulu ; mais ma liberté n'est pas une indépendance : il me falloit une liberté sujette, ou si l'on aime mieux parler ainsi avec un Père de l'Eglise, une servitude libre sous un seigneur souverain : *Libera servitus :* et c'est pourquoi il me falloit un précepte pour me faire sentir que j'avois un maître. O Dieu, le précepte aisé que vous m'avez donné d'abord. Parmi tant d'arbres et de fruits, étoit-ce une chose si difficile de m'abstenir d'un seul ? Mais vous vouliez seulement me faire sentir par un joug aisé et avec une main légère que j'étois sous votre empire. O Dieu, après avoir secoué le joug, il est juste que je subisse celui des travaux, de la pénitence et de la mort que vous m'avez imposé. O Dieu, vous êtes mon roi : faites-moi ce que vous voudrez par votre justice, mais n'oubliez pas vos miséricordes.

[1] *Psal.* v, 5.

IVᵉ ÉLÉVATION.

Sur l'arbre de la science du bien et du mal, et sur l'arbre de vie.

On peut entendre que « Dieu avoit produit de la terre tout arbre beau à voir et agréable au goût : et il avoit mis aussi dans le milieu du paradis l'arbre de vie et l'arbre de la science du bien et du mal [1]. » Dieu pouvoit annexer aux plantes certaines vertus naturelles par rapport à nos corps; et il est aisé à croire que le fruit de l'arbre de vie avoit la vertu de réparer le corps par un aliment si proportionné et si efficace, que jamais on ne seroit mort en s'en servant. Mais pour l'arbre de la science du bien et du mal, comme c'étoit là un effet qui passoit la vertu naturelle d'un arbre, on pourroit dire que cet arbre a été ainsi appelé par l'événement, à cause que l'homme en usant de cet arbre contre le commandement de Dieu, a appris la malheureuse science qui lui fait discerner par expérience le mal que son infidélité lui attiroit, d'avec le bien où il avoit été créé, et qu'il devoit savoir uniquement s'il eût persévéré dans l'innocence.

On peut encore penser que la vertu de donner à l'homme la science du bien et du mal, étoit dans cet arbre une vertu surnaturelle, semblable à celle que Dieu a mise dans les sacremens, comme dans l'eau la vertu de régénérer l'intérieur de l'homme et d'y répandre la vie de la grace.

Quoi qu'il en soit, sans rechercher curieusement le secret de l'œuvre de Dieu, il me suffit de savoir que Dieu avoit défendu absolument et dès l'origine l'usage de l'arbre de la science du bien et du mal, et non pas l'usage de l'arbre de vie. Voici ses paroles : « Mangez du fruit de tous les arbres du paradis, mais ne mangez point de celui de l'arbre de la science du bien et du mal [2]. » Il n'y avoit donc que ce seul fruit qui fût défendu, et celui de l'arbre de vie ne le fut qu'après le péché, conformément à cette

[1] *Genes.*, II, 9. — [2] *Ibid.*, 16, 17.

parole : « Prenons garde qu'il ne mette encore la main sur l'arbre de vie, et qu'il ne vive éternellement [1]. »

O Dieu, je me soumets à vos défenses : je renonce à toute science curieuse, puisque vous m'en défendez l'usage : je ne devois savoir par expérience que le bien : je me suis trop mal trouvé d'avoir voulu savoir ce que vous n'aviez pas voulu m'apprendre; et je me contente de la science que vous me voulez donner. Pour l'arbre de vie, vous m'en aviez permis l'usage, et je pouvois être immortel avec ce secours, et maintenant vous me le rendez par la croix de mon Sauveur. Le vrai fruit de vie pend à cet arbre mystérieux, et je le mange dans l'Eucharistie de dessus la croix, en célébrant ce mystère selon le précepte de Jésus-Christ en mémoire de sa mort, conformément à cette parole : « Faites ceci en mémoire de moi [2]; » et celle-ci de saint Paul : « Toutes les fois que vous mangerez de ce pain » céleste « et que vous boirez de cette coupe » bénite, « vous annoncerez, » vous publierez, vous célébrerez « la mort du Seigneur [3]. » C'est donc ici un fruit de mort et un fruit de vie : un fruit de vie, puisque Jésus-Christ a dit : « Vos pères ont mangé la manne, et ils sont morts : mais quiconque mangera du pain que je vous donnerai, ne mourra jamais [4]. » L'Eucharistie est donc un fruit et un pain de vie : mais en même temps c'est un fruit de mort, puisqu'il falloit pour nous vivifier que Jésus « goûtât la mort pour nous tous [5]; » et que rappelés à la vie par cette mort, « nous portassions continuellement en nos corps la mortification de Jésus [6], » par la mort de nos passions et en mourant à nous-mêmes et à nos propres désirs, « pour ne vivre plus qu'à celui qui est mort et ressuscité pour nous [7]. » Pesons ces paroles et vivons avec Jésus-Christ, comme lui « mortifiés selon la chair et vivifiés selon l'esprit [8], » ainsi que disoit saint Pierre.

[1] *Genes.*, III, 22.— [2] *Luc.*, XXII, 19.— [3] I *Cor.*, XI, 26.— [4] *Joan.*, VI, 49, 50. — [5] *Hebr.*, II, 9. — [6] II *Cor.*, IV, 10. — [7] *Ibid.*, V, 15. — [8] I *Petr.*, III, 18.

Vᵉ ÉLÉVATION.

Dernière singularité de la création de l'homme dans son immortalité.

Nous ne comptons plus les admirables singularités de la création de l'homme, tant le nombre en est grand; mais la dernière est l'immortalité. O Dieu, quelle merveille! tout ce que je vois d'animaux autour de moi sont sujets à la mort; moi seul avec un corps composé des mêmes élémens, je suis immortel par mon origine.

Je pouvois mourir cependant, puisque je pouvois pécher : j'ai péché, et je suis mort : mais je pouvois ne pas mourir, parce que je pouvois ne pas pécher, et que c'est le péché seul qui m'a privé de l'usage de l'arbre de vie.

Quel bonheur! quelle perfection de l'homme! Fait à l'image de Dieu par un dessein particulier de sa sagesse; établi dans un paradis, dans un jardin délicieux où tous les biens abondoient, sous un ciel toujours pur et toujours benin; au milieu des riches eaux de quatre fleuves; sans avoir à craindre la mort, libre, heureux, tranquille, sans aucune difformité ou infirmité, ni du côté de l'esprit, ni du côté du corps; sans aucun besoin d'habits, avec une pure et innocente nudité; ayant mon salut et mon bonheur en ma main; le ciel ouvert devant moi pour y être transporté quand Dieu voudroit, sans passer par les ombres affreuses de la mort! Pleure sans fin, homme misérable qui as perdu tous ces biens et ne te console qu'en Jésus-Christ qui te les a rendus, et encore dans une plus grande abondance!

VIᴱ SEMAINE.

ÉLÉVATIONS SUR LA TENTATION ET LA CHUTE DE L'HOMME.

PREMIÈRE ÉLÉVATION.

Le serpent.

« Le serpent étoit le plus fin de tous les animaux [1]. » Voici dans la foiblesse apparente d'un commencement si étrange du récit de nos malheurs, la profondeur admirable de la théologie chrétienne. Tout paroît foible ; osons le dire, tout a ici en apparence un air fabuleux : un serpent parle : une femme écoute : un homme si parfait et très-éclairé se laisse entraîner à une tentation grossière : tout le genre humain tombe avec lui dans le péché et dans la mort : tout cela paroît insensé. Mais c'est ici que commence la vérité de cette sublime sentence de saint Paul : « Ce qui est en Dieu une folie (apparente), est plus sage que la sagesse des hommes ; et ce qui est en Dieu une foiblesse » apparente, « est plus fort que la force de tous les hommes [2]. »

Commençons par la finesse du serpent ; et ne la regardons pas comme la finesse d'un animal sans raison, mais comme la finesse du diable, qui par une permission divine étoit entré dans le corps de cet animal. Comme Dieu paroissoit à l'homme sous une figure sensible, il en étoit de même des anges. Dieu parle à Adam, Dieu lui amène les animaux, et lui amène sa femme qu'il venoit de tirer de lui-même ; Dieu lui paroît comme quelque chose qui se promène dans le paradis : il y a dans tout cela une figure extérieure, quoiqu'elle ne soit point exprimée : et il étoit juste, l'homme

[1] *Genes.*, III, 1. — [2] I *Cor.*, I, 25.

étant composé de corps et d'ame, que Dieu se fît connoître à lui selon l'un et l'autre, selon les sens comme selon l'esprit. Il en étoit de même des anges qui conversoient avec l'homme en telle forme que Dieu permettoit et sous la figure des animaux. Eve donc ne fut point surprise d'entendre parler un serpent, comme elle ne le fut pas de voir Dieu même paroître sous une forme sensible : elle sentit qu'un ange lui parloit, et seulement il paroît qu'elle ne distingua pas assez si c'étoit un bon ou un mauvais ange, n'y ayant aucun inconvénient que dès lors « l'ange des ténèbres se transfigurât en ange de lumière [1]. »

Voilà donc de quoi s'élever à quelque chose de plus haut que ce qui paroît ; et il faut considérer dans cette parole du serpent une secrète permission de Dieu, par laquelle l'esprit tentateur se présente à Eve sous cette figure.

Pourquoi il détermina cet ange superbe à paroître sous cette forme plutôt que sous une autre, quoiqu'il ne soit pas nécessaire de le savoir, l'Ecriture nous l'insinue en disant que « le serpent étoit le plus fin de tous les animaux; » c'est-à-dire celui qui s'insinuoit de la manière la plus souple et la plus cachée, et qui, pour beaucoup d'autres raisons que la suite développera, représentoit mieux le démon dans sa malice, dans ses embûches et ensuite dans son supplice.

Les hommes ignorans voudroient qu'Eve, au lieu d'entendre le serpent, se fût d'abord effrayée comme nous faisons à la vue de cet animal, sans songer que les animaux soumis à l'empire de l'homme n'avoient rien d'affreux pour lui dans l'origine ; au contraire, pour ainsi dire rampoient devant lui, aussi bien que le serpent, par une marque divine comme imprimée sur sa face qui les tenoit dans sa sujétion. Le démon n'avoit donc garde de se servir de la forme du serpent pour effrayer Eve, non plus que pour la fléchir à ses volontés par une espèce de force : mais cet esprit cauteleux alla par adresse et par les subtiles insinuations que nous allons voir.

Jusqu'ici il ne paroît rien que d'excellent dans la nature de l'homme, à qui tous les animaux paroissent soumis, et même

[1] II *Cor.*, XI, 14.

ceux qui à présent nous font naturellement le plus d'horreur. Jésus-Christ a rétabli cet empire d'une manière plus haute, lorsqu'il a dit, racontant les prodiges que fera la foi dans ceux qui croient : « Ils dompteront les serpens, et les poisons qu'ils boiront ne leur nuiront pas [1]. » Ce miracle s'accomplira en nous d'une façon admirable, si parmi tant d'erreurs, tant de tentations, tant d'illusions, et pour ainsi dire, dans un air si corrompu, nous savons avec la grace de Dieu, conserver notre cœur pur, notre bouche simple et sincère, nos mains innocentes.

II ÉLÉVATION.

La tentation : Eve est attaquée avant Adam.

Seigneur, faites-moi connoître les profondeurs de Satan et les finesses malignes de cet esprit à qui il vous a plu de conserver toute sa subtilité, toute sa pénétration, toute la supériorité naturelle de génie qu'il a sur nous, pour vous en servir aux épreuves où vous voulez mettre notre fidélité, et faire connoître magnifiquement la puissance de votre grace.

Voici le premier ouvrage de cet esprit ténébreux. Sa malignité et sa jalousie le portent à détruire l'homme que Dieu avoit fait si parfait et si heureux, et à subjuguer celui à qui il avoit donné tant d'empire sur toutes les créatures corporelles, afin que ne pouvant renverser le trône de Dieu en lui-même, il le renverse autant qu'il peut dans l'homme qu'il a élevé à une si haute puissance.

Nous avons donc à considérer par quels moyens il a réussi dans cet ouvrage, afin de connoître ceux par lesquels nous lui devons résister et nous relever de notre chute, c'est-à-dire relever en nous l'empire de Dieu abattu.

Nous étions à la vérité au-dessous de l'ange; mais comme nous avons vu, « un peu au-dessous [2] : » car nous lui étions égaux dans le bonheur de posséder le souverain bien; et nous avions

---

[1] *Marc.*, XVI, 17. — [2] *Psal.* VIII, 6.

comme lui une intelligence et un libre arbitre aidé de la grace, capable avec cette grace de s'élever à cette bienheureuse jouissance. Nous pouvions donc aisément résister à Satan, qui l'avoit perdue et qui vouloit nous la faire perdre. Quelque avantage qu'il eût sur nous du côté de l'intelligence, loin de pouvoir nous forcer, la grace que nous avions et qu'il avoit rejetée et entièrement perdue par sa faute, nous rendoit ses supérieurs en force et en vertu : ainsi il ne pouvoit rien contre nous que par persuasion ; et c'étoit aussi ce qui flattoit son orgueil, de soumettre notre esprit au sien par adresse de nous faire donner dans les piéges qu'il nous tendoit.

Le premier effet de cet artifice est d'avoir tenté Adam par Eve, et d'avoir commencé à nous attaquer par la partie la plus foible. Quelque parfaite que fût et dans le corps et encore plus dans l'esprit la première femme immédiatement sortie des mains de Dieu, elle n'étoit selon le corps qu'une portion d'Adam et une espèce de diminutif. Il en étoit à proportion à peu près de même de l'esprit : car Dieu avoit fait régner dans son ouvrage une sagesse qui y rangeoit tout avec une certaine convenance. Ce n'est point Eve, mais Adam qui nomma les animaux : c'étoit à Adam et non point à Eve qu'il les avoit amenés. Si Eve, comme sa compagne chérie, participoit à son empire, il demeuroit à l'homme une primauté qu'il ne pouvoit perdre que par sa faute et par un excès de complaisance. Il avoit donné le nom à Eve, comme il l'avoit donné à tous les animaux, et la nature vouloit qu'elle lui fût en quelque sorte sujette. C'étoit donc en lui que résidoit la supériorité de la sagesse; et Satan le vient attaquer par l'endroit le moins fort et pour ainsi dire le moins muni.

Si cet artifice réussit à cet esprit malicieux, il ne faut pas s'étonner qu'il le continue, et qu'il tâche encore d'abattre l'homme par les femmes, quoique d'une autre manière, parce qu'il n'avoit point encore de concupiscence. Il suscita contre Job sa propre femme, et souleva contre lui cette ennemie domestique pour pousser à bout sa patience. Tobie, qui devoit être après lui le modèle de cette vertu, eut dans sa maison une semblable persécution. Les plus grands rois sont tombés par cet artifice. Qui ne sait la chute de David et de Salomon? Qui peut oublier la foiblesse d'Hérode et la meurtrière de saint Jean-Baptiste? Le diable, en attaquant Eve, se préparoit dans la femme un des instrumens les plus dangereux pour perdre le genre humain : et ce n'est pas sans raison que le Sage a dit « qu'elle avoit assujetti les plus puissans, et donné la mort aux plus courageux[1]. »

IIIe ÉLÉVATION.

Le tentateur procède par interrogation, et tâche d'abord de produire un doute.

« Pourquoi le Seigneur vous a-t-il défendu de manger de cet arbre? » Et un peu après : « Vous ne mourrez pas[2]. » La suite de ces paroles fait voir qu'il vouloit induire Eve à erreur; mais s'il lui avoit proposé d'abord l'erreur où il vouloit la conduire, et une contradiction manifeste au commandement et à la parole de Dieu, il lui auroit inspiré d'abord plus d'horreur que de volonté de l'écouter : mais avant que de proposer l'erreur, il commence par le doute : « Pourquoi le Seigneur vous a-t-il défendu? » Il n'ose pas dire : Il vous a trompés : son précepte n'est pas juste : sa parole n'est pas véritable; il demande, il interroge, comme pour être instruit lui-même plutôt que pour instruire celle qu'il vouloit surprendre. Il ne pouvoit commencer par un endroit plus insinuant ni plus délicat.

La première faute d'Eve, c'est de l'avoir écouté et d'être entrée avec lui en raisonnement. Dès qu'on a voulu la faire douter de la vérité et de la justice de Dieu, elle devoit fermer l'oreille et se retirer. Mais la subtilité de la demande l'ayant rendue curieuse, elle entra en conversation et elle y périt. La première faute de ceux qui errent, ou par l'erreur de l'esprit, ou par la séduction et l'égarement de leurs sens, c'est de douter. Satan dit tous les jours, et aux hérétiques, et à tous ceux qui sont entraînés dans

[1] *Prov.*, VII, 26. — [2] *Genes.*, III, 1, 2, 3, 4.

leurs voluptés et leurs passions, ce malheureux *pourquoi :* et s'il lui a réussi contre Eve avant la concupiscence et les passions, faut-il s'étonner qu'il ait des succès si prodigieux avec ce secours? Fuyons, fuyons : et dès le premier *pourquoi*, dès le premier doute qui commence à se former dans notre esprit, bouchons l'oreille : car pour peu que nous chancellions, nous périrons.

IVe ÉLÉVATION.

Réponse d'Eve et réplique de Satan qui se découvre.

« Nous mangeons de tous les fruits du paradis; mais pour l'arbre qui est au milieu, le Seigneur nous a défendu d'en manger le fruit et d'y toucher sous peine de mort [1]. » Telle fut la réponse d'Eve, où il n'y a rien que de véritable, puisqu'elle ne fait que répéter le commandement et les paroles du Seigneur. Il ne s'agit donc pas de bien répondre, ni de dire de bonnes choses, mais de les dire à propos. Eve eût dû ne point parler du tout au tentateur, qui lui venoit demander des raisons d'un commandement suprême, où il n'y avoit qu'à obéir, et non point à raisonner. Combien de fois y est-on trompé? Tout en disant de bonnes choses, on s'entretient avec la tentation; mais il faut rompre commerce à l'instant. Et c'étoit le cas, non de réciter, mais de pratiquer le commandement de Dieu, et se bien garder sous prétexte de rendre raison au séducteur, de faire durer le temps de la séduction. Le Fils de Dieu nous a bien donné un autre exemple dans le temps de sa tentation. Les paroles de l'Ecriture qu'il allègue ne sont pas un entretien pour raisonner avec le tentateur, mais un refus précis avec cette exécration : « Va-t'en Satan [2]. » Au lieu qu'Eve curieuse veut raisonner, et entendre les raisonnemens du serpent.

Aussi voit-il insensiblement augmenter ses forces. Comme il vit qu'Eve étoit éblouie de la nouveauté, et que déjà elle entroit dans le doute qu'il lui vouloit suggérer, il ne garde plus de mesures.

[1] *Genes.*, III, 2. — [2] *Matth.*, V, 10.

et lui dit sans ménagement : « Vous ne mourrez pas : car Dieu sait qu'au jour que vous mangerez de ce fruit, vos yeux seront ouverts et vous serez comme des Dieux, sachant le bien et le mal [1]. » Il insinuoit par ces paroles que Dieu avoit attaché au fruit de cet arbre une divine vertu, par où l'homme seroit éclairé sur toutes les choses qui pouvoient le rendre bon ou mauvais, heureux ou malheureux. « Et alors, » dit-il, par une si belle connoissance vous deviendrez si parfaits, que « vous serez comme des Dieux. » De cette sorte il flatte l'orgueil, il pique et excite la curiosité : Eve commence à regarder ce fruit défendu et c'est un commencement de désobéissance : car le fruit que Dieu défendoit de toucher, ne devoit pas même être regardé avec complaisance : « Elle vit, » dit l'Ecriture, « qu'il étoit beau à la vue, bon à manger, agréable à voir [2] : » elle n'oublie rien de ce qui pouvoit la satisfaire. C'est vouloir être séduite que de se rendre si attentive à la beauté et au goût de ce qui lui avoit été interdit. La voilà donc occupée des beautés de cet objet défendu, et comme convaincue que Dieu étoit trop sévère de leur défendre l'usage d'une chose si belle, sans songer que le péché ne consiste pas à user des choses mauvaises par leur nature, puisque Dieu n'en avoit point fait ni n'en pouvoit faire de telles, mais à mal user des bonnes. Le tentateur ne manqua pas de joindre la suggestion, et pour ainsi dire le sifflement intérieur à l'extérieur ; et il tâcha d'allumer la concupiscence qu'Eve jusqu'alors ne connoissoit pas. Mais dès qu'elle eut commencé à écouter et à raisonner sur un commandement si précis, à ce commencement d'infidélité on peut croire que Dieu commença aussi à retirer justement sa grace, et que la concupiscence des sens suivit de près le désordre qu'Eve avoit déjà introduit volontairement dans son esprit. Ainsi elle mangea du fruit, et le serpent demeura vainqueur. Il ne poussa pas plus loin la tentation du dehors ; et content d'avoir bien instruit et persuadé son ambassadeur, il laissa faire le reste à Eve séduite. Remarquez qu'il lui avoit parlé non-seulement pour elle, mais encore pour son mari, en lui disant non point : Tu seras ; et : Pourquoi Dieu t'a-t-il défendu? mais : « Vous serez comme des Dieux; » et : « Pour-

[1] *Genes.*, III, 4, 5. — [2] *Ibid.*, 6.

quoi vous a-t-on fait cette défense? » Le démon ne se trompa pas en croyant que cette parole portée par Eve à Adam auroit plus d'effet que s'il la lui eût portée lui-même. Voilà donc par un seul coup trois grandes plaies : l'orgueil entra avec ces paroles : « Vous serez comme des Dieux; » celles-ci : « Vous saurez le bien et le mal, » excitèrent la curiosité; et ces regards attentifs sur l'agrément et sur le bon goût de ce beau fruit, firent entrer jusque dans la moelle des os l'amour du plaisir des sens. Voilà les trois maladies générales de notre nature, dont la complication fait tous les maux particuliers dont nous sommes affligés, et saint Jean les a ramassées dans ces paroles : « N'aimez pas le monde ni tout ce qui est dans le monde, parce que tout ce qui est dans le monde est ou la concupiscence de la chair [1], » c'est-à-dire manifestement la sensualité; « ou la concupiscence des yeux, » qui est la curiosité; « ou » enfin l'ambition et « l'orgueil répandu dans toute la vie, » qui est le nom propre du troisième vice dont la nature et la vie humaine est infectée.

Ve ÉLÉVATION.

La tentation et la chute d'Adam. Réflexions de saint Paul.

« Eve prit le fruit et le mangea, et en donna à son mari qui en mangea [2] : « la tentation et la chute d'Adam passe en ce peu de mots. Le premier et le plus beau commentaire que nous ayons sur cette matière, est celui de saint Paul : « Adam n'a pas été séduit, et Eve a été séduite dans sa prévarication [3]. » Il faut ici entendre en deux sens qu'Adam ne fut point séduit : il ne fut point séduit, premièrement parce que ce n'est point à lui que s'attaqua d'abord le séducteur; secondement il ne fut pas séduit, parce que d'abord, comme l'interprètent les saints docteurs, il céda plutôt à Eve par complaisance que convaincu par ses raisons. Les saints interprètes, et entre autres saint Augustin, disent expressément qu'il ne voulut point contrister cette seule et chère

[1] I *Joan.*, II, 16. — [2] *Genes.*, III, 6. — [3] I *Timoth.*, II, 14.

compagne : *Conjugali necessitudini paruisse* [1] : ni se laisser dans son domestique et dans la mère future de tous ses enfans une éternelle contradiction. A la fin pourtant il donna dans la séduction : prévenu par sa complaisance, il commença lui-même à goûter les raisons du serpent, et conçut les mêmes espérances que sa femme, puisque ce n'étoit que par lui qu'elles devoient passer à tous ses enfans, où elles ont fait tous les ravages que nous voyons encore parmi nous.

Adam crut donc qu'il sauroit le bien et le mal, et que sa curiosité seroit satisfaite ; Adam crut qu'il seroit comme un Dieu, auteur par son libre arbitre de la fausse félicité qu'il affectoit, ce qui contenta son orgueil : d'où tombé dans la révolte des sens, il chercha de quoi les flatter dans le goût exquis du fruit défendu. Qui sait si alors déjà corrompu, Eve ne commença pas à lui paroître trop agréable ? Malheur à l'homme qui se peut plaire en quelque autre chose qu'en Dieu ! tous les plaisirs l'assiégent, et tour à tour ou tout ensemble ils lui font la loi. Quoi qu'il en soit, la suite va faire paroître que les deux époux devinrent un piége l'un à l'autre ; et leur union qui devoit être toujours honnête, s'ils eussent persévéré dans leur innocence, eut quelque chose dont la pudeur et l'honnêteté fut offensée.

VIe ÉLÉVATION.

Adam et Eve s'aperçurent de leur nudité.

« Et aussitôt leurs yeux furent ouverts : et s'étant aperçus qu'ils étoient nus, ils se couvrirent de feuilles de figuier cousues ensemble, et se firent une ceinture : » l'original porte, « un habillement autour des reins [2]. » Hélas ! nous commençons à n'oser parler de la suite de notre histoire, où il commence à nous paroître quelque chose qu'une bouche pudique ne peut exprimer, et que de chastes oreilles ne peuvent entendre. L'Ecriture s'enveloppe ici elle-même,

---

[1] S. August. *de Civitate Dei*, lib. XIV, c. XI, n. 2. — [2] *Genes.*, III, 7.

et ne nous dit qu'à demi-mot ce que sentirent en eux-mêmes nos premiers parens. Jusqu'ici leur nudité innocente ne leur faisoit point de peine. Voulez-vous savoir ce qui leur en fait, considérez comme ils se couvrent et de quoi. Ce n'est point contre les injures de l'air qu'ils se couvrent de feuilles : Dieu leur donna dans la suite des habits de peau pour cet usage, et « les en revêtit lui-même [1]. » Ici ce n'est que des yeux et de leurs propres yeux qu'ils veulent se défendre. Ils n'ont besoin que de feuilles, seulement ils en choisissent des plus larges et des plus épaisses, que la vue puisse moins percer. Ils s'en avisent d'eux-mêmes, et c'est ainsi que « leurs yeux furent ouverts [2] : » non qu'auparavant ils fussent aveugles, comme l'ont cru quelques interprètes. S'ils l'eussent été, ni Adam n'eût vu les animaux ou Eve même qu'il nomma : ni Eve n'auroit vu ou le serpent ou le fruit. Dire donc que « les yeux leur furent ouverts, » c'est une manière honnête et modeste d'exprimer qu'ils sentirent leur nudité, et c'est par là qu'ils commencèrent en effet, mais pour leur malheur, à connoître le mal. En un mot, leur esprit qui s'est soulevé contre Dieu ne peut plus contenir le corps auquel il devoit commander; et voilà incontinent après leur péché, la cause de la honte que jusqu'alors ils ne connoissoient pas. Achevons, pour ne pas revenir à ce désordre honteux. Nous en naissons tous, et c'est par là que notre naissance et notre conception, c'est-à-dire la source même de notre être est infectée par le péché originel. O Dieu, où en sommes-nous, et de quel état sommes-nous déchus!

VIIe ÉLÉVATION.

Enormité du péché d'Adam.

Qui pourroit dire combien énorme a été le crime d'être tombé, en sortant tout récemment des mains de Dieu, dans une si grande félicité, dans une si grande facilité de ne pécher pas? Voilà déjà

[1] *Genes.*, III, 21. — [2] *Ibid.*, 7.

deux causes de l'énormité : la félicité de l'état d'où tout besoin étoit banni; la facilité de persévérer dans ce bienheureux état, d'où toute cupidité, toute ignorance, toute erreur, toute infirmité étoit ôtée. Le précepte, comme on a vu, n'étoit qu'une douce épreuve de la sujétion, un frein léger du libre arbitre, pour lui faire apercevoir qu'il avoit un maître, mais le maître le plus benin qui lui imposoit par bonté le plus doux et le plus léger de tous les jougs. Il est tombé néanmoins et Satan en a été le vainqueur, quoiqu'on ait peine à connoître par où le péché a pu pénétrer. C'est assez qu'il ait été tiré du néant, pour en porter la capacité dans son fonds; c'est assez qu'il ait écouté, qu'il ait hésité pour en venir à l'effet.

A ces deux causes de l'énormité du péché d'Adam, ajoutons-y l'étendue d'un si grand crime qui comprend en soi tous les crimes, en répandant dans le genre humain la concupiscence qui les produit tous : par lequel il donne la mort à tous ses enfans qui sont tous les hommes, qu'il livre tous au démon pour les égorger, et coopère avec celui-ci dont le Fils de Dieu a dit pour cette raison « qu'il a été homicide dès le commencement [1]. » Mais s'il a été homicide, Adam a été le parricide de soi-même et de tous ses enfans qu'il a égorgés, non dans le berceau, mais dans le sein de leur mère et même avant la naissance : il a encore égorgé sa propre femme, puisqu'au lieu de la porter à la pénitence qui l'auroit sauvée, il achève de la tuer par sa complaisance. O le plus grand de tous les pécheurs, qui te donnera le moyen de te relever d'une si affreuse chute! quel asile trouveras-tu contre ton vainqueur ? A quelle bonté auras-tu recours? A la seule bonté de Dieu : mais tu ne le peux, et c'est là le plus malheureux effet de ta chute : tu ne peux que fuir Dieu comme on va voir, et augmenter ton péché. Craignons donc du moins dans notre foiblesse le péché qui nous a vaincus dans notre force.

[1] *Joan.*, VIII, 44.

VIIIᵉ ÉLÉVATION.

Présence de Dieu redoutable aux pécheurs : nos premiers parens augmentent leur crime en y cherchant des excuses.

« Comme Dieu se promenoit dans le paradis » (car pour les raisons qui ont été dites, nous avons vu qu'il leur apparoissoit sous des figures sensibles) : « ils en entendirent le bruit. Adam et Eve se cachèrent de devant la face du Seigneur, dans l'épaisseur du bois du paradis. Et le Seigneur Dieu appela Adam, et lui dit : Où es-tu ? et Adam lui répondit : J'ai entendu dans le paradis le bruit de votre présence, et je l'ai redoutée, parce que j'étois nu, et je me suis caché. Et Dieu lui dit : Mais qui t'a montré que tu étois nu, si ce n'est que tu as mangé du fruit que je t'avois défendu [1] ? »

Il est dit dans l'Ecriture que « Dieu se promenoit à l'air durant le midi. » Ces choses en elles-mêmes si peu convenables à la majesté de Dieu et à l'idée de perfection qu'il nous a donnée de luimême, nous avertissent d'avoir recours au sens spirituel. Le midi qui est le temps de la grande ardeur du jour, nous signifie l'ardeur brûlante de la justice de Dieu, lorsqu'elle vient se venger des pécheurs : et quand il est dit que Dieu dans cette ardeur se promène à l'air, c'est qu'il tempère par bonté l'ardeur intolérable de son jugement. Car c'étoit déjà un commencement de bonté de vouloir bien reprendre Adam : au lieu que sans le reprendre, il pouvoit le précipiter dans les enfers, comme il a fait l'ange rebelle. Adam n'avoit pas encore appris à profiter de ces reproches, et comme à respirer à cet air plus doux : plein des terreurs de sa conscience, il se cache dans la forêt, et n'ose paroître devant Dieu.

Nous avons vu l'homme pécheur qui ne se peut souffrir luimême : mais sa nudité ne lui est jamais plus affreuse que par rapport, non point à lui-même, mais à Dieu, « devant qui tout est à

[1] *Genes.*, III, 8-11.

nu et à découvert, » jusqu'aux replis les plus intimes de sa conscience : *quia omnia nuda sunt et aperta oculis ejus* [1]. Contre des yeux si pénétrans, des feuilles ne suffisent pas : Adam cherche l'épais des forêts, et encore n'y trouve-t-il pas de quoi s'y mettre à couvert. Il ne faut pas s'imaginer qu'il crût se soustraire aux yeux invisibles de Dieu : il tacha du moins de se sauver de sa présence sensible qui le brûloit trop, à peu près comme feront ceux qui crieront au dernier jugement : « Montagnes, tombez sur nous : collines, enterrez-nous [2]. » Mais la voix de Dieu le poursuit : « Adam, où es-tu ? » Combien loin de Dieu et de toi-même ! dans quel abîme de maux, dans quelles misères, dans quelle ignorance, dans quel déplorable égarement !

A cette voix, étonné et ne sachant où se mettre : « Je me suis caché, dit-il, parce que j'étois nu. — Mais qui t'a dit que tu étois nu, si ce n'est que tu as mangé du fruit défendu ? — La femme que vous m'avez donnée pour compagne, m'a présenté du fruit et j'en ai mangé [3]. » C'est ici que les excuses commencent ; vaines excuses qui ne couvrent pas le crime, et qui découvrent l'orgueil et l'impénitence. Si Adam, si Eve avoient pu avouer humblement leur faute, qui sait jusqu'où se serait portée la miséricorde de Dieu ? Mais Adam rejette la faute sur la femme, et la femme sur le serpent, au lieu de n'en accuser que leur libre arbitre. De si frivoles excuses étoient figurées par les feuilles de figuier, par l'épaisseur de la forêt dont ils pensoient se couvrir ; mais Dieu fait voir la vanité de leur excuse. Que sert à l'homme de dire : « La femme que vous m'avez donnée pour compagne ? » Il semble s'en prendre à Dieu même. Mais Dieu lui avoit-il donné cette femme pour compagne de sa désobéissance ? Ne devoit-il pas la régir, la redresser ? C'est donc le comble du crime, loin de l'avouer, d'en vouloir rejeter la faute sur sa malheureuse compagne et sur Dieu même qui la lui avoit donnée.

Ne cherchons point d'excuses à nos crimes : ne les rejetons pas sur la partie foible qui est en nous : confessons que la raison devoit présider et dominer à ses appétits : ne cherchons point à nous couvrir : mettons-nous devant Dieu ; peut-être alors que sa bonté

---

[1] *Hebr.*, IV, 13. — [2] *Luc.*, XXIII, 30. — [3] *Genes.*, III, 10-12.

nous couvrira d'elle-même, et que nous serons de ceux dont il est écrit : « Bienheureux ceux dont les iniquités ont été remises, et dont les péchés ont été couverts [1] !

IXe ÉLÉVATION.

Ordre de la justice de Dieu.

Il faut ici distinguer l'ordre du crime d'avec l'ordre de la justice divine. Le crime commence par le serpent, se continue en Eve, et se consomme en Adam ; mais l'ordre de la justice divine est de s'attaquer d'abord au plus capital. C'est pourquoi il s'en prend d'abord à l'homme, en qui se trouvoit dans la plénitude de la force et de la grace la plénitude de la désobéissance et de l'ingratitude. C'étoit à lui qu'étoit attachée la totalité de la grace originelle ; c'étoit à lui que les grands dons avoient été communiqués ; et à lui qu'avoit été donné et signifié le grand précepte : c'est donc par lui que Dieu commence ; l'examen passe ensuite à la femme ; il se termine au serpent, et rien n'échappe à sa censure.

Xe ÉLÉVATION.

Suite des excuses.

« Et Dieu dit à Eve : Pourquoi avez-vous fait cela ? Elle répondit : Le serpent m'a trompée [2]. » — Mais pourquoi vous laissiez-vous tromper ? N'aviez-vous pas tout ensemble votre libre arbitre et ma grace ? Pourquoi avez-vous écouté ? La conviction étoit facile ; mais Dieu en laisse l'effet à la conscience d'Eve ; et se tournant vers le serpent dont l'orgueil et l'obstination ne lui permettoit pas de s'excuser, sans lui demander de *pourquoi*, ainsi

[1] *Psal.* XXXI, 1. — [2] *Genes.*, III, 13.

qu'il avoit fait à Adam et à Eve, il lui dit décisivement et tout court : « Parce que vous avez fait cela, vous serez maudit parmi tous les animaux : vous marcherez sur votre estomac : et la terre sera votre nourriture [1]. » Voilà trois caractères du serpent : d'être en exécration et en horreur plus que tous les autres animaux ; c'est aussi le caractère de Satan, que tout le monde maudit : de marcher sur son estomac, de n'avoir que des pensées basses, et ce qui revient à la même chose, de se nourrir de terre, c'est-à-dire de pensées terrestres et corporelles, puisque toute son occupation est d'être notre tentateur et de nous plonger dans la chair et dans le sang. La suite marque encore mieux le caractère du diable, qui le pousse à porter des plaies par derrière et par le bas; c'est ce que Dieu explique par ces paroles : « Tu lui dresseras des embûches et lui mordras le talon [2]. » Comme donc les caractères du diable devoient être représentés par ceux du serpent, Dieu qui le prévoyait le détermina à se servir de cet animal pour parler à Eve, afin qu'étant l'image du diable par ses embûches, il en représentât encore le juste supplice ; en sorte que ces caractères que nous venons de marquer, convinssent au serpent en parabole, et au diable en vérité.

Considérez un moment comment Dieu atterre cet esprit superbe, enflé de sa victoire sur le genre humain. Quel autre en a remporté une plus entière ? Par un seul coup tout le genre humain devient le captif de ce superbe vainqueur. Vantez-vous de vos conquêtes, conquérans mortels : Dieu qui a humilié le serpent au milieu de son triomphe, saura vous abattre.

XIe ÉLÉVATION.

Le supplice d'Eve et comment il est changé en remède.

« Le Seigneur dit à la femme : Je multiplierai tes calamités et tes enfantemens ; tu enfanteras dans la douleur [3] : » la fécondité

[1] *Genes.*, III, 14. — [2] *Ibid.*, 15. — [3] *Ibid.*, 16.

est la gloire de la femme ; c'est là que Dieu met son supplice : ce n'est qu'au péril de sa vie qu'elle est féconde. Ce supplice n'est pas particulier à la femme : la race humaine est maudite ; pleine dès la conception et dès la naissance de confusion et de douleurs, et de tous côtés environnée de tourment et de mort, l'enfant ne peut naître sans mettre sa mère en péril ; ni le mari devenir père sans hasarder la plus chère moitié de sa vie. Eve est malheureuse et maudite dans tout son sexe, dont les enfans sont si souvent les meurtriers : elle étoit faite pour être à l'homme une douce société, sa consolation, et pour faire la douceur de sa vie ; elle s'enorgueillissoit de cette destination : mais Dieu y mêle la sujétion ; et il change en une amère domination cette douce supériorité qu'il avoit d'abord donnée à l'homme. Il étoit supérieur par raison ; il devient un maître sévère par humeur ; sa jalousie le rend un tyran ; la femme est assujettie à cette fureur, et dans plus de la moitié de la terre les femmes sont dans une espèce d'esclavage. Ce dur empire des maris et ce joug auquel la femme est soumise, est un effet du péché. Les mariages sont aussi souvent un supplice qu'une douce liaison ; et on est une dure croix l'un à l'autre, et un tourment dont on ne peut se délivrer ; unis et séparés on se tourmente mutuellement. Dans le sens spirituel, on n'enfante plus qu'avec peine : toutes les productions de l'esprit lui coûtent : les soucis abrégent nos jours ; tout ce qui est désirable est laborieux.

Par la rédemption du genre humain, le supplice d'Eve se change en grace. Sa première punition lui rendoit sa fécondité périlleuse : mais la grace, comme dit saint Paul, fait « qu'elle est sauvée par la production des enfants [1]. » Si sa vie y est exposée, son salut y est assuré, pourvu qu'elle soit fidèle à ce que demande son état ; c'est-à-dire qu'elle demeure « dans la foi (conjugale), dans un amour » chaste de son mari, « dans la sanctification » et la piété, comme naturelle à son sexe ; bannissant les vanités de la parure et toute mollesse « par la sobriété, » la modération et la tempérance, comme ajoute le même saint Paul.

[1] I *Timoth.*, II, 15.

XIIe ÉLÉVATION.

Le supplice d'Adam, et premièrement le travail.

« Il dit à Adam : Parce que tu as écouté la parole de ta femme [1]. » C'est par où commence l'accusation : l'homme est convaincu d'abord d'une complaisance excessive pour la femme : c'est la source de notre perte, et ce mal ne se renouvelle que trop souvent. Continuons : « Parce que tu as mangé du fruit que je t'avois interdit, tu ne mangeras ton pain qu'avec la sueur de ton visage, etc. » C'est par où commence le supplice; mais il est exprimé par des paroles terribles : « La terre est maudite dans ton travail : » la terre n'avoit point péché; et si elle est maudite, c'est à cause du travail de l'homme maudit qui la cultive : on ne lui arrache aucun fruit, et surtout le fruit le plus nécessaire, que par force et parmi des travaux continuels.

« Tous les jours de ta vie [2] : » la culture de la terre est un soin perpétuel qui ne nous laisse en repos ni jour ni nuit, ni en aucune saison : à chaque moment l'espérance de la moisson et le fruit unique de tous nos travaux peut nous échapper : nous sommes à la merci du ciel inconstant, qui fait pleuvoir sur le tendre épi, non-seulement les eaux nourrissantes de la pluie, mais encore la rouille inhérente et consumante de la nielure.

« La terre te produira des épines et des buissons [3] : » féconde dans son origine et produisant d'elle-même les meilleures plantes, maintenant si elle est laissée à son naturel, elle n'est fertile qu'en mauvaises herbes : elle se hérisse d'épines; menaçante et déchirante de tous côtés, elle semble même nous vouloir refuser la liberté du passage, et on ne peut marcher sur elle sans combat,

« Tu mangeras l'herbe de la terre [4] : » il semble que dans l'innocence des commencemens, les arbres devoient d'eux-mêmes offrir et fournir à l'homme une agréable nourriture dans leurs

---
[1] *Genes.*, III, 17-19. — [2] *Ibid.* — [3] *Ibid.*, 18. — [4] *Ibid.*

fruits : mais depuis que l'envie du fruit défendu nous eut fait pécher, nous sommes assujettis à manger l'herbe que la terre ne produit que par force ; et le blé dont se forme le pain qui est notre nourriture ordinaire, doit être arrosé de nos sueurs. C'est ce qu'insinuent ces paroles : « Tu mangeras l'herbe ; et ton pain te sera donné à la sueur de ton visage. » Voilà le commencement de nos malheurs : c'est un continuel travail qui seul peut vaincre nos besoins et la faim qui nous persécute.

« Jusqu'à ce que tu retournes à la terre dont tu as été formé, » et que tu deviennes « poussière [1]. » Il n'y a point d'autre fin de nos travaux ni d'autre repos pour nous, que la mort et le retour à la poussière, qui est le dernier anéantissement de nos corps. Cet objet est toujours présent à nos yeux : la mort se présente de toutes parts : la terre même que nous cultivons nous la met incessamment devant la vue : c'est l'esprit de cette parole. L'homme ne cessera de « travailler la terre dont il est pris [2], » et où il retourne.

Homme, voilà donc ta vie : éternellement tourmenter la terre, ou plutôt te tourmenter toi-même en la cultivant, jusqu'à ce qu'elle te reçoive toi-même et que tu ailles pourrir dans son sein. O repos affreux! O triste fin d'un continuel travail!

XIIIe ÉLÉVATION.

Les habits et les injures de l'air.

« Et le Seigneur Dieu fit à Adam des habits de peaux, et il les en revêtit [3]. » L'homme ne devient pas seulement mortel, mais exposé par sa mortalité à toutes les injures de l'air d'où naissent mille sortes de maladies : voilà la source des habits que le luxe rend si superbes : la honte de la nudité les a commencés ; l'infirmité les a étendus sur tout le corps ; le luxe veut les enrichir, et y mêle la mollesse et l'orgueil. O homme, reviens à ton origine!

[1] *Genes.*, III, 19. — [2] *Ibid.*, 23. — [3] *Ibid.*, 21.

Pourquoi t'enorgueillir dans tes habits? Dieu ne te donne d'abord que des peaux pour te vêtir : plus pauvre que les animaux dont les fourrures leur sont naturelles, infirme et nu que tu es, tu te trouves d'abord à l'emprunt, mais ta disette est infinie : tu empruntes de tous côtés pour te parer, mais allons à l'origine et voyons le principe du luxe : après tout il est fondé sur le besoin ; on tâche en vain de déguiser cette foiblesse en accumulant le superflu sur le nécessaire.

L'homme en a usé de même dans tout le reste de ses besoins, qu'il a tâché d'oublier et de couvrir en les ornant : les maisons qu'on décore par l'architecture, dans leur fond ne sont qu'un abri contre la neige et les orages, et les autres injures de l'air : les meubles ne sont dans leur fond qu'une couverture contre le froid : ces lits qu'on rend si superbes, ne sont après tout qu'une retraite pour soutenir la foiblesse, et soulager le travail par le sommeil : il y faut tous les jours aller mourir, et passer dans ce néant une si grande partie de notre vie.

XIVᵉ ÉLÉVATION.

Suite du supplice d'Adam : la dérision de Dieu.

« Et Dieu dit : Voyez Adam qui est devenu comme un de nous, sachant le bien et le mal ; prenons donc garde qu'il ne mette encore la main sur le fruit de vie, et ne vive éternellement [1]. » Cette dérision divine étoit due à sa présomption. Dieu dit en lui-même et aux personnes divines, et si l'on veut aux saints anges : Voyez-moi ce nouveau Dieu, qui ne s'est pas contenté de la ressemblance divine que Dieu avoit imprimée au fond de son ame : il s'est fait Dieu à sa façon : voyez comme il est savant, et qu'en effet il a bien appris le bien et le mal à ses dépens : prenons garde qu'après nous avoir si bien dérobé la science, il ne nous dérobe encore l'immortalité. Remarquons que Dieu ajoute la dérision au sup-

---

[1] *Genes.*, III, 22.

plice : le supplice est dû à la révolte : mais l'orgueil y attiroit la dérision : « Je vous ai appelés, et vous avez refusé d'entendre ma voix ; j'ai tendu le bras, et personne ne m'a regardé ; vous avez méprisé tous mes conseils, vous avez négligé mes avis et mes reproches ; et moi aussi à mon tour je rirai dans votre perte ; je me moquerai de vos malheurs et de votre mort [1]. » C'est, direz-vous, pousser la vengeance jusqu'à la cruauté ; je l'avoue : mais Dieu aussi deviendra cruel et impitoyable. Après que sa bonté a été méprisée, il poussera la rigueur jusqu'à tremper et laver ses mains dans le sang du pécheur. Tous les justes entreront dans cette dérision de Dieu : « Et ils riront sur l'impie, et ils s'écrieront : Voilà l'homme qui n'a pas mis son secours en Dieu ; mais qui a espéré dans l'abondance de ses richesses ; et il a prévalu par sa vanité [2]. » Cette vanité insensée lui offroit une flatteuse ressemblance de la divinité même. « Adam est devenu comme un de nous : » il a voulu être riche de ses propres biens : voyez qu'il est devenu puissant. Ainsi ces redoutables et saintes dérisions de la justice divine suivies de celles des justes, ont leur origine dans celle où Dieu insulte à Adam dans son supplice : Jésus-Christ qui nous a mis à couvert de la justice de Dieu lorsqu'il en a porté le poids, a souffert cette dérision dans son supplice : « S'il est le Fils de Dieu, qu'il descende de la croix, et nous croirons en lui ; que Dieu, qu'il se vante d'avoir pour père, le délivre [3]. » C'est ainsi que lui insultoient les impies dans son supplice, mêlant à la cruauté l'amertume de la moquerie. De cette sorte il a expié la dérision qui étoit tombée sur Adam et sur tous les hommes.

C'est au milieu de cette amère et insultante dérision que « Dieu le chasse du paradis de délices, pour travailler à la terre d'où il a été pris [4]. » Et voilà « à la porte de ce paradis délicieux un chérubin qui roule en sa main une épée de feu [5] : » en sorte que ce même lieu auparavant si plein d'attraits, devient un objet d'horreur et de terreur.

[1] *Prov.*, I, 24,-26. — [2] *Psal.*, LI, 8, 9. — [3] *Matth.*, XXVII, 40, 42, 43. — [4] *Genes.*, III, 23. — [5] *Ibid.*, 24.

XVᵉ ÉLÉVATION.

La mort vraie peine du péché.

« Au jour que vous mangerez du fruit défendu, vous mourrez de mort [1]. » Dans l'instant même vous mourrez de la mort de l'ame, qui sera incontinent séparée de Dieu, qui est notre vie et l'ame de l'ame même. Mais encore que votre ame ne soit pas actuellement séparée de votre corps à l'instant même du péché, néanmoins à cet instant elle mérite de l'être; elle en est donc séparée quant à la dette, quoique non encore par l'effet : nous devenons mortels : nous sommes dignes de mort : la mort nous domine : notre corps dès là devient un joug à notre ame, et nous accable de tout le poids de la mortalité et de l'infirmité qui l'accompagnent : justement, Seigneur, justement : car l'ame qui a perdu volontairement Dieu, qui étoit son ame, est punie de sa défection par son inévitable séparation d'avec le corps qui lui est uni; et la perte que fait le corps par nécessité de l'ame qui le gouverne et le perfectionne, est le juste supplice de celle que l'ame a faite volontairement de Dieu, qui la vivifioit par son union.

Justice de Dieu, je vous adore! il étoit juste que composé de deux parties dont vous aviez rendu l'union immuable, tant que je demeurerois uni à vous par la soumission que je vous devois, après que je me suis soulevé contre vos ordres inviolables, je visse la dissolution des deux parties de moi-même auparavant si bien assorties, et que je visse mon corps en état d'aller pourrir dans la terre et de retourner à sa première boue. O Dieu, je subis la sentence; et toutes les fois que la maladie m'attaquera, pour petite qu'elle soit, ou que je songerai seulement que je suis mortel, je me souviendrai de cette parole : « Tu mourras de mort, » et de cette juste condamnation que vous avez prononcée contre toute la nature humaine. L'horreur que j'ai naturellement de la mort,

[1] *Genes.*, II, 17.

me sera une preuve de mon abandonnement au péché : car, Seigneur, si j'étois demeuré innocent, il n'y auroit rien qui pût me faire horreur. Mais maintenant je vois la mort qui me poursuit, et je ne puis éviter ses affreuses mains. O Dieu, faites-moi la grace que l'horreur que j'en ressens et que votre saint Fils Jésus n'a pas dédaigné de ressentir, m'inspire l'horreur du péché qui l'a introduite sur la terre. Sans le péché nous n'aurions vu la mort que peut-être dans les animaux : encore un grand et saint docteur [1] semble-t-il dire qu'elle ne leur seroit point arrivée dans le paradis, de peur que les yeux innocents des hommes n'eussent été frappés de ce triste objet. Quoi qu'il en soit, ô Jésus, je déteste le péché plus que la mort, puisque « c'est par le péché que la mort a régné sur tout le genre humain, depuis Adam [2] » notre premier père jusqu'à ceux qui vous verront arriver dans votre gloire.

XVIe ÉLÉVATION.

La mort éternelle.

Mais la grande peine du péché, celle qui lui est seule proportionnée, c'est la mort éternelle : et cette peine du péché est enfermée dans le péché même. Car le péché n'étant autre chose que la séparation volontaire de l'homme qui se retire de Dieu, il s'ensuit de là que Dieu se retire aussi de l'homme, et s'en retire pour jamais, l'homme n'ayant rien par où il puisse s'y rejoindre de lui-même : de sorte que par ce seul coup que se donne le pécheur, il demeure éternellement séparé de Dieu, et Dieu forcé par conséquent à se retirer de lui, jusqu'à ce que, par un retour de sa pure miséricorde, il lui plaise de revenir à son infidèle créature : ce qui n'arrivant que par une pure bonté que Dieu ne doit point au pécheur, il s'ensuit qu'il ne lui doit autre chose qu'une éternelle séparation et soustraction de sa bonté, de sa grace et de sa présence ; mais dès là son malheur est aussi immense qu'il est éternel.

[1] S. August., *Op. imperf. contra Jul.*, lib. III, n. 147. — [2] *Rom.*, v, 12, 14.

Car, que peut-il arriver à la créature privée de Dieu, c'est-à-dire, de tout bien? Que lui peut-il arriver, sinon tout mal? « Allez, maudits, au feu éternel [1] : » et où iront-ils ces malheureux repoussés loin de la lumière, sinon dans les ténèbres éternelles? Où iront-ils éloignés de la paix, sinon au trouble, au désespoir, au « grincement de dents? » Où iront-ils en un mot, éloignés de Dieu, sinon en toute l'horreur que causera l'absence et la privation de tout le bien qui est en lui comme dans la source? « Je te montrerai tout le bien [2], » dit-il à Moïse, en me montrant moi-même. Que pourra-t-il donc arriver à ceux à qui il refusera sa face et sa présence désirable, sinon qu'il leur montrera tout le mal : et qu'il le leur montrera non-seulement pour le voir, ce qui est affreux; mais, ce qui est beaucoup plus terrible, pour le sentir par une triste expérience. Et c'est là le juste supplice du pécheur qui se retire de Dieu, que Dieu aussi se retire de lui, et par cette soustraction le prive de tout le bien, et l'investisse irrémédiablement et inexorablement de tout le mal. O Dieu, ô Dieu, je tremble : je suis saisi de frayeur à cette vue. Consolez-moi par l'espérance de votre bonté : rafraîchissez mes entrailles, et soulagez mes os brisés, par Jésus-Christ votre Fils, qui a porté la mort pour me délivrer de ses terreurs et de toutes ses affreuses suites, dont la plus inévitable est l'enfer.

[1] *Matth.*, XXV, 41. — [2] *Exod.*, XXXIII, 19.

VIIᴱ SEMAINE.

SUR LE PÉCHÉ ORIGINEL.

PREMIÈRE ÉLÉVATION.

Tous les hommes dans un seul homme : premier fondement de la justice de Dieu dans le péché originel.

« Il a fait que toute la race humaine venue d'un seul homme, se répande sur toute la terre [1]. » C'est ici une des plus belles et des plus remarquables singularités de la création de l'homme. Nous ne lisons point que les animaux viennent de même d'un seul, ni que Dieu les ait réduits d'abord à un seul mâle et à une seule femelle : mais Dieu a voulu que tant que nous sommes d'hommes répandus par toute la terre, dans les îles comme dans les continens, nous sortissions tous d'un seul mariage, dont l'homme étant le chef, un seul homme par conséquent est la source de tout le genre humain.

Le désir de nous porter tous à l'unité, est la cause de cet ordre suprême de Dieu, et les effets en sont admirables.

Premièrement, Dieu pouvoit donner l'être à tous les hommes, comme à tous les anges, indépendamment les uns des autres ; surtout l'ame raisonnable ne pouvant, comme incorporelle, dépendre par elle-même d'aucune génération. Néanmoins il a plu à Dieu que non-seulement le corps, mais encore l'ame dépendît selon son être de cette voie, et que les ames se multipliassent autant que les générations humaines : et il a voulu encore que toutes les races humaines se réduisissent à la seule race d'Adam : en sorte

[1] *Act.*, XVII, 26.

que tous les hommes, et selon le corps et selon l'ame, dépendissent de la volonté et de la liberté de ce seul homme.

« Vous portez deux nations dans votre sein [1], » disait Dieu à Rébecca. Quel spectacle : en deux enfans encore enfermés dans les entrailles de leur mère, deux grandes et nombreuses nations, et la destinée de l'une et de l'autre ! Mais combien est-il plus étonnant de voir en Adam seul toutes les nations, tous les hommes en particulier, et la commune destinée de tout le genre humain !

Dieu avoit fait l'homme si parfait et lui avoit donné une si grande facilité de conserver et pour lui, et pour toute sa postérité, le bien immense qu'il avoit mis en sa personne, que les hommes n'avoient qu'à remercier cette divine bonté d'avoir renfermé en lui tout le bonheur de ses enfans qui devoient composer tout le genre humain. Regardons-nous tous en cette source : regardons-y notre être et notre bien-être, notre bonheur et notre malheur. Dieu ne nous voit qu'en Adam, dans lequel il nous a tous faits : quoi qu'il fasse, nous le faisons avec lui, parce qu'il nous tient renfermés, et que nous ne sommes en lui moralement qu'une seule et même personne : s'il obéit, j'obéis en lui : s'il pèche, je pèche en lui : Dieu traitera tout le genre humain, comme ce seul homme, où il a voulu le mettre tout entier, l'aura mérité. J'adore, Seigneur, votre justice, quoiqu'impénétrable à mes sens et à ma raison : pour peu que j'en entrevoie les règles sacrées, je les adore et je m'y soumets.

IIe ÉLÉVATION.

Le père récompensé et puni dans les enfans : second fondement de la justice de Dieu dans le péché originel.

Quand Dieu fit l'homme si parfait; quand il voulut faire dépendre de lui seul l'être et la vie de toutes les nations, de toutes les races, de tous les hommes particuliers jusqu'à l'infini, si Dieu

[1] *Genes.*, XXV, 23.

vouloit, il mit en même temps une telle unité entre lui et ses enfans, qu'il pût être puni et récompensé en eux, comme il seroit en lui-même et peut-être plus. Car Dieu a inspiré aux parens un tel amour pour leurs enfans, que naturellement les maux des enfans leur sont plus sensibles et plus douloureux que les leurs, et qu'ils aiment mieux les laisser en vie que de leur survivre : de sorte que la vie de leurs enfans leur est plus chère que la leur propre. La nature, c'est-à-dire Dieu a formé ainsi le cœur des pères et des mères : et ce sentiment est si intime et si naturel, qu'on en voit même un vestige et une impression dans les animaux, lorsqu'ils s'exposent pour leurs petits, et se laissent arracher la vie plutôt que d'en abandonner le soin.

Ce caractère paternel a dû se trouver principalement dans celui qui est non-seulement le premier de tous les pères, mais encore père par excellence, puisqu'il a été établi le père du genre humain. Après donc que, dès l'origine et nouvellement sorti des mains de Dieu, il eut transgressé ce commandement si facile, par lequel Dieu avoit voulu éprouver sa soumission et l'avertir de sa liberté, il étoit juste qu'il le punît, non-seulement en lui-même, mais encore dans ses enfans, comme étant une portion des plus chères de sa substance, et quelque chose qui lui est plus intimement uni que ses propres membres. De sorte que les enfans futurs de ce premier père, c'est-à-dire tout le genre humain, qui n'avoit d'être ni de subsistance qu'en ce premier père, devinrent le juste objet de la haine et de la vengeance divine. Tout est en un seul ; et tout est maudit en un seul : et ce père malheureux est puni dans tout ce qu'il contient en lui-même d'enfans depuis la première jusqu'à la dernière génération.

Si Dieu est juste à punir, il l'est encore plus à récompenser. Si Adam eût persévéré, il eût été récompensé dans tous ses enfans, et la justice originelle eût été leur héritage commun. Maintenant ils ont perdu en leur père ce que leur père avoit reçu pour lui et pour eux ; et privée de ce grand don, la nature humaine devient et malheureuse et maudite dans ses branches, parce qu'elle l'est dans sa tige.

Considérons la justice humaine : nous y verrons une image de cette justice de Dieu. Un père dégradé perd sa noblesse et pour lui et pour ses enfans, surtout pour ceux qui sont à naître; ils perdent en lui tous leurs biens, lorsqu'il mérite de les perdre. S'il est banni et exclu de la société de ses citoyens et comme du sein maternel de la terre natale, ils sont bannis avec lui à jamais. Pleurons, malheureux enfans d'un père justement proscrit : race dégradée et déshéritée par la loi suprême de Dieu, et bannis éternellement autant que justement de la cité sainte qui nous étoit destinée dans notre origine, adorons avec tremblement les règles sévères et impénétrables de la justice de Dieu, dont nous voyons les vestiges dans la justice, quoiqu'inférieure, des hommes. Mais voici le comble de nos maux.

IIIe ÉLÉVATION.

Sur la justice originelle dont Adam a été privé pour lui et pour ses enfans : troisième fondement de la justice de Dieu dans le péché originel.

« Dieu a fait l'homme droit, et il s'est enveloppé dans plusieurs questions [1]. » Cette droiture où Dieu avoit d'abord fait l'homme, consistoit premièrement dans la connoissance. Il n'y avoit point alors de question : Dieu avoit mis dans le premier homme la droite raison, qui consistoit en une lumière divine par laquelle il connoissoit Dieu directement comme un être parfait et tout-puissant.

Cette connoissance tenoit le milieu entre la foi et la vision bienheureuse. Car encore que l'homme ne vît pas Dieu « face à face, » il ne le voyoit pourtant pas comme nous faisons, « à travers une énigme et comme par un miroir [2]. » Dieu ne lui laissoit aucun doute de son auteur des mains duquel il sortoit, ni de sa perfection qui reluisoit si clairement dans ses œuvres. Si saint Paul a dit « que les merveilles invisibles de Dieu et son éternelle puissance, et sa divinité sont manifestes dans ses œuvres à ceux qui les contem-

[1] *Eccle.*, VII, 30. — [2] *I Cor.*, XIII, 12.

plent, en sorte qu'ils sont inexcusables de ne le pas reconnoître et adorer [1], » combien plus Adam l'eût-il connu! L'idée que nous portons naturellement dans notre fonds de la perfection de Dieu, en sorte que nous penchons naturellement à lui attribuer ce qu'il y a de plus parfait, étoit si vive dans le premier homme, que rien ne la pouvoit offusquer. Ce n'étoit pas comme à présent, que cette idée brouillée avec les images de nos sens, se recule pour ainsi dire quand nous la cherchons : nous n'en pouvons porter la simplicité, et nous n'y revenons qu'à peine et par mille détours. Mais alors on la sentoit d'abord; et la première pensée qui venoit à l'homme dans tous les ouvrages et dans tous les mouvemens qu'il voyoit, ou au dedans ou au dehors, c'est que Dieu en étoit le parfait auteur.

Par là il connoissoit son ame comme faite à l'image de Dieu et entièrement pour lui; et au lieu que nous avons tant de peine à la trouver, et que nous la confondons avec toutes les images que nos sens nous apportent, alors on la démêloit d'abord d'avec tout ce qui n'étoit pas elle.

De cette sorte on connoissoit d'abord sa parfaite supériorité au-dessus du corps et l'empire qui lui étoit donné sur lui : en sorte que tout y devoit être dans l'obéissance envers l'ame, comme l'ame le devoit être envers Dieu (a).

Une si grande et si droite lumière dans la raison, étoit suivie d'une pareille droiture dans la volonté. Comme on voyoit clairement et parfaitement combien Dieu est aimable, et que l'ame n'étoit empêchée par aucune passion ou prévention de se porter à lui, elle l'aimoit parfaitement; et unie par son amour à ce premier être, elle voyoit tout au-dessous d'elle, principalement son corps dont elle faisoit sans résistance ce qu'elle vouloit.

Nous éprouvons encore un reste de cet empire que nous avions sur nos corps. Nous emportons sur lui beaucoup de choses contre la disposition de la machine par la seule force de la volonté. A force de s'appliquer, l'esprit demeure détaché des sens, et semble ne communiquer plus avec eux. Combien plus en cet heureux état,

---

[1] *Rom.*, I, 20.
(a) *Manusc.*: En Dieu.

sans aucun effort et par la seule force de la raison toujours maîtresse par elle-même, tenoit-on en sujétion tout le corps!

Il n'y avoit qu'une dépravation volontaire qui pût troubler cette belle économie, et faire perdre à la raison son autorité et son empire. Quand l'homme s'est retiré de Dieu, Dieu a retiré tous ses dons. La première plaie a été celle de l'ignorance : ces vives lumières nous ont été ôtées : « Nous sommes livrés aux questions [1] : » tout est mis en doute, jusqu'aux premières vérités : la raison étant devenue si foible par la faute de la volonté, à plus forte raison la volonté, qui avoit commis le péché, s'affoiblit-elle elle-même. Le corps refusa l'obéissance à l'ame qui s'étoit soustraite à Dieu. Dans le désordre des sens, la honte qui n'étoit pas encore connue se fit bientôt sentir : chose étrange! nous l'avons déjà remarqué, mais cette occasion demande qu'on repasse encore un moment sur ce triste objet.

Nos premiers parens ne furent pas plutôt tombés dans le péché, qu'ils connurent leur nudité; et contraints de la couvrir d'une ceinture, dont nous avons déjà montré l'usage, ils témoignèrent par là où la révolte et la sédition intérieure et extérieure s'étoit mise. « Comment avez-vous connu, » et qui vous a indiqué « que vous étiez nu? » D'où vient que vous vous cachiez « dans l'épaisseur de la forêt [2], » pour ne point paroître à mes yeux? Craigniez-vous que je ne trouvasse quelque chose de mal et de déshonnête dans mon ouvrage, moi qui ne puis rien faire que de bon et qui en effet en revoyant ce que j'avois fait, en avois loué la bonté? Etrange nouveauté dans l'homme, de trouver en soi quelque chose de honteux! Ce n'est pas l'ouvrage de Dieu, mais le sien et celui de son péché. Et quels yeux craignoit-il en se cachant? Ceux de Dieu, ceux de la compagne de son crime et de son supplice, les siens propres. O concupiscence naissante, on ne vous reconnoît que trop!

Mais quoi : disons en un mot, que c'est de là que nous naissons : tout ce qui naît d'Adam lui est uni de ce côté-là; enfans de cette révolte, cette révolte est la première chose qui passe en nous avec le sang. Ainsi dès notre origine, nos sens sont rebelles : dès le

---

[1] *Eccle.*, VII, 30. — [2] *Genes.*, III, 18.

ventre de nos mères, où la raison est plongée et dominée par la chair, notre ame en est l'esclave et accablée de ce poids. Toutes les passions nous dominent tour à tour et souvent toutes ensemble, et même les plus contraires. Dieu retire de nous les lumières, comme il avoit fait à Adam, et plus encore. Ainsi nous sommes frappés de la plaie de l'ignorance et de celle de la concupiscence; tout le bien, jusqu'au moindre, nous est difficile : tout le mal, quelque grand qu'il soit, a des attraits pour nous.

« Toutes les pensées de l'homme penchoient au mal en tout temps [1]. » Pesez ces paroles : « toutes les pensées, » et celles-ci : « en tout temps. » Nous ne faisons pas tout le mal, mais nous y penchons : il ne manque que les occasions et les objets déterminent : l'homme laissé à lui-même n'éviteroit aucun mal. Ajoutez : « La malice des hommes étoit grande sur la terre; » ajoutez : « Mon esprit ne demeurera pas en l'homme, parce qu'il est chair [2]. » Je l'avois fait pour être spirituel même dans la chair, parce que l'esprit y dominoit : et maintenant il est devenu charnel même dans l'esprit [3], que la chair domine et emporte. Cela commence « dès le ventre de la mère » : *Erraverunt ab utero* [4]. Dieu voit le mal dans sa source, « et il se repent d'avoir fait l'homme [5]. » L'homme n'étoit plus que péché dès sa conception : « je suis conçu en iniquité : ma mère m'a conçu en péché [6]. » Tout est uni au péché d'Adam, qui passe par le canal de la concupiscence. L'homme livré à la concupiscence la transmit à sa postérité, et ne pouvoit faire ses enfans meilleurs que lui. Si tout naît avec la concupiscence, tout naît dans le désordre : tout naît odieux à Dieu : et « nous sommes tous naturellement enfans de colère [7]. »

[1] *Genes.*, VI, 4. — [2] *Ibid.*, 3. — [3] *Rom.*, VII, 14, 15 et seq.— [4] *Psal.* LVII, 4. — [5] *Genes.*, VI, 6. — [6] *Psal.* L, 7. — [7] *Ephes.*, II, 3.

IVᵉ ÉLÉVATION.

Les suites affreuses du péché originel par le chapitre XL de l'Ecclésiastique.

« Il y a une grande affliction, et un joug pesant sur les enfans d'Adam, depuis le jour de leur sortie du sein de leur mère jusqu'au jour de leur sépulture dans le sein de la mère commune [1]. » Nos misères commencent avec la vie, et durent jusqu'à la mort : nul ne s'en exempte. Quatre sources intarissables les font couler sur tous les états et dans toute la vie : « les soucis, les terreurs, les agitations d'une espérance » trompeuse, « et enfin le jour de la mort : » les maux qui viennent de ces quatre sources empoisonnent toute la vie : tout en ressent la violence et la pesanteur, « depuis celui qui est assis sur le trône jusqu'à celui qui est abattu à terre et sur la poussière ; depuis celui qui est revêtu de pourpre et des plus belles couleurs jusqu'à celui qui est couvert d'une toile grossière et crue : on trouve partout fureur, jalousie, tumulte, incertitude et agitation d'esprit, les menaces d'une mort prochaine, les longues et implacables colères, les querelles et les animosités. » Quelle paix parmi tant de furieuses passions? « Elles ne nous laissent pas en repos pendant le sommeil. Dans le silence et la tranquillité de la nuit, dans la couche » où l'on se refait des travaux du jour, on apprend, on expérimente un nouveau genre de trouble. « A peine a-t-on goûté un moment les douceurs d'un premier sommeil ; et voilà qu'il se présente » à une imagination échauffée « toutes sortes de fantômes et de monstres, comme si l'on avoit été mis en sentinelle » dans une tour. On se trouble dans les visions de son cœur. « On croit être poursuivi par un ennemi furieux, comme dans un jour de combat : on ne se sauve de cette crainte qu'en s'éveillant en sursaut : on s'étonne d'une si vaine terreur, » et d'avoir trouvé tant de périls dans une entière sûreté. On a peine à se remettre

---

[1] *Eccli.*, XL, 1 et seq.

d'une si étrange épouvante, et on sent que sans aucun ennemi on se peut faire à soi-même une guerre aussi violente que des bataillons armés. Les songes nous suivent jusqu'en veillant. Qu'est-ce que les terreurs qui nous saisissent sans sujet, si ce n'est un songe effrayant? Mais qu'est-ce que l'ambition et une espérance fallacieuse qui nous mène de travaux en travaux, d'illusion en illusion, et nous rend le jouet des hommes, sinon une autre sorte de songe qui change de vains plaisirs en des tourments effectifs? Que dirai-je des maladies accablantes, « qui inondent sur toute chair, depuis l'homme jusqu'à la bête, et cent fois plus encore sur les pécheurs? » Et où arrive-t-on par tant de maux, et à quelle mort? Laisse-t-on du moins venir la mort doucement et comme naturellement, pour nous être comme une espèce d'asile contre les malheurs de la vie? Non; l'on ne voit que des « morts cruelles : dans le combat, dans le sang, l'épée, l'oppression, la famine, la peste, l'accablement, tous les fléaux de Dieu : toutes ces choses ont été créées pour les méchans, et le déluge est venu pour eux. » Mais le déluge des eaux n'est venu qu'une seule fois : celui des afflictions est perpétuel, et inonde toute la vie dès la naissance.

Après cela peut-on croire que l'enfance soit innocente? O Seigneur! « Vous jugez indigne de votre puissance de punir les innocens [1] : » pourquoi donc répandez-vous votre colère sur cet enfant qui vient de naître? A qui a-t-il fait tort? De qui a-t-il enlevé les biens? A-t-il corrompu la femme de son prochain? Quel est son crime, et pourquoi commencer à l'accabler d'un joug si pesant? Répétons encore : « Un joug pesant sur les enfans d'Adam [2]. » Il est enfant d'Adam : voilà son crime. C'est ce qui le fait naître dans l'ignorance et dans la foiblesse; ce qui lui a mis dans le cœur la source de toutes sortes de mauvais désirs : il ne lui manque que de la force pour les déclarer. Combien faudra-t-il le tourmenter pour lui faire apprendre quelque chose? Combien sera-t-il de temps comme un animal? N'est-il pas bien malheureux d'avoir à passer par une longue ignorance à quelques rayons de lumière? « Regardez, disoit un saint [3], cette enfance laborieuse

---

[1] *Sap.*, XII, 15. — [2] *Eccli.*, XL, 1. — [3] S. August., lib. IV *contra Julian.* cap. XVI, n. 83.

de quels maux n'est-elle pas opprimée? Parmi quelles vanités, quels tourmens, quelles erreurs, et quelles terreurs, prend-elle son accroissement? Et quand on est grand, et même qu'on se consacre à servir Dieu, que de dangereuses tentations, par l'erreur qui nous veut séduire, par la volupté qui nous entraîne, par la douleur et l'ennui qui nous accable, par l'orgueil qui nous enfle! Et qui pourroit expliquer ce joug pesant dont sont accablés les enfans d'Adam; ou croire que sous un Dieu bon, sous un Dieu juste, on dût souffrir tant de maux, si le péché originel n'avoit précédé? »

Ve ÉLÉVATION.

Sur un autre passage, où est expliquée la pesanteur de l'ame accablée d'un corps mortel.

« Le corps qui se corrompt appesantit l'ame : et cette demeure terrestre rabat l'esprit qui voudroit penser beaucoup, » et s'occuper de beaucoup de soins importans. « Nous trouvons difficile de juger des choses de la terre; et nous trouvons avec peine les choses que nous avons devant les yeux : mais qui pourra pénétrer celles qui sont dans le ciel [1]? » C'est pourtant pour celles-là que je suis né. Mais que je suis malheureux! je veux me retirer en moi-même : je veux penser; je veux m'élever à la contemplation dans un doux recueillement, et aux vérités éternelles : ce corps mortel m'accable; il émousse toutes mes pensées, toute la vivacité de mon esprit; je retombe dans mes sens; et plongé dans les images dont ils me remplissent, je ne puis retrouver mon cœur qui s'égare, et mon esprit qui se dissipe.

C'est cet état malheureux de l'ame asservie sous la pesanteur du corps, qui a fait penser aux philosophes que le corps étoit à l'ame un poids accablant, une prison, un supplice semblable à celui que ce tyran faisoit souffrir à ses ennemis, qu'il attachoit

[1] *Sap.*, IX, 15, 16.

tout vivans avec des corps morts à demi pourris. Ainsi, disent ces philosophes, nos âmes vivantes sont attachées à ce corps comme à un cadavre. Ils ne pouvoient concevoir qu'un tel supplice se pût trouver dans un monde gouverné par un Dieu juste, sans quelque péché précédent; et ils donnoient aux ames une vie hors du corps avant la naissance, où s'abandonnant au péché, elles fussent précipitées des cieux dans cette prison du corps. Voilà ce qu'on pouvoit dire, quand on ne connoissoit pas la chute du genre humain dans son auteur. Les mêmes philosophes se plaignoient encore contre la nature, comme étant non pas une bonne mère, mais une marâtre injuste, qui nous avoit formés avec un corps nu, fragile, infirme et mortel, et un esprit foible à porter les travaux, aisé à troubler par les terreurs, inquiet dans les douleurs et enclin aux cupidités les plus déréglées. De dures expériences ont fait connoître à ces philosophes le joug pesant des enfans d'Adam; et sans en savoir la cause, ils en sentoient les effets. Adorons donc ce Dieu qui nous en révèle les principes: adorons les règles sévères de sa justice, et acquiesçons en tremblant à la rigoureuse sentence du ciel.

VIe ÉLÉVATION.

Sur d'autres passages, où est expliquée la tyrannie de la mort.

« Souvenez-vous que la mort ne tarde pas : connoissez la loi du sépulcre, » et que rien ne vous la fasse oublier : « elle est écrite » sur tous les tombeaux et « dans tout le monde : quiconque naît mourra de mort[1]. »

« C'est une loi établie à tous les hommes de mourir une fois, et après viendra le jugement[2]. »

« L'empire est donné au diable sur tous les mortels durant toute leur vie : » il tient « captifs sous la terreur de la mort tous ceux qui vivent asservis à cette » dure « loi[3]. »

[1] *Eccli.*, XIV, 12. — [2] *Hebr.*, IX, 27. — [3] *Ibid.*, II, 14, 15.

Voilà deux horribles servitudes que nous amène l'empire de la mort. On ne peut avoir de repos sous sa tyrannie : à chaque moment elle peut venir, et non-seulement renverser tous nos desseins, troubler tous nos plaisirs, nous ravir tous nos biens; mais ce qui est encore infiniment plus terrible, nous mener au jugement de Dieu.

On est pour ces deux raisons dans une éternelle et insupportable sujétion : l'on n'en peut sortir que par Jésus-Christ : « Celui qui croit en lui ne sera point jugé : celui qui n'y croit pas est déjà jugé[1] : » sa sentence est sur lui, et à tout moment elle est prête à s'exécuter.

Tels sont les effets de la chute d'Adam et du péché originel. Comment pouvons-nous nous en relever? C'est ce que nous avons maintenant à dire.

VIIe ÉLÉVATION.

Le genre humain enfoncé dans son ignorance et dans son péché.

Voici l'effet le plus malheureux, et tout ensemble la preuve la plus convaincante du péché originel. Le genre humain s'enfonce dans son ignorance et dans son péché. La malice se déclare dès la première génération : le premier enfant qui rendit Eve féconde fut Caïn, malin et envieux. Dans la suite Caïn tue Abel le juste, et le vice commence à prévaloir sur la vertu : le monde se partage entre les enfans de Dieu qui sont ceux de Seth, et les enfans des hommes qui sont ceux de Caïn : la race de Caïn qui eut le monde et les plaisirs dans son partage, est la race aînée. C'est dans cette race qu'on a commencé à se faire une habitation sur la terre : « Caïn bâtit la première ville, et l'appela du nom de son fils Hénoch[2]. » On commençoit à vouloir s'immortaliser par les noms, et on sembloit oublier l'immortalité véritable. Dans cette race les filles commencent à se faire de nouveaux attraits : les enfans de

[1] *Joan.*, III, 18. — [2] *Genes.*, IV, 17.

VIIe SEMAINE. — VIIe ÉLÉVATION.

Dieu s'y laissent prendre : le plaisir des sens l'emporte : et ce sont les filles de ceux qu'on appeloit les enfans des hommes, c'est-à-dire les enfans de la chair, qui attirent dans la corruption par leur beauté, par leur mollesse, par leurs parures, par leurs caresses trompeuses, ceux qui vivoient selon Dieu et selon l'esprit. C'est dans cette race que l'on commence à avoir deux femmes : Lamech épousa Ada et Sella : le meurtre de Caïn s'y perpétua : Lamech dit à ses deux femmes, comme en chantant : « J'ai tué un jeune homme [1]. » Cette qualité et l'aveu qu'il fait à ses femmes de ce meurtre, font soupçonner que sa jalousie contre une jeunesse florissante avoit donné lieu à ce meurtre. Quoi qu'il en soit, la race de Caïn continue à verser le sang humain : et non-seulement cette race prévaut, mais encore elle entraîne l'autre dans ses désordres. Tout est perdu, et Dieu est contraint de noyer le monde dans le déluge.

Ainsi la piété n'eut rien de ferme. Avant que de mourir, Adam la vit périr en quelque façon dans toute sa race, et non-seulement dans la postérité de Caïn, mais encore dans celle de Seth. Il est dit d'Enos, fils de Seth, « qu'il commença à invoquer le nom du Seigneur [2]. » Dieu étoit en quelque sorte oublié : il fallut qu'Enos en renouvelât le culte qui s'affoiblissoit même dans la race pieuse. Quelques-uns veulent entendre cette invocation d'Enos d'un faux culte ; le premier sens est le plus naturel. Quoi qu'il en soit, il seroit toujours vrai que le faux culte auroit bientôt commencé, même parmi les pieux et dans la famille de Seth.

Quelque temps après on remarque par deux fois comme une chose extraordinaire, même dans la race de Seth, « qu'Hénoch, » un de ses petits-enfans, « marcha avec le Seigneur, et » que tout d'un coup « il cessa de paroître parmi les hommes, parce que le Seigneur l'enleva [3] » d'un enlèvement semblable à celui d'Elie, et le retira miraculeusement du « monde » qui « n'étoit pas digne de l'avoir [4] : » tant la corruption étoit entrée dès lors même dans la race de Seth. Hénoch étoit le septième après Adam, et Adam vivoit encore : et cependant la piété dégénéroit à ses yeux, et la corruption devenoit si universelle, qu'on regardoit comme une merveille,

---

[1] *Genes.*, IV, 23. — [2] *Ibid.*, 26. — [3] *Ibid.*, V, 22, 24. — [4] *Hebr.*, XI, 5.

même parmi les enfans de Seth, qu'Hénoch marchât avec Dieu.

L'apôtre saint Jude, par inspiration particulière, nous a conservé une prophétie d'Hénoch dont voici les termes : « Le Seigneur va venir avec des milliers de ses saints (anges), pour exercer son jugement contre tous les hommes, et reprendre tous les impies de toutes les œuvres de leur impiété, et de toutes les paroles dures et « blasphématoires « que les pécheurs impies ont proférées contre lui. C'est ainsi, » dit saint Jude, « que prophétisoit Hénoch, le septième après Adam[1]. » Quoique les hommes eussent encore parmi eux leur premier père qui étoit sorti immédiatement des mains de Dieu, ils tombèrent dans une espèce d'impiété et d'athéisme, oubliant celui qui les avoit faits, « et Hénoch commença » à leur dénoncer la vengeance prochaine et universelle que Dieu devoit envoyer avec le déluge.

Les choses furent dans la suite poussées si avant, qu'il ne resta qu'une seule famille juste, et ce fut celle de Noé. Encore dégénéra-t-elle bientôt : Cham et sa race furent maudits : la famille de Japhet, comme Cham et ses enfans, fut livrée à l'idolâtrie : on la voit gagner peu à peu aussitôt après le déluge : la créature fut adorée pour le créateur : l'homme en vint jusqu'à adorer l'œuvre de ses mains : la race de Sem étoit destinée comme pour succéder à celle de Seth d'où elle étoit née : mais le culte de Dieu s'y affoiblit sitôt, qu'on croit même que Tharé, père d'Abraham, étoit idolâtre, et qu'Abraham fut persécuté parmi les Chaldéens d'où il étoit, parce qu'il ne voulut point adhérer à leur culte impie. Quoi qu'il en soit, pour le conserver dans la piété, Dieu le tira de sa patrie et le sépara de tous les peuples du monde, sans lui permettre ni de demeurer dans son pays, ni de se faire aucun établissement dans la terre où il l'appeloit. La corruption s'étendoit si fort, et l'idolâtrie devenoit si universelle, qu'il fallut séparer la race des enfans de Dieu, dont Abraham devoit être le chef, par une marque sensible. Ce fut la circoncision : et ce ne fut pas en vain que cette marque fut imprimée où l'on sait, en témoignage immortel de la malédiction des générations humaines, et du retranchement qu'il falloit faire des passions sensuelles que le péché

[1] *Ep. Judæ.*, 14, 15.

avoit introduites, et desquelles nous avions à naître. O Dieu, où en est réduit le genre humain ! Le sacrement de la sanctification a dû nous faire souvenir de la première honte de notre nature : on n'en parle qu'avec pudeur, et Dieu est contraint de flétrir l'origine de notre être. Il faut le dire une fois, et couverts de honte mettre nos mains sur nos visages.

VIIIe ÉLÉVATION.

Sur les horreurs de l'idolâtrie.

Lisons ici les chapitres XIII et XIV du livre de la *Sagesse* sur l'idolâtrie. En voici un abrégé : Les sentimens des hommes sont vains parce que la connoissance de Dieu n'est point en eux : ils n'ont pu comprendre celui qui « étoit » par tant de beaux objets présentés à leur vue, et regardant les ouvrages ils n'en ont pu comprendre le sage artisan[1] : appelant dieux et arbitres souverains du monde, ou le feu, ou les vents et l'air agité, ou l'eau, ou le soleil, ou la lune, ou les étoiles qui tournent en rond sur nos têtes, sans pouvoir entendre ; que si touchés de leur beauté ils les ont appelés dieux, combien plus celle de leur créateur leur devoit paroître merveilleuse. Car il est père du beau et du bon : la source de toute beauté et le plus parfait de tous les êtres. Et s'il y a de la force dans ces corps qu'ils ont adorés, combien doit être plus puissant celui qui les a faits ? Car par la grandeur de la beauté de la créature, on pouvoit voir et connoître intelligiblement le créateur. Mais encore ceux-là sont-ils les plus excusables, puisqu'ils se sont égarés peut-être en cherchant Dieu dans ses œuvres qui les invitoient à s'élever vers leur principe. Quoiqu'en effet ils soient toujours inexcusables, puisque s'ils pouvoient parvenir à connoître la beauté d'un si grand ouvrage, combien plus facilement en devoient-ils trouver l'auteur ? Mais ceux-là sont sans comparaison plus aveugles et plus malheureux, et leur espérance

[1] *Sap.*, XIII, 5, 24.

est parmi les morts, qui trompés par les inventions et l'industrie d'un bel ouvrage, ou par les superbes matières dont on l'aura composé, ou par la vive ressemblance de quelques animaux, ou par l'adresse et le curieux travail d'une main antique sur une pierre inutile et insensible, ont adoré les ouvrages de la main des hommes. En dressant un bois pesant, reste du feu dont ils ont fait cuire leur nourriture, et le soutenant avec peine par des liens de fer dans une muraille, le peignant d'un rouge qui sembloit lui donner un air de vie, à la fin vient à l'adorer, à lui demander la vie et la santé qu'il n'a pas, à le consulter sur son mariage et sur ses enfans, et lui fait de riches offrandes. Ou porté sur un bois fragile dans une périlleuse navigation, il invoque un bois plus fragile encore [1] : un père affligé fait une image d'un fils qui lui a été trop tôt ravi ; et pour se consoler de cette perte, il lui fait offrir des sacrifices comme à un Dieu [2] (toute une famille entroit dans cette flatterie) : les rois de la terre faisoient adorer leurs statues ; et n'osant se procurer ce culte à eux-mêmes à cause de leur mortalité trop manifeste de près, ils croient plus aisément pouvoir passer pour dieux de plus loin. Telle a été l'illusion de la vie humaine ; emportés par leurs passions et leur amour pour leurs rois, les hommes en ont adoré les statues et ont donné au bois et à la pierre le nom « incommunicable [3] : » ils ont immolé leurs enfans à ces faux dieux : il n'y a plus rien eu de saint parmi les hommes : les mariages n'ont pu conserver leur sainteté : les meurtres, les perfidies, les troubles et les parjures ont inondé sur la terre : l'oubli de Dieu a suivi : les joies publiques ont amené des fêtes impies : les périls publics ont introduit des divinations superstitieuses et fausses : on n'a plus craint de se parjurer, quand on a vu qu'on ne juroit que par un bois ou une pierre, et la justice et la bonne foi se sont éteintes parmi les hommes.

Il faut lire encore l'endroit de saint Paul [4], où il dit que les invisibles grandeurs de Dieu, son éternelle puissance et sa divinité paroissent visiblement dans ses créatures : et que cependant les plus sages, ceux qui en étoient les plus convaincus, lui ont refusé

---

[1] *Sap.*, XIV, 1. — [2] *Ibid.*, 15 et seq. — [3] *Ibid.*, 21 et seq. — [4] *Rom.*, I, 20, 21 et seq.

le culte qu'ils savoient bien qu'on lui devoit, et ont suivi les erreurs d'un peuple ignorant, qui changeoit la gloire d'un Dieu immuable en la figure des reptiles les plus vils, laissant évanouir toute leur sagesse et devenus insensés, pendant qu'ils se glorifioient du nom de sages. Ce qui aussi a obligé Dieu à les livrer à des passions et à des désordres abominables contre la nature, et à permettre qu'ils fussent remplis de tout vice, impiété, médisance, perfidie, insensibilité ; en sorte qu'ils étoient sans compassion, sans affection, sans foi, parce que connoissant la justice et la vérité de Dieu, ils n'ont pas voulu le servir, et ont préféré la créature à celui qui étoit le créateur béni aux siècles des siècles.

Ce déluge d'idolâtrie s'est répandu par toute la terre. L'inclination qu'y avoient les Juifs, que tant de châtimens divins ne pouvoient en arracher, montre la pente commune et la corruption de tout le genre humain. Ce culte étoit devenu comme naturel aux hommes ; et c'est ce qui faisoit dire au Sage que les « nations » idolâtres « étoient méchantes par leur naissance : que la semence en étoit maudite dès le commencement : que leur malice étoit naturelle, et que leurs perverses inclinations ne pouvoient jamais être changées [1]. »

Un déréglement si étrange et à la fois si universel, devoit avoir une origine commune : montrez-la-moi autre part que dans le péché originel, et dans la tentation, qui disant à l'homme : « Vous serez comme des dieux [2], » posoit dès lors le fondement de l'adoration des fausses divinités.

[1] *Sap.*, XII, 10, 11. — [2] *Genes.*, III, 5.

VIIIᴱ SEMAINE.

LA DÉLIVRANCE PROMISE DEPUIS ADAM JUSQU'A LA LOI.

PREMIÈRE ÉLÉVATION.

La promesse du libérateur dès le jour de la perte.

Ce fut le jour même de notre chute, que Dieu dit au serpent notre corrupteur : « Je mettrai une inimitié éternelle entre toi et la femme, entre ta race et la sienne : elle brisera ta tête [1]. »

Premièrement on ne peut pas croire que Dieu ait voulu effectivement juger ou punir le serpent visible, qui étoit un animal sans connoissance : c'est donc une allégorie où le serpent est jugé en figure du diable dont il avoit été l'instrument. Secondement, il faut entendre par la race du serpent les menteurs dont il est le père, selon cette parole du Sauveur : « Lorsqu'il dit des mensonges, il parle de son propre fonds, parce qu'il est menteur et père du mensonge [2]. » En troisième lieu, par « la race de la femme » il faut entendre l'un de sa race, un fruit sorti d'elle qui brisera la tête du serpent. Car on ne peut pas penser que toute la race de la femme soit victorieuse du serpent, puisqu'il y en a un si grand nombre qui ne se relèvent jamais de leur chute. La race de la femme est victorieuse, en tant qu'il y a quelqu'un des enfans de la femme par qui le démon et tous ses enfans seront défaits.

Il n'importe que dans une ancienne version, cette victoire sur le serpent soit attribuée à la femme et que ce soit elle qui en doive écraser la tête : *ipsa conteret.* Car il faut entendre que la femme remportera cette victoire, parce qu'elle mettra au monde le vain-

---

[1] *Genes.*, III, 15. — [2] *Joan.*, VIII, 44.

queur : on concilie par ce moyen les deux leçons ; celle qu'on trouve à présent dans l'original, qui attribue la victoire au fils de la femme, et celle de notre version, qui l'attribue à la femme même. Et en quelque manière qu'on l'entende, on voit sortir de la femme un fruit qui écrasera la tête du serpent, et en détruira l'empire.

Si Dieu s'étoit contenté de dire qu'il y auroit une inimitié éternelle entre le serpent et la femme ou avec le fruit qu'elle produiroit, et que le serpent lui prépareroit par derrière et à « son talon » de secrètes embûches, on ne verroit point la victoire future de la femme ou de son fruit : mais puisqu'on voit que son fruit et elle briseroient la tête du serpent, la victoire devoit demeurer à notre race. Or ce que veut dire cette race, ce fruit, pour traduire de mot à mot, cette semence bénie de la femme, il faut écouter saint Paul sur cette promesse faite à Abraham : « En » l'un de « ta race, » en ton fils, « seront bénies » et sanctifiées « toutes les nations de la terre [1] : » où le saint Apôtre remarque qu'il ne dit pas : « Dans les fruits que tu produiras » et dans tes enfans, « comme étant plusieurs ; mais en ton fils, comme dans un seul, » et dans « le Christ. » *Non dicit : Et seminibus, quasi in multis; sed quasi in uno : Et semini tuo, qui est Christus* [2].

C'est donc en lui que toutes les nations seront bénies, toutes en un seul. Ainsi dans cette parole adressée au serpent : « Je mettrai une inimitié entre toi et la femme, entre ta race et son fruit, » on doit entendre que Dieu avoit en vue un seul fils et un seul fruit qui est Jésus-Christ. Et Dieu qui pouvoit dire également, et devoit dire plutôt qu'il mettroit cette inimitié entre le dragon et l'homme, ou le fruit de l'homme, a mieux aimé dire qu'il la mettroit entre la femme et le fruit de la femme, pour mieux marquer ce fruit béni qui étant né d'une vierge, n'étoit le fruit que d'une femme : dont aussi sainte Elisabeth disoit : « Vous êtes bénie entre toutes les femmes, et béni le fruit de vos entrailles [3]. » Vous êtes donc, ô Marie, cette femme qui par votre fruit devez écraser la tête du serpent : Vous êtes, ô Jésus, ce fruit béni en qui la victoire nous est assurée. Je vous rends graces, mon Dieu, d'avoir ainsi relevé

[1] *Genes.*, XXII, 18. — [2] *Galat.*, III, 16. — [3] *Luc.*, I, 42.

mes espérances; et je vous chanterai avec David : « O mon Dieu, ma miséricorde [1]; » et encore : « Est-ce que Dieu retirera sa miséricorde à jamais? Dieu oubliera-t-il la pitié, ou dans sa colère tiendra-t-il ses miséricordes renfermées [2]? » Non Seigneur miséricordieux et bon, vous n'avez pu, si on l'ose dire, les retenir, puisqu'au jour de votre colère, et lorsque vous prononciez leur sentence à nos premiers parens et à toute leur postérité, il a fallu que vos miséricordes éclatassent et que vous fissiez paroître un libérateur. Dès lors vous nous promettiez la victoire ; et pour nous la faciliter, vous nous avez découvert la malice de notre ennemi, en lui disant : « Vous attaquerez par le talon [3]; » c'est-à-dire vous attaquerez le genre humain par l'endroit où il touche à la terre, par les sens : vous l'attaquerez par les pieds, c'est-à-dire par l'endroit qui le soutient : vous l'attaquerez, non point en face, mais par derrière et par adresse plutôt que par force.

Ce malheureux esprit nous attaque par les sens par où nous tenons à la terre, lorsqu'il nous en propose les douceurs, et il prend l'homme par la partie foible. Défions-nous donc de nos sens; et dès qu'ils commencent à nous inspirer quelque désir flatteur, songeons au serpent qui les suscite contre nous.

Mais voici encore une autre attaque : nous croyons être fermes sur nos pieds, et que l'ennemi ne nous peut abattre : « J'ai dit en moi-même, dans l'abondance » de mon cœur, « je ne serai point ébranlé, » et je ne vacillerai « jamais [4] ! » C'est alors que l'ennemi me surprend, et qu'il m'abat : c'est alors qu'il faut que je dise avec David que « le pied de l'orgueil ne vienne pas jusqu'à moi [5] : » que je ne m'appuie jamais sur ma présomptueuse confiance, qui me fait croire que j'ai le pied ferme et qu'il ne me glissera jamais. Mettez, chrétien, mettez votre force dans l'humilité : ne la mettez pas dans vos victoires passées : lorsque vous croirez vous être affermi dans la vertu et pouvoir vous soutenir de vous-même, il vous renverse comme un autre saint Pierre, par ce où vous mettez votre force, qui vous fait dire comme à cet apôtre : Moi, vous renoncer ! « Je donnerai ma vie pour vous [6]. » Au lieu d'é-

---

[1] *Psal.* LVIII, 18. — [2] *Psal.* LXXVI, 7, 8, 9, 10. — [3] *Genes.*, III, 15. — [4] *Psal.* XXIX, 7. — [5] *Psal.* XXXV, 12. — [6] *Joan.*, XIII, 37.

couter un courage présomptueux, reconnoissez votre foiblesse ; et l'ennemi vous attaquera en vain.

Mais voici le plus dangereux de tous ses artifices. Il ne vous attaquera pas en face, mais subtilement par derrière : il vous cachera ses tentations : il vous inspirera comme au Pharisien une fausse action de graces : « Seigneur, » dit-il, « je vous rends graces[1] ; » mais c'est ensuite pour vous occuper de vos jeûnes, de vos pieuses libéralités, de votre exactitude à payer la dîme, de votre justice qui vous met au-dessus des autres hommes : il vous attaque par derrière, et vous présentant en face l'action de graces, en elle il vous insinue le plus fin orgueil. Il a bien d'autres artifices : ce n'est qu'un doux entretien qu'il vous propose : Dieu est-il assez rigoureux pour défendre si sévèrement ces innocentes douceurs? Je saurai me retenir, et je ne laisserai pas aller mes désirs. Il vous attaque par derrière, comme un habile ennemi; il tâche de vous dérober sa marche et ses desseins : vous périrez, et de l'un à l'autre vous avalerez le venin.

Lorsque vous le sentez approcher avec de telles insinuations, et qu'il tortille, pour ainsi parler, par derrière et autour de vous, alors sans regarder trop les appas trompeurs dont il fait un piége à votre cœur; car c'est peut-être d'abord ce qu'il veut de vous pour ensuite vous pousser plus loin : jetez-vous entre les bras de celui qui en écrase la tête : regardez sa croix : car c'est là que dans la douleur et dans la mort, il a renversé l'empire du diable et rendu ses tentations inutiles.

IIe ÉLÉVATION.

La délivrance future marquée même avant le crime, et dans la formation de l'Eglise en la personne d'Eve.

Dieu n'avoit point ordonné la chute d'Adam, à Dieu ne plaise! mais il l'avoit prévue et avoit trouvé bon de la permettre, dès

[1] *Luc.*, XVIII, 11, 12.

qu'il le créa dans l'innocence. Il ne faut donc pas s'étonner qu'il ait figuré dès lors Jésus-Christ en Adam, et l'Eglise dans Eve, lorsque pendant son sommeil il tira la femme de cette espèce de plaie qui fut faite dans son côté, de même que l'Eglise fut tirée du côté ouvert de Jésus-Christ pendant qu'il dormoit dans le repos d'une courte mort dont il devoit être bientôt réveillé, conformément à cette parole que l'Eglise chante à la résurrection de Notre-Seigneur : « Je me suis endormi, et j'ai été dans le sommeil : et je me suis levé, parce que le Seigneur m'a pris en sa protection [1]. »

Ainsi la chute d'Adam n'étoit pas sans espérance, puisqu'avec les yeux de la foi il pouvoit voir dans celle qui avoit donné occasion à sa perte son espérance renaissante, et dans la plaie du sacré côté de Jésus-Christ la formation de l'Eglise et la source de toutes les graces. C'est pourquoi saint Paul applique à Jésus-Christ et à l'Eglise ce qu'Adam dit alors à Eve : « Tu es l'os de mes os et la chair de ma chair [2], » et le reste que nous avons observé ailleurs.

IIIe ÉLÉVATION.

Adam et Eve figures de Jésus-Christ et de Marie : l'image du salut dans la chute même.

O Dieu, quelle abondance de miséricorde, et que les sujets d'espérance se multiplient devant nous ! puisqu'en même temps qu'un homme et une femme perdoient le genre humain, Dieu qui avoit daigné prédestiner un autre homme et une autre femme pour les relever, a désigné cet homme et cette femme jusque dans ceux qui nous donnoient la mort. Jésus-Christ est le nouvel Adam : Marie est la nouvelle Eve. Eve est appelée « mère des vivans [3], » même après sa chute, comme l'ont remarqué les saints docteurs, et lorsqu'à dire le vrai, elle devoit plutôt être appelée

---

[1] *Psal.* III, 6. — [2] *Ephes.*, V, 29, 30, 31; *Genes.*, II, 23, 24. — [3] *Genes.*, III, 20.

la mère des morts. Mais elle reçoit ce nom dans la figure de la sainte Vierge, qui n'est pas moins la nouvelle Eve que Jésus-Christ le nouvel Adam. Tout convient à ce grand dessein de la bonté divine. Un ange de ténèbres intervient dans notre chute : Dieu prédestine un ange de lumière, qui devoit intervenir dans notre réparation. L'ange de ténèbres parle à Eve encore vierge : l'ange de lumière parle à Marie qui le demeure toujours. Eve écouta le tentateur et lui obéit : Marie écouta aussi l'ange du salut et lui obéit. La perte du genre humain qui se devoit consommer en Adam, commença par Eve : en Marie commence aussi notre délivrance ; elle y a la même part qu'Eve a eue à notre malheur, comme Jésus-Christ y a la même part qu'Adam avoit eue à notre perte. Tout ce qui nous a perdu se change en mieux : je vois paroître un nouvel Adam, une nouvelle Eve, un nouvel ange : il y a aussi un nouvel arbre, qui sera celui de la croix, et un nouveau fruit sur cet arbre, qui détruira tout le mal que le fruit défendu avoit causé. Ainsi l'ordre de notre réparation est tracé dans celui de notre chute : tous les noms malheureux sont changés en bien pour nous ; et tout ce qui avoit été employé pour nous perdre, par un retour admirable de la divine miséricorde, se tourne en notre faveur.

IVe ÉLÉVATION.

Autre figure de notre salut dans Abel.

« Dieu tourna ses yeux sur Abel et sur ses présens, et ne regarda pas les présens de Caïn[1]. » Dieu commence à écouter les hommes, et à recevoir leurs présens : il est apaisé sur le genre humain, et les enfans d'Adam ne lui sont plus odieux. Abel le juste est par sa justice une figure de Jésus-Christ, qui seul a offert pour nous une oblation que le ciel agrée, et apaise son Père sur nous.

Genes., IV, 4, 5.

Mais Abel fut tué par Caïn, il est vrai ; et c'est par cet endroit-là qu'il devint principalement la figure de Jésus-Christ, qui plus juste et plus innocent qu'Abel, puisqu'il étoit la justice même, est livré à la jalousie des Juifs, comme Abel à celle de Caïn. Car pourquoi est-ce, disoit saint Jean, que Caïn haïssoit son frère, et « pourquoi le fit-il mourir? » sinon « parce » qu'il était mauvais, malin et jaloux, et « que ses œuvres étoient mauvaises, comme celles de son frère étoient justes [1]? » De même les Juifs haïrent Jésus et le firent mourir, comme il dit lui-même, parce qu'ils étoient mauvais et qu'il étoit bon [2]. Ce fut « par envie » qu'ils « le livrèrent » à Pilate, ainsi que Pilate le reconnoît lui-même [3] : le diable, cet esprit superbe et jaloux de l'homme, fut l'instigateur des Juifs, comme il l'avoit été de Caïn ; et leur ayant inspiré sa malignité, ils firent mourir celui qui avoit daigné se faire leur frère, comme Caïn fit mourir le sien.

La mort d'Abel est donc pour nous un renouvellement d'espérance, parce qu'il est la figure de Jésus : le sang d'Abel versé sur la terre cria vengeance au ciel contre Caïn : et quoique « le sang de Jésus-Christ jette un cri plus favorable [4], » comme dit saint Paul, puisqu'il crie miséricorde, toutefois par l'ingratitude et l'impénitence des Juifs « le sang de Jésus fut sur eux et sur leurs enfans [5], » comme ils l'avoient demandé. Abel le juste est le premier des enfans d'Adam, qui subit l'arrêt de mort prononcé contre eux : la mort faite pour les pécheurs commença par un innocent à exercer son empire ; et Dieu le permit ainsi, afin qu'elle eût un plus foible fondement : le diable perdit les coupables, en attaquant Jésus, en qui il ne trouvoit rien qui lui appartînt : c'est ce que figure Abel ; et injustement tué, il fit voir, pour ainsi parler, que la mort commençoit mal et que son empire devoit être anéanti.

Prenons donc garde que « tout le sang innocent ne vienne sur nous, depuis le sang d'Abel le juste jusqu'au sang de Zacharie qui fut tué entre le temple et l'autel [6]. » Nous prenons un esprit meurtrier quand nous prenons un esprit de haine et de jalousie

---

[1] *Joan.*, III, 12. — [2] *Ibid.*, VIII, 40, 44 ; XV, 23, 24, 25. — [3] *Matth.*, XXVII, 18. — [4] *Hebr.*, XII, 24. — [5] *Matth.*, XXVII, 25. — [6] *Ibid.*, XXIII, 35.

contre nos frères innocens, et notre part est avec celui qui est « homicide dès le commencement [1], » non-seulement parce qu'il tua d'un seul coup tout le genre humain; mais encore parce que, pour assouvir sa haine contre les hommes, il voulut d'abord verser du sang et que la première mort fût violente, et montrer, pour ainsi parler, par ce moyen que nul n'échapperoit à la mort, puisqu'Abel le juste y succomboit. Mais Dieu tourna sa fureur en espérance pour nous, puisqu'il voulut que le juste Abel, injustement tué par Caïn, fût la figure de Jésus-Christ qui est le juste par excellence, et dont l'injuste supplice devoit être la délivrance de tous les criminels.

V· ELÉVATION.

La bonté de Dieu dans le déluge universel.

Nous avons vu que les hommes une fois corrompus par le péché s'enfoncèrent dans leur corruption, jusqu'à forcer Dieu par leurs crimes à se repentir de les avoir faits, et à résoudre leur perte entière par le déluge universel. L'expression de l'Ecriture est étonnante : « Dieu pénétré de douleur jusqu'au fond du cœur : Je perdrai, dit-il, l'homme que j'ai créé [2]; » c'est-à-dire que la malice des hommes étoit si outrée, qu'elle eût altéré, s'il eût été possible, la félicité et la joie d'une nature immuable. Quoique la justice divine fût irritée jusqu'au point que marque une expression si puissante, Dieu néanmoins suspendoit l'effet d'une si juste vengeance, et ne pouvoit se résoudre à frapper. Noé fabriquoit lentement l'arche que Dieu avoit commandée; et ne cessoit d'avertir les hommes durant tout ce temps de l'usage auquel elle étoit destinée. « Ils furent incrédules, » dit saint Pierre [3], et en présumant toujours, sans se convertir, « de la patience de Dieu qu'ils attendoient, ils mangeoient et buvoient jusqu'au jour que Noé entra dans l'arche [4]. » Dieu différa encore sept jours le déluge tout

---

[1] *Joan.*, VIII, 44. — [2] *Genes.*, VI, 6, 7. — [3] I *Petr.*, III, 20. — [4] *Matth.*, XXIV, 38; *Luc.*, XVII, 26, 27; *Genes.*, VII, 4, 10.

prêt à fondre sur la terre, et donna encore aux hommes ce dernier délai pour se reconnoître.

Nous avons vu que la prophétie d'Hénoch, bisaïeul de Noé, avoit précédé : Dieu ne pouvoit pour ainsi parler se résoudre à punir les hommes, et il fit durer les avertissemens de ses serviteurs près de mille ans.

A la fin le déluge vint, et l'on vit alors un terrible effet de la colère de Dieu; mais il voulut en même temps y faire éclater sa miséricorde et la figure du salut futur du genre humain. Le déluge lava le monde, le renouvela et fut l'image du baptême : « En figure de ce sacrement qui nous devoit délivrer, huit personnes furent sauvées [1]. » Noé fut une figure de Jésus-Christ, en qui toute la race humaine devoit être renouvelée : en cette vue il fut appelé Noé; c'est-à-dire consolation, repos : et lorsqu'il vint au monde, son père Lamech dit prophétiquement : « Celui-ci nous consolera de tous les travaux de nos mains et de toutes les peines que nous donne la terre que Dieu a maudite [2]. » Dieu n'envoie point de maux qu'il n'envoie des consolations; et résolu malgré sa colère à la fin de sauver les hommes, sa bonté reluit toujours parmi ses vengeances.

VIᵉ ÉLÉVATION.

Dieu promet de ne plus envoyer de déluge.

Mettons-nous à la place de Noé, lorsqu'il sortit de l'arche avec sa famille : toute la terre n'étoit qu'une solitude : les maisons et les villes étoient renversées : il n'y avoit d'animaux que ce qu'il en avoit conservé : des autres il n'en voyoit que les cadavres : sa famille subsistoit seule ; et l'eau avoit ravagé tout le reste. En cet état figurons-nous quelle fut sa reconnoissance : son premier soin fut de « dresser un autel à Dieu, » qui l'avoit délivré, et tout le genre humain en sa personne : il le chargea « de toutes sortes d'animaux purs, oiseaux et autres; et il offrit à Dieu son holo-

[1] 1 *Petr.*, III, 20, 21. — [2] *Genes.*, V, 29.

causte¹ » pour lui et pour sa famille, et pour tout le genre humain qui en devoit renaître. Il ne dit pas en son cœur par une fausse prudence : Il nous reste peu d'animaux : il en faut ménager la race : il savoit bien qu'on ne perdoit pas ce que l'on consacroit à Dieu, et que c'étoit au contraire attirer sa bénédiction sur le reste. « Son holocauste fut en bonne odeur devant Dieu, qui lui parla en cette sorte : Je ne maudirai plus la terre à cause des hommes². » Et peu après : « Je ferai un pacte avec vous et avec tous les animaux : je ne les perdrai plus par les eaux, et jamais il n'y aura de déluge ³. » L'arc-en-ciel parut dans les nues avec de douces couleurs : et soit qu'il parût alors pour la première fois, et que le ciel auparavant sans nuage eût commencé à s'en charger par les vapeurs que fournirent les eaux du déluge; soit qu'il eût déjà été vu, et que Dieu en fît seulement un nouveau signal de sa clémence, Dieu voulut qu'il fût dans le ciel un sacrement éternel de son alliance et de sa promesse. Au lieu de ces nuages menaçans qui faisoient craindre un nouveau déluge, Dieu choisit dans le ciel un nuage lumineux et doux, qui, tempérant et modifiant la lumière en couleurs bénignes, fût aux hommes un agréable signal pour leur ôter toute crainte. Depuis ce temps l'arc-en-ciel a été un signe de la clémence de Dieu. Lorsqu'on voit dans l'*Apocalypse* son trône dressé ⁴, l'iris fait un cercle autour de ses pieds, et étale principalement la plus douce des couleurs qui est un vert d'émeraude. C'étoit quelque chose de semblable qui parut aux soixante et dix vieillards d'Israël. Et lorsqu'il se montra à eux dans le trône de sa gloire, « on vit à ses pieds une couleur de saphir, comme lorsque le ciel est serein ⁵. » Quoi qu'il en soit, ce beau vert et ce bleu céleste sont le beau signal d'un Dieu apaisé, qui ne veut plus envoyer de déluge sur la terre. Le sacrifice de Noé, qui est celui de tout le genre humain, avoit précédé en figure du sacrifice de Jésus-Christ, qui étoit pareillement l'oblation de toute la nature humaine : la promesse de la clémence suivit, et ce fut le présage heureux d'une nouvelle race qui devoit naître sous un visage benin de son créateur et sous des promesses favorables.

¹ *Genes.*, VIII, 20. — ² *Ibid.*, 21. — ³ *Ibid.*, IX, 9-13. — ⁴ *Apoc.*, IV, 2, 31. — ⁵ *Exod.*, XXIV, 10.

O Dieu, j'adore vos bontés : accoutumez-moi à voir dans le ciel et dans toute la nature vos divins attributs : qu'un ciel obscurci de nuages, comme courroucé, me soit une image de cette juste colère qui envoya le déluge ; et qu'au contraire la sérénité, ou un reste léger de nuages, me fasse voir dans l'arc-en-ciel quelque chose de plus clément, et plutôt de douces rosées que de ces pluies orageuses qui pourroient encore ravager la terre, si Dieu pour ainsi parler n'en arrêtoit la fureur.

Dieu ne veut que pardonner : c'est un bon père qui, contraint de châtier ses enfans à cause de l'excès de leur crime, s'attendrit lui-même sur eux par la rigueur de leur supplice, et leur promet de ne leur plus envoyer de semblables peines. O Dieu miséricordieux et bon, comment peut-on vous offenser ! Craignons toutefois, et n'abusons pas de cette bonté paternelle. Pour nous avoir mis à couvert des eaux, sa justice n'est pas désarmée; et il a encore les feux en sa main, pour venger à la fin du monde des crimes encore plus énormes que ceux qui attirèrent le déluge d'eau.

VIIe ÉLÉVATION.

La tour de Babel : Sem et Abraham.

Voici une suite de la promesse divine. Le genre humain fut ravagé, mais non pas humilié par le déluge. La tour de Babel fut un ouvrage d'orgueil : les hommes à leur tour semblèrent vouloir menacer le ciel qui s'étoit vengé par le déluge et se préparer un asile contre les inondations, dans la hauteur de ce superbe édifice. Il entra dans ce dessein un autre sentiment d'orgueil : « Signalons-nous, » disoient-ils, par un ouvrage immortel, « avant que de nous séparer par toutes les terres[1]. » Au lieu de s'humilier pendant que la mémoire d'un si grand supplice étoit encore récente, plus prêts à exalter leur nom que celui de Dieu, ils provoquèrent de nouveau sa colère. Dieu les punit, mais non pas par le

---
[1] *Genes.*, XI, 4 et seq.

déluge ; et malgré leur ingratitude, il fut fidèle à sa promesse. La division des langues les força à se disperser ; et en punition de l'union que l'orgueil avoit fait entre eux dans le commun dessein de se signaler par un ouvrage superbe, les langues se multiplièrent et ils devinrent étrangers les uns aux autres.

Au milieu de votre colère, Seigneur, vous les regardiez en pitié; et touché de leur division, vous vous réserviez une semence bénie, où les nations divisées se devoient un jour rassembler. Incontinent après le déluge, vous aviez daigné bénir Sem, en disant : « Que le Dieu de Sem soit béni; et que Chanaan en soit l'esclave[1] !» Ainsi, dans la division des nations, la trace de la vraie foi se conserva dans la race de ce patriarche, qui vit naître de cette bénie postérité Abraham, dont vous avez dit « qu'en sa semence toutes les nations seroient bénies[2]. » Les voilà donc de nouveau bénies, et heureusement réunies dans cette promesse. Toutes les nations qui se formèrent et se séparèrent à Babel, doivent un jour redevenir un même peuple : vous prépariez un remède à la division des langues dans la prédication apostolique qui les devoit réunir dans la profession de notre foi et dans l'exaltation de votre saint nom. Ainsi dans l'élévation de la tour et de la ville de Babel, l'orgueil divisa les langages : et dans l'édification de votre Eglise naissante, l'humilité les rassembla tous. « Et chacun entendoit son langage[3] » dans la bouche de vos saints apôtres.

Unissons-nous donc, et parlons tous en Jésus-Christ un même langage : n'ayons qu'une bouche et qu'un cœur, sans fraude, sans dissimulation, sans déguisement, sans mensonges : éteignons en nous tous les restes de la division de Babel : prions pour la concorde des nations chrétiennes et pour la conversion des nations infidèles : O Dieu qu'il « n'y ait plus ni Juif, ni Grec, ni Barbare, ni Scythe ; mais en tous un seul Jésus-Christ[4], » Dieu béni aux siècles des siècles.

[1] *Genes.*, IX, 26. — [2] *Ibid.*, XII, 3. — [3] *Act.*, II, 6. — [4] *Coloss.*, III, 11.

VIIIᵉ ÉLÉVATION.

Jésus-Christ plus expressément prédit aux patriarches.

Tout le genre humain se corrompoit : « Dieu laissa toutes les nations aller dans leurs voies, » comme dit saint Paul dans les *Actes*[1] : chacune vouloit avoir son Dieu et le faire à sa fantaisie : le vrai Dieu qui avoit tout fait étoit devenu le « Dieu inconnu[2]; et quoiqu'il fût si près de nous » par son opération et par ses dons, de tous les objets que nous pouvions nous proposer, c'étoit le plus éloigné de notre pensée. Un si grand mal gagnoit et alloit devenir universel. Mais pour l'empêcher, Dieu suscita Abraham, en qui il vouloit faire un nouveau peuple, et rappeler à la fin tous les peuples du monde pour être en Dieu un seul peuple. C'est le sens de ces paroles : « Sors de ta terre et de ta parenté, et de la maison de ton père, et viens en la terre que je te montrerai : et je ferai sortir de toi un grand peuple, et en toi seront bénies toutes les nations de la terre[3]. » Voilà donc deux choses : premièrement, « Je ferai sortir de toi un grand peuple, » qui sera le peuple hébreu ; mais ma bénédiction ne se terminera pas à ce peuple : « Je bénirai, » je sanctifierai « en toi tous les peuples de la terre, » qui, participant à ta grace comme à ta foi, seront tous ensemble un seul peuple retourné à son créateur, après l'avoir oublié durant tant de siècles.

Voilà le sens manifeste de ces paroles : « En toi seront bénies toutes les nations de la terre. » Dieu, seul interprète de soi-même, a expliqué ces paroles : *In te benedicentur :* « en toi seront bénis tous les peuples de la terre ; » par celles-ci : *In semine tuo :* « dans ta semence[4]; » c'est-à-dire comme l'explique doctement et divinement l'apôtre saint Paul : « dans un de ta race; dans un fruit sorti de toi[5] : » au nombre singulier ; en sorte qu'il y devoit avoir un seul fruit, un seul germe, un seul fils sorti d'Abraham, en

---

[1] *Act.*, XIV, 15. — [2] *Ibid.*, XVII, 23, 27. — [3] *Genes.*, XII, 1-3. — [4] *Ibid.*, 3. — [5] *Galat.*, III, 16.

qui et par qui seroit répandue sur toutes les nations de la terre la bénédiction qui leur étoit promise en Abraham. Ce fruit, ce germe béni, cette semence sacrée, ce fils d'Abraham, « c'étoit le Christ, » qui devoit venir de sa race. C'est pourquoi, comme remarque saint Paul, l'Ecriture parle toujours en singulier : *Non in seminibus, sed in semine :* « Non en plusieurs, mais dans un seul de ta race[1] : » et c'étoit aussi cette semence bénie, promise à la femme dès le commencement de nos malheurs, par qui la tête du serpent seroit écrasée et son empire détruit.

La même promesse a été réitérée à Isaac et à Jacob : c'est pourquoi après cela, Dieu a voulu être caractérisé par ce titre : « Le Dieu d'Abraham, d'Isaac et de Jacob[2] : » comme qui diroit, le Dieu des promesses, le Dieu sanctificateur de tous les peuples du monde, et non-seulement des Juifs qui sont la race charnelle de ces patriarches, mais encore de tous les fidèles qui en sont la race spirituelle, et les vrais enfans d'Abraham « qui suivent les vestiges de sa foi[3]. » Et tout cela ne s'est accompli qu'en Jésus-Christ, par qui seul le Dieu véritable, auparavant oublié parmi tous les peuples du monde, sans que personne le servît si ce n'étoit les seuls enfans d'Abraham, a été prêché aux gentils qu'il a ramenés à lui après tant de siècles.

C'est pourquoi, dans tous les prophètes, la vocation des gentils est toujours marquée comme le propre caractère du Christ qui devoit venir pour sanctifier tous les peuples : et voilà cette promesse faite à Abraham, qui fait tout le fondement de notre salut.

Entrons donc dans cette divine alliance faite avec Abraham, Isaac et Jacob ; et soyons les véritables enfans de la promesse. Entendons toute la force de cette parole : « Etre enfans de la promesse, c'est être les enfans promis à Abraham. » Dieu nous a promis à ce patriarche : s'il nous a promis, il nous a donnés : s'il nous a promis, il nous a faits : car, comme dit l'apôtre saint Paul : « Il est puissant pour faire ce qu'il a promis : » non pour le prédire, mais pour l'accomplir, pour le faire. Nous sommes donc la race qu'il a faite d'une manière particulière : enfans de promesse, enfans de graces, enfans de bénédiction, peuple nouveau et particu-

[1] *Galat.*, III, 16. — [2] *Exod.*, III, 6. — [3] *Rom.*, IV, 12.

lier que Dieu a créé pour le servir : non pour seulement porter son nom, mais pour être un vrai peuple, agréable à Dieu, sectateur des bonnes œuvres ; et comme enfans de miséricorde, choisis et bien-aimés, aimant Dieu de tout notre cœur et notre prochain comme nous-mêmes ; et étendant notre amour à toutes les nations et à tous les peuples, comme à ceux qui sont comme nous dans la destination de Dieu « enfans d'Abraham et héritiers des promesses [1]. » Voilà les richesses qui sont renfermées dans ce peu de mots : « En toi, dans un de ta race, seront bénies toutes les nations de la terre. »

IXe ÉLÉVATION.

La circoncision.

On ne peut nier que la circoncision donnée à Abraham ne soit une grande grace [2] : » puisque c'est, comme dit saint Paul, « le sceau de la justice [3] » dans ce patriarche, le gage, et le sacrement de l'alliance de Dieu avec lui et toute sa race. Mais regardons toutefois ce que c'est que cette circoncision. C'est après tout une flétrissure, une marque dans la chair, telle qu'on la feroit à des esclaves. On ne marque pas ses enfans sur le corps : on n'y marque que les esclaves, comme une espèce d'animaux nés pour servir. « Vous porterez mon alliance dans votre chair [4], » disoit Dieu à Abraham. Ecoutons : « dans votre chair : » c'est une marque servile et charnelle, plus capable de faire un peuple d'esclaves que de faire un peuple d'enfans, ou pour parler plus simplement, une famille. Sans doute Dieu destinoit le genre humain à une plus haute alliance : et c'est pourquoi aussi il la commence avec Abraham avant la circoncision, quand il le tire de sa terre, et qu'il lui fait ses promesses : Abraham encore incirconcis « crut, et il lui fut imputé à justice [5]. » Il n'étoit pas encore circoncis,

---

[1] *Galat.*, III, 29. — [2] *Rom.*, III, 2. — [3] *Ibid.*, IV, 11. — [4] *Genes.*, XVII, 13.
[5] *Ibid.*, XV, 6.

et cependant il crut à Dieu, et il fut justifié par cette foi, et la circoncision lui fut donnée « comme le sceau de la justice de la foi qu'il avoit reçue incirconcis [1]. » Les enfans de la promesse lui sont aussi donnés en cet état : « Je multiplierai ta postérité : en toi seront bénies toutes les nations, » ou si l'on veut, « toutes les familles de la terre [2] ; » en prenant les nations pour des familles, puisqu'elles ne sont en effet que la propagation d'un même sang. Nous voilà donc tous ensemble et tant que nous sommes de fidèles, bénis dans Abraham incirconcis. Pourquoi? sinon pour montrer qu'Abraham justifié avant sa circoncision, « est le père » dans ce même état « de tous ceux qui chercheront, » comme dit saint Paul, « dans notre père Abraham les vestiges de la foi qui l'a justifié, lorsqu'il étoit encore incirconcis : » *vestigia fidei, quæ est in præputio patris nostri Abrahæ* [3], comme raisonne l'Apôtre.

Mais dans l'établissement de la circoncision que veut dire cette parole : « Si un enfant n'est pas circoncis au huitième jour, son ame périra et sera effacée du milieu de son peuple [4]? » Qu'a fait cet enfant de huit jours? et périroit-il sous un Dieu juste, si son ame étoit innocente? Race damnée et maudite, nous ne saurions recevoir aucune grace du ciel, ni aucune espérance du salut, qui ne marque et ne présuppose notre perte. Nous recevons maintenant une meilleure et plus sainte circoncision, nous qui sommes régénérés par le baptême. Mais la promesse est accompagnée de malédiction contre ceux qui n'en seront point participans : « Si vous ne renaissez de l'eau et du Saint-Esprit, vous n'entrerez point dans le royaume des cieux [5]. » Confessons donc humblement que nous en étions naturellement exclus, et qu'il n'y a que la grace qui nous y rétablisse. Reconnoissons notre perte, si nous voulons avoir part à la bénédiction du fils d'Abraham : soyons, comme dit saint Paul, « la véritable circoncision, en servant Dieu selon l'esprit [6], » et en retranchant non « la chair, » mais les cupidités charnelles, c'est-à-dire la sensualité en quelque endroit de notre ame et de notre corps qu'elle se rassemble. Car il nous est défendu « de vivre selon la chair. En la suivant nous mourrons :

---

[1] *Rom.*, IV, 11. — [2] *Genes.*, XII, 3. — [3] *Rom.*, IV, 10-12. — [4] *Genes.*, XVII, 14. — [5] *Joan.*, III, 5. — [6] *Philip.*, III, 2, 3.

mais si nous en mortifions les désirs et les actes, nous vivrons [1]. »
Il faut donc non pas seulement les retrancher, mais les arracher
et les déraciner à fond autant qu'il nous est possible : autrement,
avec un cœur partagé entre les sens et l'esprit, nous ne pouvons
aimer Dieu « de toute notre puissance, de toute notre pensée, de
tout notre cœur [2]. »

X· ÉLÉVATION.

La victoire d'Abraham, et le sacrifice de Melchisédech.

La figure de notre baptême a été donnée à Abraham : n'aura-
t-il point celle de notre sacrifice ? Il revient victorieux d'une bataille, où il a défait quatre grands rois qui avoient enlevé Lot et
tout son bien [3] : et au retour du combat il trouve Melchisédech
dont l'Ecriture, contre sa coutume, n'explique point « l'origine, »
ni « la naissance, » ni « la mort : sans père et sans mère, et
rendu semblable au Fils de Dieu [4], » qui est sans mère dans le ciel,
et sans père sur la terre : sans naître ni sans mourir, il paroît
éternel comme Jésus-Christ ; il est roi et pontife tout ensemble du
Dieu très-haut en figure du sacerdoce royal de la nouvelle
alliance : son nom est Melchisédech, « roi de justice : » il est « roi
de Salem, c'est-à-dire roi de paix : » et ce sont des titres de Jésus-
Christ. Abraham lui paie la dîme de toute sa dépouille, et il reconnoît l'éminence de son sacerdoce : lui qui portoit en lui-même
Lévi et Aaron qui devoient sortir de son sang, il humilie devant
ce grand sacrificateur le sacerdoce de la loi : et toute la race de
Lévi, où celle d'Aaron étoit renfermée, paie la dîme en Abraham
à cet admirable pontife. Abraham qui se fait bénir par ses mains,
se montre par là son inférieur : car « c'est une vérité sans contestation, que le moindre est béni par le supérieur [5], » et lui soumet
en même temps tout le sacerdoce de la loi.

[1] *Rom.*, VIII, 4, 12, 13. — [2] *Luc.*, X, 27. — [3] *Genes.*, XIV, 14, 15 et seq. — [4] *Hebr.*,
VII, 1, 2, 3 et seq. — [5] *Ibid.*, 7.

Mais quelle est la simplicité du sacrifice de ce pontife! « Du pain et du vin font son oblation [1] : » matière pure et sans aucun sang, dans lesquelles Jésus-Christ devoit cacher la chair et le sang de son nouveau sacrifice. Abraham y participe avant que d'être Abraham et sans être encore circoncis. Ainsi c'est le sacrifice du peuple non circoncis, dont l'excellence est plus grande que des sacrifices de la circoncision. Allons donc avec la foi d'Abraham à ce nouveau sacrifice qu'Abraham a vu en esprit et dont il s'est réjoui, comme « il s'est réjoui de voir le Sauveur [2] » qui devoit naître de sa race.

Mais n'est-ce point là une vérité contraire à celle qu'on vient de voir? Si Jésus-Christ sort d'Abraham comme Lévi, il étoit en lui lorsqu'il s'humilia devant Melchisédech, et il lui soumet Jésus-Christ même. Ce seroit le soumettre à sa figure, à celui qui n'est que pour lui, et dont tout l'honneur est d'en être l'image. Mais de plus, qui ne sait pas que Jésus-Christ n'est pas dans Abraham comme dans les autres? Fils d'une vierge et conçu du Saint-Esprit, quoique d'un côté il sorte véritablement d'Abraham, de l'autre il est au-dessus des enfantemens ordinaires et seul au-dessus de tous les hommes, il n'est soumis qu'à Dieu seul.

Mettons-nous tous en Abraham : soumettons-nous avec lui au véritable Melchisédech : au véritable roi de justice et de paix : au « véritable pontife selon l'ordre de Melchisédech [3], » qui a été nommé tel par celui qui « l'a engendré de toute éternité. » Désirons avec ardeur de participer à son sacrifice : offrons-nous en lui dans ce pain et dans ce vin de son oblation, dont sans rien changer au dehors, il fait sa chair et son sang : simples, humbles, obéissans, purs et chastes, mangeons en simplicité « ce pain » des anges et enivrons-nous « de ce vin qui produit les vierges [4]. »

[1] *Genes.*, XIV, 18. — [2] *Joan.*, VIII, 56. — [3] *Psal.* CIX, 3, 4. — [4] *Zachar.*, IX, 17.

XI· ÉLÉVATION.

La terre promise

La terre de Chanaan promise à Abraham [1], n'étoit pas un digne objet de son attente, ni une digne récompense de sa foi. Aussi Dieu le tient-il dans ce pays-là, comme un étranger, sans « qu'il y eût un pied de terre, toujours sous des tentes [2] » et sans aucune demeure fixe [3]. Ainsi vécurent les autres patriarches ses enfans, « en se confessant étrangers et voyageurs sur la terre, et soupirant sans cesse après leur patrie. Mais si c'eût été une patrie » mortelle, « ils eussent songé à y retourner » et y établir leur domicile : « mais » on voit « qu'ils avoient toujours dans l'esprit le ciel » où tendoit leur pèlerinage : « et Dieu » qui les y avoit appelés « se disoit leur Dieu, parce qu'il leur avoit destiné une cité » permanente [4], non point sur la terre, mais dans le siècle futur. La terre que Dieu leur promit en figure de ce céleste héritage, fut promise à Abraham avant la circoncision : par conséquent ce n'est point la terre que les Juifs charnels occupèrent, mais une autre qui étoit marquée pour tous les peuples du monde.

Marchons donc dans un esprit de pèlerinage dans la terre où nous habitons. Notre cœur se prend aisément à tout ce qu'il voit : mais dès que nous sentons qu'il commence à s'attacher et comme à s'établir quelque part, passons outre; « car nous n'avons point en ce lieu de cité permanente, mais nous en cherchons une à venir dont Dieu est le fondateur et l'architecte [5]. » Il n'y a point ici d'appui, ni de fondement, ni d'établissement pour nous. « Le temps est court, dit saint Paul : il ne nous reste plus autre chose à faire, sinon à ceux qui vivent dans le mariage, d'y vivre comme n'y vivant pas [6], » et de n'être point attachés à une femme,

---

[1] *Genes.*, XII, 7. — [2] *Act.*, VII, 5. — [3] *Hebr.*, XI, 9. — [4] *Ibid.*, 13-16.— [5] *Ibid.*, XIII, 13, 14; XI, 10. — [6] 1 *Cor.*, VII, 29.

encore qu'elle nous soit chère : c'est par les personnes chéries que doit commencer le détachement : « Que ceux qui pleurent » vivent aussi « comme ne pleurant pas, et ceux qui se réjouissent comme ne se réjouissant pas [1] : » car ni la douleur, ni la joie n'ont rien de fixe sur la terre : de même « que ceux qui achètent » ne croient pas avoir acquis la possession d'une chose, sous prétexte qu'ils en auront fait une acquisition légitime : car on ne possède rien : et ce mot de *possession* n'a rien de solide : enfin « que ceux qui usent de ce monde et de ses biens soient comme n'en usant pas, parce que la figure de ce monde passe [2]. » Premièrement le monde, pour ainsi parler n'est rien de réel ; c'est une figure creuse ; et secondement c'est une figure qui passe, une ombre qui se dissipe. Je ne courrai plus après vous, honneurs fugitifs, biens que je vais perdre, plaisirs où il n'y a que de l'illusion : « Vanité des vanités, et tout est vanité. Craignez Dieu et observez ses commandemens : car c'est là tout l'homme [3]. »

XII° ÉLÉVATION.

Le sabbat.

Après le péché, il ne devoit plus y avoir de sabbat, ni de jour de repos pour l'homme : nuit et jour, hiver et été, dans la semaille et dans la moisson, dans le chaud et dans le froid, il devoit être accablé de travail. Cependant Dieu laissa au genre humain l'observance du sabbat établi dès l'origine du monde, en mémoire de la création de l'univers : et nous le voyons observé à l'occasion de la manne [4], comme une chose connue du peuple, avant que la loi fût donnée, où l'observance en est instituée plus expressément. Car dès lors on connoissoit la distinction du jour, ou les semaines établies : le sixième jour étoit marqué : le septième l'étoit aussi comme le jour du repos : et tout cela paroît comme une pratique connue, et non pas nouvellement établie : ce qui montre

[1] I *Cor.*, VII, 30. — [2] *Ibid.*, 31. — [3] *Eccle.*, XII, 8, 13. — [4] *Exod.*, XVI, 23, 26.

qu'elle venoit de plus haut et dès l'origine du monde. Dieu donc eut pitié dès lors du genre humain ; et en lui donnant un jour de relâche, il montre en quelque façon que touché de compassion, il modéroit la sentence du perpétuel travail qu'il nous avoit imposé.

Mais il ne faut pas se persuader que ce soit là tout le mystère du sabbat : Dieu y figuroit le repos futur qu'il préparoit dans le ciel à ses serviteurs. Car, comme Dieu, qui n'a point besoin de repos, avoit voulu néanmoins célébrer lui-même un repos mystérieux au septième jour, il est clair qu'il le faisoit de la sorte pour annoncer de même à ses serviteurs qu'un jour, et dans un repos éternel, il feroit cesser tous les ouvrages. C'est la doctrine de saint Paul, qui nous fait voir dans l'ancien peuple, et dès l'origine du monde, dans une excellente figure, la promesse d'un bienheureux repos [1]. L'Apôtre appelle David en confirmation de cette vérité, lorsqu'il remarque que ce grand prophète promet aux enfans de Dieu un nouveau repos, où « Dieu jure que les rebelles n'entreront pas [2] : » *Si introibunt in requiem meam :* et en même temps un jour d'épreuve où nous apprendrons à obéir à sa voix, selon ce qui est dit dans le même psaume : « Aujourd'hui, si vous écoutez sa voix, n'endurcissez pas vos cœurs [3] : » autrement il n'y aura point de repos pour vous. Voilà donc deux jours mystérieusement marqués par le Seigneur, l'un pour obéir à sa voix, et l'autre pour se reposer éternellement avec lui : et c'est là « le vrai sabbat, » et le vrai repos qui « est laissé au peuple de Dieu [4]. »

Célébrons donc en foi et en espérance le jour du repos : remontons à l'origine du monde et aux anciens hommes qui le célébroient en mémoire de la création : et encore que dorénavant et dans la nouvelle alliance ce jour soit changé, parce qu'il y faut célébrer avec la résurrection de Notre-Seigneur, et dans le renouvellement du genre humain, une création plus excellente que la première; apprenons que ce repos n'en est que plus saint. Car nous y voyons le vrai repos de Notre-Seigneur ressuscité qui est entré dans sa gloire par les travaux de sa vie et de sa douloureuse passion, et en même temps le nôtre, par la vertu de sa vivifiante

---

[1] *Hebr.*, III et IV. — [2] *Ibid.*, IV, 3, 7; *Psal.* XCIV, 11. — [3] *Psal.* XCIV, 8. — [4] *Hebr.*, IV, 9.

résurrection, où nos corps seront conformés au sien glorieux. Passons donc en espérance et en paix les jours du travail : souffrons et travaillons avec Jésus-Christ, pour régner aussi avec lui et nous asseoir dans son trône, où il nous appelle. « Ces jours de travaux » sont « courts; et la gloire » qui nous en revient « sera éternelle [1]. » Nous pouvons même par avance goûter ce repos par le moyen de l'espérance : « laquelle, » dit saint Paul, « sert à notre ame » et à notre foi, « comme d'une ancre ferme et assurée [2]. » Et de même qu'au milieu des eaux et dans la navigation, l'ancre soutient un vaisseau, et lui fait trouver une espèce de sûreté et de port : ainsi parmi les agitations de cette vie, « assurés sur la promesse de Dieu confirmée par son inviolable serment [3], » nous goûtons le vrai repos de nos ames. Soutenons donc avec foi et avec courage les troubles de cette vie : jouissons en espérance du sacré repos qui nous attend : reposons-nous cependant en la sainte volonté de Dieu et attachés à ce rocher immuable, disons hardiment avec saint Paul : « Qui pourra nous séparer de l'amour de Jésus-Christ?... Je suis assuré » avec sa grace « que ni la mort, ni la vie, ni les anges, ni les principautés, ni les puissances, ni les choses présentes, ni les futures, ni la violence, ni tout ce qu'il y a ou de plus haut dans les cieux ou de plus profond dans les enfers, ni aucune autre créature quelle qu'elle soit, ne sera capable de nous séparer de l'amour de Dieu en Jésus-Christ Notre-Seigneur [4]. »

N'est-ce pas là ce repos que le même Apôtre nous a promis, et ne le goûtons-nous pas dès cette vie? Livrons-nous à Dieu en Jésus-Christ; et par une sainte soumission à celui qui seul nous peut tirer de tous nos maux, vivons en paix et en joie par le Saint-Esprit.

[1] II *Cor.*, IV, 17, etc.— [2] *Hebr.*, VI, 19. — [3] *Ibid.*, 17.— [4] *Rom.*, VIII, 35, 38, 39.

IXe SEMAINE.

LA LOI ET LES PROPHÉTIES PROMETTENT LE LIBÉRATEUR, ET LUI PRÉPARENT LA VOIE.

PREMIÈRE ÉLÉVATION SUR LA LOI.

Le peuple captif : Moïse lui est montré comme son libérateur.

Avant que le peuple saint fût introduit à la terre promise, il falloit qu'il éprouvât un long exil, une longue captivité, une longue persécution, en figure de la sainte Eglise, qui est le vrai peuple et le vrai Israël de Dieu, qui ne peut être introduit à la céleste patrie que par la persécution, la captivité et les larmes de l'exil.

L'Eglise, dans sa plus profonde paix, n'est guère sans son Pharaon, du moins en quelques endroits. Il vient quelque « nouveau roi sur la terre, qui ne connoît point Joseph [1], » ni les gens pieux : et en général il est vrai, comme dit saint Paul, que « tous ceux qui veulent vivre pieusement en Jésus-Christ, doivent souffrir persécution [2], » en quelque sorte que ce soit : et, comme dit saint Augustin, que « celui qui n'aura point gémi comme voyageur et étranger, n'entrera pas dans la joie des citoyens. »

Il y a deux sortes de persécutions : l'une est ouverte et déclarée, quand on attaque ouvertement la religion; l'autre cachée et artificieuse, comme celle de ce Pharaon, qui jaloux de l'abondance du peuple de Dieu, en inspiroit la haine à ses sujets et cherchoit des moyens secrets de le détruire : « Venez, dit-il, opprimons-le sagement [3], » c'est-à-dire secrètement et finement. On ne

---

[1] *Exod.*, I, 8. — [2] II *Timoth.*, III, 12. — [3] *Exod.*, I, 10, 11 et seq.

forçoit pas les Israélites à quitter leur religion, ni à sacrifier aux dieux étrangers : on les laissoit vivre : et on ne leur ôtoit pas absolument ce qui étoit nécessaire : mais on leur rendoit la vie insupportable, en les accablant de travaux, et leur proposant des gouverneurs qui les opprimoient. On en vint à la fin pourtant à la persécution à découvert, et « on condamna leurs enfans mâles à être noyés dans le Nil [1] : » ce qui signifie en figure qu'on ne laisse rien de fort ni de vigoureux à un peuple qui n'a rien de libre, et dont on abat le courage, en le faisant languir dans l'oppression.

Malgré cette oppression, Dieu ne laisse pas de conserver les gens vertueux dans son peuple, comme il fit les mâles parmi les Israélites : et contre toute espérance il leur naît même des libérateurs du sein des eaux, où ils devoient être noyés à l'exemple de Moïse : de sorte qu'ils ne doivent jamais perdre l'espérance.

IIe ÉLÉVATION.

Deux moyens dont Moïse est montré au peuple.

La première chose que Dieu fit pour faire connoître à son peuple qu'il leur préparoit un libérateur en la personne de Moïse, fut en permettant qu'il fût exposé au même supplice que les autres, et comme eux jeté dans le Nil pour y périr [2] : il en fut néanmoins délivré comme Jonas, qui sortit des abîmes de la mer, et du ventre de la baleine qui l'avoit englouti, et comme le Fils de Dieu dont la résurrection ne put pas être empêchée par la profondeur du sépulcre, ni par les horreurs de la mort.

Dieu fait une seconde chose dans Moïse. Après lui avoir inspiré de quitter la cour de Pharaon et de la princesse sa fille, qui l'élevoit comme son enfant dans les espérances du monde, « quand Moïse fut crû, » dit l'Ecriture [3], « il alla s'unir à ses frères ; » c'est-à-dire selon le Commentaire de saint Paul [4], « qu'étant devenu

[1] *Exod.*, I, 22.— [2] *Ibid.*, II, 3 et seq.— [3] *Ibid.*, 11.— [4] *Hebr.*, XI, 24-27.

grand, il nia qu'il fût le fils de la fille de Pharaon : aimant mieux être affligé avec le peuple de Dieu que de goûter le plaisir temporel et passager du péché; et trouvant de plus précieuses richesses dans l'ignominie de Jésus-Christ que dans les trésors de l'Egypte..., il abandonna l'Egypte avec foi, sans craindre la haine du roi » mortel, qui au lieu d'être son père comme auparavant, « ne songeoit plus qu'à le faire mourir [1]. » Il prit en main la défense des Israélites par un instinct divin : il les vengea d'un Egyptien qui les maltraitoit; et comme remarque saint Etienne, « il crut que ses frères entendroient que Dieu les devoit sauver par sa main : mais ils ne l'entendirent pas [2] : » et il falloit pour les sauver, qu'il en souffrît les contradictions, qui allèrent si avant, qu'elles le forcèrent à prendre la fuite. Ainsi la persécution vint de ceux qu'il devoit sauver : et Dieu par ce moyen le montra au peuple comme leur sauveur et l'image de Jésus-Christ.

Pasteurs, conducteurs des ames, qui que vous soyez, ne croyez pas les sauver sans qu'il vous en coûte : admirez en Moïse les persécutions de Jésus, et buvez le calice de sa passion.

IIIe ÉLÉVATION.

Moïse figure de la divinité de Jésus-Christ.

« Le Seigneur dit à Moïse : Je t'ai fait le Dieu de Pharaon, et Aaron sera ton prophète [3]. » Le sauveur du peuple fidèle devoit être un Dieu : Dieu même lui en donne le nom en singulier, ce qui n'a que cet exemple. Il dit ailleurs : « Vous êtes des dieux [4]; » ici : « Je t'ai fait » un « Dieu. » Une marque de divinité, c'est d'avoir des prophètes, qui pour cela sont appelés les prophètes du Seigneur : Aaron est le prophète de Moïse : Moïse est revêtu de la toute-puissance de Dieu : il a en main la foudre, c'est-à-dire cette baguette toute-puissante qui frappe les fleuves et en change les eaux en sang : qui les frappe de nouveau, et les fait retourner à

---

[1] *Exod.*, II, 15. — [2] *Act.*, VII, 25. — [3] *Exod.*, VII, 1. — [4] *Psal.* LXXXI, 6.

leur nature : qu'il étend vers le ciel, et répand partout des ténèbres épaisses et palpables : mais qui, comme un autre Dieu, les sépare d'avec la lumière, puisque le peuple juif demeure éclairé pendant que les Egyptiens enveloppés d'une ombre affreuse et profonde, ne sauroient faire un pas. Cette puissante baguette fait bouillonner des grenouilles et des sauterelles ; change en mouches insupportables toute la poussière de la terre ; envoie une peste inévitable sur les animaux de l'Egypte, et opère les autres prodiges qui sont écrits dans l'*Exode*[1]. Voilà donc Moïse comme un Dieu qui fait ce qu'il veut dans le ciel et dans la terre, et tient toute la nature en sa puissance. Il est vrai que Dieu limite son pouvoir : « Je t'ai fait, dit-il, le Dieu de Pharaon[2] : » ce n'est pas un Dieu absolument, mais le Dieu de Pharaon : c'est sur Pharaon et sur son royaume que tu pourras exercer cette puissance divine. Il n'en est pas ainsi du Sauveur du nouveau peuple, qui est appelé absolument « Dieu : par qui tout a été fait[3] ; » qui est appelé, « au-dessus de tout Dieu béni aux siècles des siècles[4] : » et ainsi du reste. Mais aussi ne falloit-il pas que le serviteur fût égal au maître. « Moïse étoit, » dit saint Paul, « comme un fidèle serviteur dans la maison de Dieu : mais Jésus étoit comme le fils dans sa propre maison, qui est à nous[5]. »

Mais s'il y a eu dans Moïse, qui devoit sauver le peuple fidèle, une lumière si manifeste de divinité et une si haute participation du titre de Dieu, faut-il s'étonner si la substance et « la plénitude de la divinité habite corporellement en Jésus-Christ[6], » qui en nous sauvant du péché devoit nous sauver de tout mal ? Pour achever la figure, Moïse qui étoit le Dieu de Pharaon, en étoit en même temps le médiateur. Pharaon lui disoit : « Priez pour moi[7]. » Et à la prière de Moïse, Dieu détournoit ses fléaux et faisoit cesser les plaies de l'Egypte : ainsi Jésus, qui est « notre Dieu, » est en même temps « notre médiateur[8], » notre intercesseur tout-puissant, à qui Dieu ne refuse rien, « et il n'y a point d'autre nom par lequel nous devions être sauvés[9]. » Mettons donc notre con-

---

[1] *Exod.*, IV, V, VI, VII et seq. — [2] *Exod.* VII, 1. — [3] *Joan.*, I, 3. — [4] *Rom.*, IX, 5. — [5] *Hebr.*, III, 5, 6. — [6] *Coloss.*, II, 9. — [7] *Exod.*, VIII, 8. — [8] I *Timoth.*, II, 5 ; *Hebr.*, IX, 13, 24. — [9] *Act.*, IV, 12.

fiance en Jésus, qui est tout ensemble et Dieu et médiateur, d'autant plus grand que Moïse, que Moïse n'est Dieu que pour envoyer des plaies temporelles, et qu'il n'est médiateur que pour les détourner : mais « Jésus passe en bienfaisant et guérissant tous les malades [1]. » Il ne déploie sa puissance que pour montrer ses bontés, et les plaies qu'il détourne de nous sont les plaies de l'esprit. Mettons-nous entre ses mains salutaires ; il ne demande autre chose, sinon qu'on le laisse faire : dès lors il nous sauvera, et « le salut est son œuvre : » *Domini est salus* [2].

IVe ÉLÉVATION.

La pâque et la délivrance du peuple.

Dieu établit en même temps deux monumens immortels de la délivrance de son peuple, dont l'un fut la cérémonie de la Pâque, et l'autre la sanctification des premiers nés qu'il voulut qu'on lui consacrât [3].

C'est qu'il devoit envoyer la nuit son ange exterminateur, qui devoit remplir toutes les familles des Egyptiens de carnage et de deuil, « en frappant de mort tous les premiers nés, depuis celui du roi qui étoit assis sur le trône jusqu'à celui de l'esclave enfermé dans une prison, et de tous les animaux [4]. » Après cette dernière plaie, les Egyptiens, qui craignirent leur dernière désolation, n'attendirent plus les prières des Israélites, mais les contraignirent à sortir. Pendant cette désolation des familles égyptiennes, auxquelles toutes l'ange vengeur coupoit la tête comme d'un seul coup, les Israélites furent conservés, mais par le sang de l'agneau pascal. « Prenez, dit le Seigneur [5], un agneau qui soit sans tache, » en figure de la justice parfaite de Jésus : il faut que comme Jésus cet agneau soit immolé, soit mangé : « Trempez un bouquet d'hysope dans le sang de cet agneau » immolé : « frottez-en les poteaux et le chapiteau avec le seuil de vos portes : je passerai la nuit pour exterminer les premiers nés de l'Egypte : et je m'arrêterai où je

---

[1] *Act.*, x, 38. — [2] *Psal.* III, 9. — [3] *Exod.*, xii et xiii. — [4] *Ibid.*, xii, 29. — [5] *Ibid.*, 5, 7 et seq.

verrai les marques du sang. » Dieu n'avoit pas besoin de cette marque sensible, pour discerner les victimes de sa colère : elle n'étoit pas pour lui, mais pour nous; et il vouloit nous marquer que le sang du véritable agneau sans tache seroit le caractère sacré qui feroit la séparation entre les enfans de l'Egypte, à qui Dieu devoit donner la mort, et les enfans d'Israël, à qui il devoit sauver la vie.

« Portons sur nos corps avec saint Paul la mortification de Jésus [1] » et l'impression de son sang, si nous voulons que la colère divine nous épargne : tout est prophétique et mystérieux dans l'agneau pascal. On n'en doit point briser les os en figure de Jésus-Christ, dont les os furent épargnés sur la croix, pendant qu'on les cassoit à ceux qu'on avoit crucifiés avec lui. Il le faut manger en habit de voyageur, comme gens qui passent, qui ne s'arrêtent à rien, toujours prêts à partir au premier ordre : c'est la posture et l'état du disciple de Jésus : de celui qui mange sa chair, qui se nourrit de sa substance, dont il est la vie et selon le corps et selon l'esprit. « Mangez-le vite, car c'est la victime du passage du Seigneur [2] : » il ne doit y avoir rien de lent ni de paresseux dans ceux qui se nourrissent de la viande que Jésus nous a donnée : il en faut dévorer la tête, les pieds et les intestins : il n'en faut rien laisser : tout y est bon et succulent; et non-seulement la tête et les intestins, qui signifient ce qu'il y a en Jésus de plus intérieur et de plus sublime, mais encore les pieds, c'est-à-dire ce qui paroît de plus bas et de plus infirme : ses souffrances, ses tristesses, ses frayeurs, les troubles de sa sainte ame, sa sueur de sang, son agonie : car tout cela lui est arrivé pour notre salut et pour notre exemple. N'ayez donc aucun doute sur sa foiblesse : ne rougissez d'aucune de ses humiliations : une ferme et vive foi dévore tout. Au reste, n'y cherchez point des douceurs sensibles : cet agneau doit être mangé avec des herbes amères et sauvages, avec un dégoût du monde et de ses plaisirs; et même, si Dieu le veut, sans ce goût sensible de dévotion, qui est encore impur et charnel. Tel est le mystère de la Pâque.

Faites encore en mémoire de votre éternelle délivrance une autre sainte cérémonie : « consacrez au Seigneur vos premiers

---

[1] II *Cor.*, IV, 10. — [2] *Exod.*, XII, 11.

nés ¹, » qu'il vous a sauvés : offrez-lui les vœux, les prémices de votre jeunesse, chaque jour vos premiers désirs et vos premières pensées : car c'est lui qui les préserve de la corruption, et qui les conserve pures et entières; et n'attendez pas la fin de l'âge ni de la force pour lui offrir de malheureux restes de votre vie et les fruits d'une pénitence stérile et tardive. C'est ce que demande le Seigneur : l'Eternel, le Tout-Puissant ne veut rien de foible ni de vieux.

V° ÉLÉVATION.

La mer Rouge.

Le passage de la mer Rouge ² nous fait voir à notre salut des oppositions qui ne peuvent être vaincues que par des miracles. On passeroit aussitôt la mer à pieds secs qu'on surmonteroit ses mauvais désirs et son amour-propre : mer orageuse et profonde, où il y a autant de gouffres que de passions qui ne disent jamais : « C'est assez ³. » L'Egyptien périt où l'Israélite se sauve : l'Evangile « est aux uns une odeur de vie à vie, et aux autres une odeur de mort à mort ⁴ : » l'Eglise se sauve à travers la mer Rouge, quand elle arrive à la paix par les persécutions, qui loin de l'abattre, l'affermissent. Les méchans périssent sous les châtimens de Dieu, et les bons s'y épurent, comme dit saint Paul : pour les saints, la mer Rouge est un baptême : pour les méchans, la mer Rouge est un abîme et un sépulcre.

Délivrés des maux de cette vie et passés comme à travers d'une mer immense à la céleste patrie, nous chanterons avec les saints le « cantique de l'homme de Dieu Moïse ⁵; » c'est-à-dire le cantique de la délivrance, semblable à celui que Moïse et tout Israël chantèrent après le passage de la mer Rouge ⁶, « et le cantique de l'agneau » qui nous a sauvés par son sang, « en disant, » comme il est écrit dans l'*Apocalypse* : « Vos œuvres sont grandes et admirables, Seigneur : vos voies sont justes et véritables, Roi des

¹ *Exod.*, XIII, 2. — ² *Ibid.*, XIV, 21-23. — ³ *Prov.*, XXX, 15, 16. — ⁴ *II Cor.*, II, 16. — ⁵ *Apoc.*, XV, 3. — ⁶ *Exod.*, XV, 1.

siècles. Qui ne vous craindra, Seigneur, et qui ne glorifiera votre nom, parce que vous êtes le seul Saint et le seul miséricordieux? Toutes les nations viendront, et vous rendront leurs adorations, parce que vos jugemens sont manifestés [1] » dans la paix de votre Eglise, dans la punition exemplaire des tyrans ses ennemis, dans le salut de vos saints.

VIe ÉLÉVATION.

Le désert : durant le cours de cette vie on va de péril en péril et de mal en mal.

En sortant de la mer Rouge, le peuple entra dans un désert affreux [2], qui représente tout l'état de cette vie, où il n'y a ni nourriture, ni rafraîchissement, ni route assurée; dans un sable immense, aride et brûlant, dont l'ardente sécheresse produit des serpens, qui tuent les malheureux voyageurs par des morsures mortelles. Tout cela se trouve dans cette vie : on y meurt de faim et de soif, parce qu'il n'y a rien ici-bas qui nous sustente et nous rassasie : on s'y perd, on s'y déroute comme dans une plaine vaste et inhabitée, où il n'y a ni vallon ni coteau, et où les pas des hommes n'ont point marqué de sentier. Ainsi dans notre ignorance, nous allons errans en cette vie, sans rien avoir qui guide nos pas : nous y entrons sans expérience, et nous ne sentons notre égarement que lorsqu'entièrement déroutés, nous ne savons plus par où nous redresser : nous tombons dans le pays « des serpens brûlans [3], » comme les appelle Moïse; c'est-à-dire dans nos brûlantes cupidités, dont le venin est un feu qui se glisse de veine en veine et nous consume.

A ces quatre maux du désert, Dieu a opposé quatre remèdes : il oppose la manne [4] à la faim, l'eau découlée de la pierre [5] à la soif, aux erreurs durant le voyage la colonne de nuée lumineuse pendant la nuit [6]; et aux serpens brûlans le serpent d'airain [7]; toutes choses qui nous figurent Jésus.

Nous nous trouvons comme le prodigue dans une région où

---

[1] *Apoc.*, XV, 3, 4. — [2] *Exod.*, XV, 22. — [3] *Num.*, XXI, 6. — [4] *Exod.*, XVI, 14-16. — [5] *Num.*, XX, 10-12. — [6] *Exod.*, XIII, 21, 22. — [7] *Num.*, XXI, 6, 8, 9.

nous périssons, faute de nourriture : les viandes de ce pays n'ont rien de solide [1]. Dieu nous envoie la manne qui est Jésus-Christ qui nous « donne la manne cachée, que personne ne connoît que celui qui en goûte [2]. » La manne cachée, c'est la vérité : la manne cachée, sont les consolations spirituelles : la manne cachée, c'est le sacré corps de Jésus. Cette divine nourriture paroît « mince et légère [3] » à ceux qui n'ont pas la foi, et à qui rien ne paroît solide que ce qui est palpable, sensible et corporel; en sorte qu'ils croient ne rien avoir, quand ils ne voient devant eux que les biens spirituels et invisibles : mais pour ceux qui ont le goût de la vérité, cette nourriture leur paroît la seule solide et substantielle : c'est « le pain du ciel [4] : le pain dont se nourrissent les anges [5] : pain céleste, » qui n'est autre chose que Jésus-Christ qui est le Verbe du Père, sa raison, sa vérité, sa sagesse.

Outre la faim, nous avons la soif : et quoique par rapport à l'esprit, la faim et la soif qui ne sont autre chose que l'amour de la justice, semblent n'être qu'une même disposition, on y peut pourtant faire quelque distinction de la nourriture solide qui nous sustente, et de la liquide qui nous rafraîchit et tempère nos désirs ardens. Quoi qu'il en soit, nous trouvons ce doux rafraîchissement en Jésus-Christ, qui promet à la Samaritaine « une fontaine jaillissante à la vie éternelle [6], » et à tout le peuple « des sources, » ou plutôt « des fleuves d'eau vive. Si on les boit, on n'a plus de soif [7] » et tous les désirs sont contens. Ces sources intarissables, c'est la vérité, la félicité, l'amour divin, la vie éternelle qui se commence par la foi et s'achève par la jouissance : ces sources sont en Jésus-Christ; ces sources sortent de la pierre, du rocher frappé par la baguette de Moïse, c'est-à-dire d'un cœur sec et dur, touché de l'impulsion de la grace. En un autre sens, ces sources sortent d'un rocher qui est un des noms qu'on donne à Dieu, en lui disant : « Mon Dieu, mon rocher, mon soutien, mon refuge [8], » la pierre solide sur laquelle je m'appuie. « Je mettrai dans Sion, dit le prophète [9], une pierre inébran-

---

[1] *Exod.*, XVI, 3, 14, 15. — [2] *Apoc.*, II, 17. — [3] *Num.*, XXI, 5. — [4] *Joan.*, VI, 31, 32 et seq. — [5] *Psal.* LXXVII, 25. — [6] *Joan.*, IV, 13, 14. — [7] *Ibid.*, VII, 38. — [8] *Psal.* XVII, 3. — [9] *Isa.*, XXVIII, 16; *Rom.*, IX, 33.

lable; » et celui qui « s'y appuiera par la foi, ne sera point ébranlé. » Cette pierre, c'est Jésus-Christ : en s'appuyant sur lui, on se soutient : en se heurtant contre lui, en s'opposant à sa volonté, à sa doctrine, à sa grace, à ses inspirations aussi puissantes que douces, on se rompt, on se met en pièces, on tombe d'une grande chute et on se brise. De cette pierre qui est Jésus-Christ, sortent les eaux de la grace, les célestes consolations, et dans un amour chaste et pur les divins rafraîchissemens de la foi et de l'espérance. Moïse ne frappa qu'un seul rocher qui demeuroit immobile [1] : mais les ondes qui en découlèrent suivoient partout un peuple qui jamais ne demeuroit dans le même lieu : d'où vient cela, dit saint Paul? C'est qu'il y avoit « une pierre » invisible « et spirituelle » dont la corporelle étoit la figure, qui les suivoit, les accompagnoit, leur fournissoit des eaux en abondance; « et cette pierre » invisible, « c'étoit Jésus-Christ [2]. » Appuyons-nous sur cette pierre fondamentale, sur ce roc immobile : n'ayons de volonté que la sienne, ni de soutien que ses préceptes : un éternel rafraîchissement suivra notre foi.

Dans nos erreurs, nous avons pour guide cette colonne de lumière, ce Jésus qui dit : « Je suis la lumière du monde : qui me suit ne marche point dans les ténèbres [3]. » Dans toutes nos actions ayons toujours Jésus-Christ en vue : songeons toujours à ce qu'il a fait, à ce qu'il a enseigné, à ce qu'il nous enseigneroit à chaque pas, s'il étoit encore au monde pour y être consulté ; à ce qu'il enseigne à chaque moment par ses inspirations, par des reproches secrets, par les remords de la conscience, par je ne sais quoi qui nous montre secrètement la voie. Prends garde aux sens trompeurs : marche dans la voie nouvelle qui est Jésus-Christ.

Contre les serpens brûlans, Dieu a elevé dans le désert le serpent d'airain, qui est Jésus-Christ en croix, comme il l'explique lui-même [4] : Jésus-Christ qui se présente à nous « dans la ressemblance de la chair de péché [5]. » Qui le regarde à sa croix pour y croire, pour s'y appuyer, pour l'imiter et le suivre, ne doit craindre aucune morsure du péché ; « et élevé » de cette sorte, « il tire

---

[1] *Exod.*, XVII, 6; *Num.*, XX, 10, 11. — [2] I *Cor.*, X, 4. — [3] *Joan.*, VIII, 12. — [4] *Ibid.*, III, 14. — [5] *Rom.*, VIII, 3.

à lui tout le monde¹. » O Jésus exalté à la croix ! tous les regards sont sur vous : le monde entier met en vous son espérance, le monde qui croit en vous et que vous avez attiré.

Outre la céleste nourriture de la manne, on trouve encore dans le désert une autre sorte de nourriture. Le peuple charnel se dégoûtoit de la manne ², » et ne se contentoit pas de ce pain du ciel : Dieu pouvoit par une juste punition leur soustraire tout aliment et les laisser dans la faim : mais il a une autre manière de punir les désirs charnels, en y abandonnant ceux qui les suivent, conformément à cette parole : Dieu les « livra aux désirs de leurs cœurs ³, » à leur concupiscence déréglée. « Ainsi il fit souffler un vent impétueux, qui d'au delà de la mer porta des cailles au désert, et les fit comme pleuvoir dans le camp ⁴. » C'est Dieu qui envoie les biens temporels comme les autres : car il est l'auteur de tout ; mais souvent les biens temporels sont un fléau qu'il envoie dans sa colère. C'est ce qui est écrit de ces cailles, nourriture agréable aux sens ; mais dont il est dit : « Les chairs en étoient encore dans leurs bouches et entre leurs dents ; et voilà que la colère de Dieu s'éleva contre eux, et frappa le peuple d'une grande plaie ⁵. » Qu'avoit-il fait pour être puni de cette sorte ? Il n'avoit fait que se rassasier d'un bien que Dieu même avoit envoyé : mais c'étoit un de ces biens corporels qu'il accorde aux désirs aveugles des hommes charnels pour les punir. Il punit ensuite cette jouissance déréglée : on ne voit de tous côtés que des sépulcres érigés à ceux qui ont satisfait leur concupiscence : ils en tirent leur nom : on les appelle « des sépulcres de concupiscence ⁶, » parce qu'on y a été enterré en punition des concupiscences qu'on avoit voulu contenter, en les rassasiant des biens que Dieu donne à la vérité aux sens avides : car tout bien, et petit et grand, et sensible et spirituel, vient de lui : mais dont il ne veut pas qu'on s'assouvisse.

Ne nous laissons pas repaître à ces biens trompeurs : vrais en eux-mêmes, bons en eux-mêmes, puisque tout ce que Dieu fait est vrai et bon ; mais trompeurs et empoisonnés par le mauvais

---

¹ *Joan.*, XII, 32. — ² *Exod*, XVI, 12, 13 ; *Num.*, XI, 4-6. — ³ *Psal.* LXXX, 13. — ⁴ *Num.*, XI, 31, 32. — ⁵ *Ibid.*, 33. — ⁶ *Ibid.*, 34.

usage que nous en faisons. Nourrissons-nous de la manne. Si toutefois il nous arrive de perdre durant quelque temps le goût de cette céleste nourriture; car Dieu le permet souvent pour nous exercer et éprouver notre foi; n'en revenons pourtant pas aux désirs charnels : mais en attendant que Dieu réveille ce goût céleste, demeurons en humilité et en patience.

VIIe ÉLÉVATION.

La loi sur le mont Sinaï.

Quand Dieu voulut donner la loi à Moïse sur le mont de Sinaï, il fit quatre choses importantes : il descendit au bruit du tonnerre et des trompettes; toute la montagne parut en feu, et on y vit éclater la flamme dans un tourbillon de fumée; Dieu grava le Décalogue sur deux tables de pierre; il prononça les autres articles de la loi d'une voix haute et intelligible, qui fut entendue de tout le peuple [1].

Pour publier la loi évangélique, il renouvela ces quatre choses, mais d'une manière bien plus excellente : l'ouvrage commença par « un grand bruit; » mais ce ne fut ni la violence du tonnerre, ni le son aigu des trompettes, comme on l'entend dans un combat; le bruit que Dieu envoya « fut semblable à celui d'un vent impétueux, » qui figuroit le Saint-Esprit : et qui sans être terrible ni menaçant, « remplit toute la maison [2], » et appela tout Jérusalem au beau spectacle que Dieu lui alloit donner. « On vit un feu, » mais pur et sans fumée, qui ne parut pas de loin pour effrayer les disciples, mais dont la flamme innocente sans les brûler ni entamer leurs cheveux, « se reposa sur leur tête [3]. » Ce feu pénétra le dedans, et par ce moyen la loi de l'Evangile fut doucement imprimée, non pas dans des pierres insensibles, mais dans un cœur composé de chair et ramolli par la grace. Il y eut une parole, mais qui se multiplioit d'une manière admirable : au lieu que sur la montagne de Sinaï Dieu ne parla qu'une seule langue

---

[1] *Exod.*, XIX, XX, XXIV, XXXI. — [2] *Act.*, II, 1, 2. — [3] *Ibid.*, 3.

et à un seul peuple, dans la publication évangélique qui devoit réunir en un tous les peuples de l'univers dans la foi de Jésus-Christ et la connoissance de Dieu, dans un seul discours on entendoit toutes les langues, et « chaque peuple entendit la sienne [1]. » Ainsi Jésus établit sa loi bien autrement que Moïse. Croyons : espérons : aimons, et la loi sera dans notre cœur. Préparons-lui des oreilles intérieures, une attention simple, une crainte douce qui se termine en amour.

De dessus du mont Sinaï Dieu crioit : « N'approchez pas, ni hommes ni animaux : » il y va de la vie, « et tout ce qui approchera mourra de mort [2]. » Sur la sainte montagne de Sion, Dieu n'approche pas seulement sous la figure d'une flamme lumineuse, mais il entre au dedans du cœur : ce beau feu prend la figure d'une langue : le Saint-Esprit vient parler au cœur des apôtres, et de leur cœur doit sortir la parole qui convertira tout l'univers.

VIIIᵉ ÉLÉVATION.

L'arche d'alliance.

« Il n'y a point de nation qui ait des dieux s'approchant d'elle, comme notre Dieu s'approche de nous [3]. Je serai au milieu d'eux, et j'y habiterai, et je m'y promènerai [4] » allant et venant, pour ainsi dire, et ne les quittant jamais. Ainsi le fruit de notre alliance avec Dieu et de notre union avec lui, est qu'il soit et qu'il habite au milieu de nous : et j'ajoute qu'il y habite d'une manière sensible. Ainsi habitoit-il dans le paradis terrestre, allant et venant, et comme se promenant dans ce saint et délicieux jardin. Ainsi a-t-il paru visiblement à nos pères, Abraham, Isaac et Jacob. Ainsi a-t-il paru à Moïse dans le feu du buisson ardent. Mais depuis qu'il s'est fait un peuple particulier, à qui il a donné une loi et prescrit un culte, sa présence s'est tournée en chose ordinaire,

[1] *Act.*, II, 4-8, etc. — [2] *Exod.*, XIX, 12, 13, 20, 21. — [3] *Deuter.*, IV, 7. — [4] *Levit.*, XXVI, 11, 12.

dont il a établi la marque sensible et perpétuelle dans l'arche d'alliance.

Par sa figure elle est le siége de Dieu : Dieu repose sur les chérubins et dans les natures intelligentes comme dans son trône : aussi y a-t-il dans l'arche deux chérubins d'or, qui couvrent de leurs ailes le propitiatoire [1], c'est-à-dire la plaque d'or fin qui est regardée comme le trône de Dieu. Il n'y paroissoit dessus aucune figure, marque de l'invisible majesté de Dieu, pur Esprit, qui n'a ni forme ni figure, mais qui est une vérité purement intellectuelle, où le sens n'a aucune prise. La présence de Dieu se rendoit sensible par les oracles qui sortoient intelligiblement du milieu de l'arche entre les deux chérubins : l'arche en cet état étoit appelée « l'escabeau des pieds du Seigneur [2]. » On lui rendoit l'adoration qui étoit due à Dieu, conformément à cette parole : « Adorez l'escabeau de ses pieds [3], » parce que Dieu y habitoit et y prenoit sa séance. C'étoit sur l'arche qu'on le regardoit, quand on lui faisoit cette prière : « Ecoutez-nous, vous qui gouvernez Israël : qui conduisez tout Joseph comme une brebis : qui êtes assis sur les chérubins [4]. » Quand le peuple se mettoit en marche, on élevoit l'arche en disant : « Que le Seigneur s'élève, et que ses ennemis soient dissipés, et que ceux qui le haïssent prennent la fuite devant sa face [5]. » Quand on alloit camper, on descendoit l'arche, et on la reposoit en disant : « Descendez, Seigneur, à la multitude de votre peuple d'Israël [6]. » Dieu donc s'élève avec l'arche, et il descend avec elle : l'arche est appelée le Seigneur, parce qu'elle le représentoit et en attiroit la présence. C'est pourquoi on disoit aux anges, en introduisant l'arche en son lieu : « O princes, élevez vos portes : élevez-vous, portes éternelles, et le Seigneur de gloire entrera [7] ; » et encore : « Entrez, Seigneur, dans votre repos, vous et l'arche de votre sanctification [8]. » Et tout cela en figure du Seigneur Jésus, dont saint Paul a dit : « Qui est celui qui est monté dans les cieux, sinon celui qui auparavant est descendu dans les plus basses parties de la terre [9] ? » Le même Seigneur Jésus, en

---

[1] *Exod.*, XXV, 10, 11, 18, 22. — [2] I *Paralip.*, XXVIII, 2 ; *Thren.*, II, 1. — [3] *Psal.* XCVIII, 5. — [4] *Psal.* LXXIX, 2. — [5] *Num.* X, 35 ; *Psal.* LXVII, 2. — [6] *Num.*, X, 36. [7] *Psal.* XXIII, 7, 9. — [8] II *Paralip.*, VI, 41 ; *Psal.* CXXXI, 8. — [9] *Ephes.*, IV, 9, 10.

montant aux cieux, laisse parmi nous son corps et son sang, et toute son humanité sainte dans laquelle sa divinité réside corporellement : et ce que l'ancien peuple disoit en énigme et comme en ombre, nous le disons véritablement, en regardant avec la foi le Seigneur Jésus : « Vraiment il n'y a point de nation dont ses dieux s'approchent d'elle, comme notre Dieu s'approche de nous[1]. »

C'est donc le caractère de la vraie Eglise et du vrai peuple de Dieu, d'avoir Dieu en soi. Aimons l'Eglise catholique, vraie Eglise de Jésus-Christ, et disons-lui avec le Prophète : « Il n'y a que vous où Dieu est[2] : » vous êtes la seule qui se glorifie de sa présence. Rendons-nous dignes de son approche, et pratiquons ce que dit saint Jacques : « Approchons-nous de Dieu, et Dieu s'approchera de nous[3] : » approchons-nous-en par amour, et il s'approchera de nous par la jouissance qui se commence en cette vie et se consomme dans l'autre. *Amen, amen.*

IXᵉ ÉLÉVATION.

Les sacrifices sanglans et le sang employé partout.

Tout est en sang dans la loi, en figure de Jésus-Christ et de son sang qui purifie les consciences. « Si le sang des boucs et des taureaux sanctifie les hommes et les purge selon la chair (des immondices légales), combien plus le sang de Jésus-Christ qui s'est offert lui-même par le Saint-Esprit, purifiera-t-il notre conscience des œuvres mortes, pour faire que nous servions au Dieu vivant[4] ? »

L'Apôtre conclut de là que « Jésus est établi médiateur du nouveau Testament par le moyen de sa mort[5] : » ce qui prouve que la nouvelle alliance est un vrai testament, « à cause que comme le testament n'a de force que par la mort du testateur, » ainsi la loi et l'alliance de l'Evangile n'a de force que par le sang de Jésus-Christ.

« De là vient aussi que l'ancien Testament a été consacré par le

---

[1] *Deuter.*, IV, 7. — [2] *Isa.*, XLV, 14. — [3] *Jacob.*, IV, 8. — [4] *Hebr.*, IX, 13, 14, 22. — [5] *Hebr.*, IX, 15-17.

sang des victimes, dont l'aspersion après la lecture de la loi fut faite sur le livre même, sur le tabernacle, sur tous les vaisseaux sacrés et sur tout le peuple, en disant : C'est ici le sang du Testament que Dieu a établi pour vous. » Ainsi toute la loi ancienne porte le caractère de sang et de mort, en figure de la loi nouvelle établie et confirmée par le sang de Jésus-Christ. C'est pourquoi, continue saint Paul, « dans l'ancienne loi tout presque est purifié par le sang, sans lequel il n'y a point de rémission de péchés [1]. » Nous devons donc regarder les mystères de Jésus-Christ avec une sainte et religieuse horreur, en y respectant le caractère de mort, et encore d'une mort sanglante, en témoignage de la violence qu'il se faut faire à soi-même, à l'exemple de Jésus-Christ, pour avoir part à la grace de la nouvelle alliance et à l'héritage des enfans de Dieu.

« Personne que le seul pontife ne pouvoit entrer dans le Saint des saints » où étoit l'arche, « et il n'y entroit qu'une fois l'année: » mais c'étoit en vertu du sang de la victime égorgée, « dans lequel il trempoit ses doigts pour en jeter contre le propitiatoire, et expier le sanctuaire des impuretés qu'il contractoit au milieu d'un peuple prévaricateur [2]. Ainsi ce qu'il y avoit de plus saint dans la loi, qui étoit l'arche et le sanctuaire, contractoit quelque immondice au milieu du peuple, et il falloit le purifier une fois l'année, mais par le sang. Purifions donc par le sang de Jésus-Christ le vrai sanctuaire qui n'est pas fait de main d'homme, c'est-à-dire notre conscience : la vraie arche du Testament et le vrai temple de Dieu, c'est-à-dire notre corps et notre ame : et ne croyons point pouvoir avoir part au sang de Jésus, si nous-mêmes nous ne répandons en quelque sorte notre sang par la mortification et par les larmes de la pénitence.

Jésus à qui le ciel étoit dû comme son héritage par le titre de sa naissance, y a voulu entrer pour nous comme pour lui. S'il n'avoit à y entrer que pour lui-même, il n'auroit pas eu besoin d'y entrer par le sang d'un sacrifice : mais afin d'y entrer pour nous qui étions pécheurs, il a fallu nous purifier et expier nos pé-

---

[1] *Hebr.*, 18-22; *Exod.*, XXIV, 8. — [2] *Exod.*, XXX, 10; *Levit.*, XVI, 2, 3, 14, 16 *Hebr.*, IX, 7.

chés par une victime innocente qui étoit lui-même. Il étoit donc tout ensemble « le pontife » qui nous devoit introduire dans le sanctuaire, et « la victime » qui devoit expier nos fautes. C'est pourquoi il n'est pas entré dans le sanctuaire par un sang étranger[1] : « Pontife saint qui n'avoit point à prier comme celui de la loi, pour lui-même, pour ses ignorances et pour ses péchés, mais » seulement « pour » les nôtres et « ceux du peuple [2], » il nous a ouvert la porte : victime innocente et pure, « il a pacifié par son sang le ciel et la terre[3] ; et pénétrant dans le ciel[4], » il nous en a laissé l'entrée libre.

Entrons donc avec confiance dans cet héritage céleste; et nous souvenant de ce qu'il en a coûté à Jésus pour nous en ouvrir la porte que nos péchés nous avoient fermée, ne nous plaignons pas de ce qu'il nous en doit coûter à nous-mêmes.

C'étoit à ce jour solennel où le pontife entroit dans le sanctuaire, qu'on offroit ces deux boucs dont l'un étoit immolé pour les péchés, et l'autre qu'on appeloit «le bouc émissaire. Après que le pontife avoit mis les mains sur lui et en même temps confessé avec exécration et imprécation sur la tête de cet animal les péchés de tout le peuple, il étoit envoyé dans le désert[5], » comme pour y être la proie des bêtes sauvages. Ces deux figures représentoient Notre-Seigneur, «en qui Dieu a mis les iniquités de nous tous[6] : » chargé donc de tant d'abominations, il a été séquestré du peuple et, comme remarque saint Paul, « il a souffert hors de la porte de Jérusalem [7], » comme excommunié de la cité sainte à cause de nos péchés qu'il portoit. Mais c'étoit nous qui étions les véritables excommuniés et l'anathème de Dieu. Sortons en humilité de la société sainte; et pour nous délivrer de la malédiction qui nous poursuit, unissons-nous à celle de Jésus-Christ « qui a été fait anathème et malédiction pour nous [8], » comme dit saint Paul, « conformément à cette parole : Maudit celui qui a été pendu à une croix[9]. » Reconnoissons-nous exclus de tout bien et de toute la société humaine par nos péchés : la croix, une mort douloureuse,

---

[1] *Hebr.*, IX, 11, 12, 14, 24, 25. — [2] *Ibid.*, VII, 26, 27. — [3] *Coloss.*, I, 20. — [4] *Hebr.*, IV, 14. — [5] *Levit.*, XVI, 2, 5, 7. — [6] *Isa.*, LIII, 6. — [7] *Hebr.*, XIII, 12. — [8] *Galat.*, III, 13. — [9] *Deuter.*, XXI, 23.

et l'ignominie d'un honteux supplice est notre partage. Quoi! en cet état nous pourrions nous plaindre d'être pauvres, méprisés, outragés, sans songer de quoi nos péchés nous ont rendus dignes? Nous sommes dignes de tout opprobre, de toute misère, pour avoir péché contre le ciel et avoir été rebelles contre Dieu. Ne nous plaignons donc jamais des misères que Dieu nous envoie : mais « sortons hors du camp avec Jésus, » et allons nous unir à lui « portant ses opprobres [1] : » assurés que ce n'est qu'en nous unissant à ses peines, à ses ignominies, à son anathème, à sa malédiction, que nous serons délivrés de la nôtre.

Xe ÉLÉVATION.

Le campement et la patrie.

Une des plus belles circonstances de la délivrance des Israélites, c'est qu'on ne logeoit point dans les déserts où ils furent conduits : on y campoit, on y étoit sous des pavillons [2] ; et sans cesse on enveloppoit et on transportoit ces maisons branlantes : figure du christianisme, où tout fidèle est voyageur. Gardons-nous bien de nous arrêter à quoi que ce soit : passons par-dessus : et toujours prêts à partir, toujours aussi prêts à combattre, veillons comme dans un camp : qu'on y soit toujours en sentinelle. Dans les camps vulgaires il y a plusieurs sentinelles disposées, afin que toujours prêts à s'éveiller au premier signal; les soldats dorment un court somme, sans se plonger tout à fait dans le sommeil : il y a plus, dans le campement de la vie chrétienne, chacun doit toujours veiller : chacun en sentinelle sur soi-même, doit toujours être sur ses gardes contre un ennemi qui ne clôt point l'œil, « et qui toujours rôde autour de nous pour nous dévorer [3]. » Ne nous fions point au repos qu'il semble quelquefois nous donner : avec lui il n'y a ni paix ni trêve, ni aucune sûreté que dans une veille perpétuelle.

Ainsi donc campoit Israël : il supportoit ce travail, pour enfin

[1] *Hebr.*, XIII, 13. — [2] *Num.*, I, 52; II, 34. — [3] I *Petr.*, v, 8.

arriver à cette terre « coulante de miel et de lait [1] » tant de fois promise à leurs pères : c'étoit pour y introduire ce peuple que Moïse l'avoit tiré de l'Egypte, et lui avoit fait passer la mer Rouge : mais, ô merveille de la divine sagesse, aucun de ceux qui s'étoient mis en marche sous Moïse pour arriver à cette terre, n'y entra, excepté deux [2]. Moïse même ne la salua que de loin, et Dieu lui dit : «Tu l'as vue de tes yeux, et tu n'y entreras pas : et Moïse mourut » à l'instant « par le commandement du Seigneur [3]. » Afin qu'on entre dans la terre promise, il faut que Moïse expire, et que la loi soit enterrée avec lui dans un « sépulcre inconnu aux hommes, » afin qu'on n'y retourne jamais et que jamais on ne se soumette à ses ordonnances. L'ancien peuple qui a passé la mer Rouge et qui a vécu sous la loi, n'entre pas dans la céleste patrie : la loi est trop foible pour y introduire les hommes. Ce n'est point Moïse, c'est Josué, c'est « Jésus » (car ces deux noms n'en sont qu'un), qui doit entrer dans la terre et y assigner l'héritage au peuple de Dieu [4]. Qu'avoit Josué de si excellent, pour introduire le peuple à cette terre bénie, plutôt que Moïse? Ce n'étoit que son disciple, son serviteur, son inférieur en toutes manières : il n'a pour lui que le nom de « Jésus, » et c'est en la figure de « Jésus » qu'il nous introduit dans la patrie. Entrons donc, puisque nous avons Jésus à notre tête; entrons à la faveur de son nom dans la bienheureuse terre des vivans : «Je vais, dit-il, vous préparer les voies [5] : » j'assignerai à chacun le partage qui lui a été destiné : « il y a plusieurs demeures dans la maison de mon Père [6] : » Jésus, « notre avant-coureur, est entré pour nous [7], » et l'entrée nous est ouverte par son sang. «Dépêchons-nous donc d'entrer dans ce repos éternel [8] : dépêchons-nous : n'ayons rien de lent : « La voie qui nous est ouverte, dit saint Augustin, ne souffre point de gens qui reculent, ne souffre point de gens qui se détournent, ne souffre point de gens qui s'arrêtent; » et si l'on n'avance toujours dans un si roide sentier, sans faire de continuels efforts, on retombe de son propre poids.

---

[1] *Num.*, XIII, 28. — [2] *Ibid.*, XIV, 22, 23, 30. — [3] *Deuter.*, XXXIV, 4, 5. — [4] *Ibid.*, 9; *Josué*, I, 2, 5, 6, 7 et seq. — [5] *Joan.*, XIV, 2. — [6] *Ibid.*, 2. — [7] *Hebr.*, IX, 24; IV, 11. — [8] *Hebr.*, IV, 11.

Xᴱ SEMAINE.

ÉLÉVATIONS SUR LES PROPHÉTIES.

PREMIÈRE ÉLÉVATION.
Les prophéties sous les patriarches.

Encore que les prophéties éclatent principalement depuis le temps de David, elles ont une plus haute origine. Nous les avons vues sous Adam, nous les avons vues sous Abraham, Isaac et Jacob, « dans cette bénie semence en qui la bénédiction se devoit répandre sur toutes les nations de la terre [1]. » Mais de ces trois patriarches avec qui l'alliance avoit été faite, le dernier étoit réservé pour en développer tout le secret par ces paroles : « Le sceptre, » le gouvernement, la magistrature, « ne sera point ôté de Juda [2] : » sa tribu, qui sera un jour le seul royaume où la loi et les promesses seront accomplies, ne cessera point de vivre selon ses lois et d'avoir ses « gouverneurs » et ses magistrats légitimes, qui sortiront « de sa race jusqu'à ce que vienne celui qui doit être envoyé; » selon une autre leçon qui revient au même sens : « en qui l'accomplissement des promesses est réservé; et il sera l'attente, » l'espérance, le libérateur « de tous les peuples : » quatre lignes, où est renfermée toute l'histoire du peuple de Dieu jusqu'à Jésus-Christ. Le caractère particulier qui en devoit marquer le temps, étoit la chute du royaume judaïque destitué de son propre gouvernement : et la suite nécessaire de la venue du Christ étoit marquée par la concurrence de la réprobation des Juifs, avec l'établissement de son empire parmi tous les peuples de l'univers.

Il adresse a prophétie à Juda. C'est à lui qu'il se restreint quand il veut parler du Christ futur; et ce Christ, que nous sa-

---
[1] *Genes.*, xii, 3; xxii, 18. — [2] *Ibid.*, xlix, 10.

vions déjà qui devoit sortir d'Abraham, d'Isaac et de Jacob, nous est désigné comme devant être le fruit de la tribu de Juda. Nous verrons ensuite que dans la tribu de Juda, David est choisi pour en être le père, afin que Jésus, fils de David, auteur de la famille royale; fils de Juda qui est toujours à la tête du peuple de Dieu; fils d'Abraham en qui avoit commencé l'alliance; pour encore remonter plus haut, fils de Sem, béni au-dessus de ses deux frères, recueillît en lui par la plus belle de toutes les successions tous les titres de distinction et de bénédiction qui avoient jamais été, et sortît du plus pur et du plus beau sang qui fût au monde.

O Jésus, que Jacob a vu en mourant, dans l'extrémité de sa vieillesse avec une vue défaillante, puisse venir votre règne, et puissions-nous augmenter le nombre de vos sujets véritables par notre sincère obéissance !

II⁰ ÉLÉVATION.

La prophétie de Moïse.

Quoique tout l'état de Moïse et de la loi soit prophétique dans son fond, comme on a vu, il y a encore sur Jésus-Christ une prophétie spéciale de Moïse; et la voici : « Dieu vous suscitera un prophète comme moi, de votre nation et du milieu de vos frères : vous l'écouterez [1] : » c'est un prophète particulier que Dieu promet à son peuple : un prophète « comme moi, » dit Moïse : un prophète « semblable à moi, » comme il ajoute dans la suite; c'est-à-dire un prophète législateur. Car au reste il est écrit des autres prophètes « qu'il ne s'en est jamais élevé comme Moïse [2]. » Josué qui lui succéda dans le gouvernement du peuple de Dieu, étoit beaucoup au-dessous de lui, non-seulement en prodiges et en puissance, mais encore en dignité : « ayant reçu l'esprit de sagesse, parce que Moïse avoit mis les mains sur lui [1]. » On lui obéissoit donc, non pas comme à un législateur, mais sur des faits particuliers. Et c'est pourquoi Moïse dit de ce prophète :

---

[1] *Deuter.*, XVIII, 15, 18, 20. — [2] *Ibid.*, XXXIV, 10. — [3] *Ibid.*, 9.

« Vous l'écouterez : » qui est aussi la même chose que le Père éternel a dit de son Christ : « Celui-ci est mon Fils bien-aimé : écoutez-le [1]. »

Il y a donc deux prophètes d'un caractère particulier : le ministère de l'un devoit succéder à celui de l'autre ; et il est dit singulièrement de chacun d'eux : « Ecoutez-le : » l'un médiateur de la loi ancienne, et l'autre médiateur de la nouvelle : autant différens entre eux que les deux lois qu'ils ont établies. Toutefois il y a entre eux quelque chose de commun : c'est qu'à la tête de chaque loi qui devoit pour ainsi dire régner, il y a un prophète par excellence pour chacune : mais le dernier l'est « d'autant plus qu'il est le fils, » au lieu que l'autre « étoit le serviteur [2]. » Celui dont le ministère étoit passager, montre l'autre dont le ministère étoit éternel : aussi ne lui nomme-t-il point de successeur, et il lui remet pour toujours l'autorité et la prophétie. Que si l'on a écouté Moïse avec une crainte si religieuse ; et si ceux « qui ont violé sa loi ont été punis de mort sans miséricorde, de quels supplices seront dignes ceux » qui n'auront pas obéi à Jésus ?

IIIᵉ ÉLÉVATION.

La prophétie de David.

« Béni soit le nom et le règne de notre père David [3] : Béni soit le fils de ce » saint « roi [4], » par qui nous vient la vie et le salut. Les Psaumes de David sont un évangile de Jésus-Christ tourné en chant, en affections, en actions de graces, en pieux désirs. « C'est ici, disoit Jésus-Christ, la vie éternelle de vous connoître, ô Père céleste qui êtes le vrai Dieu, et Jésus-Christ que vous avez envoyé [5]. » C'est par où commencent les Psaumes. Le premier montre la félicité de celui qui garde la loi de Dieu [6] : et ensuite dès le second on voit paroître Jésus-Christ : toutes les puissances du monde conjurées contre lui : Dieu qui s'en rit du plus haut des

---

[1] *Matth.*, XVII, 15. — [2] *Hebr.*, III, 3, 5, 6. — [3] *Marc.*, XI, 10. — [4] *Matth.*, XXI, 9 ; *Psal.* CXVII, 25. — [5] *Joan.*, XVII, 3. — [6] *Psal.* I, 1 et seq.

cieux, et qui adressant la parole à Jésus-Christ même, le déclare « son fils qu'il engendre dans l'éternité [1]. » C'est dès le commencement l'argument de tous les psaumes.

David l'a vu « dans le sein de son Père engendré avant l'aurore, » avant tous les temps : il a vu qu'il seroit « son fils » et en même temps « son Seigneur [2]. » Il l'a vu roi souverain, « régnant par sa beauté, par sa bonne grace, par sa douceur et par sa justice : perçant le cœur de ses ennemis » par une juste vengeance, ou celui de ses amis par un saint amour. Il l'a adoré dans « son trône éternel, comme un Dieu que son Dieu a sacré par une divine onction [3] : » père et protecteur des pauvres, « dont le nom sera honorable devant lui : » puissant auteur « de la bénédiction des gentils consacrés et sanctifiés en son nom [4] : prédicateur d'un » nouveau « précepte dans la sainte montagne de Sion [5]. » Il a vu toutes les merveilles de sa vie et toutes les circonstances de sa mort : il en a médité tout le mystère [6] : il a maudit en esprit son disciple qui le devoit vendre, et il en a vu « l'apostolat passé en d'autres mains [7] : ses pieds et ses mains percés, » avec son corps violemment étendu et suspendu, ont été le cher objet de sa tendresse [8] : il s'est jeté par la foi entre ses bras amoureusement étendus à un peuple contredisant : « il a goûté le fiel et le vinaigre [9] » qu'on lui a donné dans sa soif : il voit tout jusqu'à l'histoire « de ses habits divisés et de sa robe jetée au sort [10] : » il est touché des moindres circonstances de sa mort, et n'en peut oublier aucune : il se réjouit en esprit de lui voir après sa mort « annoncer la vérité aux gentils dans la grande Eglise [11], » où tous les peuples de l'univers devoient se réunir, où les pauvres comme les riches devoient être assis à sa table. Enfin il l'a suivi « au plus haut des cieux avec les captifs attachés à son char victorieux [12] : » il l'a adoré « assis à la droite du Seigneur [13], » où il a été prendre sa place.

O Jésus, les chères délices, l'unique espérance et l'amour de

---

[1] *Psal.* II, 7. — [2] *Psal.* CIX, 1, 3, 4, 6, 7; *Matth.*, XXII, 44, 45. — [3] *Psal.* XLIV, 3-8. — [4] *Psal.* LXXI, 1, 4, 14, 19. — [5] *Psal.* II, 6. — [6] *Psal.* XXI et LXVIII. — [7] *Psal.* CVIII, 8; *Joan.*, XIII, 18; *Act.*, I, 16, 20. — [8] *Psal.* XXI, 16-19. — [9] *Psal.* LXVIII, 22; *Joan.*, XIX, 28-30. — [10] *Psal.* XXI, 19 et seq. — [11] *Ibid.* 32. — [12] *Psal.* LXVII, 18, 19; *Ephes.*, IV, 8. — [13] *Psal.* CIX, 1, 5.

notre père David, c'est principalement par cet endroit-là qu'il a a été « l'homme selon le cœur de Dieu ¹. » Sa tendresse pour ce cher fils, qui est le Fils de Dieu comme le sien, lui a gagné le cœur du Père éternel. S'il a tant pensé à Jésus souffrant dans toute sa vie, à plus forte raison y a-t-il pensé lorsqu'il a été sa figure en souffrant lui-même ? S'il est si doux à ceux qui l'outragent, s'il est muet, sans réplique et sans défense ; si loin de rendre le mal pour le mal, il rend à ses ennemis des prières pour leurs imprécations ; si ce bon roi s'offre à être la seule victime pour tout son peuple désolé par la main d'un ange, il en voyoit l'exemple en Jésus. Faut-il s'étonner s'il a été si humble et si patient dans sa fuite devant Absalon ? Ce fils obéissant le consoloit des emportemens et des fureurs de son fils ingrat et rebelle.

O Jésus, je viens avec David m'unir à vos plaies, vous rendre hommage dans le trône de votre gloire, me soumettre à votre puissance. Je me réjouis, Fils de David, de toute votre grandeur. Non : « vous n'avez point connu la corruption ², » vous qui étiez par excellence « le saint du Seigneur ³ : vous avez su le chemin de la vie : la gloire et la joie vous accompagnent ⁴ : vous régnez aux siècles des siècles ⁵, et votre empire n'aura point de fin ⁶. »

IVᵉ ÉLÉVATION.

Les autres prophètes.

Nous avons expliqué ailleurs les oracles sacrés ⁷ : je dirai ici en abrégé qu'ils ont tout vu : ses deux naissances, la première toute divine « dès le jour de l'éternité, » le lieu marqué pour la seconde dans Bethléem ⁸, une vierge qui le conçoit et qui l'enfante, un enfant qui nous est né, un fils qui nous est donné ⁹, enfant homme » dès le premier jour, et tout ensemble « Dieu fort et tout-puissant ¹⁰. » Reconnoissons avec Zacharie l'humble monture de ce

¹ I *Reg.*, XIII, 14. — ² *Psal.* XV, 10; *Act.*, II, 31; XIII, 35. — ³ *Marc.*, I, 24; *Luc.*, I, 35. — ⁴ *Psal.* XV, 10. — ⁵ *Apoc.*, XI, 15, 17. — ⁶ *Luc.*, I, 32, 33. — ⁷ *Disc. sur l'hist. univ.*, IIᵉ partie. *La suite de la Religion.*— ⁸ *Mich.*, V, 2; *Matth.*, II, 6. — ⁹ *Isa.*, VII, 14; *Matth.*, I, 21-23. — ¹⁰ *Isa.*, IX, 6.

« Roi » clément et « doux ¹, » lorsqu'il fait son entrée dans sa ville royale : considérons avec lui, « les trente deniers pour lesquels il a été vendu, » et l'emploi de cet argent pour acheter « le champ d'un potier ² : » tout s'accomplit en son temps : « le Pasteur est frappé, et le troupeau se dissipe : les disciples se retirent chacun chez eux, et Jésus demeure seul ³ : » on crache sur son visage, « et il ne se détourne pas pour éviter les coups et les infamies qu'on lui fait ⁴ : on le perce, et tout Israël voit les ouvertures des plaies qu'il lui a faites ⁵ : » Comme un autre Jonas on le jette dans la mer pour sauver tout le vaisseau, et comme lui « il en sort au bout de trois jours ⁶ : » à mesure que le temps approche, ses mystères se découvrent de plus en plus : Daniel compte les années où se devoit accomplir son onction, ses souffrances, sa mort, suivie d'une juste vengeance et de l'éternelle désolation de l'ancien peuple qui a méprisé le « Saint des saints ⁷. » Il voit en esprit « le Fils de l'homme à qui est donné un empire, » à qui nuls lieux, nuls temps ne donnent des bornes : Cet empire, le plus auguste qui eût été et sera jamais, « sera l'empire des saints du Très-Haut ⁸. » Daniel, étonné de sa grandeur, se trouble dans ses pensées et conserve cette parole dans son cœur : mais il faut que ce Fils de l'homme souffre une mort violente.

Isaïe nous apprend à goûter ses souffrances : il doit « porter nos péchés, « et par là s'acquérir l'empire « et partager les dépouilles des forts ; » et la cause de ses victoires, c'est qu'il s'est livré à la mort : « il a été mis au rang des scélérats : » crucifié entre deux larrons : c'est le « dernier des hommes » et tout ensemble le plus grand. Ce n'est point par force qu'il souffre la mort : « Il s'y est offert, parce qu'il l'a voulu : il n'a point ouvert la bouche » pour se défendre : « Il est muet comme l'agneau sous la main qui le tond : » le silence du Fils de Dieu parmi tant d'outrages et tant d'injustices, qui est le plus remarquable caractère du Fils de Dieu, a fait l'admiration de ce prophète. On le croit frappé de Dieu pour ses péchés, lui qui est l'innocence même : « mais c'est pour les

---

¹ *Zachar.*, IX, 9; *Matth.*, XXI, 5.— ² *Zachar.*, XI, 12, 13; *Matth.*, XXVII, 9, 10. — ³ *Zachar.*, XIII, 7; *Matth.*, XXVI, 31, 56. — ⁴ *Isa.*, L, 6. — ⁵ *Zachar.*, XII, 10; *Joan.*, XIX, 37. — ⁶ *Jon.*, II, 2; *Matth.*, XII, 40; XVI, 4. — ⁷ *Dan.*, IX, 24 et seq.; *Matth.*, XXIV, 15. — ⁸ *Dan.*, VII, 13-15, 27, 28.

nôtres qu'il souffre, et nous sommes guéris par ses blessures ¹ ; » les prières qu'il pousse vers le ciel dans cet état de souffrance, sont le salut « des pécheurs » pour qui il prie : » une « longue postérité » sortira de lui, parce qu'il a volontairement souffert la mort : « Et son sépulcre, » d'où il sortira vainqueur et immortel, « sera glorieux ². »

Ce seul passage si précis et si étendu, où les souffrances du Sauveur futur sont inculquées en tant de manières, suffisoit pour animer tous les sacrifices et le culte de la loi, et mettre continuellement devant les yeux des vrais Israélites, qu'elle contenoit sous ses ombres, la rémission des péchés par une mort volontaire, un sang salutaire qui les expioit, des plaies qui rétablissoient la santé de l'homme, et dans tout cela un Sauveur aussi juste que souffrant, qui nous guérissoit par ses blessures.

Combien plus doit-on se nourrir de ces plaies sacrées, de cette mort et de ce sang innocent versé pour les pécheurs, depuis, comme dit saint Paul, que Jésus-Christ « a été crucifié à nos yeux ! O Galates insensés, comment vous laissez-vous fasciner les yeux ³ » après un tel spectacle? Accourez, peuples, à la croix de Jésus-Christ. Et puisque c'est vous qui lui avez tous donné la mort ; venez, comme dit l'évangéliste après le prophète, venez, dis-je, « contempler celui que vous avez percé ⁴. »

Vᵉ ÉLÉVATION.

Réflexions sur les prophéties.

Les choses étant en cet état, la venue de Jésus-Christ étant préparée dès l'origine du monde, toute la loi pour ainsi dire en étant enceinte et toute prête à l'enfanter, Dieu laissa le peuple saint quatre à cinq cents ans sans prophètes et sans prophéties : voulant leur donner ce temps pour les méditer et pour soupirer après

¹ *Isa.*, LIII, et seq. — ² *Ibid.*, XI, 10. — ³ *Galat.* III, 1. — ⁴ *Zachar.*, XII, 10 ; *Apoc.*, I, 7.

le Sauveur. A la veille de faire cesser les prophéties, c'est-à-dire dans les temps de Daniel, d'Aggée, de Zacharie et de Malachie, il déclara les secrets divins plus clairement que jamais. C'est de quoi font foi principalement les Semaines de Daniel, où les temps de la venue et de la mort du Christ étoient exactement supputés. Aggée avoit dit ces mémorables paroles à la gloire du second temple : « Encore un peu de temps : » car qu'étoit-ce que quatre cents ans et un peu plus, à comparaison de tant de milliers de siècles où le Sauveur avoit été attendu? « Encore donc un peu de temps, et je remuerai le ciel et la terre ; et le Désiré de toutes les nations viendra, et je remplirai de gloire cette maison nouvellement rebâtie ; » c'est-à-dire le second temple, « dit le Seigneur des armées, le Dieu tout-puissant [1]. L'argent est à moi, et l'or est à moi : » tout est en ma puissance ; et si je voulois faire éclater cette maison en richesses même temporelles, je le ferois : mais je lui prépare un autre éclat par la venue du « Désiré des nations. La gloire de cette seconde maison sera plus grande que celle de la première ; et j'établirai la paix dans ce lieu, dit le Seigneur des armées [2]. »

S'il faut regarder le temple par un éclat extérieur, la gloire du premier temple, sous le riche empire de Salomon, de Josaphat, d'Ezéchias et des autres rois, sera sans contestation la plus grande. Loin que le second temple eût le même éclat, ceux qui le rebâtissoient et qui avoient vu le premier, ne pouvoient retenir leurs larmes en voyant combien il lui étoit inférieur. Il est vrai que dans la suite des temps, la gloire du second temple fut grande dans l'Orient : on y vit porter les présens des rois [3] ; et je ne sais si Hérode qui le rebâtit, n'en égala pas la magnificence à celle de Salomon. Mais après tout et quoi qu'il en soit, ce n'est pas là de quoi « remuer le ciel et la terre : » et un si grand mouvement se doit terminer à quelque chose de plus grand que des richesses terrestres. Voici donc « le grand mouvement du ciel et de la terre : » c'est que « le Désiré des nations, » le Christ qui en est l'attente, « paroîtra » sous ce second temple : il « viendra, » dit le saint prophète Aggée ; et où viendra-t-il? Un autre prophète

---

[1] *Agg.*, II, 7-9. — [2] *Ibid.*, 10. — [3] II *Mach.*, III, 1-3.

l'explique dans le même temps : « J'envoie mon ange, dit Malachie [1], au nom du Seigneur; et il préparera la voie devant ma face : et en ce temps viendra dans son temple le Seigneur que vous cherchez, et l'ange du testament » ou de l'alliance, « que vous désirez. Le voilà qui vient, dit le Seigneur [2]. » Il n'y a plus rien entre deux : il n'y a plus de nouvel ouvrage, ni de nouvelles figures du Christ à venir, ni de nouvelles prophéties. Voici le dernier état du peuple de Dieu, et après cela il n'y a rien à attendre que le Christ qui entrera dans le second temple.

Ce n'est donc pas sans raison que le saint vieillard « Siméon [3], qui attendoit » avec tant de foi la venue du Christ et « la rédemption d'Israël, » fut amené « en esprit, » c'est-à-dire par inspiration, avec Anne la prophétesse, cette sainte veuve, dans le temple où le Seigneur alloit entrer. C'est qu'alors s'alloit accomplir la gloire du second temple, lorsque Jésus y devoit venir pour y « établir la paix, » comme Aggée l'avoit prédit.

En attendant ce temps heureux toute la nature étoit en attente, tout le peuple vivoit en espérance. S'il n'avoit plus de prophètes, il vivoit en la foi et dans les lumières des prophéties précédentes : ceux qui étoient éclairés d'en haut, appeloient celui qui les devoit sauver de leurs péchés. Le Christ, à la vérité, leur étoit souvent montré comme un conquérant qui les devoit délivrer des mains de leurs ennemis qui les tenoient en captivité. Mais cette captivité et ces ennemis n'étoient d'un côté qu'une figure d'une captivité spirituelle, et de l'autre une punition de leurs péchés, qui leur attiroient tous ces maux et mettoient ce joug de fer sur leur tête : et enfin les frayeurs de leur conscience leur faisoient sentir que le grand mal dont ils devoient être délivrés, étoit leurs péchés. C'est pourquoi ils reconnoissoient qu'ils avoient besoin « d'un Sauveur » qui les expiât : il leur falloit « un juste et un innocent » qui fût la sainte victime qui les effaçât. « O ciel, envoyez votre rosée, et que les nues pleuvent le juste; que la terre s'ouvre, et qu'elle germe le Sauveur [4] ! » Pour être Sauveur, il faut qu'il soit juste, d'une justice qui vienne du ciel, qui soit divine, infinie et celle de Dieu même, afin que nous puissions l'appeler après le pro-

[1] *Agg.*, II, 8. — [2] *Malach.*, III, 1. — [3] *Luc.*, II, 25-27. — [4] *Isa.*, XLV, 8.

phète : « Le Seigneur notre justice [1]. » Ce juste qui devoit venir du ciel, doit aussi sortir de la terre : il faut qu'il joigne en sa personne le ciel et la terre : qu'il soit Dieu et homme tout ensemble : que par une double naissance, il vienne tout ensemble et du ciel « dans les jours de l'éternité, » et « de Bethléem [2] » dans le temps, comme l'avoit dit le prophète ; et c'est ainsi que « dans peu de temps, » dans le dernier période du peuple de Dieu, ce grand Dieu « devoit remuer le ciel et la terre [3]. »

Cependant tout se préparoit à son arrivée : le royaume de Juda vivoit sous ses lois dans une parfaite liberté : peu à peu il se dégradoit ; et quand le temps approcha qu'il devoit être détruit, il tomba entre les mains des étrangers : un nouveau peuple se prépare au Christ futur ; et on va voir toutes les nations venir en foule composer ce nouveau royaume, qui étoit sous « le Fils de l'homme le royaume des saints du Très-Haut qui ne devoit point avoir de fin [4] : » nous touchons au dénouement des mystères ; et le Dieu-Homme va paroître.

Purifions nos cœurs pour le recevoir : songeons au malheur de ceux pour qui il étoit venu, et qui cependant n'ont pas voulu le connoître. Charnels, ambitieux, avares, quand Jésus est venu à eux, ils l'ont méconnu : ils l'ont mis à mort, parce que ses saintes paroles n'entroient point dans leurs cœurs. Purifions-nous donc pour le recevoir, de tous les désirs du siècle, en attendant son glorieux avénement : autrement tout est à craindre pour nous : sa venue nous sera funeste, et nous le crucifierons comme les Juifs.

VI⁰ ÉLÉVATION.

L'apparition de Dieu d'une nouvelle manière, et ce que fait la venue du Christ promis.

De si haut qu'on reprenne l'histoire sacrée, on y trouve que Dieu apparoît en figure humaine aux patriarches et aux prophètes : un des hommes que voit Abraham et qu'il reçoit en sa

[1] *Jerem.*, XXIII, 5, 6. — [2] *Mich.*, V, 2. — [3] *Agg.*, II, 7. — [4] *Dan.*, VII, 13, 14, 27.

maison, se trouve être le « Seigneur » même, Dieu même, « à qui rien n'est difficile, » qui donne un fils à Sara quoique stérile, qui pardonne aux hommes, qui les punit selon les règles de sa bonté et de sa justice, à qui Abraham adresse ses prières comme à Dieu, qui parle lui-même comme Dieu, qui dispose de toutes choses avec une suprême autorité[1]. Ce Dieu qui apparoît à Abraham est souvent appelé ange, c'est-à-dire « envoyé[2] : » c'est un « envoyé, » pour l'amour de qui Abraham avoit voulu immoler son fils unique, qui en accepte le sacrifice, qui renouvelle toutes les promesses à Abraham : c'est donc un ange, c'est un « envoyé » qui est Dieu. C'est « l'ange du Testament[3], l'ange du grand conseil, » et le Fils de Dieu lui-même, qui dès lors se plaisoit à la forme d'homme qu'il devoit prendre personnellement au temps marqué. Le même apparoît à Isaac et à Jacob : Jacob le voit au haut d'une échelle, et il appelle le lieu où il est, « la maison de Dieu et la porte du ciel[4] : » il y dresse un autel à celui qu'il avoit vu, et lui rend ses adorations : Jacob combat avec lui comme avec un homme, et se glorifie « d'avoir vu Dieu face à face[5] : » et il reçoit l'ordre de lui dresser un autel : et il l'invoque, et il le loue comme celui « qui l'a regardé dans son affliction[6] : » combat mystérieux, où Dieu veut bien s'égaler à l'homme, et que l'homme aidé de Dieu, l'emporte contre Dieu même, et lui arrache pour ainsi dire sa bénédiction par une espèce de violence[7] : il apparoît de nouveau à Jacob, et se nomme le Dieu tout-puissant, et confirme toutes les promesses qu'il avoit faites à Abraham et à Isaac : tout cela en figure de celui qui s'est incarné pour nous, qui dès lors nous préparoit ce grand mystère, le commençoit en quelque façon, en faisoit voir comme une espèce d'apprentissage et comme un essai : qui enfin a voulu, en la forme humaine, faire les délices de nos pères ; qui par un amour extrême et si l'on peut l'appeler ainsi, par une tendre passion pour notre nature, a fait aussi de son côté ses délices des enfans des hommes, et a voulu montrer par là qu'il est celui qui « conçu et engendré dans le sein

---

[1] *Genes.*, XVIII, 2, 3, 14, etc. — [2] *Ibid.*, XXII, 11, 12, 15, 16, etc. — [3] *Malach.*, III, 1. — [4] *Genes.*, XXVI, XXVIII, 12, 13, 16-18. — [5] *Genes.*, XXXII, 24, etc. — [6] *Ibid.*, XXXV, 1 3. — [7] *Genes*, XXXV, 11, 12.

de Dieu comme sa sagesse éternelle, a mis son plaisir à être avec eux ¹. »

Parcourons ici en esprit tous les endroits où le Dieu « trois fois saint » paroît avec une face et avec des pieds ², où la gloire du Dieu d'Israël s'élève au-dessus du chariot ³, et se rend sensible « où l'ancien des jours » apparoît avec « sa tête et ses cheveux blancs comme neige ⁴ : » et croyons que toutes ces apparitions ou du Fils de Dieu, ou du Père même, étoient aux hommes un gage certain que Dieu ne regardoit pas la nature humaine comme étrangère à la sienne depuis qu'il avoit été résolu que le Fils de Dieu, égal à son Père, se feroit homme comme nous.

Toutes ces apparitions préparoient et commençoient l'incarnation du Fils de Dieu : l'incarnation n'est autre chose « qu'une apparition de Dieu ⁵ » au milieu des hommes, plus réelle et plus authentique que toutes les autres : pour accomplir ce qu'avoit vu le saint prophète Baruch, que « Dieu même, après avoir enseigné la sagesse à Jacob et à ses enfans, avoit été vu sur la terre et avoit conversé parmi les hommes ⁶ : » qu'en cet état on lui diroit, comme faisoit Isaïe : « C'est en vous seul que Dieu est, et il n'est en aucun homme comme en vous : Dieu n'est point sans vous : vous êtes vraiment un Dieu caché, le Dieu d'Israël, le Sauveur ⁷ : Le voilà, nous disoit Malachie, ce Seigneur que vous attendiez ⁸, » cet ange qui a apparu à Abraham et aux patriarches : « Le voilà qui vient en personne et qui apparoît dans son temple. » Et remarquez qu'un autre ange le précède « et lui prépare la voie : » mais cet ange n'est point appelé le maître, le dominateur, « ni celui qui vient dans le temple » comme dans un lieu qui est à lui : c'est Jean-Baptiste, le saint précurseur de Jésus-Christ; c'est, comme l'appelle le même prophète, un autre Elie, qui vient préparer les hommes à recevoir Jésus-Christ, « de peur qu'à son arrivée le genre humain ne soit frappé d'anathème ⁹. »

C'est par ces mots que finit le prophète Malachie : la prophétie finit avec lui, et en voilà le dernier mot : ainsi le dernier des

---

¹ *Prov.*, VIII, 22, 23, 31. — ² *Isa.*, VI, 1-3. — ³ *Ezech.*, I, 1 et seq. — ⁴ *Dan.*, VII, 1, 9, 13. — ⁵ I *Timoth.*, III, 16. — ⁶ *Baruch*, III, 37, 38. — ⁷ *Isa.*, XLV, 14, 15. — ⁸ *Malach.*, III, 1. — ⁹ *Ibid.*, IV, 5, 6.

prophètes termine sa prophétie en nous désignant le premier prophète qui devoit paroître après lui, et lui remet pour ainsi parler la prophétie et la parole.

Entrons ici dans l'esprit des Israélites spirituels, des Juifs cachés qui désiroient le Sauveur, et se consoloient dans cette attente de tous les maux de cette vie. O Jésus, vous êtes celui qui deviez venir : ô Jésus, vous êtes venu : ô Jésus, vous devez encore venir au dernier jour pour recueillir vos élus dans votre repos éternel : ô Jésus, vous allez et venez sans cesse : Vous venez dans nos cœurs ; et vous y faites sentir votre présence par je ne sais quoi de doux, de tendre et de souverain. Que l'esprit et l'épouse disent : « Venez : que celui qui a soif vienne : » car Jésus vient en nous, quand aussi nous venons à lui : « Oui, dit Jésus, je viendrai bientôt. Ah ! venez, venez, Seigneur » Jésus [1] : venez, le désiré des nations : venez, notre amour et notre espérance, notre force et notre refuge, notre consolation dans le voyage, notre gloire et notre repos éternel dans la patrie.

[1] *Apoc.*, XXII, 17, 20.

XIᴱ SEMAINE.

L'AVÉNEMENT DE SAINT JEAN-BAPTISTE, PRÉCURSEUR
DE JÉSUS-CHRIST.

PREMIÈRE ÉLÉVATION.

Les hommes avoient besoin d'être préparés à la venue du Sauveur.

Quelle merveille, dit saint Augustin[1]! saint Jean n'étoit pas la lumière : *Non erat ille lux;* mais il étoit envoyé pour rendre témoignage à la lumière : *Sed ut testimonium perhiberet de lumine*[2]. La lumière a-t-elle besoin qu'on lui rende témoignage? Faut-il que quelqu'un nous dise : Voilà le soleil? Ce bel astre n'attire-t-il pas assez les regards, sans qu'on nous le montre au doigt? Il est ainsi toutefois, dit saint Augustin. « Jésus-Christ étoit le soleil, et saint Jean un petit flambeau ardent et luisant[3], » comme l'appelle le Sauveur. Et voilà que nous allons chercher le Sauveur par le ministère de Jean, et nous cherchons le jour avec un flambeau. La foiblesse de notre vue en est la cause : le grand jour nous éblouiroit, si nous n'y étions préparés et accoutumés par une lumière plus proportionnée à notre infirmité : *Si infirmi sumus, per lucernam quœrimus diem*[4]. Le monde est trop affoibli par son péché, pour soutenir dans toute sa force le bonheur que Dieu lui envoie. Confessons notre foiblesse et notre impuissance : c'est là le commencement de notre salut : abaissons-nous vers saint Jean, et apprenons à élever peu à peu nos yeux foibles et tremblans à Jésus-Christ.

---

[1] S. August., *in Joan.*, tract. II, n. 7 et seq. — [2] *Joan.*, I, 8. — [3] *Ibid.*, v, 35. — [4] S. August., *in Joan.*, tract. II, n. 8.

IIᵉ ÉLÉVATION.

Quatre circonstances de la vie et de la mort de saint Jean, préparatoires à la vie et à la mort de Jésus-Christ.

Je découvre quatre choses dans saint Jean, par où il me prépare à Jésus-Christ : premièrement, sa conception et sa nativité : secondement, sa vie étonnante dans le désert : troisièmement, sa prédication avec son baptême : quatrièmement, la persécution qu'on lui fait souffrir, sa prison et sa mort. Quatre mémorables circonstances de l'histoire de saint Jean-Baptiste, pour nous préparer à voir la gloire du Sauveur : suivons pas à pas le saint Précurseur, et voyons-le devancer en tout et partout le Fils de Dieu.

Il va être conçu et paroître au monde. Marchez devant lui, saint précurseur, et prévenez les merveilles de la conception et de la naissance de votre Maître. Mon ame, sois attentive au grand spectacle que Dieu prépare à ta foi. Seigneur, soyez loué à jamais pour les admirables préparations par lesquelles vous nous disposez à recevoir votre Christ !

IIIᵉ ÉLÉVATION.

Première circonstance préparatoire de la vie de saint Jean-Baptiste : sa conception.

Mon Sauveur devoit naître d'une vierge : quelle plus belle préparation à ce mystère, que de faire naître saint Jean-Baptiste d'une stérile ? Jésus-Christ ne devoit avoir de Père que Dieu : après Dieu et sous sa puissance, que pouvoit-on donner à saint Jean-Baptiste qui en approchât davantage, qu'un sacrificateur qui fût en même temps un saint ? Ce fut le caractère de saint Zacharie, père de saint Jean-Baptiste. Il est dit de lui qu'il étoit « sacrificateur, » et encore sacrificateur « de la race d'Abia, » qui étoit la plus excellente. Sa sainteté répondoit à celle de son ministère; et afin que tout se ressente ici de l'esprit de sainteté, ce fut durant l'exercice de sa fonction que Dieu lui envoya son ange, pour lui annoncer la conception de saint Jean-Baptiste[1].

Jésus-Christ devoit avoir une mère vierge, c'étoit là sa prérogative : et qu'y avoit-il qui approchât davantage de cet honneur, que de naître d'une stérile, comme un autre Isaac, comme un Samson, comme un Samuel? Ces enfans miraculeux de femmes stériles sont des enfans de grace et de prières : et c'est par là que fut consacrée la naissance de saint Jean-Baptiste, pour être l'avant-courrière de celle du Fils de Dieu.

Sainte Elisabeth étoit, comme son mari, d'une vie sainte et irréprochable devant Dieu et devant les hommes [2] : comme lui elle étoit aussi fille d'Aaron et de la race sacerdotale, qui étoit dans la tribu de Lévi aussi distinguée que la tribu de Lévi étoit élevée parmi les tribus d'Israël. Tout relève la naissance de saint Jean-Baptiste, et rien ne pouvoit mieux préparer les voies au Messie qui devoit venir.

Outre la stérilité d'Elisabeth, elle étoit, comme Zacharie, avancée en âge : tout s'opposoit au fruit qu'elle devoit porter. Seigneur, nous sommes stériles : accablés de la vieillesse d'Adam et des anciennes habitudes de la corruption, nous ne pourrons produire aucun fruit : mais Dieu se plaît à tout tirer du néant.

La vertu ne vient jamais parmi les hommes que des lieux naturellement stériles : « Et où le péché abonde, c'est là que la grace veut surabonder [3] : » c'est à l'humilité à l'attirer. Confessons notre impuissance; et Jean, c'est-à-dire « la grace et la colombe, ou le Saint-Esprit nous sera donné.

IVe· ÉLÉVATION.

La conception de saint Jean-Baptiste, comme celle de Jésus-Christ, est annoncée par l'ange saint Gabriel.

« Je suis Gabriel, un des esprits assistans devant Dieu, que le Seigneur vous a envoyé pour vous parler et vous annoncer ces

---
[1] *Luc.*, I, 5, 6 et seq. — [2] *Ibid.* — [3] *Rom.*, V, 20.

heureuses nouvelles[1]. » Dieu destinoit à ce saint archange une bien plus haute ambassade, puisqu'il devoit annoncer l'enfantement d'une vierge : mais afin de tout préparer, et donner foi aux paroles de son ange, Dieu lui fit auparavant annoncer l'enfantement d'une stérile : et avant que de promettre le Christ, il le chargea de promettre son saint précurseur.

Un des caractères des œuvres de Dieu est de prendre le temps convenable; et c'est là un des traits des plus remarquables de sa sagesse. Zacharie étoit dans l'exercice le plus pur de la fonction sacerdotale, qui étoit celui d'offrir les parfums au dedans du temple sur l'autel destiné à cette fonction; et tout le peuple étoit au dehors en attente du saint sacrificateur qui devoit sortir du temple après cette sainte fonction. Ce fut à ce moment que l'ange du Seigneur lui apparut au côté droit de l'autel, où il officioit[2].

Le trouble dont il fut saisi à la vue de l'ange, est l'effet de cette crainte religieuse dont l'ame est occupée, lorsque Dieu se rend présent par quelques moyens que ce soit. L'impression des choses divines fait rentrer l'ame dans son néant : elle sent plus que jamais son indignité : la frayeur qui accompagne ce qui est divin, la dispose à l'obéissance.

« Ne craignez point, » lui dit cet ange : comme le premier effet de la présence divine est la frayeur dans le fond de l'ame, le premier effet de la parole portée de la part de Dieu est de rassurer celui à qui elle est adressée. « Votre prière est exaucée, et votre femme concevra un fils[3]. Il l'avoit donc demandé à Dieu ; et Jean, comme Samuel, fut le fruit de la prière. Mon ame, prie avec foi et persévérance : l'ange du Seigneur viendra : une douce confiance se formera et en quelque sorte nous apparoitra dans le cœur, et « Jean, » qui est la grace, en sera le fruit. Il faut demander : c'est un acte nécessaire de la soumission qu'on doit à Dieu : c'est une reconnoissance de sa puissance et de sa bonté : la confiance qui est le fruit d'un pur et fidèle amour, s'y fait ressentir, c'est-à-dire qu'elle fait ressentir Dieu.

« Vous lui donnerez le nom de Jean. » Le même ange dit à Marie : « Vous aurez un fils et vous lui donnerez le nom de

[1] *Luc.*, I, 19. — [2] *Ibid.*, 9. — [3] *Luc.*, I, 13.

Jésus¹ : » et l'imposition du nom de Jean qui est ordonnée par l'ange, est la préparation à un plus grand nom.

« Cet enfant vous mettra dans la joie et dans le ravissement, et la multitude se réjouira à sa naissance². C'est ce que l'ange promet : c'est ce que nous verrons bientôt accompli.

« Il sera grand devant le Seigneur³. » Le même ange, en annonçant Jésus-Christ, répète la même parole : « Il sera grand ; » mais il ajoute : « et il sera nommé le Fils du Très-Haut⁴. Jésus sera grand comme le fils ; Jean sera grand comme un serviteur, comme un héraut qui marche devant son maître, et inspire le respect à tout le monde. Jésus est grand par essence : et Jean sera grand par un pur éclat et un rejaillissement de la grandeur de Jésus. « Il ne boira point de vin ni de tout ce qui peut enivrer, et il sera rempli du Saint-Esprit dès le ventre de sa mère⁵. Commençons à voir dans Jean le caractère de la pénitence et de l'abstinence. Seigneur, je le reconnois : c'est lui qui prépare les voies à Jésus, et la pénitence est sa vraie avant-courrière.

C'est aussi un caractère de nazaréen; c'est-à-dire un caractère de saint, de s'abstenir du vin et de tout ce qui enivre : tout ce qui flatte les sens et les transporte est un obstacle à la sainteté : si vous évitez l'ivresse et la joie des sens, une autre ivresse vous sera donnée : comme Jean vous serez rempli du Saint-Esprit et transporté d'une joie céleste. Ne vous laissez donc point enivrer aux charmes des sens : n'attendez pas que le vin, que la joie du monde vous renverse entièrement la raison : dès que vous la goûtez, vous commencez à perdre le goût de la grace, et vous êtes déjà tout troublé : une épaisse vapeur vous offusque les sens : elle est douce, il est vrai; mais c'est par là qu'elle est pernicieuse : tout se brouille dans notre cerveau, et c'est hasard si nous ne tombons dans quelqu'étrange désordre. Fuyons, fuyons : « dès que le vin commence à briller et à pétiller dans la coupe, il nous trompe en flattant nos sens; mais à la fin il nous mordra comme une couleuvre, et son poison se portera jusqu'à notre cœur⁶.

---

¹ *Luc.*, I, 31. — ² *Ibid.*, 14. — ³ *Ibid.*, 15. — ⁴ *Ibid.*, 32. — ⁵ *Ibid.*, 15. — ⁶ *Prov.*, XXIII, 31, 32.

Vᵉ ÉLÉVATION.

Suite des paroles de l'ange : l'effet de la prédication de saint Jean-Baptiste est prédit.

« Il convertira plusieurs des enfans d'Israël au Seigneur leur Dieu [1]. » Hélas! étant déjà enfans d'Israël, avons-nous besoin d'être convertis? Ne devons-nous pas avoir conservé la grace? Gémissons d'avoir besoin qu'on nous convertisse. Mais hélas! notre état est bien pire, puisque même nous résistons à la grace qui veut nous changer; et plus durs que des pierres, nous ne voulons pas nous laisser convertir.

Le monde étoit dans un excès de corruption incompréhensible : la loi de Dieu n'étoit pas seulement méprisée, mais encore on répandoit dans le peuple des maximes opposées : il falloit un nouvel Elie pour émouvoir les pécheurs : il falloit le feu d'Elie pour purifier ces consciences gangrenées. Il y falloit « l'esprit et la vertu d'Elie [2], » l'efficace de ses discours et la merveille de ses exemples. Qui nous donnera un Elie pour nous convertir au Sauveur, « pour lui préparer les » cœurs par la pénitence, pour ramener l'ancienne discipline et faire « que les pères » reconnoissent « leurs enfans » par le soin qu'ils leur verront prendre de les imiter? Faisons revivre nos pères : ressuscitons la foi d'Abraham : réveillons cette vigueur apostolique de l'ancienne Eglise. Venez, Elie : venez, prédicateurs de l'Evangile, avec une céleste ferveur : remuez, ébranlez les cœurs : excitez l'esprit de pénitence : remplissez-nous de terreur à la vue du juge qui doit venir : qu'on le craigne afin qu'on l'aime.

O Dieu, l'incrédulité règne sur la terre. On n'est plus méchant par foiblesse : on l'est de dessein ; on l'est par principes, par maximes. Envoyez-nous quelque Jean-Baptiste qui confonde l'erreur, qui fasse voir que les incrédules sont des insensés. « Ramenez-les à la véritable prudence ces incrédules [3] » et ces libertins

---

[1] *Luc.*, I, 16. — [2] *Ibid.*, 17. — [3] *Ibid.*, 17.

de profession : la véritable prudence est de ne se pas croire soi-même, et de pratiquer ce que dit le Sage : « Ne vous fiez pas à votre prudence [1]. » Mais, Seigneur, confondez aussi l'imprudence de ceux qui disent qu'ils croient, encore qu'ils ne fassent rien de ce qu'ils croient : « Ramenez donc les incrédules » de toutes les sortes « à la prudence des justes. » Les « justes » sont les seuls prudens, les seuls prévoyans, les seuls sages : ils ont la règle, ils la conservent : ils ne sont pas humbles en parole et en effet orgueilleux ; dévots par contenance et en effet intéressés, vindicatifs, téméraires censeurs des autres, sans connoître, sans guérir leurs vices cachés.

VIe ÉLÉVATION.

Sur l'incrédulité de Zacharie.

« Zacharie répondit : Comment saurai-je la vérité de ces paroles ? Je suis vieux, et ma femme est déjà avancée en âge [2]. » Stérile dans son meilleur temps, comment pourra-t-elle devenir féconde dans sa vieillesse ?

L'incrédulité de Zacharie fut suivie d'une punition manifeste. L'ange lui déclara qu'il « seroit muet [3]. » C'est un des endroits par où la prédiction de la conception du Précurseur est inférieure à celle du Maître, où il ne paroît que foi et obéissance. Dieu fit servir la faute et le châtiment du saint sacrificateur à la déclaration de son ouvrage : tout le peuple s'aperçut qu'il avoit eu une vision dans le temple, et par le long temps qu'il y demeura contre la coutume, et parce que, pour s'excuser et aussi pour faire connoître l'œuvre de Dieu, il faisoit signe comme il pouvoit qu'il étoit devenu muet pour avoir été incrédule à une céleste vision.

Profitons de cet exemple : quand vous opérerez en moi pour me convertir, Seigneur, j'espérerai en votre grace : je ne dirai pas : Je suis stérile, je ne puis entreprendre un aussi grand ouvrage : je ne serai pas de ceux dont parle saint Paul, « qui, déses-

---

[1] *Prov.*, III, 5. — [2] *Luc.*, I, 18. — [3] *Ibid.*, 20-22.

pérant d'eux-mêmes, se livrent à toutes sortes de désordres[1]; » mais je dirai au contraire avec cet Apôtre : « Je puis tout en celui qui me fortifie[2]. »

Dieu est fidèle et véritable, quoique les hommes soient incrédules; et leur incrédulité n'anéantit pas la promesse de Dieu. Celle qu'il fit faire à Zacharie eut un prompt accomplissement : Elisabeth devint grosse miraculeusement : et il est dit « qu'elle se cacha cinq mois, parce que c'est là, disoit-elle[3], ce que le Seigneur a fait en moi, lorsqu'il a voulu me tirer de l'opprobre où j'étois devant les hommes » à cause de ma stérilité. Les grandes graces demandent un grand recueillement pour être goûtées à loisir et dans le silence, et pour envoyer au ciel ses remercîmens du fond de sa retraite. On ne laisse pas d'entrevoir qu'il entre dans celle d'Elisabeth durant cinq mois, et jusqu'à ce que sa grossesse parût, un secret dessein d'éviter les discours des hommes. Malgré le miracle qui rend féconde une stérile, la conception humaine a dans son fond quelque chose qu'il faut cacher, surtout dans un grand âge : et l'on sait ce que dit Sara dans une occasion semblable[4]. Mais nous allons voir une conception où il n'y a rien que de saint et à la fois de miraculeux. Il falloit que le Maître fût conçu d'une manière plus haute que celle du précurseur; et que le même ambassadeur qui fut l'ange saint Gabriel, en portant à la sainte Vierge une parole plus excellente et plus relevée, eût aussi un succès plus sublime et plus merveilleux.

[1] *Ephes.*, IV, 19. — [2] *Philip.*, IV, 13. — [3] *Luc.*, I, 24, 25. — [4] *Genes.*, XVIII, 10-12, 14.

XIIᴱ SEMAINE.

PREMIERE ÉLÉVATION.

L'annonciation de la sainte Vierge : salut de l'ange.

« Au sixième mois de la grossesse d'Elisabeth, l'ange Gabriel fut envoyé dans une ville de Galilée, nommée Nazareth, à une vierge qu'un homme appelé Joseph, de la maison de David, avoit épousée; et le nom de la vierge étoit Marie [1]. »

Dès que nous voyons l'ange saint Gabriel envoyé, nous devons attendre quelque excellente nouvelle sur la venue du Messie : lorsque Dieu voulut apprendre à Daniel, « homme de désirs, » l'arrivée prochaine du « Saint des saints » qui devoit être « oint et immolé [2], » le même ange fut envoyé à ce saint prophète. Nous venons encore de le voir envoyé à Zacharie, et à son seul nom nos désirs pour le Christ du Seigneur doivent se renouveler par de saints transports.

Ce n'est pas dans Jérusalem la ville royale, ni dans le temple qui en faisoit la grandeur, ni dans le sanctuaire qui en est la partie la plus sacrée, ni parmi les exercices les plus saints d'une fonction toute divine, ni à un homme aussi célèbre par sa vertu que par la dignité de sa charge et par l'éclat d'une race sacerdotale, que ce saint ange est envoyé à cette fois. C'est dans une ville de Galilée, province des moins estimées, dans une petite ville dont il faut dire le nom à peine connu : c'est à la femme d'un homme qui comme elle, étoit à la vérité de la famille royale, mais réduit à un métier mécanique. Ce n'étoit pas une Elisabeth, dont la considération de son mari faisoit éclater la vertu : il n'en étoit pas ainsi de la femme de Joseph, qui étoit choisie pour être la mère de Jésus : femme d'un artisan inconnu, d'un pauvre menuisier; l'an-

---

[1] *Luc.*, I, 26, 27. — [2] *Dan.*, IX, 21 et seq.

cienne tradition nous apprend qu'elle gagnoit elle-même sa vie par son travail : ce qui fait que Jésus-Christ est appelé par les Pères les plus anciens : *fabri et quæstuariæ Filius*.

Ce n'est point la femme d'un homme célèbre, et dont le nom fût connu : « elle avoit épousé un homme nommé Joseph, et on l'appeloit Marie. » Ainsi à l'extérieur cette seconde ambassade de l'ange est bien moins illustre que l'autre. Mais voyons le fond, et nous y découvrirons quelque chose de bien plus relevé.

L'ange commence par ces mots d'une humble salutation : « Je vous salue, pleine de grace : » très-agréable à Dieu : remplie de ses dons : « le Seigneur est avec vous, et vous êtes bénie pardessus toutes les femmes [1]. » Ce discours est d'un ton beaucoup plus haut que celui qui fut adressé à Zacharie : on commence par lui dire : « Ne craignez point, » comme à un homme qu'on sait qui avoit sujet de craindre; et « vos prières, lui dit-on, sont exaucées. » Mais ce qu'on annonce à Marie, elle ne pouvoit pas même l'avoir demandé, tant il y avoit de sublimité et d'excellence. Marie, humble, retirée, petite à ses yeux, ne pensoit pas seulement qu'un ange la pût saluer, et surtout par de si hautes paroles, et son humilité la jeta « dans le trouble. » Mais l'ange reprit aussitôt : « Ne craignez point, Marie [2]. » Il n'avoit point commencé par là, comme on a vu qu'il fit à Zacharie : mais quand Marie eut montré son trouble causé par sa seule humilité, il fallut bien lui répondre : « Ne craignez point, Marie : vous avez trouvé grace devant le Seigneur : Vous concevrez dans votre sein, et vous enfanterez un fils [3] : » votre conception miraculeuse sera suivie d'un enfantement aussi admirable. Il y en a qui conçoivent, mais qui n'enfantent jamais, qui n'ont que de stériles et infructueuses pensées. Mon Dieu, à l'exemple de Marie, faites que je conçoive et que j'enfante. Et que dois-je enfanter, sinon Jésus-Christ? « Je vous enfante, disoit saint Paul, jusqu'à ce que Jésus-Christ soit formé dans vous [4]. » Tant que Jésus-Christ, c'est-à-dire une vertu consommée n'est pas en nous, ce n'est encore qu'une foible et imparfaite conception : il faut que Jésus-Christ naisse dans nos ames par de véritables vertus et accomplies selon la règle de l'Evangile.

[1] *Luc.*, I, 28, 29. — [2] *Ibid.*, 30. — [3] *Ibid.*, 31. — [4] *Galat.*, VI, 19.

Cet homme que « Jésus aima [1], » quand il le vit si bien parler du précepte de l'amour divin, n'avoit encore pourtant qu'une simple et foible conception : et dès qu'il lui fallut quitter ses richesses qu'il aimoit, il se retira avec larmes, et abandonna l'ouvrage où Jésus l'avoit appelé. Celui qui vouloit encore « aller ensevelir son père avant que de suivre le Sauveur [2], » ne l'avoit conçu qu'à demi : et quand on l'a enfanté, on ne connoît ni d'excuse ni de retardement. On ne se laisse non plus rebuter par aucune difficulté. Et quand Jésus-Christ nous dit : « Les renards ont leurs tanières, et les oiseaux leurs nids ; mais le Fils de l'homme n'a pas où reposer sa tête [3] : » ceux qui cherchent encore un chevet et le moindre repos dans les sens, n'ont pas enfanté Jésus : ce qu'ils regardent comme grand n'est qu'une imparfaite conception, un avorton qui ne voit jamais le jour.

IIe ÉLÉVATION.

La conception et l'enfantement de Marie : le règne de son fils et sa divinité.

« Vous concevrez et enfanterez un fils, et vous lui donnerez le nom de *Jésus*, de *Sauveur*. Il sera grand [4], » non pas à la manière de Jean qui étoit grand comme le peut être un serviteur : mais celui-ci sera grand de la grandeur qui convient au Fils. Aussi l'appellera-t-on « le Fils du Très-Haut [5]. » Et ce ne sera pas par une simple dénomination ou par adoption, comme les autres qui sont appelés « enfans de Dieu : » il sera le Fils de Dieu effectivement, le Fils unique, le Fils par nature : c'est pourquoi on lui en donnera le nom avec une force particulière. Il ne faut pas croire que ce soit un terme diminutif de dire que Jésus « sera appelé le Fils de Dieu [6] : » autrement on pourroit dire de même, que ce que dit l'ange, qu'Elisabeth « est appelée stérile [7], » est une es-

[1] *Marc.*, x, 21 et seq. — [2] *Matth.*, viii, 21. — [3] *Ibid.*, 20. — [4] *Luc.*, I, 31, 32. — [5] *Ibid.*, 32. — [6] *Luc.*, I, 35. — [7] *Ibid.*, 36.

pèce de diminution de la stérilité ; au contraire, il faut entendre une véritable et entière stérilité.

Croyons donc que Jésus « est appelé Fils, parce qu'il l'est proprement, effectivement, naturellement, par conséquent uniquement, Dieu en qui tout est parfait devant avoir un Fils parfait et par conséquent unique. Et c'est pourquoi « Dieu lui donnera le trône de David son père » selon la chair : ce trône que David même voyoit en esprit, lorsqu'il disoit : « Le Seigneur a dit à mon Seigneur : Soyez assis à ma droite [1]; » c'est « son Fils et son Seigneur » tout ensemble. Ce trône de David son père n'est que la figure de celui que Dieu, qui « l'a engendré avant l'aurore [2], » lui prépare : « Il aura » donc « le trône de David son père, et il règnera éternellement dans la maison de Jacob [3]. » Quel autre peut régner éternellement, qu'un Dieu à qui il est dit : « Votre trône, ô Dieu, sera éternel [4] ? » Et c'est pourquoi on ne verra point la fin de son règne.

O Jésus, dont le règne est éternel, en verra-t-on la fin dans mon cœur? Cesserai-je de vous obéir? Après avoir commencé selon l'esprit, finirai-je selon la chair? Me repentirai-je d'avoir bien fait? Me livrerai-je de nouveau au tentateur, après tant de saints efforts pour me retirer de ses mains? L'orgueil ravagera-t-il la moisson si prête à être recueillie? Non, il faut être de ceux dont il est écrit : « Ne cessez point de travailler, parce que la moisson que vous avez à recueillir ne doit point souffrir de défaillance [5]. »

IIIe ÉLÉVATION.

La virginité de Marie : le Saint-Esprit survenu en elle : son Fils saint par son origine.

Dieu qui avoit prédestiné la sainte Vierge Marie pour l'associer à sa très-pure génération, lui inspira l'amour de la virginité

---

[1] *Psal.* CIX, 1; *Matth.*, XXII, 43, 44. — [2] *Psal.* CIX, 3. — [3] *Luc.*, I, 33. — [4] *Psal.* XLIV, 7; *Hebr.*, I, 3. — [5] *Galat.*, VI, 9.

dans un degré si éminent, que non-seulement elle en fit le vœu, mais encore que, quoique l'ange lui eût dit du Fils qu'elle devoit concevoir, elle ne voulut point acheter l'honneur d'en être la mère au prix de sa virginité.

Elle répond donc à l'ange : « Comment cela se fera-t-il, puisque je ne connois point d'homme [1], » c'est-à-dire j'ai résolu de n'en point connoître ? Cette résolution marque dans Marie un goût exquis de la chasteté, et dans un degré si éminent qu'elle est à l'épreuve, non-seulement de toutes les promesses des hommes, mais encore de toutes celles de Dieu. Que pouvoit-il promettre de plus grand que son Fils en la même qualité qu'il le possède lui-même, c'est-à-dire en la qualité de Fils? Elle est prête à le refuser, s'il lui faut perdre sa virginité pour l'acquérir. Mais Dieu à qui cet amour acheva pour ainsi dire de gagner le cœur, lui fit dire par son ange : « Le Saint-Esprit surviendra en vous, et la vertu du Très-Haut vous couvrira [2] : » Dieu même vous tiendra lieu d'époux : il s'unira à votre corps : mais il faut pour cela qu'il soit plus pur que les rayons du soleil : le très-pur ne s'unit qu'à la pureté ; il conçoit son fils seul sans partager sa conception avec un autre : il ne veut, quand il le fait naître dans le temps, le partager qu'avec une vierge, ni souffrir qu'il ait deux pères. Virginité, quel est votre prix ! vous seule pouvez faire une mère de Dieu ; mais on vous estime encore plus qu'une si haute dignité.

« Le Saint-Esprit surviendra en vous, et la vertu du Très-Haut vous couvrira ; et c'est pourquoi la chose sainte qui naîtra en vous, sera nommée le Fils de Dieu [3]. Qui nous racontera sa génération [4] ? » Elle est inexplicable et inénarrable. Ecoutons néanmoins ce que l'ange nous en raconte par ordre de Dieu : « La vertu du Très-Haut vous couvrira. » Le Très-Haut, le Père céleste étendra en vous sa génération éternelle : il produira son Fils dans votre sein : il y composera de votre sang un corps si pur, que son Saint-Esprit sera seul capable de le former : en même temps ce divin Esprit y inspirera une ame, qui n'ayant que lui pour auteur sans le concours d'aucune autre cause, ne peut être que sainte : cette ame et ce corps, par l'extension de la vertu générative de Dieu,

---

[1] *Luc.*, I, 34. — [2] *Ibid.*, 35. — [3] *Luc.*, I, 35. — [4] *Isa.*, LIII, 8.

seront unis à la personne du Fils de Dieu, et dorénavant ce qu'on appellera le Fils de Dieu sera ce tout composé du Fils de Dieu et de l'homme. Ainsi « ce qui sortira de votre sein, sera » proprement et véritablement « appelé le Fils de Dieu. » Ce sera aussi « une chose sainte » par sa nature : « sainte » non d'une sainteté dérivée et accidentelle, mais substantivement : *Sanctum :* ce qui ne peut convenir qu'à Dieu, qui seul est une chose sainte par nature. Et comme cette chose sainte, qui est le Verbe et le Fils de Dieu, s'unira personnellement et ce qui sera formé de votre sang et l'ame qui y sera unie selon les lois éternelles imposées à toute la nature par son Créateur, ce tout, ce composé divin sera tout ensemble et le Fils de Dieu et le vôtre.

Voilà donc une nouvelle dignité créée sur la terre : c'est la dignité de mère de Dieu, qui enferme de si grandes graces, qu'il ne faut ni tenter ni espérer de les comprendre par sa pensée. La parfaite virginité de corps et d'esprit fait partie d'une dignité si éminente. Car si la concupiscence, qui depuis le péché originel est inséparablement attachée à la conception des hommes lorsqu'elle se fait à la manière ordinaire, s'étoit trouvée en celle-ci, Jésus-Christ auroit dû naturellement contracter cette souillure primitive, lui qui venoit pour l'effacer : il falloit donc que Jésus-Christ fût fils d'une vierge, et qu'il fût conçu du Saint-Esprit. Ainsi donc Marie demeure vierge, et devient mère : Jésus-Christ n'appellera de père que Dieu : mais Dieu veut qu'il ait une mère sur la terre.

Chastes mystères du christianisme, qu'il faut être purs pour vous entendre ! Mais combien plus le faut-il être pour vous exprimer dans sa vie par la sincère pratique des vérités chrétiennes !

Nous ne sommes plus de la terre, nous dont la foi est si haute ; « et notre conversation est dans les cieux [1]. »

---

[1] *Philip.,* III, 20.

IV° ÉLÉVATION.

La conception de saint Jean-Baptiste prépare à croire la conception de Jésus-Christ.

L'ange continue : « Et voilà que votre cousine Elisabeth a elle-même conçu un fils dans sa vieillesse, et c'est ici le sixième mois de celle qui étoit appelée stérile : » et qui par-dessus la stérilité naturelle, avoit encore celle de l'âge et de la vieillesse, « parce que rien n'est impossible à Dieu [1]. » Marie n'avoit pas besoin qu'on lui alléguât des exemples de la toute-puissance divine : et c'est pour nous, à qui le mystère de son annonciation devoit être révélé, que l'ange apporte cet exemple. Dieu vouloit néanmoins que la sainte Vierge connût la conception de saint Jean-Baptiste, à cause du grand mystère qu'il nous préparoit par la connoissance qu'on lui donne de ce miracle.

Marie fut transportée en admiration de la puissance divine dans tous ses degrés. Elle vit que par le miracle souvent répété de rendre fécondes les stériles, il avoit voulu préparer le monde au miracle unique et nouveau de l'enfantement d'une vierge ; et transportée en esprit d'une sainte joie par la merveille que Dieu vouloit opérer en elle, elle dit d'une voix soumise : « Voici la servante du Seigneur : qu'il me soit fait selon votre parole [2]. »

V° ÉLÉVATION.

Sur ces paroles : Je suis la servante du Seigneur.

Dieu n'avoit pas besoin du consentement et de l'obéissance de la sainte Vierge, pour faire d'elle ce qu'il vouloit, ni pour en faire naître Jésus-Christ, et en former dans ses entrailles le corps qu'il vouloit unir à la personne de son Fils : mais il vouloit donner au

---

[1] *Luc.*, I, 36, 37. — [2] *Ibid.*, 38.

monde de grands exemples, et que le grand mystère de l'incarnation fût accompagné de toutes sortes de vertus dans tous ceux qui y avoient part. C'est ce qui a mis dans la sainte Vierge et dans saint Joseph son chaste époux, les vertus que l'Evangile nous fait admirer.

Il y a encore ici un plus haut mystère : la désobéissance d'Eve notre mère, son incrédulité envers Dieu, sa malheureuse crédulité à l'ange trompeur, étoit entrée dans l'ouvrage de notre perte : et Dieu a voulu aussi par une sainte opposition, que l'obéissance de Marie et son humble foi entrât dans l'ouvrage de notre rédemption. En sorte que notre nature fût réparée par tout ce qui avoit concouru à sa perte; et que nous eussions une nouvelle Eve en Marie, comme nous avons en Jésus-Christ un nouvel Adam, afin que nous puissions dire à cette vierge avec de saints gémissements : Nous crions à vous, misérables bannis, enfans d'Eve, en gémissant et pleurant dans cette vallée de larmes : offrez-les à votre cher Fils, et nous montrez à la fin ce béni fruit de vos entrailles que nous avons reçu par votre moyen.

C'est ici le solide fondement de la grande dévotion que l'Eglise a toujours eue pour la sainte Vierge. Elle a la même part à notre salut qu'Eve a eue à notre perte : c'est une doctrine reçue dans toute l'Eglise catholique par une tradition qui remonte jusqu'à l'origine du christianisme. Elle se développera dans toute la suite des mystères de l'Evangile. Entrons donc dans la profondeur de ce dessein : imitons l'obéissance de Marie : c'est par elle que le genre humain est sauvé, et que selon l'ancienne promesse « la tête du serpent est écrasée [1]. »

VI° ÉLÉVATION.

Trois vertus principales de la sainte Vierge dans son annonciation.

La sainte virginité devoit être la première disposition pour faire une mère de Dieu. Car il falloit une pureté au-dessus de celle des

[1] *Genes.*, III, 15.

anges, pour-être unie au Père éternel, pour produire le même Fils que lui : il falloit aussi être disposée par la même pureté à recevoir la vertu d'en haut et le Saint-Esprit survenant : cette haute résolution de renoncer à jamais à toute la joie des sens, comme si on étoit sans corps, c'est ce qui fait une vierge, et qui préparoit sur la terre une mère au Fils de Dieu. Mais tout cela, ce n'étoit rien sans l'humilité. Les mauvais anges étoient chastes; mais avec toute leur chasteté, parce qu'ils étoient superbes, Dieu les a repoussés jusqu'aux enfers. Il falloit donc que Marie fût humble, autant que ces rebelles ont été superbes : et c'est ce qui lui fait dire? « Je suis la servante du Seigneur [1]. » Il ne falloit rien moins pour la faire mère. Mais la dernière disposition étoit la foi. Car il falloit concevoir le Fils de Dieu dans son esprit avant que de le concevoir dans son corps : et cette conception dans l'esprit étoit l'ouvrage de la seule foi : « Qu'il me soit fait selon votre parole. » Par là donc cette parole entra dans la sainte Vierge comme une semence céleste, et la recevoir en soi, qu'étoit-ce autre chose que de concevoir le Verbe en esprit?

Ayons donc une ferme foi, et espérons tout de la bonté et de la promesse divine : le Verbe s'incorporera à nous; et par cette espèce d'incarnation nous participerons à la dignité de la mère de Dieu, conformément à cette sentence du Sauveur : « Celui qui écoute la parole de Dieu est mon frère, ma sœur et ma mère [2]. » Tel est donc le fondement de la gloire de la sainte Vierge. La suite développera d'autres effets de la prédestination de cette vierge, mère de Dieu; et ce seront les effets du Verbe de Dieu en elle et en nous. Mais avant que de contempler les effets d'un si saint auteur, il faut auparavant en contempler la grandeur en elle-même.

VIIe ÉLÉVATION.

Jésus-Christ devant tous les temps : la théologie de saint Jean l'Evangéliste.

Où vais-je me perdre? dans quelle profondeur? dans quel abîme? Jésus-Christ avant tous les temps peut-il être l'objet de nos con-

[1] *Luc.*, I, 38. — [2] *Ibid.*, VIII, 21.

noissances? Sans doute, puisque c'est à nous qu'est adressé l'Evangile. Allons, marchons sous la conduite de l'aigle des évangélistes, du bien-aimé parmi les disciples, d'un autre Jean que Jean-Baptiste, de Jean « enfant du tonnerre[1], » qui ne parle point un langage humain, qui éclaire, qui tonne, qui étourdit, qui abat tout esprit créé sous l'obéissance de la foi, lorsque par un rapide vol fendant les airs, perçant les nues, s'élevant au-dessus des anges, des vertus, des chérubins et des séraphins, il entonne par ces mots : « Au commencement étoit le Verbe[2]. » C'est par où il commence à faire connoître Jésus-Christ. Hommes, ne vous arrêtez pas à ce que vous voyez commencer dans l'annonciation de Marie : dites avec moi : « Au commencement étoit le Verbe. » Pourquoi parler du commencement, puisqu'il s'agit de celui qui n'a point de commencement? C'est pour dire, qu'au commencement, dès l'origine des choses, *il étoit :* il ne commence pas : *il étoit :* on ne le créoit pas, on ne le faisoit pas : *il étoit*. Et qu'étoit-il? Qu'étoit celui qui sans être fait et sans avoir de commencement, quand Dieu commença tout, étoit déjà? Etoit-ce une matière confuse que Dieu commençoit à travailler, à mouvoir, à former? Non : ce qui étoit au commencement « étoit le Verbe, » la parole intérieure, la pensée, la raison, l'intelligence, la sagesse, le discours intérieur : *sermo :* discours sans discourir, où l'on ne tire pas une chose de l'autre par raisonnement : mais discours où est substantiellement toute vérité, et qui est la vérité même.

Où suis-je? Que vois-je? Qu'entends-je? Tais-toi, ma raison : et sans raison, sans discours, sans images tirées des sens, sans paroles formées par la langue, sans le secours d'un air battu ou d'une imagination agitée, sans trouble, sans effort humain, disons au dedans, disons par la foi avec un entendement, mais captivé et assujetti : « Au commencement, » sans commencement, avant tout commencement, au-dessus de tout commencement, « étoit » celui qui est et qui subsiste toujours : « le Verbe, » la parole, la pensée éternelle et substantielle de Dieu.

« Il étoit, » il subsistoit, mais non comme quelque chose détachée de Dieu : car « il étoit en Dieu[3]. » Et comment expliquerons-

---

[1] *Marc.*, III, 17. — [2] *Joan.*, I, 1. — [3] *Ibid.*, 2.

nous : « être en Dieu, » est-ce y être d'une manière accidentelle, comme notre pensée est en nous? Non : le Verbe n'est pas en Dieu de cette sorte. Comment donc? Comment expliquerons-nous ce que dit notre aigle, notre évangéliste? « Le Verbe étoit chez Dieu : » *apud Deum :* pour dire qu'il n'étoit pas quelque chose d'inhérent à Dieu, quelque chose qui affecte Dieu, mais quelque chose qui demeure en lui comme y subsistant, comme étant en Dieu une personne, et une autre personne que ce Dieu en qui il est. Et cette personne étoit une personne divine : elle « étoit Dieu [1]. » Comment Dieu? Etoit-ce Dieu sans origine? Non : car ce Dieu est Fils de Dieu : est Fils unique, comme saint Jean l'appellera bientôt : « Nous avons, dit-il, vu sa gloire comme la gloire du Fils unique [2]. » Ce Verbe donc qui est en Dieu, qui demeure en Dieu, qui subsiste en Dieu, qui en Dieu est une personne sortie de Dieu même et y demeurant; toujours produit; toujours dans son sein, ainsi que nous le verrons sur ces paroles : *Unigenitus qui est in sinu Patris :* « Le Fils unique qui est dans le sein du Père [3]. » Il en est produit, puisqu'il est Fils : il y demeure, parce qu'il est la pensée éternellement subsistante. Dieu comme lui ; car le Verbe étoit Dieu : Dieu en Dieu, Dieu de Dieu, engendré de Dieu, subsistant en Dieu : « Dieu » comme lui, « au-dessus de tout, béni aux siècles des siècles. » *Amen.* Il est ainsi, dit saint Paul [4].

Ah! je me perds, je n'en puis plus : je ne puis plus dire qu'*Amen :* « il est ainsi : » mon cœur dit : « Il est ainsi : » *Amen.* Quel silence! quelle admiration! quel étonnement! quelle nouvelle lumière! mais quelle ignorance! Je ne vois rien, et je vois tout! Je vois ce Dieu qui étoit au commencement, qui subsistoit dans le sein de Dieu; et je ne le vois pas. *Amen :* « il est ainsi. » Voilà tout ce qui me reste de tout le discours que je viens de faire, un simple et irrévocable acquiescement par amour, à la vérité que la foi me montre. *Amen, amen, amen.* Encore une fois : *amen.* A jamais *amen.*

[1] *Joan.* I, 2. — [2] *Ibid.*, 14. — [3] *Ibid.*, 44. — [4] *Rom.*, IX, 5.

VIIIe ÉLÉVATION.

Suite de l'Evangile de saint Jean.

« Le Verbe au commencement étoit » subsistant « en Dieu [1]. » Remontez au commencement de toutes choses : poussez vos pensées le plus loin que vous pouvez : allez au commencement du genre humain : « il étoit, » *hoc erat* [2]. Allez au premier jour, lorsque Dieu dit : « Que la lumière soit » : « il étoit : » *hoc erat*. Remontez avant tous les jours au-dessus de ce premier jour, lorsque tout étoit confusion et ténèbres : *hoc erat*, « il étoit : » lorsque les anges furent créés dans la vérité, en laquelle Satan et ses sectateurs ne demeurèrent point, « il étoit : » *hoc erat*. « Au commencement, » avant tout ce qui a pris commencement, *hoc erat* : il étoit seul en son Père, auprès de son Père, au sein de son Père : « il étoit, » et qu'étoit-il ? qui le pourroit dire ? « qui nous racontera, » qui nous expliquera « sa génération [3] ? Il étoit : » car comme son Père il est « celui qui est [4] : » il est le parfait : il est l'existant, le subsistant, et l'être même. Mais qu'étoit-il ? qui le sait ? On ne sait rien autre chose, sinon « qu'il étoit ; » c'est-à-dire « qu'il étoit : » mais qu'il étoit engendré de Dieu, subsistant en Dieu ; c'est-à-dire qu'il étoit Dieu et qu'il étoit Fils.

Où voyez-vous qu'il étoit ? « Toutes choses ont été faites par lui, et sans lui rien n'a été fait de tout ce qui a été fait. » Concevons, si nous pouvons, la différence de celui qui étoit d'avec tout ce qui a été fait. Etre celui qui étoit et par qui tout a été fait, et être fait : quelle immense distance de ces deux choses ! Etre et faire, c'est ce qui convient au Verbe ; « être fait, » c'est ce qui convient à la créature. Il étoit donc comme celui par qui devoit être fait tout ce qui a été fait, et sans qui rien n'a été fait de tout ce qui a été fait : quelle force, quelle netteté pour exprimer clairement que tout est fait par le Verbe ! Tout par lui, rien sans lui : que reste-t-il au langage humain pour exprimer que le Verbe est le créateur de

---

[1] *Joan.*, 1, 2. — [2] *Ibid.*, 1. — [3] *Isa.*, LIII, 8. — [4] *Exod.*, III, 14.

tout, ou ce qui est la même chose, que Dieu est le créateur de tout par le Verbe? Car il est créateur de tout, non point par effort, mais par un simple commandement et par sa parole, comme il est écrit dans la *Genèse*[1], et conformément à ce verset de David : « Il a dit, et tout a été fait : il a commandé, et tout a été créé[2]. »

N'entendons donc point par ce « par, » quelque chose de matériel et de ministériel : « Tout a été fait par le Verbe, » comme tout être intelligent agit et fait ce qu'il fait par sa raison, par sa pensée, par sa sagesse. C'est pourquoi s'il est dit ici que « Dieu fait tout par son Verbe, » qui est sa sagesse et sa pensée, il est dit ailleurs que « la sagesse éternelle qu'il a engendrée en son sein, et qui a été conçue et enfantée avant les collines, est avec lui, avec lui ordonne et arrange tout, se joue en sa présence, et se délecte par la facilité et variété de ses desseins et de ses ouvrages[3]. » Ce qui a fait dire à Moïse que « Dieu vit ce qu'il avoit fait » par son commandement qui est son Verbe, qu'il en fut content et « vit qu'il étoit bon et très-bon[4]. » Où vit-il cette bonté des choses qu'il avoit faites, si ce n'est dans la bonté même de la sagesse et de la pensée où il les avoit destinées et ordonnées? C'est pourquoi aussi il est dit « qu'il a possédé, » c'est-à-dire qu'il a engendré, qu'il a conçu, qu'il a enfanté « sa sagesse, » en laquelle il a vu et ordonné « le commencement de ses voies[5] : il s'est délecté en elle, il en a fait son plaisir : » et cette éternelle sagesse, pleine de bonté, et infiniment bienfaisante, a fait son plaisir, ses délices d'être, de converser avec les hommes. Ce qui s'est accompli parfaitement, lorsque le Verbe s'est fait homme, « s'est fait chair, » s'est incarné, et « qu'il a fait sa demeure au milieu de nous[6]. »

Délectons-nous donc aussi dans le Verbe, dans la pensée, dans la sagesse de Dieu : écoutons la parole, qui nous parle dans un profond et admirable silence. Prêtons-lui l'oreille du cœur : disons-lui comme Samuel : « Parlez, Seigneur, parce que votre serviteur écoute[7] : » aimons la prière, la communication, la familiarité avec Dieu : qui sera celui qui s'imposant silence à soi-même et à tout ce qui n'est pas Dieu, laissera doucement écouler son cœur vers

---

[1] *Genes.*, I, 3, 6 et seq. — [2] *Psal.* XXXII, 9. — [3] *Prov.*, VIII, 22, 23 et seq. — [4] *Genes.*, I, 18, 21, 25, 31. — [5] *Prov.*, VIII, 22. — [6] *Joan.*, I, 14. — [7] 1 *Reg.*, III, 18.

le Verbe, vers la sagesse éternelle, surtout depuis « qu'il s'est fait homme, et qu'il a établi sa demeure au milieu de nous, » en nous-mêmes, *in nobis*, dans ce qu'il y a en nous de plus intime, selon ce qui est écrit : « Il a enseigné la sagesse à Jacob son serviteur et à Israël son bien-aimé. Après il a été vu sur la terre, et a conversé avec les hommes [1]. »

Que de vertus doivent naître de ce commerce avec Dieu et avec son Verbe ? Quelle humilité ! quelle abnégation de soi-même ! quel dévouement ! quel amour envers la vérité ! quelle cordialité ! quelle candeur ! Que notre discours soit en simplicité et sans faste : « Cela est, cela n'est pas [2] ; » et que nous soyons vrais en tout, puisque « la vérité a établi sa demeure en nous [3]. »

IXe ÉLÉVATION.

La vie dans le Verbe : l'illumination de tous les hommes.

« En lui étoit la vie : et la vie étoit la lumière des hommes [4] : » On appelle vie dans les plantes croître, pousser des feuilles, des boutons, des fruits. Que cette vie est grossière ! qu'elle est morte ! On appelle vie voir, goûter, sentir, aller deçà et delà, comme on est poussé. Que cette vie est animale et muette ! On appelle vie entendre, connoître, se connoître soi-même, connoître Dieu, le vouloir, l'aimer, vouloir être heureux en lui, l'être par sa jouissance : c'est la véritable vie. Mais quelle en est la source ? Qui est-ce qui se connoît, qui s'aime soi-même et qui jouit de soi-même, si ce n'est le Verbe ? En lui donc étoit la vie : mais d'où lui vient-elle, si ce n'est de son éternelle et vive génération ? Sorti vivant d'un Père vivant, dont il a lui-même prononcé : « Comme le Père a la vie en soi, il a aussi donné à son Fils d'avoir la vie en soi [5] : » il ne lui a pas donné la vie comme tirée du néant : il lui a donné la vie de sa vive et propre substance : et comme il est source de vie, il a donné à son Fils d'être une source de vie. Aussi cette vie de

[1] *Baruch*, III, 37, 38. — [2] *Matth.*, V, 37. — [3] I *Joan.*, IV, 12. — [4] *Joan.*, 1, 4. — [5] *Ibid.*, V, 26.

l'intelligence est « la lumière qui éclaire tous les hommes » : c'est de la vie de l'intelligence, de la lumière du Verbe qu'est sortie toute intelligence et toute lumière.

Cette lumière de vie a lui dans le ciel, dans la splendeur des saints, sur les montagnes, sur les esprits élevés, sur les anges : mais elle a voulu aussi luire parmi les hommes, qui s'en étoient retirés. Elle s'en est approchée ; et afin de les éclairer, elle leur a porté le flambeau jusqu'aux yeux par la prédication de l'Evangile. Ainsi « la lumière luit parmi les ténèbres : et les ténèbres ne l'ont pas comprise [1]. Un peuple qui habitoit dans les ténèbres a vu une grande lumière : la lumière s'est levée sur ceux qui étoient assis dans les ténèbres et dans l'ombre de la mort [2]. »

« La lumière a lui dans les ténèbres, et les ténèbres ne l'ont pas comprise. » Les ames superbes n'ont pas compris l'humilité de Jésus-Christ. Les ames aveuglées par leurs passions n'ont pas compris Jésus-Christ, qui n'avoit en vue que la volonté de son Père. Les ames curieuses, qui veulent voir pour le plaisir de voir et de connoître, et non pas pour régler leurs mœurs et mortifier leurs cupidités, n'ont rien compris en Jésus-Christ, « qui a commencé par faire » et qui après « a enseigné [3]. » Les malheureux mortels « ont voulu se réjouir par la lumière [4], » et non pas laisser embraser leurs cœurs « du feu que Jésus-Christ venoit allumer [5]. » Les ames intéressées, toutes enveloppées dans elles-mêmes, n'ont pas compris Jésus-Christ, ni le précepte céleste de se renoncer soi-même. « La lumière est venue, et les ténèbres n'y ont rien compris : » mais la lumière du moins l'a-t-elle compris? Ceux qui disoient : « Nous voyons [6], et qui s'aveugloient eux-mêmes par leur présomption, ont-ils mieux compris Jésus-Christ? Non, les prêtres ne l'ont pas compris : les pharisiens ne l'ont pas compris : les docteurs de la loi ne l'ont pas compris : Jésus-Christ leur a été une énigme : ils n'ont pu souffrir la vérité qui les humilioit, les reprenoit, les condamnoit : et à leur tour ils ont condamné, ils ont tourmenté, contredit, crucifié la vérité même.

Le comprenons-nous, nous qui nous disons ses disciples, et qui

---

[1] *Joan.* I, 5. — [2] *Matth.*, IV, 16. — [3] *Act.*, I, 1. — [4] *Joan.*, V, 35. — [5] *Luc.*, XII, 49. — [6] *Joan.*, IX, 39-41.

cependant voulons plaire aux hommes, nous plaire à nous-mêmes, qui sommes des hommes, et des hommes si corrompus? Humilions-nous, et disons : La lumière luit encore tous les jours dans les ténèbres par la foi et par l'Evangile : mais les ténèbres n'y ont rien compris, et Jésus-Christ ne trouve point d'imitateurs.

Xe ÉLÉVATION.

Comment de toute éternité tout étoit vie dans le Verbe.

Il y a, dans ce verset de saint Jean une variété de ponctuation qui se trouve, non-seulement dans nos exemplaires, mais encore dans ceux des Pères. Plusieurs d'eux ont lu : « Ce qui a été fait étoit vie en lui : » *Quod factum est in ipso vita erat*[1]. Recevons toutes les lumières que l'Evangile nous présente. Nous voyons ici que tout, et même les choses inanimées qui n'ont point de vie en elles-mêmes, étoient vie dans le Verbe divin par son idée et par sa pensée éternelle.

Ainsi un temple, un palais, qui n'est qu'un amas de bois et de pierres où rien n'est vivant, est quelque chose de vivant dans l'idée et dans le dessein de son architecte. Tout est donc vie dans le Verbe, qui est l'idée sur laquelle le grand architecte a fait le monde. Tout y est vie, parce que tout y est sagesse : tout y est sagesse, parce que tout y est ordonné et mis en son rang. L'ordre est une espèce de vie de l'univers : cette vie est répandue sur toutes ses parties; et leur correspondance mutuelle entre elles et dans tout leur tout, est comme l'ame et la vie du monde matériel, qui porte l'empreinte de la vie et de la sagesse de Dieu.

Apprenons à regarder toutes choses en ce bel endroit, où « tout est vie : » accoutumons-nous à rapporter tout ce qui arrive à sa source : tout est ordonné de Dieu : tout est vie, tout est sagesse de ce côté-là : dans tous les biens et dans tous les maux qui nous arrivent, disons : Tout est animé par la sagesse de Dieu : rien ne vient au hasard : le péché même, qui en soi est incapable de règle,

[1] *Joan.*, I, 3, 4.

puisqu'il est le déréglement essentiel, et qui par cette raison ne peut venir de l'ordre de Dieu ni de sa sagesse, par sa sagesse est réduit à l'ordre quand il est joint avec le supplice, et que Dieu, malgré le péché et son énorme et infinie laideur, en tire le bien qu'il veut.

Régnez, ô Verbe, « en qui tout est vie, » régnez sur nous : tout aussi est vie en nous à notre manière : les choses inanimées que nous voyons, lorsque nous les concevons, deviennent vie dans notre intelligence : c'est vous qui l'avez imprimée en nous, et c'est un des traits de votre divine ressemblance, de votre image à laquelle vous nous avez faits. Elevons-nous à notre modèle : croyons que tout ce que Dieu fait et tout ce qu'il permet, c'est par sagesse et par raison qu'il le fait et qu'il le permet : agissons aussi en tout avec sagesse, et croyons que notre sagesse est d'être soumis à l sienne.

XIe ÉLÉVATION.

Pourquoi il est fait mention de saint Jean-Baptiste au commencement de cet évangile.

« Il y eut un homme envoyé de Dieu, de qui le nom étoit Jean[1]. » Ce commencement de l'évangile de saint Jean est comme une préface de cet évangile, et un abrégé mystérieux de toute son économie. Toute l'économie de l'Evangile est que le Verbe est Dieu éternellement, que dans le temps il s'est fait homme, que les uns ont cru en lui et les autres non, et que ceux qui y ont cru sont enfans de Dieu par la foi, et que ceux qui ne croient pas n'ont à imputer qu'à eux-mêmes leur propre malheur. Car Jésus-Christ, qui est venu parmi les ténèbres, y a apporté avec lui dans ses exemples, dans ses miracles et dans sa doctrine, une lumière capable de dissiper cette nuit. Non content de cette lumière, comme les hommes avec leur infirmité n'auroient pu envisager cette lumière en elle-même, Dieu, pour ne rien omettre et afin que rien ne manquât à leurs foibles yeux pour les préparer à profiter de la

---

[1] *Joan.*, I, 6.

lumière que Dieu leur offroit et les y rendre attentifs, a envoyé Jean-Baptiste qui n'étant pas la lumière, l'a montrée aux hommes en disant : « Voilà l'agneau de Dieu : » voilà « celui que ma voix précède : celui qui est plus grand que moi, et de qui je ne suis pas digne de délier les souliers [1]. » Toute bonne pensée qui nous sauve, a toujours son précurseur. Ce n'est point une maladie, une perte, une affliction qui nous sauve par elle-même : c'est un précurseur de quelque chose de mieux. Le monde me méprisera, on ne m'honorera pas autant que ma vanité le désire : je le méprise, je m'en dégoûte : ce dégoût est le précurseur de l'attrait céleste qui m'unit à Dieu. Cette profonde mélancolie où je suis jeté je ne sais comment, est un précurseur qui me prépare à la lumière : viendra tout à coup le trait divin, qui préparé de cette manière fera son effet. Les terreurs des jugemens de Dieu, qui me persécutent nuit et jour, sont un autre précurseur : c'est Jean qui crie dans le désert : Venez, Jésus ; venez dans mon ame et tirez-la après vous par un chaste et fidèle amour.

XIIᵉ ÉLÉVATION.

La lumière de Jésus-Christ s'étend à tout le monde.

« La véritable lumière qui éclaire tout homme venant au monde, étoit » au milieu de nous, mais sans y être aperçue. « Il étoit au milieu du monde, » celui qui étoit cette lumière, « et le monde a été fait par lui, et le monde ne l'a pas connu. Il est venu chez soi, » dans son propre bien, « et les siens ne l'ont pas reçu [2]. » Les siens ne l'ont pas reçu : en un autre sens, les siens l'ont reçu : les siens, qu'il avoit touchés d'un certain instinct de grace, l'ont reçu. Les pêcheurs qu'il appela, quittèrent tout pour le suivre : un publicain le suivit à la première parole : tous les humbles l'ont suivi, et ce sont là vraiment les siens. Les superbes, les faux sages, les pharisiens, sont à lui par la création ; car il les a faits, et il a fait comme créateur ce monde incrédule qui n'a pas voulu le con-

[1] *Joan.*, I, 27, 29. — [2] *Ibid.*, 9-11.

noître. O Jésus! je serois comme eux si vous ne m'aviez converti. Achevez: tirez-moi du monde que vous avez fait, mais dont vous n'avez point fait la corruption : tout y est curiosité, avarice, « concupiscence des yeux, » impureté et « concupiscence de la chair, » et « orgueil de la vie [1] ; » orgueil dont toute la vie est infectée. O Jésus, envoyez-moi un de vos célestes « pêcheurs [2], » qui me tire de cette mer de corruption, et me prenne dans vos filets par votre parole.

XIIIe ÉLÉVATION.

Jésus-Christ, de qui reçu et comment.

« Il a donné à tous ceux qui l'ont reçu pouvoir d'être faits enfans de Dieu, à ceux qui croient en son nom [3]. » Croire au nom de Jésus-Christ, c'est le reconnoître pour le Christ, pour le Fils de Dieu, pour son Verbe qui étoit devant tous les temps et qui s'est fait homme. Etre prêt à son seul nom et pour la seule gloire de ce nom sacré, de tout faire, de tout entreprendre, de tout souffrir : voilà ce que c'est que croire au nom de Jésus-Christ. « Il a donné pouvoir à ceux qui y croient d'être faits enfans de Dieu : » admirable pouvoir qui nous est donné! il faut que nous concourions à cette glorieuse qualité d'enfans de Dieu par le pouvoir qui nous est donné de le devenir. Et comment y concourons-nous, si ce n'est par la pureté et simplicité de notre foi? Par ce pouvoir il nous est donné de devenir enfans de Dieu par la grace, en attendant que nous le devenions par la gloire, et que nous soyons « enfans de Dieu, étant enfans de résurrection, » comme dit le Sauveur lui-même [4]. Portons donc dignement le nom d'enfans de Dieu : portons le nom du Christ : soyons des chrétiens dignes de ce nom : souffrons tout pour le porter dignement : « Que personne parmi nous ne souffre comme injuste, comme médisant, comme voleur ou de la réputation du prochain ou de ses biens : » mais si nous souffrons comme chrétiens pour la gloire du nom de *Jésus*, si

[1] I *Joan.*, II, 16. — [2] *Matth.*, IV, 19. — [3] *Joan.*, I, 12. — [4] *Luc.*, XX, 36.

nous souffrons à ce titre, nous sommes heureux. Glorifions-nous en ce nom ¹ : » portons courageusement, mais en même temps humblement, toute « la persécution » que le monde fait « à ceux qui veulent vraiment être vertueux ² : » soyons doux, et non pas fiers parmi ces souffrances : n'étalons point un courage hardi et superbe, mais disons avec saint Paul : « Je puis tout en celui qui me fortifie ³. » C'est ce que doivent faire ceux à qui il a donné ce pouvoir céleste de devenir ses enfans.

XIVᵉ ÉLÉVATION.

Comment on devient enfans de Dieu.

« Ils ne sont point nés du sang, ni de la volonté de la chair, ni de la volonté de l'homme, mais de Dieu ⁴. » Quoiqu'il nous ait donné le pouvoir de devenir enfans de Dieu, et que nous concourions à notre génération par la foi, dans le fond pourtant elle vient de Dieu, qui met en nous cette céleste semence de sa parole, non de celle qui frappe les oreilles, mais de celle qui s'insinue secrètement dans les cœurs. Ouvrons-nous donc à cette parole, dès qu'elle commence à se faire sentir ; dès qu'une suavité, une vérité, un goût, un instinct céleste commence en nous ; et que nous sentons quelque chose qui veut être supérieur au monde et nous inspirer tout ensemble et le dégoût de ce qui passe et qui n'est pas, et le goût de ce qui ne passe point et qui est toujours. Laissons-nous conduire ; secondons ce doux effet que Dieu fait en nous pour nous attirer à lui.

Ce n'est point en suivant la chair et le sang que nous concevrons ces chastes désirs : ce n'est point par le mélange du sang, par le commerce de la chair, par sa volonté et par ses désirs, ni par la volonté de l'homme, que nous devenons enfans de Dieu : notre naissance est une naissance virginale, et Dieu seul nous fait naître de nouveau comme ses enfans.

Disons donc avec saint Paul « que quand il a plu à celui qui m'a

¹ I *Petr.*, IV, 15, 16. — ² II *Timoth.*, III, 12. — ³ *Philip.*, IV, 13. — ⁴ *Joan.*, I, 13

séparé du monde, incontinent je n'ai plus acquiescé à la chair et au sang [1] : » je me suis détaché des sens et de la nature incontinent. « Incontinent : la grace ne peut souffrir de retardement : elle se retire des ames languissantes et paresseuses : l'épouse fait la sourde à sa voix, et tarde à se lever pour lui ouvrir : elle court pourtant à la fin [2] : » il n'est plus temps, il s'est retiré rapide dans sa fuite autant qu'il étoit vif dans sa poursuite. « Tirez-moi, et nous courrons [3] : » dès la première touche, il faut courir et ne languir jamais dans notre course.

XVe ÉLÉVATION.

Sur ces paroles : Le Verbe a été fait chair. *Le Verbe fait chair est la cause de la renaissance qui nous fait enfans de Dieu.*

Après avoir proposé toutes ces graces des nouveaux enfans que la foi en Jésus-Christ donne à Dieu, saint Jean retourne à la source d'un si grand bienfait : « Et le Verbe a été fait chair, et il a habité parmi nous, et y a fait sa demeure, et nous avons vu sa gloire comme la gloire du Fils unique du Père, plein de grace et de vérité [4]. » Pour nous faire devenir enfans de Dieu, il a fallu que son Fils unique se fît homme : c'est par le « Fils unique » et naturel que nous devions recevoir l'esprit d'adoption : cette nouvelle filiation qui nous est venue, n'a pu être qu'un écoulement et une participation de la filiation véritable et naturelle. Le Fils est venu à nous, et nous avons vu sa gloire : « Il étoit la lumière, » et c'est par l'éclat et le rejaillissement de cette lumière que nous avons été régénérés : « il étoit la lumière qui éclaire tout homme qui vient au monde : » il éclaire jusqu'aux enfans qui viennent au monde, en leur communiquant la raison, qui tout offusquée qu'elle est, est néanmoins une lumière et se développera avec le temps.

Mais voici une autre lumière par laquelle il vient encore éclairer le monde : c'est celle de son Evangile qu'il offre encore à tout

---

[1] *Galat.*, I, 15, 16. — [2] *Cant.*, V, 2, 3, 5, 6. — [3] *Ibid.*, I, 3. — [4] *Joan.*, I, 14.

le monde, et jusqu'aux enfans qu'il éclaire par son baptême : et quand il nous régénère et nous fait enfans de Dieu, que fait-il autre chose que de faire naître sa lumière dans nos cœurs, par laquelle nous le voyons plein de grace et de vérité : de grace par ses miracles, de vérité par sa parole; de grace et de vérité par l'un et par l'autre? Car sa grace qui nous ouvre les yeux, précède en nous la vérité qui les contente. « Dieu, qui par son commandement a fait sortir la lumière des ténèbres, a rayonné dans nos cœurs pour nous faire voir la clarté de la science de Dieu sur la face de Jésus-Christ[1]. » Nous sommes donc enfans de Dieu, parce que nous sommes enfans de lumière. Marchons comme enfans de lumière : ne désirons point la vaine gloire, ni la pompe trompeuse de l'ambition : tout y est faux, tout y est ténèbres : le monde qui nous veut plaire n'a point de grace : Jésus-Christ seul, « plein de grace et de vérité[2], » sait remplir les cœurs, et seul les doit attirer : « la grace est répandue sur ses lèvres et sur ses paroles[3] : » tout plaît en lui jusqu'à sa croix : car c'est là qu'éclate son obéissance, sa munificence, sa grace, sa rédemption, son salut. Tout le reste est moins que rien. Jésus-Christ seul est « plein de grace et de vérité : » c'est pour nous qu'il en est plein, et tous « nous recevons tout de sa plénitude[4]. »

XVIᵉ ÉLÉVATION.

Comment l'être convient à Jésus-Christ, et ce qu'il a été fait.

Après avoir lu attentivement le commencement admirable de l'évangile de saint Jean, comme un abrégé mystérieux de toute l'économie de l'Evangile, faisons une réflexion générale sur cette théologie du disciple bien-aimé. Tout se réduit à bien connoître ce que c'est que « être, » et ce que c'est que « être fait. »

Etre, c'est ce qui convient au Verbe avant tous les temps : « Au commencement il étoit, et il étoit » subsistant « en Dieu, et il étoit Dieu[5]. » Il n'est pas Dieu par une impropre communication d'un

---

[1] II *Cor.*, xv, 6. — [2] *Joan.*, I, 14. — [3] *Psal.* XLIV, 3; *Luc.*, IV, 22. — [4] *Joan.*, I, 16. — [5] *Ibid.*, I, 1.

si grand nom, comme ceux à qui il est dit : « Vous êtes des dieux et les enfans du Très-Haut[1]. » Ceux-là ont été faits dieux par celui qui les a faits rois, qui les a faits juges, qui enfin les a faits saints. Si Jésus-Christ n'étoit Dieu qu'en cette sorte, il seroit fait Dieu, comme il est fait homme; mais non : saint Jean ne dit pas une seule fois qu'il ait été fait Dieu. Il « l'étoit, » et « dès le commencement, » avant tout commencement, « il étoit Verbe, » et comme tel « il étoit Dieu. Tout a été fait par lui[2] : » le mot de « être fait, » commence à paroître quand on parle des créatures : mais auparavant ce qui étoit n'a pas été fait, puisqu'il étoit avant tout ce qui a été fait. Et voyez combien on répète cet « être fait : Par lui a été fait tout ce qui a été fait, et sans lui rien n'a été fait de ce qui a été fait : » on répète autant de fois de la créature qu'elle « a été faite, » qu'on avoit répété du Verbe que « il étoit. » Après cela on revient au Verbe : « En lui, dit-on, étoit la vie[3] : » elle n'a pas été faite en lui : elle y étoit comme la divinité y étoit aussi. Et ensuite : « La lumière étoit qui illumine tout homme[4] : » le Fils de Dieu n'a pas été fait lumière ni vie : « En lui étoit la vie et il étoit la lumière. » Jean-Baptiste « n'étoit pas la lumière[5] : » il recevoit sa lumière de Jésus-Christ, mais Jésus-Christ étoit la lumière même. Et quand les hommes sont devenus enfans de Dieu, n'est-il pas dit expressément « qu'ils ont été faits enfans de Dieu[6] ? » Mais est-il dit de même que le Fils unique a été fait Fils unique ? Non : il étoit Fils unique, et la sagesse engendrée et conçue dans le sein du Père, dès qu'il étoit Verbe ; et il n'a point été fait Fils, puisqu'il est tiré, non point du néant, mais de la propre substance éternelle et immuable de son Père.

Il n'y a donc rien en lui avant tous les temps qui ait été fait, ni qui l'ait pu être : mais dans le temps qu'a-t-il été fait ? « Il a été fait chair[7] : » il s'est fait homme. Voilà donc où il commence à être fait, quand il s'est fait une créature : dans tout le reste, « il étoit, » et voilà ce qu'il « a été fait. » De même pour bégayer à notre mode et nous servir d'un exemple humain, que si l'on disoit de quelqu'un : Il étoit noble, il étoit né gentilhomme, et il a

---

[1] *Psal.* LXXXI, 6. — [2] *Joan.*, I, 3. — [3] *Ibid.*, 4. — [4] *Ibid.*, 9. — [5] *Ibid.*, 8. - [6] *Ibid.*, 12. — [7] *Ibid.*, 14.

été fait duc, il a été fait maréchal de France, on voit là ce qu'il étoit naturellement, et ce qu'il a été fait par la volonté du prince. Ainsi en tremblant et en bégayant comme des hommes, nous disons du Verbe qu'il étoit Verbe, qu'il étoit Fils unique, qu'il étoit Dieu et qu'il a été fait : Dieu dans l'éternité, homme dans le temps. Et ensuite saint Pierre dit : « Dieu l'a fait Seigneur et Christ [1]. » Quant à sa résurrection, son Père lui a « donné la toute-puissance dans le ciel et dans la terre [2] : » alors il a été fait Seigneur et Christ. Et s'il n'étoit Dieu qu'en ce sens, il auroit aussi été fait Dieu : mais non ; « il étoit Dieu, et il a été fait homme ; » et en sa nature humaine élevée et glorifiée, « il a été fait Seigneur et Christ : » il a été fait sauveur et glorificateur de tous les hommes.

Ce langage est suivi partout : « Celui qui est venu après moi, » dit saint Jean-Baptiste, et que j'ai dû précéder en ma qualité de son précurseur, « a été fait et a été mis devant moi, et m'a été préféré [3]. » Sa gloire a tout à coup été faite plus grande que la mienne : en ce sens, « il a été fait devant moi : » mais pourquoi ? « Parce qu'il étoit devant moi » et sa gloire avant tous les temps au-dessus de toute la mienne et de toute gloire créée. Voyez : entendez : il étoit naturellement plus grand que Jean, et c'est pourquoi il lui a été préféré : ce qui est une chose qui a été faite ; mais qui n'auroit point été faite, si en effet Jésus-Christ selon sa divinité n'étoit plus que Jean, et qu'ainsi il lui falloit une gloire conforme à ce qu'il étoit.

Et Jésus-Christ, que dit-il de lui-même ? « Avant qu'Abraham fût fait, je suis [4]. « Pourquoi choisir si distinctement un autre mot pour lui que pour Abraham, sinon pour exprimer distinctement qu'Abraham a été fait, et lui il étoit ? « Au commencement étoit le Verbe : » on dira pourtant « qu'il a été fait, » quand on dira ce qu'il est devenu dans le temps comme fils d'Abraham ; mais quand il faut exprimer ce qu'il étoit devant Abraham, on ne dira pas qu'il a été fait, mais « qu'il étoit. »

Et le même disciple bien-aimé : « Ce qui fut au commencement [5], » *ce* expliqué substantivement et « *ce qui étoit* par nature e

---

[1] *Act.*, II, 32, 36. — [2] *Matth.*, XXVIII, 18. — [3] *Joan.*, I, 15, 30. — [4] *Ibid.*, VIII, 58. — [5] I *Joan.*, I, 2.

par sa substance, » n'est-ce pas la même chose que ce qu'il a dit : « Au commencement étoit le Verbe ? » Et ensuite lorsqu'il ajoute : « Nous vous annonçons la vie qui étoit subsistante dans le Père, *apud*, « nous a apparu, » n'est-ce pas la même chose que ce qu'il a dit : « En lui étoit la vie : et le Verbe étoit » subsistant « en Dieu [1], » toujours *apud*. Et pour parler conséquemment, que pouvoit ajouter le même disciple bien-aimé, sinon ce qu'en effet il a ajouté : « Celui-ci, Jésus-Christ étoit le vrai Dieu et la vie éternelle : » *Hic est verus Deus et vita æterna* [2] ?

Croyons donc l'économie du salut ; et comme dit le même disciple bien-aimé, « croyons à l'amour que Dieu a eu pour nous [3]. » Pour croire tous les mystères que Dieu a faits pour notre salut, il ne faut que croire à son amour ; à un amour digne de Dieu ; à un amour où Dieu nous donne non-seulement tout ce qu'il a, mais encore tout ce qu'il est. Croyons à cet amour, et aimons de même : donnons ce que nous avons et ce que nous sommes : établissons-nous en celui qui « étoit, » en croyant à ce qu'il a « été fait » pour nous dans le temps. « Ainsi, dit saint Jean, nous serons en son vrai Fils [4] ; » ou, comme lisoient les anciens Grecs et comme a lu saint Athanase : « Afin que nous soyons dans le vrai, dans son Fils [5] : » dans le vrai, c'est-à-dire dans son Fils qui seul est vrai, qui seul est la vérité. Taisez-vous, pensées humaines : Homme, viens te recueillir dans l'intime de ton intime : et conçois dans ce silence profond ce que c'est que d'être dans le vrai, d'éloigner de soi le faux. Quelle solidité ! quelle vérité dans toutes nos actions et dans toutes nos pensées ! Détestons tout ce qui est éloigné du vrai, puisque nous sommes dans le vrai, étant dans le Fils.

Répétons : « Au commencement étoit le Verbe : » au commencement, au-dessus de tout commencement étoit le Fils : « Le Fils, c'est, dit saint Basile, un Fils qui n'est pas né par le commandement de son Père, mais qui par puissance et par plénitude a éclaté de son sein : Dieu de Dieu, lumière de lumière, en qui étoit la vie, qui nous l'a donnée [6]. » Vivons donc de cette vie éternelle, et mourons à tout le créé. Amen, Amen.

---

[1] *Joan.*, 1, 2, 4. — [2] I *Joan.*, v, 20. — [3] *Ibid.*, IV, 16. — [4] *Ibid.*, v, 20. — [5] Athan., t. II, p. 608. — [6] *Orat. de Fide.*, hom. 25, t. I, p. 500. Edit. Bened., t. II, hom. 15, p. 131.

XIIIᴱ SEMAINE.

ONCTION DE JÉSUS-CHRIST : SA ROYAUTÉ : SA GÉNÉALOGIE :
SON SACERDOCE.

PREMIÈRE ÉLÉVATION.

L'onction de Jésus-Christ et le nom de Christ.

O Christ ! ô Messie ! ô vous qui êtes attendu et donné sous ce nom sacré, qui signifie l'oint du Seigneur ! apprenez-moi dans l'excellence de votre onction l'origine et le fondement du christianisme. Et puisqu'il est écrit que « l'onction nous apprend tout, » et encore que « nous avons l'onction et » que « nous savons toutes choses [1], » quand est-ce que cette onction nous doit enseigner, sinon lorsqu'il s'agit d'expliquer l'onction qui, vous faisant Christ, nous fait aussi chrétiens par la communication d'un si beau nom ?

O Christ ! vous êtes connu de tout temps sous ce beau nom. Le Prophète vous a vu sous ce nom, lorsqu'il a chanté : « Votre trône, ô Dieu ! est éternel : et votre Dieu vous a oint d'une huile ravissante [2] : » c'est vous que Salomon a célébré, en disant dans son divin cantique : « Votre nom est une huile, un baume répandu [3]. » Quand l'ange saint Gabriel a annoncé le temps précis de votre venue, il s'en est expliqué, en disant : Que « le Saint des saints seroit oint, et » que « l'Oint ou le *Christ* seroit immolé [4]. » Et vous-même qu'avez-vous prêché dans la synagogue, lorsque vous expliquâtes votre mission ? Qu'avez-vous, dis-je, prêché, que ce beau texte d'Isaïe : « L'Esprit du Seigneur m'a envoyé, et c'est pour cela qu'il m'a oint [5]. » Vous avez paru vou-

---

[1] *Joan.*, II, 20, 27. — [2] *Psal.* XLIV, 7, 8. — [3] *Cant.*, I, 2. — [4] *Dan.*, IX, 21, 24-26. — [5] *Isa.*, LXI, 1; *Luc.*, IV, 18.

loir expliquer par ce texte d'Isaïe, que vous êtes oint par le Saint-Esprit; et n'est-ce pas aussi ce qu'a enseigné votre apôtre saint Pierre au saint centurion Cornélius, lorsqu'il lui prêcha Jésus de Nazareth, « et comment Dieu l'avoit oint du Saint-Esprit et de puissance pour opérer des prodiges, et remplir toute la Judée de ses bienfaits [1]. »

O Christ! encore un coup, faites-moi connoître comme fit saint Pierre au saint Centenier, comment votre Dieu vous a oint du Saint-Esprit, et rendez-moi participant de cette onction.

IIe ÉLÉVATION.

Comment le Saint-Esprit est en Jésus-Christ.

Le Saint-Esprit est en nous comme y venant du dehors, comme reçu par emprunt; il n'est point notre propre esprit; mais il est le propre esprit de Jésus-Christ : « Il prend du sien : » le Verbe divin le produit avec son Père; et quand il a été fait homme, il a produit ce Saint-Esprit, comme un esprit qui lui étoit propre, dans l'homme qu'il s'est uni [2].

Ainsi quand les hommes font des miracles par le Saint-Esprit, c'est en eux un esprit qui vient du dehors et par emprunt; mais, dit doctement et excellemment saint Cyrille d'Alexandrie : « Quand Jésus-Christ chasse le démon et fait d'autres miracles par le Saint-Esprit, comme il l'assure lui-même, il agit par un esprit qui lui est propre et qui est en lui comme dans sa source. »

De là vient qu'il l'a reçu avec une entière plénitude : « L'esprit ne lui est pas donné avec mesure [3], » mais sans mesure et en plénitude parfaite, pour être répandu sur nous, et afin « que nous tous reçussions ce que nous avons de sa plénitude [4]. » Ce qui a fait dire à Isaïe : « Le Saint-Esprit se reposera sur lui [5]; » et selon une ancienne version : « Toute la source, toute la fontaine du Saint-Esprit descendra sur lui. »

---

[1] *Act.*, X, 38. — [2] *Joan.*, XVI, 14; *Luc.*, XXIV, 49; *Joan.*, XV, 26. — [3] *Joan.*, III, 34. — [4] *Ibid.*, I, 16. — [5] *Isa.*, XI, 2, 3.

Jésus est donc oint par le Saint-Esprit comme l'ayant en lui par sa divinité, comme ayant reçu du Père qui est en lui la vertu de le produire, comme le donnant en propre à l'homme qu'il s'est uni en unité de personne. Ce qui a fait dire aux saints qu'il a été oint de la divinité; et c'étoit ce que voyoit ce prophète, lorsqu'en disant « qu'il a été oint par son Dieu [1], » en même temps lui-même il l'appelle Dieu.

Telle est donc l'onction qui a fait le Christ. Ce n'est pas d'une huile matérielle qu'il a été oint, comme Elisée et les prophètes, comme David et les rois, comme Aaron et les pontifes. Quoique roi, prophète et pontife, il n'a pas été oint de cette onction qui n'étoit qu'une ombre de la sienne. Aussi David a-t-il dit « qu'il étoit oint d'une huile excellente, au-dessus de tous ceux qui sont nommés oints [2] » en figure de son onction, parce qu'il est oint de divinité et du Saint-Esprit. C'est ainsi que Dieu l'a fait Christ. Et quand il nous a faits chrétiens, de quel autre esprit a-t-il rempli son Eglise naissante, et par quel autre esprit a-t-il répandu le nom chrétien par toute la terre ? Mais ne nous arrêtons pas à cette doctrine quoique divine et nécessaire, et faisons-en l'application que Dieu nous commande.

III· ÉLÉVATION.

Quel est l'effet de cette onction en Jésus-Christ et en nous.

Par cette onction divine Jésus-Christ est roi, pontife et prophète : voilà ce qu'il est comme Christ ; et il nous apprend aussi que comme chrétiens et par l'épanchement de son onction, nous sommes faits rois et sacrificateurs : « un sacerdoce royal, » comme dit saint Pierre [3]. Et saint Jean dans l'*Apocalypse :* « Vous nous avez faits rois et sacrificateurs à notre Dieu [4]. »

Ayons donc un courage royal : ne nous laissons point assujettir par nos passions : n'ayons que de grandes pensées : ne nous rendons point esclaves de celles des hommes.

[1] *Psal.* XLIV, 8. — [2] *Ibid.* — [3] I *Petr.*, II, 9. — [4] *Apoc.*, I, 6.

Comme rois, soyons magnanimes, magnifiques : aspirons à ce qu'il y a de plus haut : mais aspirons comme prêtres et sacrificateurs spirituels à ce qu'il y a de plus saint. Chrétiens, nous ne sommes plus des hommes profanes : nous sommes ceux à qui il est dit : « Soyez saints parce que je suis saint, dit le Seigneur [1]. »

Comment sommes-nous prophètes? Agissons par un céleste instinct : sortons de l'enceinte des choses présentes : remplissons-nous des choses futures : ne respirons que l'éternité. Quoi ! vous vous faites un établissement sur la terre : vous voulez vous y élever ; songez au pays où vous serez rois : « Réjouissez-vous, petit troupeau, parce qu'il a plu à votre Père céleste de vous donner son royaume [2]. »

IVe ÉLÉVATION.

Sur deux vertus principales que nous doit inspirer l'onction de Jésus-Christ.

Un des effets principaux de la foi chrétienne et de la sainte onction des enfans de Dieu, est la douceur : « Apprenez de moi, dit Jésus lui-même, que je suis doux et humble de cœur [3]. » Isaïe avoit prédit sa douceur par ces paroles, que saint Matthieu lui a appliquées : « Voici mon serviteur que j'ai élu ; mon bien-aimé, où je me suis plu et en qui j'ai mis mon affection : je ferai reposer sur lui mon esprit : et il annoncera la justice aux nations [4]. » Voilà un ministère bien éclatant ; mais qu'il est doux en même temps et qu'il est humble, puisque le prophète ajoute, et après lui l'Evangéliste : « Il ne disputera point, ni il ne criera point, et on n'entendra point sa voix dans les rues, » comme les esprits contentieux et disputeurs la font éclater au dehors : « Il ne brisera point le roseau cassé, et il n'achèvera point d'éteindre la mèche qui fume encore : » il n'ajoutera point, comme on fait ordinairement parmi les hommes, l'affliction à l'oppressé par des reproches amers. Voilà l'esprit de Jésus-Christ et le vrai Esprit de Dieu,

---

[1] *I Petr.*, I, 16. — [2] *Luc.*, XII, 32. — [3] *Matth.*, XI, 29. — [4] *Isa.*, XLII, 1 et seq.

qui « n'habite pas dans un tourbillon, ni dans le souffle d'un vent violent qui renverse les rochers et les montagnes, » comme Elie sembloit le penser en voulant tout exterminer et tout perdre : « il n'habite pas dans la commotion et l'ébranlement, ni dans le feu qui le suit, mais dans le doux souffle d'un air léger et rafraîchissant [1]. »

Tel est l'Esprit du Seigneur Jésus. Et c'est pourquoi, lorsque ses disciples vouloient dans l'esprit d'Elie et d'Elisée faire descendre le feu du ciel sur les villes qui leur refusoient le passage, il leur disoit avec sa douceur ineffable : « Vous ne savez pas de quel esprit vous êtes [2] : » vous ne savez pas quel est l'esprit de votre religion et de la doctrine du Christ. Quelle fut sa douceur, lorsqu'il dit à celui qui le frappoit : « Si j'ai mal dit, faites connoître le mal que j'ai fait ; et si j'ai bien dit, pourquoi me frappez-vous [3] ? » Et ailleurs : « Race incrédule et maudite, jusqu'à quand serai-je contraint d'être parmi vous et de souffrir vos injustes contradictions ? Toutefois amenez-moi votre fils [4], » afin que je le guérisse. Et encore : « Femme, où sont vos accusateurs ? Personne ne vous condamne : Je ne vous condamnerai pas non plus : allez et ne péchez plus [5]. »

Prenons donc l'esprit de douceur, comme le vrai esprit du christianisme : que l'onction du Saint-Esprit adoucisse notre aigreur et notre fierté : ne prenons pas ces tons superbes et avantageux : c'est foiblesse que de s'animer de cette sorte : la force est dans la raison tranquillement exposée : cette force manque quand on a recours à cette force hautaine et contentieuse qu'on fait venir à son secours. Quand vous avez à combattre pour la vérité, songez que ce n'est point par d'aigres disputes que l'Evangile s'est établi, mais par la douceur et la patience, en imitant Jésus-Christ « qui s'est laissé non-seulement tondre [6], » mais encore écorcher sans se plaindre. Ecoutez dans les *Actes* les prédicateurs de son Evangile, qui condamnés par les Juifs : « Jugez vous-mêmes, leur disoient-ils, s'il faut vous écouter plutôt que Dieu : car pour nous, nous ne pouvons pas dissimuler ce que nous avons vu et ce que

[1] III *Reg.*, XIX, 11, 12. — [2] *Luc.*, IX, 55. — [3] *Joan.*, XVIII, 23. — [4] *Marc.*, IX, 18; *Luc.*, IX, 41. — [5] *Joan.*, VIII, 10, 11. — [6] *Isa.*, LIII, 7; 1 *Petr.*, II, 21, 23, 29.

nous avons ouï¹. » C'est dans cet esprit qu'il faut parler à ceux à qui la vérité nous oblige à nous opposer : c'est ainsi que sans disputer et sans se troubler, on les met visiblement dans leur tort. Voilà de vrais chrétiens et de vrais imitateurs du Christ. Et que fait son innocent troupeau si injustement maltraité : « Seigneur, qui avez fait le ciel et la terre, regardez les menaces de nos ennemis, et donnez à vos serviteurs d'annoncer votre parole en toute confiance, puisqu'il vous plaît d'étendre votre bras pour faire de si grands prodiges par le nom de votre saint fils *Jésus* ². » C'est ainsi qu'ils veulent parler « avec confiance » seulement, mais non pas avec amertume ni avec aigreur. Qui met sa confiance en Dieu, ne la met pas dans la violence d'un ton aigre et impérieux : la victoire appartient à la douceur et à la patience ; et Isaïe, après avoir fait Jésus-Christ si humble, si patient et si doux, conclut enfin en disant : « qu'il remportera la victoire : « qu'il gagnera sa cause en jugement, et » que « les gentils mettront en lui leur espérance³. » Traitez donc avec douceur l'affaire de Dieu : soyez de vrais chrétiens, c'est-à-dire de vrais agneaux; et sans murmure, sans bruit, sans avoir aucune teinture de l'esprit de contradiction, montrez autant de tranquillité que d'innocence : ayez la douceur et la patience sa fille : ces deux vertus sont les deux caractères propres de la piété chrétienne, et les deux fruits de l'onction de Jésus-Christ répandue sur nous.

Vᵉ ÉLÉVATION.

La généalogie royale de Jésus-Christ.

Ce titre ne m'engage pas à traiter les difficultés ni les contradictions apparentes des deux généalogies de Jésus-Christ rapportées dans saint Matthieu et dans saint Luc⁴. La lecture que je fais ici de l'Evangile a un autre objet, et je remarquerai seulement :

En premier lieu, qu'il étoit notoire que Jésus-Christ sortoit de

---

¹ *Act.*, IV, 19, 20. — ² *Ibid.*, V, 24, 29, 30. — ³ *Matth.*, XII, 20, 21; *Isa.*, XLII, 1 et seq. — ⁴ *Matth.*, I; *Luc.*, III, 23.

la race de David : tout le monde l'appeloit hautement et sans contradiction, « le fils de David [1]. » Sa généalogie étoit bien connue, « et il étoit manifeste » aux Hébreux mêmes « qu'il étoit de la tribu de Juda [2]. » Il n'étoit pas moins constant qu'il en sortoit par David : saint Paul avance et répète comme un fait qui n'étoit pas contredit, « qu'il est sorti du sang de David [3]. »

Si donc les évangélistes se sont attachés à marquer la descendance de Joseph plutôt que celle de Marie, c'est qu'on savoit qu'ils étoient de même race et si proches parens, que tout le monde connoissoit leur parenté. Aussi dans l'ordre qui fut donné sous Auguste de faire écrire son nom dans le lieu de son origine, «Joseph fut à Bethléem avec Marie son épouse, pour se faire inscrire avec elle [4] : » c'en est assez pour fermer la bouche aux esprits contentieux et contredisans, qui voudroient qu'on nous eût donné la généalogie de la sainte Vierge plutôt que celle de Joseph. C'étoit assez que tout le monde sût qu'ils étoient parens et de même race.

En second lieu, il est inutile de se tourmenter à concilier les deux généalogies de saint Matthieu et de saint Luc. La loi qui ordonnoit au cadet d'épouser la veuve de son aîné mort sans enfans, pour en faire revivre la tige et lui donner une postérité [5], introduisoit par nécessité parmi les Juifs deux sortes de généalogies, l'une naturelle et l'autre légale. Il y a beaucoup de raison de croire que saint Matthieu, qui se sert partout du mot « d'engendrer [6], » l'a choisi pour marquer plus expressément la généalogie naturelle, plus propre à la désigner, que le terme plus vague et plus général dont s'est servi saint Luc [7]. Quoi qu'il en soit, le Saint-Esprit a voulu que nous sussions qu'en quelque sorte qu'on voulût compter la race de Jésus-Christ, il venoit toujours de Juda et de David, et de la famille royale.

En troisième lieu, il falloit à la vérité que Jésus-Christ eût pour aïeux tous les rois de Juda sortis de David, afin de marquer au peuple que vrai roi des Juifs, ce titre lui étoit comme héréditaire : mais toutefois l'humble Jésus, à qui Dieu avoit destiné une no-

---

[1] *Matth.*, I, 20; IX, 27; XIX, 23; XV, 22; XX, 30, 31; XVI, 9, 15; *Marc.*, XI, 9, 10. — [2] *Hebr.*, VII, 24. — [3] *Rom.*, I, 3; II *Timoth.*, II, 8. — [4] *Luc.*, II, 1, 3-5. — [5] *Deut.*, XXV, 5, 6. — [6] *Matth.*, I, 12, 13 et seq. — [7] *Luc.*, III, 23, 24.

blesse royale, ne sort point de cette maison dans son grand éclat, mais dans le temps de sa décadence, où déchue de la royauté, elle subsistoit dans les plus vils artisans, par où aussi il devoit paroître que son trône étoit d'une autre nature et d'une autre élévation que celui de ses ancêtres.

En quatrième lieu, il falloit aussi qu'il naquît de la tribu de Juda; de laquelle, comme le remarque saint Paul [1], « Moïse n'a rien prononcé sur le sacerdoce. » Car le sacerdoce de Jésus-Christ devant être d'un autre ordre que celui d'Aaron, si Jésus-Christ étoit de son sang, on auroit cru qu'il auroit tiré son sacerdoce comme héréditaire de la famille d'Aaron, au lieu que, comme on va voir, il le devoit tirer d'une autre origine.

En cinquième lieu, quoique Jésus-Christ dût descendre de Juda, et non de Lévi ni d'Aaron, il convenoit qu'il y eût quelque parenté entre sa famille et celle d'Aaron : ce qui fait que la sainte Vierge étoit cousine d'Élisabeth, et que ces deux saintes parentes ont eu des ancêtres communs : par où il paroît qu'encore que le sacerdoce d'Aaron ne pût être celui de Jésus-Christ, il ne devoit pas lui être entièrement étranger, et qu'il devoit y avoir de l'alliance entre les deux.

En sixième lieu, pour en revenir à la famille royale qui étoit proprement celle du Sauveur, il faut observer qu'encore qu'il fût le Saint des saints, non-seulement il est sorti de rois pécheurs et méchans, mais encore que les seules femmes qu'on marque comme ses aïeules sont une Thamar, une Ruth Moabite et sortie d'une race infidèle; et enfin une Bethsabée, une adultère [2] : tout cela se fait pour l'espérance des pécheurs, dont Jésus-Christ ne veut pas être éloigné et ne dédaigne pas le sang; mais il s'en montre le Rédempteur.

Apprenons à mépriser les hommes du monde, si enflés de l'antiquité souvent imaginaire de leur race, dont ils cachent avec tant de soin les endroits foibles. Ne mettons point notre gloire dans nos ancêtres, dont le plus grand nombre, et peut-être les plus renommés, augmente depuis si longtemps celui des damnés; et ne songeant point à nous illustrer par leurs noms maudits de Dieu, glo-

---

[1] *Hebr.*, VII, 14. — [2] *Matth.*, I, 3-5.

rifions-nous d'être ses enfans : unissons-nous au Fils, et en disant avec saint Paul, « qu'il est le Sauveur des pécheurs [1], » ajoutons toujours avec cet Apôtre : « Desquels je suis le premier, » puisque chacun d'un certain côté est le plus grand et le premier, comme le plus ingrat de tous les pécheurs.

VIe ÉLÉVATION.

Le sacerdoce de Jésus-Christ.

La race dont Jésus-Christ est sorti étoit vraiment la race royale, et il y a remis le trône d'une manière plus haute qu'il n'y avoit jamais été. Mais en Jésus-Christ, il n'y a point de race sacerdotale : il n'a ni prédécesseur ni successeur : il a seulement des figures dont Melchisédech est la plus illustre et la seule qui paroisse digne de lui. Il n'y a qu'à lire l'*Epître aux Hébreux* ; et il n'y faut point de commentaire. On nous y montre tout d'un coup dans la *Genèse*, « Melchisédech sans père, sans mère, sans généalogie, sans commencement de ses jours et sans qu'on en voie la fin [2] : ce n'est pas qu'il n'eût tout cela, ni qu'il faille donner dans l'erreur de ceux qui ont voulu que ce fût un ange : c'est assez pour être figure de Jésus-Christ que tout cela ne soit point marqué, et qu'il paroisse seulement comme « sacrificateur du Dieu très-haut pour offrir à Dieu du pain et du vin, et ensuite le présenter à Abraham pour le bénir, » et en sa personne bénir comme supérieur tout le sacerdoce lévitique, « en recevoir la dîme [3] » comme un hommage qui étoit dû à l'excellence de son sacerdoce, et la recevoir en même temps de Lévi et d'Aaron lui-même et de toute la race sacerdotale, puisqu'elle étoit en Abraham comme dans sa tige ; et cette dîme n'est autre chose que la dépouille des rois vaincus, dont la défaite paroît n'être accordée à Abraham que pour honorer « Melchisédech, ce grand pontife, ce roi de justice, roi de paix, qui est l'interprétation de son nom et de la ville où il règne. » Dans toute la suite

---

[1] I *Timoth.*, I, 15. — [2] *Hebr.*, VII, 3. — [3] *Genes.*, XIV, 18-20; *Hebr.*, VII, 1, 2, 4 et seq.

de l'histoire on ne dit plus un seul mot de Melchisédech : il n'y est marqué que pour cette divine fonction : et tout d'un coup neuf cents ans après, David en voyant le Christ qu'il appelle « son Seigneur à la droite de Dieu » en grande majesté et puissance, « engendré du sein de Dieu devant l'aurore, » vainqueur de ses « ennemis » qui sont « à ses pieds, » vainqueur des « rois, » à qui Dieu adresse ces mots avec serment : « Vous êtes prêtre éternellement selon l'ordre de Melchisédech [1] ; » vous n'avez point de devancier ni de successeur : votre sacerdoce est éternel : il ne dépend point de la promesse adressée à Lévi ni à Aaron et à ses enfans. « Et voici, conclut saint Paul, dans un nouveau sacerdoce » un nouveau service « et une nouvelle loi [2]. »

Venez, Jésus, Fils éternel de Dieu, sans mère dans le ciel, et sans père sur la terre; en qui nous voyons et reconnoissons une descendance royale; mais pour ce qui est du sacerdoce, vous ne le tenez que de celui qui vous a dit : « Vous êtes mon Fils : je vous ai aujourd'hui engendré [3]. Pour ce divin sacerdoce, il ne faut être né que de Dieu, et vous avez votre vocation « par votre éternelle naissance [4]. » Vous venez aussi « d'une tribu à laquelle Dieu n'a rien ordonné sur la sacrificature : « la vôtre a ce privilége « d'être établie par serment, » immobile, sans repentance et sans changement : le Seigneur, dit-il, « a juré, et ne s'en repentira jamais. La loi de ce sacerdoce est éternelle et inviolable [5] : » vous êtes seul : vous laissez pourtant après vous des prêtres, mais qui ne sont que vos vicaires, sans pouvoir offrir d'autres victimes que celle que vous avez une fois offerte à la croix et que vous offrez éternellement à la droite de votre Père.

Ecoutons notre loi en la personne de Jésus-Christ, tant que nous sommes de prêtres du Seigneur. S'il a été dit à Lévi, à raison de son ministère sacré : Vous êtes mon « homme saint, à qui » j'ai « donné la perfection et la doctrine [6]; » et que pour cela il doit « dire à son père et à sa mère: Je ne vous connois pas; et à ses frères : Je ne sais qui vous êtes; et il n'a d'enfans » que ceux de Dieu : si c'est là, dis-je, la loi de Lévi et du sacerdoce mosaïque,

---

[1] *Psal.* CIX, 1-5. — [2] *Hebr.*, VII, 22 et seq. — [3] *Psal.* II, 7. — [4] *Hebr.*, VII, 16. — [5] *Hebr.*, VII, 13, 14, 20, 21, 24. — [6] *Deuter.*, XXXIII, 8, 9.

combien pur, combien détaché de la chair et du sang doit être le sacerdoce chrétien, qui a Jésus-Christ pour auteur et Melchisédech pour modèle! Non; nous ne devons connoître d'autre emploi, d'autre fonction, ni avoir d'autre intérêt que celui de Dieu : enseignant sa loi et ses jugemens, et lui offrant continuellement des parfums pour l'apaiser. Si nous gardions cette loi de notre saint ministère, on ne verroit pas tous les jours envahir les droits et l'autorité du sacerdoce, qui sont ceux de Jésus-Christ. Dieu se rendroit notre vengeur; et cette prière de Moïse auroit son effet : « Seigneur, » aidez vos ministres : « soutenez leur force : protégez l'œuvre de leurs mains : frappez le dos de leurs ennemis fugitifs; et ceux qui les haïssent ne se relèveront jamais [1]. » Mais parce que plus charnels que les enfans du siècle, nous ne songeons qu'à nous engraisser, vivre à notre aise, nous faire des successeurs, nous établir un nom et une maison, tout le monde entreprend sur nous, et l'honneur du sacerdoce est foulé aux pieds.

VIIe ÉLÉVATION.

Quelle a été l'oblation de Jésus-Christ et le premier acte qu'il a produit en entrant dans le monde.

« Il a paru, dit saint Paul, en s'offrant lui-même pour victime [2]. » C'est lui-même, c'est son propre corps, c'est son propre sang qu'il a offert à la croix : c'est encore son propre corps et son propre sang qu'il offre dans le sacrifice de tous les jours : et ce n'est pas sans raison que David voyant en esprit le premier acte qu'il produiroit en se faisant homme [3], et saint Paul en interprétant cette prophétie [4] le font parler en cette sorte au moment qu'il entra dans le monde : « Vous n'avez point voulu d'hostie et d'oblation, mais vous m'avez formé un corps; » l'original porte : « Vous me l'avez approprié : les holocaustes et les sacrifices pour le péché ne vous ont pas plu; alors j'ai dit : Me voici : je viens pour accom-

---

[1] *Deuter.*, XXXIII, 11. — [2] *Hebr.*, IX, 25, 26. — [3] *Psal.* XXXIX, 7-9. — [4] *Hebr.*, X, 5-7.

plir votre volonté, ô mon Dieu, et ce qui a été écrit de moi à la tête de votre livre. » Par cette parole, Jésus-Christ se met à la place de toutes les victimes anciennes : et n'ayant rien dans sa divinité qui pût être immolé à Dieu, Dieu lui donne un corps propre à souffrir et accommodé à l'état de victime où il se met.

Dès qu'il eut commencé ce grand acte, il ne le discontinua jamais, et demeura dès son enfance et dès le sein de sa mère dans l'état de victime, abandonné aux ordres de Dieu pour souffrir et faire ce qu'il voudroit. « Je viens, dit-il, pour faire votre volonté, comme il a été écrit au commencement du livre, » *in capite libri*.

Il y a un livre éternel, où est écrit ce que Dieu veut de tous ses élus; et à la tête, ce qu'il veut en particulier de Jésus-Christ, qui en est le chef. Le premier article de ce livre est que Jésus-Christ sera mis à la place de toutes les victimes, en faisant la volonté de Dieu avec une entière obéissance. C'est à quoi il se soumet; et David lui fait ajouter : « Mon Dieu, je l'ai voulu, et votre loi est au milieu de mon cœur[1]. »

Soyons donc à l'exemple de Jésus-Christ en esprit de victime, abandonnés à la volonté de Dieu : autrement nous n'aurons point de part à son sacrifice. Fallût-il être un holocauste et une victime entièrement consumée par le feu, laissons-nous réduire en cendres plutôt que de nous opposer à ce que Dieu veut.

C'est dans la sainte volonté de Dieu que se trouve l'égalité et le repos. Dans la vie des passions et de la volonté propre, on pense aujourd'hui une chose et demain une autre; une chose durant la nuit et une autre durant le jour; une chose quand on est triste, autre chose quand on est en bonne humeur; une chose quand l'espérance rit à nos désirs, autre chose quand elle se retire de nous. Le seul remède à ces altérations journalières et à ces inégalités de notre vie, c'est la soumission à la sainte volonté de Dieu. Comme Dieu est toujours le même dans tous les changements qu'il opère au dehors, l'homme soumis à sa volonté est toujours le même. On n'a pas besoin de chercher des raisons particulières pour se calmer : c'est l'amour-propre ordinairement qui les four-

[1] *Psal.* XXXIX, 9.

nit. La souveraine raison, c'est ce que Dieu veut. La volonté de Dieu sainte en elle-même, est elle seule sa raison.

Prenons garde néanmoins que ce ne soit pas par paresse ou par une espèce de désespoir, et pour nous donner un faux repos, que nous ayons recours à la volonté de Dieu. Elle nous fait reposer, mais en agissant et en faisant ce qu'il faut : elle nous fait reposer dans la douleur comme dans la joie, selon qu'il plaît à celui qui sait ce qui nous est bon. Elle nous fait reposer, non dans notre propre contentement, mais en celui de Dieu : le priant de se contenter et de faire toujours de nous ce qu'il lui plaira. Qu'importe de ce que nous devenions sur la terre ? « Il n'y a qu'une chose à vouloir : c'est, Seigneur, d'habiter dans votre maison pour y voir la volupté du Seigneur [1] » et le louer aux siècles des siècles.

Commençons dès cette vie et chantons avec David, ou plutôt avec Jésus-Christ l'hymne de la sainte volonté : « Me voici, Seigneur, et je viens pour accomplir votre volonté [2]. »

VIIIe ÉLÉVATION.

Jésus-Christ est le sacrifice pour le péché : excellence de son oblation.

Mon Sauveur! dans ce verset de David que vous prononçâtes en entrant au monde [3], vous nous déclarâtes que vous vous mettiez par la volonté de Dieu à la place de toutes les victimes de l'ancienne loi. Vous n'êtes donc pas seulement un holocauste entièrement consumé par le feu de l'amour divin qui absorbe tout en lui-même; mais vous êtes encore « la victime pour le péché [4], » sur laquelle on prononce tous les crimes : on l'en charge : on les lui met sur la tête : on envoie après cette victime dans le désert : on la sépare de la société humaine : on l'excommunie. Ainsi a-t-on mis sur vous l'iniquité de nous tous : « Vraiment vous avez porté nos péchés [5] : » il a fallu vous mener hors de la ville

---

[1] *Psal.* XXVI, 4. — [2] *Psal.* XXIX, 8, 9. — [3] *Psal.* XXXIX, 7-9. — [4] *Levit.*, XVI, 5, 6, 20, 21. — [5] *Isa.*, LIII, 4-6.

pour vous attacher à votre croix [1], et vous avez pris sur vous « la malédiction qui porte : Maudit est celui qui pend sur un bois » infâme [2].

Allons avec larmes confesser nos péchés sur Jésus-Christ : mettons-les sur lui, afin qu'il les expie : pleurons, pleurons les peines qu'ils lui ont causées : tâchons en même temps de le décharger d'un si pesant fardeau, en nous repentant de nos crimes pour l'amour de lui. O Jésus, que je vous soulage : faites que je ne pèche plus, et que j'efface par la repentance mes péchés qui vous ont couvert de tant de plaies.

Brûlez-moi de ce « feu » que vous « êtes venu allumer sur la terre [3] : » consumez toutes mes inclinations par votre amour, et que je devienne cette pure flamme qui n'a que vous pour pâture : « Je viens, mon Dieu, » avec Jésus-Christ, « pour faire votre volonté [4]. » Heureux qui finit sa vie par un tel acte ! Nous la devions commencer par là comme Jésus-Christ. Finissons-la du moins en nous consommant dans la volonté de Dieu. « Mon Dieu, je remets mon esprit entre vos mains [5]. »

---

[1] *Hebr.*, XIII, 11. — [2] *Deuter.*, XXI, 23 ; *Galat* III, 13. — [3] *Luc.*, XII, 49. — [4] *Psal.* XXXIX, 7-9. — [5] *Psal.* XXX, 6 ; *Luc.*, XXIII, 46.

XIVᴱ SEMAINE.

LES EFFETS QUE PRODUIT SUR LES HOMMES LE VERBE INCARNÉ INCONTINENT APRÈS SON INCARNATION.

PREMIÈRE ÉLÉVATION.

Marie va visiter sainte Elisabeth.

« Aussitôt après » que Marie eut conçu le Verbe dans son sein, « elle part et marche avec promptitude dans le pays des montagnes de Judée [1], » pour visiter sa cousine sainte Elisabeth. Ne sentons-nous point la cause de cette promptitude, de cette élévation, de cette visite? Quand on est plein de Jésus-Christ, on l'est en même temps de charité, d'une sainte vivacité, de grands sentimens; et l'exécution ne souffre rien de languissant. Marie, qui porte la grace avec Jésus-Christ dans son sein, est sollicitée par un divin instinct à l'aller répandre dans la maison de Zacharie, où Jean-Baptiste vient d'être conçu.

C'est aux supérieurs à descendre, à prévenir. Marie, qui se voyoit prévenue par le Verbe descendu en son sein, pouvoit-elle n'être pas touchée du désir de s'humilier et de descendre à son exemple? Jésus doit être précédé par saint Jean au dehors; mais au dedans c'est Jésus qui le devoit prévenir, qui le devoit sanctifier. Il falloit que Jean reçût de Jésus la première touche de la grace.

Si vous sortez, ames saintes et cachées, que ce soit pour chercher les saintes, les Elisabeths qui se cachent elles-mêmes : allez vous cacher avec elles : cette sainte société honorera Dieu et fera paroître ses graces.

Dans toutes les visites que nous rendons, imitons Marie : rendons-les en charité : alors sous une simple civilité, il se cachera

[1] *Luc.*, I, 39.

de grands mystères : la grace s'augmentera ou se déclarera par l'humilité et par l'exercice d'une amitié sainte.

Cultivez, ames pieuses, les devoirs de la parenté : soyez amies, femmes chrétiennes, comme Marie et Elisabeth : que votre amitié s'exerce par la piété : que vos conversations soient pleines de Dieu. Jésus sera au milieu de vous, et vous sentirez sa présence.

Hommes, imitez aussi ces saintes et humbles femmes. O Dieu, sanctifiez les visites : ôtez-en la curiosité, l'inutilité, la dissipation, l'inquiétude, la dissimulation et la tromperie : faites-y régner la cordialité et le bon exemple.

IIe ÉLÉVATION.

Jésus-Christ moteur secret des cœurs : divers mouvemens qu'il excite dans les ames dont il s'approche.

Merveille de cette journée ! Jésus-Christ est caché, et c'est lui qui opère tout : il ne paroît en lui aucun mouvement, il meut tout : non-seulement Marie et Elisabeth, mais encore l'enfant qui est au sein de sa mère, agissent sensiblement. Jésus, qui est en effet le moteur de tout, est le seul qui paroît sans action, et son action ne se produit que par celle qu'il inspire aux autres.

Nous voyons ici dans ces trois personnes sur lesquelles Jésus-Christ agit, trois dispositions différentes des ames dont il approche : « D'où me vient ceci [1], » dit Elisabeth ? Elle s'étonne de l'approche de Dieu ; et n'en pouvant découvrir la cause dans ses mérites, elle demeure dans l'étonnement des bontés de Dieu. En d'autres ames Dieu opère le transport et de saints efforts pour les faire venir à lui : c'est ce qui paroît dans le tressaillement de saint Jean-Baptiste. Sa dernière opération est la paix dans la glorification de la puissance divine ; et c'est ce qui paroît dans la sainte Vierge. Voyons donc dans ces trois personnes si diversement émues, ces trois divines opérations de Jésus-Christ dans les ames : dans Elisabeth l'humble étonnement d'une ame de qui il ap-

[1] *Luc.*, I, 43.

proche : dans Jean-Baptiste le saint transport d'une ame qu'il attire : et dans Marie l'ineffable paix d'une ame qui le possède.

III· ÉLÉVATION.

Le cri de sainte Elisabeth et son humble étonnement.

A la voix de Marie et à sa salutation, « l'enfant tressaillit dans son sein ; et remplie du Saint-Esprit elle s'écria : » Ce grand cri de sainte Elisabeth marque tout ensemble et sa surprise et sa joie ; « Vous êtes bénie entre toutes les femmes, et le fruit de vos entrailles est béni [1]. » Celui que vous y portez est celui en qui toutes les nations seront bénies : il commence par vous à répandre sa bénédiction : « D'où me vient ceci, que la Mère de mon Seigneur vienne à moi [2] ? » Les ames que Dieu aborde, étonnées de sa présence inespérée, le premier mouvement qu'elles font est de s'éloigner en quelque sorte comme indignes de cette grace : « Retirez-vous de moi, Seigneur, disoit saint Pierre, parce que je suis un pécheur [3]. » Et le Centenier : « Seigneur, je ne suis pas digne que vous entriez dans ma maison [4]. » Dans un semblable sentiment, mais plus doux, Elisabeth, quoique consommée dans la vertu, ne laisse pas d'être surprise de se voir approchée par le Seigneur d'une façon si admirable. « D'où me vient ceci, que la Mère de mon Seigneur, » et qui le porte dans son sein, » vienne à moi ? » Elle sent que c'est le Seigneur qui vient lui-même, mais qui vient et qui agit par sa sainte Mère : « A votre voix, dit-elle, l'enfant que je porte a tressailli dans mon sein [5] : » il sent la présence du maître, et commence à faire l'office de son précurseur, si ce n'est encore par la voix, c'est par ce soudain tressaillement : la voix même ne lui manque pas, puisque c'est lui qui secrètement anime celle de sa mère. Jésus vient à lui par sa mère, et Jean le reconnoît par la sienne.

Dans cette dispensation des graces de Jésus-Christ sur Elisabeth et sur son fils à la visitation de la sainte Vierge, l'avantage

[1] *Luc.*, I, 41, 42. — [2] *Ibid.*, 43. — [3] *Ibid.*, V, 8. — [4] *Matth.*, VIII, 8. — [5] *Luc.*, I, 44.

est tout entier du côté de l'enfant. C'est ce qui fait dire à un saint Père [1] : « Elisabeth a la première écouté la voix, mais Jean a le premier senti la grace : Elisabeth, » poursuit saint Ambroise, « a la première aperçu l'arrivée de Marie : mais Jean a le premier senti l'avénement de Jésus : » *Illa Mariæ, iste Domini sensit adventum.*

Elisabeth, comme revenue de son étonnement, s'étend sur la louange de la sainte Vierge : « Vous êtes heureuse d'avoir cru : ce qui vous a été dit par le Seigneur sera accompli [2] : » vous avez conçu vierge, vous enfanterez vierge : votre Fils remplira le trône de David, et son règne n'aura point de fin.

Croyons donc, et nous serons bienheureux comme Marie : croyons comme elle au règne de Jésus et aux promesses de Dieu : Disons avec foi : « Que votre règne arrive [3] : » Crions avec tout le peuple : « Béni soit celui qui est venu au nom du Seigneur, et béni soit le règne de notre père David [4] ! »

La béatitude est attachée à la foi : « Vous êtes bienheureuse d'avoir cru : Vous êtes bienheureux, Simon, parce que ce n'est point la chair et le sang qui vous ont révélé » la foi que vous devez annoncer, « mais que c'est mon Père céleste [5]. » Et où est cette béatitude de la foi ? « Bienheureuse d'avoir cru : ce qui vous a été dit s'accomplira [6]. » Vous avez cru, vous verrez : vous vous êtes fiée aux promesses, vous recevrez les récompenses : vous avez cherché Dieu par la foi, vous le trouverez par la jouissance.

Mettons donc tout notre bonheur dans la foi : ne soyons point insensibles à cette béatitude : c'est Jésus-Christ lui-même qui nous la propose : la gloire de Dieu et sa volonté se trouvent dans notre béatitude : ce qui est bienheureux est excellent en même temps : il est plus heureux de donner que de recevoir, c'est-à-dire il est meilleur. On est bienheureux de croire : il n'est rien de plus excellent ni de meilleur que la foi, qui appuyée sur les promesses, s'abandonne aux bontés de Dieu et ne songe qu'à lui plaire : *Beata quæ credidisti.*

---

[1] Ambr., l. II, *in Luc.*, n. 23. — [2] *Luc.*, I, 45. — [3] *Matth.*, VI, 10. — [4] *Marc.*, XI, 9, 10. — [5] *Matth.*, XVI, 17. — [6] *Luc.*, I, 45.

IVᵉ ÉLÉVATION.

Le tressaillement de saint Jean.

Quand l'ame dans son ignorance et ses ténèbres ressent les premières touches de la divine présence, après ce premier étonnement par lequel elle semble s'éloigner, rassurée par sa bonté, elle se livre à la confiance et à l'amour. Elle sent je ne sais quels mouvemens, souvent encore confus et peu expliqués : ce sont des transports vers Dieu et des efforts pour sortir de l'obscurité où l'on est, et rompre tous les liens qui nous y retiennent. C'est ce que veut faire saint Jean, saisi d'une sainte joie il voudroit parler; mais il ne sait comment expliquer son transport. Jésus-Christ qui en est l'auteur, en connoît la force ; et quoiqu'en apparence il ne fasse rien, il se fait sentir au dedans par un subit ravissement qu'il inspire à l'ame. Ame qui te sens saisie d'un si doux sentiment, s'il ne t'est pas encore permis de parler, il t'est permis de tressaillir!

Venez, Seigneur, venez me toucher d'un saint et inopiné désir d'aller à vous. Que ce désir s'élève en moi aujourd'hui à la voix de votre mère : faites-moi dire avec Elisabeth : « D'où me vient ceci? » Faites-moi dire : Elle est « heureuse d'avoir cru, » et je veux imiter sa foi. Faites-moi tressaillir comme Jean-Baptiste; et enfant encore dans la piété, recevez mes innocens transports. Je ne suis pas un Jean, en qui votre grace avance l'usage de la raison ; je suis un vrai enfant dans mon ignorance : agréez mon bégaiement, et l'*a, a, a* de ma langue [1], qui n'est pas encore dénouée : c'est vous du moins que je veux ; c'est à vous seul que j'aspire ; et je ne puis exprimer ce que votre grace inspire à mon cœur.

[1] *Jerem.*, I, 2.

Vᵉ ÉLÉVATION.

Le cantique de Marie : première partie.

Ces premiers transports d'une ame qui sort d'elle-même et qui déjà ne se connoît plus, sont suivis d'un calme ineffable, d'une paix qui passe les sens et d'un cantique céleste.

« Mon ame glorifie le Seigneur, et mon esprit est ravi de joie en Dieu mon Sauveur [1]. » Que dirai-je sur ce divin cantique ? Sa simplicité, sa hauteur qui passe mon intelligence m'invite plutôt au silence qu'à parler. Si vous voulez que je parle, ô Dieu, formez vous-même mes paroles.

Quand l'ame entièrement sortie d'elle, ne glorifie plus que Dieu et met en lui toute sa joie, elle est en paix, puisque rien ne lui peut ôter celui qu'elle chante.

« Mon ame glorifie : mon ame exalte le Seigneur : » après qu'elle s'est épuisée à célébrer ses grandeurs, quoi qu'elle ait pensé, elle l'exalte toujours le perdant de vue, et s'élevant de plus en plus au-dessus de tout.

« Mon esprit est ravi de joie en Dieu mon Sauveur. » Au seul nom de Sauveur, mes sens sont ravis ; et ce que je ne puis trouver en moi, je le trouve en lui avec une inébranlable fermeté.

« Parce qu'il a regardé la bassesse de sa servante. » Si je croyois de moi-même pouvoir attirer ses regards, ma bassesse et mon néant m'ôteroit le repos avec l'espérance. Mais puisque de lui-même, par pure bonté il a tourné vers moi ses regards, j'ai un appui que je ne puis perdre, qui est sa miséricorde par laquelle il m'a regardée, à cause qu'il est bon et libéral.

Elle ne craint point après cela de reconnoître ses avantages, dont elle a vu la source en Dieu et qu'elle ne peut plus voir que dans ce principe : « Et voilà, dit-elle, que tous les siècles me reconnoîtront bienheureuse. »

Ici étant élevée à une plus haute contemplation, elle commence

---

[1] *Luc.*, I, 46 et seq.

à joindre son bonheur à celui de tous les peuples rachetés, et c'est comme la seconde partie de son cantique.

VI° ÉLÉVATION.

Seconde partie du cantique à ces paroles : Le Tout-Puissant m'a fait de grandes choses.

« Celui qui seul est puissant a fait en moi de grandes choses, et son nom est saint, et sa miséricorde s'étend d'âge en âge et de race en race sur ceux qui le craignent [1]. » Elle commence à voir que son bonheur est le bonheur de toute la terre, et qu'elle porte celui en qui toutes les nations seront bénies. Elle s'élève donc à la puissance et à la sainteté de Dieu, qui est la cause de ces merveilles.

Celui qui est seul puissant a fait en moi un ouvrage seul digne de sa puissance : un Dieu homme, une mère vierge, un enfant qui peut tout; un pauvre dépouillé de tout et néanmoins sauveur du monde, dompteur des nations et destructeur des superbes.

« Et son nom est saint : » Dieu est la sainteté même : il est saint et sanctifiant : et quand est-ce qu'il le paroît davantage, que lorsque son Fils qui est aussi celui de Marie, répand la miséricorde, la grace et la sainteté d'âge en âge sur ceux qui le craignent?

Si nous voulons participer à cette grace, soyons saints; et publions en même temps avec toutes les nations, que Marie est bienheureuse.

VII° ÉLÉVATION.

Suite du cantique, où sont expliqués les effets particuliers de l'enfantement de Marie et de l'incarnation du Fils de Dieu.

Pour expliquer de si grands effets, Marie en revient à la puissance de Dieu : « Il a, dit-elle, déployé la puissance de son bras : il a dissipé ceux qui étoient enflés d'orgueil dans les pensées de leur cœur. Il a renversé les puissans de dessus le trône, et il a élevé les humbles [2]. » Quand est-ce qu'il a fait toutes ces mer-

[1] *Luc.*, I, 49, 50. — [2] *Ibid.*, 51, 52.

veilles, si ce n'est quand il a envoyé son Fils au monde, qui a confondu les rois et les superbes empires par la prédication de son Evangile ? Ouvrage où sa puissance a paru d'autant plus admirable, « qu'il s'est servi de la foiblesse pour anéantir la force, et de ce qui n'étoit pas pour détruire ce qui étoit, afin que ne paroissant rien du côté de l'homme [1], » on attribuât tout à la seule puissance de son bras. C'est pourquoi il a paru au milieu des hommes comme n'étant rien. Et lorsqu'il a dit : « Je vous loue, mon Père, Dieu du ciel et de la terre, de ce que vous avez caché ces mystères aux sages et aux prudens, et que vous les avez révélés aux petits [2] : » n'a-t-il pas véritablement confondu les superbes et élevé ceux qui étoient vils à leurs yeux et à ceux des autres ?

Marie elle-même en est un exemple : il l'a élevée au-dessus de tout, parce qu'elle s'est déclarée la plus basse des créatures. Quand il s'est fait une demeure sur la terre, ce n'a point été dans les palais des rois : il a choisi de pauvres, mais d'humbles parens et tout ce que le monde méprisoit le plus pour en abattre la pompe. C'est donc là le propre caractère de la puissance divine dans la nouvelle alliance, qu'elle y fait sentir sa vertu par la foiblesse même.

« Il a rassasié les affamés, et il a renvoyé les riches avec les mains vides [3]. » Et quand ? Si ce n'est lorsqu'il a dit : « Heureux ceux qui ont faim, car ils seront rassasiés [4] : Malheur à vous qui êtes rassasiés, car vous aurez faim [5]. » C'est ici qu'il faut dire avec Marie : Mon ame glorifie le Seigneur et n'exalte que sa puissance, qui va paroître par l'infirmité et par la bassesse.

C'est là que l'ame trouve sa paix, lorsqu'elle voit tomber toute la gloire du monde, et Dieu seul demeurer grand.

VIIIe ÉLÉVATION.

Effets particuliers de l'enfantement de Marie dans les deux derniers versets de son cantique.

Les palais et les trônes sont à bas : les cabanes sont relevées :

[1] I Cor., I, 27-29. — [2] Matth., XI, 25. — [3] Luc., I, 53. — [4] Matth., V, 6. — [5] Luc., VI, 25.

toute fausse grandeur est anéantie : c'est un effet général de l'enfantement de Marie dans toute la terre. Mais ne dira-t-elle rien de la rédemption d'Israël et de ces brebis perdues de la maison de Jacob, pour lesquelles son Fils a dit qu'il étoit venu? Ecoutons la fin du divin cantique : « Il a pris en sa protection Israël son serviteur [1]. » Ce n'est point à cause des mérites dont se vantoient les présomptueux : au contraire il a abattu le faste pharisaïque et les superbes pensées des docteurs de la loi : il a reçu un Nathanaël, vrai Israélite, simple, sans présomption comme sans fard et sans fraude : et voilà les Israélites qu'il a protégés, à cause qu'ils mettoient leur confiance, non point en eux-mêmes, mais en sa grande miséricorde : « Il s'est souvenu des promesses qu'il a faites à Abraham et à sa postérité, » qui doit subsister « aux siècles des siècles [2]. »

Heureux que Dieu ait daigné s'engager avec nous par des promesses. Il pouvoit nous donner ce qu'il eût voulu : mais quelle nécessité de nous le promettre, si ce n'est qu'il vouloit, comme dit Marie, faire passer d'âge en âge sa miséricorde, en nous sauvant par le don et nos pères par l'attente. Attachons-nous donc avec Marie aux immuables promesses de Dieu qui nous a donné Jésus-Christ. Disons avec Elisabeth : Nous sommes heureux d'avoir cru : ce qui nous a été promis s'accomplira. Si la promesse du Christ s'est accomplie tant de siècles après, doutons-nous qu'à la fin des siècles tout le reste ne s'accomplisse? Si nos pères avant le Messie ont cru en lui, combien maintenant devons-nous croire, que nous avons Jésus-Christ pour garant de ces promesses? Abandonnons-nous à ces promesses de grace, à ces bienheureuses espérances et noyons dedans toutes les trompeuses espérances dont le monde nous amuse.

« Nous sommes les vrais enfans de la promesse : enfans selon la foi, et non pas selon la chair [3]; » qui ont été montrés à Abraham, non point en la personne d'Ismaël, ni dans les autres enfans sortis d'Abraham selon les lois de la chair et du sang, mais en la personne d'Isaac qui est venu selon la promesse par grace et par miracles. Abraham a cru à cette promesse, « pleinement persuadé

[1] *Luc.*, I, 54. — [2] *Ibid.*, 54, 55. — [3] *Galat.*, IV, 28; *Rom.*, IX, 7, 8.

et sachant très-bien que Dieu est puissant pour faire ce qu'il a promis[1]. » Il ne dit pas seulement qu'il prévoit ce qui doit arriver, mais qu'il fait ce qu'il a promis : il a promis à Abraham des enfans selon la foi : il les fait donc. Nous sommes ses enfans selon la foi : il nous a donc faits enfans de foi et de grace, et nous lui devons cette nouvelle naissance. Si Dieu nous a faits par grace selon sa promesse, ce n'a point été par nos œuvres, mais par sa miséricorde qu'il nous a produits et régénérés. Nous sommes ceux que voyoit Marie, quand elle voyoit la postérité d'Abraham : nous sommes ceux au salut de qui elle a consenti, quand elle a dit : « Qu'il me soit fait selon votre parole[2]. » Elle nous a tous portés dans son sein avec Jésus-Christ, en qui nous étions.

Chantons donc sa béatitude avec la nôtre : publions qu'elle est bienheureuse, et agrégeons-nous à ceux qui la regardent comme leur mère. Prions cette nouvelle Eve qui a guéri la plaie de la première, au lieu du fruit défendu dont nous sommes morts, de nous montrer le fruit béni de ses entrailles. Unissons-nous au saint cantique, où Marie a chanté notre délivrance future. Disons avec saint Ambroise : « Que l'ame de Marie soit en nous pour glorifier le Seigneur : que l'esprit de Marie soit en nous pour être ravis de joie en Dieu notre Sauveur[3]. » Comme Marie, mettons notre paix à voir tomber toute la gloire du monde, et le seul règne de Dieu exalté, et sa volonté accomplie.

IXᵉ ÉLÉVATION.

Demeure de Marie avec Elisabeth.

« Marie demeura environ trois mois dans la maison d'Elisabeth, et elle retourna en sa maison[4]. » La charité ne doit pas être passagère : Marie demeure trois mois avec Elisabeth : quiconque porte la grace ne doit point aller en courant, mais lui donner le temps d'achever son œuvre. Ce n'est pas assez que l'enfant ait tressailli une fois, ni qu'Elisabeth ait crié : « Vous êtes heureuse, » il faut fortifier l'attrait de la grace, et c'est ce qu'a fait Marie, ou plutôt

---
[1] *Rom.*, IV, 20, 21. — [2] *Luc.*, I, 38. — [3] Ambr., *in Luc.*, l. II, n. 26. — [4] *Luc.*, I, 58.

ce qu'a fait Jésus en demeurant trois mois avec son précurseur.

Regardons ce saint précurseur sanctifié dès le ventre de sa mère. Comme les autres il étoit conçu dans le péché : mais Jésus-Christ a voulu prévenir sa naissance, et la rendre sainte. Il a voulu qu'il fît son office de précurseur jusque dans le ventre de sa mère. Il ne faut pas s'étonner si dès le commencement de l'évangile de l'apôtre saint Jean, on voit Jean-Baptiste si étroitement uni à Jésus. Jean-Baptiste, qui « n'étoit pas la lumière, » devoit pourtant et devoit avant sa naissance, et dès le sein de sa mère, « rendre témoignage à la lumière [1] » encore cachée. Il n'étoit pas la lumière, puisque conçu dans le péché, il attendoit pour en sortir la présence du Sauveur. « Il y avoit une véritable lumière qui illumine tout homme venant au monde [2]; » et c'est par cette lumière que Jean a été illuminé, afin que nous entendions que s'il montre Jésus-Christ au monde, c'est par la lumière qu'il reçoit de Jésus-Christ même. O Marie, ô Elisabeth, ô Jean, que vous nous montrez aujourd'hui de grandes choses! Mais, ô Jésus, Dieu caché, qui sans paroître faites tout dans cette sainte journée, je vous adore dans ce mystère et dans toutes les œuvres cachées de votre grace.

Savoir si la sainte Vierge vit la naissance de saint Jean, l'Evangile n'a pas voulu nous le découvrir. Elisabeth étoit dans son sixième mois, quand Marie la vint visiter : elle fut environ trois mois avec elle : elle étoit donc ou à terme ou bien près de son terme : et l'Evangile ajoute aussi que « le temps d'Elisabeth s'accomplit [3], » insinuant selon quelques-uns qu'il s'accomplit pendant que Marie étoit avec elle. Mais qui osera l'assurer, puisque l'Evangile semble avoir évité de le dire? Quoi qu'il en soit, ou Marie attachée à sa solitude, et prévoyant l'abord de tout le monde au temps de l'enfantement d'Elisabeth, le prévint par sa retraite : ou si elle est demeurée avec tous les autres, elle y a été humble et cachée, inconnue, sans s'être fait remarquer dans une si grande assemblée et contente d'avoir agi envers ceux à qui Dieu l'avoit envoyée. O humilité! ô silence, qui n'a été interrompu que par un cantique inspiré de Dieu, puissé-je vous imiter toute ma vie!

[1] *Joan.*, I, 8. — [2] *Ibid.*, 9. — [3] *Luc.*, I, 57.

XVᴱ SEMAINE.

LA NATIVITÉ DU SAINT PRÉCURSEUR.

PREMIÈRE ÉLÉVATION.

On accourt des environs.

« Le terme d'Elisabeth étant accompli, les voisins et ses parens accoururent pour célébrer la miséricorde que Dieu avoit exercée » en lui ôtant sa stérilité « et s'en réjouir avec elle [1]. » Les vraies congratulations des amis et des parens chrétiens doivent avoir pour objet la miséricorde que Dieu nous a faite : sans cela les complimens n'ont rien de solide ni de sincère et ne sont qu'un amusement.

Dieu dispose avec un ordre admirable tout le tissu de ses desseins. Il vouloit rendre célèbre la naissance de saint Jean-Baptiste, où celle de son Fils devoit aussi être célébrée par la prophétie de Zacharie; et il importoit aux desseins de Dieu que celui qu'il envoyoit pour montrer son Fils au monde, fût illustré dès sa naissance : et voilà que sous le prétexte d'une civilité ordinaire, Dieu amasse ceux qui devoient être témoins de la gloire de Jean-Baptiste, la répandre et s'en souvenir. Car « tout le monde étoit en admiration, » et les merveilles qu'on vit paroître à la naissance de Jean-Baptiste, « se répandirent dans tout le pays voisin : et tous ceux qui en ouïrent le récit le mirent dans leur cœur, en disant : Que pensez-vous que sera cet enfant? Car la main de Dieu est visiblement avec lui [2]. » Accoutumons-nous à remarquer que les actions qui paroissent les plus communes, sont secrètement dirigées par l'ordre de Dieu, et servent à ses desseins sans qu'on y pense; en sorte que rien n'arrive fortuitement.

[1] *Luc.*, I, 57, 58. — [2] *Ibid.*, 65, 66.

II· ÉLÉVATION.

La circoncision du saint précurseur et le nom qui lui est donné.

« Le huitième jour on vint circoncire l'enfant; et ils lui donnoient le nom de son père, Zacharie; mais Elisabeth répondit que son nom étoit Jean. On lui remontroit que personne n'avoit ce nom dans leur parenté, et en même temps ils demandèrent par signes à son père quel nom il lui vouloit donner; et il écrivit sur des tablettes que Jean étoit son nom [1]. » On connut donc par le concours du père et de la mère à lui donner ce nom extraordinaire dans la famille, qu'il étoit venu d'en haut, « et tout le monde étoit étonné. » Le nom de Jean signifie *grace, piété, miséricorde;* et Dieu avoit destiné ce nom au précurseur de sa grace et de sa miséricorde.

Il paroît que Zacharie, à qui on ne parloit que « par signes [2], » n'étoit pas seulement devenu muet par son incrédulité, mais que l'ange l'avoit encore frappé de surdité : mais l'ouïe lui fut tout à coup rendue avec la parole, quand il eut obéi à l'ange, en donnant à son fils le nom de Jean. L'obéissance guérit le mal que l'incrédulité avoit causé : à l'instant celui qui n'entendoit rien que par signes et ne parloit qu'en écrivant, « eut la bouche ouverte » et entonna ce divin cantique.

III· ÉLÉVATION.

Le cantique de Zacharie : première partie : quels sont les ennemis dont Jésus-Christ nous délivre et quelle est la justice qu'il nous donne.

« Béni soit le Seigneur Dieu d'Israël [3]. » C'est après être demeuré longtemps muet, une soudaine exclamation pour exprimer les merveilles qu'il avoit été contraint de resserrer en lui-même,

[1] *Luc.*, I, 59-63. — [2] *Ibid.*, I, 62, 64. — [3] *Ibid.*, 68.

touchant le règne du Christ qui étoit venu et qui bientôt alloit paroître. C'est ce qu'il voit dans son transport, et voit en même temps la part qu'aura son fils à ce grand ouvrage, qui sont les deux parties de cet admirable cantique.

C'est pour la gloire de Jésus-Christ le témoignage d'un prêtre célèbre parmi le peuple, et aussi savant que pieux. C'est pourquoi toutes les paroles de son cantique ont de doctes et secrets rapports aux promesses faites à nos pères, et aux anciennes prophéties.

Il commence donc par bénir ce Dieu, « parce qu'il a visité son peuple, et en a opéré la rédemption, » en lui envoyant son Fils, en qui « il nous a élevé un puissant Sauveur dans la maison de David son serviteur[1]. » Voilà comme tout le monde connoissoit que le Fils de Marie par elle sortoit de David et en héritoit la royauté.

Le mot de *corne* dont il se sert, est un mot de magnificence et de terreur, qui dans le style de l'Ecriture signifie la gloire, et en même temps une force incomparable pour dissiper nos ennemis. C'est ce que devoit faire le Sauveur, sorti de David, pour la rédemption du genre humain.

Le saint prêtre nous fait voir deux choses dans cette rédemption : la première sont les maux dont elle nous affranchit, et la seconde sont les graces qu'elle nous apporte.

Premièrement donc « il avoit promis par la bouche de ses prophètes qu'il nous délivreroit de nos ennemis[2]. » Quels sont les ennemis dont nous devons être délivrés? Ce sont avant toutes choses les ennemis invisibles, qui nous tenoient captifs par le péché, par nos vices et par tous nos mauvais désirs : ce sont là nos vrais ennemis, qui seuls aussi peuvent nous perdre. Jésus-Christ nous délivre aussi des ennemis visibles, en nous apprenant non-seulement à ne les craindre plus, mais encore à les vaincre par la charité et par la patience, selon ce que dit saint Paul[3] : « Ne vous laissez pas vaincre par le mauvais, mais surmontez le mauvais par l'abondance du bien : » soigneux de gagner par la charité vos frères qui vous persécutent, « et entassant des

---

[1] *Luc.*, I, 68, 69. — [2] *Ibid.*, 70, 71. — [3] *Rom.*, XII, 20, 21.

charbons sur leurs têtes » pour les échauffer et fondre la glace de leurs cœurs endurcis.

C'est ainsi que le Sauveur nous apprend à vaincre nos ennemis. Mais s'il faut qu'ils soient vaincus manifestement, Dieu les mettra à nos pieds d'une autre sorte, comme il y a mis les tyrans persécuteurs de l'Eglise. Et si les Juifs avoient été fidèles à leur Messie, je ne doute pas que Dieu ne les eût tirés de leur servitude d'une manière éclatante, pour les faire marcher sans crainte et servir Dieu en paix.

Quand donc Dieu fait prospérer son peuple contre les ennemis qui les oppriment, qu'ils regardent ces heureux succès comme une grace du libérateur qui leur est venu, et qu'ils en profitent pour mieux servir Dieu : autrement, et s'ils en abusent pour mener une vie plus licencieuse, la paix n'est pas une paix sainte et chrétienne, mais un fléau de Dieu plus terrible que la guerre même.

Mais les véritables ennemis dont la défaite nous est promise par le Sauveur, sont les démons nos vainqueurs dès l'origine du monde, et nos convoitises qui nous font la guerre dans nos membres, et nos péchés qui nous accablent, et nos foiblesses qui nous tuent, et les terreurs de la conscience qui ne nous laissent aucun repos. Voilà les vrais ennemis, les vrais maux dont Jésus-Christ nous délivre, « pour nous faire marcher sans crainte en sa présence [1]. »

Ce n'est pas assez de nous délivrer des maux : le règne de Jésus-Christ nous apporte la sainteté qui doit avoir deux qualités. La première est exprimée par ces paroles : « Afin que nous servions en sainteté et en justice devant lui [2]; » c'est-à-dire dans une parfaite et véritable sainteté qui ne soit point extérieure et aux yeux des hommes, mais aux yeux de Dieu. Car dans le règne de Jésus-Christ, il ne s'agit pas de purifications extérieures, ni de vaines cérémonies, ni d'une justice superficielle [3] : il faut être saint à fond, se tenir sous les yeux de Dieu, faire tout uniquement pour celui qui sonde le fond des cœurs, et ne songer qu'à lui plaire. Ce n'est pas assez : il faut persévérer dans cet état : une vertu passagère

[1] *Luc.*, I, 74. — [2] *Ibid.*, 75. — [3] *Matth.*, XV et XXIII.

n'est pas digne de Jésus-Christ. Ceux qui, transportés par la douceur d'une dévotion nouvelle, se retirent à la première tentation sont ceux qu'il appelle « temporels[1], » ou justes pour un certain temps, et non pour toujours. La preuve du vrai chrétien est la persévérance ; et la grace que Jésus-Christ nous apporte est une grace qui premièrement nous fait vraiment justes devant Dieu, et secondement nous fait justes, persévérans, marchant courageusement et humblement à la fois sous les yeux de Dieu durant toute la suite de nos jours.

Commençons donc une vie nouvelle sous le règne de Jésus-Christ : soyons justes à ses yeux, en exterminant pour l'amour de lui toute tache qui offenseroit ses regards, et pratiquant une vertu ferme et sévère qui ne se relâche jamais ni en rien.

IVe ÉLÉVATION.

Sur quoi toutes ces graces sont fondées.

« Pour exercer sa miséricorde envers nos pères et se souvenir de son alliance sainte, selon qu'il avoit juré à Abraham notre père[2]. » Il semble qu'il falloit dire que Dieu exerçoit ses miséricordes sur nous en mémoire de nos pères. Mais pour nous ôter davantage toute vue de notre propre justice et nous faire mieux sentir que nous sommes sauvés par grace, le saint prêtre aime mieux dire qu'il exerce sa miséricorde envers nos pères qui lui ont plu qu'envers leurs enfans ingrats ; qu'il nous sauve par sa bonté et non à cause de nos mérites ; et pour satisfaire à sa promesse plutôt qu'en ayant égard à nos œuvres qui sont si mauvaises.

Ce n'est pas qu'il ne faille croire que Dieu donne des mérites à ses saints ; mais c'est que ces mérites sont des graces : c'est que la grace qui nous les donne nous est donnée sans mérite : on a des mérites, quand on est saint ; mais pour être saint, il n'y a point de mérite : la récompense est due après la promesse, mais la pro-

---

[1] *Marc.*, IV, 16, 17. — [2] *Luc.*, I, 72, 73.

messe a été faite par pure bonté : la récompense est due encore une fois à ceux qui font de bonnes œuvres, mais la grace qui n'est point due précède afin qu'on les fasse. Enfans de grace et de promesse, vivez dans cette foi : c'est la nouvelle alliance que Dieu a faite avec nous : « Que nulle chair ne se glorifie en sa présence, et que celui qui se glorifie se glorifie en Notre-Seigneur [1]. »

Ve ÉLÉVATION.

Quel est le serment de Dieu et ce qu'il opère.

« Selon qu'il avoit juré à notre père Abraham [2]. » Je ne puis mieux exprimer le mystère de ce serment que par ces paroles de l'*Epître aux Hébreux:* « Dans la promesse que Dieu fit à Abraham, n'ayant point de plus grand que lui par qui il pût jurer, il jura par lui-même [3], » comme il est écrit : « J'ai juré par moi-même, dit le Seigneur; » et ajouta : « Si je ne vous comble de bénédictions, et si je ne multiplie votre race jusqu'à l'infini [4]; » suppléez : je serai un menteur, moi qui suis la vérité même. « Abraham ayant attendu avec patience, a obtenu l'effet de cette promesse; car comme les hommes jurent par celui qui est plus grand qu'eux, et que le serment » où ils font entrer la toute-puissance et la vérité de Dieu dans leur engagement, « est la plus grande assurance qu'ils puissent donner pour terminer tous leurs différends, » dont aussi le serment est la décision : « Dieu voulant aussi faire voir avec plus de certitude aux héritiers de la promesse la fermeté immuable de sa résolution, a ajouté le serment » à sa parole : « afin qu'étant appuyés sur ces deux choses inébranlables, par lesquelles il est impossible que Dieu nous trompe, » c'est-à-dire sur la parole de Dieu et sur le jurement qui la confirme, « nous ayons une puissante consolation, nous qui avons mis notre refuge dans la possession des biens proposés à notre espérance [5]. »

[1] 1 *Cor.*, I, 29, 31. — [2] *Luc.*, I, 73. — [3] *Hebr.*, VI, 13, 14, 17. — [4] *Genes.*, XXII, 16-18. — [5] *Hebr.*, VI, 15-18.

Il ne faut point ici de commentaire : il n'y a qu'à écouter toutes ces paroles, et nous en laisser pénétrer. Prenons garde seulement qu'en nous attachant à la promesse, nous ne présumions pas plus qu'il ne nous est promis : Dieu a promis à la pénitence la rémission des péchés ; mais il n'a pas promis le temps de faire pénitence à ceux qui ne cessent d'en abuser.

VIe ÉLÉVATION.

Seconde partie de la prophétie du saint cantique qui regarde saint Jean-Baptiste.

« Et vous, enfant, vous serez appelé le prophète du Très-Haut¹ : » son prophète particulier et par excellence : prophète « et plus que prophète², » comme l'appelle le Sauveur, puisque non-seulement vous l'annoncerez comme celui qui va venir à l'instant, mais encore que vous le montrerez au milieu du peuple comme celui qui est venu ³ : « Vous marcherez devant le Seigneur pour lui préparer ses voies ⁴. » Voilà donc comme Zacharie appelle Jésus-Christ « le Très-Haut » et « le Seigneur, » c'est-à-dire dans un seul verset l'appelle par deux fois « Dieu. » Voilà donc le caractère de la prophétie de saint Jean-Baptiste, marqué distinctement par Zacharie, qui est de marcher devant le Seigneur pour lui préparer sa voie. Et ce caractère est tiré de deux anciennes prophéties. L'une d'Isaïe : « Une voix est entendue dans le désert : préparez la voie du Seigneur et faites ses sentiers droits ⁵. » L'autre de Malachie en confirmation : « J'enverrai mon ange, mon envoyé paroîtra et préparera les voies devant moi ; et le Seigneur que vous cherchez viendra dans son temple ⁶. »

C'est ainsi que ce docte prêtre établit par les prophètes la mission de son fils et le propre caractère de son envoi, qui est de préparer les voies du Seigneur ; mais il nous va encore expliquer ce

---

¹ *Luc.*, I, 76. — ² *Matth.*, XI, 9. — ³ *Joan.*, I, 15, 26, 27, 29 et seq. — ⁴ *Luc.*, I, 76. — ⁵ *Isa.*, XL, 3; *Matth.*, III, 3; *Marc.*, I, 3; *Luc.*, III, 4. — ⁶ *Malach.*, III, 1; *Matth.*, XI, 10; *Marc.*, I, 2; *Luc.*, VIII, 27.

que c'est que préparer les voies du Seigneur : c'est, dit-il, « de donner à son peuple la science du salut pour la rémission de leurs péchés [1], » qui est le propre ministère de saint Jean-Baptiste, dont saint Paul a dit dans les *Actes* après les évangélistes, « que Jean avoit baptisé le peuple du baptême de pénitence ; leur disant de croire en celui qui alloit venir, c'est-à-dire en Jésus [2]. »

Venons donc apprendre la grande science, qui est la science du salut ; et apprenons qu'elle consiste principalement dans la rémission des péchés, dont nous avons besoin toute notre vie ; en sorte que notre justice est plutôt dans la rémission des péchés que dans la perfection des vertus.

C'est ce qui fait dire à saint Paul après David : « Bienheureux ceux dont sont remises les iniquités, et dont les péchés sont couverts : bienheureux à qui le Seigneur n'impute point de péché [3], » afin que nous entendions que ne pouvant être sans péché, notre vraie science est celle qui nous apprend à nous en purifier de plus en plus tous les jours, en disant avec David : « Lavez-moi de plus en plus de mon péché [4]. »

Cette science est en Jésus-Christ, dont il est écrit : « Mon serviteur en justifiera plusieurs dans sa science, et il portera leurs iniquités [5]. » Voilà donc en Jésus-Christ la vraie science de la rémission des péchés, dont il fait l'expiation par son sang, en les portant sur lui comme une victime ; mais Jean marche devant lui pour montrer au peuple que c'est en lui que les péchés sont remis.

Passons donc toute notre vie dans la pénitence, puisque la science du salut consiste dans la rémission des péchés ; et ne nous glorifions point d'une justice aussi imparfaite que la nôtre : non qu'elle ne soit véritable et parfaite à sa manière, mais parce que la plus parfaite en cette vie doit craindre d'être accablée par la multitude des péchés, si elle ne prend un soin continuel de les expier par la pénitence et par les aumônes. C'est la science que prêchoit saint Jean, en criant dans le désert et faisant retentir toute la Judée de cette voix : « Faites de dignes fruits de pénitence [6]. »

[1] *Luc.*, I, 77. — [2] *Act.*, XIX, 4 ; *Matth.*, III, 11 ; *Marc.*, I, 4 ; *Luc.*, III, 8 ; *Joan.* I, 26, 31. — [3] *Rom.*, IV, 7, 8 ; *Psal.* XXXI, 1, 2. — [4] *Psal.* L, 3. — [5] *Isa.*, LIII, 11. — [6] *Matth.*, III, 8.

« Par les entrailles de la miséricorde de notre Dieu [1], » c'est uniquement par là que nous trouvons la rémission de nos péchés ; c'est par là, poursuit Zacharie, que « l'Orient nous a visités d'en haut. » C'est là un des noms de Jésus-Christ qu'un prophète appelle en la personne de Zorobabel : « Un homme viendra et son nom est l'Orient [2]. » Ce prophète, c'est Zacharie ; et Zacharie, père de saint Jean en répète et en explique l'oracle. Jésus-Christ est le vrai Orient, lui « qui fait lever sur nous le vrai soleil de justice [3], » comme disoit Malachie : « Pour éclairer ceux qui sont assis dans les ténèbres et dans l'ombre de la mort, pour dresser nos pas dans la voie de la paix [4]. »

Encore qu'on ne vous parle que de la rémission de vos péchés, et qu'elle soit toujours nécessaire durant tout le cours de cette vie, ne croyez pas que la justice ne soit pas infuse dans vos cœurs par Jésus-Christ. Il n'a pris le nom d'*Orient* que pour nous montrer qu'il est pour nous éclairer une lumière naissante : « Il étoit la véritable lumière, qui éclaire tout homme venant au monde [5]. » Quand cette lumière commence à paroître, elle s'appelle *Orient*, et c'est un des noms de Jésus-Christ. Comme donc le soleil levant ne dissipe les ténèbres, qu'en répandant la lumière dont il embellit l'univers, ainsi le vrai *Orient*, qui se lève maintenant d'en haut lorsqu'il sort du sein de son Père pour nous éclairer, ne nous remet nos péchés qu'en nous remplissant de la lumière de la justice, par laquelle nous sommes nous-mêmes « lumière en notre Seigneur : car vous étiez, dit saint Paul, les ténèbres » mêmes, « mais à présent vous êtes lumière [6] ; » non point toutefois en vous-mêmes, mais en Jésus-Christ qui vous apprend à marcher toujours les yeux ouverts, et à dresser incessamment vos regards vers lui, par une bonne et droite intention dont s'ensuivra dans tout votre corps, dans toute votre personne, une lumière éternelle et un flambeau lumineux dont vous serez éclairé.

« Pour dresser nos pas dans le chemin de la paix [7]. » O paix, le cher objet de mon cœur ; ô Jésus, qui « êtes » ma « paix [8], » qui me mettez en paix avec Dieu, avec moi-même, avec tout le

---

[1] *Luc.*, I, 78. — [2] *Zachar.*, VI, 12. — [3] *Malach.*, IV, 2. — [4] *Luc.*, I, 79 ; *Isa.*, IX, 1. 2. — [5] *Joan.*, I, 9. — [6] *Ephes.*, V, 8. — [7] *Luc.*, I, 79. — [8] *Ephes.*, II, 14.

monde, « qui » par ce moyen « pacifiez le ciel et la terre [1], » quand sera-ce, ô Jésus, quand sera-ce que, par la foi de la rémission des péchés, par la tranquillité de ma conscience, par une douce confiance de votre faveur et par un entier acquiescement, ou plutôt un attachement, une complaisance pour vos éternelles volontés dans tous les événemens de la vie, je posséderai cette paix qui est en vous, qui vient de vous et que vous êtes vous-même?

VIIe ÉLÉVATION.

Saint Jean au désert dès son enfance.

« L'enfant croissoit, et son esprit se fortifioit, et il étoit dans le désert jusqu'au jour de sa manifestation dans Israël [2]. » Ce que Dieu fait dans cet enfant est inouï. Celui qui dès le sein de sa mère avoit commencé à éclairer saint Jean-Baptiste et à le remplir de son Saint-Esprit, se saisit de lui dès son enfance; et il paroît que dès lors il se retira dans le désert, sans qu'on puisse dire à quel âge. Que ne faut-il point penser d'un jeune enfant, qu'on voit tout d'un coup après le grand éclat que fit sa naissance miraculeuse, disparoître de la maison de son père pour être seul avec Dieu, et Dieu avec lui? Loin du commerce des hommes, il n'en avoit aucun qu'avec le ciel; il se retire de si bonne heure d'une maison sainte, d'une maison sacerdotale, d'avec des parens d'une sainteté si éminente, élevés au rang des prophètes, dont il devoit être la consolation; mais les saints n'en ont point d'autre que de tout sacrifier à Dieu.

Qui n'admireroit cette profonde retraite de saint Jean-Baptiste? Que ne lui disoit pas ce Dieu qui étoit en lui, et pour qui dès son enfance il quittoit tout? Que ne lui disoit-il point dans ce silence où il se mettoit pour n'écouter que lui seul? « La langue, dit saint Jacques, est la source de toute iniquité [3] : » qui veut fuir le péché doit fuir la conversation. Ce fut l'esprit de saint Jean-Baptiste qui s'est perpétué dans les solitaires. Une voix fut portée à saint Arsène : « Fuis les hommes, » oui, si tu veux fuir le péché

---

[1] *Coloss.*, I, 20. — [2] *Luc.*, I, 80. — [3] *Jacob.*, III, 6.

et ne pécher point en ta langue. Mais à qui cette parole a-t-elle été dite plus tôt qu'à saint Jean-Baptiste, poussé au dedans par le Saint-Esprit à se retirer dès son enfance dans le désert?

Tout le reste suivit. Cet homme dès son enfance, d'une retraite et d'un silence si prodigieux, mène une vie si étonnante : n'ayant pour tout habit « qu'un » rude « cilice de poils de chameaux, une ceinture » aussi affreuse « sur ses reins, pour toute nourriture des sauterelles, » sans qu'on explique comment il les rendoit propres à sustenter sa vie, « et du miel sauvage [1], » et dans sa soif de l'eau pure. Le désert lui fournissoit tout ; et sans rien emprunter des villes ni des bourgades, il n'eut aucune société avec les hommes mauvais, dont il venoit reprendre les vices et réprimer les scandales.

Cette vie rude et rigoureuse n'étoit pas inconnue dans l'ancienne loi : on y voit dans ses prophètes les nazaréens qui ne buvoient point de vin [2] : on y voit dans Jérémie [3] les réchabites qui, non contens de se priver de cette liqueur, ne labouroient, ni ne semoient, ni ne cultivoient la vigne, ni ne bâtissoient de maison, mais habitoient dans des tentes : le Seigneur les loue par son prophète Jérémie d'avoir été fidèles au commandement de leur père Jonadab ; et leur promet en récompense que leur institut ne cesseroit jamais : les esséens, du temps même du Sauveur, en tenoient beaucoup : la vie prophétique qui paroît dans Elie, dans Elisée, dans tous les prophètes, étoit pleine d'austérités semblables à celle de Jean-Baptiste, et se passoit dans le désert, où ils vivoient pourtant en société avec leur famille. Mais que jamais on se fût séquestré du monde et dévoué à une rigoureuse solitude autant et d'aussi bonne heure que Jean-Baptiste, avec une nourriture si affreuse, exposé aux injures de l'air et n'ayant de retraite que dans les rochers ; car on ne nous parle point de tentes ni de pavillons ; sans secours, sans serviteurs et sans aucun entretien, c'est de quoi on n'avoit encore aucun exemple.

C'est une autre sorte de prodige que Jean-Baptiste, qui avoit senti sur la terre le Verbe incarné dès le sein de sa mère, et à qui

---

[1] *Matth.*, III, 4. — [2] *Num.*, VI, 1 et seq.; *Jud.*, XIII, 5, 7; *Thren.*, IV, 7; *Amos*, II, 11; I *Machab.*, III, 49. — [3] *Jerem.*, XXXV, 5-7 et seq.

son père avoit prédit qu'il en seroit le prophète et lui devoit préparer les voies, ne quitta point son désert pour l'aller voir parmi les hommes. Il le connoissoit si peu, qu'il fallut que le Saint-Esprit lui donnât un signe pour le connoître, quand le temps fut arrivé de le manifester au monde. Pousser la retraite jusqu'à se priver de la vue et de la conversation de Jésus-Christ, c'est une sorte d'abstinence plus divine et plus admirable que toutes celles que nous avons vues dans saint Jean-Baptiste. Il savoit que le Verbe opère invisiblement, et de loin comme de près : il s'occupoit de ses grandeurs qu'il devoit prêcher : il l'adoroit dans le silence, avant que de l'annoncer par sa parole : il l'écoutoit au dedans : il s'enrichissoit de son abondance, de sa plénitude, avant que d'apprendre aux hommes à s'en approcher. Que ne pensoit-il point en attendant ce « Dieu » que « personne n'avoit vu, mais » que « son Fils unique qui étoit dans son sein » venoit « annoncer¹ ? » C'est ce que saint Jean devoit prêcher : c'est ce qu'il contemple en secret, et ne demande à voir ce Fils unique que dans le temps que Dieu le feroit paroître pour le montrer et lui préparer les voies. Ainsi attaché aux ordres de Dieu, sans s'ingérer de quoi que ce soit, sans aucun empressement de paroître, il passa sa vie dans le désert jusqu'à ce que l'heure destinée de Dieu pour sa manifestation en Israël fût arrivée.

Mourez, orgueil humain; mourez, curiosité, empressement, désir de paroître : si vous voulez préparer la voie à Jésus et l'introduire dans vos cœurs, mourez tous à la gloire humaine : mourez-y principalement, solitaires sacrés, imitateurs de saint Jean-Baptiste et des prophètes : puissiez-vous aimer la vie séparée : quitter les villes : aimer le désert, vous en faire un dans les villes mêmes, et recevoir la bénédiction des enfans de Jonadab fidèles aux institutions de leur père. Mais nous, fidèles, soyons-le donc à plus forte raison aux commandemens sortis de la bouche de Dieu. Si les réchabites, si les moines ont avec raison tant de scrupule, tant de honte de manquer à leurs règles, combien devons-nous trembler à manquer à la loi de Dieu, dit le Seigneur par la bouche de son prophète Jérémie² !

---

¹ *Joan.*, I, 18. — ² *Jerem.*, XXXV, 13, 14 et seq.

XVIᴱ SEMAINE.

LA NATIVITÉ DE JÉSUS-CHRIST.

PREMIÈRE ÉLÉVATION.

Songe de saint Joseph.

A quelle épreuve Dieu ne met-il pas les ames saintes ! Joseph se voit obligé à abandonner comme une épouse infidèle, celle qu'il avoit prise comme la plus pure de toutes les vierges [1]; et il étoit prêt à exécuter une chose si funeste à la pureté de la mère et à la vie de l'enfant. Car, ne pouvant être longtemps sans découvrir la grossesse de la sainte Vierge, que pouvoit-il faire l'ayant aperçue, sinon de la croire une grossesse naturelle? Car de soupçonner seulement ce qui étoit arrivé par l'opération du Saint-Esprit, c'étoit un miracle dont Dieu n'avoit point encore donné d'exemple, et qui ne pouvoit tomber dans l'esprit humain.

« Il étoit juste[2], » et sa justice ne lui permettoit pas de demeurer dans la compagnie de celle qu'il ne pouvoit croire innocente. Tout ce qu'on pouvoit espérer de plus doux de la bonne opinion qu'il avoit conçue avec raison de sa chaste épouse, étoit, comme il le méditoit, « sans la diffamer, de la renvoyer secrètement. » C'étoit, dis-je, ce qu'on pouvoit espérer de plus doux; car pour peu qu'il se fût livré à la jalousie, qui est « dure comme l'enfer [3], » à quel excès ne se fût-il pas laissé emporter? Sa justice même l'auroit flatté dans sa passion, et sous une loi toute de rigueur il n'y a rien qu'il n'eût pu entreprendre pour se venger. Mais Jésus commençoit à répandre dans le monde l'esprit de douceur, et il en fit part à celui qu'il avoit choisi pour lui servir de père.

Joseph le plus modéré comme le plus juste de tous les hommes,

[1] *Matth.*, I, 18. — [2] *Ibid.*, 19. — [3] *Cant.*, VIII, 6.

ne songea seulement pas à prendre ce parti extrême ; et vouloit seulement quitter en secret celle qu'il ne pouvoit garder sans crime. Cependant quelle douleur de se voir trompé dans l'opinion qu'il avoit de sa chasteté et de sa vertu ! de perdre celle qu'il aimoit, et de la laisser sans secours en proie à la calomnie et à la vengeance publique! Dieu lui auroit pu éviter toutes ces peines, en lui révélant plus tôt le mystère de la grossesse de sa chaste épouse ; mais sa vertu n'auroit pas été mise à l'épreuve qui lui étoit préparée : nous n'eussions pas vu la victoire de Joseph sur la plus indomptable de toutes les passions : et la plus juste jalousie qui fût jamais, n'eût pas été renversée aux pieds de la vertu.

Nous voyons par même moyen la foi de Marie. Elle voyoit la peine qu'auroit son époux, et tous les inconvéniens de sa sainte grossesse ; mais sans en paroître inquiétée, sans songer à prévenir ce cher époux, ni à lui découvrir le secret du ciel au hasard de se voir, non-seulement soupçonnée et abandonnée, mais encore perdue et condamnée, elle abandonne tout à Dieu et demeure dans sa paix.

Dans cet état, « l'ange du Seigneur fut envoyé à Joseph : Joseph, fils de David, ne craignez pas de prendre avec vous Marie votre épouse ; car ce qui est né en elle est du Saint-Esprit[1]. » Quel calme à ces paroles ! quel ravissement ! quelle humilité dans Joseph ! Laissons-le concevoir à ceux à qui Dieu daigne en donner la connoissance.

« Elle enfantera un Fils, et vous lui donnerez le nom de *Jésus*[2]. » Pourquoi, *vous ?* Vous n'en êtes pas le père ; il n'a de père que Dieu ; mais Dieu vous a transmis ses droits : vous tiendrez lieu de père à Jésus-Christ : vous serez son père en effet d'une certaine manière, puisque formé par le Saint-Esprit dans celle qui étoit à vous, il est aussi à vous par ce titre. Prenez donc avec l'autorité et les droits de père un cœur paternel pour Jésus. Dieu « qui fait en particulier tous les cœurs des hommes[3], » fait aujourd'hui en vous un cœur de père : heureux, puisqu'en même temps il donne pour vous à Jésus un cœur de fils ! Vous êtes le vrai époux de sa sainte Mère : vous partagez avec elle ce Fils bien-aimé et

---

[1] *Matth.*, I, 20. — [2] *Ibid.*, 21. — [3] *Psal.* XXXII, 15.

les graces qui sont attachées à son amour. Allez donc à la bonne heure : nommez cet enfant : donnez-lui le nom de *Jésus* pour vous et pour nous, afin qu'il soit notre Sauveur comme le vôtre.

IIe ÉLÉVATION.

Sur la prédiction de la virginité de la sainte Mère de Dieu.

« Tout ceci a été fait pour accomplir ce que le Seigneur avoit dit par Isaïe : Voici qu'une vierge concevra dans son sein et enfantera un fils; et *vous* nommerez son nom Emmanuel, c'est-à-dire, Dieu avec nous [1]. »

C'est la gloire de l'Eglise chrétienne. Quelle autre société a seulement osé se vanter d'avoir pour instituteur le fils d'une vierge? Un si beau titre n'étoit jamais tombé dans l'esprit humain, et cette gloire étoit réservée au christianisme. Aussi est-ce la seule religion où la perpétuelle virginité a été en honneur, où elle a été consacrée à Dieu, où l'on a souffert toutes sortes de persécutions et la mort même plutôt que de consentir à un mariage humain. Jésus-Christ s'est déclaré l'époux des vierges; c'est lui qui a fait connoître au monde ces « eunuques spirituels, » autrefois prédits par les prophètes [2], mais qui n'ont paru que dans la religion chrétienne. Il a inspiré à son apôtre que la sainte virginité est la seule qui peut consacrer parfaitement à Dieu un cœur incapable de se partager [3]. Fils d'une Vierge, vierge lui-même; qui a pris pour son précurseur Jean-Baptiste vierge, et pour son disciple bien-aimé saint Jean vierge aussi, selon toute la tradition chrétienne; dont les apôtres, qui ont tout quitté, ont quitté principalement leurs femmes (ceux qui en avoient) pour le suivre ; toujours par conséquent dans la compagnie et pour ainsi dire entre les mains de la continence ; où il ne faut pas s'étonner si, comme la foi, la sainte virginité a eu ses martyrs. Aussi les persécuteurs même ont reconnu la pudeur des vierges chrétiennes : « On les

[1] *Matth.*, I, 22-24; *Isa.*, VII, 14. — [2] *Isa.*, LVI, 3-5; *Matth.*, XIX, 12. — [3] *I Cor.*, VII, 32-35.

voyoit, dit saint Ambroise, affronter les supplices et craindre les regards : » *Impavidas ad cruciatus, erubescentes ad aspectus* [1] *:* au milieu des tourmens et livrées aux bêtes farouches et à des taureaux furieux qui les jetoient en l'air, soigneuses de la pudeur, méprisant les tourmens et la vie, et n'ayant pour ainsi parler que le front tendre dans un corps de fer ; dignes témoins, dignes martyres de celui qui est tout ensemble Fils de Dieu, et fils d'une vierge.

Fils de Dieu et fils d'une vierge : ces deux choses devoient aller ensemble, afin qu'on pût dire en tous sens : « Qui comprendra sa génération [2] » toujours virginale, et dans le sein de son père, et dans celui de sa mère? O Jésus, nous la croyons, si nous ne pouvons pas la comprendre. Elle nous apprend qu'il n'y a rien de plus incompatible que l'impureté et la religion chrétienne. Elevé parmi des mystères si chastes, qui peut souffrir de la corruption dans sa chair ? Le seul nom de Jésus n'inspire-t-il pas la pureté ? Qui peut seulement le prononcer avec des lèvres souillées ? Mais qui peut approcher de son saint corps, l'unique fruit d'une mère vierge, si pur qu'il n'a pu souffrir ni en lui-même ni en sa Mère même la sainteté nuptiale : qui peut, dis-je, approcher de ce sacré corps avec des sentimens impurs, ou ne pas consacrer son corps chacun selon son état à la pureté après l'avoir reçu? Ministres sacrés de ses autels, soyez donc purs comme le soleil : Chrétiens en général, détestez toute impureté : Vierges consacrées à Jésus-Christ, ses chères épouses, soyez jalouses pour lui ; et ne laissez en vous aucun reste d'un vice qui a tant de secrètes branches. Mais si vous voulez êtes vierges de corps et d'esprit, humiliez-vous : n'aimez ni les regards ni les louanges des hommes : cachez-vous à vous-mêmes, comme une vierge pudique, qui, loin de se faire voir, n'ose pas seulement se regarder, quoique seule : un regard sur vous-même, une complaisance, non-seulement pour cette fragile beauté qui pare la superficie du corps, mais encore pour la beauté intérieure, est une espèce d'abandonnement. Femmes chrétiennes, vierges chrétiennes, et vous dont le célibat doit être l'honneur de l'Eglise, soyez soigneux d'une réputation

---

[1] Ambr., *De Virg.* — [2] *Isa.*, LIII, 8.

qui fait l'édification publique. Considérez Jésus-Christ notre pontife : parmi tous les opprobres qu'il a soufferts, jusqu'à être accusé comme « un homme qui aimoit le vin et la bonne chère [1], » il n'a pas voulu que sa pudeur ait jamais eu la moindre atteinte : on « s'étonnoit de le voir parler en particulier à une femme [2], » qu'il convertissoit et avec elle sa patrie : et il agissoit en tout d'une manière si épurée et si sérieuse, que, malgré la malignité de ses ennemis, son intégrité de ce côté-là est demeurée sans soupçon. Pourquoi l'a-t-il voulu de cette sorte, si ce n'est pour nous, afin de nous faire voir combien nous devons être soigneux, autant qu'il nous est possible, de n'être pas seulement soupçonnés dans une matière si délicate, où le genre humain est si emporté, si malin, et si curieux?

IIIe ÉLÉVATION.

Encore sur la perpétuelle virginité de Marie.

Pourquoi, saint Evangéliste, avez-vous dit ces paroles : *Et non cognoscebat eam donec peperit :* « Et il ne l'avoit pas connue, quand elle enfanta son premier-né [3] ? » Que ne disiez-vous plutôt qu'il ne la connut jamais, et qu'elle fut vierge perpétuelle ? Les évangélistes disent ce que Dieu leur met à la bouche ; et saint Matthieu avoit ordre d'expliquer précisément ce qui regardoit l'enfantement virginal, et l'accomplissement de la prophétie d'Isaïe, qui portoit « qu'une vierge concevroit et enfanteroit un fils [4]. »

Au reste on ne peut penser sans horreur que ce sein virginal, où le Saint-Esprit avoit opéré, dont Jésus-Christ avoit fait son temple, ait jamais pu être souillé ; ni que Joseph, ni que Marie même aient pu cesser de le respecter. Avant sa conception et son enfantement, elle avoit dit en général : « Je ne connois point d'homme [5] : » saint Joseph étoit entré dans ce dessein ; et y avoir

---

[1] *Matth.*, XI, 19. — [2] *Joan.*, IV, 27. — [3] *Matth.*, I, 25. — [4] *Isa.*, VII, 14. — [5] *Luc.*, I, 34.

manqué après un enfantement si miraculeux, c'eût été un sacrilége indigne d'eux et une profanation indigne de Jésus-Christ même. Les frères de Jésus mentionnés dans l'Evangile, et saint Jacques qu'on appela frère du Seigneur, constamment ne l'étoient que par la parenté, comme on parloit en ce temps, et la sainte tradition ne l'a jamais entendu d'une autre sorte. Qui a jamais seulement pensé parmi les chrétiens que Jésus ne fût pas le fils unique de Marie, comme de Dieu? Si, ce qui est abominable à penser, il n'eût pas été son fils unique, lui auroit-il en la quittant donné un fils d'adoption? Et quand il dit à saint Jean : « Voilà votre mère; » et à elle : « Voilà votre fils[1], » ne montre-t-il pas qu'il suppléoit par une espèce d'adoption ce qui alloit manquer à la nature? Loin donc de la pensée des chrétiens le blasphème de Jovinien, qui a été l'exécration de toute l'Eglise! Dieu a marqué aux évangélistes ce qu'ils devoient précisément écrire, et ce qu'il vouloit qu'on réservât à la tradition de son Eglise pour l'expliquer davantage. Apprenons de là qu'il faut penser de Marie tout ce qu'il y a de plus digne et d'elle et de Jésus-Christ, quand même l'Ecriture ne l'auroit pas toujours voulu exprimer avec la dernière précision et netteté, et qu'il auroit plu à Dieu le laisser expliquer à fond à la tradition de son Eglise, qui a fait un article de foi de la perpétuelle virginité de Marie.

Quand est-ce qu'il a plu à Dieu de manifester au monde la merveille de l'enfantement virginal? Constamment ce n'a pas été durant la vie du Sauveur, puisqu'il lui a plu de naître et de vivre sous le voile du mariage : en quoi il a confirmé que le mariage étoit saint, puisqu'il a voulu paroître au monde sous sa couverture. On a donc prêché la gloire de l'enfantement virginal, quand on a prêché toute la gloire du Fils de Dieu : et en attendant, Dieu préparoit à la pureté de Marie, en la personne de saint Joseph son cher époux, le témoin le moins suspect et le plus certain qu'on pût jamais penser.

Dieu fait tout convenablement : admirons sa sagesse, et laissons-lui conduire toute notre vie.

[1] *Joan.*, xix, 26, 27.

IVᵉ ÉLÉVATION.

Sur ces paroles d'Isaïe rapportées par l'Evangéliste : Son nom sera appelé Emmanuel.

« Son nom sera Emmanuel : Dieu avec nous[1]. » Ce sont de ces noms mystiques que les prophètes donnent en esprit pour exprimer certains effets de la puissance divine, sans qu'il soit besoin pour cela qu'on les porte dans l'usage. Si nous comprenons la force de ce nom « Emmanuel, » nous y trouverons celui de Sauveur. Car qu'est-ce qu'être Sauveur, si ce n'est d'ôter les péchés, comme l'ange l'a interprété? Mais les péchés étant ôtés et n'y ayant plus de séparation entre Dieu et nous, que reste-t-il autre chose, sinon d'être unis à Dieu, et que Dieu soit avec nous parfaitement? Nous sommes donc parfaitement et éternellement sauvés, et nous reconnoissons en Jésus qui nous sauve un vrai « Emmanuel. » Il est Sauveur, parce qu'en lui Dieu est avec nous : c'est un Dieu qui s'unit notre nature : étant donc réconciliés avec Dieu, nous sommes élevés par la grace jusqu'à n'être plus qu'un même esprit avec lui.

C'est ce qu'opère celui qui est à la fois ce que Dieu est et ce que nous sommes : Dieu et homme tout ensemble : « Dieu étoit en *Jésus-Christ* se réconciliant le monde, ne leur imputant plus leurs péchés[2] » et les effaçant dans ses saints. Ainsi Dieu est avec eux, parce qu'ils n'ont plus leurs péchés.

Mais ce n'étoit rien, si en même temps Dieu n'eût été avec eux pour les empêcher d'en commettre de nouveaux. Dieu est avec vous dans le style de l'Ecriture, c'est-à-dire que Dieu vous protége ; Dieu vous aide, et encore avec un secours si puissant que vos ennemis ne prévaudront pas contre vous. « Ils combattront, disoit le prophète, et ils ne prévaudront pas, parce que je suis avec vous[3]. » Soyez donc avec nous, ô Emmanuel, afin que si après le pardon de nos péchés, nous avons encore à combattre ses

---

[1] *Isa.*, VII, 14; *Matth.*, I, 23. — [2] II *Cor.*, V, 19. — [3] *Jerem.*, I, 19.

pernicieuses douceurs, ses attraits, ses tentations, nous en demeurions victorieux.

Est-ce là toute la grace de notre Emmanuel? Non sans doute : en voici une bien plus haute, qui aussi est la dernière de toutes : c'est qu'il sera avec nous dans l'éternité, « où Dieu sera tout en tous [1] : » avec nous, pour nous purifier de nos péchés : avec nous, pour n'en plus commettre : avec nous, pour nous conduire à la vie où nous ne pourrons plus en commettre aucun. Voilà, dit saint Augustin [2], trois degrés par où nous passons, pour arriver au salut que nous promet le nom de Jésus, et à la grace parfaite de la divine union par notre Emmanuel : heureux, quand non-seulement nous n'aurons plus de péchés sous le joug de qui nous succombions; mais quand encore nous n'en aurons plus contre qui il faille combattre, et qui mettent en péril notre délivrance !

O Jésus! ô Emmanuel! ô Sauveur! ô Dieu avec nous! ô vainqueur du péché! ô lien de la divine union! J'attends avec foi ce bienheureux jour, où vous recevrez pour moi le nom de Jésus, où vous serez mon Emmanuel, toujours avec moi, parmi tant de tentations et de périls. Prévenez-moi de votre grace, unissez-moi à vous; et que tout ce qui est en moi soit soumis à vos volontés.

Ve ÉLÉVATION.

Joseph prend soin de Marie et de l'Enfant : voyage de Bethléem.

Après le songe de Joseph et la parole de l'ange, ce saint homme fut changé : il devint père : il devint époux par le cœur. Les autres adoptent des enfans : Jésus a adopté un père. L'effet de son mariage fut le tendre soin qu'il eut de Marie, et du divin enfant. Il commence ce bienheureux ministère par le voyage de Bethléem, et nous en verrons toute la suite.

Que faites-vous, princes du monde, en mettant tout l'univers en mouvement, afin qu'on vous dresse un rôle de tous les sujets

---

[1] I *Cor.*, xv, 28. — [2] S. August., *passim.*

de votre empire? Vous en voulez connoître la force, les tributs, les soldats futurs, et vous commencez pour ainsi dire à les enrôler. C'est cela ou quelque chose de semblable que vous pensez faire : mais Dieu a d'autres desseins que vous exécutez sans y penser par vos vues humaines. Son Fils doit naître dans Bethléem, humble patrie de David : il l'a fait ainsi prédire par son prophète[1], il y a plus de sept cents ans ; et voilà que tout l'univers se remue pour accomplir cette prophétie.

Quand ils furent à Bethléem, au dehors pour obéir au prince qui leur ordonnoit de s'y faire inscrire dans le registre public, et en effet pour obéir à l'ordre de Dieu dont le secret instinct les menoit à l'accomplissement de ses desseins, « le temps d'enfanter de Marie arriva[2] : » et Jésus, fils de David, « naquit dans la ville où David avoit pris naissance[3] : » son origine fut attestée par les registres publics : l'empire romain rendit témoignage à la royale descendance de Jésus-Christ ; et César, qui n'y pensoit pas, exécuta l'ordre de Dieu.

Allons aussi nous faire inscrire à Bethléem ; Bethléem, c'est-à-dire maison du pain : allons y goûter le pain céleste : le pain des anges devenu la nourriture de l'homme : regardons toutes les églises comme étant le vrai Bethléem et la vraie maison du pain de vie. C'est ce pain que Dieu donne aux pauvres dans la nativité de Jésus ; s'ils aiment avec lui la pauvreté, s'ils connoissent les véritables richesses : *Edent pauperes, et saturabuntur :* « Les pauvres mangeront et seront rassasiés[4], » s'ils imitent la pauvreté de leur Seigneur et le viennent adorer dans la crèche.

VIe ÉLÉVATION.

L'étable et la crèche de Jésus-Christ.

Dieu préparoit au monde un grand et nouveau spectacle, quand il y fit naître un roi pauvre ; et il fallut lui préparer un palais, et un berceau convenable. « Il est venu dans son bien : et les siens

---

[1] *Mich.*, v, 2. — [2] *Luc.*, II, 2, 4. — [3] *Joan.*, VII, 42. — [4] *Psal.* XXI, 27.

ne l'ont pas reçu [1] : Il ne s'est point trouvé de place [2] » pour lui, quand il est venu. La foule et les riches de la terre avoient rempli les hôtelleries : il n'y a plus pour Jésus qu'une étable abandonnée et déserte, et une crèche pour le coucher. Digne retraite pour celui qui dans le progrès de son âge devoit dire : « Les renards ont leurs trous ; et les oiseaux du ciel, » qui sont les familles les plus vagabondes du monde, « ont leurs nids ; mais le Fils de l'homme n'a pas où reposer sa tête [3]. » Il ne le dit pas par plainte : il étoit accoutumé à ce délaissement : et à la lettre, dès sa naissance, il n'eut pas où reposer sa tête.

C'est lui-même qui le voulut de cette sorte. Laissons les lieux habités par les hommes : laissons les hôtelleries où règnent le tumulte et l'intérêt : cherchez pour moi parmi les animaux une retraite plus simple et plus innocente. On a enfin trouvé un lieu digne du « délaissé. » Sortez, divin enfant ; tout est prêt pour signaler votre pauvreté. Il sort comme un trait de lumière, comme un rayon du soleil : sa mère est tout étonnée de le voir paroître tout à coup : cet enfantement est exempt de cris, comme de douleur et de violence. Miraculeusement conçu, il naît encore plus miraculeusement : et les saints ont trouvé encore plus étonnant d'être né que d'être conçu d'une vierge.

Entrez en possession du trône de votre pauvreté. Les anges vous y viennent adorer. Quand Dieu vous introduisit dans le monde, ce commandement partit du haut du trône de sa majesté : « Que tous les anges de Dieu l'adorent [4]. » Qui peut douter que sa mère, que son père d'adoption ne l'aient adoré en même temps ? C'est en figure de Jésus que l'ancien Joseph fut « adoré de son père et de sa mère [5] ; » mais l'adoration que reçoit Jésus est bien d'un autre ordre, puisqu'il est « béni et adoré comme Dieu au-dessus de tout, aux siècles des siècles [6]. »

Ne pensez pas approcher de ce trône de pauvreté avec l'amour des richesses et des grandeurs. Détrompez-vous, désabusez-vous, dépouillez-vous, du moins en esprit, vous qui venez à la crèche du Sauveur. Que n'avons-nous le courage de tout quitter en effet,

---

[1] *Joan.*, I, 11. — [2] *Luc.*, II, 7. — [3] *Ibid.*, IX, 58. — [4] *Hebr.*, I, 6; *Psal.* XCVI, 7. — [5] *Genes.*, XXXVII, 9-10. — [6] *Rom.*, IX, 5.

pour suivre pauvres le Roi des pauvres ! Quittons du moins tout en esprit ; et au lieu de nous glorifier du riche appareil qui nous environne, rougissons d'être parés où Jésus-Christ est nu et délaissé.

Toutefois il n'est pas nu : « sa mère l'enveloppe de langes [1] » avec ses chastes mains. Il faut couvrir le nouvel Adam, qui porte le caractère du péché, que l'air dévoreroit, et que la pudeur doit habiller autant que la nécessité. Couvrez donc, Marie, ce tendre corps : portez-le à cette mamelle virginale : concevez-vous votre enfantement ? N'avez-vous point quelque pudeur de vous voir mère ? Osez-vous découvrir ce sein maternel, et quel enfant ose en approcher ses divines mains ? Adorez-le en l'allaitant, pendant que les anges lui vont amener d'autres adorateurs.

VIIe ÉLÉVATION.

L'ange annonce Jésus aux bergers.

« Les bergers, » les imitateurs des saints patriarches et la troupe la plus innocente et la plus simple qui fût dans le monde, « veilloient la nuit » parmi les champs « à la garde de leurs troupeaux [2]. » Anges saints accoutumés à converser avec ces anciens bergers, avec Abraham, avec Isaac, avec Jacob, annoncez à ceux de la contrée que le grand pasteur est venu ; que la terre va voir encore un roi berger, qui est le fils de David, « l'ange du Seigneur. » Ne lui demandons pas son nom, comme Manué ; il nous répondroit peut-être : « Pourquoi demandez-vous mon nom qui est admirable [3] ? » Si ce n'est qu'il faille entendre que c'est le même ange qui vient d'apparoître à Zacharie et à la sainte Vierge. Quoi qu'il en soit, sans rien présumer où l'Evangile ne dit mot, « l'ange du Seigneur se présenta tout à coup à eux : une lumière céleste les environna, et ils furent saisis d'une grande crainte [4]. » Tout ce qui est divin étonne d'abord la nature humaine pécheresse et bannie du ciel. Mais l'ange les rassura, en leur disant : « Ne craignez pas : je vous annonce une grande joie. C'est que

---

[1] *Luc.*, II, 7. — [2] *Ibid.*, 8, 9. — [3] *Judic.*, XIII, 17, 18. — [4] *Luc.*, II, 9-12.

dans la ville de David » (retenez ce lieu qui de si longtemps vous est marqué par la prophétie), « aujourd'hui vous est né le Sauveur du monde, le Christ, le Seigneur. Et voici le signe que je vous donne pour le reconnoître : vous trouverez un enfant enveloppé de langes, couché dans une crèche. » A cette marque singulière d'un enfant couché dans une crèche, vous reconnoîtrez celui qui est le Christ, le Seigneur : « Petit enfant qui est né pour nous : Fils qui nous est donné : » qui en même temps « est nommé l'Admirable, le Dieu fort, le Père de l'éternité, le Prince de paix [1]. » Aussi « au même instant se joignit à l'ange une grande troupe de l'armée céleste, qui louoit Dieu et disoit : Gloire à Dieu, et paix sur la terre [2]. »

Remarquons ici un nouveau *Seigneur* à qui nous appartenons : un Seigneur qui reçoit de nouveau ce nom suprême et divin avec celui de Christ : c'est le Dieu qui est oint de Dieu, à qui David a chanté : « Votre Dieu, ô Dieu, vous a oint ; vous êtes Dieu éternellement [3] : » mais vous êtes de nouveau le Christ, Dieu et homme à la fois : et le nom du Seigneur vous est affecté, pour exprimer que vous êtes Dieu à même titre que votre Père : dorénavant à l'exemple de l'ange, on vous appellera le Seigneur en toute souveraineté et hauteur. Commandez donc à votre peuple nouveau : vous ne parlez point encore ; mais vous commandez par votre exemple : et quoi ? l'estime du moins et l'amour de la pauvreté ; le mépris des pompes du monde ; la simplicité : l'oserai-je dire ? une sainte rusticité dans ces nouveaux adorateurs que l'ange vous amène et qui font toute votre cour, agréable à Joseph, à Marie et de même parure qu'eux, puisqu'ils sont également revêtus de la livrée de la pauvreté.

VIIIe ÉLÉVATION.

Les marques pour connoître Jésus.

Repassons sur ces paroles de l'ange : « Vous trouverez un enfant dans les langes, sur une crèche [4] : » vous connoîtrez à ce

[1] *Isa.*, IX, 6. — [2] *Luc.*, II, 13, 14. — [3] *Psal.* XLIV, 8. — [4] *Luc.*, II, 12.

signe que c'est le Seigneur. Allez dans la cour des rois : vous reconnoîtrez le prince nouveau-né par ses couvertures rehaussées d'or et par un superbe berceau dont on voudroit bien faire un trône : mais pour connoître le Christ qui vous est né, ce Seigneur si haut, que David son père, tout roi qu'il est, appelle *son Seigneur*[1], on ne vous donne pour signal que la crèche où il est couché et les pauvres langes où est enveloppée sa foible enfance : c'est-à-dire qu'on ne vous donne qu'une nature semblable à la vôtre, des infirmités comme les vôtres, une pauvreté au-dessous de la vôtre. Qui de vous est né dans une étable? Qui de vous, pour pauvre qu'il soit, donne à ses enfans une crèche pour berceau? Jésus est le seul qu'on voit délaissé jusqu'à cette extrémité, et c'est à cette marque qu'il veut être reconnu.

S'il vouloit se servir de sa puissance, quel or couronneroit sa tête! Quelle pourpre éclateroit sur ses épaules! Quelles pierreries enrichiroient ses habits! « Mais, poursuit Tertullien, il a jugé tout ce faux éclat, toute cette gloire empruntée, indigne de lui et des siens : ainsi en la refusant, il l'a méprisée; en la méprisant, il l'a proscrite; en la proscrivant, il l'a rangée avec les pompes du démon et du siècle [2]. »

C'est ainsi que parloient nos pères les premiers chrétiens : mais nous, malheureux! nous ne respirons que l'ambition et la mollesse.

IX° ÉLÉVATION.

Le cantique des anges.

« Gloire à Dieu au plus haut des cieux, et paix sur la terre aux hommes de bonne volonté[3]. » La paix se publie par toute la terre : la paix de l'homme avec Dieu par la rémission des péchés : la paix des hommes entre eux : la paix de l'homme avec lui-même par le concours de tous ses désirs à vouloir ce que Dieu veut. Voilà la paix que les anges chantent et qu'ils annoncent à tout l'univers.

Cette paix est le sujet de la gloire de Dieu. Ne nous réjouissons

[1] *Psal.* CIX, 1. — [2] Tertull., *De patientiâ*, cap. VI. — [3] *Luc.*, II, 14.

pas de cette paix, à cause qu'elle se fait sentir à nous dans nos cœurs; mais à cause qu'elle glorifie Dieu dans le haut trône de sa gloire : élevons-nous aux lieux hauts, à la plus grande hauteur du trône de Dieu, pour le glorifier en lui-même et n'aimer ce qu'il fait en nous que par rapport à lui.

Chantons dans cet esprit avec toute l'Eglise : *Gloria in excelsis Deo*. Toutes les fois qu'on entonne ce cantique angélique, entrons dans la musique des anges par le concert et l'accord de tous nos désirs : souvenons-nous de la naissance de Notre-Seigneur qui a fait naître ce chant : disons de cœur toutes les paroles que l'Eglise ajoute pour interpréter le cantique des anges : Nous vous louons : nous vous adorons : *Laudamus te : adoramus te;* et surtout : *Gratias agimus tibi propter magnam gloriam tuam :* Nous vous rendrons graces à cause de votre grande gloire : nous aimons vos bienfaits à cause qu'ils vous glorifient, et les biens que vous nous faites à cause que votre bonté en est honorée.

« Paix sur la terre aux hommes de bonne volonté. » Le mot de l'original qu'on explique par *la bonne volonté*, signifie la bonne volonté de Dieu pour nous, et nous marque que la paix est donnée aux hommes chéris de Dieu.

L'original porte mot à mot : « Gloire à Dieu dans les lieux hauts : paix sur la terre · bonne volonté du côté de Dieu dans les hommes. » C'est ainsi qu'ont lu de tout temps les Eglises d'Orient. Celles d'Occident y reviennent en chantant la paix aux hommes de bonne volonté, c'est-à-dire premièrement à ceux à qui Dieu veut du bien; et en second lieu à ceux qui ont eux-mêmes une bonne volonté, puisque le premier effet de la bonne volonté que Dieu a pour nous, est de nous inspirer une bonne volonté envers lui.

La bonne volonté est celle qui est conforme à la volonté de Dieu : comme elle est bonne par essence et par elle-même, celle qui lui est conforme est bonne par ce rapport. Réglons donc notre volonté par celle de Dieu, et nous serons des hommes de bonne volonté, pourvu que ce ne soit pas par insensibilité, par indolence, par négligence, et pour éviter le travail, mais par la foi que « nous rejetions tout sur Dieu [1]. » Les ames molles et paresseuses ont plus

---

[1] *1 Petr.*, v, 7.

tôt fait en disant tout à coup : Que Dieu fasse ce qu'il voudra, et ne se soucient que de fuir la peine et l'inquiétude. Mais pour être véritablement conforme à la volonté de Dieu, il faut savoir lui faire un sacrifice de ce qu'on a de plus cher, et avec un cœur déchiré lui dire : Tout est à vous : faites ce qu'il vous plaira. Comme le saint homme Job, qui ayant perdu en un jour tous ses biens et tous ses enfans, comme on venoit coup sur coup lui en rapporter la nouvelle, se jetant à terre, adora Dieu et dit : « Le Seigneur m'avoit donné tout ce que j'avois, le Seigneur me l'a ôté : il en est arrivé ainsi qu'il a plu au Seigneur : le nom du Seigneur soit béni[1]. » Celui qui adore en cette sorte est le vrai homme de bonne volonté ; et élevé au-dessus des sens et de sa volonté propre, il glorifie Dieu dans les lieux hauts. C'est ainsi qu'il a la paix et il tâche de calmer le trouble de son cœur, non point à cause qu'il le peine, mais parce qu'il empêche la perfection du sacrifice qu'il veut faire à Dieu : autrement il ne chercheroit qu'un faux repos, et voilà ce que c'est que la bonne volonté.

La bonne volonté, c'est le sincère amour de Dieu ; et comme parle saint Paul, « c'est la charité d'un cœur pur, d'une conscience droite et d'une foi qui ne soit pas feinte[2]. » La foi est feinte en ceux où elle n'est pas soutenue par les bonnes œuvres ; et les bonnes œuvres sont celles où l'on cherche à contenter Dieu, et non pas son humeur, son inclination, son propre désir. Alors quand on cherche Dieu avec une intention pure, les œuvres sont pleines : sinon l'on reçoit de Jésus-Christ ce reproche : « Je ne trouve pas vos œuvres pleines devant mon Dieu[3]. »

Xe ÉLÉVATION.

Commencement de l'Evangile.

Le commencement de l'Evangile est dans ces paroles de l'ange aux bergers : « Je vous annonce ; » de mot à mot, « Je vous évangélise, je vous apporte la bonne nouvelle qui sera le sujet d'une

---

[1] Job, I, 21, 22. — [2] II Timoth., I, 5. — [3] Apoc., II, 2.

grande joie; » et c'est celle « de la naissance du Sauveur du monde¹. » Quelle plus heureuse nouvelle que celle d'avoir un Sauveur? Lui-même dans la première prédication qu'il fit dans la synagogue au sortir du désert, nous explique ce sujet de joie par les paroles d'Isaïe, qu'il trouva à l'ouverture du livre : « L'esprit de Dieu est sur moi : c'est pourquoi le Seigneur m'a consacré par son onction : il m'a envoyé annoncer l'Evangile aux pauvres, et leur porter la bonne nouvelle de leur délivrance, pour guérir ceux qui ont le cœur affligé; pour annoncer aux captifs qu'ils vont être mis en liberté, et aux aveugles qu'ils vont recevoir la vue; renvoyer en paix ceux qui sont accablés de maux ; publier l'année de miséricorde et le pardon du Seigneur, et le jour où il rendra » aux gens de bien « leur récompense², » comme le châtiment aux autres.

Quelle joie pareille pouvoit-on donner aux hommes de bonne volonté, et quel plus grand sujet de joie? Mais n'est-ce pas en même temps le plus grand sujet de glorifier Dieu? Et que peuvent désirer les gens de bien, que de voir Dieu exalté par tant de merveilles? Voilà donc ce que c'est que l'Evangile : c'est en apprenant l'heureuse nouvelle de la délivrance de l'homme, se réjouir d'y avoir la plus grande gloire de Dieu. Elevons-nous aux lieux hauts, à la plus sublime partie de nous-mêmes : élevons-nous au-dessus de nous, et cherchons Dieu en lui-même pour nous réjouir avec les anges de sa grande gloire.

XIᵉ ÉLÉVATION.

Les bergers à la crèche de Jésus-Christ.

Après le cantique des anges, « les bergers se disoient les uns aux autres : Allons à Bethléem. Et s'étant hâtés de partir, ils trouvèrent Marie et Joseph, et l'enfant couché dans la crèche³. » — Le voilà donc ce Sauveur qu'on nous a annoncé! Hélas! à quelle marque nous le fait-on connoître! A la marque d'une pauvreté

¹ *Luc.*, II, 10. — ² *Ibid.*, IV, 18, 19; *Isa.*, LXI, 1, 2. — ³ *Luc.*, II, 15, 16.

qui n'eut jamais sa semblable. Non, jamais nous ne nous plaindrons de notre misère. Nous préférerons nos cabanes aux palais des rois. Nous vivrons heureux sous notre chaume, et trop glorieux de porter le caractère du Roi des rois. Allons répandre partout cette bienheureuse nouvelle : allons partout consoler les pauvres, en leur disant les merveilles que nous avons vues.

Comme Dieu prépare la voie à son Evangile ! Chacun étoit étonné d'entendre ce beau témoignage de ces bouches aussi innocentes que rustiques. Si c'étoient des hommes célèbres, des pharisiens ou des docteurs de la loi, qui racontassent ces merveilles, le monde croiroit aisément qu'ils voudroient se faire un nom par leurs sublimes visions. Mais qui songe à contredire de simples bergers dans leur récit naïf et sincère? La plénitude de leur joie éclate naturellement, et leur discours est sans artifice. Il falloit de tels témoins à celui qui devoit choisir des pêcheurs pour être ses premiers disciples et les docteurs futurs de son Eglise. Tout est, pour ainsi parler, de même parure dans les mystères de Jésus-Christ. Tâchons de sauver les pauvres, et de leur faire goûter la grace de leur état. Humilions les riches du siècle, et confondons leur orgueil. Si quelque chose nous manque, et à qui ne manque-t-il pas quelque chose? aimons, adorons, baisons ce caractère de Jésus-Christ. Ne souhaitons point d'être riches : car qu'y gagnons-nous? puisqu'après tout, quand nous aurons entassé dignités sur dignités, terres sur terres, trésors sur trésors, il faut nous en détacher, il en faut perdre le goût, il faut être prêt à tout perdre, si nous voulons être chrétiens.

XII° ÉLÉVATION.

Le silence et l'admiration de Marie et de Joseph.

Nous avons vu les bergers s'en retourner, glorifiant Dieu et le faisant glorifier à tous ceux qui les écoutoient : mais voici quelque chose encore de plus merveilleux et de plus édifiant : « Marie conservoit toutes ces choses, les repassant dans son cœur. » Et dans la suite : « Le père et la mère de Jésus étoient dans l'admiration des choses qu'on disoit de lui[1]. » Je ne sais s'il ne vaudroit pas peut-être mieux s'unir au silence de Marie, que d'en expliquer le mérite par nos paroles. Car qu'y a-t-il de plus admirable, après ce qui lui a été annoncé par l'ange, après ce qui s'est passé en elle-même, que d'écouter parler tout le monde et demeurer cependant la bouche fermée ? Elle a porté dans son sein le Fils du Très-Haut : elle l'en a vu sortir comme un rayon de soleil, d'une nuée, pour ainsi parler, pure et lumineuse. Que n'a-t-elle pas senti par sa présence? Et si pour en avoir approché, Jean dans le sein de sa mère a ressenti un tressaillement si miraculeux, quelle paix, quelle joie divine n'aura pas sentie la sainte Vierge à la conception du Verbe que le Saint-Esprit formoit en elle ! Que ne pourroit-elle donc pas dire elle-même de son cher fils? Cependant elle le laisse louer par tout le monde : elle entend les bergers; elle ne dit mot aux mages qui viennent adorer son fils: elle écoute Siméon et Anne la prophétesse, elle ne s'épanche qu'avec sainte Elisabeth, dont la visite avoit fait une prophétesse; et sans ouvrir seulement la bouche avec tous les autres, elle fait l'étonnée et l'ignorante : *Erant mirantes.* Joseph entre en part de son silence comme de son secret, lui à qui l'ange avoit dit de si grandes choses, et qui avoit vu le miracle de l'enfantement virginal. Ni l'un ni l'autre ne parlent de ce qu'ils voient tous les jours dans leur maison, et ne tirent aucun avantage de tant de merveilles. Aussi humble que sage, Marie se laisse considérer comme une mère vulgaire, et son Fils comme le fruit d'un mariage ordinaire.

Les grandes choses que Dieu fait au dedans de ses créatures, opèrent naturellement le silence, le saisissement, je ne sais quoi de divin qui supprime toute expression. Car que diroit-on, et que pourroit dire Marie, qui pût égaler ce qu'elle sentoit? Ainsi on tient sous le sceau le secret de Dieu, si ce n'est que lui-même anime la langue et la pousse à parler. Les avantages humains ne sont rien, s'ils ne sont connus et que le monde ne les prise. Ce que Dieu fait a par soi-même son prix inestimable, que l'on ne veut goûter qu'entre Dieu et soi. Hommes, que vous êtes vains, et que

[1] *Luc.*, II, 19, 33.

vaine est l'ostentation qui vous presse à faire valoir aux yeux des hommes, aussi vains que vous, tous vos foibles avantages ! « Enfans des hommes, jusques à quand aurez-vous un cœur pesant » et charnel? « jusques à quand aimerez-vous la vanité et vous plairez-vous dans le mensonge [1]? » Tous les biens dont on fait parade sont faux en eux-mêmes : l'opinion seule y met le prix, et il n'y a de bien véritable que ce qu'on goûte seul à seul dans le silence avec Dieu. « Mettez-vous dans un saint loisir pour connoître que je suis Dieu : goûtez et voyez combien le Seigneur est doux [2]. » Aimez la retraite et le silence : retirez-vous des conversations tumultueuses du monde : taisez-vous, ma bouche, n'étourdissez pas mon cœur qui écoute Dieu, et cessez d'interrompre ou de troubler une attention si douce : » *Vacate et videte : gustate et videte quoniam suavis est Dominus. Gustate et videte.*

[1] *Psal.* IV, 3. — [2] *Psal.* XLV, 11, et XXXIII, 9.

XVIIᴱ SEMAINE.

SUITE DES MYSTÈRES DE L'ENFANCE DE JÉSUS-CHRIST.

PREMIÈRE ÉLÉVATION.

La circoncision : le nom de Jésus.

Jésus souffre d'être mis au rang des pécheurs : il va comme un vil esclave porter sur sa chair un caractère servile et la marque du péché de notre origine. Le voilà donc en apparence fils d'Adam comme les autres : pécheur et banni par sa naissance : il falloit qu'il portât la marque du péché, comme il en devait porter la peine.

Cependant au lieu d'être impur comme nous tous par son origine, par son origine il étoit saint, conçu du Saint-Esprit qui sanctifie tout, et uni en personne au Fils de Dieu, qui est le Saint des saints par essence. L'esprit qui nous sanctifie dans notre régénération est celui dont Jésus-Christ est conçu, dont sa sainte chair a été formée, et qui est infus naturellement dans son ame sainte : de sorte qu'il n'a pas besoin d'être circoncis : et il ne se soumet à cette loi que pour accomplir toute justice, en donnant au monde l'exemple d'une parfaite obéissance.

Cependant en recevant la circoncision, « il se rend, comme dit saint Paul, débiteur de toute la loi[1] » et s'y oblige, mais pour nous, afin de nous affranchir de ce pesant joug. Nous voilà donc libres par l'esclavage de Jésus : marchons en la liberté des enfans de Dieu, non plus dans l'esprit de crainte et de terreur, mais dans l'esprit d'amour et de confiance.

Le nom de *Sauveur* nous en est un gage : Jésus nous sauve du péché, ainsi qu'il a été dit ; et en remettant ceux qu'on avoit com-

[1] *Galat.*, v, 1-3 et seq.

mis, et en nous aidant à n'en plus commettre, et en nous conduisant à la vie où l'on ne peut plus en commettre aucun.

C'est « par son sang qu'il doit être notre Sauveur [1] : » il faut qu'il lui en coûte du sang pour en recevoir le nom : ce peu de sang qu'il répand oblige à Dieu tout le reste, et c'est le commencement de la rédemption. Je vois, ô Jésus, toutes vos veines rompues, toutes vos chairs déchirées, votre tête et votre côté percés : votre sang voudroit couler tout entier à gros bouillons : vous le retenez, et le réservez pour la croix. Recevez donc le nom de Jésus ; vous en êtes digne, et vous commencez à l'acheter par votre sang. Recevez ce nom, « auquel seul tout genou fléchit dans le ciel, dans la terre et dans les enfers [2] : L'Agneau qui répand son sang est digne de recevoir toute adoration, tout culte, toute louange, toute action de graces [3] : et j'ai entendu toute créature et dans le ciel, et sur la terre, et sous la terre, qui crioient d'une grande voix : Salut à notre Dieu [4]. »

Le salut vient de lui, puisqu'il nous envoie le Sauveur : salut à l'Agneau, qui est le Sauveur lui-même : salut à nous, qui participons à son nom : s'il est le Sauveur, nous sommes les sauvés, et nous portons ce glorieux nom devant qui tout l'univers fléchit, et les démons tremblent. Ne craignons rien : tout est à nos pieds : songeons seulement à nous surmonter nous-mêmes : il faut tout vaincre, puisque déjà nous portons le nom du vainqueur : « Prenez courage, dit-il, j'ai vaincu le monde [5] : » et « je mettrai dans mon trône celui qui remportera la victoire [6]. »

IIe ÉLÉVATION.

L'étoile des Mages.

Voici les premiers fruits du sang de Jésus parmi les gentils.

« Nous avons vu son étoile [7]. » Qu'avoit cette étoile au-dessus des autres, qui annoncent dans le ciel la gloire de Dieu? qu'avoit-

---

[1] *Hebr.*, IX, 12, 14 et seq. — [2] *Philip.*, II, 10. — [3] *Apoc.*, V, 12. — [4] *Ibid.*, VII, 10. — [5] *Joan.*, XVI, 33. — [6] *Apoc.*, III, 21. — [7] *Matth.*, II, 1, 2.

elle plus que les autres, pour mériter d'être appelée l'étoile du Roi des rois, du Christ qui venoit de naître, et d'y amener les mages ? Balaam, prophète parmi les gentils, dans Moab, et en Arabie, avoit vu Jésus-Christ comme une étoile; et il avoit dit : « Il se lèvera une étoile de Jacob[1]. » Cette étoile qui paroit aux mages, étoit la figure de celle que Balaam avoit vue : et qui sait si la prophétie de Balaam ne s'étoit pas répandue en Orient et dans l'Arabie, et si le bruit n'en étoit pas venu jusqu'aux mages ? Quoi qu'il en soit, une étoile qui ne paroissoit qu'aux yeux, n'étoit pas capable d'attirer les mages au Roi nouveau-né : il falloit que l'étoile de Jacob et « la lumière du Christ[2] » se fût levée dans leur cœur. A la présence du signe qu'il leur donnoit au dehors, Dieu les toucha au dedans par cette inspiration dont Jésus a dit : « Nul ne vient à moi, si mon Père ne le tire[3]. »

L'étoile des mages est donc l'inspiration dans les cœurs. Je ne sais quoi vous luit au dedans : vous êtes dans les ténèbres et dans les amusemens, ou peut-être dans la corruption du monde : tournez vers l'Orient, où se lèvent les astres; tournez-vous à Jésus-Christ qui est l'Orient, où se lève comme un bel astre l'amour de la vérité et de la vertu : vous ne savez encore ce que c'est, non plus que les mages, et vous savez seulement en confusion que cette nouvelle étoile vous mène au roi des Juifs, des vrais enfans de Juda et de Jacob : allez, marchez, imitez les mages. « Nous avons vu son étoile, et nous sommes venus[4] : » nous avons vu, et nous sommes partis à l'instant. Pour aller où ? nous ne le savons pas encore; nous commençons par quitter notre patrie. Quittez le monde de même; le monde pour lequel la nouvelle étoile, la chaste inspiration qui vous ébranle le cœur, commence à vous insinuer un secret dégoût. Allez à Jérusalem : recevez les lumières de l'Eglise : vous y trouverez les docteurs qui vous interpréteront les prophéties, qui vous feront entendre les desseins de Dieu : et vous marcherez sûrement sous cette conduite.

Chrétien, qui que vous soyez qui lisez ceci ; peut-être, car qui peut prévoir les desseins de Dieu ? peut-être qu'à ce moment l'étoile se va lever dans votre cœur : allez : sortez de votre patrie,

---

[1] *Num.*, XXIV, 17. — [2] *Luc.*, II, 32. — [3] *Joan.*, VI, 44. — [4] *Matth.*, II, 2.

ou plutôt sortez du lieu de votre bannissement que vous prenez pour votre patrie, parce que c'est dans cette corruption que vous avez pris naissance : dès le ventre de votre mère, accoutumé à la vie des sens, passez à une autre région : apprenez à connoître Jérusalem, et la crèche de votre Sauveur, et le pain qu'il vous prépare à Bethléem.

IIIe ÉLÉVATION.

Qui sont les Mages ?

Les mages, sont-ce des rois absolus ou dépendans d'un plus grand empire ? Ou sont-ce seulement de grands seigneurs, ce qui leur faisoit donner le nom de rois selon la coutume de leur pays ? Ou sont-ce seulement des sages, des philosophes, les arbitres de la religion dans l'empire des Perses, ou, comme on l'appeloit alors, dans celui des Parthes, ou dans quelque partie de cet empire qui s'étendoit par tout l'Orient ? Vous croyez que j'aille résoudre ces doutes et contenter vos désirs curieux ; vous vous trompez : je n'ai pas pris la plume à la main pour vous apprendre les pensées des hommes : je vous dirai seulement que c'étoient les savans de leur pays, observateurs des astres, que Dieu prend par leur attrait, riches et puissans, comme leurs présens le font paroître. S'ils étoient de ceux qui présidoient à la religion, Dieu s'étoit fait connoître à eux, et ils avoient renoncé au culte de leur pays.

C'est à quoi doivent mener les hautes sciences. Philosophes de nos jours, de quelque rang que vous soyez, ou observateurs des astres, ou contemplateurs de la nature inférieure, et attachés à ce qu'on appelle physique, ou occupés des sciences abstraites qu'on appelle mathématiques, où la vérité semble présider plus que dans les autres : je ne veux pas dire que vous n'ayez de dignes objets de vos pensées : car de vérité en vérité vous pouvez aller jusqu'à Dieu, qui est la vérité des vérités, la source de la vérité, la vérité même, où subsistent les vérités que vous appelez éternelles, les vérités immuables et invariables qui ne peuvent pas ne pas être vérités, et que tous ceux qui ouvrent les yeux voient en eux-mêmes, et néanmoins au-dessus d'eux-mêmes, puisqu'elles règlent leurs raisonnemens comme ceux des autres, et président aux connoissances de tout ce qui voit et qui entend, soit hommes, soit anges. C'est cette vérité que vous devez chercher dans vos sciences. Cultivez donc ces sciences ; mais ne vous y laissez point absorber : ne présumez pas, et ne croyez pas être quelque chose plus que les autres, parce que vous savez les propriétés et les raisons des grandeurs et des petitesses : vaine pâture des esprits curieux et foibles, qui après tout ne mène à rien qui existe, et qui n'a rien de solide qu'autant que, par l'amour de la vérité et l'habitude de la connoître dans des objets certains, elle fait chercher la véritable et utile certitude en Dieu seul.

Et vous, observateurs des astres, je vous propose une admirable manière de les observer. Que David étoit un sage observateur des astres, lorsqu'il disoit : « Je verrai vos cieux, l'œuvre de vos mains, la lune et les étoiles que vous avez fondées [1] ! » Figurez-vous une nuit tranquille et belle, qui dans un ciel net et pur étale tous ses feux. C'étoit pendant une telle nuit que David regardoit les astres, car il ne parle point du soleil : la lune et l'armée du ciel qui la suit faisoit l'objet de sa contemplation. Ailleurs il dit encore : « Les cieux racontent la gloire de Dieu, » mais dans la suite il s'arrête sur le soleil : « Dieu a établi, dit-il, sa demeure dans le soleil, qui sort richement paré comme fait un nouvel époux du lieu de son repos [2], » et le reste : de là il s'élève à la lumière plus belle et plus vive de la loi. Voilà ce qu'opère dans l'esprit de David la beauté du jour. Mais dans l'autre psaume, où il ne voit que celle de la nuit, il jouit d'un sacré silence ; et dans une belle obscurité il contemple la douce lumière que lui présente la nuit, pour de là s'élever à celui qui luit seul parmi les ténèbres. Vous qui vous relevez pendant la nuit, et qui élevez à Dieu des mains innocentes dans l'obscurité et dans le silence, solitaires, et vous, chrétiens, qui louez Dieu durant les ténèbres, dignes observateurs des beautés du ciel, vous verrez l'étoile qui vous mènera au grand Roi qui vient de naître.

[1] *Psal.* VIII, 4. — [2] *Psal.* XVIII, 2, 6, 8, 9 et seq.

IVᵉ ÉLÉVATION.

D'où viennent les Mages?

D'où ils viennent ? De loin ou de près ? Sont-ils venus en ce peu de jours qui s'écoulent entre la Nativité et l'Epiphanie, comme l'ancienne tradition de l'Eglise semble l'insinuer ? ou y a-t-il ici quelqu'autre secret ? Sont-ils venus de plus loin, avertis peut-être avant la nativité du grand Roi, pour arriver au temps convenable ? Qui le pourra dire, et que sert aussi que nous le disions ? N'est-ce pas assez de savoir qu'ils viennent du pays de l'ignorance, du milieu de la gentilité où Dieu n'étoit pas connu, ni le Christ attendu et promis ? Et néanmoins guidés d'en haut, ils viennent à Dieu et à son Christ, comme les prémices sacrées de l'Eglise des gentils.

A la venue du Christ, le monde s'ébranle pour venir reconnoître le Dieu véritable oublié depuis tant de siècles. « Les rois d'Arabie et de Tharsis, les Sabéens, » les Egyptiens, les Chaldéens, « les habitans des îles les plus éloignées, viendront » à leur tour « pour adorer Dieu et faire leurs présens [1] » au roi des Juifs. Apportez, provinces des gentils : « Venez rendre au Seigneur honneur et gloire : apportez-lui, » comme le seul présent digne de lui, « la glorification de son nom [2]. »

Pourquoi Dieu appelle-t-il aujourd'hui des sages et des philosophes ? « Il n'y a pas plusieurs sages, ni plusieurs savans : il n'y a pas plusieurs riches, ni plusieurs nobles parmi vous, disoit saint Paul, parce que Dieu veut confondre les savans et les puissans de la terre par les foibles et par ceux qu'on estime fols, et ce qui est par ce qui n'est pas [3]. » Il veut pourtant commencer par le petit nombre des sages gentils qui viennent adorer Jésus, parce que ces sages et ces savans, dès qu'ils voient paroître l'étoile, et à sa première clarté, renoncent à leurs lumières pour venir à Jérusalem et aux docteurs de l'Eglise, par où il faut arriver à ce que Dieu leur in-

[1] *Psal.* LXXI, 9-11. — [2] *Psal.* XXVIII, 2. — [3] 1 *Cor.*, I, 26-28.

spire de chercher. Soumettez, sages du monde, toutes vos lumières, et celles-là mêmes qui vous sont données d'en haut, à la doctrine de l'Eglise, parce que Dieu qui vous éclaire, vous veut faire humbles encore plus qu'éclairés.

~~~~~~

Ve ÉLÉVATION.

Quel fut le nombre des Mages ?

On croit vulgairement qu'ils étoient trois, à cause des trois présens qu'ils ont offerts. L'Eglise ne le dit pas, et que nous importe de le savoir ? C'est assez que nous sachions qu'ils étoient « de ce nombre connu de Dieu, du petit nombre, du petit troupeau que Dieu choisit[1]. » Regardez la vaste étendue de l'Orient et celle de tout l'univers : Dieu n'appelle d'abord que ce petit nombre ; et quand le nombre de ceux qui le servent sera augmenté, ce nombre, quoique grand en soi, sera petit en comparaison du nombre infini de ceux qui périssent. Pourquoi ? « O homme ! qui êtes-vous pour interroger Dieu[2], » et lui demander raison de ses conseils ? Profitez de la grace qui vous est offerte, et laissez à Dieu la science de ses conseils et des causes de ses jugemens. Vous êtes tenté d'incrédulité à la vue du petit nombre des sauvés, et peu s'en faut que vous ne rejetiez le remède qu'on vous présente : comme un malade insensé, qui dans un grand hôpital, où un médecin viendroit à lui avec un remède infaillible, au lieu de s'abandonner à lui, regarderoit à droite et à gauche ce qu'il feroit des autres. Malheureux, songe à ton salut, sans promener sur le reste des malades ta folle et superbe curiosité. Les mages ont-ils dit dans leur cœur : N'allons pas ; car pourquoi aussi Dieu n'appelle-t-il pas tous les hommes ? Ils allèrent, ils virent, ils adorèrent, ils offrirent leurs présens : ils furent sauvés.

[1] *Matth.*, VII, 14, 23; XX, 16; *Luc.*, XII, 32. — [2] *Rom.*, IX, 20.

VI° ÉLÉVATION.

L'étoile disparoît.

Soit que Dieu voulût faire connoître qu'il alloit punir les Juifs ingrats par la soustraction de ses lumières; soit que l'étoile qui conduisoit au roi pauvre, et l'ange qui la guidoit, ne voulût point se montrer où paroissoit la pompe d'une cour royale et maligne; soit que l'on n'eût pas besoin de lumière extraordinaire où luisoit comme dans son lieu celle de la loi et des prophètes, l'étoile que les mages avoient vue en Orient se cacha dans Jérusalem [1], et ne reparut aux mages qu'au sortir de cette ville, qui tue les prophètes et qui ne connut pas le jour où Dieu venoit la visiter.

C'est ici encore une figure de l'inspiration. Elle se cache souvent : la lumière qui nous avoit paru d'abord, se cache tout d'un coup dans les ténèbres : l'ame éperdue ne sait plus où elle en est, après avoir perdu son guide. Que faire alors? Consultez et écoutez les docteurs qui vous conduiront par la lumière des Ecritures. L'étoile reparoîtra avec un nouvel éclat. Vous la verrez marcher devant vous plus claire que jamais : et comme les mages vous serez transportés de joie. Mais durant le temps d'obscurité, suivons les guides spirituels et les ministres ordinaires que Dieu a mis sur le chandelier de la cité sainte.

VII° ÉLÉVATION.

Les docteurs indiquent Bethléem aux Mages.

La lumière ne s'éteint jamais dans l'Eglise. Les Juifs commençoient à se corrompre; et le Fils de Dieu sera bientôt obligé de dire : « Gardez-vous bien de la doctrine des pharisiens et des docteurs de la loi [2]. » Cependant dans cet état de corruption et à

---

[1] *Matth.*, II, 9, 10. — [2] *Ibid.*, XVI, 11, 12.

la veille de sa ruine, la lumière de la vérité devoit luire dans la synagogue; et il devoit être toujours véritable jusqu'à la fin, comme dit le même Sauveur : « Les docteurs de la loi et les pharisiens sont assis sur la chaire de Moïse, faites donc ce qu'ils enseignent » tous ensemble et en corps, « mais ne faites pas ce qu'ils font [1] : » tant il étoit véritable que la lumière subsistoit toujours dans le corps de la synagogue qui alloit périr.

C'est ce qui parut à Jérusalem sur l'interrogation des mages. Les pontifes et les docteurs de la loi allèrent d'abord au but sans hésiter : le roi, c'étoit Hérode, les assembla pour les consulter : il faut répondre alors. Quand les rois qui interrogent seroient des Hérodes, on leur doit la vérité quand ils la demandent, et le témoignage en est nécessaire.

« Le roi des Juifs, disent-ils [2], doit naître dans Bethléem : car c'est ainsi qu'il est écrit dans le prophète Michée : Et toi, Bethléem, tu n'es pas la dernière entre les villes de Juda : car de toi sortira le chef qui conduira mon peuple d'Israël. [3] » Il falloit avoir de la force pour oser dire à un roi si jaloux de la puissance souveraine, qu'il y avoit un roi prédit au peuple, et que c'étoit lui qu'on cherchoit; de sorte qu'il étoit au monde : mais il falloit que la synagogue, quelque tremblante qu'elle fût sous la tyrannie d'Hérode, rendît ce témoignage.

Voici encore une autre merveille : c'est à la poursuite d'Hérode que se fait cette authentique déclaration de toute la synagogue : Hérode ne fut poussé à la consulter que par la jalouse fureur qu'il va bientôt déclarer; mais Dieu se sert des méchans et de leurs aveugles passions pour la manifestation de ses vérités.

Il y a encore ici un autre secret. Dieu cache souvent ses mystères d'une manière étonnante. C'étoit un des embarras de ceux qui avoient de la peine à reconnoître Jésus-Christ, qu'il paroissoit Galiléen, et que Nazareth étoit sa patrie. « Le Christ doit-il venir de Galilée? Ne savons-nous pas, disent-ils, qu'il doit naître du sang de David, et même de la bourgade de Bethléem, où David demeuroit [4]? » Et Nathanaël, cet homme « sans fard et fraude, ce vrai Israélite, » ne fut-il pas lui-même dans cet embarras,

[1] *Matth.*, XXIII, 2, 3. — [2] *Ibid.*, II, 2, 5, 6. — [3] *Mich.*, V, 2. — [4] *Joan.*, VII, 41, 42.

quand on lui dit : « Nous avons trouvé le Messie : c'est Jésus de Nazareth, fils de Joseph. Quoi, répliqua-t-il, peut-il venir quelque chose de bon de Nazareth [1] ? » N'est-ce pas Bethléem, la tribu de Juda, qui nous doit donner ce Christ que vous m'annoncez ? Quoique Jésus-Christ pût dès lors leur découvrir le lieu de sa naissance, nous ne lisons pas qu'il l'ait fait. Dieu veut que ses mystères soient cherchés.

Approfondissez humblement : ne vous opiniâtrez pas à rejeter Jésus-Christ, sous prétexte qu'un des caractères de sa naissance n'est pas encore éclairci : si vous cherchez bien, vous trouverez que ce Jésus conçu à Nazareth et nourri dans cette ville comme dans son pays, par une secrète conduite de la divine sagesse est venu naître à Bethléem. Ainsi ce qui faisoit la difficulté se tourne en preuve pour les humbles : et Dieu avoit préparé cette solution de l'énigme, premièrement par le témoignage des bergers, mais dans la suite d'une manière plus éclatante à l'avénement des mages dans Jérusalem.

La demande qu'ils y firent hautement du lieu où devoit naître le Christ, fut connue de tout le monde, « et tout Jérusalem en fut troublé aussi bien qu'Hérode. [2] » La réponse de l'assemblée des pontifes et des docteurs consultés par ce roi, ne fut pas moins célèbre : et le meurtre des innocens dans les environs de Bethléem, fit encore éclater cette vérité. Accoutumons-nous aux dénouemens de Dieu. Quelle admirable consolation à ceux qui ne savoient pas que Jésus étoit né à Bethléem, quand ils virent cet admirable accomplissement de la prophétie ! Avec quelle joie s'écrièrent-ils : « Vraiment, ô Bethléem, tu n'es » plus comme auparavant « la plus petite des villes, puisque » tu seras illustrée « par la naissance de celui qui doit conduire Israël [3]. » La postérité montrera *la spélonque*, comme on l'appeloit, où étoit né le Sauveur, et les païens le remarqueront eux-mêmes [4]. Cette petite bourgade demeurera éternellement mémorable ; on se souviendra à jamais de la prophétie de Michée, qui tant de siècles auparavant a prédit qu'elle verroit naître dans le temps celui dont la naissance est éternelle dans le sein

---

[1] *Joan.*, I, 45-47. — [2] *Matth.*, II, 2-5. — [3] *Ibid.*, II, 6. — [4] Orig., *Cont. Cels!*, lib. I, n. 51.

de Dieu : et, comme parle ce prophète, « celui dont la sortie » et la production « est de toute éternité¹. »

Admirons comme Dieu sait troubler les hommes par de terribles difficultés, et en même temps les calmer d'une manière ravissante. Mais il faut être attentif à tout, et ne rien oublier : car tout est digne d'attention dans l'œuvre de Dieu ; et l'œuvre de Dieu se trouve en tout, parce que Dieu répand partout des épreuves de la foi et de l'espérance. Commençons par croire malgré les difficultés : car c'est ainsi que fit le bon et sincère Nathanaël, qui, sans attendre l'éclaircissement de la difficulté sur Nazareth, touché des autres motifs qui l'attiroient, dit à Jésus : « Vous êtes le Fils de Dieu : Vous êtes le roi d'Israël. Et Jésus lui dit : Vous verrez de plus grandes choses². » Parce que vous avez cru d'abord, dès la première étincelle d'une lumière quoique foible et petite encore, de bien plus grands secrets vous seront révélés.

VIII ÉLÉVATION.

La jalousie et l'hypocrisie d'Hérode : sa politique trompée.

Siméon nous dira bientôt que Jésus est venu au monde, « afin que le secret caché dans le cœur de plusieurs fût révélé.³ » Quel secret doit être ici révélé? Le secret des politiques du monde, le secret des grands de la terre, la jalousie secrète des mauvais rois, leurs vains ombrages, leurs fausses délicatesses, leur hypocrisie, leur cruauté : tout cela va paroître dans Hérode.

Au nom du roi qui étoit venu et à qui il voyoit déjà occuper son trône, touché par l'endroit le plus sensible de son cœur, il ne s'emporta point contre les pontifes qui avoient annoncé ce roi aux Juifs, ni contre les mages qui avoient fait la demande : en habile politique il va à la source, et conclut la mort de ce nouveau roi. « Allez, dit-il aux mages, informez-vous avec soin de cet enfant; et quand vous l'aurez trouvé, faites-le-moi savoir, afin que j'aille aussi l'adorer à votre exemple⁴. » Le cruel ! il ne son-

---

¹ *Mich.*, V, 2. — ² *Joan.*, I, 49, 50. — ³ *Luc.*, II, 35. — ⁴ *Matth.*, II, 8.

geoit qu'à lui enfoncer un poignard dans le sein, mais il feint une adoration pour couvrir son crime.

Quoi donc, Hérode étoit-il un homme sans religion? Ce n'est pas là son caractère : il reconnoît la vérité des prophéties et sait de qui il en faut attendre l'intelligence; mais l'hypocrite superstitieux se sert de ses connoissances pour sacrifier le Christ du Seigneur à sa jalousie.

Que de secrètes terreurs Dieu envoie aux ames ambitieuses! Hérode n'avoit rien à craindre de ce nouveau roi, dont « le royaume n'est pas de ce monde[1] : » et lui qui donne le royaume du ciel, il ne désire point ceux de la terre. Mais c'est ainsi qu'il effraie les grands de la terre si jaloux de leur puissance, et il faut que leur ambition soit leur supplice.

Mais en même temps Dieu se rit du plus haut des cieux de leurs ambitieux projets. Hérode avoit poussé jusqu'au dernier point les raffinemens politiques : « Allez, informez-vous soigneusement de cet enfant[2]. » Voyez comme il les engage à une exacte recherche et à un fidèle rapport : mais Dieu souffle sur les desseins des politiques, et il les renverse. Jésus dit à un autre Hérode, fils de celui-ci, et qui comme lui craignoit que le Sauveur ne voulût régner à sa place : « Allez, dites à ce renard, » à ce malheureux politique « qu'il faut, » malgré lui « que je fasse ce que j'ai à faire aujourd'hui et demain, et que ce n'est qu'au troisième jour » et à la troisième année de ma prédication, « que je dois être consommé[3] » par ma mort. Il est dit de même à son père : Il faut, malgré vos finesses et votre profonde hypocrisie, que cet enfant que vous voulez perdre par des moyens qui vous paroissent si bien concertés : il faut qu'il vive et qu'il croisse, et qu'il « fasse l'œuvre de son Père pour lequel » il est « envoyé[4]. » Quand vous aurez trompé les hommes, tromperez-vous Dieu? Votre jalousie ne fera que se tourmenter davantage, quand elle verra hors de ses mains celui qui l'effraie. Que craignons-nous dans l'œuvre de Dieu ? Les obstacles que nous suscitent les grands de la terre et leur fausse politique? Quand le monde sera plus fort que

---

[1] *Joan.*, XVIII, 36. — [2] *Matth.*, II, 8. — [3] *Luc.*, XIII, 32, 33. — [4] *Joan.*, IV, 34.

Dieu, nous devons tout craindre : tant que Dieu sera comme il est « le seul puissant [1], » nous n'avons qu'à marcher la tête levée.

IXe ÉLÉVATION.

Les Mages adorent l'enfant, et lui font leurs présens.

Après que les mages se furent soumis aux prêtres et aux docteurs, et se furent mis en chemin selon leur précepte, « l'étoile paroît de nouveau et les mène où étoit l'enfant [2]. » Fut-ce à l'étable ou à la crèche? Joseph et Marie y laissèrent-ils l'enfant, et ne songèrent-ils point, ou bien ne purent-ils point pourvoir à un logement plus commode? Contentons-nous des paroles de l'Evangile : « L'étoile s'arrêta sur le lieu où étoit l'enfant. » Sans doute, ou dans le lieu de sa naissance, ou auprès, puisque c'étoit là qu'on les avoit adressés : et on doit croire que ce fut à Bethléem même, afin que ces pieux adorateurs vissent l'accomplissement de la prophétie qu'on leur avoit enseignée. Quoi qu'il en soit, « ils l'adorèrent et lui firent leurs présens [3]. »

Faisons les nôtres à leur exemple, et que ces présens soient magnifiques. Les mages offrirent avec abondance, et de l'or, et les parfums les plus exquis, c'est-à-dire l'encens et la myrrhe.

Recevons l'interprétation des saints docteurs et que l'Eglise approuve : on lui donne de l'or comme à un roi ; l'encens honore sa divinité, et la myrrhe son humanité et sa sépulture, parce que c'étoit le parfum dont on embaumoit les morts.

L'or que nous devons offrir à Jésus-Christ, c'est un amour pur : une ardente charité qui est cet or appelé dans l'*Apocalypse* « l'or purifié par le feu » qu'il faut « acheter de » Jésus-Christ [4].

Comment est-ce qu'on achète l'amour? par l'amour même : en aimant on apprend à mieux aimer ; en aimant le prochain et en lui faisant du bien, on apprend à aimer Dieu, et c'est à ce prix qu'on achète son amour. Mais c'est lui qui commence en nous cet amour, qui va sans cesse s'épurant au feu des afflictions par la patience.

[1] I *Timoth.*, VI, 15. — [2] *Matth.*, II, 9. — [3] *Ibid.*, 11. — [4] *Apoc.*, III, 18.

« Je vous conseille, dit Jésus-Christ, d'acheter de moi cet or[1] : » obtenez-le par vos prières : n'épargnez aucun travail pour l'acquérir : joignez-y l'encens. Qu'est-ce que l'encens du chrétien ? L'encens est quelque chose qui s'exhale, qui n'a son effet qu'en se perdant : exhalons-nous devant Dieu en pure perte de nous-mêmes, puisque « celui qui perd son ame la gagne[2] : » celui qui renonce à soi-même, celui qui s'oublie, qui se consume lui-même devant Dieu, est celui qui lui offre de l'encens : épanchons nos cœurs devant lui : offrons-lui de saintes prières qui montent au ciel, tout ensemble qui se dilatent dans l'air, et qui édifient toute l'Eglise. Disons avec David : « J'ai en moi mon oraison au Dieu de ma vie[3] : » j'ai en moi l'encens que je lui offrirai et l'agréable parfum qui pénétrera jusqu'à lui. Ce n'est rien, si nous n'y ajoutons encore la myrrhe, c'est-à-dire un doux souvenir de la passion et de la sépulture du Sauveur, « ensevelis avec lui[4], » comme dit saint Paul. Car sans sa mort il n'y a point d'oblation sainte : il n'y a point de vertu ni de bon exemple.

Après avoir offert ces présens à Dieu, croirons-nous être quittes envers lui ? non, puisqu'au contraire, en lui donnant ce que nous lui devons, nous contractons une nouvelle dette[5] : « Nous vous donnons, disoit David, parmi ces riches offrandes, ce que nous avons reçu de votre main[6]. » Combien plus avons-nous reçu de sa main cet or de la charité, cet encens intérieur de notre cœur épanché dans la prière, cette pieuse et tendre méditation de la passion et de la mort de Jésus-Christ! Je le reconnois, ô Sauveur; plus je vous offre, plus je vous suis redevable : tout mon bien est à vous, et sans en avoir besoin, vous agréez ce que je vous donne, à cause que c'est vous-même qui me l'avez premièrement donné, et que rien n'est agréable à vos yeux que ce qui porte votre marque et qui vient de vous.

Mais que donnerons-nous encore à Jésus-Christ ? le mépris des biens de la terre. Que les mages sortirent contens de trouver le Roi des Juifs, qu'ils étoient venus chercher de si loin, que l'étoile,

---

[1] *Apoc.*, III, . — [2] *Matth.*, XVI, 25 ; *Luc.*, XIV, 33. — [3] *Psal.* XLI, 9. — [4] *Rom.*, VI, 4. — [5] S. August., serm. 299, *De Nat. Apostol. Petr. et Paul.*, n. 3. — [6] I *Paral.*, XXIX, 14.

que la prophétie leur avoit montré ; de le trouver, dis-je, ou dans son étable, ou dans un lieu toujours pauvre, sans faste, sans appareil: qu'ils retournèrent contens de l'usage qu'ils avoient fait de leurs richesses en les lui offrant ! Offrons-lui tout dans ses pauvres : la partie que nous leur donnons de nos biens, est la seule qui nous demeure ; et par celle-là que nous quittons, nous devons apprendre à nous dégoûter, à nous détacher de l'autre.

Xe ÉLÉVATION.

Les Mages retournent par une autre voie.

« Après avoir adoré l'enfant, avertis en songe » par un oracle du ciel « de ne retourner plus à Hérode, ils retournèrent en leur pays par un autre chemin [1]. » Ainsi fut trompée la politique d'Hérode : mais Dieu veut en même temps nous apprendre à corriger nos premières voies, et après avoir connu Jésus-Christ, de ne marcher plus par le même chemin. Ne nous imaginons pas qu'un changement médiocre nous suffise, pour changer les voies du monde dans les voies de Dieu. « Mes pensées ne sont pas vos pensées, et mes voies ne sont pas vos voies, dit le Seigneur. » Et voyez quel en est l'éloignement : « Autant que le levant est éloigné du couchant, autant mes pensées sont éloignées de vos pensées, et mes voies de vos voies [2]. » Ainsi pour aller par une autre voie, pour quitter la région des sens, et s'avancer par les voies de Dieu, il faut être bien éloigné de soi-même, et la conversion n'est pas un petit ouvrage.

Nous avons, comme les mages, à retourner dans notre patrie. Notre patrie, comme la leur, est en Orient : c'est vers l'Orient que Dieu avoit planté son paradis : il nous y faut retourner : dans quelle sainteté, dans quelle grace, dans quelle simplicité l'homme avoit-il été créé ? « Dieu l'avoit fait droit et simple, et il s'est lui-même jeté dans des disputes infinies [3]. » Pourquoi tant contester contre Dieu ? « Crains Dieu et observe ses commande-

[1] *Matth.*, II, 12. — [2] *Isa.*, LV, 8, 9. — [3] *Eccle.*, VII, 30.

mens : c'est là tout l'homme [1]. » Homme, ne dispute plus sur la nature de ton ame, sur les conditions de ta vie : et craindre Dieu et lui obéir, c'est tout l'homme : que cela est clair ! que cette voie est droite ! que cette doctrine est simple ! On doit l'apercevoir d'abord et dès le premier regard se jeter dans cette voie. Pourquoi tant de laborieuses recherches ? C'est que l'homme, à qui Dieu avoit d'abord montré son salut et sa vie dans son saint commandement, s'est laissé trahir par ses sens, et la trompeuse beauté du fruit défendu a été le piége que l'ennemi lui a tendu : de là il s'est engagé dans un labyrinthe d'erreurs où il ne voit plus d'issue. « Revenez, enfans d'Israël, à votre cœur [2] : » connoissez votre égarement : changez votre voie : si jusqu'ici vous avez cru vos sens, songez à présent que « le juste vit de la foi [3] : » si jusqu'ici vous avez voulu plaire aux hommes et ménager une fausse gloire, songez maintenant à glorifier Dieu à qui seul la gloire appartient : si jusqu'ici vous avez aimé ce qu'on appelle les aises et les plaisirs, accoutumez-vous à goûter dans les maladies, dans les contradictions, dans toutes sortes d'incommodités, l'amertume qui vient troubler en vous la joie des sens et y réveiller le goût de Dieu.

[1] *Eccle.*, XII, 13. — [2] *Isa.*, XLVI, 8. — [3] *Habac.*, II, 4; *Rom.*, I, 17.

XVIIIᴱ SEMAINE.

LA PRÉSENTATION DE JÉSUS-CHRIST AU TEMPLE, AVEC LA PURIFICATION DE LA SAINTE VIERGE.

PREMIÈRE ÉLÉVATION.

Deux préceptes de la loi sont expliqués.

La loi de Moïse ordonnoit deux choses aux parens des enfans nouvellement nés. La première, s'ils étoient les aînés, de les présenter et les consacrer au Seigneur, dont la loi rend deux raisons. L'une générale : « Consacrez-moi tous les premiers-nés; car tout est à moi[1] : » et dans la personne des aînés, tout le reste des familles m'est donné en propre. La seconde étoit particulière au peuple juif : Dieu avoit exterminé en une nuit tous les premiers-nés des Egyptiens; et épargnant ceux des Juifs, il voulut que dorénavant tous leurs premiers-nés lui demeurassent consacrés par une loi inviolable, en sorte que leurs parens ne pussent s'en réserver la disposition, ni aucun droit sur eux qu'ils ne les eussent auparavant rachetés de Dieu par le prix qui étoit prescrit. Cette loi s'étendoit jusqu'aux animaux; et en général tout ce qui étoit premier-né, ou comme parle la loi, « tout ce qui ouvroit le sein d'une mère[2] » et en sortoit le premier, étoit à Dieu.

La seconde loi regardoit la purification des mères, qui étoient impures dès qu'elles avoient mis un enfant au monde. Il leur étoit défendu, durant quarante ou soixante jours, selon le sexe de leurs enfans, de toucher aucune chose sainte, ni d'approcher du temple et du sanctuaire. Aussitôt qu'elles étoient mères, elles étoient comme excommuniées par leur propre fécondité; tant la naissance des hommes étoit malheureuse et sujette à une malé-

[1] *Exod.*, XIII, 2, 13-15; *Numer.*, VIII, 17. — [2] *Exod.* XIII, 2; *Num.* III, 12.

diction inévitable. Mais voici que Jésus et Marie venoient la purifier, en subissant volontairement et pour l'exemple du monde, une loi pénale à laquelle ils n'étoient soumis qu'à cause que le secret de l'enfantement virginal n'étoit pas connu.

Dans cette purification les parens devoient offrir à Dieu un agneau; et s'ils étoient pauvres et n'en avoient pas le moyen, ils pouvoient offrir à la place « deux tourterelles ou deux petits de colombes, pour être immolés, l'un en holocauste et l'autre » selon le rit du sacrifice « pour le péché [1]. » Et voilà ce que portoit la loi de Moïse, à l'opprobre perpétuel des enfans d'Adam et de toute sa race pécheresse.

IIe ÉLÉVATION.

La présentation de Jésus-Christ.

La première de ces deux lois paroissoit manifestement avoir été faite en figure de Jésus-Christ, qui étant, comme dit saint Paul, « le premier-né avant toutes les créatures [2], » étoit celui en qui tout devoit être sanctifié et éternellement consacré à Dieu. Unissons-nous donc en ce jour par la foi à Jésus-Christ, afin d'être en lui et par lui présentés à Dieu pour être son propre bien, et nous dévouer à l'accomplissement de sa volonté, aussi juste que souveraine.

Nous savons que le premier acte de Jésus, entrant au monde, fut de se dévouer à Dieu, et de se mettre à la place de toutes les victimes, de quelque nature qu'elles fussent, pour accomplir sa volonté en toute manière. Ce qu'il fit dans le sein de sa mère par la disposition de son cœur, il le fait aujourd'hui réellement en se présentant au temple, et se livrant au Seigneur comme une chose qui est à lui entièrement.

Entrons dans ce sentiment du Seigneur Jésus; et unis à son oblation, disons-lui d'une ferme foi : O Jésus, quelle victime voulez-vous que je sois? Voulez-vous que je sois un holocauste

[1] *Levit.*, XII, 8. — [2] *Coloss.*, I, 15.

consumé et anéanti devant votre Père par le martyre du saint amour? Voulez-vous que je sois ou une victime pour le péché par les saintes austérités de la pénitence, ou une victime pacifique et eucharistique dont le cœur touché de vos bienfaits, s'exhale en actions de graces et se distille en amour à vos yeux? Voulez-vous qu'immolé à la charité, je distribue tous mes biens pour la nourriture des pauvres, ou que « frère sincère et bienfaisant [1], » je donne ma vie pour les chrétiens, me consumant en pieux travaux dans l'instruction des ignorans et dans l'assistance des malades? Me voilà prêt à m'offrir, à me dévouer, pourvu que ce soit avec vous, puisqu'avec vous je puis tout, et que je serai heureux de m'offrir par vous et en vous à Dieu votre Père.

Mais pourquoi ce premier-né est-il racheté? Falloit-il racheter le Rédempteur? Le Rédempteur portoit en lui-même la figure des esclaves et des pécheurs : sa sainte mère ne le pouvoit conserver en sa puissance qu'en le rachetant : il lui fut soumis, il lui obéit, il la servit durant trente ans. Rachetez-le, pieuse mère : mais vous ne le garderez pas longtemps : vous le verrez revendu pour trente deniers, et livré au supplice de la croix. Divin premier-né, soit que vous soyez racheté pour être à moi dans votre enfance, soit que vous soyez vendu pour être encore plus à moi à la fin de votre vie : je veux me racheter pour vous de ce siècle malin : je veux me vendre pour vous, et me livrer aux emplois de la charité.

IIIe ÉLÉVATION.

La purification de Marie.

Ne cherchons aucun prétexte pour nous exempter de l'observation de la loi. Par les termes mêmes de la loi de la purification, il paroît que la sainte Vierge en étoit exempte, n'ayant contracté ni l'impureté des conceptions ordinaires, ni celle du sang et des autres suites des vulgaires enfantemens. Elle obéit néanmoins :

[1] I *Joan.*, III, 16; III *Joan.*, 5, 6.

elle s'y croit obligée pour l'édification publique, comme son Fils avoit obéi par son ministère à la loi servile de la circoncision.

Ne cherchons aucun prétexte de nous dispenser des saintes observances de l'Eglise, de ses jeûnes, de ses abstinences, de ses ordonnances. Le plus dangereux prétexte de se dispenser de ce que Dieu demande de nous, est la gloire des hommes. Un fidèle vous dira : Si je m'humilie, si je me relâche, si je pardonne, on dira que j'aurai tort. Un ecclésiastique à qui vous conseillerez de se retirer durant quelque temps dans un séminaire, pour se recueillir et se redresser contre ses dissipations, vous dira : On croira qu'on me l'a ordonné par pénitence, et on me croira coupable. Mais ni Jésus, ni Marie n'ont eu ces vues : Jésus ne dit pas : On me croira pécheur comme les autres, si je subis la loi de la circoncision : Marie ne dit pas : On me croira mère comme les autres, et le péché comme la concupiscence mêlé dans la conception de mon Fils comme dans celle des autres; ce qui fera tort non tant à moi qu'à la dignité et à la sainteté de ce cher Fils : elle subit la loi, et donne un exemple admirable à tout l'univers de mettre sa gloire dans celle de Dieu et dans l'honneur de lui obéir, et d'édifier son Eglise.

IV° ÉLÉVATION.

L'offrande des deux tourterelles, ou des deux petits de colombe.

« On offrira un agneau d'un an en holocauste pour un fils et une fille, et un petit de colombe ou une tourterelle pour le péché : que si l'on n'a pas un agneau d'un an, et qu'on n'en ait pas le moyen, on offrira deux tourterelles ou deux petits pigeons, l'un en holocauste et l'autre pour le péché[1]. » Dieu tempère sa loi selon les besoins : sa rigueur, quoique régulière, est accommodante; et il permet aux pauvres, au lieu d'un agneau qui dans son indigence lui coûteroit trop, d'offrir des oiseaux de vil prix, mais agréables à ses yeux par leur simplicité et par leur douceur. Quoi

[1] *Levit.*, XII, 6, 8.

qu'il en soit, il est constant que les tourterelles et les pigeons sont la victime des pauvres : dans l'oblation du Sauveur l'Evangile excluant l'agneau et ne marquant que l'alternative des colombes ou des tourterelles, a voulu expressément marquer que le sacrifice de Jésus-Christ a été celui des plus pauvres. C'est ainsi qu'il se plaît dans la pauvreté, qu'il en aime la bassesse, qu'il en étale les marques en tout et partout. N'oublions pas un si grand mystère ; et en mémoire de celui « qui étant si riche s'est fait pauvre pour l'amour de nous, afin de nous enrichir par sa pauvreté [1], » aimons-en le précieux caractère.

« Pour moi, disoit Origène [2], j'estime ces tourterelles et ces colombes, heureuses d'être offertes pour leur Sauveur ; car il sauve et les hommes et les animaux [3], » et leur donne à tous leur petite vie. Allez, petits animaux et innocentes victimes, allez mourir pour Jésus : c'est nous qui devions mourir à cause de notre péché : sauvons donc Jésus de la mort, en subissant celle que nous avions méritée. Dieu nous en délivre par Jésus qui meurt pour nous, et c'est en figure de Jésus notre véritable victime qu'on immole des animaux : ils meurent donc pour lui en quelque sorte, jusqu'à ce qu'il vienne, et nous sommes exempts de la mort par son oblation. Une autre mort nous est réservée : c'est la mort de la pénitence, la mort aux péchés, la mort aux mauvais désirs : par nos péchés et nos convoitises nous donnons la mort à Jésus « et nous le crucifions encore une fois [4]. » Sauvons au Sauveur cette mort seule affligeante pour lui : mourons comme des tourterelles et des colombes, en gémissant dans la solitude et dans la retraite : que les bois, que les rochers, que les lieux seuls et écartés retentissent de nos cris, de nos tendres gémissemens : soyons simples comme la colombe, fidèles et doux comme la tourterelle : mais ne croyons pas pour cela être innocens comme le sont ces animaux : notre péché est sur nous, et il nous faut mourir dans la pénitence.

[1] II *Cor.*, VIII, 9. — [2] Origen. *in Luc.*, hom. XIV. — [3] *Psal.* XXXV, 7. — [4] *Hebr.*, VI, 6.

Vᵉ ÉLÉVATION.

Sur le saint vieillard Siméon.

« Il y avoit dans Jérusalem un homme juste et craignant Dieu ; nommé Siméon, qui vivoit dans l'attente de la consolation d'Israël, et le Saint-Esprit étoit en lui : et il lui avoit été révélé par le Saint-Esprit qu'il ne mourroit point, qu'auparavant il n'eût vu le Christ du Seigneur [1]. » Voici un homme admirable, et qui fait un grand personnage dans les mystères de l'enfance de Jésus. Premièrement, c'est un saint vieillard qui n'attendoit plus que la mort : il avoit passé toute sa vie dans l'attente de la céleste consolation. Ne vous plaignez point, ames saintes, ames gémissantes, ames qui vivez dans l'attente ; ne vous plaignez pas si vos consolations sont différées : attendez : attendez encore une fois : *Expecta : reexpecta* [2]. Vous avez long temps attendu, attendez encore : *expectans expectavi Dominum* [3] *:* attendez en attendant : ne vous lassez jamais d'attendre. « Dieu est fidèle [4], » et il veut être attendu avec foi : attendez donc la consolation d'Israël. Et quelle est la consolation du vrai Israël ? C'est de voir une fois, et peut-être à la fin de vos jours, le Christ du Seigneur.

Il y a des graces uniques en elles-mêmes, dont le premier trait ne revient plus, mais qui se continuent ou se renouvellent par le souvenir. Dieu les fait attendre longtemps pour exercer la foi et en rendre l'épreuve plus vive : Dieu les donne quand il lui plaît d'une manière soudaine et rapide : elles passent en un moment : mais il en demeure un tendre souvenir et comme un parfum : Dieu les rappelle, Dieu les multiplie, Dieu les augmente : mais il ne veut pas qu'on les rappelle comme de soi-même par des efforts violens : il veut qu'on l'attende toujours : et on ne se doit permettre que de doux et comme insensibles retours sur ses anciennes bontés. « Que ceux qui ont des oreilles pour entendre,

---

[1] *Luc.*, II, 25, 26. — [2] *Isa.*, XXVIII, 10, 13. — [3] *Psal.* XXXIX, 2. — [4] II *Thessal.*, III, 3.

écoutent [1]. » Telle sera, par exemple, une certaine suavité du Saint-Esprit, un goût caché de la rémission des péchés, un pressentiment de la jouissance future; une impression aussi efficace que sublime de la souveraine majesté de Dieu, ou de sa bonté et de sa communication en Jésus-Christ; d'autres sentimens que Dieu sait et que saint Jean dans l'*Apocalypse* appelle « la manne cachée [2], » la consolation dans le désert, l'impression secrète dans le fond du cœur du « nouveau nom de Jésus-Christ, que nul ne connoît que celui qui l'a reçu [3]. » C'est la consolation de Siméon dans ce mystère. Tous les fidèles y ont part, chacun à sa manière, et tous doivent le comprendre selon leur capacité.

O Dieu et Père de miséricorde, faites-moi entendre ce nouveau nom de votre Fils : ce nom de Sauveur que chacun de nous se doit appliquer par la foi, lorsque Dieu dit à notre ame : « Je suis ton salut [4]. » La voilà la consolation de Siméon : voyons comme il y est préparé.

VIe ÉLÉVATION.

Dernière préparation à la grace que Siméon devoit recevoir : le Saint-Esprit le conduit au temple.

L'attente de Siméon étoit une préparation à la grace de voir Jésus; mais cette préparation étoit encore éloignée : la dernière et la plus prochaine disposition, c'est qu'après avoir longtemps attendu avec foi et patience, tout d'un coup il sent dans son cœur une impulsion aussi vive que secrète, qui le pressoit à ce moment d'aller au temple, sans qu'il sût peut-être distinctement ce qu'il y alloit trouver, Dieu se contentant de lui faire sentir que ses désirs seroient satisfaits. « Il vint » donc « en esprit au temple : » il y vint par une secrète instigation de l'esprit de Dieu. Allons aussi en esprit au temple, si nous y voulons trouver Jésus-Christ. N'y allons point par coutume, par bienséance : « Les vrais adorateurs adorent Dieu en esprit et en vérité [5] : » c'est le Saint-Esprit qui les meut, et ils suivent cet invisible moteur.

[1] *Luc.*, XIV, 35. — [2] *Apoc.*, II, 17. — [3] *Ibid.* — [4] *Psal.* XXXIV, 3. — [5] *Joan.*, IV, 24.

Le temple matériel, l'assemblée visible des fidèles est la figure de leur invisible réunion avec Dieu dans l'éternité. C'est là le vrai temple de Dieu : le vrai temple de Dieu où il habite, c'est la sainte et éternelle société de ses saints, réunis en lui par Jésus-Christ. Ainsi aller au temple en esprit, c'est s'unir en esprit à ce temple invisible et éternel, où Dieu, comme dit l'Apôtre, « sera tout en tous [1]. »

Allons donc en esprit au temple ; et toutes les fois que nous entrerons dans ce temple matériel, unissons-nous en esprit « à la sainte et éternelle Jérusalem [2] » où est le temple de Dieu, où sont réunis les saints purifiés et glorifiés, qui attendent pourtant encore à la dernière résurrection leur parfaite glorification, et l'assemblage consommé de leurs frères qui manquent encore en leur sainte société, et que Dieu ne cesse de rassembler tous les jours.

Là donc on trouve Jésus-Christ, mais Jésus-Christ entier, c'est-à-dire le chef et les membres : mais il ne sera entier que lorsque le nombre des saints sera complet. Ayons toujours la vue arrêtée à cette consommation de l'œuvre de Dieu, et nous irons en esprit au temple pour y trouver Jésus-Christ.

VIIe ÉLÉVATION.

Heureuse rencontre de Siméon et de Jésus.

« Il vint en esprit au temple au moment que le père et la mère de Jésus l'y portoient, selon la coutume prescrite par la loi [3]. » Heureuse rencontre, mais qui n'est pas fortuite ; heureuse rencontre de venir au temple au moment que Joseph et Marie y portoient l'enfant ! C'est pour cela que les anciens Pères grecs ont appelé ce mystère « la rencontre. » Mais la rencontre parmi les hommes paroît au dehors comme un effet du hasard : il n'y a point de hasard : tout est gouverné par une sagesse dont l'infinie capacité embrasse jusqu'aux moindres circonstances. Mais surtout l'heureuse rencontre de Siméon avec Jésus porté dans le temple par ses parens, est dirigée par un ordre spécial de Dieu.

---

[1] *I Cor.*, XV, 28. — [2] *Hebr.*, XII, 22. — [3] *Luc.*, II, 27.

Dieu détermina le moment où l'on se devoit rencontrer. Par quel esprit Jésus vint-il au temple? S'il est écrit que « le Saint-Esprit le mena dans le désert[1], » ne doit-on pas dire de même que le Saint-Esprit le mena dans le temple, qu'il y mena aussi Joseph et Marie? Voici donc l'heureuse rencontre conduite par le Saint-Esprit : le même Esprit qui mena au temple Joseph, Marie et Jésus, y mena aussi Siméon. Il cherchoit Jésus : mais plutôt et premièrement Jésus le cherchoit, et vouloit encore plus se donner à lui que Siméon ne vouloit le recevoir.

Mettons-nous donc en état d'être menés par le même esprit qui mène Joseph, qui mène Marie, qui mène Jésus ; et pour cela dépouillons-nous de notre propre esprit : car ceux qui sont conduits par leur esprit propre, ne peuvent pas être conduits par l'esprit de Dieu et de Jésus-Christ.

Mais qu'est-ce que cet esprit propre? Apprenons à le connoître. Cet esprit propre consiste dans la recherche de ses avantages : et l'esprit de Jésus-Christ consiste aussi à se réjouir des avantages, si l'on peut ainsi parler, et de la gloire de Dieu en Jésus-Christ.

« Si vous m'aimiez, vous vous réjouiriez de ce que je retourne à mon Père, parce que mon Père est plus grand que moi[2] ; » et que retourner à lui, c'est retourner à ma naturelle et originaire grandeur : c'est là se réjouir de la gloire et des avantages de Jésus-Christ. D'autres sont dévots dans la maladie, dans les grandes affaires du monde, afin qu'elles réussissent. Que de messes, que de prières, que de billets dans les sacristies, pour engager Dieu dans leurs intérêts et le faire servir à leur ambition! Ceux-là n'entrent pas au temple dans l'esprit de Jésus-Christ, et ne l'y rencontrent pas. Laissons là ces dévots grossiers : en voici de plus spirituels. Ce sont les apôtres qui semblent se réjouir en Jésus-Christ même ; et qui, touchés de sa douce conversation, ne peuvent se résoudre à le voir partir. Ce sont de foibles amis qui aiment leur joie plus que la gloire de celui qu'ils aiment. Ils quitteront l'oraison, pour peu qu'elle cesse à leur apporter ces délectations sensibles. Ce sont ceux que Jésus-Christ appelle « disciples pour un temps, qui reçoivent d'abord la parole avec joie, mais à la pre-

---

[1] *Luc.*, IV, 1. — [2] *Joan.*, XIV, 28.

mière tentation l'abandonnent¹. » La vérité ne les règle pas, mais leur goût passager et spirituel.

Que dirons-nous de ceux qui viennent dire au Sauveur avec un mélange de joie sensible et humaine : « Seigneur, les démons mêmes nous sont soumis en votre nom². » Ils semblent se réjouir de la gloire de Notre-Seigneur, au nom duquel ils rapportent cet effet miraculeux. Mais parce qu'ils y mêloient par rapport à eux une complaisance trop humaine, Jésus-Christ leur dit : Il est vrai : « je vous ai donné ce pouvoir sur les démons : néanmoins ne vous réjouissez pas de ce qu'ils vous sont soumis ; mais réjouissez-vous de ce que vos noms sont écrits dans le ciel³ ; » et ce discours se termine à rendre gloire à Dieu de l'accomplissement de sa volonté : « Il est ainsi, mon Père, parce que ç'a été votre bon plaisir⁴. »

Ceux aussi dont parle saint Paul⁵, qui donneroient « tous leurs biens aux pauvres et leurs membres mêmes au martyre, » ne seroient pas dépourvus de quelque joie, en faisant à Dieu ce sacrifice apparent : et néanmoins, s'ils « n'avoient pas la charité » et cette céleste délectation de l'accomplissement de la volonté de Dieu, « ils ne seroient rien. » Cherchons donc à nous réjouir en Jésus-Christ de ce qui a réjoui Jésus-Christ même, c'est-à-dire du bon plaisir de Dieu, et mettons là toute notre joie. Alors guidés au temple par l'esprit de Jésus-Christ, nous le rencontrerons avec Siméon, et la rencontre sera heureuse.

VIIIᵉ ÉLÉVATION.

Qu'est-ce que recevoir Jésus-Christ entre ses bras ?

« Il prit l'Enfant entre ses bras⁶. » Ce n'est pas assez de regarder Jésus-Christ ; il faut le prendre, le serrer entre ses bras avec Siméon, afin qu'il n'échappe point à notre foi.

Jésus-Christ est la vérité : le tenir entre ses bras, c'est com-

¹ *Luc.*, VIII, 13. — ² *Ibid.*, X, 17. — ³ *Ibid.*, 19, 20. — ⁴ *Ibid.*, 21. — ⁵ I *Cor.*, XIII, 2, 3. — ⁶ *Luc.*, II, 28.

prendre ses vérités, se les incorporer, se les unir, n'en laisser écouler aucune, les goûter, les repasser dans son cœur, s'y affectionner, en faire sa nourriture et sa force : ce qui en donne le goût et les fait mettre en pratique.

C'est un défaut de songer seulement à la pratique : il faut aller au principe de l'affection et de l'amour. Lisez le psaume CXVIII, tout consacré à la pratique de la loi de Dieu : « Heureux ceux qui marchent dans la loi de Dieu [1]. » Mais que fait David pour cela? Il la recherche, il l'approfondit, il désire qu'elle soit sa règle, il désire de la désirer, il s'y attache par un saint et fidèle amour; il en aime la vérité, la droiture; il en chante les merveilles, il use ses yeux à la lire nuit et jour, il la goûte, elle est un miel céleste à sa bouche. C'est ce qui rend la pratique amoureuse et persévérante.

Combien plus devons-nous aimer l'Évangile? Mais pour aimer l'Evangile, il faut primitivement aimer Jésus-Christ, le serrer entre ses bras, dire avec l'Epouse : « Je le tiens, et ne le quitterai pas [2]. » Une pratique sèche ne peut pas durer : une affection vague se dissipe en l'air : il faut, par une forte affection, en venir à une solide pratique.

Ceux qui disent qu'il en faut venir à la pratique, disent vrai sans doute; mais ceux qui pensent qu'on en peut venir à une pratique forte, courageuse et persévérante sans l'attention de l'esprit et l'occupation du cœur, ne connoissent pas la nature de l'esprit humain, et ne savent pas embrasser Jésus-Christ avec Siméon.

IXe ÉLÉVATION.

Qu'est-ce que bénir Dieu, en tenant Jésus-Christ entre ses bras?

« Et il bénit Dieu, et il dit : Vous laisserez maintenant aller en paix votre serviteur [3]. » La bénédiction que nous donnons à Dieu, vient originairement de celle qu'il nous donne. Dieu nous bénit, lorsqu'il nous comble de ses biens : nous le bénissons,

---

[1] *Psal.* CXVIII, 1, 2 et seq. — [2] *Cantic.*, III, 4. — [3] *Luc.*, II, 28, 29.

lorsque nous reconnoissons que tout le bien que nous avons vient de sa bonté ; et que ne pouvant lui rien donner, nous confessons avec complaisance ses perfections et nous nous en réjouissons de tout notre cœur.

Cette occupation naturelle de l'homme a été interrompue par le péché, et rétablie par Jésus-Christ ; en sorte que par nous-mêmes ne pouvant bénir Dieu, ni rien faire qui lui soit agréable, nous le bénissons en Jésus-Christ, « en qui » aussi « il nous a » premièrement « bénis de toute bénédiction spirituelle [1], » comme dit saint Paul.

Pour donc bénir Dieu, il faut le tenir entre nos bras, qui est une posture d'offrande et un acte pour présenter à Dieu son Fils bien-aimé.

Par ce moyen nous rendons à Dieu tout ce que nous lui devons et lui faisons une oblation égale, non-seulement à ses bienfaits, mais encore à ses grandeurs, en lui présentant un autre lui-même. Au reste nous pouvons l'offrir, puisqu'il est à nous, de même sang, de même nature que nous sommes ; qui d'ailleurs se donne à nous tous les jours dans la sainte Eucharistie, afin que nous ayons tous les jours de quoi donner à Dieu qui nous donne tout.

L'effet dans nos cœurs de cette bénédiction, c'est de nous dégoûter de la vie et de tous les biens sensibles. Celui-là bénit Dieu véritablement, qui, attaché à Jésus-Christ qu'il présente à Dieu et détaché de tout le reste, dit avec Siméon : « Laissez-moi aller en paix : » je ne veux rien, je ne tiens à rien sur la terre ; ou bien avec Job : « Le Seigneur a donné : le Seigneur a ôté : tout ce que le Seigneur a voulu est arrivé : le nom du Seigneur soit béni [2] : à lui la gloire et l'empire [3] : » à nous l'humilité et l'obéissance. En quelque état que nous soyons, mettons Jésus entre Dieu et nous : Veux-je vous rendre graces, voilà votre Fils : vous ai-je offensé, voilà votre Fils, mon grand propitiateur. Voyez les pleurs de ses yeux enfantins : c'est pour moi qu'il les verse. Qui en doute, puisqu'il a bien versé son sang ? Recevez donc de mes mains le Sauveur que vous nous avez donné. C'est pour cela qu'il

---

[1] *Ephes.*, I, 3. — [2] *Job*, I, 21. — [3] *Apoc.*, I, 6.

se met encore tous les jours entre nos mains. Mais soyons purs, soyons saints pour offrir à Dieu le Saint des saints : levons à Dieu des mains pures et allons en paix.

X.e ÉLÉVATION.
Le cantique de Siméon.

Le saint vieillard ne veut plus rien voir, après avoir vu Jésus-Christ [1]. Il croyoit profaner ses yeux sanctifiés par la vue de Jésus-Christ : et il ne désire plus que d'aller bientôt au sein d'Abraham y attendre l'espérance du monde ; et annoncer comme prochaine aux enfants de Dieu la consolation d'Israël.

En général on ne doit souhaiter de vivre que jusqu'à tant qu'on ait connu Jésus-Christ. Mourir sans l'avoir connu, c'est mourir dans son péché : mais aussi quand on l'a connu et goûté par la rémission de ses péchés, qui pourroit aimer la vie et se repaître encore de ses illusions? La vie de l'homme n'est que tentation et tromperie. Les pompes, les grandeurs, les biens du monde, qu'est-ce autre chose « qu'orgueil, concupiscence des yeux, concupiscence de la chair [2], » un vain faste, une vaine enflure, un amusement dangereux, un piége, un attrait trompeur pour les foibles? « Fuyons, fuyons cette Babylone, pour n'être point corrompus par ses délices [3] : » après avoir vu le vrai en Jésus, fuyons le faux qui est dans le monde.

Eh bien, je laisserai le monde : je m'en irai contempler les œuvres de Dieu dans la retraite : je n'y trouverai pas ce faux que j'aperçois dans le monde : quelle consolation, puisque le vrai y est encore imparfait! Les créatures peuvent être nos introducteurs vers Dieu : mais quand nous le pouvons voir lui-même, qu'avons-nous besoin des introducteurs? Fermez-vous dorénavant, mes yeux : vous avez vu Jésus-Christ ; il n'y a plus rien à voir pour vous.

C'est ainsi que le juste méprise la vie, et ne la supporte qu'avec peine. Mais alors, et quand Jésus-Christ devoit paroître, on pou-

[1] *Luc.*, II, 26. — [2] I *Joan.*, II, 19. — [3] *Apoc.*, XVIII, 4.

voit désirer la consolation de le voir et de lui rendre témoignage. Maintenant, où pour le voir il faut mourir, la mort n'est-elle pas douce? Si le saint vieillard a tant désiré de voir Jésus dans l'infirmité de sa chair, combien plus devons-nous désirer de le voir dans sa gloire! Heureux Siméon, combien de « prophètes, » combien « de rois ont désiré de voir ce que vous voyez, et ne l'ont pas vu ? » C'est ce que Jésus disoit à ses disciples ; et il ajouta : « Et d'ouïr ce que vous écoutez, et ne l'ont pas ouï [1]. » Siméon n'écoutoit pas sa parole, qui faisoit dire à ses auditeurs, peut-être encore incrédules : « Jamais homme n'a parlé comme celui-ci [2] ; » et néanmoins il est ravi : combien plus le devons-nous être d'entendre sa sainte parole, et d'en attendre la dernière et parfaite révélation dans la vie future! Siméon ne voit rien encore qu'un enfant où rien ne paroît d'extraordinaire ; et Dieu lui ouvre les yeux de l'esprit, pour voir que c'est la « lumière » que Dieu prépare « aux gentils » pour les éclairer, et le flambeau pour les recueillir de leur dispersion : en même temps la « gloire d'Israël, » et celui où se réunissent ceux qui sont loin et ceux qui sont près : en un mot l'attente commune des deux peuples, comme Jacob le vit en mourant, lorsqu'il vit sortir de Juda celui « qui étoit l'espérance de tous les peuples de l'univers [3]. »

Eclairez-nous, ô Sauveur, « lumière qui éclairez tout homme venant au monde [4] : » éclairez-nous, nous que votre Evangile a tirés de la gentilité : éclairez les Juifs encore endurcis, et qu'ils viennent confesser avec nous Jésus-Christ Notre-Seigneur. Qui verra cet heureux temps? Quand viendra-t-il? Bienheureux les yeux qui verront, après la conversion des gentils, la gloire du peuple d'Israël!

XIe ÉLÉVATION.

Admiration de Joseph et de Marie.

« Le père et la mère de l'enfant étoient en admiration de ce qu'on disoit de lui [5]. » Pourquoi tant être en admiration ? Ils en

---

[1] *Luc.*, X, 24. — [2] *Joan.*, VII, 46. — [3] *Genes.*, XLIX, 10. — [4] *Joan.*, I, 9. — [5] *Luc.*, II, 33.

savoient plus que tous ceux qui leur en parloient. Il est vrai que l'ange ne leur avoit pas encore annoncé la vocation des gentils. Marie n'avoit ouï parler que « du trône de David et de la maison de Jacob ¹. » Elle avoit senti toutefois par un instinct manifestement prophétique et sans limitation, que « dans tous les temps on la publieroit bienheureuse ² : » ce qui sembloit comprendre tous les peuples comme tous les âges : et l'adoration des mages étoit un présage de la conversion des gentils. Quoi qu'il en soit, Siméon est le premier qui paroisse l'avoir annoncée, et c'étoit un grand sujet d'admiration.

Sans en tant rechercher les causes, le Saint-Esprit nous veut faire entendre une excellente manière d'honorer les mystères. C'est à la vue des bontés et des merveilles de Dieu, de demeurer devant lui en grande admiration et en grand silence. Dans ce genre d'oraison, il ne s'agit pas de produire beaucoup de pensées, ni de faire de grands efforts : on est devant Dieu : on s'étonne des graces qu'il nous fait : on dit cent et cent fois sans dire mot, avec David : *Quid est homo?* « Qu'est-ce que l'homme, que vous daigniez vous en souvenir ³ ? » Encore un coup : qu'est-ce que l'homme, que vous, vous qui êtes le Seigneur admirable par toute la terre, vouliez y penser? Et on s'abîme dans l'étonnement et dans la reconnoissance, sans songer à vouloir produire, ni au dedans, ni au dehors, la moindre parole, tant que dure cette bienheureuse et très-simple disposition.

Il y a dans l'admiration une ignorance soumise, qui, contente de ce qu'on lui montre des grandeurs de Dieu, ne demande pas d'en savoir davantage ; et perdue dans l'incompréhensibilité des mystères, les regarde avec un saisissement intérieur, également disposée à voir ou à ne voir pas, à voir plus ou moins selon qu'il plaira à Dieu. Cette admiration est un amour. Le premier effet de l'amour, c'est de faire admirer ce qu'on aime, le faire toujours regarder avec complaisance, y rappeler les yeux, ne vouloir point le perdre de vue. Cette manière d'honorer Dieu est marquée dans les saints dès les premiers temps. Elle est répétée plusieurs fois dans saint Clément d'Alexandrie. Mais quoi? Elle est de David,

---

¹ *Luc.*, I, 32. — ² *Ibid.*, 48. — ³ *Psal.* VIII, 5.

lorsqu'il dit : *Quàm admirabile ! quid est homo ! quàm magna multitudo dulcedinis tuæ, Domine !* « Que votre nom est admirable ! qu'est-ce que l'homme! que vos douceurs sont grandes et innombrables¹ ! » C'est le cantique de tous les saints dans l'*Apocalypse :* « Qui ne vous craindra, Seigneur ? Qui n'exaltera votre nom ? car vous êtes le seul saint ². » On se tait alors, parce qu'on ne sait comment exprimer sa tendresse, son respect, sa joie, ni enfin ce qu'on sent de Dieu : et c'est « dans le ciel le silence d'environ une demi-heure³ : » silence admirable, et qui ne peut durer longtemps dans cette vie turbulente et tumultueuse.

XIIᵉ ÉLÉVATION.

Prédictions du saint vieillard. Jésus-Christ en butte aux contradictions.

« Cet enfant que vous voyez, est pour la ruine et pour la résurrection de plusieurs dans Israël⁴. » C'est ce qu'opère tout ce qui est haut et ce qui est simple tout ensemble. On ne peut atteindre à sa hauteur : on dédaigne sa simplicité : ou bien on le veut atteindre par soi-même ; et on ne peut, et on se trouble, et on se perd dans son orgueil. Mais les humbles cœurs entrent dans les profondeurs de Dieu sans s'émouvoir ; et éloignés du monde et de ses pensées, ils trouvent la vie dans la hauteur des œuvres de Dieu.

« Et il sera en butte aux contradictions des hommes⁵. » Siméon est inspiré de parler à fond à Marie, qui plus que personne a ces oreilles intérieures où le Verbe se fait entendre. Ouvrons l'Evangile, et surtout celui de saint Jean, où le mystère de Jésus-Christ est découvert plus à fond : c'est le plus parfait commentaire de la parole de Siméon. Ecoutons murmurer le peuple. « Les uns disoient : C'est un homme de bien ; les autres disoient : Non, il trompe le peuple et abuse de sa crédulité. N'est-ce pas lui qu'ils vouloient faire mourir ? Et il prêche et personne ne lui dit mot :

---

¹ *Psal.* VIII, 2, 5 ; *Psal.* XXX, 10. — ² *Apoc.,* XV, 4. — ³ *Apoc.,* VIII, 1. — ⁴ *Luc.,* II, 34. — ⁵ *Ibid.*

les prêtres auroient-ils connu qu'il est le Christ ? Mais on ne saura d'où viendra le Christ, et celui-ci nous savons d'où il est venu [1]. Que veut-il dire, qu'on ne peut aller où il va ? Ira-t-il aux gentils dispersés, et s'en rendra-t-il le docteur ? Les uns disoient : C'est le Christ ; les autres disoient : Le Christ doit-il venir de Galilée ? Ne sait-on pas qu'il doit venir de Bethléem ? Il y eut donc sur ce sujet une grande dissension [2], » et le voilà « en butte aux contradictions des hommes. »

Poursuivons. Jésus répète encore une fois : « Je m'en vais, et vous ne pouvez venir où je vais. » Où ira-t-il ? « Se tuera-t-il lui-même [3], » afin qu'on ne puisse le suivre ? Ce n'étoit pas seulement les infidèles et les incrédules qui contredisoient à ses paroles : ceux qui croyoient, mais non pas encore assez à fond, aussitôt qu'ils lui entendirent dire cette parole la plus consolante qu'il ait jamais prononcée : « La vérité vous affranchira, » s'emportèrent jusqu'à oublier leurs captivités si fréquentes, et jusqu'à lui dire : Vous nous traitez d'esclaves : « nous n'avons jamais été dans l'esclavage [4]. » Il leur fait voir leur captivité sous le péché, dont lui seul pouvoit les affranchir : ils ne veulent point s'apaiser ; et de discours en discours, pendant que Jésus leur dit la vérité, ils s'emportent jusqu'à lui dire qu'il étoit « un samaritain et possédé du malin esprit, » sans être touchés de sa douceur : l'entretien se finit par vouloir prendre des pierres pour le lapider.

Continuons. « Je donne, leur dit-il, ma vie de moi-même, et personne ne me la peut ôter [5]. » Et il s'élève sur cette parole de nouvelles dissensions : « C'est un possédé, disoient les uns, c'est un fol ; pourquoi l'écouter davantage ? D'autres disoient : Ce ne sont pas là les paroles d'un possédé ; un possédé rend-il la vue à un aveugle-né [6] ? » Les contradictions étoient fortes ; les défenseurs étoient foibles ; et le parti des contradicteurs devint si fort, qu'à la fin il met en croix l'innocence même. « Ils s'amassent pourtant autour de lui ; » et avec une bonne foi apparente ils lui disent : « Pourquoi nous faire mourir et nous tenir toujours en suspens ? Si vous êtes le Christ, dites-le nous ouvertement [7]. » Il le leur

---

[1] Joan, VII, 12, 25-27. — [2] Ibid., 35 et seq. — [3] Joan., VIII, 21, 22. — [4] Ibid., 32-34 et seq. — [5] Joan., X, 18. — [6] Ibid., 19-21. — [7] Ibid., 24.

avoit dit tant de fois, et ses œuvres mêmes parloient ; ce qui lui fait dire : « Je vous le dis, et vous ne me croyez pas ; » et quand je me tairois, « les œuvres que je fais au nom de mon Père rendent témoignage de moi¹. » Ils ne l'en croient pas, et ils en reviennent à prendre des pierres pour le lapider : tant il étoit né pour essuyer les contradictions du genre humain.

On le chicanoit sur tout : « Pourquoi vos disciples méprisent-t-ils nos traditions? Ils se mettent à table sans se laver². » Voici une chicane bien plus étrange. « Cet homme ne vient pas de Dieu : il fait des miracles et il guérit les malades le jour du sabbat³. » Ils n'eussent pas « craint le jour du sabbat de retirer d'un fossé leur âne ou leur bœuf⁴ : » mais guérir le jour du sabbat une fille d'Abraham, et la délivrer du malin esprit dont elle étoit opprimée, c'est un crime abominable. Faut-il s'étonner si on contredit sa doctrine et ses mystères, puisqu'on trouve mauvais jusqu'à ses miracles et à ses bienfaits?

XIIIᵉ ÉLÉVATION.

D'où naissoient ces contradictions.

« Vous êtes d'en bas, et je suis d'en haut⁵ : » Je viens apprendre aux hommes des choses hautes qui les passent ; et les hommes superbes ne veulent pas s'humilier pour les recevoir.

« Vous êtes du monde, et je ne suis pas du monde⁶ : » Vous êtes charnels et sensuels ; et ce que je vous annonce qui est spirituel, ne peut entrer dans votre esprit. Il faut que je vous régénère, que je vous renouvelle, que je vous refonde, car, « ce qui est né de la chair est chair⁷, » et on n'est spirituel qu'en renaissant et en renonçant à sa première vie.

« La lumière est venue au monde ; et les hommes ont mieux aimé les ténèbres que la lumière, parce que leurs œuvres étoient mauvaises. » Car « celui qui fait mal hait la lumière ; et il ne vient

---

¹ *Joan.*, x, 25, 31. — ² *Matth.*, xv, 2. — ³ *Joan.*, ix, 16. — ⁴ *Luc.*, xiv, 3-5. — ⁵ *Joan.*, viii, 23. — ⁶ *Ibid.* — ⁷ *Joan.*, iii, 6.

point à la lumière, de peur que ses œuvres ne soient manifestées[1]. »

Voilà trois paroles du Fils de Dieu, qui contiennent trois raisons pour lesquelles les hommes n'ont pu le souffrir. Ils sont superbes, et ils ne veulent pas s'humilier pour recevoir les sublimités qu'il leur annonce : ils sont charnels et sensuels, et ils ne veulent pas se dépouiller de leurs sens pour entrer dans les choses spirituelles où il les veut faire entrer : ils sont vicieux et corrompus, et ils ne peuvent souffrir d'être repris par la vérité.

« Vous me voulez faire mourir, dit le Sauveur, parce que ma parole ne prend point en vous et n'y trouve point d'entrée[2]. » Ainsi elle vous révolte, parce que vous ne pouvez pas y entrer. Comme jamais il n'y eut de vérité ni plus haute, ni plus spirituelle, ni plus convaincante et plus vivement reprenante que celle de Jésus-Christ, il n'y eut jamais aussi une plus grande révolte ni une plus grande contradiction. C'est pourquoi il en faut venir jusqu'à la détruire, jusqu'à faire mourir celui qui l'annonce. « Vous cherchez à me faire mourir, moi qui suis un homme qui vous dis la vérité. » Voilà le sujet de votre haine : « Vous ne connoissez pas mon langage. » Pourquoi ? « parce que vous ne pouvez pas seulement écouter ma parole[3] : » elle vous est insupportable, parce qu'elle est vive, convaincante, irréprehensible.

C'est la grande contradiction que souffre Jésus : les hommes se révoltent contre lui, parce qu'ils ne veulent pas se convertir, s'humilier, se mortifier, combattre leurs cupidités et leurs passions. Ils aimeront quelquefois ses vérités qui sont belles en elles-mêmes : quand elles se tournent en jugement, en répréhension, en correction, ils se révoltent contre lui et contre les prédicateurs qui prêchent les vérités fortes ; et contre les supérieurs, contre les amis qui nous mettent nos défauts devant les yeux, et qui troublent le faux repos d'une mauvaise conscience. C'est de ce côté-là plus que de tous les autres que Jésus-Christ est « en butte aux contradictions, » et cet endroit est pour lui le plus sensible.

[1] *Joan.*, III, 19, 20. — [2] *Ibid.*, VIII, 37. — [3] *Ibid.*, 40, 43.

XIV· ÉLÉVATION.

Contradictions des chrétiens mêmes contre Jésus-Christ, sur sa personne.

Je frémis, je sèche, Seigneur, je suis saisi de frayeur et d'étonnement; mon cœur se pâme, se flétrit, quand je vous vois en butte aux contradictions, non-seulement des infidèles, mais encore de ceux qui se disent vos disciples. Et premièrement, quelles contradictions sur votre personne ! Vous êtes tellement Dieu qu'on ne peut croire que vous soyez homme : vous êtes tellement homme, qu'on ne peut croire que vous soyez Dieu. Les uns ont dit : « Le Verbe est en Dieu [1]; » mais ce n'est rien de substantiel ni de subsistant : il est en Dieu comme notre pensée est en nous : en ce sens il est Dieu comme la pensée est notre ame. Car qu'est-ce que la pensée, sinon notre ame en tant qu'elle pense? Non, disent les autres : on voit trop que le Verbe est quelque chose qui subsiste : c'est un fils; c'est une personne : qui ne le voit pas par toutes les actions et toutes les choses qu'on lui attribue? Mais aussi ne doit-on pas croire que cet homme qui est né de Marie, sans être rien autre chose, est cette personne qu'on nomme le Fils de Dieu? Quoi ! il n'est pas devant Marie, lui qui dit qu'il est « devant Abraham [2]? » lui qui « étoit au commencement [3]? » Vous vous trompez, il est évident, dit Arius, qu'il est devant que le monde fût : c'est dès lors une personne subsistante; mais inférieure à Dieu, faite du néant comme le sont les créatures, quoique plus excellente. Tiré du néant? cela ne se peut : lui « par qui tout a été tiré du néant [4]. » Comment donc est-il fils? Un fils n'est-il pas produit de la substance de son père, et de même nature que lui? Le Fils de Dieu sera-t-il moins fils, et Dieu sera-t-il moins père que les hommes ne le sont? Il seroit donc fils par adoption comme nous? Et comment avec cela « être fils unique, qui est dans le sein du Père [5]? »

Arius, vous avez tort, dit Nestorius : Le Fils de Dieu est Dieu

[1] *Joan.*, I, 1. — [2] *Ibid.*, VIII, 58. — [3] *Ibid.*, I, 1, 2. — [4] *Ibid.*, 3. — [5] *Ibid.*, 18.

comme lui ; mais aussi ne peut-il pas en même temps être fait homme ? Il habite en l'homme comme Dieu habite dans un temple par grace ; et si le Fils de Dieu est fils par nature, l'homme qu'il s'est uni par sa grace ne l'est que par adoption.

On s'oppose à cette perverse doctrine : on dit à Nestorius : Vous séparez trop : il faut unir jusqu'à tout confondre, et faire de deux natures une nature. Hélas ! quand finiront ces contentions ? Pouvez-vous croire, disent ceux-ci, qu'un Dieu puisse en effet se rabaisser jusqu'à être effectivement homme ? La chair n'est pas digne de lui : il n'en a point, si ce n'est une fantastique et imaginaire. Imaginaire ! dit l'autre ; et comment donc a-t-on dit : « Le Verbe a été fait chair [1], » en définissant l'incarnation par l'endroit que vous rebutez ? Il a une chair, et l'incarnation n'est pas une tromperie. Mais le Verbe lui tient lieu d'ame : ou bien, si vous voulez lui donner une ame, donnons-lui celle des bêtes quelle qu'elle soit ; mais ne lui donnons point celle des hommes. Le Verbe est son ame encore un coup : ou du moins il est son intelligence : il veut par sa volonté, et il ne peut en avoir d'autre. Est-ce tout enfin ? Oui c'est tout : car on a tout contesté, le corps, l'ame, les opérations intellectuelles ; et toutes les contradictions sont épuisées. Jésus est donc « en butte aux contradictions » de ceux qui se disent ses disciples ? Car, disent-ils, le moyen de comprendre cela et cela ? Mais Jésus avoit prévenu les contradictions par une seule parole : « Dieu a tant aimé le monde, qu'il lui a donné son Fils unique [2]. »

Pour tout entendre, il ne faut qu'entendre son amour. « Dieu a tant aimé le monde. » Un amour incompréhensible produit des effets qui le sont aussi. Vous demandez des pourquoi à Dieu ? Pourquoi un Dieu se faire homme ? Jésus-Christ vous dit ce pourquoi. « Dieu a tant aimé le monde. » Tenez-vous-en là : les hommes ingrats ne veulent pas croire que Dieu les aime autant qu'il fait. Mais le disciple bien-aimé résout leurs doutes, en disant : « Nous avons cru à l'amour que Dieu a pour nous [3]. » Dieu a tant aimé le monde : et que reste-t-il après cela, sinon de croire à l'amour pour croire à tous les mystères ?

[1] *Joan.*, I, 14. — [2] *Ibid.*, III, 16. — [3] *Ibid.*, IV, 16.

Esprits aussi insensibles à l'amour divin, que vous êtes d'ailleurs présomptueux. Le mystère de l'Eucharistie vous rebute? Pourquoi nous donner sa chair et s'unir à nous corps à corps pour s'y unir esprit à esprit? « Dieu a tant aimé le monde, » dit Jésus : et saint Jean répond pour nous tous : « Nous avons cru à l'amour que Dieu a eu pour nous. » Mais il est incompréhensible : c'est pour cela que je veux le croire et m'y abîmer : il n'en est que plus digne de Dieu. Après cela il ne faut plus disputer, mais aimer ; et après que Jésus a dit : « Dieu a tant aimé le monde, » il ne faudroit plus que dire : Le monde racheté a tant aimé Dieu.

XVᵉ ÉLÉVATION.

Contradictions contre Jésus-Christ sur le mystère de la grace.

Voici encore un écueil terrible pour l'orgueil humain. L'homme dit en son cœur : J'ai mon franc arbitre : Dieu m'a fait libre, et je me veux faire juste : je veux que le coup qui décide de mon salut éternellement vienne primitivement de moi. Ainsi on veut par quelque coin se glorifier en soi-même. Où allez-vous, vaisseau fragile ? vous allez vous briser contre l'écueil, et vous priver du secours de Dieu qui n'aide que les humbles, et qui les fait humbles pour les aider. Connoissez-vous bien la chute de votre nature pécheresse ; et après même en avoir été relevé, l'extrême langueur, la profonde maladie qui vous en reste ? Dieu veut que vous lui disiez : « Guérissez-moi [1] ; » car à tout moment je me meurs, et je ne puis rien sans vous. Dieu veut que vous lui demandiez toutes les bonnes actions que vous devez faire : quand vous les avez faites, Dieu veut que vous lui rendiez graces de les avoir faites. Il ne veut pas pour cela que vous demeuriez sans action, sans effort; mais il veut qu'en vous efforçant comme si vous deviez agir tout seul, vous ne vous glorifiiez non plus en vous-même que si vous ne faisiez rien.

Je ne puis : je veux trouver quelque chose à quoi me prendre

[1] *Psal.* VI, 3.

dans mon libre arbitre, que je ne puis accorder avec cet abandon à la grace. Superbe contradicteur, voulez-vous accorder ces choses, ou bien croire que Dieu les accorde? Il les accorde tellement qu'il veut, sans vous relâcher de votre action, que vous lui attribuiez finalement tout l'ouvrage de votre salut : car il est le Sauveur ; et il dit : « Il n'y a point de Dieu qui sauve que moi [1]. » Croyez bien que Jésus-Christ est Sauveur, et toutes les contradictions s'évanouiront.

XVIe ÉLÉVATION.

Solution manifeste des contradictions par l'autorité de l'Eglise.

Seigneur, vos mystères sont enveloppés de ténèbres. Vous avez répandu dans votre Ecriture des obscurités vénérables à la vérité, mais enfin qui déconcertent notre foible esprit : je tremble en les voyant, et je ne sais par où sortir de ce labyrinthe. Vous ne savez par où en sortir? Mais Jésus a-t-il parlé obscurément de son Eglise? N'a-t-il pas dit qu'il la mettoit sur « une montagne[2], » afin qu'elle fût vue de tout le monde? N'a-t-il pas dit « qu'il la posoit sur le chandelier, afin qu'elle luisît à tout l'univers[3]? » N'a-t-il pas dit assez clairement : « Les portes d'enfer ne prévaudront pas contre elle[4]? » N'a-t-il pas assez clairement renvoyé jusqu'aux moindres difficultés à la décision de l'Eglise, et rangé « parmi les païens et les péagers[5] » ceux qui refuseroient d'en passer par son avis? Et lorsque montant aux cieux on auroit pu croire qu'il la laissoit destituée de son assistance, n'a-t-il pas dit : « Allez, baptisez, enseignez ; et voilà que je suis avec vous » enseignant ainsi et baptisant, « jusqu'à la fin des siècles[6]? » Si donc vous avez des doutes, allez à l'Eglise : elle est en vue : elle est toujours inébranlable, immuable dans sa foi, toujours avec Jésus-Christ et Jésus-Christ avec elle. Disons ici encore une fois : « Dieu a tant aimé le monde, » que pour en résoudre les doutes il n'a point laissé de doute sur son Eglise qui les doit résoudre.

[1] *Isa.*, XLIII, 8, 11. — [2] *Matth.*, V, 14. — [3] *Ibid.*, 15. — [4] *Ibid.*, XVI, 18. — [5] *Ibid.*, XVIII, 17. — [6] *Ibid.*, XXVIII, 19, 20.

Mais combien de sociétés prennent le titre d'Eglise? Pouvez-vous vous y tromper ? Ne voyez-vous pas que celle qui a toujours été ; celle qui demeure toujours sur sa base ; celle qu'on ne peut pas seulement accuser de s'être séparée d'un autre corps et dont tous les autres corps se sont séparés, portant sur leur front le caractère de leur nouveauté; ne voyez-vous pas encore un coup que c'est celle qui est l'Eglise? Soumettez-vous donc. Vous ne pouvez? j'en vois la cause : vous voulez juger par vous-même : vous voulez faire votre règle de votre jugement : vous voulez être plus savant et plus éclairé que les autres : vous vous croyez ravili en suivant le chemin battu, les voies communes : vous voulez être auteur, inventeur, vous élever au-dessus des autres par la singularité de vos sentimens : en un mot, vous voulez, ou vous faire un nom parmi les hommes, ou vous admirer vous-même en secret comme un homme extraordinaire. Aveugle conducteur d'aveugles, en quel abîme vous allez vous précipiter avec tous ceux qui vous suivront ! Si vous étiez tout à fait aveugle, vous trouveriez quelque excuse dans votre ignorance ; « mais vous dites : Nous voyons, » nous entendons tout, et le secret de l'Ecriture nous est révélé : « Votre péché demeure en vous [1]. »

XVIIe ÉLÉVATION.

L'humilité résout toutes les difficultés.

Pourquoi nous renvoyer à l'Eglise? Ne pouviez-vous pas nous éclairer par vous-même, et rendre votre Ecriture si pleine et si claire qu'il n'y restât aucun doute ? Superbe raisonneur, n'entendez-vous pas que Dieu a voulu faire des humbles? Votre maladie, c'est l'orgueil : votre remède sera l'humilité : votre orgueil vous révolte contre Dieu : l'humilité doit être votre véritable sacrifice. Et pourquoi a-t-il répandu dans son Ecriture ces ténèbres mystérieuses, sinon pour vous renvoyer à l'autorité de l'Eglise où l'esprit de la tradition, qui est celui du Saint-Esprit, décide tout ?

[1] Joan., IX, 41.

Ignorez-vous, vous qui vous plaignez de l'obscurité des Ecritures, que sa trop grande lumière vous éblouiroit plus que ses saintes ténèbres ne vous confondent? N'avez-vous pas vu les Juifs demander à Jésus qu'il s'explique; et Jésus s'expliquer de sorte, quand il l'a voulu, qu'il n'y avoit plus d'ambiguïté dans ses discours? Et qu'en est-il arrivé? Les Juifs en ont-ils été moins incrédules? Point du tout : la lumière même les a éblouis : plus elle a été manifeste, plus ils se sont révoltés contre elle : et si on le veut entendre, la lumière a été plus obscure, et plus ténébreuse pour leurs yeux malades, que les ténèbres mêmes.

Enfin par-dessus toutes choses, vous avez besoin de croire que ceux qui croient doivent tout à Dieu ; qu'ils sont, comme dit le Sauveur, « enseignés de lui, » *docibiles Dei*, de mot à mot, *docti à Deo* [1]*;* qu'il faut qu'il parle dedans, et qu'il aille chercher dans le cœur ceux à qui il veut spécialement se faire entendre. Ne raisonnez donc plus : humiliez-vous : « Qui a des oreilles pour écouter, qu'il écoute [2] : » mais qu'il sache que ces oreilles qui écoutent, c'est Dieu qui les donne : *Dominus dat aures audientes* [3].

XVIIIe ÉLÉVATION.

Contradictions dans l'Eglise par les péchés des fidèles, et sur la morale de Jésus-Christ.

Mais la contradiction la plus douloureuse du Sauveur est celle de nos péchés, de nous qui nous disons ses fidèles et qui sommes les enfans de son Eglise. Le désordre, le déréglement, la corruption se répand dans tous les états, et toute la face de l'Eglise paroît infectée. « Depuis la plante des pieds jusqu'à la tête, il n'y a point de santé en elle [4]. Voilà, dit-elle, que mon amertume la plus amère est dans la paix [5] : ma première amertume qui m'a été, » disoit saint Bernard, « bien amère, a été dans les persécutions des gentils : la seconde amertume encore plus amère, a été dans les

---

[1] *Joan.*, VI, 45. — [2] *Matth.*, XI, 15; XIII, 9 et seq. — [3] *Prov.*, XX, 12, quoad sensum. — [4] *Isa.*, I, 6. — [5] *Ibid.*, XXXVIII, 17.

schismes et dans l'hérésie : mais dans la paix et quand j'ai été triomphante, mon amertume très-amère est dans les déréglemens des chrétiens catholiques ¹. »

Que chacun repasse ici ses péchés : il verra par quel endroit Jésus-Christ, durant tout le cours de sa vie et dans son agonie au sacré jardin, a été le plus douloureusement contredit. Les Juifs, qui ont poussé leur dérision jusque parmi les horreurs de sa croix, ne l'ont pas percé de plus de coups, ni n'ont pas été « un peuple plus contredisant envers celui qui étendoit ses bras vers eux ², » que nous le sommes. Et si le cœur de Jésus pouvoit être affligé dans sa gloire, il le seroit de ce côté-là plus que par toute autre raison. C'est vous, chrétiens et catholiques, c'est vous « qui faites blasphémer mon nom par toute la terre ³. » On ne peut croire que ma doctrine soit venue du ciel, quand on la voit si mal pratiquée par ceux qui portent le nom de fidèles (a).

Ils en sont venus jusqu'à vouloir courber la règle, comme les docteurs de la loi et les pharisiens : ils se font des doctrines erronées, de fausses traditions, de fausses probabilités : la cupidité résout les cas de conscience, et sa violence est telle qu'elle contraint les docteurs de la flatter. O malheur ! On ne peut convertir les chrétiens, tant leur dureté est extrême, tant les mauvaises coutumes prévalent : on leur cherche des excuses : la régularité passe pour rigueur : on lui donne un nom de secte : la règle ne peut plus se faire entendre. Pour affoiblir tous les préceptes dans leur source, on a attaqué celui de l'amour de Dieu : on ne peut trouver le moment où l'on soit obligé de le pratiquer ; et à force de reculer l'obligation, on l'éteint tout à fait. O Jésus, je le sais, la vérité triomphera éternellement dans votre Eglise : suscitez-y des docteurs pleins de vérité et d'efficace, qui fassent taire enfin les contradicteurs : et toujours, en attendant, que chacun de nous fasse taire la contradiction en soi-même.

¹ S Bern., serm. XXXII, *in Cant.*, n. 19.— ² *Isa.*, LXV, 2; *Rom.*, X, 21 — ³ *Isa.*, LII, 5; *Rom.*, II, 24.

(a) *Var.* : Qui se disent fidèles.

XIXᵉ ÉLÉVATION.

L'épée perce l'ame de Marie.

« Cet enfant sera en butte aux contradictions : et votre ame même, » ô mère affligée et désolée, « sera percée d'une épée[1]. » Vous aurez part aux contradictions : vous verrez tout le monde se soulever contre ce cher Fils : vous en aurez le cœur percé, et il n'y a point d'épée plus tranchante que celle de votre douleur : votre cœur sera percé par autant de plaies que vous en verrez dans votre Fils : vous serez conduite à sa croix pour y mourir de mille morts. Combien serez-vous affligée, quand vous verrez sa sainte doctrine contredite et persécutée ? Vous verrez naître les persécutions et les hérésies : le miracle de l'enfantement virginal sera contredit comme tous les autres mystères, pendant même que vous serez encore sur la terre ; et il y en aura qui ne voudront pas croire votre inviolable et perpétuelle virginité. Vous serez cependant la merveille de l'Eglise, la gloire des femmes, l'exemple et le modèle de toute la terre. Peut-on assez admirer la foi qui vous fait dire : « Ils n'ont pas de vin ; » et : « Faites ce qu'il vous dira[2] ? » Vous êtes la mère de tous ceux qui croient ; et c'est à votre prière que s'est fait le premier miracle qui les a fait croire.

XXᵉ ÉLÉVATION.

Les contradictions de Jésus-Christ découvrent le secret des cœurs.

Il faut joindre ces paroles : « Cet enfant sera en butte aux contradictions, » à celles-ci : « Les pensées que plusieurs cachent dans leurs cœurs seront découvertes[3]. » Si Jésus-Christ n'avoit point paru sur la terre, on ne connoîtroit pas la profonde malice, le profond orgueil, la profonde corruption, la profonde dissimulation et hypocrisie du cœur de l'homme.

[1] *Luc.*, II, 34, 35. — [2] *Joan.*, II, 3, 5. — [3] *Luc.*, II, 34, 35.

La plus profonde iniquité est celle qui se couvre du voile de la piété. C'est où en étoient venus les pharisiens et les docteurs de la loi. L'avarice, l'esprit de domination et le faux zèle de la religion les transportoit et les aveugloit, de sorte qu'ils vouloient avec cela se croire saints et les plus purs de tous les hommes. Sous couleur de faire pour les veuves et pour tous les foibles esprits de longues oraisons, ils se rendoient nécessaires auprès d'elles, et dévoroient leurs richesses; ils parcouroient la terre et la mer pour faire un seul prosélyte, qu'ils damnoient plus qu'auparavant sous prétexte de les convertir, parce que sans se soucier de les instruire du fond de la religion, ils ne vouloient que se faire renommer parmi les hommes, comme des gens qui gagnoient des ames à Dieu; et en se les attachant, ils les faisoient servir à leur domination et à l'établissement de leurs mauvaises maximes [1]. Ils se donnoient au public comme les seuls défenseurs de la religion. Esprits inquiets et turbulens, qui retiroient les peuples de l'obéissance aux puissances, se portant en apparence pour gens libres, qui n'avoient en recommandation que les intérêts de leurs citoyens, et en effet, pour régner seuls sur leurs consciences. Le peuple prenoit leur esprit : et entraîné à leurs maximes corrompues, pendant qu'ils se faisoient un honneur de garder les petites observances de la loi, ils en méprisoient les grands préceptes, et mettoient la piété où elle n'étoit pas. S'ils affectoient partout les premières places, is faisoient semblant que c'étoit pour honorer la religion dont ils vouloient paroître les seuls défenseurs, mais en effet c'est qu'ils vouloient dominer et qu'ils se repaissoient d'une vaine gloire. Les reprendre et leur dire la vérité dont ils vouloient passer pour les seuls docteurs, c'étoit les révolter contre elle de la plus étrange manière. Aussitôt ils ne manquoient pas d'intéresser la religion dans leur querelle ; et ils étoient si entêtés de leurs fausses maximes, qu'ils croyoient rendre service à Dieu en exterminant ceux qui osoient les combattre.

Comme jamais la vérité n'avoit paru plus pure, plus parfaite, plus victorieuse que dans la doctrine et dans les exemples de Jésus-Christ, elle ne pouvoit manquer d'exciter plus que jamais

[1] *Matth.*, XXIII, 1-4 et seq.

le faux zèle de ces aveugles conducteurs du peuple. Le secret de leurs cœurs fut révélé : on vit ce que pouvoit l'iniquité et l'orgueil couvert du manteau de la religion : on connut plus que jamais ce que pouvoit le faux zèle et les excès où se portent ceux qui en sont transportés. Il fallut crucifier celui qui étoit la sainteté même et persécuter ses disciples : et Jésus leur apprend que ceux contre qui ils doivent être le plus préparés, sont les faux zélés, qui entêtés du besoin que la religion, dont ils se croient les arcs-boutans, a de leur soutien, « croient rendre service à Dieu en persécutant ses enfans, » dès qu'ils les croient leurs ennemis. Ainsi les pensées secrètes, qui doivent être découvertes par Jésus-Christ, sont principalement celles où nous nous trompons nous-mêmes, en croyant faire pour Dieu ce que nous faisons pour nos intérêts, pour la jalousie de l'autorité, pour nos opinions particulières. Car ce sont les pensées qu'on cache le plus, puisqu'on tâche même de se les cacher à soi-même. Observons-nous nous-mêmes sur ces caractères ; et ne croyons pas en être purgés, sous prétexte que nous ne les sentirions pas tous en nous-mêmes : mais tremblons et ayons horreur de nous-mêmes, pour légère que nous paroisse la teinture que nous prendrons.

XXIe ÉLÉVATION.

Sur Anne la prophétesse.

« Il y avoit une prophétesse nommée Anne, d'un âge fort avancé ; car elle avoit quatre-vingt-quatre ans. Elle avoit vécu dans un long veuvage, n'ayant été que sept ans avec son mari ; et passa tout le reste de sa vie dans la retraite, ne bougeant du temple et servant Dieu nuit et jour dans les jeûnes et dans la prière. » Voilà encore un digne témoin de Jésus-Christ. « Elle survint au temple dans ce même instant, louant le Seigneur et parlant de lui à tous ceux qui attendoient la rédemption d'Israël [1]. » Ce Seigneur qu'elle louoit, visiblement étoit Jésus-Christ. Elle fut digne de le connoître et de l'annoncer, parce que, détachée de la

[1] *Luc.*, II, 36-38.

vie des sens et unie à Dieu par l'oraison, elle avoit préparé son cœur à la plus pure lumière.

Saint Luc a voulu en peu de paroles nous faire connoître cette sainte veuve et en marquer, non-seulement les vertus, mais encore la race même, en nous apprenant « qu'elle étoit fille de Phanuël et de la tribu d'Aser, » afin que ces circonstances rappelassent le souvenir du témoignage de cette femme : ce qu'il ne fait pas de Siméon, qui peut-être étoit plus connu. Peut-être aussi qu'il falloit montrer que Jésus-Christ trouva des adorateurs dans plusieurs tribus, et entre autres dans celle d'Aser, à qui Jacob et Moïse n'avoient promis que « de bon pain, de l'huile en abondance, » et en un mot, « des richesses dans ses mines de fer et de cuivre. » Mais voici en la personne de cette veuve, « les délices des rois et des peuples[1] » parmi les biens de la terre changés en jeûnes et en mortifications. Quoi qu'il en soit, honorons en tout et les expressions et le silence que le Saint-Esprit inspire aux évangélistes.

XXIIe ÉLÉVATION.

Abrégé et conclusion des réflexions précédentes.

L'abrégé de ce mystère est que Jésus s'offre, nous offre en lui et avec lui, et que nous devons entrer dans cette oblation et nous y unir comme à la seule et parfaite adoration que Dieu demande de nous.

Les trois personnes qui se trouvent avec Jésus-Christ dans ce mystère, nous apprennent ce que nous devons offrir à Dieu.

La sainte Vierge lui offre et lui sacrifie le cher objet de son cœur, pour en faire ce qu'il lui plaira, c'est-à-dire son propre Fils : elle voit la contradiction poussée à l'extrémité contre lui, et en même temps elle sent ouvrir la plaie de son cœur par cette épée qui la perce. Mères chrétiennes, aurez-vous bien le courage dans l'occasion de faire à Dieu avec elle une oblation semblable ? Tant que nous sommes de fidèles, unissons-nous à la foi d'Abra-

[1] *Genes.*, XLIX, 20; *Deuter.*, XXXIII, 24, 25.

ham et offrons à Dieu notre Isaac, c'est-à-dire ce qui nous tient le plus au cœur.

Siméon a immolé l'amour de la vie, et la laisse pour ainsi dire s'exhaler à Dieu en pure perte. Ne disons pas qu'il ne lui sacrifie qu'un reste de vie dans sa vieillesse : il n'a jamais désiré de vivre, que pour avoir la consolation de voir Jésus-Christ et de lui rendre témoignage. Car ce n'étoit pas seulement une foible consolation des yeux que ce saint vieillard attendoit. Il désiroit les sentimens que Jésus présent inspire dans les cœurs : il vouloit l'annoncer, le faire reconnoître, en publier les merveilles, autant qu'il pouvoit, aux Juifs et aux gentils ; montrer au monde ses souffrances et la part qu'y auroit sa sainte Mère. Après cela il vouloit mourir, et l'on voit en lui dans tous les temps un parfait détachement de la vie. C'est ce qu'il nous faut offrir à Dieu avec le saint vieillard.

Et qu'immolerons-nous avec Anne, sinon l'amour des plaisirs par la mortification des sens ? Exténuons par le jeûne et par l'oraison ce qui est trop vivant en nous. Vivons avec cette sainte veuve dans une sainte désolation : arrachons-nous à nous-mêmes ce qui est permis, si nous voulons n'être point entraînés par ce qui est défendu. Déracinons à fond l'amour du plaisir. Le plaisir des sens est le perpétuel séducteur de la vie humaine. L'attention au beau et au délectable a commencé la séduction du genre humain. Eve prise par là, commence à entendre la tentation qui lui dit avec une insinuation aussi dangereuse que douce : Pourquoi Dieu vous a-t-il défendu ce qui est si plaisant et si flatteur ? L'attention au plaisir éloigne la vue du supplice. On se pardonne tout à soi-même, et on croit que Dieu nous est aussi indulgent que nous nous le sommes. « Vous n'en mourrez pas : » vous reviendrez des erreurs et des foiblesses de votre jeunesse. Eve entraîne Adam : la partie foible entraîne la plus forte : le plaisir a fait tout son effet : il a rendu le péché plausible et lui a fourni des excuses. Il emmielle le poison : il affoiblit, il étouffe le remords de la conscience : il en émousse la piqûre ; et à peine sent-on la grièveté de son péché, jusqu'à ce que dans les flammes éternelles ce ver rongeur se réveille, et par ses morsures éternelles nous cause un pleur inutile avec cet effroyable grincement de dents.

XIXᴱ SEMAINE.

COMMENCEMENT DES PERSÉCUTIONS DE L'ENFANT JÉSUS.

PREMIÈRE ÉLÉVATION.
Sur l'ordre des événemens.

« Après qu'ils eurent accompli tout ce que la loi ordonnoit, ils retournèrent en Galilée dans la ville de Nazareth [1]. » Ce passage de saint Luc insinue que la sainte Vierge et saint Joseph demeurèrent avec l'enfant à Bethléem ou aux environs et proche de Jérusalem, jusqu'à ce qu'ils eurent accompli tout ce qui se devoit faire dans le temple. Il y avoit vingt ou vingt-cinq lieues de là à Nazareth, d'où ils étoient venus, et où étoit leur demeure : et il étoit naturel, pour éviter ce voyage, de demeurer dans le voisinage du temple.

Saint Luc qui nous a si bien marqué la retraite dans Nazareth après l'accomplissement des saintes cérémonies, ne dit pas ce qui s'est passé entre deux, que saint Matthieu avoit déjà raconté [2]. » Cet évangéliste, après l'adoration des mages, soit qu'elle eût été faite à Bethléem ou aux environs, marque leur retour par un autre chemin, l'avertissement de l'ange à Joseph, la retraite en Egypte, la fureur d'Hérode et le massacre des Innocens; un second avertissement de l'ange après la mort d'Hérode, qui bien constamment suivit de près la naissance de Notre-Seigneur ; et enfin un troisième avertissement du Ciel pour s'établir à Nazareth. Voilà tout ce qui précède, selon saint Matthieu, l'établissement de la sainte famille dans ce lieu.

Ce temps, comme on voit, fut fort court: la sainte famille étoit cachée; et Hérode attendoit des nouvelles certaines de l'enfant par

---
[1] *Luc.*, II, 39. — [2] *Matth.*, II, 12, 13 et seq.

les mages qu'il croyoit avoir bien finement engagés à lui en découvrir la demeure [1]. » Il étoit naturel qu'il les attendît durant quelques jours ; et pour ne point manquer son coup, sa politique, quoique si précautionnée, se laissa un peu amuser. Durant ce peu de jours, il fut aisé à Joseph et Marie de porter l'enfant au temple sans se découvrir. Les merveilles qui s'y passèrent pouvoient réveiller les jalousies d'Hérode : mais aussi furent-elles promptement suivies de la retraite en Egypte. Les politiques du monde seront éternellement le jouet de leurs propres précautions que Dieu tourne comme il lui plaît; et il faut que tout ce qu'il veut s'accomplisse, sans que les hommes puissent l'empêcher, puisqu'il fait servir leurs finesses à ses desseins.

IIe ÉLÉVATION.

Premier avertissement de l'ange à saint Joseph et la fuite en Egypte.

Les mages s'étant retirés, Dieu qui voyoit dans le cœur d'Hérode ses cruelles dispositions et le temps des grands mouvemens qu'elles devoient exciter, les prévint par le message du saint ange qui vint dire à Joseph durant le sommeil : « Levez-vous : prenez l'enfant et sa mère, et fuyez en Egypte; car Hérode va chercher l'enfant pour le perdre [2]. » N'y avoit-il pas d'autre moyen de le sauver qu'une fuite si précipitée? Qui le peut dire sans impiété? Mais Dieu ne veut pas tout faire par miracle ; et il est de sa providence de suivre souvent le cours ordinaire qui est de lui, comme les voies extraordinaires. « Le Fils de Dieu est venu en infirmité [3]. » Pour se conformer à cet état, il s'assujettit volontairement aux rencontres communes de la vie humaine ; et par la même dispensation qui a fait que durant le temps de son ministère il s'est retiré, il s'est caché pour prévenir les secrètes entreprises de ses ennemis, il a été aussi obligé de chercher un asile dans l'Egypte.

Il y avoit même un secret du Ciel dans cette retraite; et il falloit accomplir la prophétie d'Osée, qui disoit : « J'ai appelé mon Fils de l'Egypte [4]. »

[1] *Matth.*, II, 8. — [2] *Matth.*, II, 13. — [3] *Hebr.*, V, 2. — [4] *Osee*, XI, 1 ; *Matth.*, II, 15.

Il est vrai que cet endroit du prophète, selon l'écorce de la lettre, avoit rapport à la sortie d'Egypte du peuple d'Israël : mais le Saint-Esprit nous apprend qu'il avoit été de son dessein que, pour exprimer cette délivrance, le prophète se soit servi d'une expression qui convient si expressément au Fils de Dieu, puisqu'il lui a dicté ces mots : « Israël est un enfant, et je l'ai aimé, et j'ai appelé mon Fils de l'Egypte. »

Allons à la source : Israël et toute sa famille étoit la figure du Fils de Dieu. L'Egypte durant la famine devoit lui servir de refuge : après, elle en devoit être la persécutrice : et Dieu la devoit tirer de ce lieu de captivité pour la transporter dans la terre promise à ses pères, en laquelle seule elle devoit trouver du repos. Tout cela leur arrivoit en figure. La terre d'Egypte qui devoit être durant un temps le refuge du peuple d'Israël, devoit aussi servir de refuge à Jésus-Christ; et Dieu l'en devoit retirer en son temps. C'est donc ici une de ces prophéties qui ont double sens : il y en a assez d'autres qui ne sont propres qu'à Jésus-Christ : ici pour unir ensemble la figure et la vérité, le Saint-Esprit a choisi un terme qui convînt à l'un et à l'autre et, à regarder les termes précis, plus encore à Jésus-Christ qu'au peuple d'Israël.

Allez donc en Egypte, divin enfant : heureuse terre qui vous doit servir de refuge contre la persécution d'Hérode, elle sentira un jour l'effet de votre présence. Dès à présent, à votre arrivée, les idoles sont ébranlées, et les démons qu'on y sert tremblent. Viendra le temps qu'elle sera convertie avec toute la gentilité. Jésus qui doit naître en Judée, sortira de cette terre pour se tourner vers la gentilité. Paul dira : « Puisque vous ne voulez pas nous écouter, et que vous vous jugez indignes de la vie, nous nous tournons vers les gentils[1]. » Allez donc vous réfugier en Egypte, pendant que vous êtes persécuté en Judée : et découvrez-nous par votre Evangile le sens caché des anciennes prophéties, afin de nous accoutumer à le trouver partout, et à regarder toute la loi et la prophétie comme pleine de vous, et toujours prête, pour ainsi parler, à vous enfanter.

[1] *Act.*, XIII, 46.

III.e ÉLÉVATION.

Saint Joseph et la sainte Vierge devoient avoir part aux persécutions de Jésus-Christ.

Voici encore un mystère plus excellent. Partout où entre Jésus, il y entre avec ses croix et toutes les contradictions qui doivent l'accompagner. « Levez-vous, » lui dit l'ange ; « hâtez-vous de prendre l'enfant et sa mère, et fuyez en Egypte [1]. » Pesez toutes ces paroles, vous verrez que toutes inspirent de la frayeur. « Levez-vous, » ne tardez pas un moment : il ne lui dit pas : Allez, mais, « fuyez. » L'ange paroît lui-même alarmé du péril de l'enfant : « et il semble, disoit un ancien Père, que la terreur ait saisi le ciel avant que de se répandre sur la terre : » *Ut videatur terror cœlum priùs tenuisse quàm terram* [2]. Pourquoi ? si ce n'est pour mettre à l'épreuve l'amour et la fidélité de Joseph, qui ne pouvoit pas n'être pas ému d'une manière fort vive, en voyant le péril d'une épouse si chère et d'un si cher fils.

Etrange état d'un pauvre artisan, qui se voit banni tout à coup : et pourquoi ? Parce qu'il est chargé de Jésus, et qu'il l'a en sa compagnie. Avant qu'il fût né à sa sainte épouse, ils vivoient pauvrement, mais tranquillement dans leur ménage, gagnant doucement leur vie par le travail de leurs mains ; mais aussitôt que Jésus leur est donné, il n'y a point de repos pour eux. Cependant Joseph demeure soumis et ne se plaint pas de cet enfant incommode, qui ne leur apporte que persécution : il part : il va en Egypte où il n'a aucune habitude, sans savoir quand il reviendra à sa patrie, à sa boutique et à sa pauvre maison. L'on n'a pas Jésus pour rien : il faut prendre part à ses croix. Pères et mères chrétiens, apprenez que vos enfans vous seront des croix : n'épargnez pas les soins nécessaires, non-seulement pour leur conserver la vie, mais ce qui est leur véritable conservation, pour les élever dans la vertu. Préparez-vous aux croix que Dieu vous prépare dans ces gages de votre amour mutuel ; et après les avoir offerts

[1] *Matth.*, II, 13. — [2] Chrysol.

à Dieu comme Joseph et Marie, attendez-vous comme eux à en recevoir, quoique peut-être d'une autre manière, plus de peines que de douceur.

IVᵉ ÉLÉVATION.
Le massacre des Innocens.

L'affaire pressoit : les cruelles jalousies d'Hérode alloient produire d'étranges effets. Après avoir attendu durant plusieurs jours le retour des mages, « voyant qu'ils s'étoient moqués de lui, il entra dans une extrême colère [1]. » Voilà ce que les politiques ne peuvent souffrir, qu'on ait éludé leurs habiles prévoyances, qu'on se moque d'eux en les rendant inutiles, et qu'on ait pu les tromper. « Il entra donc en fureur, et fit tuer tous les enfans à Bethléem et aux environs, depuis deux ans et au-dessous, suivant le temps » de l'apparition de l'étoile, « dont il s'étoit soigneusement enquis [2]. » Soit que les mages vinssent d'un pays si reculé dans l'Orient, qu'il leur fallût deux ans ou environ pour arriver au temps marqué qui étoit celui de la naissance de Jésus-Christ ; que Dieu pour les préparer ait fait paroître son étoile longtemps auparavant sa naissance, pour s'ébranler vers la Judée et vers Bethléem, environ le temps qu'ils y devoient arriver ; soit enfin que la cruelle jalousie d'Hérode se soit étendue dans le massacre de ces innocens, au delà de l'âge du Sauveur, de crainte de le manquer, et lui en ait fait tuer plus qu'il ne falloit. Un auteur païen, d'une assez exacte critique [3], raconte que, parmi les enfans de deux ans et au-dessous qu'Hérode fit mourir, il s'y trouva un de ses enfans. S'il est ainsi, on voit par là que par un juste jugement de Dieu les jalousies d'état qui tyrannisent les politiques, les arment contre eux-mêmes et contre leur propre sang ; et que la cruauté qui leur fait tourmenter les autres, commence par eux. Quoi qu'il en soit, deux choses sont assurées : l'une que le miracle de l'apparition de l'étoile servit de règle à Hérode pour étendre son massacre ; l'autre, que celui qu'il cherchoit fut le seul apparemment qui lui échappa.

[1] *Matth.*, II, 16. — [2] *Ibid.* — [3] Macrob., *Sat.*, lib. II, cap. 4.

Seigneur, quels sont vos desseins? Votre étoile apparoissoit-elle pour guider Hérode dans sa cruauté, comme les mages dans leur pieux voyage? A Dieu ne plaise! Dieu permet aux hommes d'abuser de ses merveilles dans l'exécution de leurs mauvais desseins, et il sait bien récompenser ceux qui sont persécutés à cette occasion. Témoins ces saints Innocens, qu'il a su mettre extraordinairement dans le rang et dans les honneurs des martyrs et dans le ciel et dans son Eglise.

« Alors donc fut accompli ce qui avoit été dit par le prophète Jérémie : Des cris lamentables furent entendus à Rama, » dans le voisinage de Bethléem : « des pleurs et des hurlemens de Rachel, qui pleuroit ses enfans, et ne vouloit point se consoler de les avoir perdus [1]. » Il attribue à Rachel les lamentations des mères d'autour de Bethléem, où elle étoit enterrée. Les gémissemens de ces mères célèbres par toute la contrée, ont mérité d'être prédits; et la mémoire en duroit encore au commencement de l'Eglise, lorsque saint Matthieu publia son Evangile.

Où sont ici ceux qui voudroient, pour assurer leur foi, que les histoires profanes de ce temps eussent fait mention de cette cruauté d'Hérode ainsi que des autres, comme si notre foi devoit dépendre de ce que la négligence ou la politique affectée des historiens du monde leur fait dire ou taire dans leurs histoires? Laissons-là ces foibles pensées. Quand il n'y auroit ici que les vues humaines, elles eussent suffi à l'évangéliste pour l'avoir empêché de décrier son saint Evangile, en y écrivant un fait si public qui n'eût pas été constant. Encore un coup, laissons là ces folles pensées. Tournons nos voix et nos cœurs aux saints Innocens. Enfans bienheureux, dont la vie a été immolée à conserver celle de votre Sauveur, si vos mères avoient connu ce mystère, au lieu de cris et de pleurs on n'auroit entendu que bénédictions et que louanges. Nous donc à qui il est révélé, suivons de nos cris de joie cette bienheureuse troupe jusque dans le sein d'Abraham : allons la bénir, la glorifier, la célébrer jusque dans le ciel : saluons avec toute l'Eglise ces premières fleurs, et écoutons la voix innocente de ces bienheureuses prémices des martyrs : pendant que nous

[1] *Matth.*, II, 17, 18; *Jerem.*, XXXI, 15.

les voyons comme se jouant de leurs palmes et de leurs couronnes, joignons-nous à cette troupe innocente par notre simplicité et l'innocence de notre vie ; et soyons en malice de vrais enfans, pour honorer la sainte enfance de Jésus-Christ.

Ve ÉLÉVATION.

L'enfant revient de l'Egypte : il est appelé Nazaréen.

Hérode ne survécut guère aux enfans qu'il faisoit tuer pour assurer sa vie et sa couronne. « L'ange apparut à Joseph encore en songe, et lui dit : Levez-vous et retournez dans la terre d'Israël, parce que ceux qui cherchoient la vie de l'enfant sont morts. Il part ; » et comme il pensoit « à s'établir dans la Judée, il apprit qu'Archélaüs, fils d'Hérode, y régnoit à la place de son père. Il fut averti en songe de s'établir dans Nazareth, pour accomplir ce qui avoit été prédit par les prophètes : Il sera appelé Nazaréen [1], » c'est-à-dire saint. Le mot de *Nazaréen* contenoit un grand mystère, puisqu'il exprimoit la sainteté du Sauveur. On l'appeloit ordinairement Jésus Nazaréen, comme il paroît par le titre de sa croix [2]. Saint Pierre l'appelle encore, dans sa prédication à Corneille, « Jésus de Nazareth [3] : » pour nous montrer qu'il étoit du dessein de Dieu, que le nom de *Nazaréen*, qui avoit été donné à plusieurs en figure de Jésus-Christ, lui fût appliqué en témoignage de sa sainteté : et c'est une de ces prophéties que Dieu fait connoître par son Saint-Esprit aux évangélistes, pour marquer en Jésus-Christ le Saint des saints. « Soyons saints, puisqu'il est saint [4] : » soyons purs et séparés, puisqu'il est pur et séparé par sa naissance.

VIe ÉLÉVATION.

L'enfant Jésus, la terreur des rois.

Qu'avoient à craindre les rois de la terre de l'enfant Jésus ? Ignoroient-ils qu'il étoit un roi dont « le royaume n'est pas de ce

---

[1] *Matth.*, II, 19-23. — [2] *Joan.*, XIX, 19. — [3] *Act.*, X, 38. — [4] *Levit.*, XI, 44.

monde ¹ ? » Cependant Hérode le craint et le hait dès sa naissance : cette haine est héréditaire dans sa maison, et on y regarde Jésus comme l'ennemi de la famille royale. Ainsi s'est perpétuée de prince en prince la haine de l'Eglise naissante : ainsi s'est élevée contre l'Eglise une double persécution : la première sanglante comme celle d'Hérode; la seconde plus sourde comme celle d'Archélaüs, mais qui la tient néanmoins dans l'oppression et dans la crainte, et cette persécution, durant trois cents ans, ne s'est jamais ralentie.

Est-il possible que Jésus fût né et son Eglise établie pour donner de la jalousie et de la terreur aux rois? C'est que Dieu a condamné ces puissances si redoutables aux hommes et en elles-mêmes si foibles, pour « trembler où il n'y a rien à craindre ². » Les maisons royales n'ont rien à craindre de ce nouveau roi, qui ne vient point changer l'ordre du monde et des empires. Ils craignent donc ce qu'ils ne doivent pas craindre : mais en même temps ils ne craignent pas ce qu'ils doivent craindre de Jésus, qui est qu'il les jugera selon sa rigueur dans la vie future : c'est ce qu'Hérode, ni Archélaüs, ni les autres rois n'ont pas voulu craindre.

Tremblez donc, foibles puissances, pour votre vie, pour votre couronne, pour votre maison : tremblez et persécutez ceux qui ne veulent à cet égard vous faire aucun mal. Tremblez, fier et cruel Hérode : pour conserver une vie qui s'écoule, immolez les innocens. Pour affermir le sceptre dans votre maison qu'on verra bientôt périr, munissez-vous contre le Sauveur : tenez ce divin enfant et toute sa sainte famille dans l'oppression. Hélas! que vous êtes foible, et que vous trouvez dans d'imaginaires terreurs un véritable supplice!

Et vous, Jésus, revenez d'Egypte dans la Judée : vous y naîtrez : vous en sortirez pour aller recueillir comme en Egypte la gentilité dispersée : à la fin vous reviendrez en Judée, pour y rappeler à votre Evangile les restes bénis des Juifs à la fin des siècles ³.

---

[1] *Joan.*, XVIII, 36. — [2] *Psal.* XIII, 5. — [3] *Isa.*, X, 22; XI, 11; *Rom.*, IX, 27; XI, 5.

XXᵉ SEMAINE.

LA VIE CACHÉE DE JÉSUS JUSQU'A SON BAPTÊME.

PREMIÈRE ÉLÉVATION.

L'accroissement de l'enfant, sa sagesse et sa grace.

« L'enfant croissoit et se fortifioit rempli de sagesse, et la grace de Dieu étoit en lui [1]. » Il y en a qui voudroient que tout se fît en Jésus-Christ par des coups extraordinaires et miraculeux. Mais par là Dieu auroit détruit son propre ouvrage; et, comme dit saint Augustin, « s'il faisoit tout par miracle, il effaceroit ce qu'il a fait par miséricorde : » *Dum omnia mirabiliter facit, deleret quod misericorditer fecit.* Ainsi il falloit que comme les autres enfans, il sentît le progrès de l'âge : la sagesse même dont il étoit plein, se déclaroit par degrés, comme l'évangéliste nous le dira bientôt. Cependant dès le berceau et dès le sein de sa mère, il étoit rempli de sagesse. Sa sainte ame dès sa conception unie à la sagesse éternelle en unité de personne, en étoit intimement dirigée; et en reçut d'abord un don de sagesse éminent au-dessus de tout, comme étant l'ame du Verbe divin, une ame qu'il s'étoit rendue propre : en sorte que, selon l'humanité même, « tous les trésors de sagesse et de science étoient cachés en lui [2]. » Ils y étoient donc mais cachés pour se déclarer dans leur temps. « Et la grace de Dieu étoit en lui. » Qui en doute, puisqu'il étoit si étroitement uni à la source de la sainteté et de la grace? Mais le saint évangéliste veut dire qu'à mesure que l'Enfant croissoit et commençoit à agir par lui-même, il reluisoit dans tout son extérieur je ne sais quoi qui faisoit rentrer en soi-même et qui attiroit les ames à Dieu : tant tout étoit simple, mesuré, réglé dans ses actions et dans ses paroles.

[1] *Luc.*, II, 40. — [2] *Coloss.*, II, 3.

Aimable Enfant, heureux ceux qui vous ont vu hors de vos langes développer vos bras, étendre vos petites mains, caresser votre sainte Mère et le saint vieillard qui vous avoit adopté, ou à qui plutôt vous vous étiez donné pour Fils; faire, soutenu, vos premiers pas; dénouer votre langue et bégayer les louanges de Dieu votre Père! Je vous adore, cher Enfant, dans tous les progrès de votre âge, soit que vous suciez la mamelle, soit que par vos cris enfantins vous appeliez celle qui vous nourrissoit, soit que vous vous reposiez sur son sein et entre ses bras. J'adore votre silence : mais commencez, il est temps, à faire entendre votre voix. Qui me donnera la grace de recueillir votre première parole? Tout étoit en vous plein de grace; et n'eussiez-vous fait que demander votre nourriture, j'adore les nécessités où vous vous mettez pour nous : la grace de Dieu est en vous; et je la veux ramasser de toutes vos actions. Encore un coup, faites-moi enfant en simplicité et en innocence.

IIe ÉLÉVATION.

Jésus suit ses parens à Jérusalem et y célèbre la Pâque.

Jésus-Christ en venant au monde, sans se mettre en peine de naître dans une maison opulente, ni de se choisir des parens illustres par leurs richesses ou par leur savoir, se contente de leur piété. Réjouissons-nous à son exemple, non point de l'éclat de notre famille, mais qu'elle ait été pleine d'édification et de bons exemples, et enfin une vraie école de religion, où l'on apprît à servir Dieu et à vivre dans sa crainte.

Joseph et Marie, selon le précepte de la loi, ne manquoient pas tous les ans « d'aller célébrer la Pâque dans le temple de Jérusalem [1] : » ils y menoient leur cher Fils, qui se laissoit avertir de cette sainte observance, et peut-être instruire du mystère de cette fête. Il y étoit avant que d'y être : il en faisoit le fond, puisqu'il étoit le vrai agneau qui devoit être immolé et mangé en mémoire de notre passage à la vie future. Mais Jésus, toujours soumis à

[1] *Luc.*, II, 41.

ses parens mortels durant son enfance, fit connoître un jour que sa soumission ne venoit pas de l'infirmité et de l'incapacité d'un âge ignorant, mais d'un ordre plus profond.

Il choisit, pour accomplir ce mystère, l'âge de douze ans, où l'on commence à être capable de raisonnement et de réflexions plus solides, afin de ne point paroître vouloir forcer la nature, mais plutôt en suivre le cours et les progrès.

IIIe ÉLÉVATION.

Le saint enfant échappe à saint Joseph et à la sainte Vierge.

Jésus a divers moyens de nous échapper. L'un est quand il retire sa grace dans le fond, ce qu'il ne fait jamais que par punition et pour quelque péché précédent; l'autre, quand il retire non pas le fond de la grace, mais quelques graces singulières, ou qu'il en retire le sentiment pour nous exercer et accroître en nous ses faveurs par le soin que nous prendrons à le rechercher.

La soustraction de Jésus, qui échappe à sa sainte Mère et à saint Joseph, n'est pas une punition, mais un exercice. On ne lit point qu'ils soient accusés de l'avoir perdu par négligence ou par quelque faute : c'est donc une humiliation et un exercice. Jésus s'échappe quand il lui plaît : son « esprit » va et vient : et « l'on ne sait ni d'où il vient, ni où il va [1] : il passe, » quand il lui plaît, « au milieu de ceux qui le cherchent [2] » sans qu'ils l'aperçoivent : apparemment il n'eut pas besoin de se servir de cette puissance pour échapper à Marie et à Joseph. Quoi qu'il en soit, le saint Enfant disparut; et les voilà premièrement dans l'inquiétude, et ensuite dans la douleur, parce « qu'ils ne le trouvèrent pas parmi leurs parens et leurs amis, avec lesquels ils le crurent [3]. » Combien de fois, s'il est permis de conjecturer, combien de fois le saint vieillard se reprocha-t-il à lui-même le peu de soin qu'il avoit eu du dépôt céleste? Qui ne s'affligeroit avec lui et avec la plus tendre mère, comme la meilleure épouse qui fût jamais?

Les charmes du saint Enfant étoient merveilleux : il est à croire que tout le monde le vouloit avoir, et ni Marie ni Joseph n'eurent

---

[1] *Joan.*, III, 8. — [2] *Luc.*, IV, 30. — [3] *Ibid.*, II, 43, 44.

peine à croire qu'il fût dans quelque troupe des voyageurs. Car les gens de même contrée allant à Jérusalem dans les jours de fête, faisoient des troupes pour aller de compagnie. Ainsi Jésus échappa facilement : « et ses parens marchèrent un jour » sans s'apercevoir de leur perte.

Retournez à Jérusalem : ce n'est point dans la parenté ni parmi les hommes qu'on doit retrouver Jésus-Christ; c'est dans la sainte cité, c'est dans le temple qu'on le trouvera occupé des affaires de son Père. En effet «après trois jours » de recherche laborieuse, quand il eut été assez pleuré, assez recherché, le saint Enfant se laissa enfin « trouver dans le temple[1]. »

IVe ÉLÉVATION.

Jésus trouvé dans le temple parmi les docteurs, et ce qu'il y faisoit.

Il étoit « assis au milieu des docteurs : il les écoutoit, et il les interrogeoit, et tous ceux qui l'écoutoient étoient étonnés de sa prudence et de ses réponses[2]. » Le voilà donc d'un côté assis avec les docteurs, comme étant docteur lui-même et né pour les enseigner ; et de l'autre, nous ne voyons pas qu'il y fasse comme dans la suite des leçons expresses : il écoutoit, il interrogeoit ceux qui étoient reconnus pour maîtres en Israël, non pas juridiquement, pour ainsi parler, ni de cette manière authentique dont il usa lorsqu'il disoit : « De qui est cette image et cette inscription[3] ? » ou : « De qui étoit le baptême de Jean[4] ?» ou : « Si David est le père du Christ, comment l'appelle-t-il son Seigneur[5] ? » Ce n'étoit point en cette manière qu'il interrogeoit; mais, si je l'ose dire, c'étoit en enfant et comme s'il eût voulu être instruit. C'est pour cela qu'il est dit qu'il écoutoit, et répondoit à son tour aux docteurs qui l'interrogeoient; « et on admiroit ses réponses » comme d'un enfant modeste, doux et bien instruit ; en y ressentant pourtant, comme il étoit juste, quelque chose de supérieur, en sorte qu'on lui laissoit prendre sa place parmi les maîtres.

[1] *Luc.*, II, 44-46. — [2] *Ibid.*, 46, 47. — [3] *Matth.*, XXII, 20. — [4] *Ibid.*, XXI, 25.— [5] *Ibid.*, XXI, 42, 43.

Admirons comme Jésus, par une sage économie, sait ménager toutes choses, et comme il laisse éclater quelque chose de ce qu'il étoit sans vouloir perdre entièrement le caractère de l'enfance. Allez au temple, enfans chrétiens; allez consulter les docteurs; interrogez-les; répondez-leur; reconnoissez dans ce mystère le commencement du catéchisme et de l'Ecole chrétienne. Et vous, parens chrétiens, pendant que l'Enfant Jésus ne dédaigne pas d'interroger, de répondre et d'écouter, comment pouvez-vous soustraire vos enfans au catéchisme et à l'instruction pastorale?

Admirons aussi avec tous les autres la prudence de Jésus : une prudence non-seulement au-dessus de son âge, mais encore tout à fait au-dessus de l'homme, au-dessus de la chair et du sang : une prudence de l'esprit. Nous pourrions ici regretter quelques-unes de ces réponses de Jésus, qui firent admirer sa prudence : mais en voici une qui nous fera assez connoître la nature et la hauteur de toutes les autres.

Ve ÉLÉVATION.

Plainte des parens de Jésus et sa réponse.

Ses parens « furent étonnés de le trouver parmi les docteurs [1], » dont il faisoit l'admiration : ce qui marque qu'ils ne voyoient rien en lui d'extraordinaire dans le commun de la vie; car tout étoit comme enveloppé sous le voile de l'enfance; et Marie, qui étoit la première à sentir la perte d'un si cher fils, fut aussi la première à se plaindre de son absence. Et, « mon fils, dit-elle, pourquoi nous avez-vous fait ce traitement? Votre père et moi affligés vous cherchions [2]. » Remarquez : « Votre père et moi : » elle l'appelle son père; car il l'étoit, comme on a vu, à sa manière : père, non-seulement par l'adoption du saint Enfant; mais encore vraiment père par le sentiment, par le soin, par la douleur : ce qui fait dire à Marie : « votre père et moi affligés : » pareils dans l'affliction, puisque sans avoir part dans votre naissance, il n'en partage pas moins avec moi la joie de vous posséder et la douleur de vous

[1] *Luc.*, II, 48 — [2] *Ibid.*

perdre. Cependant, femme obéissante et respectueuse, elle nomme Joseph le premier : « votre père et moi, » et lui fait le même honneur que s'il étoit père comme les autres. O Jésus, que tout est réglé dans votre famille! Comme chacun, sans avoir égard à sa dignité, y fait ce que demande l'édification et le bon exemple! Bénite famille, c'est la sagesse éternelle qui vous règle.

« Pourquoi me cherchiez-vous? Ne saviez-vous pas qu'il faut que je sois occupé de ce qui regarde mon Père[1]? » Voici donc cette réponse sublime de l'Enfant, que nous avions à considérer : mais elle mérite bien une attention distincte et particulière.

VIe ÉLÉVATION.

Réflexions sur la réponse du Sauveur.

« Pourquoi me cherchiez-vous? » Et quoi? Ne vouliez-vous pas qu'ils vous cherchassent? Et pourquoi vous retiriez-vous, sinon pour vous faire chercher? Est-ce peut-être qu'ils vous cherchoient, du moins Joseph, avec un empressement trop humain? Ne jugeons pas; mais concevons que Jésus parle pour notre instruction. Et en effet, il veut exclure ce qu'il y peut avoir de trop empressé dans la recherche qu'on fait de lui. Qui ne sait que ses apôtres, quand il les quitta, étoient attachés à sa personne d'une manière qui n'étoit pas autant épurée qu'il le souhaitoit? Ames saintes et spirituelles, quand il vous échappe, quand il retire ses suavités, modérez un empressement souvent trop sensible : quelquefois il veut revenir tout seul; et s'il le faut chercher, ce doit être doucement et sans des mouvemens inquiets.

« Ne saviez-vous pas que je dois être occupé des affaires de mon Père? » Est-ce qu'il désavoue Marie, qui avoit appelé Joseph son père? Non sans doute; mais il leur rappelle le doux souvenir de son vrai Père qui est Dieu, dont la volonté, qui est l'affaire dont il leur veut parler, doit faire son occupation. Croyons donc avec une ferme foi que Dieu est le père de Jésus-Christ; et que sa volonté seule est sa règle en toutes choses, soit qu'il se montre,

[1] *Luc.*, II, 49.

soit qu'il se cache, soit qu'il s'absente ou qu'il revienne, qu'il nous échappe ou qu'il nous console par un retour consolant.

La volonté de son Père étoit qu'il donnât alors un essai de la sagesse dont il étoit plein et qu'il venoit déclarer, et tout ensemble de la supériorité avec laquelle il devoit regarder ses parens mortels, sans suivre la chair et le sang, leur maître de droit, soumis à eux par dispensation.

VIIe ÉLÉVATION.

La réponse de Jésus n'est pas entendue.

« Et ils ne conçurent pas ce qu'il leur disoit [1]. » Ne raffinons point mal à propos sur le texte de l'Evangile. On dit non-seulement de Joseph, mais encore de Marie même, qu'ils ne conçurent pas ce que vouloit dire Jésus. Marie concevoit sans doute ce qu'il disoit de Dieu son Père, puisque l'ange lui en avoit appris le mystère : ce qu'elle ne conçut pas aussi profondément qu'il le méritoit, c'étoit ces affaires de son Père dont il falloit qu'il fût occupé. Apprenons que ce n'est pas dans la science, mais dans la soumission que consiste la perfection. Pour nous empêcher d'en douter, Marie même nous est représentée comme ignorant le mystère dont lui parloit ce cher Fils. Elle ne fut point curieuse : elle demeura soumise : c'est ce qui vaut mieux que la science. Laissons Jésus-Christ agir en Dieu, faire et dire des choses hautes et impénétrables : regardons-les comme fit Marie avec un saint étonnement et conservons-les dans notre cœur pour les méditer et les tourner de tous côtés en nous-mêmes, et les entendre, quand Dieu le voudra, autant qu'il voudra.

Jésus préparoit la voie dans l'esprit des Juifs à la sagesse dont il devoit être le docteur : il posoit de loin les fondemens de ce qu'il devoit prêcher, et accoutumoit le monde à lui entendre dire qu'il avoit un Père dont les ordres le régloient et dont les affaires étoient son emploi. Quelles étoient en particulier ces affaires ? Il ne le dit pas, et il nous le faut ignorer jusqu'à ce qu'il nous le

---

[1] *Luc.*, II, 50.

révèle selon la dispensation dont il use dans la distribution des vérités éternelles et des secrets du ciel. Plongeons-nous humblement dans notre ignorance ; reposons-nous-y ; et faisons-en un rempart à l'humilité. O Jésus, je lirai votre Ecriture : j'écouterai vos paroles, aussi content de ce qui me sera caché que de ce que vous voudrez que j'y entende. Tournons tout à la pratique, et ne recherchons l'intelligence qu'autant qu'il le faut pour pratiquer et agir. « Crains Dieu et observe ses commandemens, c'est là tout l'homme [1]. Celui qui fera la volonté de celui qui m'a envoyé, connoîtra si ma doctrine vient de Dieu [2]. »

VIIIe ÉLÉVATION.

Retour de Jésus à Nazareth : son obéissance et sa vie cachée avec ses parens.

« Et il partit avec eux, et alla à Nazareth [3]. » Ne perdons rien de la sainte lecture : le mot de l'évangéliste est « qu'il descendit avec eux à Nazareth. » Après s'être un peu échappé pour faire l'ouvrage et le service de son Père, il rentre dans sa conduite ordinaire, dans celle de ses parens, dans l'obéissance. C'est peut-être mystiquement ce qu'il appelle « descendre : » mais quoi qu'il en soit, il est vrai que remis entre leurs mains jusqu'à son baptême, c'est-à-dire jusqu'à l'âge d'environ trente ans, il ne fit plus autre chose que leur obéir.

Je me pâme d'étonnement à cette parole : est-ce là donc tout l'emploi d'un Jésus-Christ, du Fils de Dieu ? Tout son emploi, tout son exercice est d'obéir à deux de ses créatures. Et en quoi leur obéir ? dans les plus bas exercices, dans la pratique d'un art mécanique. Où sont ceux qui se plaignent, qui murmurent, lorsque leurs emplois ne répondent pas à leur capacité, disons mieux à leur orgueil ? Qu'ils viennent dans la maison de Joseph et de Marie, et qu'ils y voient travailler Jésus-Christ. Nous ne lisons point que ses parens aient jamais eu de domestiques, semblables aux pauvres gens dont les enfans sont les serviteurs. Jésus a dit

[1] *Eccle.* XII, 23. — [2] *Joan.*, VII, 17. — [3] *Luc.*, II, 51.

de lui-même qu'il « étoit venu pour servir ¹ : » les anges furent obligés pour ainsi dire à le venir servir eux-mêmes dans le désert ², et l'on ne voit nulle part qu'il eût de serviteurs à sa suite. Ce qui est certain, c'est qu'il travailloit lui-même à la boutique de son père ³. Le dirai-je? Il y a beaucoup d'apparence qu'il le perdit avant le temps de son ministère. A sa passion il laisse sa mère en garde à son disciple bien-aimé, qui la reçut dans sa maison ⁴; ce qu'il n'auroit pas fait, si Joseph son chaste époux eût été en vie. Dès le commencement de son ministère, on voit Marie conviée avec Jésus aux noces de Cana ⁵ : on ne parle point de Joseph. Un peu après on le voit aller à Capharnaüm, lui, sa mère, ses frères et ses disciples ⁶ : Joseph ne paroît pas dans un dénombrement si exact. Marie paroît souvent ailleurs; mais depuis ce qui est écrit de son éducation sous saint Joseph, on n'entend plus parler de ce saint homme. Et c'est pourquoi au commencement du ministère de Jésus-Christ, lorsqu'il vint prêcher dans sa patrie, on disoit : « N'est-ce pas là ce charpentier, fils de Marie ⁷ : » comme celui, n'en rougissons pas, qu'on avoit vu, pour ainsi parler, tenir la boutique, soutenir par son travail une mère veuve et entretenir le petit commerce d'un métier qui les faisoit subsister tous deux? « Sa mère ne s'appelle-t-elle pas Marie? N'avons-nous pas parmi nous ses frères Jacques et Joseph, et Simon et Jude, et ses sœurs ⁸? » On ne parle point de son père; apparemment donc qu'il l'avoit perdu : Jésus-Christ l'avoit servi dans sa dernière maladie : heureux père, à qui un tel fils a fermé les yeux! Vraiment il est mort entre les bras et comme dans le baiser du Seigneur. Jésus resta à sa mère pour la conserver, pour la servir; et ce fut là encore un coup son exercice.

O Dieu! je me pâme, encore un coup! Orgueil! viens crever à ce spectacle! Jésus, fils d'un charpentier, charpentier lui-même, connu par cet exercice sans qu'on parle d'aucun autre emploi, ni d'aucune autre action. On se souvenoit dans son Eglise naissante des charrues qu'il avoit faites, et la tradition s'en est conservée dans les plus anciens auteurs. Que ceux qui vivent d'un art mé-

---

¹ *Matth.*, XX, 28. — ² *Ibid.*, IV, 11. — ³ *Ibid.*, XIII, 55; *Marc.*, VI, 3. — ⁴ *Joan.*, XIX, 26, 27.— ⁵ *Ib.*, II, 1.— ⁶ *Ib.*, 12. — ⁷ *Marc.*, VI, 3.— ⁸ *Matth.*, XIII, 55, 57.

canique se consolent et se réjouissent : Jésus-Christ est de leur corps : qu'ils apprennent en travaillant à louer Dieu et à chanter des psaumes et de saints cantiques : Dieu bénira leur travail, et ils seront devant lui comme d'autres Jésus-Christs.

Il y en a eu qui ont eu honte pour le Sauveur de le voir dans cet exercice, et dès son enfance ils le font se jouer avec des miracles. Que ne dit-on point des merveilles qu'il fit en Egypte? Mais tout cela n'est écrit que dans des livres apocryphes. L'Evangile renferme durant trente ans toute la vie de Jésus-Christ dans ces paroles : « Il leur étoit soumis [1]; » et encore : « C'est ici ce charpentier, fils de Marie [2]. » Il y a dans l'obscurité de saint Jean-Baptiste quelque chose apparemment de plus grand : il ne parut point parmi les hommes, et « le désert fut sa demeure [3]. » Mais Jésus dans une vie si vulgaire, connu à la vérité mais par un vil exercice, pouvoit-il mieux cacher ce qu'il étoit? Que dirons-nous, que ferons-nous pour le louer? il n'y a en vérité qu'à demeurer dans l'admiration et dans le silence.

IXe ÉLÉVATION.

La vie de Marie.

Ceux qui s'ennuient pour Jésus-Christ et rougissent de lui faire passer sa vie dans une si étrange obscurité, s'ennuient aussi pour la sainte Vierge et voudroient lui attribuer de continuels miracles. Mais écoutons l'Evangile : « Marie conservoit toutes ces choses en son cœur [4]. » L'emploi de Jésus étoit de s'occuper de son métier : et l'emploi de Marie, de méditer nuit et jour le secret de Dieu.

Mais quand elle eut perdu son fils, changea-t-elle d'occupation? Où la voit-on paroître dans les *Actes*, ou dans la tradition de l'Eglise? On la nomme parmi ceux qui entrèrent dans le cénacle et reçurent le Saint-Esprit [5] : et c'est tout ce qu'on en rapporte. N'est-ce pas un assez digne emploi que celui de conserver dans son cœur tout ce qu'elle avoit vu de ce cher Fils, et si les mystères

---

[1] *Luc.*, II, 51. — [2] *Matth.* XIII, 5. — [3] *Luc.* I, 80. — [4] *Luc.*, II, 51. — [5] *Act.*, I, 13, 14; II, 1, 2.

de son enfance lui furent un si doux entretien, combien trouva-t-elle à s'occuper de tout le reste de sa vie? Marie méditoit Jésus : Marie avec saint Jean, qui est la figure de la vie contemplative, demeuroit en perpétuelle contemplation, se fondant, se liquéfiant, pour ainsi parler, en amour et en désir. Que lit l'Eglise au jour de son Assomption glorieuse? L'Evangile de Marie sœur de Lazare, assise aux pieds du Sauveur et écoutant sa parole [1]. Depuis l'absence du Sauveur, l'Eglise ne trouve plus rien pour Marie mère de Dieu dans le trésor de ses Ecritures, et elle emprunte pour ainsi dire d'une autre Marie l'Evangile de la divine contemplation. Que dirons-nous donc à ceux qui inventent tant de belles choses pour la sainte Vierge? Que dirons-nous, si ce n'est que l'humble et parfaite contemplation ne leur suffit pas? Mais si elle a suffi à Marie, à Jésus même durant trente ans, n'est-ce pas assez à la sainte Vierge de continuer cet exercice? Le silence de l'Ecriture sur cette divine mère est plus grand et plus éloquent que tous les discours. O homme, trop actif et inquiet par ta propre activité, apprends à te contenter, en te souvenant de Jésus, en l'écoutant au dedans, et en repassant ses paroles.

Xᵉ ÉLÉVATION.

Comment nous devons imiter Jésus et Marie dans leur vie obscure.

Voici donc quel est mon partage : « Marie conservoit ces choses dans son cœur [2] : Marie a choisi la meilleure part, qui ne lui sera point ôtée; » et : « Il n'y a qu'une seule chose qui soit nécessaire [3]. » Orgueil humain, de quoi te plains-tu avec tes inquiétudes? de n'être de rien dans le monde? Quel personnage y faisoit Jésus? Quelle figure y faisoit Marie? C'étoit la merveille du monde, le spectacle de Dieu et des anges : et que faisoient-ils? De quoi étoient-ils? Quel nom avoient-ils sur la terre? Et tu veux avoir un nom et une action qui éclate! Tu ne connois pas Marie, ni Jésus. — Je veux un emploi pour faire connoître mes talens qu'il ne faut pas enfouir. — Je l'avoue, quand Jésus t'em-

---

[1] *Luc.*, X, 39, 41. — [2] *Ibid.*, II, 51. — [3] *Luc.*, X, 39, 42.

ploie et te donne de ces utiles talens, dont il te déclare qu'il te redemande compte. Mais ce talent enfoui avec Jésus-Christ et caché en lui, n'est-il pas assez beau à ses yeux? Va, tu es un homme rempli de vanité, et tu cherches dans ton action, que tu crois pieuse et utile, une pâture à ton amour-propre. — Je sèche, je n'ai rien à faire; ou mes emplois trop bas me déplaisent : je m'en veux tirer et en tirer ma famille. — Et Marie et Jésus songent-ils à s'élever? Regarde ce divin charpentier avec la scie, avec le rabot, durcissant ses tendres mains dans le maniement d'instrumens si grossiers et si rudes. Ce n'est point un docte pinceau qu'il manie : il aime mieux l'exercice d'un métier plus humble et plus nécessaire à la vie : ce n'est point une docte plume qu'il exerce par de beaux écrits : il s'occupe, il gagne sa vie, il accomplit, il loue, il bénit la volonté de Dieu dans son humiliation.

Et qu'a-t-il fait au seul moment où il s'échappa d'entre les mains de ses parens pour les affaires de son Père céleste? Quelle œuvre fit-il alors, si ce n'est l'œuvre du salut des hommes? Et tu dis : Je n'ai rien à faire, quand l'ouvrage du salut des hommes est en partie entre tes mains. N'y a-t-il point d'ennemis à réconcilier, de différends à pacifier, de querelles à finir, où le Sauveur dit : « Vous aurez sauvé votre frère [1]? » N'y a-t-il point de misérable qu'il faille empêcher de se livrer au murmure, au blasphème, au désespoir? Et quand tout cela te seroit ôté, n'as-tu pas l'affaire de ton salut, qui est pour chacun de nous la véritable œuvre de Dieu? Va au temple : échappe-toi, s'il le faut, à ton père et à ta mère : renonce à la chair et au sang, et dis avec Jésus: « Ne faut-il pas que nous travaillions à l'œuvre que Dieu notre Père nous a confiée [2]? » Tremblons, humilions-nous de ne trouver rien dans nos emplois qui soit digne de nous occuper.

XIe ÉLÉVATION.

L'avancement de Jésus est le modèle du nôtre.

Peut-on dire d'un Jésus, du Fils de Dieu, d'un Homme-Dieu, à

[1] *Matth.*, XVIII, 15. — [2] *Joan.*, IX, 4.

qui la sagesse même étoit unie en personne, « qu'il croissoit en sagesse et en grace comme en âge devant Dieu et devant les hommes [1]? » N'avons-nous pas vu qu'en entrant au monde, il se dévoua lui-même à Dieu pour accomplir sa volonté, en prenant la place des sacrifices de toutes les sortes [2]? N'est-il pas appelé dès sa naissance « le Sage, le conseil, l'auteur de la paix [3]? » N'avoit-il pas la sagesse dès le ventre de sa mère? et n'est-ce pas en vue de cette sagesse accomplie que le prophète avoit prédit, comme une merveille, « qu'une femme environneroit un homme [4] : » *Virum :* enfermeroit dans ses flancs un homme fait? Entendons donc que la sagesse et la grace, qui étoit en lui dans sa plénitude, par une sage dispensation se déclaroit avec le temps, et de plus en plus, par des œuvres et par des paroles plus excellentes devant Dieu et devant les hommes.

Parlons donc, non par impatience, ni par foiblesse, ni par vanité et pour nous faire paroître, mais quand Dieu le veut : car Jésus dans son berceau n'a parlé ni aux bergers, ni aux mages qui étoient venus de si loin pour le voir. La sagesse humaine apprend beaucoup, si elle apprend à se taire. Aimons donc à demeurer dans le silence, quand Jésus est encore enfant en nous. Car s'il s'y formoit tout d'un coup en son entier, son apôtre n'auroit pas dit : « Mes petits enfans, que j'enfante encore jusqu'à ce que Jésus-Christ soit formé en vous [5]. » Jusqu'à ce qu'il y soit formé, fortifions-nous avec Jésus : allons au temple interroger les docteurs : supprimons une sagesse encore trop enfantine : apprenons de Jésus, la Sagesse même, que c'est souvent la sagesse qui fait cacher la sagesse.

Mais quel docteur pouvons-nous interroger, sinon Jésus, la sagesse même? En toutes choses, en toute affaire, en toute action, consultons la sagesse de Jésus, la lumière de sa vérité, la doctrine de son Evangile.

Le plaisir me trompe, et me fait croire innocent ce qui m'agrée : nous croyons en être quittes, pour dire avec Eve trop ignorante : « Le serpent m'a déçu [6]. » Mais si nous consultons la

---
[1] *Luc.*, II, 52. — [2] *Hebr.*, X, 5-7. — [3] *Isa.*, IX, 6. — [4] *Jerem.*, XXXI, 22. — [5] *Galat.*, IV, 19. — [6] *Genes.*, III, 13.

sagesse et la raison éternelle, nous verrons qu'elle maudit ce serpent qui se glisse sous les fleurs, et nous en fait connoître le poison. Les grands du monde nous flattent par leurs vaines et artificieuses paroles : vous croyez être quelque chose ; et tout rempli de leur faveur, votre cœur s'enfle : ouvrez les yeux : consultez Jésus qui vous fera regarder et ouvrir vos mains vides. Où est cette imaginaire grandeur et cette enflure d'un cœur aveuglé? C'est Jésus qui vous répond : écoutez-le avec ces docteurs, et admirez ses réponses.

Vous vous mêlez dans les grandes choses : vous croyez que tout le monde vous admire, et vous pensez devenir l'oracle de l'Eglise : consultez Jésus et la sagesse éternelle : examinez-vous sur ces grandes œuvres, que vous aimez comme éclatantes, plutôt que comme solides et utiles : vous travaillez peut-être pour votre ambition, sous prétexte de travailler pour la vérité. Eh bien donc, je quitterai tout, et j'irai me cacher dans le désert. Arrêtez-vous, consultez Jésus : la vanité mène quelquefois au désert aussi bien que la vérité : on aime mieux mépriser le monde que de n'y pas être comme on veut et au gré de son orgueil. Que ferai-je donc ? Faites taire toutes vos pensées : consultez Jésus : écoutez la voix qui éclate sur la montagne : « Celui-ci est mon Fils bien-aimé : écoutez-le; » et : « Ils ne trouvèrent que Jésus seul[1]. » Quand Jésus reste seul et que renonçant à vous-même, vous n'écoutez que sa voix, c'est lui qui répond, et sa réponse vous édifie.

XIIe ÉLÉVATION.

Recueil des mystères de l'enfance de Jésus.

En ramassant dans son esprit avec Marie ce qu'on vient de voir de l'enfance de Jésus-Christ, on y voit les profondeurs d'une sagesse cachée et d'autant plus admirable, que renfermée en elle-même elle n'éclate en Jésus-Christ par aucun endroit. Il se déclare avec mesure ; il suit les progrès de l'âge ; il paroît comme un autre enfant. S'il a fallu une fois marquer ce qu'il étoit, ce n'est

[1] *Luc.*, IX, 35, 36.

que pour un moment : un intervalle de trois jours n'est pas une interruption de l'obscurité de Jésus : au contraire, une si courte illumination ne fait que mieux marquer le dessein précis de se cacher.

Si Jésus s'abaisse lui-même en se plongeant dans l'humilité d'un art mécanique, en même temps il révèle le travail des hommes, et change en remède l'ancienne malédiction de manger son pain dans la sueur de son corps. Pendant que Jésus, en se soumettant à cette loi, prend le personnage de pêcheur, il montre aux pécheurs à se sanctifier par cette voie.

Pendant que la sagesse divine prend un si grand soin de se cacher, toutes les conditions, tous les âges et enfin toute la nature se réunit pour publier ses louanges : une étoile paroît au ciel : les anges y font retentir leur musique : les mages apportent au saint Enfant la dépouille de l'Orient et tous les trésors de la nature, ce qu'elle a de plus riche dans l'or, ce qu'elle a de plus doux dans les parfums. Les sages du monde et les riches viennent l'adorer en leur personne : les simples et les ignorans en celle des bergers. Un prêtre, aussi vénérable par sa vertu que par sa dignité, prévient la lumière qui s'alloit lever et le reconnoît sous le nom de l'Orient : sa femme se joint à une mère vierge pour le célébrer : un enfant le sent dans le sein de sa mère : d'autres enfans depuis l'âge de deux ans lui sont immolés, et ces victimes innocentes vont prévenir la troupe de ses martyrs. Si une vierge, si une femme l'ont honoré, une veuve prophétise avec elles, et une vieillesse consumée dans le service de Dieu veut s'exhaler : Siméon à qui l'Evangile ne donne point de caractère que celui d'un commun fidèle qui attend l'espérance d'Israël, se joint aux sacrificateurs et aux docteurs de la loi, pour reconnoître Jésus-Christ dans son saint temple : il prophétise les contradictions qui commencent à paroître. La manière d'honorer ces vérités nous est montrée dans une profonde considération, qui nous les fait repasser en silence dans notre cœur. Que désirons-nous davantage, et qu'attendons-nous pour célébrer les mystères de la sainte enfance et de la vie obscure du Sauveur ?

XXIᴱ SEMAINE.
LA PRÉDICATION DE SAINT JEAN-BAPTISTE.

PREMIÈRE ÉLÉVATION.
La parole de Dieu lui est adressée.

Verrons-nous donc bientôt paroître Jésus ? Nous le cachera-t-on encore longtemps ? Qu'il vienne : qu'il illumine le monde. Non : vous n'êtes pas encore assez préparé : sa lumière vous éblouiroit : il faut voir auparavant saint Jean-Baptiste.

« L'an quinze de l'empire de Tibère César, Ponce Pilate étant gouverneur de la Judée, Hérode étant tétrarque de la Galilée, Philippe son frère l'étant de l'Iturée et du pays des Trachonites, et Lysanias de la contrée d'Abilas, sous le pontificat d'Anne et de Caïphe, la parole de Dieu fut adressée à Jean fils de Zacharie dans le désert [1]. » Elle lui est adressée comme aux anciens prophètes : l'esprit de prophétie se renouvelle et se fait entendre parmi les Juifs après cinq cents ans de silence, et les dates sont bien marquées selon le style de l'Ecriture.

Il n'étoit pas nécessaire que Jean fît des miracles pour autoriser sa mission et sa prophétie. Les autres prophètes n'en avoient pas toujours fait. La conformité avec l'Ecriture et la convenance des choses justifioient leur envoi. La vie de saint Jean étoit un prodige perpétuel : il étoit né sacrificateur, et sa mission tenoit de l'ordinaire : on se souvenoit des merveilles de sa conception et de sa naissance. Né comme Samson d'une mère stérile, comme lui il étoit nazaréen, c'est-à-dire consacré à Dieu dès qu'il vint au monde [2] : tout ce qui naissoit de la vigne, ou qui peut enivrer lui étoit interdit : sa retraite dans le désert étoit miraculeuse, et son abstinence étonnante : en se nourrissant de sauterelles, il prenoit une nourriture vile, désagréable et légère, mais expressément rangée parmi les viandes permises par Moïse dans le *Lévitique*,

[1] *Luc.*, III, 1, 2. — [2] *Judic.*, XIII, 5.

où « les animaux qui avoient de longues cuisses, comme tout le genre des sauterelles, quoiqu'ils marchassent à quatre pieds, étoient séparés des volatiles impurs [1], » qui n'avoient pas cette distinction. Ainsi il vivoit en tout selon les règles de la loi : il prouvoit son envoi par les prophètes précédens : et surtout la sainteté de sa vie, le zèle et la vérité qui régnoient dans ses discours, l'autorisoient parmi le peuple et le faisoient paroître un nouvel Elie.

C'étoit en effet sous cette figure qu'il avoit été annoncé par le prophète Malachie [2] : et c'étoit un grand avantage au saint précurseur, non-seulement d'avoir eu un prophète qui le prédit si expressément, comme on a vu ; mais encore d'être figuré dans le prophète le plus zélé et le plus autorisé qui fût jamais, c'est-à-dire par Elie que son zèle fit transporter au ciel dans un chariot enflammé.

Isaïe même l'avoit annoncé comme celui « dont la voix préparoit le chemin du Seigneur dans le désert [3]. » Et quand on l'en vit sortir tout d'un coup, après y avoir passé toute sa vie dès son enfance, pour annoncer la pénitence dont il portoit l'habit et dont il exerçoit avec tant d'austérité toutes les pratiques, le peuple ne pouvoit pas n'être point attentif à un si grand spectacle.

Allons donc écouter avec tous les Juifs ce nouveau prédicateur de la pénitence, si saint, si admirable et si renommé par toute la contrée.

IIe ÉLÉVATION.

La prophétie d'Isaïe sur saint Jean-Baptiste, et comment il prépara la voie du Seigneur.

« Comme il est écrit dans le livre des paroles du prophète Isaïe : La voix de celui qui crie dans le désert : préparez les voies du Seigneur : rendez droits ses sentiers : aplanissez le chemin : toute vallée sera comblée et toute montagne et toute colline abaissée et aplanie : et toute chair verra le salut qui vient de Dieu [4]. »

---

[1] *Levit.*, XI, 21-23. — [2] *Malach.*, III, 1. — [3] *Isa.*, XL, 3 ; *Marc.*, I, 2, 3. — [4] *Marc.*, I, 2, 3 ; *Isa.*, XL, 3-5 ; *Luc.*, III, 4, 5.

Deux moyens de préparer les voies au Christ nous sont montrés dans cet oracle d'Isaïe : l'un, qu'il devoit « prêcher devant lui à tout le peuple d'Israël le baptême de la pénitence [1] » pour préparer son avénement, ainsi que saint Paul le dit dans les *Actes;* et l'autre, qu'il devoit « montrer au peuple ce Sauveur, » comme il est encore porté dans le même sermon de l'Apôtre.

Concevons donc ces deux caractères de saint Jean-Baptiste, et laissons-nous préparer par le grand précurseur à l'avénement du Sauveur des ames.

IIIe ÉLÉVATION.

Première préparation par les terreurs de la pénitence.

La prédication de la pénitence a deux parties : l'une, de relever les consciences humiliées et abattues, c'est ce qu'Isaïe appelle « combler les vallées ; » l'autre, d'abattre les cœurs superbes, c'est ce que le même prophète appelle « abaisser les montagnes et aplanir les collines. » Saint Jean fait l'un et l'autre ; et pour commencer par le dernier, il abat les superbes, en disant aux pharisiens et aux sadducéens : « Race de vipères, de qui apprendrez-vous à fuir la vengeance qui doit venir ? Faites donc de dignes fruits de pénitence : car la cognée est déjà à la racine des arbres [2]. » Il ne s'agit pas d'un ou de deux : c'est une vengeance publique et universelle : « Tout arbre qui ne porte point de bon fruit sera coupé et jeté au feu [3]. » Toutes ces paroles sont autant de coups de tonnerre sur les cœurs rebelles. Et celles-ci où il parle de Jésus-Christ ne sont pas moins fortes : « Il a un van en sa main, et il purgera son aire, et il recueillera le bon grain dans son grenier, et il brûlera la paille d'un feu qui ne s'éteint pas [4]. »

Tout cela est préparé par ces premières paroles : « Faites pénitence, car le royaume des cieux est proche [5]. » Le monde dans peu de temps verra paroître son juge : plus il apporte de miséricorde, plus ses jugemens sont rigoureux. Abaissez-vous donc, orgueilleuses montagnes, qui semblez vouloir menacer le ciel,

---

[1] *Act.*, XIII, 24, 25. — [2] *Matth.*, III, 7, 8. — [3] *Ibid.*, 10. — [4] *Ibid.*, 12. — [5] *Ibid.*, 2.

abaissez vos superbes têtes. « Ce n'est pas, dit saint Chrysostome, aux feuilles ni aux branches, mais à la racine que la cognée est attachée [1]. » Il ne s'agit pas des biens du dehors, des honneurs et des richesses qu'on peut appeler les feuilles et les ornemens de l'arbre, ni de la santé ou de la vie corporelle que l'on peut comparer aux branches qui font partie de nous-mêmes : c'est à la racine, c'est à l'ame qu'on va frapper : il y va du tout et le coup sera sans remède. Et ce ne sont pas seulement les plantes venimeuses et malfaisantes qu'on menace : c'est la paille, les serviteurs inutiles ; ce sont les arbres infructueux que le feu brûlera toujours sans les consumer ; et pour périr à jamais, il suffit de ne porter pas de fruit. Car c'est alors que vient la rigoureuse parole du sévère Père de famille, qui, visitant son jardin, prononce cette sentence contre le figuier stérile : « Car pourquoi occupe-t-il la terre ? Coupez-le et le mettez dans le feu [2]. » Tremblez donc, pécheurs endurcis ; tremblez, ames superbes et impénitentes : craignez cette inévitable cognée qui est déjà mise à la racine. Si le serviteur tonne ainsi, que fera le Maître quand il aura pris la parole ? « Si ceux qui ont transgressé la loi de Moïse sont inévitablement punis, quel traitement recevront ceux qui auront outragé le Fils de Dieu, méprisé sa parole et foulé son sang aux pieds [3] ? » Où irons-nous donc, race de vipères, qui ne produisons que des fruits empoisonnés ? Qui nous apprendra à éviter la colère du Tout-Puissant qui nous poursuit ? Où nous cacherons-nous devant sa face ? « Collines, couvrez-nous ; montagnes, tombez sur nos têtes [4]. »

IVᵉ ÉLÉVATION.

La consolation suit les terreurs.

« Pour moi, je vous donne un baptême d'eau, afin que vous fassiez pénitence : mais celui qui vient après moi est plus puissant que moi, et je ne suis pas digne de lui porter ses souliers. C'est lui

---

[1] Chrysost., *in Matth.*, hom. XI, n. 3. — [2] *Luc.*, XIII, 7. — [3] *Hebr.*, X, 28, 29. — [4] *Luc.*, XXIII, 30.

XXI⁰ SEMAINE. — IV⁰ ÉLÉVATION.

qui vous baptisera dans le Saint-Esprit et dans le feu [1]. » Si saint Jean nous inspire tant de terreur ; s'il nous brûle par la frayeur du feu éternel et de l'implacable colère de Dieu, un baptême lui est donné pour nous rafraîchir. Allons donc avec tout Jérusalem et avec toute la Judée, et avec tout le pays que le Jourdain arrose ; allons écouter le prédicateur de la pénitence, et recevons son baptême pour nous y consacrer. Car ce n'est pas ici un de ces foibles prédicateurs qui prêchent la pénitence dans la mollesse : celui-ci la prêche dans le cilice, dans le jeûne, dans la retraite, dans la prière. Mais allons, en confessant nos péchés non en général, ce que les plus superbes ne refusent pas ; humilions-nous et confessons chacun en particulier nos fautes cachées et commençant par celles qui nous humilient davantage. Prenons un confesseur comme Jean-Baptiste ; sévère, mais sans être outré. Car que dit-il aux pécheurs en général ? « Que celui qui a deux habits en donne à celui qui n'en a pas, et que celui qui a de quoi manger en use de même [2]. » La colère de Dieu est pressante et redoutable : mais consolez-vous, puisque vous avez dans l'aumône un moyen de l'éviter. Partagez vos biens avec les pauvres : il ne vous dit pas de tout quitter ; c'est bien là un conseil pour quelques-uns, mais non pas un commandement pour tous. Il ne nous accable donc pas par d'excessives rigueurs. Et que dit-il aux publicains, ces gens de tout temps si odieux ? les oblige-t-il à tout quitter ? Non, pourvu qu'ils « ne fassent rien au delà des ordres qu'ils ont reçus [3]. » Car la puissance publique peut imposer des péages pour le soutien de l'Etat : il lui faut laisser arbitrer ce que demandent les besoins publics, et s'en tenir à l'exécution sans vexer le peuple. Il ne dit non plus aux gens de guerre : Quittez l'épée : renoncez à vos emplois ; mais : « Ne faites point de concussion : contentez-vous de votre solde [4]. » Le prince rendra compte à Dieu et des tributs qu'il impose et des guerres qu'il entreprend : mais ses ministres, qui sans inspirer de mauvais conseils, ne font qu'exécuter les ordres publics, sont à couvert aux yeux de Dieu par l'autorité de saint Jean. Jésus viendra donner les conseils de perfection : Jean s'attache aux préceptes : et sans

[1] *Matth.*, III, 11. — [2] *Luc.*, III, 11. — [3] *Ibid.*, 12, 13. — [4] *Ibid.*, 14.

prêcher aucun excès, il console tout le monde en ouvrant la porte du ciel aux emplois non-seulement les plus dangereux, mais encore les plus odieux, s'ils sont nécessaires, pourvu qu'on s'y renferme dans les règles.

Vᵉ ÉLÉVATION.
Le baptême de Jean et celui de Jésus-Christ.

« Je vous baptise dans l'eau; mais celui qui vient après moi vous baptisera dans le Saint-Esprit et dans le feu [1]. » Ce que Jésus-Christ explique lui-même à ses disciples, lorsqu'il leur dit en montant au ciel : « Jean vous a donné un baptême d'eau, mais dans peu de jours vous serez baptisés dans le Saint-Esprit [2]. » Saint Paul explique le baptême de Jean par ces paroles : « Jean-Baptiste a baptisé le peuple du baptême de la pénitence, en l'avertissant de croire en celui qui devoit venir après lui, c'est-à-dire en Jésus [3]. » Voilà donc deux différences des deux baptêmes : celui de Jean préparoit la voie à Jésus-Christ, en montrant que c'étoit en lui, et non pas en Jean qu'il falloit croire pour avoir la rémission des péchés; et outre cela le baptême de Jean ne donnoit ni le Saint-Esprit, ni la grace, ni par elle le feu céleste de la charité qui consume tous les péchés, et cet effet étoit réservé au baptême de Jésus-Christ.

Quand saint Jean oppose l'eau de son baptême au feu de celui de Jésus-Christ, et quand Jésus-Christ explique lui-même que ce baptême de feu et du Saint-Esprit est celui dont les disciples furent inondés au jour de la Pentecôte, on entend bien qu'il ne faut pas croire que le baptême de Jésus-Christ ne soit pas comme celui de Jean un baptême; mais c'est que celui de Jean ne contenoit qu'une eau simple, au lieu que l'eau que donnoit Jésus étoit pleine du Saint-Esprit et d'un feu céleste, c'est-à-dire de ce même feu du Saint-Esprit dont le déluge s'épancha sur toute l'Eglise dans le cénacle. C'est ce feu qui anime encore aujourd'hui l'eau du baptême, et qui fait dire au Sauveur « qu'on n'a point de part à

---

[1] *Luc.,* III, 16; *Matth.,* III, 11. — [2] *Act.,* I, 5. — [3] *Ibid.,* XIX, 4.

son royaume, si l'on ne renaît de l'eau et du Saint-Esprit [1], » c'est-à-dire dans le langage mystique, si l'on ne renaît de l'eau et du feu.

Voici donc la consolation : l'eau du baptême de Jésus-Christ n'est pas une eau vide et stérile : le Saint-Esprit l'anime et la rend féconde : en lavant le corps, elle enflamme le cœur : si vous ne sortez du baptême plein du feu céleste de l'amour de Dieu, ce n'est pas le baptême de Jésus-Christ que vous avez reçu. La pénitence chrétienne, qui n'est autre chose qu'un second baptême, doit être animée du même feu : « Celui à qui on remet davantage, doit aussi, » dit le Sauveur, « aimer davantage [2]. » Quand vous n'avez que les larmes que la terreur fait répandre, ce n'est encore que l'eau et le baptême de Jean : quand vous commencez à aimer Dieu « comme l'auteur et la source de toute justice [3], » Jésus commence à vous baptiser intérieurement de son feu, et son sacrement achèvera l'ouvrage.

VIᵉ ÉLÉVATION.

Quelle est la perfection de la pénitence.

« Les chemins tortus seront redressés, et les raboteux seront aplanis [4] : » ce sont les paroles d'Isaïe rapportées par saint Luc : c'est-à-dire qu'il faut que le cœur souffre la violence, si sa pénitence est sincère. Car on n'est pas sans violence sous la bêche et sous le hoyau : il faut que le bois qu'on veut aplanir, gémisse longtemps sous le rabot : on ne réduit pas sans travail les passions qu'on veut abattre, les habitudes qu'on veut corriger : il vous faut pour vous redresser, non-seulement une main ferme, mais encore rude d'abord : mais à mesure qu'elle avancera son ouvrage, son effort deviendra plus doux ; et à la fin tout étant aplani, le rabot coulera comme de lui-même, et n'aura plus qu'à ôter de légères inégalités, que vous-même vous serez ravi de voir disparoître, afin de demeurer tout uni sous la main de Dieu, et occuper la place qu'il vous donne dans son édifice. Les grands com-

---

[1] *Joan.*, III, 5. — [2] *Luc.*, VII, 47. — [3] Conc. Trident., sess. VI, *De Justif.*, cap. VI. — [4] *Isa.*, XL, 4 ; *Luc.*, III, 5.

bats sont au commencement : la douce inspiration de la charité vous aplanira toutes choses, et c'est alors, comme dit saint Luc, que « vous verrez le salut donné de Dieu ¹. »

Avant que ce salut parût au monde, Isaïe avoit prédit que la pénitence devoit paroître dans toute sa sévérité, dans toute sa régularité, dans toute sa force. Avoit-elle jamais mieux paru que dans la prédication de saint Jean-Baptiste, et la sévérité de la vie s'étoit-elle jamais mieux unie avec celle de la doctrine? Paroissez donc, il est temps, divin Sauveur : la voie vous est préparée par la prédication de la pénitence.

VIIe ÉLÉVATION.

Seconde préparation des voies du Seigneur, en montrant au monde Jésus-Christ.

Souvenons-nous que la préparation des voies a été mise en deux choses : dans la prédication de la pénitence, et dans la désignation de la personne de Jésus-Christ. Nous avons vu la première : passons à la seconde.

Saint Jean annonce aux Juifs plusieurs choses de Jésus-Christ : la première, qu'il alloit venir; la seconde, qu'il étoit déjà au milieu d'eux sans être connu ; la troisième, qui il étoit et quelle étoit sa puissance.

Pour expliquer ce troisième point, il falloit que Jean commençât à se dépriser lui-même : « Je ne suis pas, disoit-il, celui que vous croyez : il en vient un après moi, qui est plus puissant que moi et dont je ne suis pas digne de porter ni de délier les souliers ². »

Ce n'étoit pas assez de parler ainsi en général : il explique en quoi consistoit cette prééminence de Jésus-Christ. Il la fait consister premièrement, dans son éternelle préexistence : « Celui, dit-il, qui est venu après moi, a été mis devant moi, a été fait mon supérieur ³, » parce qu'il étoit devant moi de toute éternité. Il étoit, et ce qu'il étoit avant Jean de toute éternité, a été cause de l'avantage qu'il devoit avoir sur lui dans le temps, et de ce qu'il

---

¹ *Luc.*, III, 6. — ² *Act.*, XIII, 25; *Matth.*, III, 11; *Marc.*, I, 7; *Luc.*, III, 16; *Joan.*, I, 27. — ³ *Joan.*, I, 15, 24.

a été fait son supérieur. La prééminence de Jésus-Christ consiste en second lieu, dans sa plénitude : « Il est plein[1], » car tout est en lui et il est la source de la grace : ainsi elle regorge de sa plénitude ; la grace se multiplie en nous sans mesure : une grace en attire une autre : la grace de la prière attire celle de l'action : la grace de la patience attire celle de la consolation : la grace qui nous rend fidèles dans les momens, attire celle de la persévérance ; la grace de cette vie attire celle de l'autre. « Moïse a donné la loi[2] » qui étoit stérile, et ne consistoit qu'en figures ; propre à nous déclarer pécheurs, et non pas à nous justifier ; propre à nous montrer le chemin, mais non pas à nous y conduire ni à nous y faire entrer : « par Jésus-Christ est venue la grace » qui nous fait agir, « et la vérité, » au lieu des ombres. Enfin le dernier trait de prééminence en Jésus-Christ, c'est qu'il est « le Fils et le Fils unique, et le Fils toujours dans le sein de son Père[3] : » ce qui fait que la connoissance de Dieu se va augmenter, puisque c'est celui qui est dans son sein qui nous en révélera le secret : « Jamais personne n'a vu Dieu : mais son Fils unique » va nous « découvrir le secret du sein paternel ; » en sorte « qu'en le voyant, nous verrons son Père[4]. » Faut-il donc s'étonner, si Jean ne se reconnoît pas digne de lui délier ses souliers ? Si Jésus-Christ n'étoit qu'une créature, Jean en auroit-il parlé ainsi ? Qui jamais a ainsi parlé, ou d'Elie un si grand prophète, ou de Salomon ou de David de si grands rois, ou de Moïse lui-même ? Aussi n'étoient-ils tous « que des serviteurs : mais Jésus-Christ est le Fils unique[5]. » S'il est éternellement dans le sein du Père, il ne peut pas être d'une nature inférieure ou dégénérante : autrement il aviliroit, pour ainsi parler, le sein où il demeure. Abaissons-nous donc à ses pieds : c'est le seul moyen de nous élever. Jean s'abaisse jusqu'à se juger indigne de déchausser son souverain : et Jésus pour le relever, viendra bientôt recevoir de lui le baptême : et cette main qui se juge indigne de toucher les pieds de Jésus, « est élevée, » dit saint Chrysostome, « au haut de sa tête, pour verser dessus l'eau baptismale[6]. »

[1] *Joan.*, I, 14. — [2] *Ibid.*, 17. — [3] *Ibid.*, 18. — [4] *Joan.*, XIV, 9. — [5] *Hebr.*, III, 5, 6. — [6] Chrysost., hom. IX, alias hom. III, *in Matth.*, n. 5.

VIIIᵉ ÉLÉVATION.

Première manière de manifester Jésus-Christ, avant que de l'avoir vu.

Dieu avoit déterminé à saint Jean-Baptiste deux temps où il devoit faire connoître le Sauveur, dont le premier étoit avant que de l'avoir vu. Quelle merveille, un artisan encore dans la boutique et gagnant sa vie, étoit le sujet des prédications d'un prophète plus que prophète, et si révéré, qu'on le prenoit pour le Christ (a) ! C'étoit de cet homme dans la boutique, que saint Jean disoit : « Il y a un homme au milieu de vous que vous ne connoissez pas, et dont je ne suis pas digne de toucher les pieds [1]. » Il est plus grand que Moïse : il donne la grace quand Moïse ne donne que la loi : il est devant tous les siècles le Fils unique de Dieu et dans le sein de son Père : nous n'avons de grace que par lui : cependant vous ne le connoissez pas, quoiqu'il soit au milieu de vous. Dans quelle attente de si hauts discours devoient-ils tenir le monde, et quelle préparation des voies du Seigneur ! On s'accoutumoit à entendre nommer le Fils unique de Dieu qui venoit en annoncer les secrets : mais quoi ! c'étoit de ce charpentier qu'on parloit ainsi. Qu'est-ce après cela que la gloire humaine ? Qu'est-ce devant Dieu que la différence des conditions ? Jean ne l'avoit jamais vu, et ne le connoît peut-être que par l'impression qu'il en avoit ressentie au sein de sa mère. Elle se continuoit, et il éprouvoit que le Fils de Dieu étoit au monde par les effets qu'il faisoit sur lui. Aussi confessoit-il que « nous recevons tous de sa plénitude [2], » et il sentoit que c'étoit de là que lui venoit à lui-même cette abondance de grace. Mais il se prépare de plus grands mystères : Jésus va paroître au monde ; et le premier qu'il va visiter, c'est Jean-Baptiste : et si ce saint précurseur l'a si bien fait connoître avant que de l'avoir vu, quelles merveilles nous paroîtront quand ils seront en présence ?

[1] *Joan.*, I, 26, 27. — [2] *Ibid.*, 16.

(a) *Var :* Quelle merveille qu'un artisan encore dans la boutique et gagnant sa vie, fût le sujet...!

XXIIE SEMAINE.

LE BAPTÊME DE JÉSUS.

PREMIERE ÉLÉVATION.

Premier abord de Jésus et de saint Jean.

Pendant que saint Jean-Baptiste faisoit retentir les rives du Jourdain et toute la contrée d'alentour, de la prédication de la pénitence, et qu'on accouroit de tous côtés à son baptême, où il en faisoit attendre un autre plus efficace de la part du Sauveur qu'il annonçoit, le Sauveur « vint lui-même de Galilée pour être baptisé de la main de Jean [1]. »

Ce fut donc alors qu'arriva ce que Jean raconte ailleurs aux Juifs : « Je ne le connoissois pas [2]. » Il parle manifestement du temps qui avoit précédé le baptême de Jésus-Christ : car il l'avoit trop connu dans son baptême et par des marques trop éclatantes, pour en perdre jamais l'idée. Mais ce fut lorsqu'il l'aborda la première fois que saint Jean-Baptiste pouvoit dire : « Je ne le connoissois pas ; mais je suis venu donnant le baptême d'eau, afin qu'il fût manifesté en Israël [3]. » Car outre qu'en baptisant le peuple, Jean annonçoit, comme on a vu, un meilleur baptême, il devoit encore arriver que Jésus-Christ en se présentant au baptême avec les autres, seroit distingué par la manifestation que nous allons voir. « Ce fut donc alors que Jean rendit ce témoignage : J'ai vu le Saint-Esprit descendant du ciel et demeurant sur lui : et je ne le connoissois pas ; mais celui qui m'a envoyé baptiser dans l'eau m'a dit : Celui sur qui vous verrez descendre le Saint-Esprit et demeurer sur lui, c'est celui qui baptise dans le Saint-Esprit : et je l'ai vu : et je lui rends ce témoignage que c'est le Fils de Dieu [4]. »

Ainsi le Saint-Esprit descendu du ciel et se reposant sur Jésus-Christ, devoit être la marque pour le reconnoître. Cette marque fut donnée à tout le peuple au baptême de Jésus-Christ : mais

[1] Matth., III, 13. — [2] Joan., I, 31. — [3] Ibid. — [4] Ibid., 32-34.

saint Jean, qui étoit l'ami de l'époux, la vit avant tous les autres; et reconnoissant Jésus-Christ dont il se trouvoit indigne de toucher les pieds, « il ne vouloit pas le baptiser[1]. »

Un des caractères de saint Jean, c'est l'humilité, qui paroît dans toutes ses actions et dans toutes ses paroles : mais Jésus le devoit surpasser en cette vertu comme en tout le reste : et on ne peut voir sans étonnement que sa première sortie soit pour se faire baptiser par son serviteur. Et nous rougissons de la pénitence, pendant que Jésus, l'innocence même, se va initier à ce mystère, et ne sort de l'obscurité de son travail mécanique que pour se mettre par le baptême, ne craignons point de le dire, au rang des pécheurs.

IIe ÉLÉVATION.

Jésus-Christ commande à saint Jean de le baptiser.

Jésus-Christ venant au baptême avec tout le reste du peuple, « Jean l'en empêchoit lui disant : C'est vous qui me devez baptiser, et vous venez à moi[2] ! » Ce qu'on ressent à cette parole d'humilité et d'étonnement est inexplicable. Répétons-la avec componction : « Et vous venez à moi ! » et vous venez me soumettre cette tête sur laquelle je vois le Saint-Esprit reposé ! Non, non : donnez-moi vos pieds dont encore je ne suis pas digne, et puisque c'est au baptême de votre sang que je dois tout, laissez-moi vous reconnoître. Mais Jésus lui dit : « Laissez-moi faire maintenant : car il faut qu'en cette sorte nous accomplissions toute justice[3]. » L'ordre du ciel le demande, et la bienséance le veut : *Decet ;* « il est à propos, » il est bienséant.

C'étoit donc l'ordre d'en haut, que Jésus, la victime du péché, et qui devoit l'ôter en le portant, se mît volontairement au rang des pécheurs : c'est là cette justice qu'il lui falloit accomplir ; et comme Jean en cela lui devoit obéissance, le Fils de Dieu la devoit aux ordres de son Père. « Alors Jean ne lui résista plus[4], » et ainsi toute la justice fut accomplie dans une entière soumission aux ordres de Dieu.

[1] *Matth.*, III, 14. — [2] *Ibid.*, 13, 14. — [3] *Ibid.*, 15. — [4] *Ibid.*, 16.

Accomplissons aussi toute justice : ne laissons rien échapper des ordres de Dieu : allons à la suite de Jésus nous dévouer à la pénitence : souvenons-nous de notre baptême, qui nous y a consacrés; et puisqu'en effaçant le péché, il n'en éteint pas les désirs, préparons-nous à un combat éternel : entrons en lice avec le démon, et ne craignons rien, puisque Jésus-Christ est à notre tête.

IIIe ÉLÉVATION.

Jésus-Christ est plongé dans le Jourdain.

Jésus-Christ est donc caché dans les eaux, et sa tête y est plongée sous la main de Jean. Il porte l'état du pécheur : il ne paroît plus : le pécheur doit être noyé, et c'est pour lui qu'étoient faites les eaux du déluge. Mais si les eaux montrent la justice divine par cette vertu ravageante et abîmante, elles ont une autre vertu, et c'est celle de purifier et de laver. Le déluge lava le monde, et les eaux purifièrent et sauvèrent les restes du genre humain. Jésus-Christ plongé dans les eaux leur inspire une nouvelle vertu, qui est celle de laver les ames. L'eau du baptême est un sépulcre, « où nous sommes jetés » tout vivans « avec Jésus-Christ, mais pour y ressusciter avec lui[1] : » entrons : subissons la mort que notre péché mérite : mais n'y demeurons pas, puisque Jésus-Christ l'a expié en se baptisant pour nous : sortons de ce mystique tombeau, et ressuscitons avec le Sauveur pour ne mourir plus.

N'oublions jamais notre baptême, où ensevelis dans les eaux nous devions périr; mais au contraire nous en sortons purs comme du sein d'une nouvelle mère : toutes les fois que nous retombons dans le péché, nous nous noyons, nous nous abîmons : toutes les fois que par le recours à la pénitence nous ressuscitons notre baptême, nous commençons de nouveau à ne pécher plus. Où retournez-vous, malheureux ? Ne vous lavez-vous que pour vous souiller davantage ? La miséricorde d'un Dieu qui pardonne vous sera-t-elle un scandale; et perdrez-vous la crainte d'offenser Dieu à cause qu'il est bon ? Quoique la pénitence soit laborieuse,

[1] *Rom.*, VI, 2-4; *Coloss.*, II, 12.

et qu'on ne revienne pas à la sainteté perdue avec la même facilité qu'on l'a reçue la première fois, néanmoins les rigueurs mêmes de la pénitence sont pleines de douceur. Ces rigueurs tiennent encore plus de la précaution que de la punition. Faites donc pénitence de bonne foi, et songez qu'en vous soumettant aux clefs de l'Eglise, vous vous soumettez en même temps à toutes les précautions qu'on vous prescrira pour votre salut.

IVe ÉLÉVATION.

Manifestation de Jésus-Christ.

Vraiment il est véritable que « celui qui s'humilie sera exalté [1]. » Jean s'humilie, et un Dieu l'exalte en le faisant pour ainsi dire son consécrateur pour se dévouer sous sa main à la pénitence. Mais Jésus s'humilie beaucoup davantage, puisqu'il se met aux pieds de Jean plus que Jean ne vouloit être au-dessous des siens, et qu'il le choisit pour le baptiser. Il est donc temps, ô Père éternel, que vous glorifiiez votre Fils : et voilà que Jésus « s'élevant de l'eau » où il s'étoit enseveli, « le ciel s'ouvre : le Saint-Esprit, » qui n'avoit encore été vu que de Jean-Baptiste, « descend publiquement sur le Sauveur, sous la figure d'une colombe, et se repose sur lui [2] : » en même temps une voix part d'en haut comme un tonnerre, et on entendit ces mots hautement et distinctement : « Celui-ci est mon Fils bien-aimé en qui je me plais. » C'est par là qu'étoit désigné le Fils unique : « C'est mon serviteur, disoit Isaïe ; c'est celui que j'ai choisi, et en qui mon ame se plaît [3]. » Mais ce serviteur est en même temps le Fils unique, à qui il est dit : « Vous êtes mon Fils, je vous ai engendré aujourd'hui ; » et encore : « Je vous ai engendré de mon sein devant l'aurore [4]. » Mais ce qui étoit séparé dans la prophétie, se réunit aujourd'hui dans la déclaration du Père céleste : « Celui-ci est mon Fils bien-aimé en qui je me plais [5] : » je m'y plais uniquement, comme dans celui qui est mon unique : je me plais dans ses membres qu'il a choisis, parce que je me plais en lui, et je n'aime plus rien

---

[1] *Matth.*, XXIII, 12. — [2] *Ibid.*, III, 16, 17. — [3] *Isa.*, XLII, 1. — [4] *Psal.* II, 7; CIX, 3. — [5] *Matth.*, III, 17.

sur la terre que dans cet unique objet de ma complaisance.

Il nous vaut mieux être aimés de cette sorte que si nous l'étions en nous-mêmes, puisque quelque vertueux que nous puissions être, nos mérites bornés ne nous attireroient jamais du côté de Dieu qu'un amour fini : mais Dieu nous regardant en Jésus-Christ, l'amour qu'il a pour son Fils s'étend sur nous, ainsi que le Fils le dit lui-même : « Mon Père, je suis en eux, et vous en moi, afin que l'amour que vous avez pour moi soit en eux, ainsi que je suis en eux moi-même [1]. »

Vᵉ ÉLÉVATION.

La manifestation de la Trinité et la consécration de notre baptême.

Le Père céleste a paru sur la montagne où Jésus-Christ s'est transfiguré ; mais le Saint-Esprit ne s'y montra pas : le Saint-Esprit a paru dans celle où il descendit en forme de langue ; mais on n'y vit pas le Père : partout ailleurs le Fils paroît, mais seul : au baptême de Jésus-Christ qui donne naissance au nôtre, où la Trinité devoit être invoquée, le Père paroît dans la voix, le Fils en sa chair, le Saint-Esprit comme une colombe. Les eaux sont sanctifiées par cette présence : en la personne de Jésus-Christ toute l'Eglise est baptisée, et le nouvel Adam consacré dans ses trois puissances où consiste l'image de Dieu ; ou, si l'on veut, dans ses trois actes principaux, la mémoire, l'intelligence et l'amour. La mémoire ou le souvenir est comme le trésor, la source et le réservoir des pensées : l'intelligence est la pensée intellectuelle elle-même : l'amour est l'union de notre ame avec la vérité qui est son objet. La vérité, c'est Dieu même. Disons avec le prophète : « Je me suis souvenu de Dieu, et j'en ai été dans la joie [2] : » ne nous contentons pas de nous souvenir de ce que Dieu nous a déjà mis dans l'esprit : si par la foi il nous fait venir à l'intelligence, qui en est le fruit et qu'il daigne ouvrir nos yeux spirituels pour pénétrer ses mystères, suivons cette impression et épanchons-nous en amour et actions de graces. « J'entrerai dans le sanctuaire

[1] *Joan.*, XVII, 23, 26. — [2] *Psal.* LXXVI, 3.

du Seigneur ; » dans mon intérieur qui est son temple. « O Dieu ! je me souviendrai de votre seule justice[1] : » recevez toutes les pensées qui seront le fruit de ce souvenir : que votre justice et votre vérité reluisent partout : que j'aime votre justice, et que je vous serve avec un chaste amour, c'est-à-dire non par la crainte de la peine, mais par l'amour de votre justice. Père, je vous consacre tout mon souvenir : Fils, je vous consacre toute ma pensée : Esprit-Saint, tout mon amour se repose en vous : donnez-moi le feu de la charité, et que ce soit là le feu dans lequel je serai baptisé par la grace de Jésus-Christ.

VIe ÉLÉVATION.

La généalogie de Jésus-Christ par saint Luc.

Il y en a qui prétendent qu'à l'âge d'environ trente ans, avant que de commencer le ministère public d'enseigner le peuple, on étoit obligé de donner sa généalogie et de la consigner dans le temple ; et que c'est ce qui a donné lieu à saint Luc marquant l'âge de Notre-Seigneur, de rapporter en même temps sa généalogie à l'endroit de son baptême ; par où il se disposoit à commencer son ministère. Quoi qu'il en soit, il faut toujours se souvenir qu'il n'étoit fils de Joseph qu'en apparence, *ut putabatur,* comme le remarque saint Luc[2]; et que de tous les côtés, en quelque sorte qu'on prît sa généalogie, ou selon la nature, ou selon la loi, il était toujours fils de David. Que s'il est vrai qu'il fallût ainsi rapporter sa race pour être admis au ministère d'enseigner ; que ce soit un témoignage pour les Juifs, mais non pas une loi pour les chrétiens qui ne comptent point d'autre race ni d'autre naissance que celle du baptême où ils sont tout d'un coup enfans de Dieu. Jésus-Christ a montré sa race pour lui et pour nous; il falloit qu'il vînt de David, d'Abraham et du peuple saint : mais nous qui sommes sortis de la gentilité, nous héritons des promesses, comme enfans d'Abraham et de David, par Jésus-Christ à qui nous nous sommes incorporés par la foi[3].

[1] *Psal.* LXX, 16. — [2] *Luc.,* III, 25.— [3] *Rom.,* XII, 5; *Galat.,* III, 26-29.

XXIIIᴱ SEMAINE.

LE JEUNE ET LA TENTATION DE JÉSUS-CHRIST.

PREMIERE ÉLÉVATION.

Jésus poussé au désert en sortant du baptême.

« Jésus plein du Saint-Esprit » qui s'étoit reposé sur lui sous la figure sensible d'une colombe, « quitta le Jourdain, et fut poussé par l'esprit dans le désert[1] : » c'est-à-dire que tout en sortant du baptême, plein de l'esprit de gémissement, il alla, colombe innocente, commencer son jeûne et pleurer nos péchés dans la solitude. Selon saint Matthieu, « il y fut conduit par l'esprit[2] ; » selon saint Marc, « il y fut jeté, emporté, chassé[3] ; » selon saint Luc, « il y fut poussé ; » et quoi qu'il en soit, nous voyons que par le baptême nous sommes séparés du monde et consacrés au jeûne ou à l'abstinence, et à combattre la tentation. Car c'est ce qui arriva au Sauveur du monde aussitôt après son baptême.

La vie chrétienne est une retraite : « Nous ne sommes plus du monde, comme » Jésus-Christ « n'est pas du monde[4]. » Qu'est-ce que le monde, si ce n'est, comme dit saint Jean[5], « concupiscence des yeux, » curiosité, avarice, illusion, fascination, erreur et folie dans l'affectation de la science ou concupiscence de la chair, sensualité, corruption dans ses désirs et dans ses œuvres, et enfin « orgueil » et ambition ? A ces maux dont le monde est plein et qui en font comme la substance, il faut opposer la retraite et nous faire comme un désert par un saint détachement de notre cœur.

La vie chrétienne est un combat : le démon à qui une ame échappe, « prend sept esprits plus mauvais que lui[6], » pour nous

---

[1] *Luc.*, IV, 1. — [2] *Matth.*, IV, 1. — [3] *Marc.*, I, 12. — [4] *Joan.*, XVIII, 14. — [5] I *Joan.*, II, 16. — [6] *Matth.*, XII, 45.

tenter avec de nouveaux efforts, et il ne faut jamais cesser de le combattre.

Dans ce combat, saint Paul nous apprend « une » éternelle « abstinence, » c'est-à-dire qu'il faut nous sevrer du plaisir des sens et n'y jamais attacher son cœur. « Car celui qui entre en lice dans le combat de la lutte, s'abstient de tout : il le fait pour une couronne qui se fane et se flétrit en un instant ; mais celle que nous voulons emporter est éternelle [1]. »

C'est pour réparer et expier les défauts de notre retraite, de nos combats contre les tentations, de notre abstinence que Jésus-Christ est poussé dans le désert : son jeûne de quarante jours figure celui de toute la vie, que nous devons pratiquer en nous abstenant des mauvaises œuvres, et contenant nos désirs dans les bornes de la loi de Dieu. Ce doit être là le premier effet du jeûne de Jésus-Christ. S'il nous appelle plus haut et qu'il nous attire, non pas simplement au renoncement par le cœur, mais encore à un délaissement effectif du monde, heureux d'aller jeûner avec Jésus-Christ, faisons notre félicité de son désert.

IIe ÉLÉVATION.

La quarantaine de Jésus-Christ, selon saint Marc.

L'évangéliste saint Marc, le plus divin de tous les abréviateurs, abrége en ces termes l'évangile de saint Matthieu : « Il fut dans le désert quarante jours et quarante nuits : et il étoit tenté du diable : et il étoit avec les bêtes : et les anges le servoient [2]. » Où l'on voit en même temps, comme dans un tableau, Jésus-Christ seul dans le désert ; où le diable est son tentateur, les bêtes sa compagnie, et les anges ses ministres.

Pourquoi Jésus avec les bêtes, et quelles compagnes lui donne-t-on dans le désert ? Fuyez les hommes, disoit cette voix à un ancien solitaire. Les bêtes sont demeurées dans leur état naturel, et pour ainsi parler, dans leur innocence ; mais parmi les hommes

[1] *I Cor.*, IX, 24, 25. — [2] *Marc.*, I, 13.

tout s'est perverti par le péché. « Toute chair a corrompu ses voies¹. » On ne trouve parmi les hommes que dissimulation, infidélité, amitiés intéressées, commerce de flatteries pour s'amuser les uns les autres, mensonges, secrètes envies avec l'ostentation d'une trompeuse bienveillance, inconstance, injustice et corruption. Fuyons du moins en esprit ; les bêtes nous seront meilleures que la conversation des hommes du monde.

Nous serons exposés à la tentation avec Jésus-Christ notre modèle : mais comme lui nous aurons aussi les anges pour ministres. A la lettre, ils viennent servir le Sauveur dans le besoin où il voulut être après un si long jeûne : mais en même temps nous devons nous souvenir qu'ils sont « esprits administrateurs pour ceux qui sont appelés au salut² ; » et qu'en l'honneur du Sauveur ils se rendent les ministres de ceux qui jeûnent avec lui dans le désert, qui aiment la prière et la retraite, et qui vivent dans l'abstinence de ce qui contente la nature, n'y donnant jamais leur cœur.

IIIᵉ ÉLÉVATION.

Les trois tentations et le moyen de les vaincre.

« Après qu'il eut jeûné quarante jours et quarante nuits, il eut faim³ : » car il avoit bien voulu se soumettre à cette nécessité. Etant donc pressé de la faim selon la foiblesse de la chair qu'il avoit prise, le diable profita de cette occasion pour le tenter : « Si vous êtes le Fils de Dieu, ordonnez que ces pierres se changent en pain ; » ou, comme l'exprime saint Luc : « Dites à cette pierre qu'elle se change en pain⁴. » Etrange tentation, de vouloir persuader au Sauveur qu'il se montrât le Fils de Dieu, et fît preuve de sa puissance pour satisfaire aux goûts et aux besoins de la chair. Entendons que c'est là aussi le premier appât du monde : il nous attaque par les sens, il étudie les dispositions de nos corps et nous fait tomber dans ce piége. Telle est donc la première tentation, qui est celle de la sensualité.

¹ *Genes.*, VI, 12. — ² *Hebr.*, I, 14. — ³ *Matth.*, IV, 2, 3. — ⁴ *Luc.*, IV, 3.

La seconde tentation, ainsi qu'elle est rapportée par saint Matthieu, est d'enlever Jésus-Christ dans la cité sainte et le mettre sur le haut du temple, en lui disant : « Si vous êtes le Fils de Dieu, jetez-vous en bas ; car il est écrit que les anges ont reçu un ordre de Dieu pour vous garder dans toutes vos voies : ils vous porteront dans leurs mains, de peur que vos pieds ne se heurtent contre une pierre [1]. » Nous éprouvons cette tentation, lorsque séduits par nos sens, sans craindre notre foiblesse, nous nous jetons, comme dans un précipice, dans l'occasion du péché sous l'espérance téméraire d'un secours extraordinaire et miraculeux. C'est ce qui arrive à tous les pécheurs, lorsqu'ils méprisent les précautions qui font éviter les périls où l'on a souvent succombé : ce qui est tenter Dieu de la manière la plus insolente.

La troisième tentation vient directement flatter l'orgueil : le démon nous élève sur une montagne, d'où il nous découvre tous les empires du monde, qu'il promet de nous donner si nous l'adorons [2]. Voilà comme il flatte la sensualité, la témérité et l'ambition. Et voyez comme il sait prendre son temps : il attaque par le manger celui qui est comme épuisé par un si long jeûne : il porte à une téméraire confiance en Dieu, celui qui vient de le contenter par le sacrifice d'un jeûne si agréable : et dans une preuve de vertu si étonnante, il tente, par l'ambition de commander à tout le monde, celui qui se commandant si hautement à lui-même, mérite de voir le monde entier à ses pieds et gouverné par ses ordres.

Telles sont « les profondeurs de Satan [3] : » Que « j'ai peur, » dit le saint Apôtre, « qu'il ne nous déçoive par ses finesses, ainsi qu'il a séduit Eve [4] ! » Et encore : « Ne nous laissons point tromper par Satan : car nous n'ignorons point ses pensées, ses adresses, ses artifices [5] ; » comme il sait prendre le temps, et se prévaloir de notre foiblesse.

Nous n'avons à lui opposer que la parole de Dieu. A chaque tentation Jésus-Christ oppose autant de sentences de l'Ecriture. Lisons-la nuit et jour : passons notre vie à méditer la loi de Dieu : c'est le moyen d'opposer sa parole à notre ennemi et de le renvoyer confus.

[1] *Matth.*, IV, 5, 6. — [2] *Ibid.*, 8. — [3] *Apoc.*, II, 24. — [4] II *Cor.*, XI, 3. — [5] *Ibid.*, II, 11.

IVᵉ ÉLÉVATION.

Quel remède il faut opposer à chaque tentation.

On oppose à la tentation des remèdes ou particuliers ou généraux.

Les remèdes généraux sont le jeûne, la prière, la lecture, la retraite, où est renfermé le soin d'éviter les occasions : à quoi on peut ajouter l'occupation et le travail.

Pour bien comprendre les remèdes particuliers, allons à l'école du Fils de Dieu et voyons ce qu'il pratique.

A la tentation de la sensualité et en particulier à celle de la faim, il oppose, qu'on ne vit pas seulement du pain; que Dieu a envoyé la manne à son peuple pour le soutenir dans le désert; qu'il n'y a donc qu'à s'abandonner à sa providence paternelle; qu'il nourrit tous les animaux jusqu'aux corbeaux, et jusqu'aux serpens, et jusqu'à un ver de terre, sans qu'ils sèment ni qu'ils labourent; qu'il ne faut point désirer le plaisir des sens; que sa parole, que sa vérité est le véritable soutien et le nourrissant plaisir des ames : et tout cela est compris dans cette parole de l'Ecriture citée à cette occasion par le Sauveur : « L'homme ne vit pas seulement de pain, mais encore de toute parole, » ou de toute chose « qui sort de la bouche de Dieu [1]. »

A la seconde tentation, Jésus-Christ oppose ces mots : « Tu ne tenteras point le Seigneur ton Dieu [2]. » Celui qui entreprend des choses trop hautes, que Dieu ni ne lui ordonne, ni ne lui conseille, sous prétexte qu'il fera en sa faveur quelque chose d'extraordinaire qu'il n'a point promis, tente le Seigneur son Dieu : il tente encore le Seigneur son Dieu lorsqu'il veut entendre par un effort de son esprit ses inaccessibles mystères, sans songer que « celui qui entreprend de sonder la majesté sera opprimé par sa gloire [3]. » Ceux-là donc tentent le Seigneur leur Dieu, et n'écoutent pas ce précepte : « Ne cherchez point des choses plus hautes que

---

[1] *Matth.*, IV, 4. — [2] *Ibid.*, 7; *Deuter.*, VI, 16. — [3] *Prov.*, XXV, 27.

vous ¹. » Celui aussi qui entreprend de grands ouvrages dans l'ordre de Dieu, mais le fait sans y employer des forces et une diligence proportionnée, tente Dieu manifestement, et attend de lui un secours qu'il n'a point promis. Il en est de même de celui qui se jette volontairement dans le péril qu'il peut éviter : car s'il le peut, il le doit, et non par une téméraire confiance hasarder volontairement son salut. Celui qui dit par le sentiment d'un faux repos : Je m'abandonne à la volonté de Dieu, et je n'ai qu'à le laisser faire, au lieu d'agir avec Dieu et de faire de pieux efforts, flatte la mollesse, et entretient la nonchalance et tente le Seigneur son Dieu, qui veut que nous soyons coopérateurs de sa sagesse et de sa puissance. Dites donc, en faisant ce que vous pouvez de votre côté, comme il l'ordonne : Je me repose sur Dieu, je le laisse faire; et par là on ne songe qu'à se tirer du trouble, de l'agitation, de l'inquiétude : autrement vous tentez Dieu, et vous vous jetez à terre du haut du pinacle, dans l'espérance de trouver entre deux les mains des anges.

Pourquoi opposer à la tentation de l'ambition ces paroles : « Tu adoreras le Seigneur ton Dieu, et le serviras seul ² ? » Les hommes ambitieux s'adorent eux-mêmes : ils se croient les seuls dignes de commander aux hommes et de remplir les grandes places : ils ont une merveilleuse complaisance pour les conseils qu'ils ont imaginés pour y parvenir : ils se mettent au-dessus de tous les hommes, dont ils croient faire des instrumens de leur vanité : tous ceux-là s'adorent eux-mêmes, et veulent que les autres les adorent. Ceux qui s'imaginent avoir ce que le monde appelle esprit supérieur; qui ravis de la prétendue supériorité de leur génie à manier les hommes et les affaires, croient s'élever au-dessus de tout le genre humain, s'adorent eux-mêmes et se croyant les artisans de leur grandeur, les fabricateurs de leur fortune, les auteurs de leurs beaux talens, de leur habileté, de leur éloquence, ils disent : « Notre langue est de nous : » et nous nous sommes faits nous-mêmes : « qui est au-dessus de nous ³ ? »

En s'adorant eux-mêmes et en adorant leur propre orgueil, ils adorent en quelque sorte le diable qui l'a inspiré. Car le propre de

---

¹ *Eccli.*, III, 22. — ² *Matth.*, IV, 10; *Deuter.*, VI, 13; X, 20. — ³ *Psal.* XI, 5.

ce superbe esprit est d'avoir voulu s'égaler à Dieu, et s'adorer lui-même; et il règne sur ceux qu'il attire dans ses sentimens et ses révoltes.

Pourquoi Jésus-Christ ne dit-il rien à la vanterie du démon, qui se glorifie « d'avoir tous les empires en sa puissance, et de les distribuer à qui il lui plaît avec toute la gloire qui y est attachée [1]? » Il est vrai qu'en un certain sens, il est le maître de l'univers par le péché qu'il y a introduit et par le règne de l'idolâtrie qui étoit comme universel. Il est vrai encore qu'en remuant les passions et l'ambition des hommes, il donne des fondemens à la plupart des conquêtes et des empires qui en ont été l'ouvrage : il n'est pas vrai toutefois qu'il donne les empires, parce que ces violentes passions des hommes n'ont que l'effet que Dieu veut, et que c'est lui qui donne la victoire. Mais Jésus-Christ le laisse se repaître de sa fausse gloire ; et content d'apprendre aux hommes à adorer Dieu, il leur apprend à la fois que par là ils renverseront le superbe empire du démon, déjà prêt à tomber à terre.

Ve ÉLÉVATION.

De la puissance du démon sur le genre humain.

Quand Dieu créa les purs esprits, autant qu'il leur donna de part à son intelligence, autant leur en donna-t-il à son pouvoir : et en les soumettant à sa volonté, il voulut pour l'ordre du monde que les natures corporelles et inférieures fussent soumises à la leur selon les bornes qu'il avoit prescrites. Ainsi le monde sensible fut assujetti à sa manière au monde spirituel et intellectuel : et Dieu fit ce pacte avec la nature corporelle, qu'elle seroit mue à la volonté des anges, autant que la volonté des anges, en cela conforme à celle de Dieu, la détermineroit à certains effets.

Concevons donc que Dieu, moteur souverain de toute la nature corporelle, ou la meut, ou la contient dans une certaine étendue à la volonté de ses anges. Parmi les esprits bienheureux, il y en

[1] *Luc.*, IV, 6.

a qui sont appelés des vertus, dont il est écrit : « Anges du Seigneur, louez Dieu : louez Dieu, » vous qu'il appelle « ses vertus ou ses puissances ¹ ; » et encore : « Anges du Seigneur, bénissez le Seigneur : Vertus du Seigneur, bénissez le Seigneur ². » C'est peut-être de ces vertus ou de ces puissances qu'il est écrit : « Dieu sous qui se courbent ceux qui portent le monde ³ ; » et quoi qu'il en soit, nous voyons dans toutes ces paroles une espèce de présidence de la nature spirituelle sur la corporelle.

Combien la force des anges prévaut à celle des hommes et des animaux et quelle domination elle est capable d'exercer sur eux sous l'ordre de Dieu, il l'a lui-même déclaré par le carnage effroyable que fit un seul ange dans toute l'Egypte, dont il fit mourir tous les premiers-nés autant parmi les animaux que parmi les hommes ⁴, et encore par celui qui se fit si promptement dans l'armée de Sennachérib qui assiégeoit Jérusalem ⁵.

On pourroit pourtant demander si Dieu conserve le même pouvoir aux anges déserteurs et condamnés : mais saint Paul a décidé la question, lorsque, pour exciter les fidèles à résister vigoureusement à la tentation, il les avertit que « nous n'avons pas à lutter avec la chair et le sang, mais avec des princes et des puissances, » qu'il appelle encore à cause de leur origine, « des vertus des cieux ⁶, » après même qu'ils en ont été précipités, pour nous montrer qu'ils conservent encore dans leur supplice la puissance comme le nom qu'ils avoient par leur nature. Et il ne faut pas s'en étonner, puisque Dieu qui les pouvoit justement priver de tous les avantages naturels, a mieux aimé faire voir en les leur conservant que tout le bien de la nature tournoit en supplice à ceux qui en abusent contre Dieu. Ainsi l'intelligence leur est demeurée aussi perçante et aussi sublime que jamais ; et la force de leur volonté à mouvoir les corps, par cette même raison leur est restée comme du débris de leur effroyable naufrage.

Que si l'on dit que la force de la volonté des anges venoit de la conformité à la volonté de Dieu qu'ils ont perdue, on ne songe

---

¹ *Psal.* CII, 20, 21. — ² *Dan.*, III, 58, 61 ; *Psal.* CXLVIII, 2. — ³ *Job*, IX, 13. — ⁴ *Exod.*, II, 4, 5 ; XII, 12, 23, 29 ; XIII, 15. — ⁵ *IV Reg.*, XIX, 35. — ⁶ *Ephes.*, VI, 11, 12.

pas que Dieu veut encore les faire servir de ministres à sa justice ; et en cela leur volonté sera conforme à celle de Dieu, parce qu'ils feront encore par une volonté mauvaise la même chose que Dieu fait par une volonté qui est toujours bonne.

Ainsi tous les avantages naturels sont demeurés aux démons pour leur supplice : Dieu leur a tout changé en mal : et leur noblesse naturelle se tournant en faste, leur intelligence en finesse et en artifice, et leur volonté en partialité et en jalousie, ils sont devenus superbes, trompeurs et envieux et réduits par leur misère au triste et noir emploi de tenter les hommes : ne leur restant plus au lieu de la félicité dont ils jouissoient dans leur origine, que le plaisir obscur et malin que peuvent trouver des coupables à se faire des complices, et des malheureux à se donner des compagnons de leur disgrace. Dieu nous veut apprendre par là quelle estime nous devons faire des dons naturels, de la pénétration, de l'intelligence et de la puissance, puisque tout cela reste aux démons, qui n'en sont ni moins malheureux ni moins haïssables.

Et leur pouvoir sur les hommes, loin de diminuer, s'est plutôt accrû dans la suite par le péché qui nous a faits leurs esclaves. Au commencement Dieu avoit mis l'homme au-dessous de l'ange ; mais seulement, comme dit David, « un peu au-dessous [1]. » Mais par le péché le diable qui nous a vaincus, est devenu notre maître ; et nous, comme dit Jésus-Christ lui-même [2], esclaves livrés à ce tyran, non-seulement nous ne saurions nous tirer de cette servitude, mais nous ne pouvons pas même faire de nous-mêmes le moindre effort pour en sortir ; en sorte que le démon est appelé par Jésus-Christ « le prince du monde [3]. »

Ainsi notre délivrance ne consiste plus qu'en ce que cet esprit superbe, qui domine sur tous les esprits d'orgueil, ayant osé attenter d'une manière terrible contre la personne du Fils de Dieu, encore « qu'il n'y trouvât rien qui fût à lui : » *in me non habet quidquam* [4], par là a perdu son empire. Qui ne seroit étonné de lui voir enlever le Fils de Dieu sur une haute montagne et sur le pinacle du temple ? Comment fut-il permis à cet esprit impur,

---

[1] *Psal.* VIII, 6. — [2] *Joan.*, VIII, 34, 44. — [3] *Ibid.*, XII, 31 ; XIV, 30 ; XVI, 11. — [4] *Ibid.*, XIV, 30.

non-seulement de toucher à ce corps innocent et virginal, mais encore de le transporter où il vouloit, comme s'il en eût été le maître? Mais c'est là qu'il a perdu ses forces : il ne peut plus rien, parce qu'il a voulu trop pouvoir : le Fils de Dieu l'a vaincu en le laissant faire, et il a promis à ses fidèles d'anéantir sa puissance.

Cette promesse est contenue dans ces paroles de l'Apôtre : « Dieu est fidèle ; et il ne permettra pas que vous soyez tenté par-dessus vos forces [1] : les anges saints viendront à votre secours [2] : » vous avez « pour bouclier la foi [3], » pour armes invincibles « le jeûne et la prière [4], » et Jésus-Christ même pour soutien. Souvenez-vous seulement qu'il est dit de lui : « Il n'est pas demeuré dans la vérité : la vérité n'est pas en lui : il est menteur et père du mensonge [5] : » ce sont les paroles du Sauveur. Ayant ainsi perdu à jamais la vérité, il ne lui reste plus à vous proposer que le faux, l'illusion, la vanité même. Songez aussi que le même Sauveur a dit de cet esprit mensonger qu'il est « homicide dès le commencement [6] : » il a tué nos premiers parens, « et par lui la mort est entrée [7] : » il vient donc encore à vous avec un esprit homicide : les plaisirs qu'il vous propose sont un poison, ses espérances un piége, la vengeance où il vous anime une cruauté contre vous-même ; et le couteau qu'il vous présente contre votre ennemi, plus contre vous que contre lui, vous percera le sein, pendant qu'il ne fera que lui effleurer la peau.

VIe ÉLÉVATION.

Comment Jésus-Christ a été tenté.

Un saint pape, et après lui tous les saints docteurs, a remarqué [8] que la tentation nous attaque en trois manières : par la suggestion, par la délectation et par le consentement. La suggestion consiste dans une pensée, soit que le démon la jette immé-

---

[1] I *Cor.*, x, 13. — [2] *Psal.* xc, 11, 12, 15, 16. — [3] *Ephes.*, vi, 11. — [4] *Matth.*, xvii, 20. — [5] *Joan.*, viii, 44. — [6] *Ibid.* — [7] *Sapient.*, ii, 24. — [8] Gregor. Magn., lib. I, *in Evang.*, hom. xvi, n. 1.

diatement dans l'esprit, soit que ce soit en nous proposant des objets extérieurs. Le démon n'a pas pu aller plus avant dans la tentation du Fils de Dieu : mais à notre égard, quand la pensée est suivie d'une complaisance volontaire et que l'esprit s'y arrête, on doit croire que le consentement « qui, » comme disoit saint Jacques, « enfante la mort [1], » suivra bientôt.

Arrêtez donc la tentation dès le premier pas qui est innocent et qui a pu être dans le Fils de Dieu : mais rejetez-la aussi de même. Car si vous lui laissez le moyen de vous chatouiller les sens et si le démon qui peut même, comme vous voyez, remuer les corps, se met à agiter les humeurs, quelle tempête ne s'élèvera pas dans votre intérieur? Cependant Jésus dormira peut-être : réveillez-le donc promptement : réveillez la foi endormie : coupez court et rompez le premier coup : prévenez le plaisir naissant, ou des sens, ou de l'ambition, ou de la vengeance, de peur que se répandant dans toute votre ame, il ne l'entraîne trop facilement au consentement si artificieusement préparé.

VIIe ÉLÉVATION.

Le diable se retire, mais pour revenir.

« Et après que toute la tentation fut accomplie, le diable se retira pour un temps [2]. » Il ne quitte donc jamais prise, quoique repoussé et vaincu : il revint plus d'une fois tenter Jésus-Christ; et apparemment il fit de nouveaux efforts dans le temps de sa passion et à l'heure de sa mort, qui est le « temps » que plusieurs entendent dans cet endroit de saint Luc. Quoi qu'il en soit, nous devons entendre qu'il faut toujours veiller et se tenir prêt.

Il est naturel à l'homme de se relâcher après le travail. Jamais il ne fait si bon recommencer le combat que lorsqu'après une pénible victoire, on cesse d'être sur ses gardes. C'est alors qu'on périt; on se dit à soi-même : Il faut se donner un peu de repos : j'ai vaincu par un grand effort : qu'ai-je à craindre ? Les flots sont

---

[1] *Jacob.*, I, 14, 15. — [2] *Luc.*, IV, 13.

calmés, les vents apaisés, le ciel serein : on s'abandonne au sommeil : l'ennemi revient et reprend toutes les dépouilles qu'il avoit perdues.

Mais croyons que le grand effort de la tentation est dans les approches de la mort, parce que premièrement c'est le temps de la décision, et secondement c'est le temps de la foiblesse. O Dieu! jamais je ne suis plus foible : tout s'émousse dans la vieillesse, et le courage plus que tout le reste : « Mon Dieu, ne me délaissez pas dans le temps de ma défaillance [1] : » quand la force me manque et que je n'ai point de ressource ni de courage, mes esprits sont offusqués : j'ai dans le cœur « une réponse de mort[2] » et de désespoir : Mon Dieu, aidez-moi. Voici le temps dont saint Luc disoit : « Il le quitta jusqu'au temps [3] : » jusqu'au temps de défaillance et d'horreur, jusqu'au temps où dans le dernier affoiblissement les momens sont les plus précieux.

[1] *Psal.* LXX, 9-12. — [2] II *Cor.*, I, 9. — [3] *Luc.*, IV, 13.

XXIVᴱ SEMAINE.

SUITE DU TÉMOIGNAGE DE SAINT JEAN-BAPTISTE.

PREMIÈRE ÉLÉVATION.

Jean déclare qu'il n'étoit rien de ce qu'on pensoit.

Après les merveilles qui parurent au baptême de Jésus-Christ, il y a sujet de s'étonner qu'il disparoisse tout d'un coup pour s'enfoncer dans le désert durant quarante jours et autant de nuits. Après cela il revint et commença de prêcher. Pendant sa retraite dans le désert et après, Jean continuoit à lui rendre témoignage. Et ce fut alors que Jérusalem étonnée de la prédication du saint Précurseur, lui députa pour ainsi dire dans les formes des prêtres et des lévites du nombre des pharisiens, qui l'interrogèrent juridiquement : « Qui êtes-vous, » lui dirent-ils? Car ils en avoient conçu une si haute opinion, qu'ils ne crurent rien moins de lui, sinon qu'il étoit le Christ; mais « il confessa, et ne le nia pas, et il confessa qu'il n'étoit point le Christ [1]. » Cette façon de parler de l'évangéliste fait entendre qu'il prenoit plaisir à le répéter. Moi le Christ ! Je ne le suis pas : non, encore un coup je ne le suis pas. « Quoi donc! Etes-vous Elie? Non, » dit-il. Qu'il aime à dire ce qu'il n'est pas et à se réduire dans le néant ! « Etes-vous prophète? Non : » toujours non, et toujours non : ce n'est qu'un non partout; et Jean n'est rien à ses yeux. Il est pourtant « prophète, et plus que prophète [2], » et le plus excellent de tous les prophètes : « il est Elie » en vertu : et quoiqu'il ne le soit pas en personne, il est plus qu'Elie, puisque par la sentence de Jésus-Christ, « il est plus grand que tous les prophètes. » Et quoiqu'il soit si excellent, il n'est rien : il n'a rien à dire de lui-même. Il prend le côté qui

[1] *Joan.*, I, 19, 20, 21. — [2] *Matth.*, XI, 9, 10, 14.

est contre lui : car en effet il n'est pas prophète comme les autres, pour prédire le Christ à venir, lui qui devoit le montrer présent. « Qui êtes-vous donc [1]? » Il faut parler : car ceux que l'on vous envoie doivent rendre compte au sénat de Jérusalem qui les avoit députés à Jean : « Je suis la voix de celui qui crie. » Qu'est-ce qu'une voix? Un souffle qui se perd en l'air : je suis une voix, un cri, si vous le voulez : saint Jean s'exténue jusque-là. On en vient à tourner contre lui toutes ses réponses : « Pourquoi donc baptisez-vous, si vous n'êtes ni le Christ, ni Elie, ni prophète [2]? Je baptise, » il est vrai, « mais dans l'eau : » je ne fais que jeter sur les têtes pénitentes une eau stérile, et plonger les corps dans une rivière : « Mais il y en a un au milieu de vous que vous ne connoissez pas. » Le voilà donc encore une fois au-dessous des pieds de Jésus, « indigne de lui dénouer le cordon de ses souliers [3]. » Comme il se baigne dans l'humilité et dans le néant! Non, non, non, dit-il toujours. Faut-il dire quelque chose, ce n'est qu'une voix sans corps et sans consistance. Quelque grand qu'on soit, l'humilité qui ne peut mentir, ne laisse pas de trouver moyen d'anéantir tous ses avantages. Apprenons à dire : Non, mais sincèrement, lorsqu'on nous loue, sans exagération, sans emphase, sans trop d'effort. Car souvent tout cet effort est un artifice pour nous attirer des louanges, ou du moins de l'attention du côté des hommes. L'humilité ne songe point à s'étaler. Un simple non, sec et court, qui détruit tout, lui suffit, parce que ce non dans sa sécheresse et dans sa brièveté cache tout, fait tout disparoître, jusqu'à l'humilité même.

IIe ÉLÉVATION.

Saint Jean appelle Jésus l'Agneau de Dieu.

« Ceci, » ce qu'on vient d'entendre, « se passa en Béthanie, au delà du Jourdain, où Jean donnoit le baptême. Le lendemain Jean vit Jésus qui venoit à lui et il dit : Voilà l'Agneau de Dieu, voilà

[1] *Joan.*, I, 22, 23. — [2] *Ibid.*, 25, 26. — [3] *Ibid.*, 27.

celui qui ôte les péchés du monde [1]. » Il faut bien entendre ce témoignage de saint Jean-Baptiste, où il découvre un grand secret de Jésus-Christ. Il le vit donc venir à lui : car il continua l'acte d'humilité qu'il avoit fait, lorsque Jean étonné de son abaissement, s'écria : « Je dois être baptisé par vous, et vous venez à moi ! » Mais il falloit que Jésus honorât Jean, qui lui rendoit témoignage, et qu'il confirmât sa mission en allant à lui. Car si Jean devoit faire connoître Jésus, Jésus aussi le devoit faire connoître en son temps, d'une manière bien plus haute; et c'est un des mystères compris sous cette parole : « Laissez-moi faire ; car c'est ainsi que nous devons accomplir toute justice [2], » c'est-à-dire nous rendre l'un à l'autre le témoignage mutuel que nous nous devons. Jean donc voyant Jésus venir à lui encore une fois, le montra à tout le peuple en disant : « Voilà l'Agneau de Dieu : voilà celui qui ôte le péché du monde [3]. » Tous les jours, soir et matin, on immoloit dans le temple un agneau, et c'étoit là ce qu'on appeloit le « sacrifice continu [4] » ou perpétuel. Ce fut ce qui donna occasion à Jean de prononcer les paroles qu'on vient d'entendre : peut-être même que Jésus s'approcha de lui à l'heure où tout le peuple savoit qu'on offroit ce sacrifice. Quoi qu'il en soit, dans ce témoignage qu'il rend au Sauveur, lui qui l'avoit fait connoître comme « le Fils unique dans le sein du Père [5] » dont il venoit déclarer les profondeurs, le fait connoître aujourd'hui comme la victime du monde. Ne croyez pas que cet agneau qu'on offre soir et matin en sacrifice perpétuel, soit le vrai agneau, la vraie victime de Dieu : voilà celui qui s'est mis « en entrant au monde à la place de toutes les victimes [6] : » c'est aussi celui qui est la victime publique du genre humain, et qui seul peut expier et ôter ce grand péché qui est la source de tous les autres, et qui pour cela peut être appelé « le péché du monde, » c'est-à-dire le péché d'Adam, qui est celui de tout l'univers. Mais en ôtant ce péché, il ôte aussi tous les autres. Venez à lui, petits et grands, comme à celui qui vous purifie de tous vos péchés. « Car nous

---

[1] *Joan.*, I, 28, 29. — [2] *Matth.*, III, 15. — [3] *Joan.*, I, 29. — [4] *Exod.*, XXIX, 38, 39 et seq.; *Numer.*, XXVIII, 3, 4 et seq. — [5] *Joan.*, I, 14, 18. — [6] *Psal.* XXXIX, 7, 8; *Hebr.*, X, 5-7.

n'avons point été rachetés de nos erreurs par or ni par argent ; mais par le sang innocent de Jésus-Christ comme d'un agneau sans tache, prévu et prédestiné devant tous les temps et déclaré dans nos jours [1]. » Baptisons-nous donc dans ce sang : je m'y suis baptisé moi-même, et dès le sein de ma mère j'en ai senti la vertu : je le montre donc aux autres, moi qui l'ai connu le premier : regardez-le cet Agneau de Dieu, qu'Isaïe a vu en esprit, lorsqu'il le représenta comme « l'agneau qui se laissera non-seulement tondre, mais » écorcher, pour ainsi parler, « et immoler sans se plaindre [2] : » que Jérémie voyoit et représentoit en sa personne, lorsqu'il dit : « Je suis comme un agneau innocent qu'on porte au sacrifice [3]. » Le voilà cet Agneau si doux, si simple, si patient, sans artifice, sans tromperie, qui sera immolé pour tous les pécheurs. Il a déjà été immolé en figure, et on peut dire en vérité qu'il « a été tué et mis à mort dès l'origine du monde [4]. » Il a été massacré en Abel le juste : quand Abraham voulut sacrifier son fils, il commença en figure ce qui devoit être achevé en Jésus-Christ. On voit aussi s'accomplir en lui ce que commencèrent les frères de Joseph : Jésus a été haï, persécuté, poursuivi à mort par ses frères : il a été vendu en la personne de Joseph, jeté dans une citerne, c'est-à-dire livré à la mort : il a été avec Jérémie dans le lac profond, avec les enfans dans la fournaise, avec Daniel dans la fosse aux lions. C'étoit lui qu'on immoloit en esprit dans tous les sacrifices. Il étoit dans le sacrifice que Noé offrit en sortant de l'arche, lorsqu'il vit dans l'arc-en-ciel le sacrement de la paix ; dans ceux que les patriarches offrirent sur les montagnes, dans ceux que Moïse et toute la loi offroit dans le tabernacle et ensuite dans le temple : et n'ayant jamais cessé d'être immolé en figure, il vient maintenant l'être en vérité.

En le voyant donc comme « l'agneau de Dieu, » saint Jean le voyoit déjà comme nageant dans son sang. Nous l'avons en cet état dans l'Eucharistie : et encore que son sang n'y soit plus répandu avec violence, il y ruisselle dans le calice, il y coule dans nos corps et dans nos cœurs. Plongeons-nous dans le sang de cet

---

[1] 1 *Petr.*, I, 18, 19, 20. — [2] *Isa.*, LIII, 7. — [3] *Jerem.*, XI, 19. — [4] *Apocal.*, XIII, 8.

agneau : « portons ses plaies et sa mortification en nos corps[1] : » toujours tué, toujours immolé, il veut encore l'être en nous comme dans ses membres.

IIIᵉ ÉLÉVATION.

Jean fait souvenir le peuple de la manière dont il avoit annoncé et connu Jésus-Christ.

Saint Jean avoit toujours dit, avant même que Jésus-Christ parût au monde, « qu'il y avoit quelqu'un dans le monde dont il n'étoit pas digne de toucher les pieds[2] ; » à qui son baptême « préparoit la voie, » et n'étoit qu'un préparatoire ; si l'on veut, un préliminaire d'un meilleur baptême que Jésus-Christ devoit donner. Saint Jean répète ce témoignage, et fait ressouvenir le peuple de la marque miraculeuse de la colombe mystique à laquelle il l'avoit connu[3]. Souvenons-nous donc de cette marque et de tout ce qui parut ensuite dans le baptême de Jésus-Christ. Car c'est là primitivement que fut accomplie cette parole de Jésus-Christ : « Travaillez à la nourriture que le Fils de l'homme vous doit donner : car son Père l'a marqué de son sceau[4], » l'a désigné, caractérisé, en sorte qu'on ne puisse plus le méconnoître. Souvenons-nous donc du caractère sacré de Jésus-Christ, des cieux ouverts, de la colombe descendue et de la voix qui fut ouïe sur le Jourdain : « Portons nous-mêmes le caractère de Jésus-Christ[5] : » qu'il soit l'objet de nos complaisances, comme il l'est de celles de son Père : « Entrons avec lui dans l'eau du baptême[6] : » renouvelons les promesses du nôtre ; et demeurons éternellement dévoués à la pénitence.

---

[1] II *Cor.*, VI, 9, 10. — [2] *Matth.*, III, 11 ; *Marc.*, I, 7 ; *Joan.*, I, 23, 31. — [3] *Ibid.*, 32-34. — [4] *Ibid.*, VI, 27. — [5] I *Cor.*, XV, 49. — [6] *Galat.*, III, 27 ; *Rom.*, VI, 4-6 et seq.

IVᵉ ÉLÉVATION.

*Saint Jean appelle encore une fois Jésus-Christ l'Agneau de Dieu :
et ses disciples le quittent pour le Fils de Dieu.*

« Le lendemain Jean étoit avec deux de ses disciples ; et regardant marcher Jésus » apparemment encore pour venir à lui : « Voilà l'Agneau de Dieu ; et ces deux disciples l'entendirent comme il parloit ainsi, et ils suivirent Jésus [1]. » Le temps que Jean devoit demeurer en liberté étoit court et il multiplie, comme on voit, coup sur coup son témoignage. « Voici, dit-il encore une fois, l'Agneau de Dieu : » et à l'instant deux de ses disciples se détachèrent de lui pour s'attacher à Jésus. Voilà donc Jésus devenu le maître des disciples de saint Jean : et on voit comment il lui préparoit la voie.

« Pendant qu'ils le suivoient, Jésus leur dit : Que cherchez-vous ? Et ils répondirent : Maître, où demeurez-vous [2] ? » Car ils vouloient tout à fait se donner à lui. « Et Jésus leur dit : Venez et voyez : » n'en croyez plus personne : venez et voyez vous-mêmes : car quand on vient et qu'on veut voir de bonne foi, on connoît bientôt. « Ils suivirent donc Jésus : ils virent où il demeuroit, et ils passèrent avec lui le reste du jour : et il étoit environ la dixième heure du jour. » On conjecture de là que c'étoit à la fin de la journée, et à peu près le temps qu'on offroit le sacrifice du soir : ce qui donna une nouvelle occasion à Jean de répéter : « Voilà l'Agneau de Dieu [3]. »

Allons donc à Jésus avec ces disciples à l'heure de l'immolation : voyons nous-mêmes où Jésus habite : et non contens de le voir par une stérile spéculation, achevons avec lui la journée. Heureuse journée, heureuse nuit, que l'on passe avec Jésus-Christ dans sa maison ! Seigneur, où habitez-vous ? « Dites-moi, céleste Époux, où vous habitez, afin que j'y [4] » aille aussi fixer ma demeure, et que mon ame errante et vagabonde « n'aille pas courir deçà et delà » avec d'autres que vous : car je ne veux point m'y

---

[1] *Joan.*, I, 35-37. — [2] *Ibid.*, 38, 39. — [3] *Ibid.*, 29. — [4] *Cant.*, I, 6.

arrêter, quoique peut-être ils se disent ou qu'ils soient « vos compagnons : » je ne veux m'attacher qu'à vous ; et vos compagnons, même ceux qui marchent avec vous, me détourneroient de ma voie, si j'avois de l'attache pour eux. « O venez ! ô voyez ! ô demeurez ! » Que ces paroles sont douces, et qu'il est doux de savoir où Jésus habite !

Ve ÉLÉVATION.

Saint André amène saint Pierre à Jésus-Christ.

« Un des deux disciples qui avoient ouï ce témoignage de Jean et qui avoient suivi Jésus, étoit André, frère de Simon Pierre. Il rencontra premièrement son frère, et il lui dit : Nous avons trouvé le Messie, c'est-à-dire l'Oint et le Christ : et il l'amena à Jésus. Et Jésus » qui le connut au premier abord et savoit à quoi il le destinoit, « lui dit en le regardant : Vous êtes Simon, fils de Jonas : vous serez appelé Céphas, c'est-à-dire Pierre [1]. » Il commence à former son Eglise et il en désigne le fondement : « vous vous appellerez Pierre : » vous serez cet immuable rocher sur lequel je bâtirai mon Eglise. Quand un Dieu nomme, l'effet suit le nom : il se fit sans doute quelque chose dans saint Pierre à ce moment, mais qui n'est pas encore déclaré et qui se découvrira dans la suite. Car tout ceci n'étoit encore qu'un commencement : ni saint Pierre ne suivit entièrement Jésus-Christ, ni saint André ne demeura alors avec lui qu'un jour. Il suffit que nous entendions que les préparations s'achèvent, et que le grand ouvrage se commence, puisque les disciples de Jean profitent de son témoignage pour reconnoître Jésus, et lui amener d'autres disciples.

Quand nous trouvons la vérité, ne la trouvons pas pour nous-mêmes : montrons-la aux autres, en commençant par nos plus proches, comme saint André par son frère : soyons fidèles : nous ne savons pas qui nous amenons à Jésus : nous croyons lui amener un simple fidèle : mais celui que nous lui amenons est un Pierre : c'est le chef, c'est le fondement de son Eglise.

[1] *Joan.*, I, 40-42.

VI° ÉLÉVATION.

Vocation de saint Philippe : Nathanaël amené à Jésus-Christ.

« Le lendemain [1] : » ce n'est pas inutilement que la suite des jours est si bien marquée : l'évangéliste veut que l'on entende le prompt et manifeste progrès de l'œuvre de Dieu, et le fruit des préparations de saint Jean-Baptiste. « Le lendemain donc Jésus voulut aller en Galilée, et il rencontra Philippe, et lui dit : Suivez-moi [2]. » Il n'attend pas que celui-ci le cherche : il le prévient. L'évangéliste remarque que « Philippe étoit de Béthsaïda, d'où étoient aussi André et Pierre, » pour nous faire entendre qu'ils se connoissoient les uns les autres et s'entrecommuniquoient leur bonheur. Car Philippe fit part du sien à Nathanaël qu'il trouva : « et lui dit : Nous avons trouvé celui que Moïse et la loi et les prophètes nous ont annoncé, Jésus de Nazareth, fils de Joseph [3]. Et Nathanaël, « qu'on croit être saint Barthélemi, » lui répondit : Peut-il venir quelque chose de bon de Nazareth? Philippe lui dit: Venez et voyez [4]. » Ils s'amènent les uns les autres, mais à condition qu'ils s'instruiroient par eux-mêmes. Soyons comme eux attentifs à l'œuvre de Dieu : allons et voyons : ne nous en tenons pas si absolument à nos conducteurs, que nous n'éprouvions par nous-mêmes et ne goûtions Jésus-Christ, afin de lui pouvoir dire comme faisoient les Samaritains à cette femme : « Nous ne croyons plus maintenant sur votre récit, et nous avons connu par nous-mêmes que celui-ci est vraiment le Sauveur du monde [5]. » Aussi cette femme leur avoit-elle dit comme les autres : « Venez et voyez : et ils étoient venus, et ils avoient vu, et ils avoient invité le Sauveur de demeurer dans leur ville, et il y demeura deux jours [6], » et ils reconnurent le Sauveur du monde. Jean avoit tout mis en mouvement, et il avoit réveillé le monde sur le sujet de son Sauveur : le bruit s'en étoit répandu de tous côtés; et la femme sama-

---

[1] *Joan.*, I, 43. — [2] *Ibid.*, 44. — [3] *Ibid.*, 45. — [4] *Ibid.*, 46. — [5] *Ibid.*, IV, 42. — [6] *Ibid.*, 29, 42.

ritaine elle-même avoit dit : « Je sais que le Christ vient : » il va paroître, « et nous apprendra toutes choses [1] : » tant on étoit attentif à sa venue.

VIIe ÉLÉVATION.

Jésus-Christ se fait connoître par lui-même aux noces de Cana en Galilée.

« Trois jours après on faisoit des noces à Cana en Galilée, et la mère de Jésus y étoit, et Jésus y fut aussi convié [2]. » Ce passage ne regarde point saint Jean-Baptiste, et appartient aux mystères de Jésus-Christ même : ainsi nous en traiterons ailleurs, et ici nous voulons seulement montrer combien saint Jean est attentif à marquer la suite des jours. On voit qu'il vouloit lier la manifestation de Jésus à ces noces avec les témoignages de saint Jean. « Ceci, » dit-il, la députation à saint Jean et sa réponse, « étoit arrivé en Béthanie [3]. Et le lendemain [4].... Et le lendemain [5].... Et le lendemain [6]... Et encore le lendemain [7]. Et trois jours après il se fit des noces [8]. » Tout cela est lié ensemble dans l'ordre des jours : et on voit que l'évangéliste saint Jean nous veut faire suivre la manifestation de Jésus-Christ, premièrement par saint Jean-Baptiste, et ensuite par Jésus-Christ lui-même. C'est pourquoi il est écrit à la fin : « Ce fut ici le commencement des miracles de Jésus; et il manifesta sa gloire (par lui-même); et ses disciples crurent en lui [9], » non plus seulement par le témoignage de saint Jean-Baptiste, mais par lui-même et par les effets de sa puissance. Aussi ne voyons-nous pas que l'évangéliste s'attache depuis à marquer les jours; et il continue son histoire sans l'observer davantage. « Après cela, dit-il, il vint à Capharnaüm, où il demeura peu de jours [10]. Et après cela Jésus et ses disciples vinrent en Judée [11], » etc. Méditons tout : dans l'Ecriture tout a son dessein et son mystère; et s'il n'est pas toujours entièrement expliqué, c'est que Dieu veut qu'on le cherche.

[1] *Joan.*, IV, 25. — [2] *Ibid.*, II, 1. — [3] *Ibid.*, I, 28. — [4] *Ibid.*, 29. — [5] *Ibid.*, 35. — [6] *Ibid.*, 41. — [7] *Ibid.*, 43. — [8] *Ibid.*, II, 1. — [9] *Ibid.*, 11. — [10] *Ibid.*, 12. — [11] *Ibid.*, III, 22.

VIIIᵉ ÉLÉVATION.

*Jésus-Christ baptise en même temps que saint Jean. Nouveau témoignage de saint Jean, à cette occasion, lorsqu'il appelle Jésus-Christ l'*Epoux.

Voici une autre sorte de témoignage de Jean. Pendant que Jésus et lui baptisent tous deux ensemble dans la Judée, et qu'on alloit à l'un et à l'autre, « il s'éleva une question entre les disciples de Jean et les Juifs sur la purification, » c'est-à-dire sur le baptême. « Et les disciples de Jean lui vinrent dire : Maître, celui qui étoit avec vous au delà du Jourdain et à qui vous avez rendu témoignage, baptise et tout le monde va à lui [1]. » Ils croyoient qu'étant venu lui-même à Jean pour s'en faire baptiser, on ne devoit pas quitter Jean pour lui. Dieu permit cette dispute et cette espèce de jalousie des disciples de saint Jean-Baptiste, pour donner lieu à cette instruction admirable du saint précurseur : « L'homme ne peut rien avoir qui ne lui soit donné du Ciel [2]. » Dans cette règle admirable, qu'il pose pour fondement, est la mort de l'amour-propre et de la propre élévation. L'amour-propre, à quelque prix que ce soit et indépendamment de toute autre chose, ne songe qu'à s'élever ; mais l'amour de Dieu toujours humble, mesure son élévation à la volonté de Dieu, et ne voudroit pas même s'élever si Dieu ne le vouloit : toute autre élévation lui deviendroit non-seulement suspecte, mais encore odieuse. Sur ce fondement saint Jean continue : « Vous me rendez vous-mêmes témoignage que j'ai dit : Je ne suis pas le Christ, mais je suis envoyé devant lui : celui qui a l'épouse est l'époux : mais l'ami de l'Epoux qui est présent et qui l'écoute, est transporté de joie par la voix de l'Epoux, et c'est par là que ma joie s'accomplit [3]. »

Qui pourroit entendre la suavité de ces dernières paroles ? Saint Jean nous y découvre un nouveau caractère de Jésus-Christ, le plus tendre et le plus doux de tous : c'est qu'il est l'Epoux : il a épousé la nature humaine qui lui étoit étrangère ; il en a fait un

---

[1] *Joan.*, III, 22-26 et seq. — [2] *Ibid*, III, 27. — [3] *Ibid.*, 28, 29.

même tout avec lui : en elle il a épousé sa sainte Eglise, épouse immortelle qui n'a ni tache ni ride : il a épousé les ames saintes qu'il appelle à la société, non-seulement de son royaume, mais de sa royale couche, les comblant de dons, de chastes délices ; jouissant d'elles, se donnant à elles; leur donnant non-seulement tout ce qu'il a, mais encore tout ce qu'il est, son corps, son ame, sa divinité; et leur préparant dans la vie future une union incomparablement plus grande. Voilà donc comme « il est l'époux, » comme « il a l'épouse : je vous ai, dit-il, épousée en foi [1] : » donnez-moi votre foi : recevez la mienne : je ne vous répudierai jamais, Eglise sainte, ni vous, ame que j'ai choisie de toute éternité : jamais je ne vous répudierai : « Je vous ai trouvée, » dit le Seigneur, « dans votre impureté, je vous ai lavée, je vous ai parée, je vous ai ornée, j'ai étendu mon manteau, ma couverture sur vous, et vous êtes devenue mienne : » *et facta es mihi* [2]. Epouse, prenez garde à sa sainte et inexorable jalousie : ne partagez point votre cœur : ne soyez point infidèle : autrement si vous rompez le sacré contrat que vous avez fait avec lui dans votre baptême, quelle sera contre vous sa juste fureur !

Voilà donc le caractère de Jésus : c'est un époux tendre, passionné, transporté, dont l'amour se montre par des effets inouïs. Et quel est le caractère de Jean ? Il est « l'ami de l'Epoux qui entend sa voix : » c'est ce qui ne lui étoit pas encore arrivé. Jusqu'ici il l'avoit annoncé, ou sans le connoître, ou sans entendre sa parole : maintenant, qu'après s'être fait baptiser par saint Jean, il a commencé sa prédication, saint Jean ravi de l'entendre, et qu'ainsi qu'il l'avoit toujours désiré, le bruit de sa parole retentisse jusqu'à lui, il ne sait comment expliquer sa « joie. »

Telle doit être la joie du chrétien à la voix de Jésus-Christ, à cette voix qui retentit encore dans son évangile ; à cette voix secrète et intérieure qui se fait entendre au fond du cœur, et qui se répand dans toutes les puissances de l'ame.

[1] *Osee*, II, 19, 20. — [2] *Ezech.*, XVI, 8, 9.

IX⁰ ÉLÉVATION.

Suite du témoignage de saint Jean : sa diminution et l'exaltation de Jésus-Christ.

Ecoutons. Saint Jean continue : « Il faut qu'il croisse, et moi que je diminue[1]. » Nous voulons bien peut-être que la gloire de Jésus-Christ s'augmente ; mais que ce soit à notre préjudice et avec la diminution de la nôtre, le voulons-nous de bonne foi? cependant c'est ce qu'il faut faire avec saint Jean, et il nous en donne les véritables raisons : c'est que Jésus-Christ « vient d'en haut : » c'est qu'il est par conséquent « au-dessus de tout : » c'est que « l'homme n'est que terre et de lui-même ne parle que terre : » c'est que « Jésus-Christ est venu du ciel[2] : » et ainsi que notre gloire, si nous en avons, se doit aller perdre dans la sienne.

C'est ce que ne font point les maîtres de l'erreur, qui veulent se faire un nom et une secte parmi les hommes : c'est ce que ne font point les prédicateurs, lorsque voyant que Dieu en suscite d'autres avec plus de grace et de succès, au lieu de se réjouir à la voix de l'Epoux qui se fait entendre par qui il lui plaît, entrent dans de basses jalousies. Mais saint Paul disoit : « Que m'importe, pourvu que Jésus-Christ soit annoncé, soit par occasion et soit en vérité[3]? » Pourvu donc qu'il entendît la voix de l'Epoux, de quelque bouche que ce fût, il étoit content. Décroissez donc sans peine : voyez croître sans jalousie celui que vous voyez s'élever peut-être sur vos ruines : trop heureux d'avoir à vous perdre dans une lumière que l'Epoux allume. Et vous, grands de la terre, qui voulez accroître votre nom, l'étendre à la postérité, faire tant de bruit dans le monde qu'il offusque le nom des autres, et même qu'on parle de vous plus que de Dieu, dites plutôt avec le prophète et avec saint Jean : « Qu'est-ce que l'homme, » sinon « de la terre ? » ou « qu'est-ce que le fils de l'homme, » si ce n'est « du fumier et de la boue[4] ? » Et il veut avoir de la gloire ! Terre et poussière, pour-

---

[1] *Joan.*, III, 30. — [2] *Ibid.*, 31.— [3] *Philip.*, I, 18. — [4] *Psal.* VIII, 5; CII, 14, 15; *Joan.*, III, 31.

quoi vous glorifiez-vous ? Mais de quoi vous glorifiez-vous ? Que toute gloire humaine se taise, et « que la gloire soit donnée à Dieu seul [1]. »

Parce que Jean a aimé cette gloire, et qu'il a sacrifié la sienne à Dieu et à Jésus-Christ, quelle gloire égale la sienne ? Le Fils de Dieu lui rend ce qu'il veut perdre ; et au lieu du témoignage des hommes qu'il a méprisé, il lui rend ce témoignage « qu'il est le plus grand de tous les enfans des femmes [2], » parce qu'il a plus que tous les autres mortels sacrifié sa gloire au Fils unique de Dieu.

Pour nous donner part à cette gloire, Dieu mêle aux actions les plus éclatantes mille publiques contradictions ; et ce qui est encore plus humiliant, mille secrètes foiblesses que chacun ne sent que trop en soi-même, afin que laissant échapper la gloire humaine, nous n'ayons de joie ni de soutien qu'à voir croître celle de Dieu.

Xe ÉLÉVATION.

Autre caractère de Jésus-Christ découvert par saint Jean.

« Il témoigne ce qu'il a vu et ce qu'il a ouï ; et personne ne reçoit son témoignage [3]. » Autre caractère de Jésus-Christ : plus son témoignage est authentique et original, moins on le reçoit : la trop grande lumière éblouit les foibles yeux : et ils sont foibles, parce qu'ils sont superbes : les yeux humbles, les yeux abaissés sont éclairés ; et si Jésus n'est écouté de personne, c'est que personne aussi ne veut être humble.

Personne donc ne reçoit son témoignage : tout le monde par soi-même le rejette : et il y a tout un monde qui ne veut pas le recevoir : mais à travers cette opposition du monde opposé au témoignage de Jésus-Christ, ce témoignage se fait jour, et pénètre les humbles cœurs que Jésus prépare lui-même à l'écouter.

Un prédicateur zélé, comme saint Jean-Baptiste, verra le témoignage de Jésus-Christ méprisé et sa parole rejetée. Qu'il gémisse avec saint Jean et qu'il dise : « Il témoigne ce qu'il a vu et ce qu'il

[1] I *Timoth.*, I, 17. — [2] *Matth.*, XI, 11. — [3] *Joan.*, III, 32.

a ouï : » il a vu tout ce qu'il annonce dans le sein du Père, où il est vie et lumière ; s'il déclare aux hommes les règles de la justice et les implacables jugemens de Dieu, il les a ouïs dans le sein du Père où ils sont conçus et formés : « et personne ne reçoit son témoignage. »

Je ne vois point de fruit de sa parole que j'annonce ; quoiqu'elle ne soit autre chose que le témoignage de Jésus-Christ répété par ses ministres : personne ne nous écoute et nous ne voyons aucun fruit de notre Evangile.

Pleurons donc sur le malheur et l'aveuglement des hommes : pleurons sur le témoignage si certain de Jésus-Christ, mais que personne ne veut. Mais consolons-nous en même temps : car Dieu sait à qui il veut faire recevoir en particulier ce témoignage, qui paroît si rejeté et si méprisé par le public. Et pour preuve que ce témoignage que personne ne reçoit, est néanmoins reçu de quelques-uns à qui Dieu prépare le cœur, saint Jean ajoute : « Celui qui reçoit son témoignage atteste que Dieu est véritable, car celui que Dieu a envoyé ne dit que des paroles de Dieu, parce que Dieu ne lui donne pas son esprit avec mesure [1]. » Il est vrai en tout, et son témoignage ne se doit pas diviser : s'il est vrai, en annonçant les miséricordes, les condescendances, les facilités, il est vrai en annonçant les rigueurs. « Personne ne reçoit son témoignage : » les Athéniens en général méprisent en la bouche de saint Paul le témoignage de Jésus-Christ : mais Dieu parle en secret à Denis aréopagite et à une femme nommée Damaris [2]. En une autre occasion, « il ouvre le cœur de Lydie, une teinturière en pourpre, pour écouter ce que disoit saint Paul [3]. » Dieu sait le nom de ceux à qui il veut se faire sentir. Ne vous découragez point, ô prédicateur ! une seule ame, que dis-je, une seule bonne pensée dans une seule ame vous récompense de tous vos travaux.

Et vous, peuples, écoutez vos pasteurs, vos prédicateurs : attestez en les croyant que Dieu est véritable en tout, et qu'il ne donne point son esprit avec mesure à Jésus-Christ dans son Eglise, puisque tout vice y est repris et que toute vérité y est enseignée.

---

[1] *Joan.*, III, 33, 34. — [2] *Act.*, XVII, 18 et seq. — [3] *Ibid.*, XVI, 14.

XIe ÉLÉVATION.

Saint Jean explique l'amour de Dieu pour son Fils.

« Le Père aime son Fils, et lui met tout entre les mains[1]. » Heureux ceux que Dieu met entre les mains de son Fils, qu'il aime si parfaitement ! Ceux qu'il met entre ses mains, ce sont ses fidèles, ses élus.

Qu'il les aime, puisqu'il les donne à son Fils ! O amour du Père et du Fils, vous êtes ineffable, incompréhensible, et je me perds dans cet abîme. Je le connois un peu par ses effets, que Dieu aime son Fils, qui est un autre lui-même, une autre personne, afin que son amour trouve où s'épancher, qui est le plaisir de l'amour ; mais un en substance, de peur que l'amour ne s'écarte trop de sa source, et ne perde la perfection et l'agrément de l'unité. « Tout m'est donné par mon Père, et nul ne connoît le Fils si ce n'est le Père, et nul ne connoît le Père si ce n'est le Fils, et celui à qui le Fils l'aura révélé[2]. »

O Jésus, faites-le-moi connoître. Mais je ne sais quoi me dit dans le cœur que vous avez commencé de me faire cette grace : je commence à sentir par une douce confiance que je lui suis donné de votre main. Heureux de lui être donné d'une main si chère ! Le Père nous aime encore davantage, en nous trouvant dans les mains de son Fils et unis à lui. Aimons le Père qui nous donne au Fils : aimons le Fils qui nous reçoit de la main de son Père. « Si vous m'aimez, gardez mes commandemens[3]. » Gardons-les donc par amour, et gardons avant toutes choses le commandement de l'amour, qui fait garder tous les autres.

XIIe ÉLÉVATION.

La récompense et la peine de ceux qui ne croient point au Fils. Conformité du témoignage de saint Jean avec celui de Jésus-Christ.

« Qui croit au Fils a la vie éternelle[4]. » Le Fils est lui-même la

---
[1] *Joan.*, III, 35. — [2] *Luc.*, X, 22. — [3] *Joan.*, XIV, 15. — [4] *Ibid.*, III, 36.

vie éternelle : la foi est une nouvelle vertu qui renferme toutes les autres. Dieu donne un aimable objet à cette foi : c'est Jésus-Christ. En lui on aime toute vérité et toute vertu, comme dans la source et dans le modèle. « Qui ne croit point au Fils, n'a » ni grace, ni vérité, ni vertu : il ne voit « point la vie, mais la colère de Dieu demeure sur lui. » Elle y étoit déjà et l'homme « naît enfant de colère[1] : » elle n'y tombe donc pas, elle y demeure, et Jésus-Christ l'en pouvoit ôter. Affreuse parole : « la colère de Dieu demeure sur lui. » Qui en pourroit porter le poids ? Elle y demeure ; elle en fait son trône ; elle y règne ; et l'empire qu'elle y exerce est aussi terrible que juste. Car sans jamais lâcher prise, elle accable un malheureux criminel.

Ce témoignage est semblable à celui de Jésus-Christ : « Qui croit au Fils n'est point jugé : » car il a un moyen certain d'être justifié : « qui ne croit point au Fils est déjà jugé[2]. » Ce n'est pas par un nouveau jugement qu'il est jugé : le jugement qui étoit déjà se confirme et se déclare, et on périt dans son péché.

Nous avons ouï la prédication de saint Jean-Baptiste : un autre Jean, qui est l'apôtre et l'évangéliste, nous l'a racontée. Saint Jean-Baptiste sera bientôt arrêté : il le fut par Hérode, dont il reprenoit l'inceste, un peu après le baptême et le jeûne de Jésus-Christ. Saint Matthieu marque expressément en ce temps l'avis que reçut Jésus-Christ de la prison de son précurseur[3]. Saint Luc parle aussi de cette prison aux environs du baptême de Notre-Seigneur[4]. Il est marqué dans l'évangile de saint Jean, « qu'au commencement du ministère » de Jésus-Christ, le saint précurseur « n'avoit point encore été arrêté[5] : » pour insinuer, qu'il le fut bientôt après : il va donc devenir précurseur d'une nouvelle manière, c'est-à-dire par sa prison et par sa mort, qui devance celle de Jésus et nous y prépare. Ainsi nous n'entendrons plus parler saint Jean-Baptiste : il annoncera le Sauveur d'une autre sorte.

[1] *Ephes.*, II, 3. — [2] *Joan.*, III, 18. — [3] *Matth.*, XIV, 12. — [4] *Luc.*, III, 19. — [5] *Joan.*, III, 24.

XXVᴱ SEMAINE.

SUR LES LIEUX OU JÉSUS-CHRIST A PRÊCHÉ : ET POURQUOI DANS LA GALILÉE.

PREMIÈRE ÉLÉVATION.

Sur les lieux où Jésus devoit prêcher.

Nous allons entrer dans le mystère de la prédication du Sauveur. Il y avoit des lieux, il y avoit des temps à prendre : il y avoit des matières, et tout étoit réglé par la Sagesse éternelle. Pour les lieux, il étoit déterminé qu'il ne prêcheroit que dans la Terre sainte et aux Israélites. Toute cette terre s'appeloit Judée : mais dans cette Judée, il y avoit la partie où étoit Jérusalem, qui s'appeloit Judée d'une façon plus particulière : il y avoit la Galilée, qui étoit le royaume d'Hérode. Jésus devoit aller partout, et éclairer tout ce pays de sa doctrine, de ses miracles et de ses exemples. Suivons-le partout, et entendons les raisons pourquoi il fait toutes choses, autant qu'il lui plaira de nous le découvrir. Apprenons en attendant que ce n'est point par caprice, ou par amusement et inquiétude, qu'il faut changer de lieu, et que tous nos voyages doivent être réglés par la raison à l'exemple de ceux de Jésus-Christ.

DISCOURS
SUR LA VIE CACHÉE EN DIEU

ou

EXPOSITION DE CES PAROLES DE SAINT PAUL (a) :

Vous êtes morts, et votre vie est cachée en Dieu avec Jésus-Christ. Quand Jésus-Christ, qui est votre vie, apparoîtra, alors vous apparoîtrez en gloire avec lui. Aux Coloss., chap. III, ⅴ. 3 et 4.

« Vous êtes morts : » à quoi? « au péché : » Vous y êtes morts par le baptême, par la pénitence, par la profession de la vie chrétienne, de la vie religieuse. Vous êtes « morts au péché : et comment » pourriez-vous donc « maintenant y vivre [1] ? » Mourez-y donc à jamais et sans retour. Mais pour mourir parfaitement au péché, il faudroit mourir à toutes nos mauvaises inclinations, à toute la flatterie des sens et de l'orgueil. Car tout cela dans l'Ecriture s'appelle péché, parce qu'il vient du péché, parce qu'il incline au péché, parce qu'il ne nous permet pas d'être absolument sans péché.

Quand est-ce donc que s'accomplira cette parole de saint Paul : « Vous êtes morts? » A quel bienheureux endroit de notre vie? quand serons-nous sans péché? Jamais dans le cours de cette vie, puisque nous avons toujours besoin de dire : « Pardonnez-nous nos péchés. » A qui donc parle saint Paul, quand il dit : « Vous êtes morts? » Est-ce aux esprits bienheureux? Sont-ils morts, et ne sont-ils pas au contraire dans la terre des vivans? Sans doute ce n'est point eux à qui saint Paul dit : « Vous êtes morts; » c'est à nous, parce qu'encore qu'il y ait en nous quelque reste de péché,

---

[1] *Rom.*, VI, 2.

(a) Le manuscrit de la bibliothèque de Meaux porte : « fait par Monseigneur l'évêque de Meaux en 1692. »

le péché a reçu le coup mortel. La convoitise du mal reste en nous, et nous avons à la combattre toute notre vie. Mais nous la tenons atterrée : nous la tenons? Mais la tenons-nous atterrée et abattue ? Nous le devrions : nous le pouvons avec la grace de Dieu : et alors elle recevroit le coup mortel; et si pendant le combat elle nous donnoit quelque atteinte, nous ne cesserions de gémir, de nous humilier, de dire avec saint Paul : « Qui me délivrera de ce corps de mort[1]? » Vous en êtes donc délivrée, ame chrétienne : vous en êtes délivrée en espérance et en vœu : « Vous êtes morts : » il ne vous faut plus qu'une impénétrable retraite pour vous servir de tombeau; il ne vous faut qu'un drap mortuaire, un voile sur votre tête, un sac sur votre corps, d'où soient bannies à jamais toutes les marques du siècle, toutes les enseignes de la vanité : cela est fait : « Vous êtes morts. »

« Et votre vie est cachée. » Ce n'est donc pas une mort entière : c'est ce que disoit saint Paul : « Si Jésus-Christ est en vous, votre corps est mort à cause du péché » qui y a régné, et dont les restes y sont encore; « mais votre esprit est vivant à cause de la justice » qui a été répandue dans vos cœurs avec la charité [2]. C'est à raison de cette vie de la justice que saint Paul nous dit aujourd'hui : « Et votre vie est cachée. » Qu'on est heureux, qu'on est tranquille ! Affranchi des jugemens humains, on ne compte plus pour véritable que ce que Dieu voit en nous, ce qu'il en sait, ce qu'il en juge. Dieu ne juge pas comme l'homme : l'homme ne voit que le visage, que l'extérieur : Dieu pénètre le fond des cœurs. Dieu ne change pas comme l'homme : son jugement n'a point d'inconstance : c'est le seul sur lequel il faut s'appuyer : qu'on est heureux alors, qu'on est tranquille! On n'est plus ébloui des apparences; on a secoué le joug des opinions : on est uni à la vérité, et on ne dépend que d'elle.

On me loue, on me blâme, on me tient pour indifférent, on me méprise, on ne me connoît pas, ou l'on m'oublie : tout cela ne me touche pas : je n'en suis pas moins ce que je suis : l'homme se veut mêler d'être créateur, il me veut donner un être dans son opinion ou dans celle des autres; mais cet être qu'il me veut donner est un néant. Car qu'est-ce qu'un être qu'on me veut

[1] *Rom.*, VII, 24. — [2] *Ibid.*, VIII, 10.

donner, et qui néanmoins n'est pas en moi, sinon une illusion, une ombre, une apparence, c'est-à-dire dans le fond un néant? Qu'est-ce que mon ombre qui me suit toujours, tantôt derrière, tantôt à côté? Est-ce mon être, ou quelque chose de mon être? Rien de tout cela. Mais cette ombre semble marcher et se remuer avec moi? Ce n'en est pas plus mon être. Ainsi en est-il du jugement des hommes qui veut me suivre partout, me peindre, me figurer, me faire mouvoir à sa fantaisie, et il croit par là me donner une sorte d'être. Mais au fond, je le sens bien, ce n'est qu'une ombre, qu'une lumière changeante, qui me prend tantôt d'un côté, tantôt d'un autre, allonge, apetisse, augmente, diminue cette ombre qui me suit; la fait paroître en diverses sortes à ma présence, et la fait aussi disparoître en se retirant tout à fait, sans que je perde rien du mien. Et qu'est-ce que cette image de moi-même que je vois encore plus expresse, et en apparence plus vive dans cette eau courante? Elle se brouille et souvent elle s'efface elle-même : elle disparoît quand cette eau est trouble : qu'ai-je perdu? Rien du tout qu'un amusement inutile. Ainsi en est-il des opinions, des bruits, des jugemens fixes si vous voulez, où les hommes avoient voulu me donner un être à leur mode. Cependant, non-seulement je m'y amusois comme à un rien, mais encore je m'y arrêtois comme à une chose sérieuse et véritable : et cette ombre et cette image fragile me troubloit et m'inquiétoit en se changeant, et je croyois perdre quelque chose. Désabusé maintenant d'une erreur dont jamais je ne me devois laisser surprendre et encore moins entêter, je me contente d'une vie cachée et je consens que le monde me laisse tel que je suis. Qu'on est tranquille alors! Encore un coup, qu'on est heureux!

O homme qui me louez, que voulez-vous faire? Je ne parle pas de vous, homme malin qui me louez artificieusement par un côté pour montrer mon foible de l'autre; ou qui me donnez froidement de fades, de foibles louanges, qui sont pires que des blâmes; ou qui me louez fortement peut-être pour m'attirer de l'envie, ou pour me mener où vous voulez par la louange, ou pour faire dire que j'aime à être loué et ajouter ce ridicule, le plus grand de tous, aux autres que j'ai déjà : ce n'est pas de vous que je parle, louangeur foible ou malin : je parle à vous qui me louez de bonne foi ; et c'est à vous que je demande : Que voulez-vous faire de moi ? Me cacher mes défauts, m'empêcher de me corriger, me faire fol de moi-même, m'enfler de mon mérite prétendu; dès là me le faire perdre et m'attirer trois ou quatre fois de la bouche du Sauveur cette terrible sentence : « En vérité, en vérité je vous le dis, ils ont reçu leur récompense? » Taisez-vous, ami dangereux : montrez-moi plutôt mes foiblesses, ou cessez du moins de m'empêcher d'y être attentif en m'étourdissant du bruit de vos louanges. Hélas! que j'ai peu de besoin d'être averti de ces vertus telles quelles que vous me vantez! Je ne m'en parle que trop à moi-même, je ne m'entretiens d'autre chose; mais à présent je veux changer : « Ma vie est cachée : » s'il y a quelque bien en moi, Dieu qui l'y a mis, qui l'y conserve le connoît : c'est assez : je ne veux être connu d'autre que de lui. Je me veux cacher à moi-même : « Malheureux l'homme qui se fie à l'homme[1], » et attend sa gloire de lui! Par conséquent malheureux l'homme qui se fie, ou qui se plaît à lui-même, parce que lui-même n'est qu'un homme, et un homme à son égard plus trompé et plus trompeur que tous les autres! Taisez-vous donc, pensers trompeurs, qui me faites si grand à mes yeux! « Ma vie est cachée; » et si je vis véritablement de cette vie chrétienne dont saint Paul me parle, je ne le sais pas : je l'espère, je le présume de la bonté de Dieu; mais je ne le puis savoir avec certitude.

On me blâme, on me méprise, on m'oublie : quel est le plus rude à la nature, ou plutôt à l'amour-propre? Je ne sais. Qu'importe au monde qui vous soyez, où vous soyez, ou même que vous soyez? Cela lui est indifférent : on n'y songe seulement pas. Peut-être aimeroit-on mieux être tenu pour quelque chose étant blâmé, que d'être ce pur néant qu'on laisse là. Vous n'êtes pas fait, vous, dit-on, pour cet oubli du monde, pour cette obscurité où vous passez votre vie, pour cette nullité de votre personne, s'il est permis de parler ainsi : vous étiez né pour toute autre chose, ou vous méritiez toute autre chose : que n'occupez-vous quelque place comme celui-ci, comme celle-là, qui n'ont rien au-dessus

---

[1] *Jerem.*, XVII, 5.

de vous? Mais pour qui voulez-vous que je l'occupe? Pour moi, ou pour les autres? Si c'est seulement pour les autres, je n'en ai donc pas besoin pour moi : je n'en voudrois pas, si on ne me comparoit avec les autres. Mais n'est-il pas bien plus véritable de me regarder moi-même par rapport avec moi-même, que de m'attacher bassement à l'opinion d'autrui et en faire dépendre mon bonheur? Allez, laissez-moi jouir de ma vie cachée. Que suis-je, si je ne suis rien que par rapport aux autres hommes aussi indigens que moi? Si pour être heureux, chacun de nous a besoin de l'estime et du suffrage d'autrui, qu'est-ce autre chose que le genre humain, qu'une troupe de pauvres et de misérables, qui croient pouvoir s'enrichir les uns les autres, quoique chacun y sente qu'il n'a rien pour soi et que tout y soit à l'emprunt?

Vous voulez que je fasse du bruit dans le monde, que je sois dans une place regardée, en un mot qu'on parle de moi? Quoi donc! afin que je dise comme faisoit ce conquérant parmi les travaux immenses que lui causoient ses conquêtes : Que de maux pour faire parler les Athéniens; pour faire parler des hommes que je méprise en détail, et que je commence à estimer quand ils s'assemblent pour faire du bruit de ce que je fais! Hélas! encore une fois, que ce que je fais est peu de chose, s'il y faut ce tumultueux concours des hommes, et cet assemblage de bizarres jugemens pour y donner du prix ! — Il ne faut point vous ensevelir avec ce mérite et ces autres distinctions de votre personne : faites paroître vos talens : car pourquoi les enterrer et les enfouir? — De quels talens me parlez-vous, et à qui voulez-vous que je les fasse paroître? Aux hommes? Est-ce là un digne objet de mes vœux? Que devient donc cette sentence de saint Paul : « Si je plaisois encore aux hommes, je ne serois pas serviteur de Jésus-Christ [1]?» Mais à quels hommes, encore un coup, voulez-vous que je paroisse? Aux hommes vains et pleins d'eux-mêmes, ou aux hommes vertueux et pleins de Dieu? Les premiers méritent-ils qu'on cherche à leur plaire? Si les derniers méritent qu'on leur plaise, ils méritent encore plus qu'on les imite. Eteignons donc avec eux tout désir de plaire à autre qu'à Dieu.

[1] *Galat.*, I, 10.

Vous voulez que je montre mes talens : quels talens? La véritable et solide vertu, qui n'est autre que la piété ? Irai-je donc avec l'hypocrite sonner de la trompette devant moi? Prierai-je dans les coins des rues, afin qu'on me voie? Défigurerai-je mon visage, et ferai-je paroître mon jeûne par une triste pâleur ? Oublierai-je, en un mot, cette sentence de Jésus-Christ : « Prenez garde : » à quoi, mon Sauveur? à ne faire point de péché? à ne scandaliser point votre prochain ? Ce n'est pas là ce qu'il veut dire en ce lieu : prenez garde à un plus grand mal que le péché même ; « prenez garde de ne pas faire votre justice devant les hommes pour en être vu; autrement vous n'aurez point de récompense de votre Père céleste [1]. » Ces vertus qu'on veut montrer, sont de vaines et fausses vertus : on aime à cacher les véritables : car on y cherche son devoir, et non pas l'approbation d'autrui, la vérité et non l'apparence, la satisfaction de sa conscience et non des applaudissemens : à être parfait et heureux, et non pas à le paroître aux autres. Celui à qui il ne suffit pas d'être parfait et heureux, ne sait ce que c'est de perfection et de félicité. Ces vertus, ces rares talens que vous voulez que je montre, sont donc ceux que le monde prise: l'esprit, l'agrément, le savoir, l'éloquence, si vous le voulez, la sagesse du gouvernement, l'adresse de manier les esprits, c'est-à-dire le plus souvent l'adresse de tromper les hommes, de les mener par leurs passions, par leurs intérêts, de les amuser par des espérances. Hélas! est-ce pour cela que je suis fait? Que je suis donc peu de chose! Que ces talens sont vils et de peu de poids! Est-ce la peine de me charger du soin des autres, de mendier leur estime, d'écouter leurs importuns discours, de flatter leurs passions, de les satisfaire quelquefois, de les tromper le plus souvent? Car c'est là ce qu'on appelle gouverner les hommes : c'est ce qu'on appelle supériorité de génie, puissance, autorité, crédit. Et pour cela je me chargerai devant les hommes de soins infinis, de mille chagrins envers moi-même, et devant Dieu d'un compte terrible? Qui le voudroit faire, s'il n'étoit trompé par des opinions humaines? Ou qui voudroit étaler ces vains talens, s'il considéroit qu'ils ne sont rien que l'appât de la vanité, la nourriture de

[1] *Matth.*, VI, 6.

l'amour-propre, la matière des feux éternels ? Ha, que ma vie soit cachée pour n'être point sujette à ces illusions !

Dites ce que vous voudrez : il est beau de savoir forcer l'estime des hommes, de se faire une place où l'on se fasse regarder; ou si l'on y est par son mérite, par sa naissance, par son adresse, en quelque sorte que ce soit, y étaler toutes les richesses d'un beau naturel, d'un grand esprit, d'un génie heureux, et vaincre enfin l'envie ou la faire taire. C'est une fumée si vous le voulez, disoit quelqu'un ; mais elle est douce : c'est le parfum, c'est l'encens des dieux de la terre. — Est-ce aussi celui du Dieu du ciel ? S'en croit-il plus grand, plus heureux pour être loué et adoré ? a-t-il besoin de cet encens, et l'exige-t-il des hommes et des anges pour autre raison que parce qu'il leur est bon de le lui offrir ? Et que dit-il à ceux qui se font des dieux par leur vanité, sinon « qu'il brisera leur fragile image dans sa cité sainte, et la réduira au néant [1], afin que nulle chair ne se glorifie devant lui [2], » et que toute créature confesse qu'il n'y a que lui qui soit ?

Et pour ceux qu'il a fait des dieux, véritables en quelque façon, en imprimant sur leur front un caractère de sa puissance, les princes, les magistrats, les grands de la terre, que leur dit-il du haut de son trône et dans le sein de son éternelle vérité ? « J'ai dit : Vous êtes des dieux, et vous êtes tous les enfans du Très-Haut; mais vous mourrez comme les hommes, et comme ont fait tous les autres grands [3] : » car personne n'en est échappé. « Terre et poudre, pourquoi donc vous enorgueillissez-vous [4] ? » Laissez-moi donc être terre et cendre à mes yeux : terre et cendre dans le corps, quelque beau, quelque sain qu'il soit : encore plus terre et cendre au dedans de l'ame, c'est-à-dire un pur néant, plein d'ignorance, d'imprudence, de légèreté, de témérité, de corruption, de foiblesse, de vanité, d'orgueil, de jalousie, de lâcheté, de mensonge, d'infidélité, de toutes sortes de misères. Car si je n'ai pas tout cela à l'extrémité, j'en ai les principes, les semences; j'en ressens dans les occasions les effets funestes. Je résiste dans les petites et foibles tentations par orgueil plutôt que par vertu; et je voudrois bien me pouvoir dire à moi-même que je suis

---

[1] *Psal.* LXXII, 20. — [2] I *Cor.*, I, 30. — [3] *Psal.* LXXXI, 6 et 7. — [4] *Eccli.*, X, 9.

quelque chose, un grand homme, une grande ame, un homme de cœur et de courage. Mais qui m'a dit que je me tiendrois, si j'étois plus haut? Est-ce qu'à cause que je serai vain à me produire et téméraire à m'élever, Dieu se croira obligé à me donner des secours extraordinaires? Voilà donc les talens que vous voulez que j'étale : mes foiblesses, mes lâchetés, mes imprudences. Non, non, ma vie est cachée : laissez-moi dans mon néant : laissez-moi décroître aux yeux du monde comme aux miens : que je connoisse le peu que je suis, puisque je n'ai que ce seul moyen de me corriger de mes vices. Les yeux ouverts sur moi-même, sur mes péchés et sur mes défauts, en un mot sur mon indignité, je jouirai sous les yeux de Dieu de la justice que me fait le monde de me blâmer, de me décrier, de me déchirer s'il veut, de me mépriser, de m'oublier s'il l'aime mieux de la sorte, et de me tenir pour indifférent, pour un rien à son égard. Et plût à Dieu! car je pourrois espérer par là de devenir quelque chose devant Dieu.

« Et ma vie est cachée en Dieu : » cachée en Dieu, quel mystère! cachée dans le sein de la lumière, dans le principe de voir. Oui, cette haute et inaccessible lumière me cache le monde, me cache au monde et à moi-même : je ne vois que Dieu, je ne suis vu que de Dieu : je m'enfonce si intimement dans son sein, que les yeux mortels ne m'y peuvent suivre : de mon côté je ne puis me détourner d'un si digne, d'un si doux objet : attaché à la vérité, je n'ai plus d'yeux pour les vanités. C'est ainsi que je devrois être : s'il y a en moi quelque chose de chrétien, c'est ainsi que je veux être. O Dieu, « mes yeux s'affoiblissent, s'éblouissent, se confondent à force de regarder en haut [1]. Mes yeux défaillent, ô Seigneur, pendant que j'espère en vous [2]. » O Seigneur, soutenez ces yeux défaillans : arrêtez mes regards en vous ; et détournez-les des vanités, des illusions des biens trompeurs, de tout l'éclat de la terre, afin que je ne les voie seulement pas, et qu'un tel néant ne tire pas seulement de moi un coup d'œil : *Averte oculos meos, ne videant vanitatem.* Mais ajoutez ce qui suit : *In viâ tuâ vivifica me* [3] : donnez-moi la vie en m'attachant à vos voies : que

---

[1] *Isa.*, XXXVIII, 14. — [2] *Psal.* LXVIII, 4. — [3] *Psal.* CXVIII, 37.

je ne voie pas les vanités : que j'en retire tout, jusqu'à mes yeux. C'est par là qu'en m'attachant à vos voies, vous me donnerez la vie, et ma vie sera cachée en vous.

« Celui qui aime Dieu, disoit saint Paul, en est connu [1]. Maintenant que vous connoissez Dieu, ou que vous en êtes connu, comment pouvez-vous retourner à ces foibles et stériles observances où vous voulez vous assujettir de nouveau [2]? » C'est ce que disoit saint Paul en parlant des observances de la loi ; et on le peut dire de même de tous les stériles attachemens de la terre et de toute la gloire du monde. Maintenant que vous avez connu Dieu, ou plutôt que vous êtes connu de lui : que votre vie est cachée en lui : que vous ne voyez que lui, et qu'il est pour ainsi parler attentif à vous regarder, comme s'il n'avoit que vous à voir, comment pouvez-vous voir autre chose, et comment pouvez-vous souffrir d'autres yeux que les siens ?

« Et votre vie est cachée en Dieu. » Je vous vois donc, Seigneur, et vous me voyez ; et plût à Dieu que vous me vissiez de cette tendre et bienheureuse manière dont vous privez justement ceux à qui vous dites : « Je ne vous connois pas [3]. » Plût à Dieu que vous me vissiez de cette manière dont vous voyiez votre serviteur Moïse, en lui disant : « Je te connois par ton nom, et tu as trouvé grace devant moi [4]; » et un peu après : « Je ferai ce que tu demandes, car tu plais à mes yeux, et je te connois par ton nom [5]; » c'est-à-dire je t'aime, je t'approuve! Mon Dieu, si vous me connoissez de cette sorte, si vous m'honorez de tels regards, qu'ai-je à désirer davantage? Si vous m'aimez, si vous m'approuvez, qui seroit assez insensé pour ne se pas contenter de votre approbation, de vos yeux, de votre faveur? Je ne veux donc autre chose : content de vous voir, ou plutôt d'être vu de vous, je vous dis avec le même Moïse : « Montrez-moi votre gloire, » montrez-vous vous-même. Et si vous me répondez comme à lui : « Je te montrerai tout le bien : » tout le bien qui est en moi et toute ma perfection, tout mon être; « et je prononcerai mon nom devant ta face, et tu sauras que je suis le Seigneur qui

---

[1] 1 *Cor.*, VIII, 3. — [2] *Galat.*, IV, 9. — [3] *Matth.*, VII, 23; XXV, 12. — [4] *Exod.*, XXXIII, 12. — [5] *Ibid.*, 17.

ai pitié de qui je veux, et qui fais miséricorde à qui il me plaît[1] : » que me faut-il de plus pour être heureux, autant qu'on le peut être sur la terre? Et quand vous me direz comme à Moïse : « Tu ne verras point maintenant ma face : » tu la verras un jour; mais ce n'en est pas ici le temps : « car nul mortel ne la peut voir : mais je te mettrai sur la pierre; » je t'établirai sur la foi, comme sur un immuable fondement : « et je te laisserai une petite ouverture, » par laquelle tu pourras voir mon incompréhensible lumière : « et je mettrai ma main devant toi : » moi-même je me couvrirai des ouvrages de ma puissance : « et je passerai devant toi, et je retirerai ma main » un moment, et je te ferai outrepasser tout ce que j'ai fait, « et tu me verras par derrière [2], » obscurément, imparfaitement, par mes graces, par mes réflexions et un rejaillissement de ma lumière, comme le soleil qui se retire, qui se couche est vu par quelques rayons qui restent sur les montagnes à l'opposite, n'est-ce pas de quoi me contenter, en attendant que je voie la beauté de votre face désirable que vous me faites espérer? Qu'ai-je besoin d'autres yeux? N'est-ce pas assez de vos regards et du témoignage secret que vous me rendez quelquefois dans ma conscience, que vous voulez bien vous plaire en moi et que j'ai trouvé grace devant vous? Et si cette approbation, si ce témoignage me manque, que mettrai-je à la place, et à quoi me servira le bruit que le monde fera autour de moi? Cette illusion me consolera-t-elle de la perte de la vérité, ou faudra-t-il que je me laisse étourdir moi-même par ce tumulte pour oublier une telle perte, et faire taire ma conscience qui ne cesse de me la reprocher? Non, non, quand vous cesserez de me regarder, il ne me restera autre chose que de m'aller cacher dans les enfers. Car qu'est-ce en effet que l'enfer, sinon d'être privé de votre faveur? Qu'aurai-je donc à faire, que d'en pleurer la perte nuit et jour? Et où trouverai-je un lieu assez sombre, assez caché, assez seul, pour m'abandonner à ma douleur et rechercher votre face, pour cacher de nouveau ma vie en vous, ainsi que dit notre Apôtre?

« Et ma vie est cachée en Dieu avec Jésus-Christ. » C'est ici qu'il faut épancher son cœur en silence et en paix, dans la consi-

[1] *Exod.*, XXXIII, 18, 19. — [2] *Ibid.*, 20-23.

dération de la vie cachée de Jésus-Christ. Le Dieu de gloire se cache sous le voile d'une nature mortelle : « Tous les trésors de la sagesse et de la science de Dieu sont en lui, » mais « ils y sont cachés [1]; » c'est le premier pas. Le second : il se cache dans le sein d'une vierge, la merveille de la conception virginale demeure cachée sous le voile du mariage : se fait-il sentir à Jean-Baptiste, et perce-t-il le sein maternel où étoit ce saint Enfant? C'est à la voix de sa mère que cette merveille est opérée : « A votre voix, dit Elisabeth, l'enfant a tressailli dans mes entrailles [2]. » Peut-être du moins qu'en venant au monde il se manifestera? Oui, à des bergers; mais au reste jamais il n'a été plus véritable qu'alors et dans le temps de sa naissance, « qu'il est venu dans le monde, et que le monde avoit été fait par lui, et que le monde ne le connoissoit pas [3]. » Tout l'univers l'ignore : son enfance n'a rien de célèbre. On parle du moins des études des autres enfants; mais on dit de celui-ci : « Où a-t-il appris ce qu'il sait, puisqu'il n'a jamais étudié [4], » et n'a pas été vu dans les écoles? Il paroît une seule fois à l'âge de douze ans, mais encore ne dit-on pas qu'il enseignât : « Il écoutoit les docteurs et les interrogeoit [5], » doctement à la vérité, mais il ne paroît pas qu'il décidât, quoique c'étoit en partie pour cela qu'il fût venu. Il faut pourtant avouer que « tout le monde, » et les docteurs comme les autres, « étoient étonnés de sa prudence et de ses réponses [6]; » mais il avoit commencé par entendre et par demander, et tout cela ne sortoit pas de la forme de l'instruction enfantine; et quoi qu'il en soit, après avoir éclaté un moment comme un soleil qui fend une nue épaisse, il y rentre, et se replonge bientôt dans son obscurité volontaire. Et lorsqu'il répondit à ses parens qui le cherchoient : « Ne savez-vous pas qu'il faut que je sois occupé des affaires de mon Père, ils n'entendirent pas ce qu'il leur disoit [7]; » ce qu'il ne faut point hésiter à entendre de Marie même, puisque c'est à elle précisément qu'il fait cette réponse, pour montrer qu'elle ne savoit pas encore entièrement elle-même ce que c'étoit que cette affaire de son Père. Et encore qu'elle n'ignorât ni sa

---

[1] *Coloss.*, II, 3. — [2] *Luc.*, I, 44. — [3] *Joan.*, I, 10. — [4] *Joan.*, VII, 15. — [5] *Luc.*, II, 46. — [6] *Ibid.*, 47. — [7] *Ibid.*, 49, 50.

naissance virginale qu'elle sentoit en elle-même, ni sa naissance divine que l'ange lui avoit annoncée, ni son règne dont le même ange lui avoit appris la grandeur et l'éternité, c'est comme si elle ne l'eût pas su, puisqu'elle n'en dit mot et qu'elle ne fait qu'écouter tout ce qu'on dit de son Fils, en paroissant étonnée comme les autres, comme si elle n'en eût point été instruite, ainsi que dit saint Luc : « Son père et sa mère étoient en admiration de tout ce qu'on disoit de lui [1]. » Car c'étoit le temps de cacher ce dépôt qui leur avoit été confié ; et c'est pourquoi on ne sait rien de lui durant trente ans, sinon qu'il étoit fils d'un charpentier, charpentier lui-même et travaillant à la boutique de celui qu'on croyoit son père, obéissant à ses parens et les servant dans leur ménage et dans cet art mécanique comme les enfans des autres artisans. Quel étoit donc alors son état, sinon qu'il étoit caché en Dieu, ou plutôt que Dieu étoit caché en lui ? Et nous participerons à la perfection et au bonheur de ce Dieu caché, « si notre vie est cachée en Dieu avec lui. »

Il sort de cette sainte et divine obscurité, et il paroît comme la lumière du monde. Mais en même temps le monde, ennemi de la lumière qui lui découvroit ses mauvaises œuvres, a envoyé de tous côtés, comme de noires vapeurs, des calomnies pour l'obscurcir. Il n'y a sorte de faussetés dont on n'ait tâché de couvrir la vérité que Jésus apportoit au monde, et la gloire que lui donnoient ses miracles et sa doctrine. On ne savoit que croire de lui : « C'est un prophète ; c'est un trompeur ; c'est le Christ ; ce ne l'est pas ; c'est un homme qui aime le plaisir, la bonne chère et le bon vin ; c'est un samaritain [2], » un hérétique, un impie, un ennemi du temple et du peuple saint ; « il délivre les possédés au nom de Béelzébub ; c'est un possédé lui-même [3], » le malin esprit agit en lui ; « peut-il venir quelque chose de bon de Galilée ? nous ne savons d'où il vient [4] ; » mais certainement « il ne vient pas de Dieu, puisqu'il n'observe pas le sabbat [5], » qu'il guérit les hommes, qu'il fait des miracles en ce saint jour ; « qui est cet homme » qui entre aujourd'hui avec tant d'éclat dans Jérusalem et dans le temple ?

---

[1] *Luc.*, II, 33. — [2] *Joan.*, VII, 12, 20, 40, 41 ; *Matth.*, XI, 19 ; *Luc.*, XI, 15. — [3] *Joan.*, VIII, 48 ; *Matth.*, XII, 48. — [4] *Joan.*, IX, 16, 29. — [5] *Matth.*, XXI, 10.

nous ne le connoissons pas : « et il y avoit parmi le peuple une grande dissension sur son sujet[1]. » Qui vous connoissoit, ô Jésus ? « Vraiment vous êtes un Dieu caché, le Dieu et le Sauveur d'Israël[2]. »

Mais quand l'heure fut arrivée de sauver le monde, jamais il ne fut plus caché : « C'étoit le dernier des hommes : ce n'étoit pas un homme, mais un ver : il n'avoit ni beauté, ni figure d'homme[3] : » on ne le connoissoit pas : il semble s'être oublié lui-même : « Mon Dieu, mon Dieu, » ce n'est plus son Père, « pourquoi m'avez-vous délaissé[4] ? » Quoi donc ! n'est-ce plus ce Fils bien-aimé qui disoit autrefois : « Je ne suis pas seul ; mais nous sommes toujours ensemble, moi et mon Père qui m'a envoyé ; » et « Celui qui m'a envoyé est avec moi, et il ne me laisse pas seul[5] ? » Et maintenant il dit : « Pourquoi me délaissez-vous ? » Couvert de nos péchés et comme devenu pécheur à notre place, il semble s'être oublié lui-même ; et c'est pourquoi le Psalmiste ajoute en son nom : « Mes péchés, » les péchés du monde que je me suis appropriés, « ne me laissent point espérer que vous me sauviez des maux que j'endure[6] : » je suis chargé de la dette, comme caution volontaire du genre humain, et il faut que je la paie tout entière.

Il expire : il descend dans le tombeau, et jusque dans les ombres de la mort. Tôt après il en sort, et Magdeleine ne le trouve plus : elle a perdu jusqu'au cadavre de son Maître : après sa résurrection, il paroît et il disparoît huit ou dix fois : il se montre pour la dernière fois, et un nuage l'enlève à nos yeux : nous ne le verrons jamais. Sa gloire est annoncée par tout l'univers ; mais « s'il est la vertu de Dieu pour les croyans, il est scandale aux Juifs, folie aux Gentils : le monde ne le connoît pas[7], » et ne le veut pas connoître : toute la terre est couverte de ses ennemis et de ses blasphémateurs : il s'élève des hérésies du sein même de son Eglise, qui défigurent ses mystères et sa doctrine : l'erreur prévaut dans le monde, et jusqu'à ses disciples tout le méconnoît : « Nul ne le connoît, dit-il lui-même, que celui qui garde ses commande-

---

[1] *Joan.*, VII, 43. — [2] *Isa.*, XLV, 15. — [3] *Isa.*, LIII, 3, 4. — [4] *Matth.*, XXVII, 46; *Psal.* XXI, 1. — [5] *Joan.*, VIII, 16, 29. — [6] *Psal.* XXI, 2. — [7] *Rom.*, I, 16; 1 *Cor.* I, 23, 24; *Joan.*, I, 10.

mens. » Et qui sont ceux qui les gardent ? Les impies sont multipliés au-dessus de tout nombre, et on ne les peut plus compter. Mais vos vrais disciples, ô mon Sauveur, combien sont-ils rares, combien clair-semés sur la terre et dans votre Eglise même ! Les scandales augmentent, et la charité se refroidit. Il semble que nous soyons dans le temps où vous avez dit : « Pensez-vous que le Fils de l'homme trouvera de la foi sur la terre[1] ? » Cependant vous ne tonnez pas, vous ne faites point sentir votre puissance : le genre humain blasphème impunément contre vous ; et à n'en juger que par le jugement des hommes, il n'y a rien de plus équivoque ni de plus douteux que votre gloire ; elle ne subsiste qu'en Dieu où vous êtes caché. Et moi aussi, je veux donc « être caché en Dieu avec vous. »

En cet endroit, mon Sauveur, où m'élevez-vous ? Quelle nouvelle lumière me faites-vous paroître ? Je vois l'accomplissement de ce qu'a dit le saint vieillard : « Celui-ci est établi pour être en ruine et en résurrection à plusieurs, et comme un signe de contradiction à toute la terre[2]. » Mais, ô mon Sauveur, que vois-je dans ces paroles ? Un caractère du Christ qui devoit venir : un caractère de grandeur, de divinité. C'est une espèce de grandeur à Dieu d'être connoissable par tant d'endroits et d'être si peu connu, d'éclater de toutes parts dans ses œuvres et d'être ignoré de ses créatures. Car il étoit de sa bonté de se communiquer aux hommes, et de ne se pas laisser sans témoignage ; mais il est de sa justice et de sa grandeur de se cacher aux superbes, qui ne daignent pour ainsi dire ouvrir les yeux pour le voir. Qu'a-t-il affaire de leur reconnoissance ? Il n'a besoin que de lui : si on le connoît, ce n'est pas une grace qu'on lui fait, c'est une grace qu'il fait aux hommes, et on est assez puni de ne le pas voir. Sa gloire essentielle est toute en lui-même, et celle qu'il reçoit des hommes est un bien pour eux, et non pas pour lui. C'est donc aussi un mal pour eux, et le plus grand de tous les maux, de ne le pas glorifier ; et en refusant de le glorifier, ils le glorifient malgré eux d'une autre sorte, parce qu'ils se rendent malheureux en le méconnoissant. Qu'importe au soleil qu'on le voie ? Malheur aux

---

[1] *Luc.*, XVIII, 8. — [2] *Luc.*, II, 34.

aveugles à qui sa lumière est cachée, malheur aux yeux foibles qui ne la peuvent soutenir ! Il arrivera à cet aveugle d'être exposé à un soleil brûlant ; et il demandera : Qu'est-ce qui me brûle ? On lui dira : C'est le soleil. Quoi ! ce soleil que je vous entends tous les jours tant louer et tant admirer, c'est lui qui me tourmente ? Maudit soit-il! et il déteste ce bel astre, parce qu'il ne le voit pas ; et ne le pas voir sera sa punition. Car s'il le voyoit lui-même, il lui montreroit avec sa lumière bénigne où il pourroit se mettre à couvert contre ses ardeurs. Tout le malheur est donc de ne le pas voir. Mais pourquoi parler de ce soleil qui après tout n'est qu'un grand corps insensible, que nous ne voyons que par deux petites ouvertures qu'on nous a faites à la tête ? Parlons d'une autre lumière, toujours prête par elle-même à luire au fond de notre ame et à la rendre toute lumineuse. Qu'arrive-t-il à l'aveugle volontaire, qui l'empêche de luire pour lui, sinon de s'enfoncer dans les ténèbres et de se rendre malheureux ? Et vous, ô éternelle lumière! vous demeurez dans votre gloire et dans votre éclat, et vous manifestez votre grandeur en ce que nul ne vous perd que pour son malheur. Vous donc, Père des lumières, vous avez donné à votre Christ un caractère semblable, afin de manifester qu'il étoit Dieu comme vous : « l'éclat de votre gloire, le rejaillissement de votre lumière, le caractère de votre substance [1]. Et il est en ruine aux uns et en résurrection aux autres, » et par son éclat mimense « il est en butte aux contradictions [2] : » car quiconque n'a pas la force ni le courage de le voir, il faut nécessairement qu'il le blasphème.

O mon Dieu, ce qui a paru dans le Chef et dans le Maître paroît aussi sur les membres et sur les disciples. Le monde superbe n'est pas digne de voir les disciples et les imitateurs de Jésus-Christ, ni de les connoître ; et il faut qu'il les méprise et les contredise, et qu'il les mette au rang des insensés, des gens outrés, des gens qui ont un travers et un secret déréglement dans l'esprit ; qui font un beau semblant, et au dedans se nourrissent de gloire ou de vanité comme les autres. Et que n'a pas inventé le monde contre vos humbles serviteurs ? Et vous voulez par là leur donner part au

---

[1] *Hebr.*, I, 3. — [2] *Luc.*, II, 34.

caractère de votre Fils et au vôtre. Je veux donc être caché en vous avec Jésus-Christ, jusqu'à ce que la vérité paroisse en triomphe.

« Quand Jésus-Christ votre gloire apparoîtra, alors vous apparoîtrez avec lui en gloire[1]. » Je ne veux point paroître quand mon Sauveur ne paroîtra pas. Je ne veux de gloire qu'avec lui ; tant qu'il sera caché, je le veux être : car si j'ai quelque gloire pendant que la sienne est encore cachée en Dieu, elle est fausse et je n'en veux point, puisque mon Sauveur la méprise et ne la veut pas. Quand Jésus-Christ paroîtra, je veux paroître, parce que Jésus-Christ paroîtra en moi. « Quand vous verrez arriver ces choses » et que la gloire de Jésus-Christ sera proche, « regardez et levez la tête : car alors votre rédemption, votre délivrance approche[2]. » La gloire que nous aurons alors sera véritable, parce que ce sera un rejaillissement de la gloire de Jésus-Christ. Jusqu'à ce temps bienheureux je veux être caché, mais en Dieu avec Jésus-Christ, dans sa crèche, dans ses plaies, dans son tombeau, dans le ciel où est Jésus-Christ à la droite de Dieu son Père, sans vouloir paroître sur la terre. Je ne veux plus de louanges : qu'on les rende à Dieu, si je fais bien : si je fais mal, si je m'endors dans mon péché, dans la complaisance du monde, enchanté ou de ses honneurs et de son éclat, ou de ses plaisirs et de ses joies, qu'on me blâme, qu'on me condamne, qu'on me réveille par toutes sortes d'opprobres, de peur que je ne m'endorme dans la mort. Que me profitent ces louanges qu'on me donne ? Elles achèvent de m'enivrer et de me séduire. Si le monde loue le bien, tant mieux pour lui : « Mes frères, disoit ce saint, ce seroit vous porter envie de ne vouloir pas que vous louassiez les discours où je vous annonce la vérité[3]. » Louez-les donc ; car il faut bien que vous les estimiez et les louiez, afin qu'ils vous profitent : je veux donc bien vos louanges, parce que sans elles je ne puis pas vous être utile. Mais pour moi, qu'en ai-je affaire ? Ma vie et ma conscience me suffit : l'approbation que vous me donnez vous est utile ; mais elle m'est dangereuse : je la crains, je vous la renvoie, je ne la veux que pour vous ; et pour moi « ma vie est cachée en Dieu avec Jésus-Christ ; » c'est là ma sûreté, c'est là mon repos.

[1] *Coloss.*, III, 4. — [2] *Marc.*, XIII, 29; *Luc.*, XXI, 28. — [3] S. August., serm. *Eccl.*

« Pour moi, disoit saint Paul, je me mets fort peu en peine d'être jugé par les hommes ou par le jugement humain[1]. » Les hommes me veulent juger, et ils m'ajournent pour ainsi dire devant leur tribunal, pour subir leur jugement ; mais je ne reconnois pas ce tribunal, et le jour qu'ils ont marqué comme on fait dans le jugement, pour prononcer leur sentence, ne m'est rien. Qu'on me mette devant ou après celui-ci ou celui-là, au-dessus ou au-dessous ; qu'on me mette en pièces, qu'on m'anéantisse comme par un jugement dernier, je me laisse juger sans m'en émouvoir ; ou si je m'en émeus, je plains ma foiblesse. Car ce n'est pas aux hommes à me juger : « Je ne me juge même pas moi-même[2]. » Le premier des jugemens humains, dont je suis désabusé, c'est le mien propre : « Car encore que ma conscience ne me reproche rien, je ne me tiens pas justifié pour cela : c'est le Seigneur seul qui me juge[3]. » Soyez donc cachés aux hommes sous les yeux de Dieu, « comme inconnus, disoit le même saint Paul, et toutefois bien connus, » puisque nous le sommes de Dieu. « Comme morts » à l'égard du monde, où nous ne sommes plus rien ; et « toutefois nous vivons[4], » et notre vie est cachée en Dieu : « la balayure du monde[5], » mais précieux devant Dieu, pourvu que nous soyons humbles et que nous sachions tirer avantage du mépris qu'on fait de nous : tranquilles et indifférens à tout ce que le monde dit et fait de nous, soit qu'il nous mette « à droite ou à gauche, » du bon ou du mauvais côté, « dans la gloire ou dans l'ignominie, dans la bonne ou dans la mauvaise réputation, » nous allons toujours le même train : « comme tristes » par la gravité et le sérieux de notre vie, par la tristesse apparente de notre retraite et de nos humiliations ; « et néanmoins toujours dans la joie » par une douce espérance qui se nourrit dans le fond de notre cœur : « comme pauvres et enrichissant » le monde par notre exemple, si nous pouvons lui montrer seulement qu'on se peut passer de lui : « comme n'ayant rien et possédant tout[6], » parce que moins nous avons des biens que le monde donne, plus nous possédons Dieu qui est tout. Fuyons, fuyons le monde et tout ce qui est dans le monde ; car ce

---

[1] I *Cor.*, IV, 3. — [2] *Ibid.* — [3] *Ibid.*, 4. — [4] II *Cor.*, VI, 8, 9. — [5] I *Cor.*, IV, 13. — [6] II *Cor.*, VI, 7, 8, 10.

n'est que corruption : « Vanité des vanités, dit l'Ecclésiaste, vanité des vanités et tout est vanité ¹. Crains Dieu et garde ses commandemens : car c'est là tout l'homme ; » ou comme d'autres traduisent : « c'est le tout de l'homme². »

Allez, ma fille, aussitôt que vous aurez achevé de lire ce petit et humble écrit ; et vous, qui que vous soyez, à qui la divine Providence le fera tomber entre les mains : grand ou petit, pauvre ou riche, savant ou ignorant, prêtre ou laïque, religieux et religieuse ou vivant dans la vie commune, allez à l'instant au pied de l'autel, contemplez-y Jésus-Christ dans ce sacrement où il se cache : demeurez-y en silence : ne lui dites rien, regardez-le et attendez qu'il vous parle, et jusqu'à tant qu'il vous dise dans le fond du cœur : Tu le vois, je suis mort ici, et ma vie est cachée en Dieu jusqu'à ce que je paroisse en ma gloire pour juger le monde. Cache-toi donc en Dieu avec moi, et ne songe point à paroître que je ne paroisse : si tu es seul, je serai ta compagnie : si tu es foible, je serai ta force ; si tu es pauvre, je serai ton trésor : si tu as faim, je serai ta nourriture : si tu es affligé, je serai ta consolation et ta joie : si tu es dans l'ennui, je serai ton goût : si tu es dans la défaillance, je serai ton soutien : « Je suis à la porte et je frappe : celui qui entend ma voix et m'ouvre la porte, j'entrerai chez lui, » et j'y ferai ma demeure avec mon Père, « et je souperai avec lui et lui avec moi³ : » mais je ne veux point de tiers, ni autre que lui et moi. « Et je lui donnerai à manger du fruit de l'arbre de vie, qui est dans le paradis de mon Dieu, avec la manne cachée, dont nul ne connoît le goût, sinon celui qui la reçoit ⁴. Que celui qui est altéré vienne à moi, et que celui qui voudra reçoive de moi gratuitement l'eau qui donne la vie⁵. » Ainsi soit-il, ô Seigneur, qui vivez et régnez avec le Père et le Saint-Esprit aux siècles des siècles. Amen.

¹ *Eccle.*, I, 2. — ² *Eccle.*, XII, 13. — ³ *Apoc.*, III, 20. — ⁴ *Apoc.*, II, 7, 17. — ⁵ *Apoc.*, XXII, 17.

TRAITÉ
DE LA CONCUPISCENCE,

ou

EXPOSITION DE CES PAROLES DE S. JEAN :

N'aimez pas le monde, ni ce qui est dans le monde, etc. I Joan., II, 15-17.

CHAPITRE PREMIER.

Paroles de l'apôtre saint Jean contre le monde, conférées avec d'autres paroles du même apôtre, et de Jésus-Christ. Ce que c'est que le monde, que cet apôtre nous défend d'aimer.

« N'aimez pas le monde, ni ce qui est dans le monde. Celui qui aime le monde, l'amour du Père n'est pas en lui, parce que tout ce qui est dans le monde est concupiscence de la chair, et concupiscence des yeux, et orgueil de la vie : laquelle concupiscence n'est pas du Père, mais elle est du monde. Or le monde passe, et la concupiscence du monde passe (avec lui) : mais celui qui fait la volonté de Dieu demeure éternellement[1]. »

Les dernières paroles de cet apôtre nous font voir que le monde, dont il parle ici, sont ceux qui préfèrent les choses visibles et passagères aux invisibles et aux éternelles.

Il faut maintenant considérer à qui il adresse cette parole ; et pour cela il n'y a qu'à lire les paroles qui précèdent celles-ci : « Je vous écris, mes petits enfans, que tous vos péchés vous sont remis au nom de Jésus-Christ. Je vous écris, pères, que vous avez connu celui qui est dès le commencement (celui qui est le vrai Père de toute éternité). Je vous écris, jeunes gens (qui êtes au commencement de votre jeunesse), que vous avez surmonté le mauvais ; je vous écris, petits enfans, que vous avez reconnu

[1] I *Joan.*, II, 15, 17.

votre Père : je vous écris, jeunes gens (qui êtes dans la force de l'âge), que vous êtes courageux, et que la parole de Dieu est en vous, et que vous avez vaincu le mauvais [1]. » A quoi il ajoute aussitôt après : « N'aimez pas le monde, » et le reste que nous venons de rapporter.

Cela est conforme à ce que dit le même apôtre au commencement de son Evangile, en parlant de Jésus-Christ : « Il étoit dans le monde, et le monde a été fait par lui, et le monde ne l'a point connu [2]. » Et la source de tout cela est dans ces paroles du Sauveur : « Je vous donnerai l'Esprit de vérité, que le monde ne peut recevoir, parce qu'il ne le veut pas, et ne le reçoit pas, et ne le connoît pas [3], » ou il ne sait pas qui il est. Et encore : « Si le monde vous hait, sachez qu'il m'a haï le premier : Si vous eussiez été du monde, le monde aimeroit ce qui est à lui : mais parce que vous n'êtes pas du monde, et que je vous ai élus du milieu du monde (je vous en ai tirés), c'est pour cela que le monde vous hait [4]. »

Et encore : « Vous aurez de l'affliction dans le monde ; mais prenez courage, j'ai vaincu le monde [5]. » Et enfin : « J'ai manifesté votre nom aux hommes que vous avez tirés du monde pour me les donner [6]. Je ne prie pas pour le monde, mais pour ceux que vous m'avez donnés, parce qu'ils sont à vous [7] : je ne suis plus dans le monde (je retourne à vous, et l'heure d'aller à vous est arrivée). Pour eux, ils sont dans le monde ; mais moi, je viens à vous [8]. Je leur ai donné votre parole, et le monde les a haïs, parce qu'ils ne sont pas du monde, et je ne suis pas du monde. Je ne vous prie pas de les tirer du monde, mais de les garder du mal, » ou de les garder du mauvais : « Ils ne sont pas du monde, comme je ne suis pas du monde : sanctifiez-les en vérité [9]. Mon Père juste, le monde ne vous connoît pas : mais moi je vous connois, et ceux-ci ont connu que vous m'avez envoyé [10]. »

Toutes ces paroles de notre Sauveur font voir que tous ceux qui font profession d'être ses disciples, sont tirés du monde, parce

---

[1] I *Joan.*, II, 12-14. — [2] *Joan.*, I, 10. — [3] *Joan.*, XIV, 17. — [4] *Joan.*, XV, 18, 19. — [5] *Joan.*, XVI, 33. — [6] *Joan.*, XVII, 6. — [7] *Ibid.*, 9. — [8] *Ibid.*, 11. — [9] *Ibid.*, 14-17. — [10] *Ibid.*, 25.

qu'ils sont sanctifiés en vérité, que la parole de Dieu est en eux, qu'ils le connoissent pendant que le monde ne le connoît pas, et qu'ils connoissent Jésus-Christ, le suivent et l'imitent. La vie du monde est donc la vie éloignée de Dieu et de Jésus-Christ; et la vie chrétienne, la vie des disciples de Jésus-Christ, est la vie conforme à sa doctrine et à ses exemples.

C'est ce que saint Jean nous explique plus en détail par ces tendres paroles : « Mes petits enfans, » jeunes et vieux, « je vous l'écris, » je vous le répète, « n'aimez pas le monde : » n'aimez pas ceux qui s'attachent aux choses sensibles, aux biens périssables : ne les aimez point dans leur erreur : ne les suivez point dans leur égarement : aimez-les pour les en tirer, comme Jésus-Christ a aimé ses disciples qu'il a tirés du milieu du monde, du milieu de la corruption : mais gardez-vous bien de les aimer comme amateurs du monde, d'entrer dans leur commerce, dans leur société, dans leurs maximes, et d'imiter leurs exemples, parce qu'il n'y a parmi eux que corruption. Et en voici les trois sources : c'est « qu'il n'y a dans le monde que concupiscence de la chair, et concupiscence des yeux, et orgueil de la vie : » qui sont toutes choses trompeuses, inconstantes, périssables, et qui perdent ceux qui s'y attachent. Je le crois : il est ainsi : c'est le Saint-Esprit qui l'a dit par la bouche d'un Apôtre : mais il faut encore tâcher de l'entendre, afin de haïr le monde avec plus de connoissance.

CHAPITRE II.

Ce que c'est que la concupiscence de la chair : combien le corps pèse à l'ame.

La concupiscence de la chair est ici d'abord l'amour des plaisirs des sens. Car ces plaisirs nous attachent à ce corps mortel, dont saint Paul disoit : « Malheureux homme que je suis, qui me délivrera du corps de cette mort[1] ? » et nous en rendent l'esclave. Ce qui fait dire au même saint Paul : « Qui m'en délivrera ? » qui

[1] *Rom.*, VII, 24.

m'affranchira de sa tyrannie? qui en brisera les liens? qui m'ôtera un joug si pesant?

« Les pensées des mortels sont timides » et pleines de foiblesse, « et nos prévoyances incertaines, parce que le corps qui se corrompt appesantit l'ame, et que notre demeure terrestre opprime l'esprit, qui est fait pour beaucoup penser : et la connoissance même des choses qui sont sur la terre nous est difficile : nous ne pénétrons qu'à peine et avec travail les choses qui sont devant nos yeux : mais pour celles qui sont dans le ciel, qui de nous les pénétrera[1]? » Le corps rabat la sublimité de nos pensées, et nous attache à la terre, nous qui ne devrions respirer que le ciel : ce poids nous accable; « et c'est là cet empêchement qui a été créé pour tous les hommes » après le péché, « et le joug pesant qui a été mis sur tous les enfans d'Adam, depuis le jour qu'ils sont sortis du sein de leur mère, jusqu'à celui où ils rentrent par la sépulture à la mère commune qui est la terre[2]. » Ainsi l'amour des plaisirs des sens, qui nous attache au corps, qui par sa mortalité est devenu le joug le plus accablant que l'ame puisse porter, est la cause la plus manifeste de sa servitude et de ses foiblesses.

CHAPITRE III.

Ce que c'est selon l'Ecriture que la pesanteur du corps, et quelle elle est dans les misères et dans les passions qui nous viennent de cette source.

Ce joug pesant, qui accable les enfans d'Adam, n'est autre chose, comme on vient de voir, que les infirmités de leur chair mortelle, lesquelles l'*Ecclésiastique* raconte en ces termes : « Ils ont les inquiétudes, les terreurs d'un cœur (continuellement agité), les inventions de leurs espérances (trompeuses et trop engageantes), et le jour (terrible) de la mort. (Tous ces maux sont répandus sur tous les hommes), depuis celui qui est assis sur le trône jusqu'à celui qui couche sur la terre et dans la poussière (par sa pauvreté), ou sur la cendre (dans son affliction et dans sa

[1] *Sapient.*, IX, 14-16. — [2] *Eccli.*, XL, 1.

douleur), depuis celui qui est revêtu de pourpre, et qui porte la couronne jusqu'à celui qui est habillé du linge le plus grossier : la fureur, la jalousie, le tumulte (des passions), l'agitation de l'esprit, la crainte de la mort, la colère et les longs tourmens qu'elle nous attire par sa durée, les querelles (et tous les maux qui les suivent; tout cela se répand partout). Dans le temps du repos et dans le lit où on répare ses forces par le sommeil (le trouble nous suit); les songes pendant la nuit changent nos pensées : nous goûtons durant un moment un peu de repos qui n'est rien ; et tout d'un coup il nous vient des soins, comme dans le jour, par les songes : on est troublé dans les visions de son cœur, comme si l'on venoit d'éviter les périls d'un jour de combat : dans le temps où l'on est le plus en sûreté, on se lève comme en sursaut, et on s'étonne d'avoir eu pour rien tant de terreur (tous ces troubles sont l'effet d'un corps agité et d'un sang ému qui envoie à la tête de tristes vapeurs). C'est pourquoi ces agitations (tant celles des passions que celles des songes), se trouvent dans toute chair, depuis l'homme jusqu'à la bête, et se trouvent sept fois davantage sur les pécheurs (où les terreurs de la conscience se joignent aux communes infirmités de la nature). A quoi il faut ajouter les morts violentes, le sang répandu, les combats, l'épée, les oppressions, les famines, les mortalités et tous les autres fléaux de Dieu : toutes ces choses (qui dans l'origine ne se devoient pas trouver parmi les hommes), ont été créées pour la punition des méchans, et c'est pour eux qu'est arrivé le déluge (et la source de tous ces maux). C'est que tout ce qui sort de la terre retourne à la terre, comme toutes les eaux viennent de la mer et y retournent [1]. »

En un mot, la mortalité introduite par le péché a attiré sur le genre humain cette inondation de maux, cette suite infinie de misères d'où naissent les agitations et les troubles des passions qui nous tourmentent, nous trompent, nous aveuglent. Nous qui dans notre innocence devions être semblables aux anges de Dieu, sommes devenus comme les bêtes, et, comme disoit David, nous avons perdu le premier honneur de notre nature : *Homo cùm in honore esset, non intellexit, comparatus est jumentis insipientibus*

[1] *Eccli.*, XL, 2-11.

et similis factus est illis[1] : « Pendant que l'homme étoit en honneur (dans son institution primitive), il n'a pas connu cet avantage : il s'est égalé aux animaux insensés, et leur a été rendu semblable. » Répétons une et deux fois ce verset avec le Psalmiste. Nous ne saurions trop déplorer les misères et les passions insensées où nous jette notre corps mortel ; et tout ce qui y attache, comme fait l'amour du plaisir des sens, nous fait aimer la source de nos maux et nous attache à l'état de servitude où nous sommes.

CHAPITRE IV.

Que l'attache que nous avons au plaisir des sens est mauvaise et vicieuse.

Pour connoître encore plus à fond la raison de la défense que nous fait saint Jean, de nous laisser entraîner à la concupiscence de la chair, c'est-à-dire à l'attache au plaisir des sens, il faut entendre que cette attache est en nous un mal qu'il faut ôter, un vice qu'il faut vaincre, une maladie qu'il faut guérir. Ou l'on cède, et on se livre tout à fait à ce violent amour du plaisir des sens, et on se rend criminel et esclave de la chair et du péché ; ou on combat, ce qu'on ne se croiroit pas obligé de faire si elle n'étoit mauvaise. Et ce qui la rend visiblement telle, c'est qu'elle nous porte au mal, puisqu'elle nous porte à des excès terribles, à la gourmandise, à l'ivrognerie, à toute sorte d'intempérances. Ce qui faisoit dire à saint Paul : « Je sais que le bien n'habite point en moi, c'est-à-dire dans ma chair[2]. » Et encore : « Je trouve en moi une loi (de rebellion et d'intempérance, qui me fait apercevoir), lorsque je m'efforce à faire le bien, que le mal m'est attaché[3] » (et inhérent à mon fond). Ainsi le mal est en nous, et attaché à nos entrailles d'une étrange sorte, soit que nous cédions au plaisir des sens, soit que nous le combattions par une continuelle résistance, puisque, comme dit saint Augustin, pour ne point tomber dans l'excès, il faut combattre le mal dans son principe : pour

[1] *Psal.* XLVIII, 13 et 21. — [2] *Rom.*, VII, 18. — [3] *Ibid.*, 21.

éviter le consentement, qui est le mal consommé, il faut continuellement résister au désir, qui en est le commencement : *Ut non fiat malum excedendi, resistendum est malo concupiscendi.*

Nous faisons une terrible épreuve de ce combat dans le besoin que nous avons de nous soutenir par la nourriture. La sagesse du Créateur, non contente de nous forcer à ce soutien nécessaire par la douleur violente de la faim et de la soif, et par les défaillances insupportables qui les accompagnent, nous y invite encore par le plaisir qu'elle a attaché aux fonctions naturelles de boire et de manger. Elle a rempli de biens toute la nature, « envoyant, comme dit saint Paul, la pluie et le beau temps, et les saisons qui rendent la terre féconde en toutes sortes de fruits, remplissant nos cœurs de joie par une nourriture convenable [1]. » Et par là, comme dit le même saint Paul, « Dieu rend lui-même témoignage » à sa providence et à sa bonté paternelle, qui nourrit les hommes comme les animaux, et sauve les uns et les autres de la manière qui convient à chacun.

Mais les hommes ingrats et charnels ont pris occasion de ce plaisir, pour s'attacher à leur corps plutôt qu'à Dieu qui l'avoit fait, et ne cessoit de le sustenter par des moyens si agréables. Le plaisir de la nourriture les captive : au lieu de manger pour vivre, « ils semblent, » comme disoit un ancien et après lui saint Augustin, « ne vivre que pour manger. » Ceux-là mêmes qui savent régler leurs désirs et sont amenés au repas par la nécessité de la nature, trompés par le plaisir et engagés plus avant qu'il ne faut par ses appâts, sont transportés au delà des justes bornes : ils se laissent insensiblement gagner à leur appétit, et ne croient jamais avoir satisfait entièrement au besoin, tant que le boire et le manger flattent leur goût. Ainsi, dit saint Augustin, la convoitise ne sait jamais où finit la nécessité : *Nescit cupiditas ubi finiatur necessitas* [2].

C'est donc là une maladie que la contagion de la chair produit dans l'esprit : une maladie contre laquelle on ne doit point cesser de combattre, ni d'y chercher des remèdes par la sobriété et la tempérance, par l'abstinence et par le jeûne.

[1] *Act.*, XIV, 16. — [2] *Confess.*, lib. X, cap. XXXI et alibi.

Mais qui oseroit penser à d'autres excès qui se déclarent d'une manière bien plus dangereuse dans un autre plaisir des sens? Qui, dis-je, oseroit en parler, ou oseroit y penser, puisqu'on n'en parle point sans pudeur, et qu'on n'y pense point sans péril, même pour le blâmer? O Dieu, encore un coup, qui oseroit parler de cette profonde et honteuse plaie de la nature, de cette concupiscence qui lie l'ame au corps par des liens si tendres et si violens, dont on a tant de peine à se déprendre, et qui cause aussi dans le genre humain de si effroyables désordres? Malheur à la terre, malheur à la terre, encore un coup, malheur à la terre, d'où sort continuellement une si épaisse fumée, des vapeurs si noires qui s'élèvent de ces passions ténébreuses, et qui nous cachent le ciel et la lumière; d'où partent aussi des éclairs et des foudres de la justice divine contre la corruption du genre humain!

O que l'Apôtre vierge, l'ami de Jésus et fils de la Vierge mère de Jésus, que Jésus aussi toujours vierge lui a donnée pour mère à la croix, que cet apôtre a raison de crier de toute sa force aux grands et aux petits, aux jeunes gens et aux vieillards, et aux enfants comme aux pères : « N'aimez pas le monde, ni tout ce qui est dans le monde, parce que ce qu'il y a dans le monde est concupiscence de la chair; » un attachement à la fragile et trompeuse beauté des corps, et un amour déréglé du plaisir des sens, qui corrompt également les deux sexes.

O Dieu, qui par un juste jugement avez livré la nature humaine coupable à ce principe d'incontinence, vous y avez préparé un remède dans l'amour conjugal : mais ce remède fait voir encore la grandeur du mal, puisqu'il se mêle tant d'excès dans l'usage de ce remède sacré. Car d'abord ce sacré remède, c'est-à-dire le mariage, est un bien et un grand bien, puisque c'est un grand sacrement en Jésus-Christ et en son Eglise et le symbole de leur union indissoluble; mais c'est un bien qui suppose un mal dont on use bien; c'est-à-dire qui suppose le mal de la concupiscence, dont on use bien lorsqu'on s'en sert pour faire fructifier la nature humaine. Mais en même temps c'est un bien qui remédie à un mal, c'est-à-dire à l'intempérance : un remède de ses excès, et un frein à sa licence. Que de peine n'a pas la foiblesse humaine à se tenir dans les bornes de la liaison conjugale, exprimées dans le contrat même du mariage! C'est ce qui fait dire à saint Augustin « qu'il s'en trouve plus qui gardent une perpétuelle et inviolable continence, qu'il ne s'en trouve qui demeurent dans les lois de la chasteté conjugale : un amour désordonné pour sa propre femme étant souvent, selon le même Père, un attrait secret à en aimer d'autres. » O foiblesse de la misérable humanité, qu'on ne peut assez déplorer! Ce désordre a fait dire à saint Paul même, que « ceux qui sont mariés doivent vivre comme n'ayant pas de femmes[1], » les femmes par conséquent comme n'ayant pas de maris : c'est-à-dire les uns et les autres sans être trop attachés les uns aux autres, et sans se livrer aux sens, sans y mettre leur félicité, sans les rendre maîtres. C'est encore ce qui fait dire au même saint Paul, que ceux qui sont dans la chair, qui y sont plongés et attachés par le fond du cœur à ses plaisirs, ne peuvent plaire à Dieu : *Qui in carne sunt, Deo placere non possunt*[2]. C'est ce qui fait la louange de la sainte virginité; et sur ce fondement, saint Augustin distingue trois états de la vie humaine par rapport à la concupiscence de la chair : les chastes mariés usent bien de ce mal ; les intempérans en usent mal, les continens perpétuels n'en usent point du tout, et ne donnent rien à l'amour du plaisir des sens.

Disons donc avec saint Jean à tous les fidèles et à chacun selon l'état où il est : O vous qui vous livrez à la concupiscence de la chair, cessez de vous y laisser captiver ; et vous qui en usez bien dans un chaste mariage, n'y soyez point attachés et modérez vos désirs : et vous qui plus courageux comme plus heureux que tous les autres, ne lui donnez rien du tout, et la méprisez tout à fait, persistez dans cette chaste disposition qui vous égale aux anges de Dieu : tous ensemble abattez cette chair rebelle, dont la loi impérieuse qui est dans nos membres, a tant fait répandre de larmes, tant pousser de gémissemens à tous les saints : à l'exemple de saint Paul, fortifiez-vous contre elle par les jeûnes ; et mortifiant votre goût, travaillez à rendre plus facile la victoire des autres appétits plus violens et plus dangereux.

[1] I *Cor.*, VII, 25. — [2] *Rom.*, VIII, 8.

CHAPITRE V.

Que la concupiscence de la chair est répandue par tout le corps et par tous les sens.

Il ne faut pas s'imaginer que la concupiscence de la chair consiste seulement dans les passions dont nous venons de parler : c'est une racine empoisonnée qui étend ses branches sur tous les sens et se répand dans tout le corps. La vue en est infectée, puisque c'est par les yeux (a) que l'on commence à avaler le poison de l'amour sensuel ; ce qui faisoit dire à Job : « J'ai fait un pacte avec mes yeux pour ne pas même penser à une fille[1] : » et à saint Pierre que les yeux des personnes impudiques sont « pleins d'adultère[2] ; » et à Jésus-Christ même : « Celui qui regarde une femme pour la convoiter, s'est déjà souillé avec elle dans son cœur[3]. »

Ce vice des yeux est distingué de la concupiscence des yeux, dont saint Jean parle dans notre passage. Car ici, où l'on ouvre les yeux pour s'assouvir de la vue des beautés mortelles, ou même se délecter à les voir et à en être vu, on est dominé par la concupiscence de la chair. Les oreilles en sont infectées, quand par de dangereux entretiens et des chants remplis de mollesse, l'on allume ou l'on entretient les flammes de l'amour impur, et cette secrète disposition que nous avons aux joies sensuelles. Car l'ame une fois touchée de ces plaisirs, perd sa force, affoiblit sa raison, s'attache aux sens et au corps. Cette femme qui dans les Proverbes vante les parfums qu'elle a répandus sur son lit et la douce odeur qu'on respire dans sa chambre, pour conclure aussitôt après : « Environs-nous de plaisirs et jouissons des embrassemens désirés[4], » montre assez par son discours à quoi mènent les bonnes senteurs préparées pour affoiblir l'ame, l'attirer aux plaisirs des sens par quelque chose, qui ne semblant pas offenser

---

[1] *Job*, XXXI, 1. — [2] II *Petr.*, II, 14. — [3] *Matth.*, V, 28. — [4] *Prov.*, VII, 24.
(a) *Manuscrit :* C'est par eux.

directement la pudeur, s'y fait recevoir avec moins de crainte, la dispose néanmoins à se relâcher, et détourne son attention de ce qui doit faire son occupation naturelle.

Tous les plaisirs des sens s'excitent les uns les autres : l'ame qui en goûte l'un, remonte aisément à la source qui les produit tous. Ainsi les plus innocens, si l'on n'est toujours sur ses gardes, préparent aux plus coupables : les plus petits font sentir la joie qu'on ressentiroit dans les plus grands, et réveillent la concupiscence. Il y a même une mollesse et une délicatesse répandue dans tout le corps, qui faisant chercher un certain repos dans le sensible, le réveille et en entretient la vivacité. On aime son corps avec une attache qui fait oublier son ame, et l'image de Dieu qu'elle porte empreinte dans son fond : on ne se peut rien refuser : un soin excessif de sa santé fait qu'on flatte le corps en tout ; et tous ces divers sentimens sont autant de branches de la concupiscence de la chair.

Hélas ! je ne m'étonne pas si un saint Bernard craignoit la santé parfaite dans ses religieux : il savoit où elle nous mène, si on ne sait châtier son corps avec l'Apôtre, et le réduire en servitude par les mortifications, par le jeûne, par la prière et par une continuelle occupation de l'esprit. Toute ame pudique fuit l'oisiveté, la nonchalance, la délicatesse, la trop grande sensibilité, les tendresses qui amollissent le cœur, tout ce qui flatte les sens, les nourritures exquises : tout cela n'est que la pâture de la concupiscence de la chair que saint Jean nous défend, et en entretient le feu.

CHAPITRE VI.

Ce que c'est que la chair de péché dont parle saint Paul.

Toutes ces mauvaises dispositions de la chair l'ont fait appeler par saint Paul la chair de péché : « Dieu, dit-il, a envoyé son Fils dans la ressemblance de la chair du péché[1]. » Remarquez donc en Jésus-Christ non pas la ressemblance de la chair absolument,

[1] *Rom.*, VIII, 3.

mais la ressemblance de la chair du péché. En nous se trouve la chair du péché, dans les impressions du péché que nous portons dans notre chair, et dans la pente qu'elle nous inspire au péché, par l'attache aux sens : et en Jésus-Christ seulement « la ressemblance de la chair du péché, » parce que sa chair virginale est exempte de tout le désordre que le péché a mis dans la nôtre. Il a donc non la ressemblance de la chair, car sa chair est très-véritable, faite d'une femme et vraiment sortie du sang d'Abraham et de David; ce qui emporte non la ressemblance, mais la véritable nature de la chair. Aussi saint Paul lui attribue-t-il, non pas la ressemblance de la chair, mais « la ressemblance de la chair du péché, » à cause que sans avoir les perverses inclinations dont les semences sont en notre chair, il en a pris seulement la passibilité et la mortalité; c'est-à-dire la seule peine du péché, sans en avoir ni la coulpe, ni aucun des mauvais désirs qui nous y portent.

Jugeons maintenant avec combien de raison saint Jean nous commande d'avoir le monde en horreur, à cause qu'il est tout rempli de la concupiscence de la chair. Il y a dans notre chair une secrète disposition à un soulèvement universel contre l'esprit : « La chair convoite contre l'esprit, » comme dit saint Paul[1]; c'est-à-dire que c'est là son fond depuis la corruption de notre nature : tout y nourrit la concupiscence : tout y porte au péché, comme on a vu : il la faut donc autant haïr que le péché même, où elle nous porte.

CHAPITRE VII.

D'où vient en nous la chair de péché, c'est-à-dire la concupiscence de la chair.

Lorsque saint Paul a parlé de notre chair comme d'une chair de péché, il semble avoir voulu expliquer cette parole du Sauveur : « Tout ce qui est né de la chair est chair, et tout ce qui est né de

[1] *Galat.*, v, 17.

l'esprit est esprit : ne vous étonnez donc pas si je vous dis que vous devez naître de nouveau¹. »

Cette parole nous ramène à l'institution primitive de notre nature : « Dieu a fait l'homme droit, » dit le Sage ² : et cette droiture consistoit en ce que l'esprit étant parfaitement soumis à Dieu, le corps aussi étoit parfaitement soumis à l'esprit. Ainsi tout étoit dans l'ordre ; et c'est cet ordre que nous appelons la justice et la droiture originelle. Comme il n'y avoit point de péché, il n'y avoit point de peine : par la même raison il n'y avoit point de mort, la mort étant établie comme la peine du péché : il y avoit encore moins de honte : Dieu n'avoit rien mis que de bon, que de bienséant, que d'honnête dans notre corps, non plus que dans notre ame : l'ouvrage de Dieu subsistoit en son entier : « Ils étoient nus l'un et l'autre, dit l'Ecriture, et ils n'en rougissoient pas ³. »

Mais aussitôt qu'ils ont désobéi à Dieu, ils se cachent : « J'ai entendu votre voix, dit Adam, et je me suis caché » dans le bois, « parce que j'étois nu. » Et Dieu lui dit : « Qui vous a fait connoître que vous étiez nu, si ce n'est que vous avez mangé du fruit que je vous avois défendu ⁴ ? » Le corps cessa d'être soumis, dès que l'esprit fut désobéissant : l'homme ne fut plus maître de ses mouvemens, et la révolte des sens fit connoître à l'homme sa nudité : « leurs yeux furent ouverts : ils se couvrirent et se firent comme une ceinture de feuilles de figuier ⁵. » L'Ecriture ne dédaigne pas de marquer et la figure et la matière de ce nouvel habillement, pour nous faire voir qu'ils ne s'en revêtirent pas pour se garantir du froid ou du chaud, ni de l'inclémence de l'air : il y en eut une autre cause plus secrète, que l'Ecriture enveloppe dans ces paroles, pour épargner les oreilles et la pudeur du genre humain, et nous faire entendre, sans le dire, où la rébellion se faisoit le plus sentir. Ce ménagement de l'Ecriture nous découvre d'autant plus notre honte, qu'elle semble n'oser la découvrir, de peur de nous donner trop de confusion. Depuis ce temps les passions de la chair, par une juste punition de Dieu, sont devenues victorieuses et tyranniques : l'homme a été plongé dans le plaisir

---

¹ *Joan.*, III, 6, 7. — ² *Eccle.*, VII, 30. — ³ *Genes.*, II, 25. — ⁴ *Genes.*, III, 10 11. — ⁵ *Ibid.*, 7.

des sens : « Et au lieu, dit saint Augustin, que par son immortalité et la parfaite soumission du corps à l'esprit il devoit être spirituel même dans la chair, il est devenu charnel même dans l'esprit : » *Qui futurus erat etiam carne spiritalis, factus est etiam mente carnalis*[1]. On est tombé d'un excès dans un autre : l'homme tout entier fut livré au mal : « Dieu vit que la malice des hommes étoit grande sur la terre, et que toute la pensée du cœur humain à tout moment se tournoit au mal[2]. »

Mais en quoi ce déréglement paroissoit-il davantage ? Allons à la source, et nous trouverons que l'occasion d'une si forte expression de l'Ecriture, et la cause de tout ce désordre y est clairement marquée dans ces paroles qui précèdent : « Les enfans de Dieu virent que les filles des hommes étoient belles, et s'allièrent avec elles [3] » (par une nouvelle transgression du commandement de Dieu qui avoit voulu les tenir séparés, de peur que les filles des hommes n'entraînassent ses enfans dans la corruption). Tout le désordre vint de la chair et de l'empire des sens qui toujours prévaloient sur la raison. Ce désordre a commencé dans nos premiers parens : nous en naissons, et cette ardeur démesurée est devenue le principe de notre naissance et de notre corruption tout ensemble. Par elle nous sommes unis à Adam rebelle, à Adam pécheur : nous sommes souillés en celui en qui nous étions tous comme dans la source de notre être. Nos passions insensées ne se déclarent pas tout à coup : mais le germe qui les produit toutes, est en nous dès notre origine. Notre vie commence par les sens : qu'est-on autre chose dans l'enfance, pour ainsi parler, que corps et chair ?

Mais poussons encore plus loin : nous nous trouverons corps et chair encore plus en quelque façon dans le sein de nos mères ; et dès le moment de notre conception, où sans aucun exercice de la vue ni de l'ouïe, qui sont ceux de tous les sens qui peuvent un peu plus réveiller notre raison, nous étions sans raisonnement, sans intelligence, une pure masse de chair, n'ayant aucune connoissance de nous-mêmes, ni aucune pensée que celles qui sont telle-

---

[1] *De Civitate Dei*, lib. XIV, cap. XV, n. 1, tom. VII, col. 366. — [2] *Genes.*, VI, 5. — [3] *Ibid.*, 2.

ment conjointes au mouvement du sang, qu'à peine encore pouvons-nous les en distinguer. C'est donc ce qui fait dire au Sauveur que nous sommes tous chair, en tant que nous naissons par la chair [1] : la raison est opprimée et comme éteinte dans ceux qui nous produisent : nous n'avons pas le moindre petit usage de la raison au commencement et durant les premières années de notre être : dès qu'elle commence à poindre, tous les vices se déclarent peu à peu : quand son exercice commence à devenir plus parfait, les grands déréglemens de la sensualité commencent en même temps à se déclarer. C'est donc là ce qui s'appelle la chair de péché.

Livrés au corps et tout corps dès notre conception, cette première impression fait que nous en demeurons toujours esclaves. Quel effort ne faut-il point faire pour faire que nous distinguions notre ame d'avec notre corps? Combien y en a-t-il parmi nous qui ne peuvent jamais venir à connoître ou à sentir cette distinction? Et ceux même qui sortent un peu de cette masse de chair et en séparent leur ame, ne s'y replongeroient-ils pas toujours comme naturellement, s'ils ne faisoient de continuels efforts pour empêcher leur imagination de dominer; et non-seulement de dominer, mais encore de faire tout, et même d'être tout en nous? Nous sommes donc entièrement corps, et nous ne serions jamais autre chose, si par la grace de Jésus-Christ nous ne renaissions de l'esprit.

Voyons un peu ce que c'est que la nature humaine dans ce reste immense de peuples sauvages qui n'ont d'esprit que pour leur corps, et en qui pour ainsi parler ce qu'il y a de plus pur est de respirer. Et les peuples plus civilisés et plus polis sortent-ils par là de la chair et du sang? Comment en sortiroient-ils, s'il y a si peu de chrétiens qui en sortent? De quoi s'entretient, de quoi s'occupe notre jeunesse, dans cet âge où l'on se fait un opprobre de la pudeur? Que regrettent les vieillards, lorsqu'ils déplorent leurs ans écoulés; et qu'est-ce qu'ils souhaitent continuellement de rappeler, s'ils pouvoient, avec leur jeunesse, si ce n'est les plaisirs des sens? Que sommes-nous donc autre chose que chair et que sang? Et combien devons-nous haïr le monde, et tout ce qui est

[1] *Joan.*, III, 6.

dans le monde, selon le précepte de saint Jean, puisque ce que dit cet apôtre est si véritable : « Que tout ce qui est au monde c'est la concupiscence de la chair ! »

CHAPITRE VIII.
De la concupiscence des yeux, et premièrement de la curiosité.

La seconde chose qui est dans le monde selon saint Jean, c'est la concupiscence des yeux. Il faut d'abord la distinguer de la concupiscence de la chair. Car le dessein de saint Jean est ici de nous découvrir une autre source de corruption, et un autre vice un peu plus délicat en apparence, mais dans le fond aussi grossier et aussi mauvais, qui consiste principalement en deux choses, dont l'une est le désir de voir, d'expérimenter, de connoître, en un mot la curiosité ; et l'autre est le plaisir des yeux, lorsqu'on les repait des objets d'un certain éclat capable de les éblouir ou de les séduire.

Ce désir d'expérimenter et de connoître s'appelle la concupiscence des yeux, parce que de tous les organes des sens les yeux sont ceux qui étendent le plus nos connoissances. Sous les yeux sont en quelque sorte compris les autres sens : et dans l'usage du langage humain souvent sentir et voir, c'est la même chose. On ne dit pas seulement : Voyez que cela est beau : mais voyez que cette fleur sent bon, que cette chose est douce à manier, que cette musique est agréable à entendre. « C'est donc pour cela, dit saint Augustin[1], que toute curiosité se rapporte à la concupiscence des yeux. »

Le désir de voir, pris en cette sorte, c'est-à-dire celui d'expérimenter, nous replonge enfin dans la concupiscence de la chair, qui fait que nous ne cessons de rechercher et d'imaginer de nouveaux plaisirs, avec de nouveaux assaisonnemens pour en irriter la cupidité. Mais ce désir a plus d'étendue, et c'est pourquoi il faut distinguer cette seconde concupiscence de la première. Il faut donc mettre dans ce second rang toutes ces vaines curiosités de savoir ce qui se passe dans le monde : tout le secret de cette intrigue, de

---

[1] *Confess.*, lib. X, cap. XXXV, n. 54.

quelque nature qu'elle soit ; tous les ressorts qui ont fait mouvoir tels et tels qui se donnent tant de mouvemens dans le monde ; les ambitieux desseins de celui-ci et de celui-là, avec toute l'adresse qu'ils ont de le couvrir d'un beau prétexte, souvent même de celui de la vertu. O Dieu, quelle pâture pour les ames curieuses, et par là vaines et foibles ! Et qu'apprendrez-vous par là qui soit si digne d'être connu ? Est-ce une chose si merveilleuse de savoir ce qui meut les hommes et la cause de toutes leurs illusions, de tous leurs songes ? Quel fruit retirerez-vous de ces curieuses recherches, et que vous produiront-elles, sinon des soupçons ou des jugemens injustes, et pour vous une redoutable matière des jugemens de celui qui dit : « Ne jugez pas, et vous ne serez pas jugé [1] ? »

Cette curiosité s'étend aux siècles passés les plus éloignés : et c'est de là que nous vient cette insatiable avidité de savoir l'histoire. On se transporte en esprit dans les cours des anciens rois, dans les secrets des anciens peuples. On s'imagine entrer dans les délibérations du sénat romain, dans les conseils ambitieux d'un Alexandre ou d'un César, dans les jalousies politiques et raffinées d'un Tibère. Si c'est pour en tirer quelque exemple utile à la vie humaine, à la bonne heure ; il le faut souffrir et même louer, pourvu qu'on apporte à cette recherche une certaine sobriété : mais si c'est, comme on le remarque dans la plupart des curieux, pour se repaître l'imagination de ces vains objets, qu'y a-t-il de plus inutile que de se tant arrêter à ce qui n'est plus, que de rechercher toutes les folies qui ont passé dans la tête d'un mortel, que de rappeler avec tant de soin ces images que Dieu a détruites dans sa cité sainte, ces ombres qu'il a dissipées, tout cet attirail de la vanité, qui de lui-même s'est replongé dans le néant d'où il étoit sorti ? « Enfans des hommes, jusques à quand aurez-vous le cœur appesanti ? Pourquoi aimez-vous tant la vanité, et pourquoi vous délectez-vous à étudier le mensonge [2] ! »

Il faut encore ranger dans ce second ordre de concupiscence toutes les mauvaises sciences, telles que sont celles de deviner par les astres, ou par les traits du visage et de la main, ou par cent autres moyens aussi frivoles, les événemens de la vie hu-

[1] *Matth.*, VII, 1. — [2] *Psal.* IV, 3.

maine, que Dieu a soumis à la direction particulière de sa Providence. C'est entreprendre sur les droits de Dieu, c'est détruire la confiance avec laquelle on se doit abandonner à sa volonté que de donner dans ces sciences aussi vaines que pernicieuses, c'est accoutumer l'esprit à se repaître de choses frivoles et à négliger les solides. On n'a pas besoin de remarquer que c'est encore un plus grand excès que de chercher les moyens de consulter les démons ou de les voir et de leur parler, ou d'apprendre des guérisons qui se font par leur ministère et par des pactes formels ou tacites avec ces malins esprits. Car outre que dans toutes ces curiosités il y a de l'impiété et une damnable superstition, on peut encore ajouter qu'elles sont l'effet de la foiblesse d'un cerveau blessé : de sorte que c'est éteindre la véritable lumière que d'en suivre de si fausses.

Voilà pour ce qui regarde les vaines et fausses sciences : et pour ce qui est des véritables, on excède encore beaucoup à s'y livrer trop, ou à contre-temps, ou au préjudice de plus grandes obligations : comme il arrive à ceux qui dans le temps de prier, ou de pratiquer la vertu, s'adonnent ou à l'histoire, ou à la philosophie, ou à toute sorte de lectures, surtout des livres nouveaux, des romans, des comédies, des poésies, et se laissent tellement posséder au désir de savoir, qu'ils ne se possèdent plus eux-mêmes. Car tout cela n'est autre chose qu'une intempérance, une maladie, un déréglement de l'esprit, un dessèchement du cœur, une misérable captivité qui ne nous laisse pas le loisir de penser à nous, et une source d'erreurs.

C'est encore s'abandonner à cette concupiscence que saint Jean réprouve, que d'apporter des yeux curieux à la recherche des choses divines, ou des mystères de la religion : « Ne recherchez point, dit le Sage, ce qui est au-dessus de vous [1] ; » et encore : « Celui qui sonde trop avant les secrets de la divine Majesté, sera accablé de sa gloire [2] ; » et encore : « Prenez garde de ne vouloir point être sages plus qu'il ne faut, mais d'être sages sobrement et modérément [3]. » La foi et l'humilité sont les seuls guides qu'il faut suivre : quand on se jette dans l'abîme, on y périt : combien

[1] *Eccli.*, III, 22. — [2] *Prov.*, XXV, 27. — [3] *Rom.*, XII, 3.

ont trouvé leur perte dans la trop grande méditation des secrets de la prédestination et de la grace! Il en faut savoir autant qu'il est nécessaire pour bien prier, et s'humilier véritablement ; c'est-à-dire qu'il faut savoir que tout le bien vient de Dieu, et tout le mal de nous seuls. Que sert de rechercher curieusement les moyens de concilier notre liberté avec les décrets de Dieu? N'est-ce pas assez de savoir que Dieu qui l'a faite, la sait mouvoir et la conduire à ses fins cachées sans la détruire? Prions-le donc de nous diriger dans la voie du salut, et de se rendre maître de nos désirs par les moyens qu'il sait. C'est à sa science, et non à la nôtre, que nous devons nous abandonner : cette vie est le temps de croire, comme la vie future est le temps de voir. C'est tout savoir, dit un Père, que de ne rien savoir davantage : *Nihil ultrà scire, omnia scire est.*

Toute ame curieuse est foible et vaine : par là même elle est discoureuse : elle n'a rien de solide, et veut seulement étaler un vain savoir, qui ne cherche point à instruire, mais à éblouir les ignorans

Il y a une autre sorte de curiosité, qui est une curiosité dépensière : on ne sauroit avoir trop de raretés, trop de bijoux précieux, trop de pierreries, trop de tableaux, trop de livres curieux sans avoir même le plus souvent envie de les lire. Ce n'est qu'amusement et ostentation : malheureuse curiosité, qui pousse à bout la dépense et sèche la source des aumônes! Mais elle pourra revenir à la seconde manière de concupiscence des yeux dont nous allons parler.

CHAPITRE IX.

De ce qui contente les yeux.

Dans cette seconde espèce, on prend les yeux à la lettre et pour les yeux de la chair. Et d'abord il est bien certain que ce qui s'appelle attachement du cœur et en général sensibilité, commence par les yeux : mais tout cela, comme nous l'avons déjà dit, appartenant à la concupiscence de la chair, nous avons à présent à remarquer avec saint Jean une autre sorte de concupiscence. Disons donc avec cet apôtre à tous les fidèles : « N'aimez pas le monde, ni ses pompes, ni ses spectacles, ni son vain éclat, ni tout ce qui vous attire ses regards, ni tout ce qui éblouit et séduit les vôtres. Vos yeux sont gâtés : vous ne pouvez souffrir la modestie, ni les ornemens médiocres. Vous étalez vos riches ameublemens, vos riches habits, vos grands bâtimens. Qu'importe que tout cela soit grand en soi-même, ou par rapport aux proportions et aux bienséances de votre état? Comme vous voulez être regardé, vous voulez aussi regarder ; et rien ne vous touche, ni dans les autres, ni dans vous-même, que ce qui étale de la grandeur et ce qui distingue. Et tout cela qu'est-ce autre chose qu'ostentation d'abondance, et désir de se distinguer par des choses vaines? C'est donc là, au lieu de grandeur, ce qui marque en vous de la petitesse. Une grande taille e songne point à se rehausser en exhaussant sa chaussure. Tout ce qui emprunte est pauvre : et tout l'éclat que vous mendiez dans les choses extérieures, montre trop visiblement combien de vous-même vous êtes destitué de ce qui relève.

Il faut rapporter l'amour de l'argent à cette concupiscence des yeux. Quand on le regarde comme un instrument pour acquérir d'autres biens, par exemple, ou pour acheter des plaisirs, ou s'avancer dans les grandes places du monde, on n'est pas avare, on est sensuel, ambitieux. Celui qui n'ose toucher à son argent, qui n'en est que le triste gardien, et semble ne se réserver aucun droit que celui de le regarder, est proprement celui qu'on appelle avare. Aussi le Sage le décrit-il en cette sorte : « L'avare ne se remplit point de son argent : celui qui aime les richesses n'en reçoit aucun fruit : et que sert au possesseur tout cet argent, si ce n'est qu'il le regarde de ses yeux[1]? » C'est pour lui comme une chose sacrée, dont il ne se permet pas d'approcher ses mains. Tout cœur passionné embellit dans son imagination l'objet de sa passion. Celui-ci donne à son or et à son argent un éclat que la nature ne lui donne pas. Il est ébloui de ce faux éclat : la lumière du soleil, qui est la vraie joie des yeux, ne lui paroît pas si belle. Et que lui sert de posséder ce qui demeurant hors de lui, ne peut remplir son intérieur? Quel bien lui revient-il de tant de richesses? C'est pourquoi le Sage lui préfère celui qui boit et qui mange, et qui

[1] *Eccle.*, v, 9, 10.

jouit avec joie du fruit de son travail : car il remplit du moins son estomac, et il engraisse son corps [1]. Mais pour les richesses, elles ne repaissent que les yeux. Disons-en autant des meubles, des bâtimens, de tout l'attirail de la vanité. Vous n'en êtes qu'un possesseur superficiel, puisque les voir, c'est tout pour vous. Et cependant, comme si c'étoit un grand bien, on ne s'en rassasie jamais : le gourmand trouve des bornes dans son appétit, quelque déréglé qu'il soit : cette gourmandise des yeux n'est jamais contente : elle n'a, pour ainsi parler, ni fond ni rive. L'avare « ne cesse de se consumer par un vain travail : et ses yeux, continue le Sage, ne se rassasient point de richesses [2]. » Et encore : « L'enfer, » le sépulcre, la mort « ne remplissent jamais leur avidité » et engloutissent tout sans se satisfaire : « ainsi les yeux des hommes sont insatiables [3]. »

N'aimez donc point le monde, ni tout ce qui est dans le monde : car tout y est plein de la concupiscence des yeux, qui est d'autant plus pernicieuse qu'elle est immense et insatiable. Ne dites point que tout ce bien que vous vous plaisez à avoir devant vos yeux soit à vous : vous n'avez rien en vous-même de quoi le saisir et vous l'approprier. Vous ne savez pour qui vous le gardez : il vous échappe malgré vous par cent manières différentes, ou par la rapine, ou par le feu, ou enfin sans remède par la mort; et il passera avec aussi peu de solidité et une semblable illusion à un possesseur inconnu, qui peut-être ne vous sera rien, ou plutôt qui certainement ne vous sera rien quand ce seroit votre fils, puisqu'un mort n'a plus rien à soi, et que ce fils pour qui vous avez tant travaillé, non-seulement ne vous servira de rien dans ce séjour des morts où vous allez; mais sur la terre à peine se souviendra-t-il de vos soins, et croira avoir satisfait à tous ses devoirs, quand il aura fait semblant de vous pleurer quelques jours et se sera paré d'un deuil très-court. Et jamais vous ne vous dites à vous-même : Pour qui est-ce que je travaille? Quoi ! pour « un héritier dont je ne sais pas s'il sera fou ou sage, » et s'il ne dissipera pas tout en un moment? « Et y a-t-il rien de plus vain, » s'écrie le Sage [4]; qu'y a-t-il de plus insensé, que de se tant tour-

[1] *Eccle.*, V, 17, 18. — [2] *Eccle.*, IV, 8. — [3] *Prov.*, XXVII, 20. — [4] *Eccle.*, II, 19.

menter pour se repaître de vent? Que vous servent tant de fatigues et tant de soucis, que vous a causés le soin d'entasser et de conserver tant de richesses? Vous n'en emporterez rien, et « vous sortirez de ce monde comme vous y êtes entré, nu et pauvre[1]. » Que reste-t-il à ce mauvais riche de s'être habillé de pourpre, et d'avoir orné sa maison d'une manière convenable à un si grand luxe? Il est dans les flammes éternelles : pour tout trésor il a les trésors de colère et de vengeances, qu'il s'est amassés par sa vanité : « Vous vous amassez, dit saint Paul, des trésors de colère pour le jour de la vengeance[2]. »

Par conséquent, encore un coup, n'aimez point le monde : n'en aimez point la pompe et le vain éclat, qui ne fait que tromper les yeux : n'en aimez point les spectacles ni les théâtres, où l'on ne songe qu'à vous faire entrer dans les passions d'autrui, à vous intéresser dans ses vengeances et dans ses folles amours. Et quel plaisir y prendriez-vous, si l'on ne réveilloit les vôtres? Pourquoi versez-vous des larmes sur les malheurs de celui dont les amours sont trompées, ou l'ambition frustrée de ce qu'elle souhaitoit? Pourquoi sortez-vous content du rassasiement de ces passions dans les autres, si ce n'est parce que vous croyez que l'on est heureux ou malheureux par ces choses? Vous dites donc avec le monde : Ceux qui ont ces biens sont heureux. Et comment dans ce sentiment pouvez-vous dire : « Ceux-là sont heureux dont le Seigneur est le Dieu? » *Beatum dixerunt populum cui hæc sunt: Beatus populus cujus Dominus Deus ejus*[3].

Voulez-vous voir un spectacle digne de vos yeux, chantez avec David : « Je verrai vos cieux, qui sont les ouvrages de vos doigts : la lune et les étoiles que vous avez fondées[4]. » Ecoutez Jésus-Christ, qui vous dit : « Considérez les lis des champs et ces fleurs qui passent du matin au soir : Je vous le dis en vérité, Salomon dans toute sa gloire » et avec ce beau « diadème dont sa mère a orné sa tête, n'est pas si richement paré qu'une de ces fleurs[5]. » Voyez ces riches tapis dont la terre commence à se couvrir dans le printemps : que tout est petit à comparaison de ces grands ou-

---

[1] *Eccle.*, v, 14, 15. — [2] *Rom.*, II, 5. — [3] *Psal.* CXLIII, 15. — [4] *Psal.* VIII, 4. — [5] *Matth.*, VI, 28, 29; *Cant.*, III, 11.

vrages de Dieu ! On y voit la simplicité avec la grandeur, l'abondance, la profusion, d'inépuisables richesses qui n'ont coûté qu'une parole, qu'une parole soutient. Tant de beaux objets ne se montrent et n'attirent vos regards, que pour les porter à leur auteur incomparablement plus beau. « Car si les hommes, ravis de la beauté du soleil et de toute la nature, en ont été transportés jusqu'à en faire des dieux ; comment n'ont-ils pas pensé de combien doit être plus beau celui qui les a faits et qui est le père de la beauté [1] ? »

Voulez-vous orner quelque chose digne de vos soins, ornez le temple de Dieu, et dites encore avec David : « Seigneur, j'ai aimé la beauté et l'ornement de votre maison, et la gloire du lieu où vous habitez [2]. » Et de là que conclut-il ? « Ne perdez point mon ame avec les impies [3] : » car j'ai aimé les vrais ornemens, et ne me suis point avec eux laissé séduire à un vain éclat.

Les hommes étalent leurs filles, pour être un spectacle de vanité et l'objet de la cupidité publique, et « les parent comme on fait un temple [4]. » Ils transportent les ornemens, que votre temple devroit avoir seul, à ces cadavres ornés, à ces sépulcres blanchis : et il semble qu'ils aient entrepris des les faire adorer en votre place. Ils nourrissent leur vanité et celle des autres ; ils remplissent les autres filles de jalousie, les hommes de convoitise ; tout par conséquent d'erreur et de corruption. O fidèles, ô enfans de Dieu, désabusez-vous de ces fausses concupiscences. Pourquoi tournez-vous vos nécessités en vanités ? Vous avez besoin d'une maison comme d'une défense nécessaire contre les injures de l'air : c'est une foiblesse : vous avez besoin de nourriture pour réparer vos forces qui se perdent et se dissipent à chaque moment : autre foiblesse : vous avez besoin d'un lit pour vous reposer dans votre accablement et vous y livrer au sommeil qui lie et ensevelit votre raison : autre foiblesse déplorable. Vous faites de tous ces témoins et de tous ces monumens de votre foiblesse un spectacle à votre vanité, et il semble que vous vouliez triompher de l'infirmité qui vous environne de toutes parts : pendant que tout le reste des hommes s'enorgueillit de ses besoins, et il semble vouloir orner ses misères pour se les cacher à soi-même, toi du moins,

[1] *Sapient.*, XIII, 3. — [2] *Psal.* XXV, 8. — [3] *Ibid.*, 9. — [4] *Psal.* CXLIII, 12.

ô chrétien, ô disciple de la vérité, retire tes yeux de ces illusions. Aime dans ta table le nécessaire soutien de ton corps, et non pas cet appareil somptueux : heureux ceux qui retirés humblement dans la maison du Seigneur, se délectent dans la nudité de leur petite cellule et de tout le foible attirail dont ils ont besoin dans cette vie, qui n'est qu'une ombre de mort, pour n'y voir que leur infirmité et le joug pesant dont le péché les a accablés ! Heureuses les vierges sacrées, qui ne veulent plus être le spectacle du monde, et qui voudroient se cacher à elles-mêmes sous le voile sacré qui les environne ! Heureuse la douce contrainte qu'on fait à ses yeux, pour ne voir point les vanités et dire avec David : « Détournez mes yeux, afin de ne les pas voir [1] ! » Heureux ceux qui en demeurant selon leur état au milieu du monde, comme ce saint roi, n'en sont point touchés, qui y passent sans s'y attacher; « qui usent, comme dit saint Paul, de ce monde comme n'en usant pas [2]; » qui disent avec Esther sous le diadème : « Vous savez, Seigneur, combien je méprise ce signe d'orgueil et tout ce qui peut servir à la gloire des impies; et que votre servante ne s'est jamais réjouie qu'en vous seul, ô Dieu d'Israël [3]; » qui écoutent ce grand précepte de la loi : « Ne suivez point vos pensées et vos yeux, vous souillant dans divers objets, » qui est la corruption, et pour parler avec le texte sacré, la fornication des yeux : *Nec sequantur cogitationes suas, et oculos per res varias fornicantes* [4]; enfin qui prêtent l'oreille à saint Jean, qui pénétré de toute l'abomination qui est attachée aux regards tant d'un esprit curieux que des yeux gâtés par la vanité, ne cesse de leur crier : « N'aimez pas le monde, où tout est » plein d'illusion et de corruption par la « concupiscence des yeux. »

CHAPITRE X.

De l'orgueil de la vie, qui est la troisième sorte de concupiscence réprouvée par saint Jean.

Quoique la curiosité et l'ostentation dont nous venons de parler

[1] *Psal.* CXVIII, 37. — [2] *I Cor.*, VII, 31. — [3] *Esth.*, XIV, 15, 16, 18. — [4] *Num.*, XV, 39.

semblent être des branches de l'orgueil, elles appartiennent plutôt à la vanité. La vanité est quelque chose de plus extérieur et superficiel : tout s'y réduit à l'ostentation, que nous avons rapportée à la concupiscence des yeux. La curiosité n'a d'autre fin que de faire admirer un vain savoir, et par là se distinguer des autres hommes. L'ostentation des richesses vient encore de la même source, et ne cherche qu'à se donner une vaine distinction. L'orgueil est une dépravation plus profonde : par elle l'homme livré à lui-même, se regarde lui-même comme son Dieu par l'excès de son amour-propre. « Etre superbe, dit saint Augustin, c'est en laissant le bien et le principe commun auquel nous devions tous être attachés, qui n'est autre chose que Dieu, se faire soi-même son bien et son principe ou son auteur [1], » c'est-à-dire se faire son Dieu : *Relicto communi, cui omnes debent hærere, principio, sibi ipsi fieri atque esse principium.*

C'est ce vice qui s'est coulé dans le fond de nos entrailles à la parole du serpent, qui nous disoit en la personne d'Eve : « Vous serez comme des dieux [2]; » et nous avons avalé ce poison mortel, lorsque nous avons succombé à cette tentation. Il a pénétré jusqu'à la moelle de nos os ; et toute notre ame en est infectée. Voilà en général ce que c'est que cette troisième concupiscence, que saint Jean appelle « l'orgueil ; » et il ajoute : « l'orgueil de la vie, » parce que toute la vie en est corrompue ; c'est comme le vice radical d'où pullulent tous les autres vices : il se montre dans toutes nos actions. Mais ce qu'il y a de plus mortel, c'est qu'il est la plus secrète comme la plus dangereuse pâture de notre cœur.

CHAPITRE XI.

De l'amour-propre, qui est la racine de l'orgueil.

Pour pénétrer la nature d'un vice si inhérent, il faut aller à l'origine du péché, et pour cela en revenir à cette parole du Sage : « Dieu a fait l'homme droit [3]. » Cette rectitude de l'homme con-

---

[1] *De Civit. Dei*, lib. XIV, cap. XIII, n. 1. — [2] *Genes.*, III, 5. — [3] *Eccle.*, VII, 30.

sistoit à aimer Dieu de tout son cœur, de toute son ame, de toutes ses forces, de toute son intelligence, de toute sa pensée : d'un amour pur et parfait et pour l'amour de lui-même, et de s'aimer soi-même en lui et pour lui. Voilà la droiture et la rectitude de l'ame : voilà l'ordre : voilà la justice : il est juste de donner l'amour à celui qui est aimable : et le grand amour à celui qui est très-aimable : et le souverain et parfait amour à celui qui est souverainement et parfaitement aimable : et tout l'amour à celui qui est uniquement aimable, et qui ramasse en lui-même tout ce qui est aimable et parfait ; en sorte qu'on ne se regarde et qu'on ne s'aime soi-même que pour lui.

Telle est donc la rectitude où l'homme avoit été créé. Cela même fait la beauté de la créature raisonnable, faite à l'image de Dieu. Dieu étant la bonté et la beauté même, ce qui est fait à son image ne peut pas n'être pas beau : cette beauté est relative à celle de Dieu, dont elle est l'image et entièrement dépendante de son principe, lequel par conséquent il falloit aimer seul d'un amour sans bornes. Mais l'ame se voyant belle, s'est délectée en elle-même, et s'est endormie dans la contemplation de son excellence : elle a cessé un moment de se rapporter à Dieu : elle a oublié sa dépendance : elle s'est premièrement arrêtée, et ensuite livrée à elle-même : déçue par sa liberté, qu'elle a trouvée si belle et si douce, elle en a fait un essai funeste : *sud in æternum libertate deceptus*. Mais en cherchant d'être libre jusqu'à s'affranchir de l'empire de Dieu et des lois de la justice, il est devenu captif de son péché.

Quiconque n'aime pas Dieu n'aime que soi-même : mais quiconque n'aime que soi-même, uniquement occupé de sa propre volonté et de son plaisir, n'est plus soumis à la volonté de Dieu ; et demeurant incapable d'être touché des intérêts d'autrui, il est non-seulement rebelle à Dieu, mais encore insociable, intraitable, injuste, déraisonnable envers les autres ; et veut que tout serve non-seulement à ses intérêts, mais encore à ses caprices.

Dieu est juste, et c'est une loi de sa justice publiée dans le livre de la Sagesse et justifiée par toute sa conduite sur les impies, que quiconque pèche contre lui soit puni par les choses qui l'ont fait pécher : *Per quæ peccat quis*, *per hæc et torquetur*[1]. Il a fait la créature raisonnable, de telle sorte que se cherchant elle-même, elle seroit elle-même sa peine, et trouveroit son supplice où elle a trouvé la cause de son erreur. L'homme donc étant devenu pécheur en se cherchant soi-même, il est devenu malheureux en se trouvant : Dieu lui a soustrait ses dons, et ne lui a laissé que le fond de l'être, pour être l'objet de sa justice et le sujet sur lequel il exerceroit sa vengeance. Il n'est plus demeuré à l'homme que ce qu'il peut avoir sans Dieu : c'est-à-dire l'erreur, le mensonge, l'illusion, le péché, le désordre de ses passions, sa propre révolte contre la raison, la tromperie de son espérance, les horreurs de son désespoir affreux, des colères, des jalousies, des aigreurs envenimées contre ceux qui le troublent dans le bien particulier qu'il a préféré au bien général, que personne ne nous peut ôter que nous-mêmes et qui seul suffit à tous.

Voilà donc dans nos passions et dans notre ignorance, et le péché et à la fois la peine du péché; et non-seulement au premier abord le commencement, mais encore dans la suite la consommation de l'enfer. Car c'est de là que naissent ces rages, ces désespoirs, ce ver dévorant qui ronge la conscience, et enfin ce pleur éternel dans les flammes qui ne s'éteignent jamais. Elles sortent du fond de notre crime : « Je tirerai, dit le saint prophète, un feu du milieu de toi pour te dévorer : » *Producam ignem de medio tui qui comedat te*[2]. Ce sont nos péchés qui allument le feu de la vengeance divine, d'où sort le feu dévorant qui pénètre l'ame par l'impression d'une vive et insupportable douleur. Voilà ce que produit l'amour de nous-mêmes : voilà comme il fait d'abord notre péché et ensuite notre supplice.

CHAPITRE XII.

Opposition de l'amour de Dieu et de l'amour-propre.

Les contraires se connoissent l'un par l'autre. L'injustice de l'amour-propre se connoît par la justice de la charité, dont

[1] *Sapient.*, XI, 17. — [2] *Ezech.*, XXVIII, 18.

l'amour-propre est l'éloignement et la privation. Saint Augustin les définit toutes deux en cette sorte : « La charité, dit ce saint, c'est l'amour de Dieu jusqu'au mépris de soi-même ; » et au contraire « la cupidité est l'amour de soi-même jusqu'au mépris de Dieu [1]. » Quand on dit que l'amour de Dieu va jusqu'au mépris de soi-même, on entend jusqu'au mépris de soi-même par rapport à Dieu et en se comparant à lui : et en ce sens douter qu'on se puisse mépriser soi-même, ce seroit douter des premiers principes de la raison et de la justice. Le mépris est opposé à l'estime. Mais que peut-on estimer à comparaison de Dieu, ou que lui peut-on comparer, puisqu'il est « celui qui est [2] » et le reste n'est rien devant lui? Ce qui fait dire au prophète : « Les nations devant Dieu ne sont qu'une goutte d'eau et comme un petit grain dans une balance, et les plus vastes contrées ne sont qu'un peu de poussière [3]. » On ne peut rien de plus vil : et cependant l'Ecriture n'est pas contente de cette expression, et la trouve encore trop forte pour la créature. Elle en vient donc, pour parler avec une entière justesse et précision, à cette sentence : « Toutes les nations devant Dieu sont comme n'étant pas, et il les estime comme un néant [4]. »

En voulez-vous davantage? Ce n'est pas d'un homme qu'il parle en particulier ; c'est de toute une nation, auprès de laquelle un seul homme n'est rien : mais toute cette nation n'est elle-même qu'une goutte d'eau, qu'un petit grain, qu'un vil amas de poussière : et non-seulement une nation n'est que cela, mais toutes les nations sont encore moins : elles ne sont qu'un néant. Plus il entasse de choses ensemble, plus il déprise ce qu'il entasse avec tant de soin : une nation n'est qu'une goutte d'eau : mais toutes les nations que seront-elles? Quelque chose de plus peut-être? Point du tout : plus vous mettez ensemble d'êtres créés, plus le néant y paroît.

Il ne faut donc pas s'étonner que l'amour de Dieu aille jusqu'au mépris de soi-même : on ne peut pas se mépriser davantage, que de se considérer comme un néant : c'est donc la justice d'être un

---

[1] *De Civit. Dei*, lib. XIV, cap. XXVIII. — [2] *Exod.* III, 14. — [3] *Isa.*, XL, 15. — [4] *Ibid.*, 17.

néant devant Dieu, et d'avoir pour soi-même le dernier mépris. Il n'y a qu'à dire avec saint Michel : « Qui est comme Dieu ? » Qui mérite de lui être comparé, ou d'être nommé devant sa face ? Il est « celui qui est, » et la plénitude de l'être est en lui. Multipliez les créatures, et augmentez-en les perfections de plus en plus jusqu'à l'infini ; ce ne sera toujours, à les regarder en elles-mêmes, qu'un non-être. Et que sert d'amasser beaucoup de non-être ? de tout cela en fera-t-on autre chose qu'un non-être ? Rien autre chose sans doute. O homme, aime donc Dieu comme celui qui est seul ; et porte l'amour de Dieu jusqu'à te mépriser comme un néant.

Mais au lieu de pousser, comme il devoit, l'amour de Dieu jusqu'au mépris de soi-même, il a poussé l'amour de soi-même jusqu'au mépris de Dieu : il a suivi sa volonté propre jusqu'à oublier celle de Dieu, jusqu'à ne s'en soucier en aucune sorte, jusqu'à passer outre malgré elle et à vouloir agir et se contenter indépendamment de Dieu, et ne s'arrêter non plus à sa défense que s'il n'étoit pas. Ainsi c'est le néant qui compte pour rien celui qui est, et qui au lieu de se mépriser soi-même pour l'amour de Dieu, qui étoit la souveraine justice, sacrifie la gloire et la grandeur de Dieu, qui seul possède l'être, à la propre satisfaction de soi-même, quoiqu'il ne soit qu'un néant ; qui est le comble de l'injustice et de l'égarement.

CHAPITRE XIII.

Combien l'amour-propre rend l'homme foible.

Celui qui compte Dieu pour rien, ajoute à son néant naturel celui de son injustice et de son égarement. Ce n'est pas Dieu qu'il dégrade, mais lui-même. Il n'ôte rien à Dieu ; mais il s'ôte à lui-même son appui, sa lumière, sa force et la source de tout son bien ; et devient aveugle, ignorant, foible, impuissant, injuste, mauvais, captif du plaisir, ennemi de la vérité. Celui qui recherche quelque chose, non à cause de ce qu'elle est, mais à cause qu'elle lui plaît, n'a point la vérité pour objet. Avant qu'il y ait aucune chose qui plaise ou qui déplaise à nos sens, il y a une vérité qui est naturellement la nourriture de notre esprit. Cette vérité est notre règle : c'est par là que nos désirs doivent être réglés, et non par notre plaisir. Car la vérité qui fait pour ainsi dire le plaisir de Dieu, c'est Dieu même; et ce qui fait notre plaisir, c'est nous-mêmes qui nous préférons à Dieu. Hélas! nous ne pouvons rien depuis que nous avons compté Dieu pour rien, en transgressant sa loi et agissant comme si elle n'étoit pas. C'est ce qu'ont fait nos premiers parens : c'est le vice héréditaire de notre nature. Le démon nous dit comme à eux : Pourquoi Dieu vous a-t-il défendu ce fruit, qui est si beau à la vue et si doux au goût? *Cur præcepit vobis Deus* [1]? Depuis ce temps le plaisir a tout pouvoir sur nous, et la moindre flatterie des sens prévaut à l'autorité de la vérité.

CHAPITRE XIV.

Ce que l'orgueil ajoute à l'amour-propre.

Toute ame attachée à elle-même et corrompue par son amour-propre, est en quelque sorte superbe et rebelle, puisqu'elle transgresse la loi de Dieu. Mais lorsqu'on la transgresse, ou parce qu'on est abattu par la douleur, comme ceux qui succombent dans les maux; ou parce qu'on ne peut résister à l'attrait trop violent du plaisir des sens, c'est foiblesse plutôt qu'orgueil. L'orgueil dont nous parlons consiste dans une certaine fausse force, qui rend l'ame indocile et fière, ennemie de toute contrainte, et qui par un amour excessif de sa liberté le fait aspirer à une espèce d'indépendance : ce qui est cause qu'elle trouve un certain plaisir particulier à désobéir, et que la défense l'irrite. C'est cette funeste disposition que saint Paul explique par ces mots : « Le péché m'a trompé par la loi, et par elle m'a donné la mort [2] : » c'est-à-dire, comme l'explique saint Augustin [3], le péché m'a trompé par une

[1] *Genes.*, III, 1. — [2] *Rom.*, VII, 11. — [3] *De Div. quæst. ad Simplic.*, lib. I, n. 5 et seq.

fausse douceur, *falsâ dulcedine*, qu'il m'a fait trouver à transgresser la défense; et par là il m'a donné la mort, parce que par une étrange maladie de ma volonté, je me suis d'autant plus volontiers porté au plaisir, qu'il me devenoit plus doux par la défense : *Quia quantò minùs licet, tantò magis libet.* Ainsi la loi m'a doublement donné la mort, parce qu'elle a mis le comble au péché par la transgression expresse du commandement, et qu'elle a irrité le désir par le trop puissant attrait de la défense : *Incentivo prohibitionis et cumulo prævaricationis.*

La source d'un si grand mal, c'est que nous trouvons, en transgressant la défense, un certain usage de notre liberté qui nous déçoit; et qu'au lieu que la liberté véritable de la créature doit consister dans une humble soumission de sa volonté à la volonté souveraine de Dieu, nous la faisons consister dans notre volonté propre, en affectant une manière d'indépendance contraire à l'institution primitive de notre nature, qui ne peut être libre ni heureuse que sous l'empire de Dieu.

Ainsi nous nous faisons libres à la manière des animaux, qui n'ont d'autres lois que leurs désirs, parce que leurs passions sont pour eux la loi de Dieu et de la nature qui les leur inspire. Mais la créature raisonnable, qui a une autre nature et une autre loi que Dieu lui a imposée, est libre d'une autre sorte, en se soumettant volontairement à la raison souveraine de Dieu, dont la sienne est émanée. C'est donc en elle un grand vice, lorsqu'elle met son plaisir à secouer ce bienheureux joug, dont Jésus a dit : « Mon joug est léger, et mon fardeau est doux[1]; » et qu'elle se fait libre comme un animal insensé, conformément à cette parole : « L'homme vain est emporté par son orgueil, et se croit né libre à la manière d'un jeune animal fougueux[2]. »

A cet orgueil qui vient d'une liberté indocile et irraisonnable, il en faut joindre encore un autre, qui est celui que saint Jean nous veut faire entendre particulièrement en cet endroit; qui est dans l'ame un certain amour de sa propre grandeur, fondée sur une opinion de son excellence propre : qui est le vice le plus inhérent, et ensemble le plus dangereux de la créature raisonnable.

[1] *Matth.*, XI, 30. — [2] *Job*, XI, 12.

CHAPITRE XV.

Description de la chute de l'homme, qui consiste principalement dans son orgueil.

On ne comprendra jamais la chute de l'homme, sans entendre la situation de l'ame raisonnable, et le rang qu'elle tient naturellement entre les choses qu'on appelle biens.

Il y a donc premièrement le bien suprême qui est Dieu, autour duquel sont occupées toutes les vertus, et où se trouve la félicité de la nature raisonnable. Il y a en dernier lieu les biens inférieurs, qui sont les objets sensibles et matériels, dont l'ame raisonnable peut être touchée. Elle tient elle-même le milieu entre ces deux sortes de biens pouvant par son libre arbitre s'élever aux uns ou se rabaisser vers les autres, et faisant par ce moyen comme un état mitoyen entre tout ce qui est bon.

Elle est donc par son état le plus excellent de tous les biens après Dieu; infiniment au-dessous de lui et de beaucoup au-dessus de tous les objets sensibles, auxquels elle ne peut s'attacher en se détachant de Dieu, sans faire une chute affreuse. Mais afin qu'elle tombe si bas, il faut nécessairement qu'elle passe, pour ainsi parler, par le milieu qui est elle-même; et c'est là sans difficulté sa première attache. Car ne trouvant au-dessous de Dieu, auquel elle doit s'unir et y trouver sa félicité, rien qui soit plus excellent qu'elle-même qui est faite à son image; c'est là premièrement qu'elle tombe : et saint Augustin a dit très-véritablement que « l'homme en tombant d'en haut et en déchéant de Dieu, tombe premièrement sur lui-même[1]. » C'est donc là que perdant sa force, il tombe de nécessité encore plus bas : et de lui-même où il ne lui est pas possible de s'arrêter, ses désirs se dispersent parmi les objets sensibles et inférieurs, dont il devient le captif. Car le devenant de son corps, qu'il trouve lui-même assujetti aux choses extérieures et inférieures, il en est lui-même dépendant et contraint de mendier dans ces objets les plaisirs qui en reviennent à ses sens.

[1] *De Civit. Dei*, lib. XIV, cap. XIII et seq.

Voilà donc la chute de l'homme tout entière. Semblable à une eau qui d'une haute montagne coule premièrement sur un haut rocher, où elle se disperse pour ainsi parler jusqu'à l'infini, et se précipite jusqu'au plus profond des abîmes ; l'ame raisonnable tombe de Dieu sur elle-même, et se trouve précipitée à ce qu'il y a de plus bas.

Voilà une image véritable de la chute de notre nature. Nous en sentons le dernier effet dans ce corps qui nous accable, et dans les plaisirs des sens qui nous captivent. Nous nous trouvons au-dessous de tout cela, et vraiment esclaves de la nature corporelle, nous qui étions nés pour la commander. Telle est donc l'extrémité de notre chute : mais il a fallu auparavant tomber sur nous-mêmes : car comme cette eau qui tombe premièrement sur ce rocher, le cave à l'endroit de sa chute et y fait une impression profonde : ainsi l'ame tombant sur elle-même, fait aussi en elle-même une première et profonde plaie, qui consiste dans l'impression de son excellence propre, de sa grandeur propre, voulant toujours se persuader qu'elle est quelque chose d'admirable, se repaissant de la vue de sa propre perfection, qu'elle veut toujours concevoir extraordinaire, et ne voyant rien autour d'elle qu'elle ne veuille s'assujettir ; d'où vient l'ambition, la domination, l'injustice, la jalousie : ni rien en elle-même qu'elle ne veuille s'attribuer comme sien ; d'où vient la présomption de ses propres forces : et c'est en tout cela qu'il faut reconnoître la naissance de ce qui s'appelle orgueil.

CHAPITRE XVI.

Les effets de l'orgueil sont distribués en deux principaux : il est traité du premier.

Par là donc nous concevons que l'orgueil, c'est-à-dire comme nous l'avons défini, l'amour et l'opinion de sa grandeur propre, a deux effets principaux, dont l'un est de vouloir en tout exceller au-dessus des autres, l'autre est de s'attribuer à soi-même sa propre excellence.

Quant au premier effet, on pourroit croire qu'il ne se trouve que dans les gens savans ou riches; et qu'il n'est guère dans le bas peuple accoutumé au travail, à la pauvreté et à la dépendance. Mais ceux qui regardent les choses de plus près, voient que ce vice règne dans tous les états jusqu'au plus bas. Il n'y a qu'à voir la peine qu'on a à réconcilier les esprits dans les conditions les plus viles, lorsqu'il s'élève des querelles ou des procès pour cause d'injures. On trouve les cœurs ulcérés jusqu'au fond et disposés à pousser la vengeance, qui est le triomphe de l'orgueil, jusqu'à la dernière extrémité. Ceux qui voient tous les jours les emportemens des paysans pour des bancs dans leurs paroisses, et qui les entendent porter leur ressentiment jusqu'à dire qu'ils n'iront plus à l'église si on ne les satisfait, sans écouter aucune raison ni céder à aucune autorité, ne reconnoissent que trop dans ces ames basses la plaie de l'orgueil et le même fond qui allume les guerres parmi les peuples et pousse les ambitieux à tout remuer pour se faire distinguer des autres. Il ne faut pas beaucoup étudier les dispositions de ceux qui dominent dans leurs paroisses, et qui s'y donnent une primauté et un ascendant sur leurs compagnons, pour reconnoître que l'orgueil et le désir d'exceller les transporte avec la même force et plus de brutalité que les autres hommes.

Et pour passer des ames les plus grossières aux plus épurées, combien a-t-il fallu prendre de précautions pour empêcher dans les élections, même ecclésiastiques et religieuses, l'ambition, les cabales, les brigues, les secrètes sollicitations, les promesses et les pratiques les plus criminelles, les pactes simoniaques et toutes les autres ordures trop connues en cette matière, sans qu'on se puisse vanter d'avoir peut-être fait autre chose que de couvrir ou pallier ces vices, loin de les avoir entièrement déracinés? Malheur donc, malheur à la terre infectée de tous côtés par le venin de l'orgueil!

Ecoutons saint Paul, qui nous en remarque les fruits par ces paroles : « Les fruits de la chair, » dit-il [1], et sous ce nom il comprend l'orgueil, « sont les inimitiés, les disputes, les jalousies, les colères, les querelles, » sous lesquelles il faut comprendre les

[1] *Galat.*, v, 19.

guerres, « les dissensions, » les schismes, les hérésies, « les sectes, l'envie, les meurtres » (dont la vengeance, fille de l'orgueil, cause la plus grande partie), « les médisances » (où l'on enfonce jusqu'au vif une dent aussi venimeuse que celle des vipères, dans la réputation qui est une seconde vie du prochain) : ces pestes du genre humain, qui couvrent toute la face de la terre, « sont autant d'enfans » de l'orgueil, autant de branches sorties de cette racine empoisonnée.

Arrêtons-nous un moment sur chacun de ces vices, que saint Paul ne fait que nommer ; et nous verrons combien s'étend l'empire de l'orgueil. On en voit les derniers excès dans les guerres, dans tout leur appareil sanguinaire, dans tous leurs funestes effets, c'est-à-dire dans tous les ravages et dans toutes les désolations qu'elles causent dans le genre humain, puisque dans tout cela il ne s'agit que d'assouvir le désir de domination et la gloire dont les premières têtes du genre humain sont enivrées. Les sectes et les hérésies font encore mieux voir cet esprit d'orgueil, puisque c'est là uniquement ce qui anime ceux qui, pour se faire un nom parmi les hommes, les arrachent à Dieu, à Jésus-Christ, à son Eglise, pour se faire des disciples qui portent le leur. Et si nous voulons entendre la malignité de l'orgueil dans des vices plus communs, il ne faut que s'attacher un moment à l'envie et à sa fille la médisance, pour voir tous les hommes pleins de venin et de haine mutuelle, qui fait changer la langue en arme offensive, plus tranchante qu'une épée et portant plus loin qu'une flèche, pour désoler tout ce qui se présente. Tout cela vient de ce que chacun épris de soi-même, veut tout mettre à ses pieds, et s'établir une damnable supériorité, en dénigrant tout le genre humain. Voilà le premier effet de l'orgueil, et ce qu'il fait paroître au dehors.

Il entre dans toutes les passions, et donne aux autres concupiscences plus grossières et plus charnelles, je ne sais quoi qui les pousse à l'extrémité. Voyez-moi cette femme dans sa superbe beauté, dans son ostentation, dans sa parure. Elle veut vaincre, elle veut être adorée comme une déesse du genre humain. Mais elle se rend premièrement elle-même cette adoration ; elle est elle-même son idole ; et c'est après s'être adorée et admirée elle-même, qu'elle veut tout soumettre à son empire. Jézabel vaincue et prise, s'imagine encore désarmer son vainqueur, en se montrant par ses fenêtres avec son fard. Une Cléopâtre croit porter dans ses yeux et sur son visage de quoi abattre à ses pieds les conquérans; et accoutumée à de semblables victoires, elle ne trouve plus de secours que dans la mort quand elles lui manquent. Tous les siècles portent de ces fameuses beautés, que le Sage nous décrit par ces paroles : « Elle a renversé un nombre infini de gens percés de ses traits : toutes ses blessures sont mortelles, et les plus forts sont tombés sous ses coups : » *Multos vulneratos dejecit, et fortissimi quique interfecti sunt ab eâ*[1]. Ainsi la gloire se mêle dans la concupiscence de la chair. Les hommes, comme les femmes, se piquent d'être vainqueurs. « C'est un opprobre parmi les Assyriens, si une femme se moque d'un homme en se sauvant de ses mains[2]. »

Quelle nation n'est pas assyrienne de ce côté-là? Où ne se glorifie-t-on pas de ces damnables victoires? Où ne célèbre-t-on pas ces insignes corrupteurs de la pudeur, qui font gloire de tendre des piéges si sûrs, que nulle vertu n'échappe à leurs mains impures? La gloire se mêle donc dans les désirs sensuels; et on imagine une certaine excellence, d'un côté à se faire désirer, et de l'autre à corrompre, ou, comme parle l'Ecriture, à humilier un sexe infirme.

CHAPITRE XVII.

Foiblesse orgueilleuse d'un homme qui aime les louanges, comparée avec celle d'une femme qui veut se croire belle.

Mon Dieu, que je considère un peu de temps sous vos yeux la foiblesse de l'orgueil, et la vaine délectation des louanges où il nous engage. Qu'est-ce, ô Seigneur, que la louange, sinon l'expression d'un bon jugement que les hommes font de nous? et si ce jugement et cette expression s'étendent beaucoup parmi les hommes, c'est ce qui s'appelle la gloire; c'est-à-dire une louange

[1] *Prov.*, VII, 26. — [2] *Judith*, XII, 11.

célèbre et publique. Mais, Seigneur, si ces louanges sont fausses ou injustes, quelle est mon erreur de m'y plaire tant? Et si elles sont véritables, d'où me vient cette autre erreur, de me délecter moins de la vérité que du témoignage que lui rendent les hommes? Est-ce que me défiant de mon jugement, je veux être fortifié dans l'estime que j'ai de moi-même par le témoignage des autres, et s'il se peut, de tout le genre humain? Quoi! la vérité m'est-elle si peu connue, que je veuille l'aller chercher dans l'opinion d'autrui? Ou bien est-ce que connoissant trop mes foiblesses et mes défauts, dont ma conscience est le premier et inévitable témoin, j'aime mieux me voir, comme dans un miroir flatteur, dans le témoignage de ceux à qui je les cache avec tant de soin? Quelle foiblesse pareille!

Voyez cette femme amoureuse de sa fragile beauté, qui se fait à elle-même un miroir trompeur, où elle répare sa maigreur extrême et rétablit ses traits effacés; ou qui fait peindre dans un tableau trompeur ce qu'elle n'est plus, et s'imagine reprendre ce que les ans lui ont ôté. Telle est donc la séduction, telle est la foiblesse de la louange, de la réputation, de la gloire. La gloire ordinairement n'est qu'un miroir où l'on fait paroître le faux avec un certain éclat. Qu'est-ce que la gloire d'un César ou d'un Alexandre; de ces deux idoles du monde, que tous les hommes semblent encore s'efforcer de porter par leur louange et leur admiration au faîte des choses humaines : qu'est-ce, dis-je, que leur gloire, si ce n'est un amas confus de fausses vertus et de vices éclatans, qui, soutenus par des actions pleines d'une vigueur mal entendue, puisqu'elle n'aboutissoit qu'à des injustices, ou en tout cas à des choses périssables, ont imposé au genre humain et ont même ébloui les sages du monde, qui sont engagés dans de semblables erreurs et transportés par de semblables passions? Vanité des vanités, et tout est vanité : et plus l'orgueil s'imagine avoir donné dans le solide, plus il est vain et trompeur.

Mais enfin mettons la louange avec la vertu et la vérité, comme elle y doit être naturellement : quelle erreur de ne pouvoir estimer la vertu sans la louange des hommes! La vertu est-elle si peu considérable par elle-même? Les yeux de Dieu sont-ce si peu de chose pour un vertueux? Et qui donc les estimera, si les sages ne s'en contentent pas? Et toutefois je vois un saint Augustin [1], un si grand homme, un homme si humble, un homme si persuadé qu'on ne doit aimer la louange que comme un bien de celui qui loue, dont le bonheur est de connoître la vérité et de faire justice à la vertu : je vois, dis-je, un si saint homme, qui s'examinant lui-même sous les yeux de Dieu, se tourmente pour ainsi dire à rechercher s'il n'aime point les louanges pour lui-même plutôt que pour ceux qui les lui donnent; s'il ne veut point être aimé des hommes pour d'autre motif que pour celui de leur profiter; et en un mot, s'il n'est point plutôt un superbe qu'un vertueux : tant l'orgueil est un mal caché; tant il est inhérent à nos entrailles; tant l'appât en est subtil et imperceptible; et tant il est vrai que les humbles ont à craindre jusqu'à la mort quelque mélange d'orgueil, quelque contagion d'un vice qu'on respire avec l'air du monde et dont on porte en soi-même la racine.

CHAPITRE XVIII.

Un bel esprit, un philosophe.

Parlons d'une autre espèce d'orgueil, c'est-à-dire d'une autre espèce de foiblesse. On en voit qui passent leur vie à tourner un vers, à arrondir une période; en un mot à rendre agréables des choses non-seulement inutiles, mais encore dangereuses, comme à chanter un amour feint ou agréable, et à remplir l'univers des folies de leur jeunesse égarée. Aveugles admirateurs de leurs ouvrages, ils ne peuvent souffrir ceux des autres; ils tâchent parmi les grands, dont ils flattent les erreurs et les foiblesses, de gagner des suffrages pour leurs vers. S'ils remportent ou qu'ils s'imaginent remporter l'applaudissement du public, enflés de ce succès ou vain ou imaginaire, ils apprennent à mettre leur félicité dans des voix confuses, dans un bruit qui se fait dans l'air; et prennent rang parmi ceux à qui le prophète adresse ce reproche : « Vous

[1] S. August. *Confess.*, lib. X, cap. XXXVII et seq., n. 60 et seq.

qui vous réjouissez dans le néant[1]. » Que si quelque critique vient à leurs oreilles, avec un dédain apparent et une douleur véritable, ils se font justice à eux-mêmes : de peur de les affliger, il faut bien qu'une troupe d'amis flatteurs prononce pour eux et les assure du public. Attentifs à son jugement où le goût, c'est-à-dire ordinairement la fantaisie et l'humeur, a plus de part que la raison, ils ne songent pas à ce sévère jugement où la vérité condamnera l'inutilité de leur vie; la vanité de leurs travaux, la bassesse de leurs flatteries et à la fois le venin de leurs mordantes satyres ou de leurs épigrammes piquantes, plus que tout cela les douceurs et les agrémens qu'ils auront versés sur le poison de leurs écrits, ennemis de la piété et de la pudeur. Si leur siècle ne leur paroît pas assez favorable à leurs folies, ils attendront la justice de la postérité, c'est-à-dire qu'ils trouveront beau et heureux d'être loués parmi les hommes pour des ouvrages que leur conscience aura condamnés avec Dieu même, et qui auront allumé autour d'eux un feu vengeur. O tromperie! ô aveuglement! ô vain triomphe de l'orgueil !

Une autre espèce d'orgueilleux, les philosophes condamnent ces vains écrits. Il n'y a rien en apparence de plus grave, ni de plus vrai que le jugement qu'un Socrate, un Platon, d'autres philosophes à leur exemple portent des écrits des poëtes. Ils n'ont, disent-ils, c'est le discours de Platon, aucun égard à la vérité : pourvu qu'ils disent des choses qui plaisent, ils sont contens : c'est pourquoi on trouvera dans leurs vers le pour et le contre : des sentences admirables pour la vertu et contre elle : les vices y seront blâmés et loués également; et pourvu qu'ils le fassent en de beaux vers, leur ouvrage est accompli. On trouvera dans ce philosophe un recueil de vers d'Homère pour et contre la vérité et la vertu : le poëte ne paroît pas se soucier de ce qu'on suivra; et pourvu qu'il arrache à son lecteur le témoignage que son oreille a été agréablement flattée, il croit avoir satisfait aux règles de son art : comme un peintre, qui sans se mettre en peine d'avoir peint des objets qui portent au vice ou qui représentent la vertu, croit avoir accompli ce qu'on attend de son pinceau, lorsqu'il a parfai-

---

[1] *Amos*, VI, 14.

tement imité la nature. C'est pourquoi, ceci est encore le raisonnement de Platon, sous le nom de Socrate, lorsqu'on trouve dans les poëtes de grandes et admirables sentences, on n'a qu'à approfondir et à les faire raisonner dessus, on trouvera qu'ils ne les entendent pas : Pourquoi, dit ce philosophe? Parce que songeant seulement à plaire, ils ne se sont mis en aucune peine de chercher la vérité.

Ainsi voit-on dans Virgile le vrai et le faux également étalés. Il trouve à propos de décrire dans son *Enéide* l'opinion de Platon sur la pensée et l'intelligence qui anime le monde; il le fera en vers magnifiques : s'il plaît à sa verve poétique et au feu qui en anime les mouvemens, de décrire le concours d'atomes qui assemble fortuitement les premiers principes des terres, des mers, des airs et du feu, et d'en faire sortir l'univers, sans qu'on ait besoin pour les arranger, du secours d'une main divine, il sera aussi bon épicurien dans une de ses églogues que bon platonicien dans son poëme héroïque. Il a contenté l'oreille; il a étalé le beau tour de son esprit, le beau son de ses vers, et la vivacité de ses expressions : c'est assez à la poésie : il ne croit pas que la vérité lui soit nécessaire.

Les poëtes et les beaux esprits chrétiens prennent le même esprit : la religion n'entre non plus dans le dessein et dans la composition de leurs ouvrages que dans ceux des païens : celui-là s'est mis dans l'esprit de blâmer les femmes : il ne se met point en peine s'il condamne le mariage, et s'il en éloigne ceux à qui il a été donné comme un remède : pourvu qu'avec de beaux vers il sacrifie la pudeur des femmes à son humeur satyrique, et qu'il fasse de belles peintures d'actions bien souvent très-laides, il est content. Un autre croira fort beau de mépriser l'homme dans ses vanités et ses airs; il plaidera contre lui la cause des bêtes, et attaquera en forme jusqu'à la raison, sans songer qu'il déprise l'image de Dieu dont les restes sont encore si vivement empreints dans notre chute, et qui sont si heureusement renouvelés par notre régénération. Ces grandes vérités ne lui sont de rien; au contraire, il les cache de dessein formé à ses lecteurs, parce qu'elles romproient le cours de ses fausses et dangereuses plaisanteries : tant on s'éloigne de la vérité quand on cultive les arts à qui la coutume et l'erreur ne donnent dans la pratique d'autre objet que le plaisir.

Un philosophe blâme ces arts, et les bannit de sa république avec des couronnes sur la tête et une branche de laurier dans sa main. Mais ce philosophe est-il lui-même plus sérieux, lui qui ayant connu Dieu ne le connoît pas pour Dieu, qui n'ose annoncer au peuple la plus importante des vérités, qui adore avec lui des idoles et sacrifie la vérité à la coutume? Il en est de même des autres qui enflés de leur vaine philosophie, parce qu'ils seront ou physiciens ou géomètres, ou astronomes, croiront exceller en tout et soumettront à leur jugement les oracles que Dieu envoie au monde pour le redresser : la simplicité de l'Ecriture causera un dégoût extrême à leur esprit préoccupé; et autant qu'ils sembleront s'approcher de Dieu par l'intelligence, autant s'en éloigneront-ils par leur orgueil : *Quantùm propinquaverunt intelligentiâ, tantùm superbiâ recesserunt,* dit saint Augustin [1]. Voilà ce que fait dans l'homme la philosophie, quand elle n'est pas soumise à la sagesse de Dieu : elle n'engendre que des superbes et des incrédules.

CHAPITRE XIX.

De la gloire : merveilleuse manière dont Dieu punit l'orgueil, en lui donnant ce qu'il demande.

Mon Dieu, que vous punissez d'une merveilleuse manière l'orgueil des hommes! La gloire est le souverain bien qu'ils se proposent : et vous, Seigneur, comment les punissez-vous? En leur ôtant cette gloire dont ils sont avides? Quelquefois : car vous en êtes le maître, et vous la donnez ou l'ôtez comme il vous plaît, selon que vous tournez l'esprit des hommes. Mais pour montrer combien elle est, non-seulement vaine, mais encore trompeuse et malheureuse, vous la donnez très-souvent à ceux qui la demandent, et vous en faites leur supplice.

Que désiroit ce grand conquérant qui renversa le trône le plus

---

[1] S. August. *Serm.* CXLI, n. 2. et alibi.

auguste de l'Asie et de tout le monde, sinon de faire parler de lui, c'est-à-dire d'avoir une grande gloire parmi les hommes? « Que de peine, disoit-il, il se faut donner pour faire parler les Athéniens! Lui-même il reconnoissoit la vanité de la gloire qu'il recherchoit avec tant d'ardeur; mais il y étoit entraîné par une espèce de manie, dont il n'étoit pas le maître. Et que fait Dieu pour le punir, sinon de le livrer à l'illusion de son cœur, et de lui donner cette gloire dont la soif le tourmentoit avec encore plus d'abondance qu'il n'en pouvoit imaginer? Ce ne sont pas seulement les Athéniens qui parlent de lui : tout le monde est entré dans sa passion, et l'univers étonné lui a donné plus de gloire qu'il n'en avoit osé espérer. Son nom est grand en Orient comme en Occident, et les Barbares l'ont admiré comme les Grecs. Loin de refuser la gloire à son ambition, Dieu l'en a comblé; il l'en a rassasié pour ainsi parler jusqu'à la gorge; il l'en a enivré; et il en a bu plus que sa tête n'étoit capable d'en porter. O Dieu, quel bien est celui que vous prodiguez aux hommes que vous avez livrés à eux-mêmes, et que vous avez repoussés de votre royaume! Et pour la gloire du bel esprit, qui peut espérer d'en avoir autant, et durant sa vie et après sa mort, qu'un Homère, qu'un Théocrite, qu'un Anacréon, qu'un Cicéron, qu'un Horace, qu'un Virgile? On leur a rendu des honneurs extraordinaires pendant qu'ils étoient au monde, et la postérité en a fait ses modèles et presque ses idoles. La folie de les louer a été poussée jusqu'à leur dresser des temples : ceux qui n'ont pas été jusque-là n'ont pas laissé de les adorer à leur mode, comme des esprits divins et au-dessus de l'humanité. Et qu'avez-vous prononcé dans votre Evangile de cette gloire qu'ils ont reçue, et reçoivent continuellement dans la bouche de tous les hommes? « Je vous le dis en vérité, ils ont reçu leur récompense [1]. »

O vérité, ô justice et sagesse éternelle, qui pesez tout dans votre balance et donnez le prix à tout le bien, pour petit qu'il soit, vous avez préparé une récompense convenable à cette telle quelle industrie qui paroît dans les actions de ceux qu'on nomme héros, et dans les écrits de ceux qu'on nomme les grands auteurs! Vous

---

[1] *Matth.*, VI, 2.

les avez récompensés et punis tout ensemble : vous les avez repus de vent : enflés par la gloire, vous les en avez pour ainsi dire crevés. Combien ces grands auteurs ont-ils donné la gêne à leur esprit, pour arranger leurs paroles et composer leurs poëmes? Celui-là étonné lui-même du long et furieux travail de son *Enéide*, dont tout le but après tout étoit de flatter le peuple régnant et la famille régnante, avoue dans une lettre qu'il s'est engagé dans cet ouvrage par une espèce de manie, *penè vitio mentis*. Leur conscience leur reprochoit qu'ils se donnoient beaucoup de peine pour rien, puisque ce n'étoit après tout que pour se faire louer.

Que d'étude, que d'application, que de curieuses recherches, que d'exactitude, que de savoir, que de philosophie, que d'esprit faut-il sacrifier à cette vanité ! Dieu la condamne et à la fois il la contente, pour laisser aux hommes un monument éternel du mépris qu'il fait de cette gloire si désirée par des gens qui ne le connoissent pas; il leur en donne plus qu'ils n'en veulent. Ainsi, dit saint Augustin, ces conquérans, ces héros, ces idoles du monde trompé, en un mot ces grands hommes de toutes les sortes, tant renommés dans le genre humain, sont élevés au plus haut degré de réputation où l'on puisse parvenir parmi les hommes; et vains ils ont reçu une récompense aussi vaine que leurs desseins : *Perceperunt mercedem suam, vani vanam*[1].

CHAPITRE XX.

Erreur encore plus grande de ceux qui tournent à leur propre gloire les œuvres qui appartiennent à la véritable vertu.

Ce ne sont pas là toutefois ceux que la gloire trompe le plus. Plus vains encore et plus déçus par leur orgueil sont ceux qui sacrifient à la gloire, non des choses vaines, mais les propres œuvres que la vertu devoit produire. Tels sont « ceux qui font leurs bonnes œuvres pour être glorifiés des hommes : qui sonnent de la trompette devant eux-mêmes quand ils font l'aumône : qui

[1] S. August., *in Psal.* CXVIII, Serm. XII, n. 2.

affectent de prier dans les coins des rues et d'attrouper le monde autour d'eux : qui veulent rendre leurs jeûnes publics et veulent les faire paroître dans la pâleur de leur visage [1]. »

Ceux qui parmi les païens, ou parmi les Juifs, ou même par le dernier des aveuglemens parmi les chrétiens, ont été justes, équitables, tempérans, clémens, pour se faire admirer des hommes, sont de ce rang. Et tous « ils ont reçu leur récompense ; » et ils sont beaucoup plus punis que ceux qui mettent la gloire dans des choses vaines. Car plus les œuvres qu'ils étalent sont solides par elles-mêmes; plus est-il indigne et injuste de les sacrifier à l'orgueil, et de tenir la vertu si peu de chose, qu'on ne daigne la rechercher que pour en être loué par les hommes, comme si Dieu ne lui suffisoit pas.

CHAPITRE XXI.

Ceux qui dans la pratique des vertus ne cherchent point la gloire du monde, mais se font eux-mêmes leur gloire, sont plus trompés que les autres.

Mais, ô mon Dieu, ô éternelle Vérité, qui illuminez tout homme venant au monde, vous me découvrez dans votre lumière une autre plus dangereuse séduction et déception de l'esprit humain dans ceux qui s'élevant, à ce qui leur semble, au-dessus des louanges humaines, s'admirent eux-mêmes en secret, se font eux-mêmes leur dieu et leur idole, en se repaissant de l'idée de leur vertu, qu'ils regardent comme le fruit de leur propre travail, et qu'ils croient en un mot se donner eux-mêmes !

Tels étoient ceux qui disoient parmi les païens : « Que Dieu me donne la beauté et les richesses; pour moi je me donnerai la vertu et un esprit équitable et toujours égal ; » et qui par là même s'élevoient en quelque façon au-dessus de leur Dieu, « parce qu'il étoit, disoient-ils, sage et vertueux par sa nature, et qu'ils l'étoient eux par leur industrie. » Et ils croyoient dans cette pensée se mettre au-dessus des hommes et de leurs louanges : comme si

---

[1] *Matth.*, XXIII, 5; VI, 2, 5, 16.

eux-mêmes, qui se louoient et s'admiroient en cette sorte, étoient autre chose que des hommes et les louanges qu'ils se donnoient secrètement autre chose que des louanges humaines, ou que tout cela fût autre chose que de servir la créature plutôt que le Créateur, puisqu'eux-mêmes bien certainement ils étoient des créatures, et des créatures d'autant plus foibles et d'autant plus livrées à l'orgueil, que leur orgueil paroissoit plus indépendant et plus épuré; lorsqu'affranchis, s'ils l'étoient, du joug de la dépendance des opinions et des louanges des autres, ils faisoient leur félicité et l'objet unique de leur admiration d'eux-mêmes et de leurs vertus, qu'ils regardoient comme leur ouvrage et en même temps comme le plus bel ouvrage de la raison.

O Dieu! qu'ils étoient superbes et que leur orgueil étoit grossier, encore qu'ils prissent un tour apparemment plus délicat pour se reposer en eux-mêmes! Oh! qu'ils étoient pleins de faste et de jalousie, qu'ils étoient dédaigneux, et qu'ils méprisoient les autres hommes! Ils ne faisoient en effet que de les plaindre comme des aveugles, et de déplorer leur erreur, réservant toute leur admiration pour eux-mêmes. Tel étoit ce pharisien qui disoit à Dieu dans sa prière : « Je ne suis pas comme le reste des hommes, qui sont ravisseurs, injustes, impudiques, tel qu'est aussi ce publicain [1]. » S'il appliquoit à cet homme particulier son mépris universel pour le genre humain, c'est parce qu'il le trouva le premier devant ses yeux, et il en eût fait autant à tout autre qui se seroit présenté de même : et ce dédain étoit l'effet de l'aveugle admiration dont il étoit plein pour lui-même. Il est vrai qu'en apparence il attribuoit à Dieu les vertus dont il se croyoit revêtu, puisqu'en se mettant au-dessus du reste des hommes, il disoit à Dieu : « Je vous en rends graces [2], » et sembloit le reconnoître comme l'auteur de tout le bien qu'il louoit en lui-même. Mais s'il eût été de ceux qui disent sincèrement avec David : « Mon ame sera louée dans le Seigneur [3], » non content de lui rendre graces, il auroit connu son besoin et lui auroit fait quelque demande; il ne se seroit pas regardé comme un vertueux parfait, qui n'a pas besoin de se corriger d'aucun défaut, mais seulement de remercier de

---

[1] *Luc.*, XVIII, 11. — [2] *Ibid.* — [3] *Psal.* XXXIII, 3.

ses vertus; enfin il n'auroit pas cru que Dieu le regardât seul et l'honorât seul de ses dons.

Quand donc il disoit à Dieu : « Je vous rends graces, » c'étoit dans sa bouche une formule de prier plutôt qu'une humilité sincère dans son cœur : et qui eût pénétré le dedans de ce cœur tout à lui-même, y eût trouvé qu'en rendant graces à Dieu de ses vertus, dans un fond plus intérieur il se rendoit graces à lui-même de s'être attiré le don de Dieu, et de s'être seul rendu digne qu'il arrêtât ses yeux sur lui. Par où il retomboit nécessairement dans cette malédiction du prophète : « Maudit l'homme qui espère en l'homme, et qui se fait un bras de chair[1], » puisque lui-même qui se confioit en lui-même étoit un homme de chair, c'est-à-dire un homme foible, qui mettoit sa confiance en lui-même, en lui-même sa force et sa vertu. Et son erreur est, poursuit le prophète, de retirer son cœur de Dieu, pour l'occuper de soi-même et de sa vertu : *Maledictus homo qui confidit in homine, et ponit carnem brachium suum, et à Domino recedit cor ejus.*

CHAPITRE XXII.

Si le chrétien bien instruit des maximes de la foi, peut craindre de tomber dans cette espèce d'orgueil?

Tels étoient les pharisiens et telle étoit leur justice, pleine d'elle-même et de son propre mérite. Ils se regardoient comme les seuls dignes du don de Dieu; et de même que s'ils étoient d'une autre nature ou formés d'une autre masse et d'une autre boue que le reste des humains, ils les excluoient de sa grace, ne pouvant souffrir qu'on annonçât l'Evangile aux gentils, ni qu'on louât d'autres hommes qu'eux. C'est là donc cette fausse et abominable justice qui est détestée par saint Paul en tant d'endroits : et une telle justice, si clairement réprouvée dans l'Evangile, ne devroit point trouver de place parmi les chrétiens. Mais les hommes corrompent tout, et abusent du christianisme, comme du reste des dons

[1] *Jerem.*, XVII, 5.

de Dieu. Il s'est trouvé des hérétiques, tels qu'étoient les pélagiens, qui ont cru se devoir à eux-mêmes tout leur salut; et il s'en est trouvé d'autres qui, en ne s'en attribuant qu'une partie, ont cru avoir toute l'humilité nécessaire au christianisme et rendre à Dieu toute la gloire qui lui étoit due. Mais les véritables chrétiens, tel qu'étoit un saint Cyprien tant loué par saint Augustin pour cette sentence, ont dit qu'il « falloit donner, non une partie du salut, mais le tout à Dieu, et ne nous glorifier jamais de rien, parce que rien n'étoit à nous [1] : » et ils l'avoient pris de saint Paul, dont toute la doctrine aboutit à conclure, non que celui qui se glorifie se puisse glorifier du moins en partie en lui-même, mais qu'il ne doit nullement se glorifier en lui-même, mais en Dieu, c'est-à-dire uniquement en lui.

CHAPITRE XXIII.

Comment il arrive aux chrétiens de se glorifier en eux-mêmes.

Telle est donc la justice chrétienne, opposée à la justice judaïque et pharisaïque, que saint Paul appelle « la propre justice [2], » c'est-à-dire celle qu'on trouve en soi-même, et non pas en Dieu. On tombe dans cette fausse justice, ou par une erreur expresse, lorsqu'on croit avoir quelque chose, pour peu que ce soit, ne fût-ce qu'une petite « pensée » et le moindre de tous les désirs, « de soi-même, comme de soi-même [3], » contre la doctrine de saint Paul, ou sans erreur dans l'esprit, par une certaine attache ou complaisance du cœur. Car comme, après Dieu, il n'y a rien de plus beau ni de plus semblable à Dieu que la créature raisonnable, sanctifiée par sa grace, soumise à sa grace, pleine de ses dons, vivante selon la raison et selon Dieu, usant bien de son libre arbitre, une ame qui voit ou croit voir cette beauté en elle-même, qui sent qu'elle fait le bien et s'y attache par un amour

---

[1] S. Cypr., *Test. adversùs Judæos, ad Quirin.*, lib. III, cap. IV, edit. Baluz, pag. 305; S. August., *Contrà duas Ep. Pelag.*, lib. IV, cap. X, n. 25 et seq., et alibi. — [2] *Rom.*, X, 3. — [3] II *Cor.*, III, 5.

CHAPITRE XXIII.

sincère autant qu'elle peut, touchée d'un si beau spectacle, s'y arrête et regarde un si grand bien plutôt comme étant en soi que comme venant de Dieu : ce qui fait qu'insensiblement elle oublie que Dieu en est le principe, et se l'attribue à soi-même par un sentiment d'autant plus vraisemblable, qu'en effet elle y concourt par son libre arbitre.

C'est par son libre arbitre qu'elle croit, qu'elle espère, qu'elle aime, qu'elle consent à la grace, qu'elle la demande. Ainsi, comme ce bien qu'elle fait lui est propre en quelque façon, elle se l'approprie et se l'attribue, sans songer que tous les bons mouvemens du libre arbitre sont prévenus, préparés, dirigés, excités, conservés par une opération propre et spéciale de Dieu, qui nous fait faire de la manière qu'il sait tout le bien que nous faisons ; et nous donne le bon usage de notre propre liberté, qu'il a faite et dont il opère encore le bon exercice ; en sorte qu'il n'y a rien de ce qui dépend le plus de nous, qu'il ne faille demander à Dieu et lui en rendre graces.

L'ame oublie cela par un fonds d'attache qu'elle a à elle-même, par la pente qu'elle a de s'attribuer et s'approprier tout le bien qu'elle a, encore qu'il lui vienne de Dieu, et aime mieux s'occuper d'elle-même qui le possède que de Dieu qui le donne : ou si elle l'attribue à Dieu, c'est à la manière de ce pharisien qui dit à Dieu : « Je vous rends graces, » et qui s'attribue à soi-même de rendre graces : ou si elle surpasse ce pharisien, qui se contente de rendre graces, sans rien demander, et qu'elle demande à Dieu son secours, elle s'attribue encore cela même et s'en glorifie : ou si elle cesse de s'en glorifier, elle se glorifie de cela même, et fait renaître l'orgueil par la pensée qu'elle a de l'avoir vaincu.

O malheur de l'homme, où ce qu'il y a de plus épuré, de plus sublime, de plus vrai dans la vertu, devient naturellement la pâture de l'orgueil ! Et à cela quel remède, puisqu'encore on se glorifie du remède même ? En un mot, on se glorifie de tout, puisque même on se glorifie de la connoissance qu'on a de son indigence et de son néant, et que les retours sur soi-même se multiplient jusqu'à l'infini.

Mais c'est peut-être que c'est là un petit défaut ? Non : c'est la plus grande de toutes les fautes, et il n'y a rien de si vrai que cette parole de saint Fulgence, dans la lettre à Théodore[1] : « C'est à l'homme un orgueil détestable, quand il fait ce que Dieu condamne dans les hommes : mais c'est encore un orgueil plus détestable, lorsque les hommes s'attribuent ce que Dieu leur donne, c'est-à-dire la vertu et la grace. Car plus ce don est excellent, plus est grande la perversité de l'ôter à Dieu pour se le donner à soi-même, et plus injuste est l'ingratitude de méconnoître l'auteur d'un si grand bien. »

C'est donc la plus grande peste, et en même temps la plus grande tentation de la vie humaine, que cet orgueil de la vie, que saint Jean nous fait détester. C'est pourquoi il nous le rapporte après les deux autres, comme le comble de tous les maux et le dernier degré du mal : « Mes petits enfans, nous dit-il, n'aimez pas le monde ni tout ce qui est dans le monde, parce que tout y est concupiscence de la chair; » c'est ce qui présente le premier et ce qui fait le premier degré de notre chute : ou « concupiscence des yeux, » curiosité et ostentation ; qui est comme le second pas que vous faites dans le mal : ou « orgueil de la vie, » qui est l'abîme des abîmes, et le mal dont toute la vie et tous ses actes sont infectés radicalement et dans le fond.

CHAPITRE XXIV.

Qui a inspiré à l'homme cette pente prodigieuse à s'attribuer tout le bien qu'il a de Dieu.

Mon Dieu, quel est le principe de cette attache prodigieuse que nous avons à nous-mêmes, et qui nous l'a inspirée? Qui nous a, dis-je, inspiré cette aveugle et malheureuse inclination, cette pitoyable facilité d'attribuer à nos propres forces et à nos propres efforts, en un mot à nous-mêmes, tout le bien qui est en nous par votre libéralité? Ne sommes-nous pas assez néant pour être

---

[1] S. Fulg. *Epist.* VI, cap. VIII, n. 11.

capables d'entendre du moins que nous sommes un néant, et que nous n'avons rien qui ne soit de vous? Et d'où vient que la chose du monde la plus difficile à ce néant, c'est de dire véritablement : Je suis un néant, je ne suis rien? En voici la cause première.

Parmi toutes les créatures, Dieu, dès l'origine et avant toute autre nature, en avoit fait une qui devoit être la plus belle et la plus parfaite de toutes : c'étoit la nature angélique ; et dans une nature si parfaite il s'étoit comme délecté à faire un ange plus excellent, plus beau, plus parfait que tous les autres : en sorte que sous Dieu et après Dieu l'univers ne devoit rien voir de si parfait ni de si beau. Mais tout ce qui est tiré du néant peut succomber au péché. Une si belle intelligence se plut trop à considérer qu'elle étoit belle. Elle n'étoit pas, comme l'homme, attachée à un corps; de sorte que n'ayant point à tomber plus bas qu'elle-même par l'inclination aux biens corporels, toute sa force se réunit tellement à s'admirer elle-même et à aimer sa propre excellence, qu'elle ne put aimer autre chose.

Vraiment toute créature n'est rien ; et quiconque s'aime soi-même et sa propre perfection, excepté Dieu qui est seul parfait, se dégrade, en pensant s'élever. Que servirent à ce bel ange tant de lumières, dont son entendement étoit orné? « Il ne demeura pas dans la vérité [1], » où il avoit été créé. C'est ce qu'a prononcé la Vérité même. Que veut dire cette parole : « Il ne demeura pas dans la vérité? » Est-ce qu'il tomba dans l'erreur ou dans l'ignorance? Point du tout : il connoît encore la vérité dans sa chute même ; et, comme dit l'apôtre saint Jacques, « lui et ses anges la croient et en tremblent [2]. » Ainsi, ne demeurer pas dans la vérité, fut à cet ange superbe la vouloir plutôt regarder en soi-même qu'en Dieu, et la perdre en cessant d'en faire sa règle et de l'aimer, comme elle veut et doit être aimée, c'est-à-dire comme la maîtresse et la souveraine de tous les esprits.

Ange malheureux, qui êtes comparé à cause de vos lumières à l'étoile du matin, « comment êtes-vous tombé du ciel [3]? » dit Isaïe. Et Ezéchiel : « Vous étiez le sceau de la ressemblance [4] : » nulle créature n'étoit plus semblable à Dieu que vous : « vous étiez plein

[1] *Joan.*, VIII, 44. — [2] *Jacob.*, II, 19. — [3] *Isa.*, XIV, 12. — [4] *Ezech.*, XXVIII, 12-15.

de sagesse et parfait dans votre beauté. Créé dans les délices du paradis de votre Dieu, vous étiez orné, » comme d'autant « de pierres précieuses, » de toutes les plus belles connoissances : « l'or » précieux de la charité « vous avoit été donné, » et dès votre création vous aviez été préparé à la recevoir. « Vous étiez parfait dans vos voies dès le jour de votre origine, jusqu'à ce que l'iniquité s'est trouvée en vous. » Et quelle est cette iniquité, sinon de vous trop regarder vous-même, et de faire votre piége de votre propre excellence?

Une intelligence si lumineuse, qui perçoit tout d'un seul regard, avoit aussi une force dans sa volonté qui, dès sa première détermination, fixoit ses résolutions et les rendoit immuables : qui étoit l'un des plus beaux traits et peut-être le plus parfait de la divine ressemblance. Mais pendant qu'il l'admire trop et qu'il en est trop épris, il pèche et en même temps il se rend inflexible dans le mal; et sa force, que Dieu abandonne à elle-même, le perd à jamais.

Malheur, malheur, encore une fois et cent fois malheur à la créature qui ne veut pas se voir en Dieu; et se fixant en elle-même, se sépare de la source de son être, qui l'est aussi par conséquent de sa perfection et de son bonheur! Ce superbe, qui s'étoit fait son dieu à lui-même, mit la révolte dans le ciel; et Michel, qui se trouva à la tête de l'ordre où la rébellion faisoit peut-être le plus de ravage, s'écria : « Qui est comme Dieu? » D'où lui vient le nom de Michel; Michel, c'est-à-dire « Qui est comme Dieu? » comme s'il eût dit : Quel est celui-ci qui nous veut paroître comme un autre Dieu, et qui a dit dans son orgueil: « Je m'élèverai jusqu'aux cieux; » (je dominerai tous les esprits), et « j'exalterai mon trône par-dessus les astres de Dieu : je monterai sur les nuées les plus hautes (dont Dieu fait son char), et je serai semblable au Très-Haut[1]? » Qui est donc ce nouveau Dieu, qui se veut ainsi élever au-dessus de nous? Mais il n'y a qu'un seul Dieu : rallions-nous tous à le suivre : disons tous ensemble : « Qui est comme Dieu? » car voyez ce que devient tout à coup ce faux dieu, qui se vouloit faire adorer de nous : Dieu l'a frappé, et

[1] *Isa.*, XIV, 13, 14.

il tombe avec les anges ses imitateurs. Toi qui t'élevois au plus haut du ciel, « tu es précipité dans les enfers, dans les cachots les plus profonds : » *In infernum detraheris, in profundum laci* [1]. Dans sa chute il conserve tout son orgueil, parce que son orgueil doit être son supplice. N'ayant pu gagner tous les anges, pour étendre le plus qu'il pouvoit ce règne d'orgueil dont il est le malheureux fondateur, il attaque l'homme que « Dieu avoit mis au-dessous des anges, mais seulement un peu au-dessous, » parce que c'étoit après eux la créature la plus excellente, une créature où l'image de Dieu reluisoit comme dans les anges mêmes, quoique dans un degré un peu inférieur : *Minuisti eum paulò minùs ab angelis* [2].

Cet ange devenu rebelle, devenu satan, devenu le diable, vient donc à l'homme dans le paradis, où Dieu l'avoit fait heureux et saint. Chaque chose qui en touche une autre, la pousse par l'endroit par où elle est elle-même le plus en mouvement. Le mouvement par lequel ce mauvais ange est entraîné, c'est l'orgueil ; et jamais il n'y en eut ni il ne peut y en avoir de plus violent ni de plus rapide que le sien. Il pousse donc l'homme par l'endroit par où il étoit tombé lui-même ; et l'impression qu'il lui communique est celle qui étoit en lui la plus puissante, c'est-à-dire celle de l'orgueil : *Unde cecidit, inde dejecit* [3]. L'homme se trouva trop foible pour y résister ; et l'empire de l'orgueil, qui avoit commencé dans le ciel par un seul coup, s'étendit sur toute la terre.

CHAPITRE XXV.

Séduction du démon. Chute de nos premiers parens : naissance des trois concupiscences dont la dominante est l'orgueil.

Mon Dieu, je repasserai dans mon esprit l'histoire trop véritable de ma chute dans celui en qui j'étois avec tous les hommes, en qui j'ai été tenté, en qui j'ai été vaincu, de qui j'ai tiré en naissant

---

[1] *Isa.*, XIV, 15.— [2] *Psal.* VIII, 6.— [3] S. August., *Serm.* CLXIV, n. 8.

toute la foiblesse et toute la corruption que je sens. Malheureux fruit du péché où je suis né, preuve incontestable et irréprochable témoin de ma misère ! O Dieu, j'ai écouté dans ma mère Eve, le tentateur, qui lui disoit par la bouche du serpent [1] : « Pourquoi Dieu vous a-t-il commandé de ne point manger » du fruit de cet arbre ? Ce n'est qu'une question : ce n'est qu'un doute qu'il veut introduire dans notre esprit : « Pourquoi Dieu vous a-t-il commandé ? » Mais qui est capable d'écouter une question contre Dieu et de se laisser ébranler par le moindre doute, est capable d'avaler tout le poison. Eve lui répondit la vérité : « Dieu a mis tous les autres fruits en notre puissance : il n'y a que l'arbre qui est au milieu de ce jardin de délices dont il nous a commandé de ne manger point le fruit, et même de ne le point toucher, de peur que nous ne mourions [2]. » Elle répondit la vérité; mais le premier mal fut de répondre : car il n'y a point de « pourquoi » à écouter contre Dieu ; et tout ce qui met en doute la souveraine raison et la souveraine sagesse, devoit dès là nous être en horreur. Le tentateur s'étant donc fait écouter, passe du doute à la décision : « Vous ne mourrez point, dit-il, mais Dieu sait qu'au jour que vous mangerez de ce fruit, vos yeux seront ouverts, et vous serez comme des dieux sachant le bien et le mal [3]. Vos yeux seront ouverts : » vous vous verrez vous-mêmes en vous-mêmes; et au lieu de vous voir toujours en Dieu, vous aurez vous-mêmes une excellence divine; et tout à coup devenus comme des dieux, vous saurez par vous-mêmes le bien et le mal, et tout ce qui vous peut faire bons ou mauvais, heureux ou malheureux : vous en aurez la clef : vous y entrerez par vous-mêmes : vous serez parfaitement libres et dans une sorte d'indépendance.

Le père de mensonge, pour se faire écouter, enveloppoit ici le vrai avec le faux; car il est vrai qu'en se soulevant contre Dieu et se faisant un dieu soi-même, on devient comme indépendant de la loi de Dieu : on connoît d'une certaine façon le bien en le perdant : on connoît le mal qu'on n'auroit jamais éprouvé : on a les yeux ouverts pour voir son malheur, et un désordre en soi-même qu'on n'auroit jamais vu sans cela, comme il arriva à Adam et à

---

[1] *Genes.*, III, 1. — [2] *Ibid.*, 2, 3. — [3] *Ibid.*, 4.

Eve : aussitôt après qu'ils eurent désobéi : « leurs yeux furent ouverts, » dit le texte sacré, « et ils virent qu'ils étoient nus [1]; » et leur nudité commença à les confondre. Et dans tout cela il s'éleva dans leur cœur une certaine attention à eux-mêmes qui ne leur étoit point permise, un arrêt à leur propre volonté, un amour de leur propre excellence, et de tout cela un secret plaisir de se goûter eux-mêmes avant que de goûter le fruit défendu, et de se plaire en eux-mêmes et en leur propre perfection, que jusqu'alors innocens et simples ils n'avoient vue qu'en Dieu seul.

Cela commença par Eve, que le démon avoit attaquée la première comme la plus foible; mais il lui parla pour tous les deux : « Pourquoi Dieu vous a-t-il défendu? » *Cur præcepit vobis Deus?* « Vous ne mourrez point : vous saurez : » *Nequaquam moriemini : scientes* [2] en nombre pluriel. Eve porta en effet à son mari toute la tentation du malin, qui l'avoit séduite : elle commença par considérer ce fruit défendu, qu'apparemment elle n'avoit encore osé regarder, par respect pour l'ordre de Dieu : elle vit qu'il étoit bon à manger, beau à voir (*a*), et promettant par la seule vue un goût agréable : elle se promit en le mangeant un nouveau plaisir, qui manquoit encore à ses sens. Elle en mangea et en donna à manger à son mari, qui le prenant de sa main avec les mêmes sentimens qui l'avoient séduite, mit le comble à notre malheur, et fut à toute sa postérité une source éternelle de péché et de mort.

Comprenons donc tous les degrés de notre perte. Dans une si grande félicité, dans une si grande facilité de ne pécher pas, n'y ayant dans le corps nulle foiblesse, nulle révolte dans les sens, nulle sorte de concupiscence dans l'esprit, l'homme n'étoit accessible au mal que par la complaisance pour soi-même, par l'amour de sa propre excellence, et en un mot, par l'orgueil. C'est donc par là qu'on le tente : obliquement on lui montre Dieu comme jaloux de son bien : « Pourquoi le Seigneur vous commande-t-il de ne point toucher à ce fruit? C'est qu'il sait qu'en le mangeant, » vous éprouverez un bonheur qu'il vous envie : « Vous serez

[1] *Genes.*, III, 7. — [2] *Ibid.*, 4, 5.

(*a*) *Var :* A regarder.

comme des dieux, » et vous aurez par vous-mêmes la science du bien et du mal, qui est un attribut divin.

C'étoit donc alors qu'il falloit dire, comme avoit fait saint Michel : « Qui est comme Dieu? » Qui, comme lui, doit se plaire dans sa propre volonté, être par lui-même parfait et heureux, savoir tout et n'être guidé dans tous ses desseins que de sa propre lumière? L'homme, à l'exemple de l'ange rebelle et par son instigation, se laissa prendre à ce vain éclat : et dès là l'amour de soi-même et de sa propre grandeur pénétra tout le genre humain, s'enfonça dans notre sein pour se produire à toute occasion et infecter toute notre vie; et fit en nous une empreinte et une plaie si profonde, qu'elle ne se peut jamais ni effacer ni guérir entièrement, tant que nous vivons sur la terre. Et ce fut l'effet de ces paroles : « Vous serez comme des dieux. » Les mêmes paroles portèrent encore une curiosité infinie au fond de nos cœurs : car étant le propre de Dieu de tout savoir, en nous flattant de la pensée d'être une espèce de divinité, le tentateur ajouta à cette promesse la science du bien et du mal, c'est-à-dire toute science; et enveloppa sous ce nom les sciences bonnes et mauvaises et tout ce qui pouvoit repaître l'esprit par sa nouveauté, par sa singularité, par son éclat.

Ce qui vint après tout cela fut l'amour du plaisir des sens : en voyant avec agrément le fruit défendu, en le dévorant d'abord par les yeux et prévenant par son appétit son goût délectable, l'amour du plaisir est entré, et nos premiers parens nous l'ont inspiré jusque dans la moelle des os. Hélas! hélas! le plaisir des sens se fit bientôt sentir par tout le corps : ce ne fut point seulement le fruit défendu qui plut aux yeux et au goût : Adam et Eve se furent l'un à l'autre une tentation plus dangereuse que toutes les autres sensibles, et il fallut cacher tout ce qu'on sentoit de désordre.

CHAPITRE XXVI.

La vérité de cette histoire trop constante par ses effets.

Les esprits superbes, qui dédaignent la simplicité de l'Ecriture et se perdent dans sa profondeur, traitent cette histoire de vaine et presque de puérile. Un serpent qui parle, un arbre d'où l'on espère la science du bien et du mal, les yeux ouverts tout à coup en mangeant son fruit, la perte du genre humain attachée à une action si peu importante, quelle fable moins croyable trouve-t-on dans les poëtes? C'est ainsi que parlent les impies. Et la sagesse éternelle, si on la consulte, répond au contraire : Pourquoi Dieu n'auroit-il pas défendu quelque chose à l'homme, pour lui faire mieux sentir qu'il avoit un souverain? Mais n'étoit-il pas de la félicité de l'état où Dieu l'avoit mis, que le commandement qu'il lui feroit fût facile ? Qu'y avoit-il de plus doux, dans une si grande abondance de toute sorte de fruits, que de n'en réserver qu'un seul? Quel inconvénient que Dieu, qui avoit fait l'homme composé de corps et d'âme, attachât aux objets sensibles des graces intellectuelles, et fît de l'arbre interdit une espèce de sacrement de la science du bien et du mal? Qui sait si ce n'étoit pas le dessein de sa sagesse de faire un jour goûter ce fruit à nos premiers parens, et de leur en donner la jouissance après avoir durant quelque temps éprouvé leur fidélité? Quoi qu'il en soit, étoit-il indigne de Dieu de les mettre à cette épreuve, et de leur laisser attendre de sa seule bonté la connoissance si désirée du bien et du mal?

Pour ce qui étoit du serpent, vouloit-on qu'Eve en eût horreur, comme nous avons à présent, dans un temps où tous les animaux étoient obéissans à l'homme, sans qu'aucun lui pût nuire, ni par conséquent l'effrayer? Mais pourquoi, sans imaginer que les bêtes eussent un langage, Eve n'auroit-elle pas cru que Dieu, des mains de qui elle sortoit et dont la toute-puissance lui étoit sensible par la création de tant de choses merveilleuses, n'eût pas fait d'autres créatures intelligentes que l'homme; ou que ces créatures lui apparussent et se rendissent sensibles sous la forme des animaux? Dieu même qui avoit fait les sens, prenoit bien, pour rendre heureux l'homme tout entier, une figure sensible qui ne nous est pas exprimée. On entendoit sa voix, on l'entendoit comme marcher et s'avancer vers Adam dans le paradis : pourquoi donc les autres esprits, différens de celui de l'homme, ne se seroient-ils pas montrés à ses yeux sous les figures que Dieu permettroit? Le serpent alors innocent, mais qui devoit dans la suite devenir si odieux comme si nuisible à notre nature, devoit servir en son temps à nous rendre la séduction du démon plus odieuse; et les autres qualités de cet animal étoient propres à nous figurer le juste supplice de cet esprit arrogant, atterré par la main de Dieu et devenu si rampant par son orgueil.

Voilà une partie des mystères que contient l'Ecriture sainte, dans sa merveilleuse et profonde brièveté. Mais, sans tous ces raisonnemens, l'histoire de notre perte ne nous est devenue que trop sensible et trop croyable par les effets que nous en sentons. Est-ce Dieu qui nous avoit faits aussi superbes, aussi curieux, aussi sensuels, en un mot aussi corrompus en toutes manières que nous le sommes? Mon Dieu, n'entends-je pas encore tous les jours le sifflement du serpent, quand j'hésite si je suivrai votre volonté, ou mes appétits? N'est-ce pas lui qui me dit secrètement : « Pourquoi Dieu vous a-t-il défendu? » quand je m'admire moi-même, dès que je sens en moi la moindre lumière ou le moindre commencement de vertu, et que je m'y attache plus qu'à Dieu même qui me l'a donné, jusqu'à ne pouvoir en arracher ni mes regards ni ma complaisance, et jusque même à ne pouvoir pas retenir mon cœur qui se l'attribue, comme si j'étois moi-même à moi-même ma règle, mon Dieu et la cause de mon bonheur ?

N'est-ce pas ce serpent qui me dit encore : « Vous serez comme des dieux? » Toutes les adresses par lesquelles il m'insinue l'orgueil, ne sont-ce pas autant d'effets de sa subtilité et autant de marques de ses replis tortueux? Mais quelle source de curiosité ne m'ouvre-t-il pas dans le sein, en me promettant de m'ouvrir les yeux, et de me faire trouver dans le fruit qu'il me montre la science du bien et du mal? Et lorsqu'à la moindre atteinte du plaisir des sens je me sens si foible, et que mes résolutions que je croyois si fermes dans l'amour de Dieu, tout d'un coup se perdent en l'air, sans que ma raison impuissante puisse tenir un moment contre cet attrait : hélas! qu'est-ce autre chose que le serpent qui me montre ce fruit décevant? Je ne le vois encore que de loin; et déjà mes yeux en sont épris : si je le touche, quel plaisir trompeur ne se coule pas dans mes veines! Et combien serai-je perdu, si je le mange! Qu'y a-t-il donc de si incroyable que l'homme ait péri dans son origine, par ce qui me rend encore si malade, ou plutôt par ce qui me montre que je suis vraiment mort par le péché?

CHAPITRE XXVII.

Saint Jean explique toute la corruption originelle dans les trois concupiscences.

Ainsi il est manifeste que saint Jean, en nous expliquant la triple concupiscence, celle de la chair et des sens, celle des yeux et de la curiosité, et enfin celle de l'orgueil, est remonté à l'origine de notre corruption, dans laquelle nous avons vu cette triple concupiscence et dans la tentation du démon et dans le consentement du premier homme. Qu'a prétendu le démon, que de me rendre superbe comme lui, savant et curieux comme lui et à la fin sensuel, ce qu'il n'étoit pas parce qu'il n'avoit point de corps; mais ce qu'il nous a fait être, en ravilissant notre esprit jusqu'à le rendre esclave du corps pour y effacer d'autant plus l'image de Dieu, qu'il tomberoit par ce moyen dans une bassesse et abjection plus extrême?

Voilà les trois concupiscences : saint Jean les rapporte dans un autre ordre qu'elles ne paroissent dans l'histoire de la tentation, que nous venons de voir, parce que dans cette histoire primitive le Saint-Esprit a voulu tracer tout l'ordre de notre chute. Il falloit que la tentation commençât à inspirer l'orgueil d'où sortît la curiosité, qui est mère, comme on a vu, de l'ostentation, afin que notre chute se terminât enfin, comme à l'endroit le plus bas, dans la corruption de la chair. Comme c'étoit par ces degrés que nous étions tombés, Moïse, qui nous a d'abord regardés comme étant encore debout, dans la rectitude de notre première institution, a voulu marquer nos maux comme ils sont venus. Mais saint Jean qui nous trouve déjà perdus, remonte de degré en degré par la concupiscence de la chair et par la curiosité de l'esprit, au premier principe et au comble de tout le mal, qui est l'orgueil de la vie.

Qui pourroit dire quelle complication, quelle infinie diversité de maux sont sortis de ces trois concupiscences? On craint, on espère, on désespère, on entreprend, on avance, on recule suivant les désirs, c'est-à-dire suivant les concupiscences dont on est prévenu : on n'envie aux autres, on n'ôte aux autres que le bien qu'on désire pour soi-même : on n'est ennemi de personne, qu'autant qu'on en est contrarié : on n'est injuste, ravisseur, violent, traître, lâche, trompeur, flatteur, que selon les diverses vues que nous donnent nos concupiscences : on ne veut ôter du monde que ceux qui s'y opposent, ou qui y nuisent en quelque manière que ce soit, ou de dessein ou sans dessein : on ne veut avoir de puissance, ni de crédit, ni de biens que pour contenter ses désirs : on veut ne se rendre redoutable que pour effrayer ceux qui nous pourroient contredire : on ne médit, que pour avoir ses armes comme toujours prêtes dans sa langue, et s'élever sur la ruine des autres.

O Dieu, dans quel abîme me suis-je jeté? Quelle infinité de péchés ai-je entrepris de décrire? C'est là le monde dont Satan est le créateur : c'est sa création opposée à celle de Dieu. Et c'est pourquoi saint Jean nous crie avec tant de charité : « Mes petits enfans, n'aimez pas le monde ni tout ce qui est dans le monde, parce que tout ce qui est dans le monde, » de quelque nom qu'il s'appelle, de quelque couleur qu'il se pare, n'est après tout « qu'amour du plaisir des sens, » que « curiosité et ostentation, et » enfin que ce « fin orgueil, » par lequel l'homme, enivré de son excellence, s'attribue l'ouvrage de Dieu et se corrompt dans ses dons.

CHAPITRE XXVII.

De ces paroles de saint Jean : Laquelle n'est pas du Père, mais du monde; *qui expliquent ces autres paroles du même apôtre :* Si quelqu'un aime le monde, l'amour du Père n'est pas en lui.

Tel est donc l'œuvre du démon, opposé à l'œuvre de Dieu; et c'est pourquoi saint Jean, après avoir dit : « N'aimez pas le monde ni ce qui est dans le monde, parce que tout ce qui est dans le monde est concupiscence de la chair, ou concupiscence des yeux, ou orgueil de la vie, » ajoute : « laquelle » (concupiscence, ainsi divisée dans ses trois branches), « n'est pas du Père, mais du monde [1]. » Ce n'est pas l'ouvrage du Père qui d'abord n'avoit inspiré à l'homme que la soumission à Dieu seul, la sobriété de l'esprit pour ne savoir et ne voir que ce qu'il vouloit dans toutes les choses qui nous environnent, et la parfaite sujétion de la chair à l'esprit.

Ainsi les concupiscences nommées par saint Jean ne sont pas de Dieu, et ne trouvoient aucun rang dans son ouvrage. Car en regardant tous les ouvrages qu'il avoit faits pour être vus, parmi lesquels l'homme étoit le meilleur, il avoit dit que « tout étoit bon et très-bon [2]; » et ainsi il n'a pas fait la concupiscence, qui est mauvaise dans sa source et dans ses effets, ni le monde qui est tout entier dans le mal : *in maligno,* dit saint Jean [3]. Elle vient du monde que Satan a fait : de cette fausse création dont il est l'auteur : elle est née en Adam avec le monde; et passant de lui à tout le genre humain, elle en a composé ce monde, qui n'est que corruption.

Prenez donc garde à n'aimer jamais aucune partie de cet ouvrage, où Dieu ne veut avoir aucune part. De quelque côté que le monde veuille vous attirer, soit que ce soit en vous faisant admirer votre propre perfection ou vous incitant à aimer l'ostentation des sciences et toutes les autres vanités dont se repaissent les créatures, soit en vous engageant dans les plaisirs dont la chair est la source et l'objet, n'entrez en aucune sorte dans cette séduction : n'y entrez, dis-je, par aucun endroit, parce qu'il n'y a rien qui soit de Dieu : tout y est du monde, qu'il n'a pas fait, qu'il déteste, qu'il condamne. Et c'est aussi ce qui lui avoit fait dire : « Si quelqu'un aime le monde » et le moindre de ses attraits, jusqu'à y donner son cœur, « l'amour du Père n'est pas en lui [4] : » on ne peut pas aimer Dieu et le monde : on ne peut pas nager comme entre deux, se donnant tantôt à l'un et tantôt à l'autre, en partie à l'un et en partie à l'autre : Dieu veut tout; et pour peu que vous

---

[1] I *Joan.,* II, 16. — [2] *Genes.,* I, 31. — [3] I *Joan.,* V, 19. — [4] I *Joan.,* II, 15.

lui ôtiez, ce peu que vous donnerez au monde, à la fin entraînera tout votre cœur, et sera le tout pour vous.

CHAPITRE XXIX.

De ces paroles de saint Jean : Le monde passe et sa concupiscence passe, mais celui qui fait la volonté de Dieu demeure éternellement.

Après avoir parlé du monde et des plaies de la concupiscence, saint Jean découvre la cause de notre erreur et en même temps le remède de tout le désordre, dans ces dernières paroles de notre passage : « Et le monde passe avec sa concupiscence; mais celui qui fait la volonté de Dieu demeure éternellement [1]. » Comme s'il disoit : A quoi vous arrêtez-vous, insensés ? Au monde ? à son éclat ? à ses plaisirs ? Ne voyez-vous pas que le monde passe ? Les jours sont tantôt sereins, tantôt nébuleux : les saisons sont tantôt réglées, tantôt déréglées : les années tantôt abondantes, tantôt infructueuses : et pour passer du monde naturel au monde moral, qui est celui qui nous éblouit et qui nous enchante, les affaires tantôt heureuses, tantôt malheureuses; la fortune toujours inconstante. Le monde passe : « La figure de ce monde passe [2]. » Le monde, que vous aimez, n'est point une vérité, une chose, un corps : c'est une figure, et une figure creuse, volage, légère, que le vent emporte : et ce qui est encore plus foible, une ombre qui se dissipe d'elle-même.

« Le monde passe et sa concupiscence : » non-seulement le monde est variable de soi, mais encore la concupiscence varie elle-même : le changement est des deux côtés : souvent le monde change pour vous : ceux qui vous favorisoient, qui vous aimoient, ne vous favorisent plus, ne vous aiment plus : mais souvent même sans qu'ils changent vous changez : le dégoût vous prend : une passion, un plaisir, un goût en chasse un autre; et de tous côtés vous êtes livrés au changement et à l'inconstance.

Ecoutez le Sage : « La vie humaine est une fascination [3], » une

[1] I *Joan.*, II, 17. — [2] I *Cor.*, VII, 31. — [3] *Sapient.*, IV, 12.

tromperie des yeux : on croit voir ce qu'on ne voit pas; on voit tout avec des yeux malades. Mais vous l'aimiez si éperdument, et maintenant vous ne l'aimez plus : — J'étois ébloui; j'avois les yeux fascinés; je les avois troubles. — Qui vous avoit fasciné les yeux? — Une passion insensée : il me semble que c'est un songe qui s'est dissipé.

Ajoutez à la déception, la folie, la niaiserie, la stupidité : *Fascinatio nugacitatis*[1]. Ajoutez-y l'inconstance de la concupiscence : *Inconstantia concupiscentiæ :* voilà son propre caractère. Elle va par des mouvemens irréguliers, selon que le vent la pousse. Non-seulement on veut autre chose malade que sain; autre chose dans la jeunesse que dans l'enfance, et dans l'âge plus avancé que dans la jeunesse, et dans la vieillesse que dans la force de l'âge; autre chose dans le beau temps que dans le mauvais; autre chose pendant la nuit, qui vous présente des idées sombres, que dans le jour qui les dissipe; mais encore dans le même âge, dans le même état on change, sans savoir pourquoi : le sang s'émeut, le corps s'altère, l'humeur varie : on se trouve aujourd'hui tout autre qu'hier : on ne sait pourquoi, si ce n'est qu'on aime le changement : la variété divertit, elle désennuie : on change pour n'être pas mieux; mais la nouveauté nous charme pour un moment : *Inconstantia concupiscentiæ*.

« Prenez garde, disoit Moïse, à vos yeux et à vos pensées : ne les suivez pas : car elles vous souilleront sur divers objets[2]. » Souvenons-nous, dit saint Paul, « quels nous étions tous autrefois, lorsque nous vivions dans les désirs de notre chair, faisant la volonté de notre chair et de nos pensées[3]. » Il ne s'élève pas plus de vagues dans la mer que de pensées et de désirs dans notre esprit et dans notre cœur : elles s'effacent mutuellement, et aussi elles nous emportent tour à tour : nous allons au gré de nos désirs : il n'y a plus de pilote : la raison dort, et se laisse emporter aux flots et aux vents.

Saint Augustin compare un homme qui aime le monde, qui est guidé par les sens, à un arbre qui s'élevant au milieu des airs, est poussé tantôt d'un côté, tantôt d'un autre, selon que le vent qui

[1] *Sapient.*, IV, 12. — [2] *Num.*, XV, 39. — [3] *Ephes.*, II, 3.

souffle le mène : « Tels, dit-il, sont les hommes sensuels et voluptueux : ils semblent se jouer avec les vents et jouir d'un certain air de liberté, en promenant deçà et delà leurs vagues désirs. » Tels sont donc les hommes du monde : ils vont deçà et delà avec une extrême inconstance et ils appellent liberté leur égarement, comme un enfant qui se croit libre lorsqu'échappé à son conducteur il court deçà et delà sans savoir où il veut aller.

O homme ! ne verras-tu jamais ton erreur ? Tous ces désirs qui t'entraînent l'un après l'autre, sont autant de fantaisies de malades, autant de vaines images qui se promènent dans un cerveau creux : il ne faudroit que la santé pour dissiper tout. Ta santé, ô homme, c'est de faire la volonté du Seigneur et de t'attacher à sa parole : « Le monde passe, la concupiscence passe, dit saint Jean; mais celui qui fait la volonté du Seigneur demeure éternellement[1] : » rien ne passe plus : tout est fixe, tout est immuable.

O homme ! tu étois fait pour cet état immuable, pour cette stabilité, pour cette éternité : tu étois fait pour être avec Dieu un même esprit, et participer par ce moyen à son immutabilité. Si tu t'attaches à ce qui passe, une autre immutabilité, une autre éternité t'attend : au lieu d'une éternité pleine de lumière, une éternité ténébreuse et malheureuse te sera donnée ; et l'homme se rendra digne d'un mal éternel, pour avoir fait mourir en soi un bien qui le devoit être : *Et factus est malo dignus æterno, qui hoc in se peremit bonum, quod esse posset æternum*[2].

Ainsi, dit saint Jean, mes frères, mes petits enfans, « n'aimez pas le monde, ni tout ce qui est dans le monde [3], » parce que tout y passe et s'en va en pure perte : « Ne nous arrêtons point à ce qui se voit, mais à ce qui ne se voit pas, parce que ce qui se voit est temporel, mais les choses qui ne se voient point sont éternelles. Ce moment si court et si léger des afflictions de cette vie, » que nous pleurons tant et qui nous fait perdre patience, « produira en nous dans un excès surprenant, l'excès inespéré et tout le poids éternel d'une gloire qui ne finira jamais [4]. »

---

[1] I *Joan.*, II, 17. — [2] S. August., *De Civit. Dei*, lib. XXI, cap. XII. — [3] I *Joan.* II, 15. — [4] II *Cor.*, IV, 17, 18.

CHAPITRE XXX.

Jésus-Christ vient changer en nous, par trois saints désirs, la triple concupiscence que nous avons héritée d'Adam.

Voilà donc la folie et l'erreur de l'homme. Dieu l'avoit fait heureux et saint : ce bien de sa nature étoit immuable; car Dieu, lorsqu'il l'a donné, de lui-même ne le retire jamais, parce qu'il est Dieu et ne change pas : *Ego Dominus et non mutor* [1]. L'homme donc n'avoit qu'à ne changer pas, et il seroit demeuré dans un état immuable : et il a changé volontairement, et la triple concupiscence s'en est ensuivie : il est devenu superbe : il est devenu curieux : il est devenu sensuel. Mais pour nous guérir de ces maux, Dieu nous a envoyé un Sauveur humble, un Sauveur qui n'est curieux que du salut des hommes, un Sauveur noyé dans la peine et qui est un homme de douleurs.

L'homme superbe s'attribue tout à lui-même : et Jésus, qui fait de si grandes choses, dont la doctrine est si sublime et les œuvres si admirables, ne s'attribue rien à lui-même : « Ma doctrine n'est pas ma doctrine, mais de celui qui m'a envoyé [2] : Mon Père, qui demeure en moi, y fait les œuvres » que vous admirez [3] : « Ma nourriture, c'est de faire la volonté de mon Père [4] : » Il a des élus, et c'est sa gloire; mais « son Père les lui a donnés : et si on ne peut les lui ôter, c'est que son Père qui les lui a donnés, est plus grand que tout, et que rien ne peut être ôté de ses mains » toutes-puissantes [5] : « Toute puissance m'est donnée dans le ciel et dans la terre [6] : » je l'ai, mais comme donnée : j'ai en moi-même, et je donne à qui je veux la vie éternelle; mais c'est mon Père qui m'a donné d'avoir la vie en moi-même : « Vous boirez bien mon calice; mais pour être assis à ma droite ou à ma gauche, ce n'est pas à moi de le donner, mais ceux-là l'auront à qui mon Père l'a préparé [7] : » c'est lui qui dispose et de moi-même et des places

---

[1] *Malach.*, III, 6. — [2] *Joan.*, VII, 16. — [3] *Joan.*, XIV, 10. — [4] *Joan.*, IV, 34. — [5] *Joan.*, X, 28. — [6] *Matth.*, XXVIII, 18. — [7] *Matth.*, XX, 23.

qu'on aura autour de moi : il a mis tous les temps en sa puissance, et je ne suis que le ministre de ses conseils.

Chrétien, écoute : ne sois point superbe : ne fais point ta volonté : ne t'attribue rien : tu es le disciple de Jésus, qui ne fait que la volonté de son Père, qui lui rapporte tout et lui attribue tout ce qu'il fait.

Jésus-Christ étoit « la science et la sagesse de Dieu [1] : » quelle doctrine ne pouvoit-il pas étaler? Mais il ne montre aucune science que celle du salut. A la vérité, de ce côté-là sa science est haute au delà de toute hauteur; mais, dans les choses humaines, il n'est curieux ni de doctrine ni d'éloquence, ni il ne montre aucune étude recherchée : ses similitudes sont tirées des choses les plus communes, de l'agriculture, de la pêche, du trafic, de la marchandise, de l'économie, des choses les plus communes et les plus connues, de la royauté, et ainsi du reste. Il voile les secrets de Dieu sous cette apparence vulgaire, sans aucune ostentation : il dit seulement ce que son Père lui met à la bouche pour l'instruction du genre humain : il ne veut point qu'il se trouve parmi ses disciples plusieurs sages, ni plusieurs savans, non plus que plusieurs puissans, plusieurs nobles et plusieurs riches : Toute la science qu'il faut avoir dans son école, « est de connoître Jésus-Christ, et encore Jésus-Christ crucifié [2] : » le plus docte de tous ses disciples ne sait ni ne veut savoir autre chose, et c'est de quoi uniquement il se glorifie.

Peut-être sera-t-il curieux de ce qui se passe dans le monde, ou des desseins des politiques? Non : il se laisse raconter, à la vérité, ce qui étoit arrivé à ceux dont Pilate mêla le sang à leur sacrifice; mais sans s'arrêter à cette nouvelle, non plus qu'à celle de la tour de Siloë dont la chute avoit écrasé dix-huit hommes, il conclut de là seulement à profiter de cet exemple [3]. Et pour ce qui est de la politique, il montre qu'il connoît bien celle d'Hérode, et ce qu'il tramoit secrètement contre lui, mais seulement pour le mépriser; et il lui fait dire : « Allez, dites à ce renard que, » malgré lui et ses finesses, « je chasserai les démons et je guérirai les malades aujourd'hui et demain; et» quoi qu'il fasse «je ne mourrai qu'au

---

[1] I *Cor.*, I, 30; *Coloss.*, II, 3. — [2] I *Cor.*, II, 2. — [3] *Luc.*, XIII, 1, 3-5.

CHAPITRE XXX.

troisième jour[1] : » par où il entend le troisième an, parce que c'est le moment de son Père. C'est tout ce qu'il faut savoir des choses du monde : que Dieu en dispose, et qu'elles roulent selon ses ordres. C'est pourquoi étant renvoyé au même Hérode, loin de contenter le vain désir qu'il avoit de voir des miracles, il ne daigne pas même lui dire une parole; et pour confondre la vanité et la curiosité des politiques du monde, il se laisse traiter de fol par Hérode et par sa cour curieuse, qui lui mettent par mépris un habit blanc, comme à un insensé : il ne les reprend ni ne les punit : c'est à la sagesse divine assez punir et assez convaincre les fols, que de se retirer du milieu d'eux, sans daigner s'en faire connoître et les laisser dans leur aveuglement.

S'il n'est curieux ni des sciences ni des nouvelles du monde, il l'est encore moins des riches habits et des riches ameublemens : « Les renards ont leurs tanières, et les oiseaux leurs nids; mais le Fils de l'homme n'a pas où reposer sa tête[2] : » il dort dans un bateau, sur un coussin étranger : ne pensez pas lui prendre les yeux par des édifices éclatans : quand on lui montre ces belles pierres et ces belles structures du temple, il ne les regarde que pour annoncer que tout y sera bientôt détruit[3] : il ne voit dans Jérusalem, une ville si superbe et si belle, que sa ruine qui viendroit bientôt; et au lieu de regards curieux, ses yeux ne lui fournissent pour elle que des larmes.

Enfin pour combattre la concupiscence de la chair, il oppose au plaisir des sens un corps tout plongé dans la douleur, des épaules toutes déchirées par des fouets, une tête couronnée d'épines et frappée avec une canne par des mains impitoyables, un visage couvert de crachats, des yeux meurtris, des joues flétries et livides à force de soufflets, une langue abreuvée de fiel et de vinaigre, et par-dessus tout cela une ame triste jusqu'à la mort; des frayeurs, des désolations, et une détresse inouïe. Plongez-vous dans les plaisirs, mortels : voilà votre Maître abîmé corps et ame dans la douleur.

[1] *Luc.*, XIII, 32. — [2] *Matth.*, VIII, 20; *Marc.*, IV, 38. — [3] *Matth.*, XXIV, 2.

CHAPITRE XXXI.

De ces paroles de saint Jean : Je vous écris, pères; je vous écris, jeunes gens; je vous écris, petits enfans. *Récapitulation de ce qui est contenu dans tout le passage de cet apôtre.*

En cet état de douleur, que nous dit Jésus autre chose, si ce n'est ce que nous dit en son nom son disciple bien-aimé : « N'aimez point le monde ni tout ce qui est dans le monde : » car je l'ai couvert de honte et d'horreur par ma croix : n'en aimez pas les concupiscences, que j'ai déclarées mauvaises par ma mort.

Ne présumez point de vous-même; car c'est là le commencement de tout péché : c'est par là que votre mère a été séduite et que votre père vous a perdu.

Ne désirez pas la gloire des hommes : car vous auriez reçu votre récompense, et vous n'auriez à attendre que d'inévitables supplices.

Ne vous glorifiez pas vous-même : car tout ce que vous vous attribuez dans vos bonnes œuvres, vous l'ôtez à Dieu qui en est l'auteur, et vous vous mettez en sa place.

Ne secouez point le joug de la discipline du Seigneur et ne dites point en vous-même, comme un rebelle orgueilleux : « Je ne servirai point [1] : » car si vous ne servez à la justice, vous serez esclave du péché et enfant de la mort.

Ne dites point : « Je ne suis point souillé [2]; » et ne croyez pas que Dieu ait oublié vos péchés, parce que vous les avez oubliés vous-même : car le Seigneur vous éveillera en vous disant : « Voyez vos voies dans ce vallon secret : je vous ai suivi partout, et j'ai compté tous vos pas [3]. »

Ne résistez point aux sages conseils et ne vous emportez pas quand on vous reprend : car c'est le comble de l'orgueil de se soulever contre la vérité même lorsqu'elle vous avertit, et de regimber contre l'éperon.

Ne recherchez point à savoir beaucoup : apprenez la science du

---

[1] *Jerem.*, II, 20. — [2] *Ibid.*, 23. — [3] *Ibid.*, et *Job*, XIV, 16.

salut : toute autre science est vaine; et, comme disoit le Sage, « en beaucoup de sagesse, il y a beaucoup de fureur et d'indignation; et qui ajoute la science; ajoute le travail [1]. »

Ne soyez point curieux en choses vaines, en nouvelles, en politique, en riches habillemens, en maisons superbes, en jardins délicieux : « Vanité des vanités, a dit l'Ecclésiaste, vanité des vanités, et tout est vanité [2]. Malgré elle la créature est assujettie à la vanité, » et en est frappée; mais elle doit gémir en elle-même, jusqu'à ce qu'elle ait secoué ce joug, et soit appelée « à la liberté des enfans de Dieu [3]. »

N'aimez point à amasser des trésors, ni à repaître vos yeux de votre or et de votre argent : car « où sera votre trésor, là sera votre cœur [4] : » et jamais vous n'écouterez l'Eglise, qui vous crie de toute sa force à chaque sacrifice qu'elle offre : *Sursum corda :* Le cœur en haut.

N'aimez point les plaisirs des sens : n'attachez point vos yeux sur un objet qui leur plaît, et songez que David périt par un coup d'œil [5].

Ne vous plaisez point à la bonne chère, qui appesantit votre cœur; ni au vin, qui vous porte dans le sein le feu de la concupiscence : « Sa couleur trompe, dit le Sage, dans une coupe; mais à la fin il vous pique comme une couleuvre [6]. »

Ne vous plaisez point aux chants qui relâchent la vigueur de l'ame, ni à la musique amoureuse, qui fait entrer la mollesse dans les cœurs par les oreilles.

N'aimez point les spectacles du monde, qui le font paroître beau et en couvrent la vanité et la laideur.

N'assistez point aux théâtres : car tout y est comme dans le monde, dont ils sont l'image, ou concupiscence de la chair, ou concupiscence des yeux, ou orgueil de la vie; on y rend les passions délectables, et tout le plaisir consiste à les réveiller.

Ne croyez pas qu'on soit innocent en jouant ou en faisant un jeu des vicieuses passions des autres, par là on nourrit les siennes : un spectateur du dehors est au dedans un acteur secret. Ces ma-

---

[1] *Eccle.*, I, 18. — [2] *Ibid.*, 2. — [3] *Rom.*, VIII, 20, 21. — [4] *Matth.*, VI, 21. — [5] II *Reg.*, XI, 2. — [6] *Prov.*, XXIII, 31, 32.

ladies sont contagieuses, et de la feinte on en veut venir à la vérité.

« Je vous l'écris, pères; je vous l'écris, jeunes gens; je vous l'écris, petits enfans,[1] » dit saint Jean. Il parle à trois âges; aux pères, qui sont déjà vieux ou approchent de la vieillesse; aux jeunes gens, qui sont dans la force; et aux enfans.

Vieillards, qui dans la foiblesse de votre âge mettez votre gloire dans vos enfans, mettez-la plutôt à connoître celui qui est dès le commencement et à l'avoir pour votre père.

Jeunes gens, saint Jean vous parle deux fois. Vous vous glorifiez dans votre force; et par vos vives saillies et vos fougues impétueuses vous voulez tout emporter : mais vous devez mettre votre gloire à vaincre le malin, qui inspire à vos jeunes cœurs tant de désirs, d'autant plus dangereux qu'ils paroissent doux et flatteurs.

Je dirai un mot aux enfans; et puis, jeunes gens, dont les périls sont si grands, je reviendrai encore à vous. Petits enfans, c'est par tendresse que je vous appelle ainsi; car je n'adresserois pas mon discours à ceux qui dans le berceau ne m'écouteroient pas encore : je parle donc à vous, ô enfans, qui commencez à avoir de la connoissance. Dès qu'elle commence à poindre, connoissez votre véritable père, qui est Dieu : honorez-le dans vos parens, qui sont les images de son éternelle paternité : ayez sa crainte dans le cœur, et apprenez de bonne heure à vous laisser enseigner, corriger et conduire à sa sagesse.

Qu'on ne vous apprenne point à aimer l'ostentation et les parures : que la vanité ne soit en vous ni l'attrait ni la récompense du bien que vous faites : et surtout qu'on ne fasse point un jeu de vos passions. Parens, ne nous donnez point ces petites comédies dans vos familles : ces jeux encore innocens, viennent d'un fond qui ne l'est pas. Les filles n'apprennent que trop tôt qu'il faut avoir des galans : les garçons ne sont que trop prêts à en faire le personnage : le vice naît sans qu'on y pense, et on ne sait quand il commence à germer.

Enfin je reviens à vous, jeunes gens. Il est vrai, vous êtes dans

[1] I *Joan.*, II, 13.

là force : *fortes estis*[1] ; mais votre force n'est que foiblesse, si elle ne se fait paroître que par l'ardeur et la violence de vos passions. Que la parole de Dieu demeure en vous : vous commencez à l'entendre, commencez à la révérer : vous voulez l'emporter sur tout le monde; mais je vous ai déjà dit que celui sur qui il faut l'emporter, c'est le malin qui vous tente.

Tous ensemble, pères déjà avancés en âge, jeunes gens, enfans, chrétiens tant que vous êtes, « n'aimez pas le monde ni ce qui est dans le monde : » car tout y est amour des plaisirs, curiosité et ostentation; enfin un orgueil foncier qui étouffe la vertu dans sa semence, et ne cessant de la persécuter, la corrompt non-seulement quand elle est née, mais encore quand elle semble avoir pris son accroissement et sa perfection.

CHAPITRE XXXII.

De la racine commune de la triple concupiscence, qui est l'amour de soi-même : à quoi il faut opposer le saint et pur amour de Dieu.

Souvenons-nous, malheureux enfans d'Adam, qu'en quittant Dieu en qui est la source et la perfection de notre être, nous nous sommes attachés à nous-mêmes, et que c'est dans ce malheureux et aveugle amour que consiste la tache originelle, principalement dans cet amour de notre excellence propre, puisque c'est celui qui nous fait véritablement dieux à nous-mêmes, idolâtres de nos pensées, de nos opinions, de nos vices, de nos vertus mêmes; incapables de porter, je ne dirai pas seulement les faux biens du monde qui nous maîtrisent et nous transportent, mais encore les vrais biens qui viennent de Dieu, parce qu'au lieu de nous élever à celui qui les donne afin qu'on s'unisse à lui, nous nous y attachons je ne sais comment, de même que s'ils nous étoient propres ou que nous en fussions les auteurs. Notre libre arbitre, qui a trompé nos premiers parens, nous séduit encore : et parce que vous avez voulu, ô mon Dieu, qu'il concourût à votre grande

[1] I *Joan.*, II, 14.

œuvre qui est notre sanctification, sans songer que c'est vous, ô moteur secret, qui lui inspirez le bon choix qu'il fait, il s'arrête je ne sais comment en lui-même, et croit être quelque chose, quoiqu'il ne soit rien.

Mon Dieu, sanctifiez-nous en vérité : que nous soyons saints, non pas à nos yeux, mais aux vôtres : cachez-nous à nous-mêmes, et que nous ne nous trouvions plus qu'en vous seul.

Je me suis levé pendant la nuit avec David, « pour voir vos cieux qui sont les ouvrages de vos doigts, la lune et les étoiles que vous avez fondées [1] : » qu'ai-je vu, ô Seigneur, et quelle admirable image des effets de votre lumière infinie! Le soleil s'avançoit, et son approche se faisoit connoître par une céleste blancheur qui se répandoit de tous côtés : les étoiles étoient disparues, et la lune s'étoit levée avec son croissant d'un argent si beau et si vif, que les yeux en étoient charmés. Elle sembloit vouloir honorer le soleil, en paroissant claire et illuminée par le côté qu'elle tournoit vers lui : tout le reste étoit obscur et ténébreux ; et un petit demi-cercle recevoit seulement dans cet endroit-là un ravissant éclat par les rayons du soleil, comme du père de la lumière. Quand il la voit de ce côté, elle reçoit une teinte de lumière : plus il la voit, plus sa lumière s'accroît : quand il la voit tout entière, elle est dans son plein ; et plus elle a de lumière, plus elle fait honneur à celui d'où elle lui vient. Mais voici un nouvel hommage qu'elle rend à son céleste illuminateur. A mesure qu'il approchoit, je la voyois disparoître ; le foible croissant diminuoit peu à peu ; et quand le soleil se fut montré tout entier, sa pâle et débile lumière s'évanouissant, se perdit dans celle du grand astre qui paroissoit, dans laquelle elle fut comme absorbée : on voyoit bien qu'elle ne pouvoit avoir perdu sa lumière par l'approche du soleil qui l'éclairoit ; mais un petit astre cédoit au grand, une petite lumière se confondoit avec la grande ; et la place du croissant ne parut plus dans le ciel, où il tenoit auparavant un si beau rang parmi les étoiles.

Mon Dieu, lumière éternelle, c'est la figure de ce qui arrive à mon ame, quand vous l'éclairez : elle n'est illuminée que du côté

---

[1] *Psal.* VIII, 4.

que vous la voyez : partout où vos rayons ne pénètrent pas, ce n'est que ténèbres; et quand ils se retirent tout à fait, l'obscurité et la défaillance sont entières. Que faut-il donc que je fasse, ô mon Dieu, sinon de reconnoître de vous toute la lumière que je reçois? Si vous détournez votre face, une nuit affreuse nous enveloppe, et vous seul êtes la lumière de notre vie. « Le Seigneur est ma lumière et mon salut, qui craindrai-je? Le Seigneur est le protecteur de ma vie : de qui aurai-je peur [1]? » Nous sommes de ceux à qui l'Apôtre a écrit : « Vous avez été autrefois ténèbres, mais maintenant vous êtes lumière en Notre-Seigneur [2]. » Comme s'il eût dit : Si vous étiez par vous-mêmes lumineux, pleins de sainteté, de vérité et de vertu; et si vous étiez vous-mêmes votre lumière, vous n'auriez jamais été dans les ténèbres, et la lumière ne vous auroit jamais quittés. Mais maintenant vous reconnoissez par tous vos égarements que vous ne pouvez être éclairés que par une lumière qui vous vienne du dehors et d'en haut; et si vous êtes lumière, c'est seulement en Notre-Seigneur.

O lumière incompréhensible, par laquelle vous illuminez tous les hommes qui viennent au monde, et d'une façon particulière ceux de qui il est écrit : « Marchez comme des enfans de lumière [3] : » outre l'hommage que nous vous devons, de vous rapporter toute la lumière et toute la grace qui est en nous, comme la tenant uniquement de vous, qui êtes le vrai Père des lumières; nous vous en devons encore un autre, qui est que notre lumière, telle qu'elle, doit se perdre dans la vôtre, et s'évanouir devant vous. Oui, Seigneur, toute lumière créée et qui n'est pas vous, quoiqu'elle vienne de vous, vous doit ce sacrifice de s'anéantir, de disparoître en votre présence et disparoître principalement à nos propres yeux : en sorte que, s'il y a quelque lumière en nous, nous la voyions, non point en nous-mêmes, mais en celui que vous nous avez donné « pour nous être sagesse, et justice, et sainteté, et rédemption [4], » afin « que celui qui se glorifie se glorifie, » non point en lui-même, mais uniquement « en Notre-Seigneur [5]. »

Voilà, ô mon Dieu, le sacrifice que je vous offre : et l'oblation

---

[1] *Psal.* XXVI, 1. — [2] *Ephes.*, V, 8. — [3] *Ibid.* — [4] I *Cor.*, I, 30, 31. — [5] II *Cor.* X, 17.

pure de la nouvelle alliance, qui vous doit être offerte en Jésus-Christ et par Jésus-Christ dans toute la terre. Je vous l'offre, ô Dieu vivant et éternel : autant de fois que je respire, je veux vous l'offrir : autant de fois que je pense, je souhaite de penser à vous, et que vous soyez tout mon amour. Car je vous dois tout : vous n'êtes pas seulement la lumière de mes yeux ; mais si j'ouvre les yeux pour voir la lumière que vous leur présentez, c'est vous-même qui m'en inspirez la volonté.

O Seigneur, de qui je tiens tout, je vous aimerai à jamais : je vous aimerai, ô Dieu, qui êtes ma force : allumez en moi cet amour : envoyez-moi du plus haut des cieux et de votre sein éternel votre Saint-Esprit, ce Dieu amour, qui ne fait qu'un cœur et qu'une ame de tous ceux que vous sanctifiez : qu'il soit la flamme invisible qui consume mon cœur d'un saint et pur amour ; d'un amour qui ne prenne rien pour soi-même, pas la moindre complaisance, mais qui vous renvoie tout le bien qu'il reçoit de vous.

O Dieu, votre Saint-Esprit peut seul opérer cette merveille : qu'il soit en moi un charbon ardent, qui purifie de telle sorte mes lèvres et mon cœur, qu'il n'y ait plus rien du mien en moi ; et que l'encens que je brûlerai devant votre face, aussitôt qu'il aura touché ce brasier ardent que vous allumerez au fond de mon ame, sans qu'il m'en demeure rien s'exhale tout en vapeurs vers le ciel, pour vous être en agréable odeur. Que je ne me délecte qu'en vous, en qui seul je veux trouver mon bonheur et ma vie, maintenant et aux siècles des siècles. *Amen, Amen.*

OPUSCULES.

QUESTIONS ET RÉPONSES (a).

1.

Demande. — Comment peuvent s'accorder ces paroles : « Dieu veut que tous les hommes soient sauvés, » avec le mystère de la prédestination ?

Réponse. — La bonté générale et paternelle de Dieu pour tous les hommes, n'empêche pas le choix particulier et spécial qu'il fait de certains au-dessus des autres, pour les appeler à son royaume et en faire les membres vivans et inséparables de Jésus-Christ.

Demande. — De quoi sert-il de demander dans ses prières d'être du nombre des élus, puisque si nous n'en sommes pas de toute éternité, nous ne pouvons changer notre sort ?

Réponse. — Quand nous demandons à Dieu ce qu'il veut de toute éternité, ce n'est pas pour le changer, mais pour nous y conformer : autrement il ne faudroit jamais prier, puisque Dieu sait bien ce qu'il veut faire pour toutes choses, et qu'il ne le sait et ne le veut pas d'aujourd'hui, mais de toute éternité.

Demande. — Comment s'accordent ces paroles de Notre-Seigneur

(a) Les Visitandines de Meaux et les autres religieuses du diocèse adressoient à Bossuet, en toute confiance et toute liberté, les difficultés qu'elles rencontroient, soit dans la doctrine chrétienne, soit dans la vie spirituelle. Lorsque le saint évêque ne pouvoit résoudre de vive voix ces difficultés dans les conférences qu'il donnoit fréquemment au parloir des monastères, il répondoit « à ses chères filles en Jésus-Christ » dans d'admirables écrits, qui respirent la foi la plus vive et la plus ardente piété. De là les questions et les réponses qu'on va lire. Nous appelons l'attention sur les principes du docte et saint prélat concernant la communion fréquente.

Les trois premiers opuscules de notre recueil furent publiés en 1774, chez Jacques Barois, à Paris. Ils ne se trouvent pas dans l'édition de Déforis, ni par conséquent dans les éditions suivantes.

en saint Matthieu et en saint Marc : « Ceci est mon sang, le sang du Nouveau Testament qui est répandu pour plusieurs, » avec celles de saint Paul *aux Romains,* chapitre v : « Comme c'est par le péché d'un seul que tous les hommes sont tombés dans la condamnation, ainsi c'est par la justice d'un seul que tous les hommes reçoivent la justification de la vie; » et ces autres de saint Jean, chapitre II : « C'est lui qui est la victime de propitiation pour nos péchés, et non-seulement pour les nôtres, mais pour ceux de tout le monde ? »

Réponse. — Saint Paul nous apprend que Dieu est le Sauveur de tous, mais principalement des fidèles, I *Tim.,* IV, 10; et on peut ajouter par d'autres passages, principalement des élus. Jésus-Christ est donc le prix de tous, parce qu'il n'a exclu personne du bénéfice de la rédemption; mais il y en a plusieurs pour qui il s'offre par une prédilection particulière et avec effet, et ce sont ceux-là qu'il appelle « plusieurs. » En un mot, il s'offre pour tous, mais principalement pour ceux qui par une foi sincère reçoivent le fruit de sa mort; et cette foi, c'est lui qui la donne.

Demande. — Si Jésus-Christ n'a répandu son sang efficacement que pour les élus, personne n'étant assuré d'être de ce fortuné nombre, comment peut-on croire et dire qu'il est mort pour soi en particulier ?

Réponse. — Tous ceux qui sont baptisés, tous ceux qui reçoivent les sacremens, et qui tâchent de les bien recevoir, sont assurés dès là que Jésus-Christ est mort pour eux, puisque tout cela n'est qu'un effet et une application de sa mort; mais la vraie marque qu'on a en soi-même que Jésus-Christ est mort pour soi en particulier, est de faire ce qui lui plaît, attendre tout de sa grace et s'abandonner entièrement à son infinie bonté.

Demande. — Les raisonnemens que j'ai faits malgré moi, ont produit un très-grand trouble dans mon esprit : car sur les premières marques ci-dessus je me suis trouvée dans l'impossibilité de m'occuper d'aucun mystère à cause des réflexions qui me viennent; et même je me suis trouvée insensible à tous les mystères par ce principe, que si je n'étois pas du nombre heureux des élus, Jésus-Christ ne les avoit pas opérés pour moi : vous voyez que

QUESTIONS ET RÉPONSES.   487

tout cela conduit à de grandes inquiétudes, et empêche entièrement les sentimens de reconnoissance et d'amour?

Réponse. — Ces pensées, quand elles viennent dans l'esprit et qu'on ne fait que de vains efforts pour les dissiper, doivent se terminer à un abandon total de soi-même à Dieu, assuré que notre salut est infiniment mieux entre ses mains qu'entre les nôtres, et c'est là seulement qu'on trouve la paix : c'est là que doit aboutir toute la doctrine de la prédestination, et le secret du souverain Maître qu'il faut adorer, et non pas le sonder. Il faut se perdre dans cette hauteur et dans cette profondeur impénétrable de la sagesse de Dieu, et se jeter comme à corps perdu dans son immense bonté en attendant tout de lui, sans néanmoins se décharger du soin qu'il nous demande pour notre salut.

Demande. — Il y a longtemps que je suis tourmentée de ces réflexions, que j'ai tâché de dissiper en croyant en général tout ce que l'Eglise croit; mais je trouve que cela me cause tant de peine dans le temps où je devrois être tout occupée de Dieu, que je me suis crue obligée de vous exposer toutes mes difficultés, et de vous supplier de me les résoudre comme les suivantes.

Réponse. — La fin de ce tourment doit être de vous abandonner à Dieu, qui par ce moyen sera obligé par sa bonté et par ses promesses de veiller sur vous. Voilà le vrai dévouement pour vous durant le temps de cette vie, de toutes pensées qui viennent sur la prédestination; après cela il se faut reposer, non sur soi, mais uniquement sur Dieu et sur sa bonté paternelle.

Demande. — Comment s'accordent ces paroles de saint Paul *aux Romains:* « Je trouve en moi la volonté de faire le bien, mais je ne trouve pas le moyen de l'accomplir, » avec ces autres : « C'est Dieu qui inspire le vouloir et le faire? »

Réponse. — On trouve dans la grace de Dieu le moyen d'accomplir le bien mais non pas dans toute la perfection, parce qu'on ne l'accomplit qu'imparfaitement dans cette vie, où l'on est toujours combattu et où l'on a par conséquent toujours à combattre; mais il faut espérer en celui qui seul nous donne la victoire. Ainsi lorsqu'on trouve le bien en soi, quelque petit qu'il soit, on doit croire que ce commencement tel quel vient de Dieu; et il faut le prier d'achever son œuvre, en se donnant à lui de tout son cœur et à l'opération de sa grace.

Demande. — Comment une personne qui ne connoît point en elle de grands crimes, peut-elle se dire et se croire la plus méchante des créatures, et demander à Dieu dans ses prières qu'il la retire de l'état de mort où elle est, qu'il lui rende la vie, et le reste de cette nature ?

Réponse. — Nous portons dans notre fond le principe, la source et la disposition à tous les péchés, auxquels nous serions livrés et précipités de l'un à l'autre, si Dieu ne nous en préservoit malgré notre pente naturelle. Ceux donc que Dieu en a préservés, ont reçu un grand don, mais qui les rend plus ingrats, plus infidèles et plus coupables que les autres qui n'en ont pas reçu de si grands ; en ce sens ils se doivent regarder comme les plus grands pécheurs, parce que Dieu juge de l'ingratitude d'une ame par les graces qu'elle a reçues. On se doit aussi regarder comme coupable devant Dieu, de tous les péchés dans lesquels nous tomberions si nous n'étions soutenus : on se doit regarder comme mort devant lui, parce que s'il nous laissoit un moment à nous-mêmes, notre perte seroit inévitable. Mais il est bon, et il ne nous abandonne point que nous ne l'abandonnions les premiers. Enfin le salut est dans la confiance en la bonté de Dieu; qui espère en lui n'est point confondu, et on ne sauroit trop y espérer, pourvu qu'en même temps on tâche de travailler avec sa grace qui nous est donnée abondamment.

II.

Demande. — Que faut-il faire, quand à la lecture des pieux auteurs ou d'un écrit, ou à l'occasion d'un sermon, on se sent touché et pénétré, et qu'on craint de n'en pas profiter?

Réponse. — Pleurer à un sermon ou dans la lecture des pieux auteurs ou de quelque écrit, c'est une grace qu'il ne faut pas rejeter quand elle vient, ni aussi l'estimer trop pour s'y appuyer ou pour s'affliger quand elle ne vient pas. C'est là que je permets une espèce d'indifférence, pourvu qu'on ait toujours la résolution dans le cœur d'être fidèle à Dieu de tout son pouvoir.

Demande. — Quand un évêque ou d'autres personnes éclairées conseillent contre la pratique de quelques confesseurs, à des religieuses, l'usage fréquent de la sainte communion ; et que les confesseurs rapportent tous les passages les plus forts des écrivains célèbres et des Pères, pour autoriser leur conduite, ce qui détourne insensiblement les ames foibles et timides de la fréquente communion, que doit-on faire ?

Réponse. — Je remédierai autant que je pourrai de mon côté à ce désordre, et je ne permettrai pas qu'on établisse là-dessus de fausses maximes et d'excessives rigueurs. Ceux qui ramassent avec tant de soin les sentences des Pères seroient bien étonnés en voyant celles où ils disent que la multitude des péchés, ce qui s'entend des véniels, loin d'être un obstacle à la communion, est une raison pour s'en approcher ; et que quiconque peut communier une fois l'an, peut communier tous les jours. Si ces passages ont leurs correctifs, les autres plus rigoureux en ont aussi ; et moi, sans entrer dans les règles qu'on peut donner aux gens du monde à cause de la multiplicité des occupations et des distractions de la vie séculière, j'assurerai bien que dans la vie religieuse c'est presque une règle de faire communier souvent, même celles qui craignent de le faire.

Demande. — Est-ce mal de croire qu'on n'a pas la grace pour avancer plus dans la vertu, et que Dieu peut-être ne nous veut pas plus saintes que nous ne sommes ?

Réponse. — C'est très-mal fait d'attribuer notre peu d'avancement au défaut de la grace, et d'ailleurs c'est trop sonder le secret de Dieu ; il n'y a toujours qu'à marcher devant soi sans s'arrêter.

Demande. — Quand les consolations sont sensibles et que l'on craint qu'il ne s'y mêle du naturel, est-on obligé d'y renoncer et de faire quelques actes pour cela, afin de se rassurer ?

Réponse. — Il faut tâcher de prendre le pur et le spirituel en tout, et de laisser là le naturel qui s'y voudroit mêler : une pure intention fait ce discernement.

Demande. — Doit-on suivre l'avis du P. Toquet, de demander à Dieu, quand on est plus avancé, d'être privé des douceurs et des consolations spirituelles, parce qu'elles sont des récompenses données en ce monde, qui tiennent lieu de plus grandes dans l'autre : est-ce manquer de courage de ne le pas faire ?

Réponse. — Je ne vois point dans l'Ecriture, ni dans les anciens Pères ces sortes de prières. Quand le P. Toquet les conseille, un si saint homme a ses raisons. Pour moi, je ne veux point que les ames humbles fassent ainsi les dédaigneuses et les dégoûtées, en rejetant les petits dons pour en obtenir de plus grands. Laissons faire Dieu ; alors, bon d'être soumise et sans attache.

Demande. — Demeurer aussi pleine de défauts et ne profiter pas des larmes et des graces de Dieu, est-ce une marque qu'elles sont naturelles, quoiqu'elles arrivent en entendant la parole de Dieu?

Réponse. — La règle pour toutes les graces est en effet d'en profiter, mais qui sait quel est ce profit ?

Demande. — Est-il permis, Monseigneur, de se dissiper au dehors pour faire passer de certaines touches de Dieu, quand on craint d'être aperçue. On sent en se dissipant que tout s'en va, et on est fâché après d'avoir tout perdu ?

Réponse. — C'est bien fait de cacher le don de Dieu par la crainte d'être aperçue, mais sans trop de violence.

Demande. — Les personnes qui ont commis de grands péchés, dont il ne reste aucun vestige si ce n'est par tentation, doivent-elles communier aussi souvent que celles qui ont mené une vie innocente? Quand elles croient y être attirées, n'est-ce pas une tentation?

Réponse. — Cela dépend des dispositions présentes, sans trop s'inquiéter du passé ; et la fréquente communion est un remède qu'on peut appliquer contre les restes du mal, quand on le voit diminuer.

Demande. — Si ces personnes sont religieuses, peuvent-elles suivre les règles établies dans leur communauté pour la fréquente communion, si c'est depuis leur profession qu'elles ont fait de grandes fautes ?

Réponse. — Non-seulement elles le peuvent, mais encore régulièrement elles le doivent; et après avoir expié leurs fautes par une sincère pénitence, elles peuvent rentrer dans l'ordre commun. La rédemption est abondante du côté de Dieu ; que la fidélité à la recevoir soit égale de notre côté. Interposons souvent dans nos prières le nom adorable de notre Sauveur, à l'exemple de l'Eglise qui conclut toutes ses prières par ces paroles : *Per Dominum*, etc.

III.

Demande. — Comment se défaire de soi-même puisque nous sommes toujours avec nous?

Réponse. — Saint François de Sales dit « que l'amour-propre ne meurt jamais qu'avec nous, » c'est-à-dire avec nos corps; il faut toujours que nous sentions ses attaques sensibles et ses pratiques secrètes ; mais nous devons nous beaucoup humilier, nous défier de nous-mêmes; et sans nous décourager, nous confier pleinement à Dieu en tâchant de rendre involontaires ces mouvemens qui nous sont si propres et si naturels durant cette misérable vie.

Demande. — Qu'est-ce que porter devant Dieu à l'oraison non-seulement un fond soumis, mais un laisser-faire ? Qu'est-ce que ce laisser-faire ?

Réponse. — Ce mot signifie deux choses : le faire de Dieu et le laisser-faire de la créature. Quand l'ame cesse d'opérer par elle-même et qu'elle s'offre à Dieu par des dispositions à recevoir l'opération de sa grace, alors elle est dans l'état que Dieu désire d'elle.

Demande. — N'est-ce point une oisiveté que de demeurer sans rien faire, sous prétexte de laisser faire Dieu ?

Réponse. — Ce n'est pas ne rien faire que d'être soumise à Dieu, au contraire c'est alors que l'on fait davantage ce qu'il veut de nous. Un arbre l'hiver ne produit rien, il est couvert de neige ; tant mieux ! La gelée, les vents, les frimas le couvrent tout ; pensez-vous donc qu'il ne fasse rien pendant qu'il est ainsi tout sec au dehors? Sa racine s'étend et se fortifie et s'échauffe par la neige même : et quand il est étendu dans ses racines, il est en état de produire de plus excellens fruits dans la saison. L'ame sèche, désolée, aride et en angoisse devant Dieu, croit ne rien faire ; mais elle se fond en humilité et elle s'abîme dans son néant : alors elle jette de profondes racines pour porter les fruits des vertus et toutes sortes de bonnes œuvres au goût de Dieu.

Demande. — Quel est le moyen le plus court et le plus sûr pour parvenir à la vraie humilité, si difficile à acquérir ?

Réponse. — Saint Bernard y répond admirablement, lorsqu'il dit que le chemin à l'humilité c'est l'humiliation ; quand on se sert de tout ce qu'il y a dans la vie chrétienne de contraire à l'orgueil de l'homme pour avancer dans la vertu, c'est assurément le chemin le plus court : porter le fardeau de la loi de Dieu, le poids de sa divine conduite et tout ce qu'il lui plaît de nous envoyer par sa providence, s'anéantir sous sa main puissante, marcher et avancer toujours ainsi dans le chemin de la vertu et ne s'arrêter jamais.

Demande. — L'Ecriture dit dans un endroit : « Je ferai que vous fassiez ce qui est de mes ordonnances. »

Réponse. — Il faut demander à Dieu qu'il fasse que nous marchions toujours dans ses voies par l'opération de son Esprit, avec la plus humble dépendance des mouvemens de sa grace, et de marcher ainsi sans discontinuer un seul moment.

Demande. — Il est dit encore ailleurs : « Soutenez les attentes du Seigneur. »

Réponse. — C'est qu'il y a des temps où Dieu veut envoyer des secours particuliers ; mais il en faut attendre les moments, et l'ame doit être ferme, constante et patiente, pour soutenir cette longue attente avec la soumission et l'abandon qu'il demande d'elle.

SUR LES VISITES DU SEIGNEUR,

L'ATTENTION A LUI PLAIRE, L'EFFICACE DE LA PAROLE DE DIEU.

PENSÉES DÉTACHÉES.

I. Il y a un jour que Dieu seul sait, après lequel il n'y a plus pour l'ame aucune ressource ; c'est parce que Jésus-Christ a dit : « Tu n'as pas connu, ô Jérusalem, le temps où Dieu te visitoit [1] ; » espère encore, il est encore temps ; et si jusqu'ici tu as été insen-

---

[1] *Luc.*, XIX, 44.

sible à ta propre perte, pleure aujourd'hui et tu vivras : car c'est le grand signe de la miséricorde divine, de reconnoître sa misère et d'en gémir sincèrement.

II. Nous devrions tellement nous occuper de Dieu en nous tenant en sa divine présence, que nuit et jour rien ne nous revienne tant dans l'esprit que le soin et le désir de le contenter en tout, de l'aimer et de lui plaire. Certainement c'est un grand don de Dieu que de l'aimer, et d'être toujours pressé d'un ardent désir d'augmenter dans son amour.

III. La médecine des ames malades, c'est la parole de Jésus-Christ. Prendre cette médecine, c'est la lire avec respect et attention, y réfléchir et la méditer en esprit de prière. Le fondement du salut, c'est de croire et de s'unir non-seulement à la vérité en général, mais encore à chaque vérité particulière qu'on lit, par un acte de foi qu'on fait dessus. Le commencement du salut, c'est lorsque ces vérités reviennent comme d'elles-mêmes dans la mémoire, et y ramènent l'attention à Dieu et au salut; le fruit, c'est de vaincre ses passions, et de devenir plus fort et plus courageux par cette victoire; l'effet accompli de ce remède céleste, c'est de rendre l'ame parfaitement saine : elle le seroit d'abord, si elle le vouloit. Car comme sa maladie est le déréglement de sa volonté, sa santé seroit parfaite par un seul acte parfait de sa volonté pour plaire en tout à Dieu. La force ne manque pas au remède. La parole de Jésus-Christ est vive et efficace ; elle pénètre jusqu'à la moelle, jusque dans l'intérieur de l'ame : une vertu divine l'accompagne, et Jésus-Christ ne manque jamais de parler au dedans à ceux qui s'affectionnent au dehors à sa sainte parole. Le respect que lui portent ces ames fidèles, est même une marque qu'il leur a déjà parlé.

RÉFLEXIONS

SUR

QUELQUES PAROLES DE JÉSUS-CHRIST.

Et moi je vous dis : Ne résistez point à celui qui vous traite mal. Matth., v, 39.

Ne point résister au prochain qui nous traite mal, c'est ne se point mettre en danger de perdre la patience, la charité, la douceur, la modération; car ce sont des biens que nous devons avoir principalement soin de conserver. Ne point résister, c'est vaincre en vertu celui qui nous veut attaquer, et c'est ainsi qu'il faut être plus fort que lui : ne point résister, c'est ôter au feu le moyen de s'allumer, ne répondant rien et adoucissant tout.

Bienheureux sont les doux, parce qu'ils posséderont la terre. Matth., v, 4.

Apprenez de moi que je suis doux et humble de cœur. Matth., xi, 29.

Pour entretenir le bon ordre et la paix dans votre communauté, pour gagner peu à peu tous les cœurs, pour persuader sans difficulté et sans disputer, pour entraîner les autres sans effort, pour attirer les personnes les plus éloignées de suivre le bon chemin, il n'y a qu'à pratiquer envers elles la douceur, mais la pratiquer comme Jésus-Christ : car il ne suffit pas d'être doux, si on ne l'est comme lui. Il est vrai que pour y parvenir il faut beaucoup prendre sur soi. Il faut compatir, excuser, supporter, condescendre, se soumettre, s'humilier, et j'avoue que cela est très-difficile. Mais souvenons-nous que la grande vertu, la grande sévérité du christianisme consiste dans la pratique de la charité, de l'humilité et de la douceur, dans la patience et le pardon de toutes les offenses les plus sensibles; et que c'est une grande illusion que de vouloir chercher la perfection hors de là, ou de prétendre la trouver sans cela.

Saint François de Sales s'est adonné à un continuel exercice de douceur pour l'intérêt de la foi, et nous devons nous y attacher pour l'intérêt de la charité. Car la charité ne nous doit pas être moins précieuse que la foi, et nous ne devons pas faire moins pour l'une que pour l'autre. La miséricorde veut qu'on fasse du bien à son prochain en toutes rencontres, qu'on ne le juge jamais, qu'on ne le condamne point, et que dans ses peines et afflictions on l'assiste et le console.

Si le grain de froment, dit Jésus-Christ, *ne tombe en terre et ne meurt, il demeure seul; mais s'il meurt, il se multiplie et porte beaucoup de fruit.* Joan., XII, 24, 25.

Nous sommes ce grain de froment, et nous avons un germe de vie caché en nous-mêmes : c'est par là que nous pouvons porter beaucoup de fruit, et du fruit pour la vie éternelle; mais il faut pour cela que tout meure en nous; il faut que le germe de vie se dégage, et se débarrasse de tout ce qui l'enveloppe. La fécondité de ce grain ne paroît qu'à ce prix. Tombons donc et cachons-nous en terre; humilions-nous; laissons périr tout l'homme extérieur, la vie des sens, la vie du plaisir, la vie de l'honneur, la vie du corps. Entendons bien la force de ce mot : « Se haïr soi-même [1]. » Si les choses de la terre n'étoient que viles et de nul prix, il suffiroit de les mépriser; si elles n'étoient qu'inutiles, il suffiroit de les laisser là; s'il suffisoit de donner la préférence au Sauveur, il se seroit contenté de dire comme ailleurs : « Si on aime ces choses plus que moi, on n'est pas digne de moi [2]. » Mais pour nous montrer qu'elles sont nuisibles, il se sert du mot de *haine*. Entendons par là le courage que demande le christianisme : tout perdre, tout sacrifier. Cette vie est une tempête; il faut soulager le vaisseau, quoi qu'il en coûte : car que serviroit-il de tout sauver, si soi-même il faut périr?

Périsse donc pour nous tout ce qui nous plaît; qu'il s'en aille en pure perte pour nous. Haïr son ame, c'est haïr tous les talens et

---

[1] *Luc.*, XIV, 26. — [2] *Matth.*, X, 37.

tous les avantages naturels, comme étant à nous ; et peut-on s'en glorifier quand on les hait? Mais peut-on ne les pas haïr, quand on considère qu'ils ne nous servent qu'à nous perdre dans l'état d'aveuglement et de foiblesse où nous sommes, toujours en danger de tout rapporter à nous, au lieu de tendre à Dieu par ses dons? Gloire, fortune, réputation, santé, beauté, esprit, savoir, adresse, habileté, tout nous perd : le goût même de notre vertu nous perd plus que tout le reste. Il n'y a rien que Jésus-Christ ait tant répété et tant inculqué que ce précepte : « Si on veut être mon disciple, il faut, dit-il, haïr son père, sa mère, ses frères et sœurs, femme et enfans, et sa propre ame, » et tout le sensible en nous ; alors cette fécondité intérieure développera toute sa vertu, et nous porterons beaucoup de fruit.

Notre-Seigneur ajoute encore : « Qui aime son ame, la perdra. » C'est la perdre que de chercher à la satisfaire ; il faut qu'elle perde tout, et qu'elle se perde elle-même, qu'elle se haïsse, qu'elle se refuse tout, si elle veut se garder pour la vie éternelle.

Toutes les fois que quelque chose de flatteur se présente à nous, songeons à ces paroles : « Qui aime son ame, la perd. » Toutes les fois que quelque chose de dur et de pesant se présente, songeons aussitôt : Haïr son ame, c'est la sauver. Ainsi nous vivrons de la foi, et nous serons de vrais justes dans l'esprit et les maximes de l'Evangile.

SUR LA PRIÈRE.

Prier Dieu véritablement, c'est lui exposer avec humilité nos misères, et lui demander d'en avoir compassion selon la grandeur de sa miséricorde et des mérites de Jésus-Christ. « Demandez, et vous recevrez ; frappez, et on vous ouvrira ; cherchez, et vous trouverez [1]. » Ce sont trois degrés et comme trois instances qu'il faut faire persévéramment, et coup sur coup. Mais que faut-il demander à Dieu? Saint Jacques nous le dit : « Si quelqu'un manque de sagesse, qu'il la demande à Dieu, qui donne abon-

---

[1] *Matth.*, VII, 7, 8.

damment à tous sans jamais reprocher ses bienfaits [1]. » Mais il faut demander la sagesse d'en haut avec confiance et sans hésiter dans son cœur. C'est ce que Notre-Seigneur nous apprend lui-même : « En vérité, en vérité, je vous le dis, que si vous aviez de la foi et que vous n'hésitiez pas, vous obtiendriez tout, jusqu'à précipiter les montagnes dans la mer ; et je vous le dis encore un coup, tout ce que vous demanderez dans votre prière, croyez que vous le recevrez et il vous arrivera [2]. »

Regardons donc où nous en sommes par nos péchés, et demandons à Dieu notre conversion avec foi, et ne disons pas qu'il est impossible : car quand nos péchés seroient d'un poids aussi accablant qu'une montagne, prions et il cédera à la prière ; croyons que nous obtiendrons ce que nous demandons. Jésus-Christ se sert exprès de cette comparaison familière, pour nous montrer que tout est possible à celui qui prie et à celui qui croit. Animons donc notre courage, ô chrétiens, et jamais ne désespérons de notre salut.

Apprenons maintenant ce que c'est que de frapper, et qu'il faut persévérer à frapper jusqu'à nous rendre importuns si cela se pouvoit : car il y a une manière de forcer Dieu, et de lui arracher pour ainsi dire ses graces ; et cette manière, c'est de demander et de crier sans relâche à son secours avec une ferme foi et une humble et haute confiance. D'où il faut conclure avec l'Evangile : « Demandez, et on vous donnera ; cherchez, et vous trouverez ; frappez, et on vous ouvrira. » Ce que Jésus répète encore une fois en disant : « Car quiconque demande, reçoit ; quiconque cherche, trouve ; et on ouvre à celui qui frappe. »

Il faut donc prier pendant le jour, prier pendant la nuit autant de fois qu'on s'éveille ; et quoique Dieu semble ne pas écouter ou même nous rebuter, frappons toujours, attendons tout de Dieu, et cependant agissons aussi : car il ne faut pas seulement demander comme si Dieu devoit tout faire tout seul, mais encore chercher de notre côté et faire agir notre volonté avec la grace ; car tout se fait par ce concours : mais il ne faut jamais oublier que c'est toujours Dieu qui nous prévient, et c'est là le fondement de l'humilité.

---

[1] *Jacob.*, I, 5. — [2] *Matth.*, XXI, 21, 22.

Jésus-Christ dit encore « qu'il faut toujours prier, et ne cesser jamais [1]. » Cette prière perpétuelle ne consiste pas dans une continuelle contention d'esprit, qui ne feroit qu'épuiser les forces, et dont on ne viendroit peut-être pas à bout. Cette prière perpétuelle se fait lorsque, ayant prié aux heures réglées, on recueille de sa prière ou de sa lecture quelques vérités que l'on conserve dans son cœur et que l'on rappelle sans effort, en se tenant le plus qu'on peut dans l'état d'une humble dépendance envers Dieu, en lui exposant ses besoins, c'est-à-dire les lui remettant devant les yeux sans rien dire. Alors comme la terre entr'ouverte et desséchée semble demander la pluie, seulement en exposant au ciel sa sécheresse ; ainsi l'ame, en exposant ses besoins à Dieu, le prie véritablement. C'est ce que dit David : « Mon ame, Seigneur, est devant vous comme une terre desséchée et sans eau [2]. » Ah ! Seigneur, je n'ai pas besoin de vous prier ; mon besoin vous prie, ma nécessité vous prie, toutes mes misères et toutes mes foiblesses vous prient : tant que cette disposition dure, on prie sans prier ; tant qu'on demeure attentif à éviter ce qui met en danger de déplaire à Dieu et qu'on tâche de faire en tout sa volonté, on prie, et Dieu entend ce langage.

O Seigneur, devant qui je suis et à qui ma misère paroît tout entière, ayez-en pitié ; et toutes les fois qu'elle paroîtra à vos yeux, ô Dieu infiniment bon, qu'elle sollicite pour moi vos miséricordes. Voilà une manière de prier toujours, et peut-être la meilleure.

Apprenons encore à demander par Jésus-Christ, par Jésus-Christ, c'est demander sa gloire, c'est interposer le sacré nom du Sauveur, c'est mettre sa confiance en ses bontés et aux mérites infinis de son sang. Ce qu'on demande par le Sauveur doit être principalement le salut, le reste est comme l'accessoire ; on est assuré d'obtenir quand on demande en un tel nom, auquel le Père ne peut rien refuser. Si donc on n'obtient pas, c'est qu'on demande mal, ou qu'on ne demande pas ce qu'il faut demander. Demander mal, c'est demander sans foi : si vous demandez avec foi et persévérance, vous l'obtiendrez : demandons notre conversion, et nous l'obtiendrons.

[1] *Luc.*, XVIII, 1. — [2] *Psal.* CXLII, 6.

Le fruit de la doctrine de Jésus-Christ sur la prière, doit être de s'y rendre fidèle aux heures qu'on y a consacrées. Fût-on distrait au dedans, si on gémit de l'être, si on souhaite seulement de ne l'être pas et qu'on demeure humble et recueilli au dehors, l'obéissance qu'on rend à Dieu et à l'Eglise, à la règle de son état, l'attention à observer les cérémonies et tout ce qui est de l'extérieur de la piété, prononçant bien les paroles, etc., on prie alors par état et par disposition, par volonté, mais surtout si on s'humilie de ses sécheresses, de ses distractions. O que la prière est agréable à Dieu, quand elle mortifie le corps et l'ame! Qu'elle obtient de graces et qu'elle expie de péchés!

SUR LA PRIÈRE
AU NOM DE JÉSUS-CHRIST.

Toutes les fois que nous disons : *Per Dominum nostrum Jesum Christum*, et nous devons le dire toutes les fois que nous prions, ou en effet, ou en désir et en intention, n'y ayant point d'autre nom par lequel nous devions être sauvés : toutes les fois donc que nous le disons, nous devons croire et connoître que nous sommes sauvés par grace, uniquement par Jésus-Christ et par ses mérites infinis; non que nous soyons sans mérites, mais à cause que nos mérites sont ses dons, et que ceux de Jésus-Christ en font tout le prix, parce que ce sont les mérites d'un Dieu. C'est ainsi qu'il faut prier par Notre-Seigneur Jésus-Christ; et l'Eglise qui le fait toujours, reçoit par là tout l'effet de la divine prière qu'il fit pour nous la veille de sa passion. Si elle célèbre la grace et la gloire des saints apôtres, qui sont les chefs du troupeau, elle reconnoît l'effet de la prière que Jésus-Christ a faite distinctement pour eux. Mais les saints, qui sont consommés dans la gloire, n'ont pas moins été compris dans la vue et dans l'intention de Jésus-Christ, encore qu'il ne l'ait pas exprimé. Qui doute qu'il n'y vît tous ceux que son Père lui avoit donnés dans la suite des siècles, et pour lesquels il alloit s'immoler avec un amour particulier? Entrons donc avec Jésus-Christ et en Jésus-Christ dans la construction de tout le corps de l'Eglise ; et rendant graces avec elle par Jésus-Christ pour tous ceux qui sont déjà consommés en lui, demandons l'accomplissement de tout le corps mystique de ce divin Chef et de toute la société des saints. Demandons en même temps, avec confiance, que nous nous trouvions rangés dans ce nombre bienheureux et fortuné. Ne doutons point que cette grace ne nous soit donnée, si nous persévérons à la demander par pure miséricorde et par grace, c'est-à-dire par les mérites infinis du sang précieux de Jésus-Christ, qui a été versé pour nous et dont nous avons le gage sacré dans l'Eucharistie.

PRIÈRE.

O mon Sauveur, mon Médiateur et mon Avocat, je n'ai rien à espérer que par vous : j'entre dans vos voies pour obéir à vos préceptes ; ainsi je justifie ce que vous dites : « Je suis la voie [1]. » C'est par vous qu'il faut aller ; c'est par vous qu'il faut demander; c'est par vous qu'il faut demander vos graces.

Tant de vérités sont renfermées dans ces paroles : *Per Dominum nostrum Jesum Christum.* Toutes les fois qu'elles retentissent à nos oreilles ou que nous les prononçons, rappelons ces vérités dans notre esprit et conformons-y notre cœur. Les vœux montent par Jésus-Christ; les graces viennent par lui; pour l'invoquer, il faut l'aimer et l'imiter ; c'est l'abrégé du christianisme.

DE LA MEILLEURE MANIÈRE

DE FAIRE L'ORAISON.

Tout ce qui unit à Dieu, tout ce qui fait qu'on le goûte, qu'on se plaît en lui, qu'on se réjouit de sa gloire, et qu'on l'aime si purement qu'on fait sa félicité de la sienne ; et que, non content des discours, des pensées, des affections et des résolutions, on en vient solidement à la pratique du détachement de soi-même et des créatures : tout cela est bon, tout cela est la vraie oraison. Il faut

---

[1] *Joan.*, XIV, 6.

observer de ne pas tourmenter sa tête, ni même trop exciter son cœur ; mais prendre ce qui se présente à la vue de l'ame avec humilité et simplicité, sans ces efforts violens qui sont plus imaginaires que véritables et fonciers ; se laisser doucement attirer à Dieu, s'abandonnant à son Esprit. S'il reste quelque goût sensible, on le peut prendre en passant sans s'en repaître, et aussi sans le rejeter avec effort ; mais se laisser couler soi-même en Dieu et en éternelle vérité par le fond de l'ame, aimant Dieu et non pas le goût de Dieu, sa vérité et non le plaisir qu'elle donne. Ne souhaitez pas un plus haut degré d'oraison pour être plus aimé de Dieu ; mais désirez d'être toujours de plus en plus uni à Dieu, afin qu'il vous possède. La meilleure oraison est celle où l'on s'étudie, avec plus de simplicité et d'humilité, à se conformer à la volonté de Dieu et aux exemples de Jésus-Christ, et celle où l'on s'abandonne le plus aux dispositions et aux mouvemens que Dieu met dans l'ame par sa grace et par son Esprit.

SUR LA RETRAITE

EN SILENCE, EN SIMPLICITÉ ET AVEC ABANDON (a).

Dieu bénisse votre retraite, ma chère fille ; entrez dans le cellier avec l'Epoux : que sa gauche soit votre soutien ; et que sa droite, sa divinité, vous couvre et vous protège. Menez l'Epoux à la campagne et au fond du désert, dans le plus intime cabinet de votre cœur : dans la maison de votre Mère, qui est l'Eglise, où son amour le rend toujours présent nuit et jour. Attendez là la consolation du bien-aimé, non selon votre volonté, mais selon la sienne, et donnez à l'aimer tout le temps que vous avez ; ce qui ne se fera pas en cette vie se fera en l'autre, et c'est là que s'accompliront les jouissances éternelles et spirituelles des noces de l'Agneau, où Dieu sera tout en tous. Cependant tenez bien le cher Epoux ; l'obéissance et l'humilité sont les chers liens qui

---

(a) Cet opuscule ne se trouve pas dans l'édition de Déforis, ni par conséquent dans les éditions suivantes. Il parut en 1748, chez Jacques Barois, à Paris.

l'enserrent, et dont il se laisse volontiers enserrer. Vous ne sauriez pousser trop loin votre amour pour la pauvreté; car plus vous serez dépouillée, plus vous serez riche. Dieu lui-même se donne à ce prix. Il est le trésor du cœur pauvre; il en fait son trône et le lieu de ses délices.

Au lieu de se tant effrayer de ses infidélités et de ses faiblesses, je voudrois qu'on dise au cher Epoux : Il est vrai, je suis une ingrate et une infidèle ; mais vous avez dit par vos prophètes : « O ames infidèles et perfides, revenez pourtant à moi, et je vous recevrai dans ma couche nuptiale et entre mes bras. » A quelque heure et à quelque moment qu'on revienne à Dieu de bonne foi, il est prêt.

Il ne faut pas tant chercher à faire tant de choses, mais livrer tout son cœur en proie à l'amour par une bonne volonté. Songez à ces paroles : « Les vrais adorateurs doivent adorer en esprit et en vérité. »

Lisez attentivement l'évangile de la Samaritaine, saint Jean, chapitre iv ; et apprenez à vous détacher de tout l'extérieur, pour vous attacher à Dieu en esprit et en vérité par le fond. Dites souvent : « Parlez, Seigneur, votre servante vous écoute. » Promettez au saint Epoux de faire par sa grace tout ce que vous pourrez selon vous, et il sera content. Mettez sérieusement la main à l'œuvre de votre perfection par le renoncement à vous-même, par l'humilité et par l'obéissance. La perfection se peut trouver dans une maison moins austère, comme dans celles où l'on observe de plus grandes règles. A chaque jour suffit son mal. Allez au jour la journée, heureuse de faire à chaque moment ce que veut le céleste Epoux. Quoi qu'il arrive, allez votre train.

Allez devant vous en paix, en confiance et en abandon. Celui qui est assis sur le trône a dit : « Voici que je fais toutes choses nouvelles. » Il faut se contenter de suivre l'attrait que Dieu donne par les seuls moyens qu'il nous offre, et ainsi il ne reste que la dépendance et la soumission. Regardez-vous libre de tous, en vous soumettant à tous; sauvez-vous par l'obéissance : elle sera d'autant plus pure qu'elle ne s'attachera point à la créature ; vous n'en ferez que mieux votre salut, quand vous vivrez dégagée de tout. Dieu vous relèvera et vous soutiendra. Si on vous permet de faire le bien où vous serez portée, vous jouirez avec action de graces de votre travail ; sinon, vous ferez toujours celui que vous pourrez : vos bons désirs vous tiendront lieu de tout devant Dieu, et Dieu prendra ces efforts sincères pour accomplissement de sa volonté. Allez cependant par où la porte vous est ouverte : dilatez votre cœur partout où vous trouverez Dieu et son sacrifice : ne vous embarrassez pas de vos peines avec cette condition. Dites le Psaume LXI. En espérance contre l'espérance : ne vous poussez point vous-même à bout par trop de violence ; le saint Epoux se contente de médiocres et de raisonnables efforts.

Humiliez-vous, et passez outre sur ces défauts de tempérament : il est rare qu'on les déracine tout à fait ; ils restent pour nous humilier et pour nous exercer. Combattez cependant toujours sans vous rebuter, mais ne comptez jamais sur une pleine victoire ; il faut cela, afin que toujours sous la main de Dieu, nous fassions notre soutien de notre besoin de son secours et de notre dépendance de sa grace.

Votre oraison doit être en foi, en humilité, en simplicité, en silence, en patience et en abandon, dans une confiance entière en la bonté de Dieu, sans vous troubler de vos impuissances et distractions non consenties.

Jésus-Christ dit qu'il est venu apporter le glaive : expirez sous sa main et sous son tranchant ; ne songez plus si on vous estime, ou si on vous méprise, si on pense à vous, ce qu'on en pense, ou si on n'y pense pas du tout.

Dites : Mon Dieu et mon tout ; mon bien-aimé est à moi, et je suis à lui. O sainte volonté de l'Epoux, vous êtes la paix du cœur, et toute sanctification est à vous accomplir. Laissons les créatures être ce qu'elles sont ; c'est assez pour nous que l'Epoux céleste soit toujours le même, et qu'il nous tienne inébranlables dans nos bonnes résolutions. Sa pure grace fait tout en nous, et il nous suffit. *Amen.*

MÉTHODE

POUR PASSER LA JOURNÉE DANS L'ORAISON, EN ESPRIT DE FOI ET DE SIMPLICITÉ DEVANT DIEU.

I. Il faut s'accoutumer à nourrir son ame d'un simple et amoureux regard en Dieu et en Jésus-Christ Notre-Seigneur ; et pour cet effet il faut la séparer doucement du raisonnement, du discours et de la multitude d'affections pour la tenir en simplicité, respect et attention, et l'approcher ainsi de plus en plus de Dieu, son unique souverain bien, son premier principe et sa dernière fin.

II. La perfection de cette vie consiste en l'union avec notre souverain bien, et tant plus la simplicité est grande, l'union est aussi plus parfaite. C'est pourquoi la grace sollicite intérieurement ceux qui veulent être parfaits, à se simplifier pour être enfin rendus capables de la jouissance de l'un nécessaire, c'est-à-dire de l'unité éternelle ; disons donc souvent du fond du cœur : *O unum necessarium, unum volo, unum quæro, unum desidero, unum mihi est necessarium, Deus meus et omnia.* O un nécessaire ! c'est vous seul que je veux, que je cherche et que je désire ! vous êtes mon un nécessaire, ô mon Dieu et mon tout !

III. La méditation est fort bonne en son temps, et fort utile au commencement de la vie spirituelle ; mais il ne faut pas s'y arrêter, puisque l'ame par sa fidélité à se mortifier et à se recueillir reçoit pour l'ordinaire une oraison plus pure et plus intime, que l'on peut nommer de simplicité, qui consiste dans une simple vue, regard ou attention amoureuse en soi vers quelque objet divin, soit Dieu en lui-même ou quelqu'une de ses perfections, soit Jésus-Christ ou quelqu'un de ses mystères, ou quelques autres vérités chrétiennes. L'ame quittant donc le raisonnement, se sert d'une douce contemplation qui la tient paisible, attentive et susceptible des opérations et impressions divines, que le Saint-Esprit lui communique : elle fait peu et reçoit beaucoup : son travail est doux, et néanmoins plus fructueux : et comme elle approche de plus près de la source de toute lumière, de toute grace et de toute vertu, on lui en élargit aussi davantage.

IV. La pratique de cette oraison doit commencer dès le réveil, en faisant un acte de foi de la présence de Dieu, qui est partout, et de Jésus-Christ, les regards duquel, quand nous serions abîmés au centre de la terre, ne nous quittent point. Cet acte est produit ou d'une manière sensible et ordinaire, comme qui diroit intérieurement : Je crois que mon Dieu est présent; ou c'est un simple souvenir de foi, qui se passe d'une façon plus pure et spirituelle de Dieu présent.

V. Ensuite il ne faut pas se multiplier à produire plusieurs autres actes ou dispositions différentes, mais demeurer simplement attentif à cette présence de Dieu, exposé à ses divins regards, continuant ainsi cette dévote attention ou exposition tant que Notre-Seigneur nous en fera la grace, sans s'empresser à faire d'autres choses que ce qui nous arrive, puisque cette oraison est une oraison avec Dieu seul, et une union qui contient en éminence toutes les autres dispositions particulières et qui dispose l'ame à la passiveté, c'est-à-dire que Dieu devient le seul maître de son intérieur et qu'il y opère plus particulièrement qu'à l'ordinaire : tant moins la créature travaille, tant plus Dieu opère puissamment; et puisque l'opération de Dieu est un repos, l'ame lui devient donc en quelque manière semblable en cette oraison, et y reçoit aussi des effets merveilleux; et comme les rayons du soleil font croître, fleurir et fructifier les plantes, ainsi l'ame qui est attentive et exposée en tranquillité aux rayons du divin Soleil de justice, en reçoit mieux les divines influences qui l'enrichissent de toute sorte de vertus.

VI. La continuation de cette attention en foi, lui servira pour remercier Dieu des graces reçues pendant la nuit, et en toute sa vie d'offrande de soi-même et de toutes ses actions, de direction d'intention et autres, etc.

VII. L'ame s'imaginera de perdre beaucoup par l'omission de tous ces actes, mais l'expérience lui fera connoître qu'au contraire elle y gagne beaucoup, puisque plus la connoissance qu'elle aura de Dieu sera plus grande, son amour sera aussi plus pur, ses intentions plus droites, son aversion pour le péché plus forte, son recueillement, sa mortification et son humilité plus continuelles.

VIII. Cela n'empêchera pas qu'elle ne produise quelques actes de vertus, intérieurs ou extérieurs, quand elle s'y sentira portée par le mouvement de la grace ; mais le fond et l'ordinaire de son intérieur doit être son attention susdite en foi, ou l'union avec Dieu, qui la tiendra abandonnée entre ses mains et livrée à son amour, pour faire en elle toutes ses volontés.

IX. Le temps de l'oraison venu, il faut la commencer en grand respect par le simple souvenir de Dieu, invoquant son esprit et s'unissant intimement à Jésus-Christ, puis la continuer en cette même façon; comme aussi les prières vocales, le chant du chœur, la sainte messe dite ou entendue, et même l'examen de conscience, puisque cette même lumière de la foi, qui nous tient attentifs à Dieu, nous fera découvrir nos moindres imperfections et en concevoir un grand déplaisir et regret. Il faut aussi aller au repas avec le même esprit de simplicité, qui tiendra plus attentif à Dieu qu'au manger, et qui laissera la liberté d'entendre mieux la lecture qui s'y fait. Cette pratique ne nous attache à rien qu'à tenir notre ame détachée de toutes imperfections et attachée seulement à Dieu, et unie intimement à lui, en quoi consiste tout notre bien.

X. Il faut se récréer dans la même disposition, pour donner au corps et à l'esprit quelques soulagemens, sans se dissiper par des nouvelles curieuses, des ris immodérés, ni aucune parole indiscrète, etc.; mais se conserver pur et libre dans l'intérieur, sans gêner les autres, s'unissant à Dieu fréquemment par des retours simples et amoureux, se souvenant qu'on est en sa présence, et qu'il ne veut pas qu'on se sépare en aucun temps de lui et de sa sainte volonté ; c'est la règle la plus ordinaire de cet état de simplicité, c'est la disposition souveraine de l'ame, qu'il faut faire la volonté de Dieu en toutes choses. Voir tout venir de Dieu et aller de tout à Dieu, c'est ce qui soutient et fortifie l'ame en toutes sortes d'événemens et d'occupations, et ce qui nous maintient même en possession de la simplicité. Suivez donc toujours la volonté de Dieu, à l'exemple de Jésus-Christ et uni à lui comme à notre chef; c'est un excellent moyen d'augmenter cette manière d'oraison, pour tendre par elle à la plus solide vertu et à la plus parfaite sainteté.

XI. On doit se comporter de la même façon et avec le même esprit, et se conserver dans cette simple et intime union avec Dieu dans toutes ses actions et sa conduite, au parloir, à la cellule, au souper, à la récréation ; sur quoi il faut ajouter que dans tous les entretiens on doit tâcher d'édifier le prochain, en profitant de toutes les occasions de s'entreporter à la piété, à l'amour de Dieu, à la pratique des bonnes œuvres, pour être la bonne odeur de Jésus-Christ. « Si quelqu'un parle, dit saint Pierre, que ce soit de paroles de Dieu, » et comme si Dieu même parloit par lui ; il suffit pour cela de se donner simplement à son esprit : il vous dictera en toutes rencontres tout ce qui convient sans affectation. Enfin on finira la journée avec cette sainte présence, l'examen, la prière du soir, le coucher ; et on s'endormira avec cette attention amoureuse, entrecoupant son repos de quelques paroles ferventes et pleines d'onction, quand on se réveille pendant la nuit, comme autant de traits et de cris du cœur vers Dieu. Par exemple : Mon Dieu, soyez-moi toutes choses ; je ne veux que vous pour le temps et pour l'éternité ; Seigneur, qui est semblable à vous ? Mon Seigneur et mon Dieu, mon Dieu et rien plus.

XII. Il faut remarquer que cette vraie simplicité nous fait vivre dans une continuelle mort et dans un parfait détachement, parce qu'elle nous fait aller à Dieu avec une parfaite droiture et sans nous arrêter en aucune créature ; mais ce n'est pas par spéculation qu'on obtient cette grace de simplicité, c'est par une grande pureté de cœur et par la vraie mortification et mépris de soi-même ; et quiconque fuit de souffrir et de s'humilier, et de mourir à soi, n'y aura jamais d'entrée : et c'est aussi d'où vient qu'il y en a si peu qui s'y avancent, parce que presque personne ne se veut quitter soi-même, faute de quoi on fait des pertes immenses et on se prive des biens incompréhensibles. O heureuses sont les ames fidèles, qui n'épargnent rien pour être pleinement à Dieu ! heureuses les personnes religieuses qui pratiquent fidèlement toutes leurs observances selon leur institut ! Cette fidélité les fait mourir constamment à elles-mêmes, à leur propre jugement, à leur propre volonté, inclinations et répugnances naturelles ; et les dispose ainsi d'une manière admirable, mais inconnue, à cette excellente sorte d'oraison ; car qu'y a-t-il de plus caché qu'un religieux et une religieuse, qui ne suit en tout que ses observances et les exercices communs de la religion, n'y ayant en cela rien d'extraordinaire, et qui néanmoins consiste dans une mort totale et continuelle ? Par cette voie le royaume de Dieu s'établit en nous, et tout le reste nous est donné libéralement.

XIII. Il ne faut pas négliger la lecture des livres spirituels ; mais il faut lire en simplicité et en esprit d'oraison, et non pas par une recherche curieuse : on appelle lire de cette façon, quand on laisse imprimer dans son ame les lumières et les sentimens que la lecture nous découvre, et que cette impression se fait plutôt par la présence de Dieu que par notre industrie.

XIV. Il faut au reste être prévenu de deux ou trois maximes : la première, qu'une personne dévote sans oraison est un corps sans ame ; la seconde, qu'on ne peut avoir d'oraison solide et vraie sans mortification, sans recueillement et sans humilité ; la troisième, qu'il faut de la persévérance pour ne se rebuter jamais dans les difficultés qui s'y rencontrent.

XV. Il ne faut pas oublier qu'un des plus grands secrets de la vie spirituelle est que le Saint-Esprit nous y conduit non-seulement par les lumières, douceurs, consolations, tendresses et facilités, mais encore par les obscurités, aveuglemens, insensibilités, chagrins, angoisses, tristesses, révoltes des passions et des humeurs ; je dis, bien plus, que cette voie crucifiée est nécessaire, qu'elle est bonne, qu'elle est la meilleure, la plus assurée et qu'elle nous fait arriver beaucoup plus tôt à la perfection. L'ame éclairée estime chèrement la conduite de Dieu, qui permet qu'elle soit exercée des créatures et accablée de tentations et de délaissemens ; et elle comprend fort bien que ce sont des faveurs plutôt que des disgraces, aimant mieux mourir dans les croix sur le Calvaire que de vivre dans les douceurs sur le Thabor. L'expérience lui fera connoître avec le temps la vérité de ces belles paroles : *Et nox illuminatio mea in deliciis meis, et mea nox obscurum non habet, sed omnia in luce clarescunt.* Après la purgation de l'ame dans le purgatoire des souffrances, où il faut nécessairement passer, viendra l'illumination, le repos, la joie, par l'union intime avec Dieu, qui lui rendra ce monde, tout exil qu'il est, comme un petit paradis. La meilleure oraison est celle où l'on s'abandonne le plus aux sentimens et aux dispositions que Dieu même met dans l'ame, et où l'on s'étudie avec plus de simplicité, d'humilité et de fidélité à se conformer à sa volonté et aux exemples de Jésus-Christ.

Grand Dieu qui, par un assemblage merveilleux de circonstances très-particulières, avez ménagé de toute éternité la composition de ce petit ouvrage, ne permettez pas que certains esprits, dont les uns se rangent parmi les savans, les autres parmi les spirituels, puissent jamais être accusés à votre redoutable tribunal d'avoir contribué en aucune sorte à vous fermer l'entrée de je ne sais combien de cœurs, parce que vous vouliez y entrer d'une façon dont la seule simplicité les choquoit, et par une porte qui, toute ouverte qu'elle est par les saints depuis les premiers siècles de l'Eglise, ne leur étoit peut-être pas encore assez connue : faites plutôt que devenant tous aussi petits que des enfans, comme Jésus-Christ l'ordonne, nous puissions entrer une fois par cette petite porte, afin de pouvoir ensuite la montrer aux autres plus sûrement et plus efficacement. Ainsi soit-il.

EXERCICE JOURNALIER
POUR FAIRE EN ESPRIT DE FOI TOUTES SES ACTIONS, PENDANT LE NOVICIAT.

Pour bien commencer votre journée, dès le moment que vous serez éveillée, faites le signe de la croix. Adorez la majesté de Dieu par un acte de retour sur tout ce que vous êtes; rendez graces à Dieu de toutes ses miséricordes sur vous, et vous donnez toute à lui.

Lorsque vous serez levée, mettez-vous à genoux et faites votre exercice du matin en cette manière.

Très-sainte Trinité, je vous adore de toutes les puissances de mon ame : je vous remercie de ce que vous m'avez préservée de tant de périls et de dangers, que d'autres meilleures que moi n'ont pas évités. Je me donne toute à vous, et vous remercie très-humblement de ce que vous m'avez créée à votre image et ressemblance. Rachetée de votre sang précieux, appelée à la foi et à la vocation religieuse, je vous supplie de me faire la grace de reconnoître toutes ces miséricordes et de vous être fidèle tout le temps de ma vie. Père de toute bonté, je m'offre à vous et vous adore comme votre fille, voulant vous obéir en toutes choses. Remplissez mon entendement de vos connoissances et de vos grandeurs, et mon cœur de votre amour, afin que je vous serve comme je dois.

Verbe divin, je vous honore et adore avec tous les respects que je dois, et je m'offre à vous comme esclave; mais esclave de votre amour, voulant m'assujettir à la vraie vie de l'esprit, que vous avez enseignée venant au monde. Mais comme je ne peux rien de moi-même que le péché, donnez-moi, s'il vous plaît, la grace pour enflammer mon cœur dans la pratique des vertus. Présentez à ma mémoire le souvenir de ce que vous avez fait pendant que vous conversiez parmi les hommes et de tout ce que vous avez souffert pour me racheter : c'est la miséricorde que je vous demande, ô mon Jésus, et que j'en fasse l'usage conforme à vos desseins.

Divin Esprit, je vous adore de toutes les forces de mon ame et je m'offre à vous comme écolière et disciple, pour être instruite de ce que j'ai à faire pour posséder votre amour, vous suppliant que mon cœur en soit enflammé et qu'il soit détaché de l'affection des créatures, auxquelles je renonce pour adhérer à vous seul. Je vous demande la lumière pour connoître ce que je dois faire pour ma perfection, vous demandant pardon de la négligence que j'ai apportée à suivre les inspirations que vous m'avez données tant de fois pour mon salut.

Très-sainte et adorable Trinité, prosternée à vos pieds, je vous adore de toutes les forces de mon ame; et vous supplie d'agréer que je vous offre tout ce que je ferai aujourd'hui, intérieurement et extérieurement, en l'honneur des mérites de Jésus-Christ et pour honorer toutes ses actions, lui demandant la grace que les miennes soient sanctifiées par les siennes, désirant de les unir à ses mérites.

POUR FAIRE EN ESPRIT DE FOI TOUTES SES ACTIONS.

POUR LE DIMANCHE.

Mon Dieu, ayant uni toutes mes actions intérieures et extérieures à celles de mon Jésus, je vous les offre aussi pour vous remercier de ce que vous avez donné l'infaillibilité à la sainte Eglise pour nous enseigner, comme elle l'apprend à ses enfans par ce qu'elle leur commande de croire ; je me rends de tout mon cœur à ses lois amoureuses.

POUR LE LUNDI.

Mon Dieu, je vous supplie que toutes les actions de ce jour soient à l'intention et pour le repos des ames du purgatoire, particulièrement pour celles qui sont le plus délaissées, vous conjurant que, par les douleurs et l'effusion du plus précieux sang de mon Sauveur, il vous plaise les délivrer et les faire jouir de votre gloire, vous demandant la foi, l'humilité et le mépris de tout ce qui n'est point vous.

POUR LE MARDI.

Mon souverain Seigneur, je vous offre toutes mes pensées, mes paroles et mes actions, intérieures et extérieures, pour honorer toutes celles de mon Jésus lorsqu'il étoit sur la terre, et pour vous remercier des graces et prérogatives que vous avez accordées à tous les saints et saintes, et particulièrement à ceux et à celles que l'Eglise honore en ce jour, vous demandant par leur intercession ma conversion parfaite.

POUR LE MERCREDI.

Mon Dieu, je vous offre tout ce que je ferai en ce jour pour vous remercier de ce que vous m'avez fait naître de parens catholiques, qui m'ont élevée dans la foi, vous suppliant de me faire la grace d'y vivre et mourir, de daigner convertir tous les hérétiques et de donner votre Esprit au Pape et à tous ceux qui conduisent visiblement l'Eglise, pour en bannir toutes les erreurs.

POUR LE JEUDI.

Mon Dieu, agréez que je fasse aujourd'hui toutes mes actions intérieures et extérieures, pour honorer la demeure de mon Jésus dans le très-saint Sacrement de l'autel, et que j'adore son humilité et son amour, vous suppliant par cet anéantissement où il s'est réduit pour moi que je sois humble, et que je me conforme aux états de mon Jésus dans ce sacrement auguste, que je révère de tout mon cœur.

POUR LE VENDREDI.

Je vous consacre en ce jour, mon Dieu, tout ce que je ferai intérieurement et extérieurement pour honorer la passion et les souffrances de mon Jésus, et pour imprimer sa croix dans mon cœur, vous suppliant que par sa mort et ses douleurs j'aie la force pour supporter toutes les croix qu'il lui plaira m'envoyer, auxquelles je me soumets de tout mon cœur.

POUR LE SAMEDI.

Je vous présente, ô mon souverain Seigneur, tout ce que j'ai dessein de faire aujourd'hui pour votre plus grande gloire, et pour honorer en la sainte Vierge sa virginité et sa maternité tout ensemble, vous suppliant, mon Dieu, de me donner la pureté de corps et d'ame, la grace que je vous sois fidèle et que je ne m'éloigne point de vos desseins sur moi.

Sainte Vierge, je vous supplie de me prendre en votre protection, et de m'obtenir de votre Fils la grace que je lui sois constamment unie, et que je m'étudie toujours à suivre ses volontés saintes.

Sub tuum præsidium, etc.

Saint Ange, qui m'avez été donné de la bonté divine pour gardien de mon corps et de mon ame, je vous supplie de me préserver en ce jour des périls spirituels et corporels et que vous m'empêchiez d'offenser la majesté de mon Dieu, me portant à faire le bien et à m'éloigner du mal et détournant de moi les occasions du péché; assistez-moi en tous les momens de ma vie, mais surtout à celui de ma mort.

Finissez après avoir adoré encore la très-sainte Trinité, disant:
Sainte Trinité, je vous adore de toutes les forces de mon ame;

POUR FAIRE EN ESPRIT DE FOI TOUTES SES ACTIONS.

et je vous demande votre sainte bénédiction, et qu'il vous plaise remplir les puissances de mon ame de votre connoissance, de votre amour et de votre souvenir.

Puis tâchez, en vous habillant, de vous entretenir l'esprit en la présence de Dieu, le suppliant de vous revêtir de sa grace en vous couvrant des habits de la sainte religion, que vous baiserez par respect en les mettant, et demandant avec instance à Notre-Seigneur qu'il vous donne le vrai esprit de votre Père saint Benoît, qui est dans le silence et dans l'obéissance.

Vous irez à Prime, et tâcherez d'assister à ce premier office avec le plus de ferveur que vous pourrez, et vous chanterez les louanges de Dieu avec respect et avec application d'esprit, vous souvenant que vous faites en terre ce que les anges font au ciel; et si cela ne suffit pas, vous offrirez cette heure en l'honneur de Jésus cruellement flagellé. Pénétrez profondément ce mystère; et abîmez-vous, voyant un Dieu de majesté traité en esclave, qui depuis la plante des pieds jusqu'au sommet de la tête n'a aucune partie saine en lui. Que cet état de Jésus vous excite à l'aimer de tout votre cœur, et à souffrir pour lui tout ce que la Providence permettra qu'il vous arrive.

Pour l'oraison, tâchez d'avoir un grand désir de converser avec Dieu. Vous commencerez votre oraison par un acte de foi et d'une profonde humilité, dans la vue de la grandeur de Dieu et de votre bassesse.

Après cela entrez doucement en votre sujet avec beaucoup de dépendance de Dieu, pour recevoir ce qu'il lui plaira vous donner, sans empressement de votre part, n'y apportant rien de vous que l'anéantissement et l'abaissement; car bien souvent, faute de laisser agir la grace, on la perd. Si vous avez quelque sécheresse, impuissance ou distraction, faites ce que vous pourrez pour rejeter les dernières, afin qu'il n'y ait point de votre faute; et pour les dérélictions, acceptez-les avec humilité, croyant que c'est ce que vous méritez; et dites à votre bon Dieu, dans le silence, par un simple regard ou parlant intérieurement : Ah! mon Dieu, j'avoue que j'ai mérité ce traitement par mes infidélités; mais je vous supplie que je n'y commette point de fautes, et que je fasse bon usage de ce qu'il vous plaît que je souffre. Je vous aime de tout mon cœur, et en cet état de privation, sachant bien que vous êtes la bonté même et que vous ne faites rien que pour votre gloire et pour mon salut. D'autres fois, vous lui pourrez dire : Mon Dieu, je suis bien aise de vous servir à mes dépens ; puisque vous le voulez ainsi, je m'y soumets de toutes les forces de mon esprit, et je renonce à tout ce qui vous pourroit déplaire.

Au commencement de la messe, excitez-vous à une grande douleur de vos péchés, et offrez le grand sacrifice de la messe pour honorer celui que Jésus a consommé sur la croix pour nos péchés ; remerciez-le de cet adorable mystère, lui demandant la grace de vous rendre digne d'une si copieuse rédemption. Offrez-le aussi pour remercier Dieu des graces infinies qu'il a départies à la sainte Vierge sa Mère, pour honorer Dieu en ses saints et pour les ames du purgatoire. Si cela ne suffit pas, servez-vous de l'Exercice de la messe et de la communion, quand vous communierez.

Après la basse messe, vous souvenant que vous venez de converser avec Dieu, faites l'offrande de toutes vos actions dans cet esprit de recueillement, avec beaucoup de respect et d'attention à sa présence.

Après cette offrande, vous vous occuperez aux emplois de votre charge avec soin et diligence, travaillant autant que vous pourrez à être fidèle à la grace ; car de cette fidélité dépend votre avancement à la perfection. Dieu a tant de pente à se communiquer à nous, qu'il ne cherche que des ames préparées à s'unir à lui. Disposez-vous pour recevoir ses dons. La meilleure disposition est de faire bon usage des graces qu'il vous donne pour vous avancer ; et c'est pour cela qu'il dit : « Celui qui est fidèle en peu, je l'établirai en beaucoup [1]. » Soyez donc soigneuse et courageuse à mortifier vos passions et vos cinq sens, mais particulièrement lorsque vous en avez le mouvement.

Le ressouvenir de ces choses vous aidera à retourner à Dieu, et à rentrer en vous-même pendant votre travail manuel, pour vous donner toute à Dieu qui vous a créée pour lui, et pour vous

---

[1] *Matth.*, xxv, 21.

POUR FAIRE EN ESPRIT DE FOI TOUTES SES ACTIONS. 515

engager à l'aimer. Comment le ferez-vous, sinon en détruisant en vous, par la mortification, l'Adam terrestre, pour vous revêtir du céleste qui est Jésus-Christ? Je vous conjure en son nom de vous rendre exacte en ces points par la pratique de ce qui suit.

Le premier point, être fidèle aux obligations de votre condition, et qu'il n'y ait jamais que l'obéissance qui vous en dispense; et que vous ne fassiez rien de ce que vous devez faire que pour Dieu, donnant une ame à tout ce que vous devez faire, parce qu'il n'y a rien de petit quand on fait avec esprit et obéissance les actions religieuses.

Le deuxième, être fidèle aux traits de Dieu dans votre intérieur, obéissant à sa voix, quelque répugnance que vous y ayez : rendez cette fidélité à sa grace, et il vous en donnera de nouvelles. C'est ce qui fait avancer les ames, parce qu'elles reçoivent de plus en plus de nouvelles graces par le bon usage des premières.

Le troisième est d'être inviolablement fidèle à la mortification de vos passions et des cinq sens, vous assurant que vous ne pouvez tendre à la perfection, ni devenir fille d'oraison que par cette voie.

Il y a encore trois autres principes sur lesquels je suis bien aise de vous instruire, qui bien pratiqués, remédient aux trois occasions par lesquelles les chrétiens et les religieuses reculent au lieu d'avancer, et qui, lorsqu'elles ne sont pas encore dans le chemin, les empêchent d'y entrer.

Le premier, sont les tentations, sécheresses, dérélictions, impuissances, pauvreté, aveuglement, soit pour l'oraison mentale ou autres prières. Et afin que ces peines ne vous empêchent pas de servir Dieu, priez-le par foi, par fidélité, par obéissance, vous imprimant bien cela en l'esprit pour vous engager avec courage au service que vous lui devez. Il est mon Sauveur, lui direz-vous, ma force, mon commencement et ma fin; cela étant, je dois le servir également au milieu de ces tentations, de ces impuissances, etc.

Produisez en ces commencemens des actes de foi de ces vérités, pour vous en donner l'habitude.

Le deuxième, sont les maladies, infirmités, assujettissemens du corps, qui souvent, si l'on n'est fidèle, relâchent l'esprit et l'entretiennent dans les soins de ce corps, dans la mollesse et dans la lâcheté. Il faut, pour y remédier et l'empêcher, accepter de la main de Dieu et de sa très-sainte volonté l'état de la maladie ; et vous persuader par réflexion et par acte de foi ce qui est dit dans le premier empêchement, qui est que dans l'état de la maladie vous devez rendre à Dieu service, fidélité, adoration, tendre à votre perfection par ces voies et conserver toujours la mortification : si elle ne peut être exercée sur le corps par les austérités, il faut qu'elle soit dans l'esprit, les passions et les cinq sens. Qu'il y a de sujets de grande pénitence dans les maladies, quand on les sait prendre comme l'on doit !

Le troisième empêchement sont les occupations, obédiences, contradictions et embarras que vous devez éviter ; mais quand l'obéissance vous y emploie, il s'y faut soumettre, et vous souvenir que vous devez être fidèle, et que Dieu est votre Dieu, que vous êtes sa créature et par conséquent obligée de l'aimer et servir : faire usage de ces embarras étant inviolablement fidèle à ce Dieu de bonté ; et lui demander par aspiration, ou par la foi en sa présence, la grace de lui rendre ce que vous lui devez comme à votre Créateur. C'est en cette manière que l'on pratique la vertu et que l'on tend à la perfection ; et ce qu'on acquiert dans ces oppositions est bien plus solide que lorsque nous avons des goûts, des facilités à prier et à agir, de la santé, et bien du temps pour la retraite. C'est pourquoi pendant que vous êtes dans la force et dans la vigueur de la grace de votre vocation, imprimez-vous ces pratiques qui font toute la perfection des ames religieuses, ou dont le défaut cause leur entière infidélité et relâchement au service de Dieu, que vous devez préférer à tout, disant : C'est cette souveraine bonté qui m'a donné l'être et qui m'a faite pour lui, et ainsi du reste : et lorsque vous y aurez commis quelques fautes, vous pratiquerez trois choses.

La première, de rentrer dans votre intérieur pour vous en humilier, et en porter le poids devant la majesté divine.

La deuxième est de vous confier en sa miséricorde, et lui demander la grace de vous en amender, lui promettant que vous le ferez par la force de sa grace.

La troisième est de vous en humilier devant votre directeur, en lui découvrant l'état de votre intérieur. Je vous puis assurer que si vous voulez, avec la grace de votre vocation, vous rendre fidèle à ces principes dans toutes les rencontres, en peu de temps vous y aurez une telle habitude, que vous n'aurez plus de peine dans la pratique de ces choses, comme dit votre sainte règle ; et pour vous aider à les retenir plus facilement, je les mettrai en abrégé.

La première, être inviolablement fidèle à tous les devoirs de votre condition, les faisant pour Dieu, donnant une ame à toutes les actions extérieures.

La deuxième est la fidélité aux inspirations intimes que vous ressentirez de quitter le mal et de faire le bien. Si l'on consultoit bien ce fonds, l'on ne feroit pas tant de fautes, et l'on adhéreroit plus qu'on ne fait aux saintes inspirations.

La troisième est la fidèle pratique de la mortification des passions, des cinq sens et de tout le grossier.

La quatrième est de porter les peines et privations dans l'esprit de soumission et de fidélité, et d'en faire un saint usage par un acte de foi.

La cinquième est la maladie qu'il faut souffrir et accepter de la main de Dieu, pour être fidèle à ne se point relâcher de la pratique intérieure de la mortification.

La sixième est d'être soigneuse dans l'obédience et dans les emplois que l'obéissance vous donne, de vous y conserver dans un esprit intérieur et une attention à la présence de Dieu en vous.

Sachez que si vous voulez tendre à la perfection et à la sanctification de votre ame, vous devez durant les années de votre noviciat vous engager dans une entière pratique de tout ceci, afin d'en prendre les habitudes : cela étant, vous pouvez en peu acquérir cet esprit d'oraison, qui est si avantageux pour les ames religieuses, et qui les fait parvenir à cette union divine qui leur fait aimer Dieu de tout leur cœur. Mais comment pouvez-vous garder ce premier commandement que Dieu nous a fait, si par toutes ces pratiques de mortification vous ne détruisez tout ce qui est opposé à ce Dieu d'amour?

Je vous conseille de ne point quitter ces petites pratiques, que votre direction vous donne, si ce n'est que Dieu vous accorde quelques graces surnaturelles, qui n'arrivent pour l'ordinaire qu'après la purgation et la pratique d'une sérieuse mortification en toutes (qui dit toutes n'excepte rien) les voies de votre sanctification, faisant tout ce que je viens de vous marquer avec une obéissance entière; car je désire que vous ne fassiez rien sans une actuelle obéissance, et que vous vous accoutumiez à la demander pour tout ce que vous avez à faire, soit pour votre intérieur ou extérieur, du moins une fois la semaine : et quand vous rendrez compte de votre intérieur, premièrement vous commencerez toujours, disant : Je vous supplie de me donner le mérite de l'obéissance pour dire ma coulpe et pour rendre compte de mon intérieur; secondement vous direz : Depuis que je suis sortie de ma direction, je me suis trouvée, en tous mes exercices et à l'oraison, de telle et telle manière; troisièmement vous direz comment vous avez travaillé à détruire le vice qu'on vous aura donné à combattre, et à acquérir la vertu opposée que vous deviez pratiquer; quatrièmement vous déclarerez si vous avez été soigneuse de mortifier vos sens, et particulièrement celui que vous aurez eu la semaine à combattre; cinquièmement quelles impressions vos lectures vous ont faites, quel fruit vous en avez retiré pour l'accomplissement de vos devoirs; sixièmement, si vous avez quelque avis à demander ou quelque peine à exposer, vous le ferez; septièmement, vous en allant, vous tâcherez de vous souvenir des instructions qu'on vous aura données, avec une forte résolution d'en venir à la pratique.

Quand on sonnera le deuxième office, rentrez dans votre intérieur, et vous réjouissez de ce que vous allez chanter les louanges de Dieu; et vous lui direz avec un saint transport : Mon Seigneur, préparez mon cœur et ma langue, afin que l'un et l'autre vous louent. Et tâchez d'être à l'office avec grande modestie et recueillement, ne pensant qu'à la majesté de Dieu : ou si cela ne suffit, honorez les ignominies et douleurs que les Juifs firent souffrir à

Jésus, lui mettant sur la tête une couronne d'épines, que l'on enfonçoit dans son sacré Chef. Adorez-le profondément pour réparer les outrages que lui firent souffrir les Juifs, qui se moquoient de cet innocent Agneau, se mettant à genoux et le saluant par dérision. Quel spectacle de voir un Dieu abandonné à la raillerie de ses ennemis! Excitez votre ame à connoître la grandeur de votre ingratitude par les excessives douleurs de ce divin Sauveur.

Vous irez ensuite faire votre examen, vous mettant en la présence de Dieu, l'adorant avec le plus d'application que vous pourrez; et rentrant dans votre intérieur, vous connoîtrez ce que vous avez fait contre Dieu, contre l'obéissance, votre prochain et vous-même, demandant à Notre-Seigneur qu'il vous fasse connoître toutes les fautes que vous avez commises; et qu'en les connoissant, il vous en donne le regret, la douleur et la volonté de ne les plus commettre; car tout bien vient de Dieu, Père des lumières. C'est pourquoi, il faut que vous demandiez avec confiance à Notre-Seigneur tout ce qui est pour votre sanctification; il vous invite à demander tout à son Père en son nom.

Vous irez au réfectoire, vous humiliant de voir à quel assujettissement nous sommes obligés; et pendant que vous donnerez la nourriture à votre corps, priez Notre-Seigneur qu'il sustente votre ame : de temps en temps renouvelez votre attention pour entendre la lecture ; et ne laissez jamais passer aucun repas sans vous mortifier, en vous privant de quelque chose de ce que vous mangez avec trop d'appétit, ou en mangeant ce que vous n'aimez pas : mais que ce soit en peu de chose, parce qu'il faut estimer davantage l'esprit général que la singularité, prenant en esprit de simplicité et de pauvreté ce que la religion vous donne.

Après le réfectoire, vous monterez au dortoir pour garder le silence, ce que vous ferez en union avec celui que Jésus-Christ a gardé dans l'état d'abaissement de son enfance; et vous vous occuperez à quelque petit ouvrage, si vous en avez à faire, ou à quelque lecture peu appliquante.

Quand on dira None à midi, vous adorerez Jésus-Christ portant sa croix. Pénétrez-vous intérieurement de l'excès des douleurs qu'il souffroit, pendant que l'on clouoit ses mains et ses pieds; que vous adorerez profondément, en offrant au Père éternel toutes ces souffrances de Jésus pour le salut des hommes, mais en particulier pour votre ame criminelle.

Quand on sonnera le silence, vous ferez de même que j'ai dit au matin, vous souvenant pendant vos occupations que les dispositions éloignées pour l'oraison sont la fidélité aux inspirations de Notre-Seigneur, la mortification de vos passions et des cinq sens, et de faire vos actions pendant la journée en la présence de Dieu : et de temps en temps vous vous entretiendrez avec Notre-Seigneur, selon l'attrait que vous en aurez, tantôt par adoration, par consécration et par des actes d'humilité; considérant la grandeur de Dieu et votre bassesse, sa charité pour vous et votre indignité, ce qui vous doit bien engager à l'aimer de tout votre cœur. D'autres fois, confiez-vous en lui et lui demandez miséricorde avec protestation de fidélité, le priant de vous accorder le pardon de vos fautes. Vous pourrez, de toutes ces pensées, prendre celle pour laquelle vous aurez plus d'attrait et de pente selon vos besoins. Si vous voulez, vous vous contenterez de celle de la présence de Dieu, comme il est en vous et dans votre intime, et y adhérerez par la foi.

Sitôt que l'on sonnera l'oraison, vous serez diligente à y aller, et tâcherez de vous consacrer toute à Notre-Seigneur, le priant qu'il remplisse les puissances de votre ame de sa connoissance et de son amour, et qu'il vous donne sa grace pour converser avec lui par l'exercice de l'oraison, que vous ferez comme on vous l'a appris, ou de cette façon. Vous vous soumettrez pleinement au domaine de Dieu, que vous adorerez, et à qui vous offrirez le temps que vous allez passer en sa sainte présence en union des oraisons de Jésus-Christ, le suppliant amoureusement qu'il sanctifie la vôtre par les siennes. Renoncez à toutes les pensées étrangères, et faites un désaveu de toutes les inutilités qui vous viendront, et appliquez-vous paisiblement sous les yeux de Dieu au sujet de votre oraison.

S'il arrive que vous ne le puissiez par tentation ou distraction causée par votre infidélité, humiliez-vous devant la majesté souveraine de Dieu; et après deux ou trois actes, si vous voyez que vous ne puissiez rien, souffrez cette peine, impuissance et pauvreté : renoncez à toute la coulpe, et acceptez-en la peine. Parlez à Dieu par quelque acte de confiance, d'abandon et de soumission à sa volonté ; et demeurez avec respect en sa présence, supportant humblement les sécheresses que vous éprouvez. Ne sortez jamais de l'oraison sans en tirer quelque fruit, demandant à Notre-Seigneur la grace de pratiquer tout ce que vous voyez qu'il demande de vous, prenant des résolutions d'être obéissante, assujettissant votre jugement et toutes vos raisons à celle qui vous gouverne; et protestant que quelque difficulté que vous y trouviez, vous en voulez venir à la pratique, à l'imitation de Jésus-Christ, duquel l'Apôtre dit : « Il a été obéissant jusqu'à la mort de la croix, et pour cet effet il a été exalté [1]. »

Les Vêpres se disant ensuite, vous tâcherez de les chanter dans l'esprit que votre oraison vous aura laissé, ou bien dans la considération de Jésus-Christ sur la croix, mourant par amour pour vous. Voyez la plaie de son côté ; et le priez que vous puissiez être toute recueillie en elle, considérant l'excès de son amour.

Après Vêpres, vous irez en votre cellule, où étant vous vous mettrez à genoux ; et rentrant dans votre intérieur, vous y adorerez la majesté de Dieu, et lui offrirez ce temps en union de la retraite de Jésus-Christ, le suppliant qu'il sanctifie cette heure et qu'il vous donne son Esprit et l'intelligence pour concevoir votre lecture, et être instruite de ce qu'il veut de vous pour sa gloire et votre plus grande perfection. Cette lecture se doit plutôt appeler une méditation ou étude de toutes les vertus : et quand quelque vérité vous aura touchée, recueillie et éclairée, fermez votre livre et la pénétrez à loisir : laissez agir la grace en vous selon toute son étendue ; et lorsque ce mouvement sera passé, relisez et employez ainsi cette heure de temps, qui vous sera fort utile si vous la pratiquez en cette manière.

Vous irez au réfectoire et observerez les mêmes choses que le matin, après lequel vous irez faire une visite au saint Sacrement, que vous adorerez avec respect, rentrant dans votre intérieur : offrez par obéissance votre heure de récréation, suppliant Jésus-

[1] *Philip.*, II, 8, 9.

Christ qu'il lui plaise vous donner sa bénédiction, et vous faire la grace de ne rien dire qui lui puisse déplaire. Pendant votre conversation, rappelez-vous de temps en temps que Dieu vous regarde, et qu'ainsi il ne faut rien dire ni rien faire qui soit indigne de sa présence.

Lorsque la cloche sonnera pour aller à Complies, tâchez d'élever votre cœur à Dieu avec une nouvelle ferveur, pour suppléer à toutes les négligences de ce jour. Honorez durant cette dernière heure de l'office la descente de Jésus-Christ de la croix; et reconnoissant par quelque acte d'amour celui qu'il vous a porté en achevant de consommer son sacrifice, demandez-lui que par sa mort il vous fasse mourir au péché pour ne vivre qu'en lui.

A la fin vous ferez votre examen avec le plus d'application que vous pourrez, en cette manière.

Mon Seigneur, je vous adore du profond de mon ame : prosternée à vos pieds, je vous rends graces de ce que vous m'avez créée à votre image et ressemblance, rachetée de votre précieux sang, fait naître en la foi catholique, appelée à la sainte religion et préservée de tant de périls et dangers, auxquels beaucoup d'autres, qui vous ont été plus fidèles que moi, ont été exposés, et surtout en ce jour, dans lequel vous m'avez tant fait de miséricordes. Béni soyez-vous, mon Dieu. Esprits bienheureux, aidez-moi à le remercier de toutes les graces qu'il me fait; et lui demandez pour moi celle de connoître les péchés que j'ai commis contre sa bonté, et qu'en les connoissant j'en aie le véritable regret que je dois.

Je vous adore, mon Sauveur Jésus, comme mon souverain juge; je me soumets de tout mon cœur à la puissance que vous avez de me juger : je suis très-aise que vous ayez ce pouvoir sur moi ; et je vous supplie de me faire participante de la lumière par laquelle vous me ferez voir mes péchés à l'heure de la mort, lorsque je comparoîtrai devant votre tribunal. Faites-moi aussi participante du zèle de votre justice, afin que je haïsse mes péchés comme vous les haïssez.

Veni, sancte Spiritus, etc.

Mon Seigneur, voilà un grand nombre de péchés que j'ai

commis contre votre bonté infinie; mais j'en ai regret et je m'en accuse à vos pieds, non-seulement de ceux que je connois, mais aussi de ceux dont je n'ai pas la connoissance et que vous voyez en moi : je vous en demande pardon, espérant s'il vous plaît en vos divines miséricordes.

Miserere mei, Deus, etc.

Oui, mon Dieu, je crie vers vous, pour obtenir miséricorde de votre infinie bonté : je vous supplie de me pardonner par votre infinie clémence, par les mérites du sang de mon Sauveur, ayant un vif regret de vous avoir offensé, non point pour la crainte de l'enfer ni pour quelque motif temporel, mais uniquement pour l'amour de vous-même; et c'est pour cela que je suis par votre grace dans la volonté de n'y retomber jamais, et de vous être fidèle jusqu'à la mort : je voudrois avoir toute la douleur dont un cœur humain est capable, par le secours de votre grace.

Confiteor, etc.

Mon Dieu, je vous donne mon cœur; et je vous aime avec une telle complaisance, que de toute ma volonté j'aime, j'accepte et embrasse tout ce qu'il vous plaira qui m'arrive, tant à moi qu'à toutes les personnes qui me regardent, pour lesquelles je vous demande, comme pour moi, l'accomplissement des desseins de miséricorde que vous avez sur nous de toute éternité.

Je vous offre, mon Seigneur, le sommeil que je vais prendre, en union de celui que mon Jésus a pris lorsqu'il étoit en cette vie mortelle, vous suppliant d'animer mon cœur si puissamment, que tous ses mouvemens se portent vers vous, et qu'il s'unisse par ses désirs à tous les bienheureux pour vous aimer, vous louer, vous bénir et vous adorer dans leur société.

In manus tuas, Domine, commendo spiritum meum.

In te, Domine, speravi; non confundar, etc.

Suscipe me, Domine, etc.

J'espère et j'espérerai toute ma vie, ô mon Dieu, en vos grandes miséricordes, où je mets toutes mes espérances.

Venez, ô mon Dieu, posséder mon cœur; qu'il n'aime que vous dans l'éternité.

Veni, Domine Jesu.

Je veux, ô mon Dieu, faire en tout votre sainte volonté, et m'y soumets de toute la mienne.

Non mea, sed tua voluntas fiat.

Je me soumets de tout mon cœur à la mort, et je l'accepte humblement, parce c'est votre volonté que je meure : je veux toutes les circonstances qui la doivent accompagner, comme pour le temps et l'heure, vous suppliant de m'assister en ce moment, et que je meure en votre sainte grace ; adorant dès maintenant et pour cette heure ce que je ne pourrai peut-être pas faire alors, le jugement que vous porterez de mon ame, m'y soumettant de toute ma volonté, vous suppliant de me traiter non selon mes mérites, mais selon toute l'étendue de vos miséricordes et de la charité de Jésus-Christ pour moi.

Sainte Vierge, je vous prie de me prendre sous votre protection particulière ; et demandez pour moi à votre Fils que je ne m'éloigne jamais de lui tant soit peu, mais que mon ame veille avec lui pendant le sommeil. Assistez-moi en tous les momens de ma vie, et surtout en celui de ma mort.

Saint Ange, à qui la bonté de Dieu a donné charge de mon ame et de mon corps, je vous supplie d'en prendre un soin singulier et de me préserver de tout danger, des illusions et tentations, et de m'obtenir que je n'offense point mon Dieu, mais que mon ame soit toujours unie à lui par amour.

Je vous adore, très-sainte Trinité ; c'est de tout mon cœur que je vous révère, vous suppliant de me donner votre sainte bénédiction, de me garder de tout péché et de remplir les puissances de mon ame de votre connoissance, de votre amour et de votre souvenir. Ainsi soit-il.

Après l'examen, on monte au dortoir, où se commence le silence souverain, jusqu'au lendemain, que vous observerez avec toute l'exactitude possible. Vous vous déshabillerez en diligence pour être couchée à huit heures ; et vous ne vous occuperez à rien du tout, sinon à lire votre sainte oraison auparavant.

Quand on vous éveillera pour Matines, levez-vous en diligence et avec une nouvelle ferveur ; remerciant Dieu de vous avoir appelée à une vocation où vous avez le moyen de le louer, durant que le monde n'y pense pas. Allez à l'église faire votre préparation, et offrez ce moment en l'honneur du moment de la naissance de Jésus-Christ : honorez toutes les circonstances de ses abaissemens dans la crèche, vous unissant à tous les bienheureux, qui donnent gloire au Seigneur de ce que le Rédempteur est né.

Consacrez-vous toute à lui et le priez de sanctifier toutes les actions de votre journée ou, si vous aimez mieux, consacrez-la à Jésus agonisant.

Quel spectacle de voir un Dieu de majesté prosterné en terre sur sa face, priant et disant : « Mon Dieu, s'il est possible, que ce calice s'éloigne de moi ; mais votre volonté soit faite, et non la mienne[1] ! » Que cet exemple vous apprenne à prier avec humilité et soumission aux volontés de Dieu, et qu'il sanctifie toutes les petites angoisses et abandons que la Providence permettra vous arriver.

Avant que de finir cet Exercice, il faut que je vous dise que je ne l'ai fait que pour les ames qui ne sont pas encore dans la pratique des vertus, et qui n'ont point d'habitude à la mortification et rien de bien surnaturel. S'il se trouvoit des ames à qui Notre-Seigneur fît quelque grace extraordinaire, elles ne se doivent servir de ces petits moyens que dépendamment de la même grace : car ce ne sont là que de foibles moyens pour aider et suppléer aux impuissances et défaut d'habitude : néanmoins, si l'on est exact à les suivre, ils peuvent beaucoup aider, pourvu qu'on les embrasse avec esprit et de cœur, sans se violenter ni aller contre le trait intérieur, à quoi l'on doit se rendre très-fidèle : cela étant, Notre-Seigneur bénira tout : je le supplie qu'il vous fasse cette grace. Ainsi soit-il.

[1] *Luc.*, XXII, 42.

EXERCICE
DE LA SAINTE MESSE.

Au commencement de la Messe, voyant le prêtre, vous vous représenterez Jésus-Christ revêtu de cet habit blanc, qui est signifié par l'aube du prêtre, adorant le Père éternel ; et vous lui offrirez ce sacrifice, lui disant de cœur :

Mon Dieu, je vous adore de toutes les forces de mon ame ; et je vous offre ce saint sacrifice pour honorer et renouveler la passion de mon Jésus, et par lui le mérite de ses douleurs. Je vous demande pardon de mes crimes et la grace d'une parfaite conversion : que je sois par amour totalement à vous, confessant, mon Dieu, que je suis indigne d'assister à ce grand sacrifice. Mais je m'accuse à vos pieds de tous les péchés que j'ai commis, selon la parfaite connoissance que vous en avez ; je vous en demande pardon et miséricorde, et une véritable douleur de vous avoir offensé.

Dites le *Confiteor*.

A l'Introït.

Vous honorerez la première entrée du Fils de Dieu dans le monde pour la rédemption des hommes, et tâcherez de reconnoître cet amour par amour, lui disant :

. Ah ! mon doux Jésus, je vous aime ; et je veux vous aimer de toutes les forces de mon ame, et qu'à jamais je reconnoisse les bontés que vous avez pour tous les hommes et pour mon ame en particulier.

Faites en sorte que votre esprit s'applique à la reconnoissance des miséricordes de Jésus-Christ venant au monde.

Au Kyrie, eleison.

Imaginez-vous toute la nature humaine prosternée devant la majesté de Dieu, demandant miséricorde à ce bon Jésus, qui ne vient au monde que pour vous la faire. Honorez toujours cette première entrée, et lui dites :

Ah ! mon Seigneur, faites-moi miséricorde, s'il vous plaît, et à tout votre pauvre peuple qui vous la demande avec moi.

Au Gloria in excelsis.

Vos anges, Seigneur, nous ont annoncé par ce cantique la réconciliation des hommes avec votre majesté. Vous promettez, mon Dieu, que la paix et la tranquillité seront assurées aux hommes de bonne volonté. Donnez-la-moi bonne, s'il vous plaît, puisque je ne veux chercher de véritable repos qu'en vous, qui êtes mon souverain bien.

Honorez la charité infinie de Jésus-Christ venant au monde, et voyez que c'est pour glorifier le Père éternel et sauver le genre humain. Demandez-lui que vous reconnoissiez cette bonté par une grande fidélité à son service.

A l'Evangile.

Vous tâcherez de l'entendre avec respect, vous représentant que c'est la vraie publication des œuvres du Fils de Dieu étant au monde, pour servir de modèle de perfection aux ames chrétiennes et aux religieuses plus particulièrement, puisque, pour imiter Jésus-Christ, elles ont renoncé à tout pour suivre, aimer et servir Dieu, sachant qu'on ne peut avoir deux maîtres sans aimer l'un et haïr l'autre, comme dit le même Seigneur [1]. Anéantissez-vous ; avouez que vous n'avez pas ouï la parole du saint Evangile avec le respect que vous deviez, puisque bien souvent, quoique consacrée à Dieu, vous avez voulu en le servant aimer le monde avec lui. Pendant que l'on achèvera l'évangile, faites des résolutions contraires.

Pendant le *Credo*, vous ne ferez autre chose que dire intérieurement à Dieu : Je crois ce que la sainte Eglise me commande de croire, sans en douter ; et je vous remercie, ô mon Dieu, de ce que vous m'avez fait naître dans la vraie Eglise ; je vous supplie que j'y meure, et que par votre sang et l'amour que vous lui portez

[1] *Matth.*, VI, 24.

comme à votre Epouse, vous augmentiez le nombre de ses enfans et la renouvelliez, convertissant les Juifs, avec tous les infidèles et les hérétiques à la vraie et unique foi pour laquelle je souhaite par votre grace donner ma vie.

Si cela ne suffit pas pour vous occuper pendant le *Credo*, vous n'avez qu'à vous arrêter intérieurement aux paroles qui y sont dites, que Jésus est né d'une vierge, qu'il a souffert la mort, et est descendu aux enfers, ressuscité et assis à la droite de son Père, où il prie pour nous et est notre unique avocat ; voyant en tous ces mystères l'amour de votre Dieu pour tous les hommes.

A l'*Offertoire*.

L'offertoire de la Messe représente ce que Jésus a fait dans le jardin des Olives, acceptant la mort et s'offrant à son Père. Renouvelez cette même offrande, disant intérieurement :

Père de toute bonté, je vous offre mon Jésus et l'acceptation qu'il fit de souffrir pour mon salut, vous suppliant qu'elle me soit méritoire, que je sois toute à vous et que j'accepte toutes les souffrances qu'il vous plaira m'envoyer, comme je fais maintenant de tout mon cœur.

A la *Préface*.

Il faut que votre cœur s'élève d'une façon plus spirituelle, vous détachant de toutes sortes de pensées pour paroître devant Dieu avec plus de pureté, vous unissant avec tous les esprits bienheureux pour entonner : *Sanctus, Sanctus, Sanctus*.

A l'*Elévation*.

Adorez Jésus-Christ avec foi et respect, le priant qu'il vous élève et attire à lui par sa grace et par sa présence dans le très-saint Sacrement. Offrez-vous à sa divine majesté en ce moment pour honorer l'offrande qu'il a faite de lui-même à son Père, pour vos péchés et pour ceux de tout le monde, tâchant de vous unir à lui intimement par amour et par foi.

Pendant le *Pater*, appliquez-vous à quelqu'une des demandes de l'Oraison Dominicale, en en prenant une pour chaque jour, vous unissant avec le prêtre dans l'esprit de l'Eglise.

Aux *Agnus Dei*, vous demanderez au Père éternel par Jésus-Christ le pardon de vos péchés, et vous le lui offrirez comme le vrai Agneau sans tache, puisqu'il n'est venu que pour effacer les péchés du monde et pour vous faire miséricorde.

Pour la Communion spirituelle.

Vous tâcherez de faire une communion spirituelle, vous y préparant par une confession intérieure en la présence de Dieu, auquel vous demanderez pardon, et produirez quelque acte de contrition. Excitez vôtre cœur à le recevoir chez vous d'une façon toute spirituelle; après vous l'adorerez profondément et produirez des actes d'une vive foi en la présence sacramentelle de votre Dieu, avec lequel vous unirez les puissances de votre ame le plus intimement que vous pourrez ; et vous vous abandonnerez toute à lui, pour qu'il prenne une pleine possession de votre cœur et qu'il en dirige tous les mouvemens. Vous veillerez avec soin sur vous-même, pour vous conserver dans cette union avec le divin Epoux, et vous entretiendrez Jésus aussi familièrement comme si vous aviez reçu les saintes espèces. Ainsi vous pourrez, durant tout le jour, manger spirituellement Jésus, vous unissant intimement à lui avec de profonds actes d'adoration. Il ne faut point qu'il y ait obstacle en l'ame, si petit soit-il, pour rendre la communion spirituelle efficace.

Le reste de la Messe se doit employer à entretenir Jésus, et lui exposer vos nécessités spirituelles.

Aux dernières Oraisons.

Demandez à Dieu, dans l'esprit de l'Eglise, qu'il vous fasse la grace d'avoir participé à ce saint sacrifice, le priant par les mérites d'icelui que vous ne vous éloigniez jamais de la fidélité que vous lui devez, soit en ce jour, soit pendant toute votre vie.

A la bénédiction du prêtre, priez la sainte Trinité de vous donner la sienne. Ainsi soit-il.

PRIÈRES

POUR SE PRÉPARER A LA SAINTE COMMUNION.

Iʳᵉ PARTIE DE LA PRIÈRE.

Le chrétien reconnoît le dessein du Sauveur dans l'institution de l'Eucharistie, et admire l'excès de son amour.

Il faut avouer, ô Jésus mon Sauveur, que vous avez voulu nous témoigner votre amour par des effets incompréhensibles. Cet amour a été la cause de cette union réelle par laquelle vous vous êtes fait homme. Cet amour vous a porté à immoler pour nous ce même corps aussi réellement que vous l'aviez pris : et voulant, ô Jésus, faire ressentir à chacun de vos enfans, en vous donnant à lui en particulier, la charité que vous avez témoignée à tous en général, vous avez institué l'admirable sacrement de l'Eucharistie, ce chef-d'œuvre de votre toute-puissance, ce rare effet de votre bonté, par lequel vous nous rendez tous réellement participans de votre corps divin, afin de nous persuader par là que c'est pour nous que vous l'avez pris et que vous l'avez offert en sacrifice. Car si les Juifs dans l'ancienne Alliance mangeoient la chair des hosties pacifiques offertes pour eux, comme une marque de la part qu'ils avoient à cette immolation : de même, ô Jésus, vous avez voulu, après vous être fait vous-même notre victime, que nous mangeassions effectivement cette chair de notre sacrifice, afin que la manducation actuelle de cette chair adorable fût un témoignage perpétuel à chacun de nous en particulier que c'est pour nous que vous l'avez prise, et que vous l'avez immolée. O prodige de bonté ! ô abîme de charité ! ô tendresse de l'amour de notre Sauveur ! quel excès de miséricorde ! ô Jésus, quelle invention de votre sagesse ? Mais quelle confiance nous inspire la manducation de cette chair sacrifiée pour nos péchés ! quelle assurance de notre réconciliation avec vous ! Il étoit défendu à l'ancien peuple de manger de l'hostie offerte pour ses crimes, pour lui faire comprendre que la véritable expiation ne se faisoit pas dans cette loi par le sang des animaux : tout le monde étoit comme interdit par cette défense, sans pouvoir actuellement participer à la rémission des péchés. Ce n'est pas ainsi que vous traitez vos enfans, divin Sauveur : vous nous commandez de manger votre corps, qui est la vraie hostie immolée pour nos fautes, pour nous persuader que la rémission des péchés est accomplie dans le Nouveau Testament. Vous ne vouliez pas non plus, ô mon Dieu, que ce même peuple mangeât du sang [1]; et une des raisons de cette défense étoit que le sang nous est donné pour l'expiation de nos ames. Mais au contraire, vous nous donnez votre sang et vous nous ordonnez de le boire, parce qu'il est répandu pour la rémission des péchés; nous marquant par là en même temps que la manducation de votre corps et de votre sang est aussi réelle à la sainte table, que la grace et l'expiation des péchés est actuelle et effective dans la nouvelle alliance.

II° PARTIE DE LA PRIÈRE.

Le chrétien excite sa foi sur ce mystère, et renonce au jugement des sens.

Il est ainsi, mon Dieu, je le crois ; c'est la foi de votre Eglise : c'est ce qu'elle a toujours cru, appuyée sur votre parole. Car vous l'avez dit vous-même de votre bouche sacrée : « Prenez, c'est mon corps; buvez, c'est mon sang [2]. » Je le crois; votre autorité domine sur toute la nature. Sans me mettre donc en peine comment vous exécutez ce que vous dites, je m'attache avec votre Eglise précisément à vos paroles. Celui qui fait ce qu'il veut, opère ce qu'il dit en parlant : et il vous a été plus aisé, ô Sauveur, de forcer les lois de la nature pour vérifier votre parole, qu'il ne nous est aisé d'accommoder notre esprit à des interprétations violentes, qui renversent toutes les lois du discours. Cette parole toute-puissante a tiré toutes choses du néant :

[1] *Levit.*, XVII, 10, 11. — [2] *Matth.*, XXVI, 26-28.

lui seroit-il donc difficile de changer en d'autres substances ce qui étoit déjà ? Je crois, Seigneur ; mais augmentez ma foi : rendez-la victorieuse dans le combat que lui livrent les sens. Ce mystère est un mystère de foi : que je n'écoute donc que ce qu'elle m'en apprend ; que je croie sans aucun doute que ce qui est sur cet autel est votre corps même, que ce qui est dans le calice est votre propre sang répandu pour la rémission des péchés.

IIIe PARTIE DE LA PRIÈRE.

Le chrétien demande à Jésus-Christ les saintes dispositions qu'il faut apporter à la réception d'un si grand sacrement.

Qu'il opère en moi, mon Sauveur, la rémission de mes péchés : que ce sang divin me purifie, qu'il lave toutes les taches qui ont souillé cette robe nuptiale, dont vous m'aviez revêtu dans le baptême, afin que je puisse m'asseoir avec assurance au banquet des noces de votre Fils. Je suis, je l'avoue, une épouse infidèle, qui ai manqué une infinité de fois à la foi donnée : « Mais revenez, » nous dites-vous, ô Seigneur, « revenez, je vous recevrai[1] ; » pourvu que vous ayez repris votre première robe, et que vous portiez dans l'anneau que l'on vous met au doigt la marque de l'union où le Verbe divin entre avec vous. Rendez-moi cet anneau mystique : revêtez-moi de nouveau, ô mon Père, comme un autre enfant prodigue qui retourne à vous, de cette robe de l'innocence et de la sainteté que je dois apporter à votre table. C'est l'immortelle parure que vous nous demandez, vous qui êtes en même temps l'époux, le convive et la victime immolée qu'on nous donne à manger. Les riches habits sont une marque de joie ; et il est juste de se réjouir à votre table, ô roi tout-puissant, lorsque vous célébrez les noces de votre Fils avec les ames saintes ; lorsque vous nous en donnez le corps pour en jouir, et pour nous faire devenir un même corps et un même esprit avec lui par la communion. Car ce festin nuptial est aussi en un autre sens, ô mon Dieu, la consommation de ce mariage sacré où l'Eglise et toute ame sainte s'unit à l'Epoux corps à corps, cœur à cœur, esprit à esprit ; et c'est là qu'on

---

[1] Jerem., III, 1.

trouve l'accomplissement de cette parole : « Qui me mange, vivra par moi¹. » Qu'elle s'accomplisse en moi, mon Sauveur, que j'en sente l'effet : transformez-moi en vous, et que ce soit vous-même qui viviez en moi. Mais pour cela que je m'approche de ce céleste repas avec les habits les plus magnifiques : que j'y vienne avec toutes les vertus, que j'y coure avec une joie digne d'un tel festin et de la viande immortelle que vous m'y donnez. « Ce pain est un pain du ciel; c'est un pain vivant, qui donne la vie au monde². Venez, mes amis, » nous dites-vous, ô céleste Epoux ; « venez, mangez, buvez, enivrez-vous, mes très-chers³, » de ce vin qui transporte l'ame et lui fait goûter par avance les plaisirs des anges. Mais, ô Jésus, pour avoir part à ces chastes délices, faites-moi cesser de vivre selon les sens : car la mortification doit faire une des parties de notre habit nuptial; et il faut se mortifier pour célébrer votre mort, ô mon Sauveur.

DISCOURS

SUR L'ACTE D'ABANDON A DIEU.

Ses caractères, ses conditions et ses effets.

Je voudrois qu'on lût attentivement le chapitre x de l'*Evangile de saint Luc*, depuis le verset 38 jusqu'à la fin. Après l'avoir lu et un peu considéré en grand silence, je souhaiterois que par un acte de foi on se mît aux pieds de Jésus avec Marie, pour entendre sa parole.

Jésus parle encore tous les jours dans son Evangile; mais il parle d'une manière admirable dans l'intime secret du cœur : car il est la Parole même du Père éternel, où toute vérité est renfermée. Il faut donc lui prêter ces oreilles intérieures dont il est écrit : « Vous avez, Seigneur, ouvert l'oreille à votre serviteur⁴. »

¹ *Joan.*, vi, 58. — ² *Ibid.*, 33, 51. — ³ *Prov.*, ix, 5; *Cant.*, v, 1. — ⁴ *II Reg.*, vii, 27.

Heureux ceux à qui Dieu a ouvert l'oreille en cette sorte; ils n'ont qu'à la tenir toujours attentive, leur oraison est faite de leur côté. Jésus leur parlera bientôt, et il n'y a qu'à se tenir en état d'entendre sa voix.

« Marie étoit assise aux pieds de Jésus [1]. » Assise, tranquille aux pieds de Jésus : humilité, soumission; se soumettre à la parole éternelle, à la vérité. Silence : que tout se taise : « Il se fit un silence dans le ciel, environ d'une demi-heure [2]. » Qui parle durant ce temps? Dieu seul. « Environ une demi-heure. » Ce grand silence de l'ame, où tout cesse, où tout se tait devant Dieu dans le ciel, dans la haute partie de notre ame, ne dure guère durant cette vie : mais pour peu qu'il dure, qu'il se dit de choses et que Dieu y parle! Sois attentive, ame chrétienne; ne te laisse pas détourner dans ces bienheureux momens.

« Entrez dans le cabinet et fermez la porte sur vous : priez votre Père dans le secret; et votre Père, qui vous voit dans le secret, vous le rendra [3]. » Que vous rendra-t-il? Parole pour parole : pour la parole par laquelle vous l'aurez prié de vous instruire, la parole par laquelle il vous fera entendre ce qu'il veut de vous, et son éternelle vérité.

« Entrez donc, et fermez la porte. » Entrez en vous-même, et ne vous laissez détourner par quoi que ce soit. Quand ce seroit une Marthe, une ame sainte qui viendroit vous inviter à servir Jésus, demeurez toujours enfermée dans ces saints et bienheureux momens. Jésus ne veut point de vous ces services extérieurs : tout le service qu'il veut de vous, c'est que vous l'écoutiez seul et que vous prêtiez l'oreille du cœur à sa parole.

« Parlez donc, Seigneur; » il est temps : « votre serviteur écoute [4], » parlez, et que direz-vous? « Marthe, Marthe, tu es empressée, et tu te troubles dans le soin de beaucoup de choses : or il n'y a qu'une seule chose qui soit nécessaire [5]. » Ne faut-il donc pas s'acquitter de tous ses devoirs, de toutes ses obédiences? Il le faut, sans doute : mais il ne faut jamais être empressée ; et il y a d'heureux momens où tout autre devoir, tout autre exer-

---

[1] *Luc.*, x, 39. — [2] *Apoc.*, VIII, 1. — [3] *Matth.*, VI, 6. — [4] I *Reg.*, III, 10. — [5] *Luc.*, x, 41.

cice, toute autre obédience cessent en vous : il n'y a pour vous d'autre obédience que celle d'écouter Jésus qui veut vous parler.

« Il n'y a qu'une seule chose qui soit nécessaire. » Il n'y a que Dieu seul qui soit nécessaire : il est tout : le reste n'est rien, et « tout ce qui est disparoît devant sa face, et toutes les nations sont un vide et un néant à ses yeux [1]. » Il est le seul nécessaire à l'homme ; c'est lui seul qu'il faut désirer et à qui il faut s'unir. « Crains Dieu et observe ses commandemens ; car c'est là tout l'homme [2]. » Tout le reste lui est étranger ; cela seul lui appartient comme une chose qui lui est propre : c'est tout le fond de l'homme, toute sa substance, tout son être. Quoi que tu perdes, ô homme, pourvu que tu ne perdes pas Dieu, tu n'as rien perdu du tien. Laisse donc écouler le reste : ne te réserve que de craindre et aimer Dieu ; c'est là tout l'homme.

« Il n'y a qu'une chose qui soit nécessaire. » Comme Dieu est seul et que l'homme se considère comme seul devant lui, il faut trouver quelque chose en l'homme qui soit parfaitement un, un acte qui renferme tout dans son unité, qui d'un côté renferme tout ce qui est dans l'homme, et d'autre côté réponde à tout ce qui est en Dieu.

Faites-moi trouver cet acte, ô mon Dieu, cet acte si étendu, si simple, qui vous livre tout ce que je suis, qui m'unisse à tout ce que vous êtes. O Jésus, je suis à vos pieds ; faites-le moi trouver, faites-moi trouver cet « un nécessaire. » Tu l'entends déjà, ame chrétienne : Jésus te dit dans le cœur, que cet acte c'est l'acte d'abandon. Car cet acte livre tout l'homme à Dieu, son ame, son corps en général et en particulier, toutes ses pensées, tous ses sentimens, tous ses désirs, tous ses membres, toutes ses veines avec tout le sang qu'elles renferment, tous ses nerfs jusqu'aux moindres linéamens, tous ses os, et jusqu'à l'intérieur et jusqu'à la moelle, toutes ses entrailles, tout ce qui est au dedans et au dehors. Tout vous est abandonné, ô Seigneur, faites-en ce que vous voulez. O mon Dieu, je vous abandonne ma vie et non-seulement celle que je mène en captivité et en exil sur la terre, mais encore ma vie dans l'éternité. Je vous abandonne mon salut ; je

[1] *Isa.*, XL, 17. — [2] *Eccle.*, XII, 13.

remets ma volonté entre vos mains : je vous remets l'empire que vous m'avez donné sur mes actions. Faites-moi selon votre cœur; et « créez en moi un cœur pur[1], » un cœur docile et obéissant. « Tirez-moi; nous courrons après vous et après les douceurs de vos parfums. Ceux qui sont droits vous aiment[2]. » Faites-moi donc droit, ô mon Dieu, afin que je vous aime de tout mon cœur, de ce cœur que vous formez en moi par votre grace. Je vous ai tout livré; je n'ai plus rien : c'est là tout l'homme.

Que si cet acte répond à tout ce qui est en l'homme, il répond aussi en même temps à tout ce qui est en Dieu. Je m'abandonne à vous, ô mon Dieu; à votre unité, pour être fait un avec vous; à votre infinité et à votre immensité incompréhensible, pour m'y perdre et m'y oublier moi-même; à votre sagesse infinie, pour être gouverné selon vos desseins, et non pas selon mes pensées; à vos décrets éternels, connus et inconnus, pour m'y conformer, parce qu'ils sont tous également justes; à votre éternité, pour en faire mon bonheur; à votre toute-puissance, pour être toujours sous votre main; à votre bonté paternelle, afin que, dans le temps que vous m'avez marqué, vous receviez mon esprit entre vos bras; à votre justice, en tant qu'elle justifie l'impie et le pécheur, afin que d'impie et de pécheur vous le fassiez devenir juste et saint. Il n'y a qu'à cette justice qui punit les crimes, que je ne veux pas m'abandonner, car ce seroit m'abandonner à la damnation que je mérite : et néanmoins, Seigneur, elle est sainte cette justice, comme tous vos autres attributs; elle est sainte, et ne doit pas être privée de son sacrifice. Il faut donc aussi m'y abandonner. Et voici que Jésus-Christ se présente, afin que je m'y abandonne en lui et par lui.

Donc, ô Dieu saint, ô Dieu vengeur des crimes, j'adore vos saintes et inexorables rigueurs; et je m'y abandonne en Jésus-Christ, qui s'y est abandonné pour moi afin de m'en délivrer : car il s'est soumis volontairement à porter tous mes péchés et ceux de tout le monde, et s'est livré pour eux tous aux rigueurs de votre justice, parce qu'il avoit un mérite et une sainteté infinie à lui opposer. Je m'y livre donc en lui et par lui; et je vous

---

[1] *Psal.* L, 12. — [2] *Cant.*, I, 3.

offre, pour vous apaiser envers moi, ses mérites et sa sainteté, dont il m'a couvert et revêtu. Ne me regardez pas en moi-même; mais regardez-moi en Jésus-Christ, et comme un membre du corps dont il est le chef. Donnez-moi telle part que vous voudrez à la passion de votre saint fils Jésus, afin que « je sois sanctifié en vérité, en celui qui s'est sanctifié pour moi, » comme il dit lui-même [1].

Enfin, ô Dieu, unité parfaite, que je ne puis égaler ni comprendre par la multiplicité, quelle qu'elle soit, de mes pensées, et au contraire dont je m'éloigne d'autant plus que je multiplie mes pensées; je vous en demande une, si vous le voulez, ou je ramasse en un, autant qu'il est permis à ma foiblesse, toutes vos infinies perfections, ou plutôt cette perfection seule et infinie qui fait que vous êtes Dieu, le seul qui est, de qui tout est, en qui tout est, qui est heureux par lui-même. O Dieu, soyez heureux éternellement; je m'en réjouis : c'est en cela que je mets tout mon bonheur. En cet esprit, ô mon Dieu, « grand dans vos conseils, incompréhensible à penser, qui vous êtes fait un nom et une gloire immortelle [2] » par la magnificence de vos œuvres, je m'abandonne à vous de tout mon cœur, à la vie et à la mort, dans le temps et dans l'éternité. Vous êtes ma joie, mon consolateur, mon refuge, mon appui; qui m'avez donné Jésus-Christ pour être « la pierre posée dans les fondemens de Sion, la pierre principale, la pierre de l'angle, la pierre éprouvée, choisie, affermie, inébranlable, la pierre solide et précieuse; et qui espère en cet appui, qui s'y abandonne, ne sera point confondu dans son espérance [3]. »

Faisons donc comme ceux qui accablés de travail et ne pouvant plus se soutenir, aussitôt qu'ils ont trouvé quelque appui solide, quelque bras ferme et puissant, mais bienfaisant tout ensemble, qui se prête à eux, s'y abandonnent, se laissent porter et se reposent dessus. Ainsi nous qui ne pouvons rien par nous-mêmes que nous tourmenter vainement jusqu'à l'infini, laissons-nous aller avec foi entre les bras secourables de notre Dieu, notre Sauveur et notre Père : car c'est alors que nous apprenons véritablement à l'appeler de ce nom, puisque comme de petits enfans

[1] *Joan.*, XVII, 19. — [2] *Jerem.*, XXXII, 19, 20. — [3] *Isa.*, XXVIII, 16.

innocens et simples, sans peine, sans inquiétude, sans prévoyance en un certain sens pour l'avenir, « nous rejetons en lui toutes nos inquiétudes, parce qu'il a soin de nous, » comme dit saint Pierre [1], fondé sur cette parole du Sauveur : « Votre Père sait que vous avez besoin de ces choses [2]. »

Je te dis donc, ame chrétienne, quelle que tu sois et de quelques soins que tu sois agitée, je te dis au nom du Sauveur : « Votre Père sait de quoi vous avez besoin. » Ne vous laissez donc point agiter ; et comme dit le même Sauveur en saint Luc, « ne vous laissez point élever en haut [3] » et comme tenir en suspens entre le ciel et la terre, incertain de quel côté vous allez tomber ; mais laissez-vous doucement tomber entre les bras secourables de votre Père céleste.

Avec cet acte, mon cher frère, ma chère sœur, chrétien qui que vous soyez, ne soyez en peine de rien : ne soyez point en peine de votre foiblesse, car Dieu sera votre force. Le dirai-je ? Oui, je le dirai : ne soyez point en peine de vos péchés mêmes, parce que cet acte, s'il est bien fait, les emporte tous : et toutes les fois qu'il n'a pas tout son effet, c'est à cause qu'il n'est pas fait dans toute sa perfection. Tâchez donc seulement de le bien faire et livrez-vous tout entier à Dieu, afin qu'il le fasse en vous, et que vous le fassiez avec son secours. Tout est fait, et vous n'avez qu'à y demeurer.

Cet acte est le plus parfait et le plus simple de tous les actes : car ce n'est pas un effort comme d'un homme qui veut agir de lui-même ; mais c'est se laisser aller pour être « mû et poussé par l'Esprit de Dieu, » comme dit saint Paul [4] : non pas toutefois, à Dieu ne plaise ! à la manière des choses inanimées, puisque c'est se laisser aller à cet Esprit qui nous meut volontairement, librement, avec une sincère complaisance pour tout ce que Dieu est et par conséquent pour tout ce qu'il veut, puisque sa volonté, c'est Dieu lui-même, pour dire avec le Sauveur : « Oui, mon Père, il est ainsi, parce qu'il a été ainsi déterminé devant vous [5]. »

Il ne faut donc pas s'imaginer, comme quelques-uns, qu'on

---

[1] I *Petr.*, v, 7. — [2] *Matth.*, vi, 32. — [3] *Luc.*, xii, 29. — [4] *Rom.*, viii, 14. — [5] *Matth.*, xi, 26.

tombe par cet abandon dans une inaction ou dans une espèce d'oisiveté. Car au contraire, s'il est vrai, comme il l'est, que nous soyons d'autant plus agissans que nous sommes plus poussés, plus mus, plus animés par le Saint-Esprit, cet acte par lequel nous nous y livrons et à l'action qu'il fait en nous, nous met, pour ainsi parler, tout en action pour Dieu. Nous allons avec ardeur à nos exercices, parce que Dieu, à qui nous nous sommes abandonnés, le veut ainsi : nous recourons continuellement aux saints sacrements comme aux secours que Dieu, à qui nous nous sommes livrés, nous a donnés pour nous soutenir. Ainsi un acte si simple enferme tous nos devoirs, la parfaite connoissance de tous nos besoins, et un efficace désir de tous les remèdes que Dieu a donnés à notre impuissance.

C'est cet acte qui nous fait dire : « Que votre nom soit sanctifié. » Car nous sanctifions, autant qu'il est en nous, tout ce qui est en Dieu, quand nous nous y unissons de tout notre cœur. Ce même acte nous fait dire encore : « Que votre règne arrive[1], » puisque nous ne nous livrons à Dieu qu'afin qu'il règne en nous et qu'il règne sur nous, qu'il règne sur tout ce qui est, qu'il fasse en nous son royaume, ainsi que dit le Sauveur : « Le royaume de Dieu est au dedans de vous[2]. » Cet acte nous fait dire aussi : « Votre volonté soit faite dans la terre comme au ciel[3], » parce que nous consentons de tout notre cœur de la faire en tout ce qui dépend de nous, et que Dieu la fasse en tout ce qui n'en dépend pas : en sorte qu'il soit maître en nous, comme il l'est au ciel sur les esprits bienheureux, qui n'ont lorsque Dieu agit qu'un *Amen* à dire, c'est-à-dire *ainsi soit-il*, qu'un *Alleluia* à chanter, c'est-à-dire *Dieu soit loué* de tout ce qu'il fait, comme il paroît dans l'*Apocalypse*[4] et comme dit l'apôtre saint Paul : « Abondant en actions de graces, rendant graces en tout temps et en toutes choses à Dieu le Père par Notre-Seigneur Jésus-Christ[5]. »

Ainsi le partage du chrétien est une continuelle action de graces, rendue à Dieu de tout ce qu'il fait, parce que tout ce qu'il fait tourne à sa gloire : et cette action de graces est le fruit de cet

---

[1] *Luc.*, XI, 2. — [2] *Luc.*, XVII, 21. — [3] *Matth.*, VI, 10. — [4] *Apoc.*, XIX, 4. — [5] *Coloss.*, II, 7; *Ephes.*, V, 20.

abandon, par lequel nous nous livrons à lui par une entière complaisance pour ses volontés.

Vous trouverez dans cet acte, ame chrétienne, un parfait renouvellement des promesses de votre baptême : vous y trouverez une entière abnégation de tout ce que vous êtes née, parce que si vous n'étiez née dans l'iniquité, et que vous ne fussiez point par votre naissance toute remplie de péché et d'ordure, vous n'auriez pas eu besoin de renaître : vous y trouverez un entier abandon à « cet esprit de nouveauté [1], » qui ne cesse de vous réformer intérieurement et extérieurement, en remplissant tout votre intérieur de soumission à Dieu et tout votre extérieur de pudeur, de modestie, de douceur, d'humilité et de paix.

Vous trouverez dans le même acte, ame religieuse, le renouvellement de tous vos vœux, parce que si Dieu seul est votre appui, auquel vous vous livrez tout entière, vous ne voulez donc nul appui dans ces biens extérieurs qu'on nomme richesses, et ainsi vous êtes pauvre. Vous en voulez encore moins dans tout ce qui flatte les sens; et ainsi vous êtes chaste : et encore moins sans hésiter en tout ce qui flatte au dedans votre volonté, et ainsi vous êtes obéissante.

Car qu'est-ce que l'amour des richesses, si ce n'est un emprunt qu'on fait des choses extérieures, et par conséquent une marque de la pauvreté du dedans? Et qu'est-ce que l'amour des plaisirs des sens, sinon encore un emprunt que l'ame va faire à son corps et aux objets qui l'environnent, et par conséquent toujours une pauvreté du dedans? Et qu'est-ce que l'amour de sa propre volonté, si ce n'est encore un emprunt que l'ame se va faire continuellement à elle-même pour tâcher de se contenter, sans pouvoir jamais en venir à bout; au lieu de se faire riche une bonne fois, en s'abandonnant à Dieu, et en prenant tout en lui ou plutôt en le prenant lui-même tout entier?

Te voilà donc, ame chrétienne, rappelée à ton origine, c'est-à-dire à ton baptême. Te voilà, ame religieuse, rappelée à ton origine, c'est-à-dire au jour bienheureux de ta profession. Que reste-t-il maintenant, sinon que tu renouvelles ta ferveur, et que

[1] *Psal.* L, 12.

ton sacrifice soit agréable comme le sacrifice des premiers jours, lorsque tout abîmée en Dieu et toute pénétrée du dégoût du monde, tu ressentois la première joie d'une ame renouvelée et délivrée de ses liens?

Cet abandon est la mort du péché : et premièrement c'est la mort des péchés passés, parce que, lorsqu'il est parfait, il les emporte. Car cet acte, qu'est-ce autre chose qu'un amour parfait et une parfaite conformité de nos volontés avec celle de Dieu? A qui se peut-on livrer, sinon à celui qu'on aime? Et qui est celui qu'on aime, sinon celui à qui on se fie souverainement? Qu'est-ce donc, encore un coup, qu'est-ce que cet acte, sinon, comme dit saint Jean, « cet amour parfait, cette parfaite charité qui bannit la crainte [1]? » Il n'y a donc plus rien à craindre pour ceux qui feront cet acte avec toute la perfection que Dieu y demande : il n'y a plus rien à craindre, ni péchés passés, ni supplice, ni punition. Tout disparoît devant cet acte, qui enferme par conséquent toute la vertu de la contrition et celle du sacrement de pénitence, dont elle emporte le vœu. Mais quels regrets, quelle repentance ne reste-t-il point de cet abandon? Quelle douleur d'avoir abandonné, quand ce ne seroit qu'un seul moment, celui à qui on s'est livré en s'abandonnant tout entier?

O mon Dieu, je n'aurai jamais assez de larmes pour déplorer un si grand malheur, quand je serois tout changé en pleurs. Mais si jamais j'ai des larmes, si je regrette jamais mes péchés, ce sera pour avoir tant offensé et outragé cette divine bonté, à laquelle je m'abandonne.

Mais aussi pour faire un tel acte et s'abandonner tout à fait à Dieu, à quoi ne faut-il pas renoncer? à quelles inclinations? à quelles douceurs? Car puis-je me livrer à Dieu avec l'amour, pour petit qu'il soit, des biens de la terre, sans craindre cette sentence du Sauveur : «Vous ne pouvez pas servir deux maîtres [2]? » Il faut renoncer à tout autre maître, c'est-à-dire à tous les désirs qui me maîtrisent et qui dominent dans le cœur. Il faut renoncer jusqu'au bout; car il seroit encore mon maître où je ne voudrois pas renoncer tout à fait. Ainsi cet abandon n'est pas seulement la mort

---

[1] I Joan., IV, 18. — [2] Matth., VI, 24.

des péchés passés, c'est encore celle des péchés à venir. Car quelle ame qui se livre à Dieu, pourroit dans ce saint état se livrer à l'iniquité et à l'injustice? Et en même temps c'est la mort de tous les scrupules, parce que l'ame livrée à Dieu et à sa bonté infinie, afin qu'il fasse et excite en elle tout ce qu'il faut pour lui plaire, ne peut rien craindre, ni d'elle-même, ni de son péché, puisqu'elle est toujours unie par son fond au principe qui les guérit et les purifie.

Comment donc, direz-vous; une telle ame n'est-elle pas assurée de sa sainteté et de son salut? Comment, si ce n'est pour cette raison, qu'il ne lui est jamais donné en cette vie de savoir si elle s'abandonne à Dieu de bonne foi, ni si elle persévérera à s'y abandonner jusqu'à la fin? Ce qui la porte à s'humilier jusqu'aux enfers, et en même temps lui sert d'aiguillon pour s'abandonner à Dieu de nouveau à chaque moment, avec la même ferveur et la même ardeur que si elle n'avoit jamais rien fait, mettant sa force, son repos et sa confiance, non en elle-même ni dans ce qui est en elle, mais en Dieu, dont tout lui vient.

C'est là enfin, pour revenir à l'évangile que nous avons lu au commencement, et à Marie que nous y avons vue si attentive au Sauveur : c'est là, dis-je, ce qui s'appelle être véritablement « assise aux pieds du Sauveur » pour écouter ce qu'il veut, et se laisser gouverner par ce qu'on écoute comme sa loi. C'est là cet « un nécessaire » que Jésus explique, et que Marie avoit déjà choisi; et il ne faut pas s'étonner si Jésus ajoute : « Marie a choisi la meilleure part, qui ne lui sera point ôtée [1]. »

Elle a choisi d'être assise aux pieds du Sauveur; d'être tranquille, attentive, obéissante à sa parole, c'est-à-dire à sa volonté, à sa parole intérieure et extérieure, à ce qu'il dit au dedans et au dehors; d'être unie à sa vérité, et abandonnée à ses ordres.

« Elle a choisi la meilleure part, qui ne lui sera point ôtée. » La mort viendra; et « en ce jour toutes les pensées des hommes périront [2] : » mais cette pensée, par laquelle l'homme s'est livré à Dieu, ne périra pas; au contraire elle recevra sa perfection : car « la charité, dit saint Paul, ne finira jamais, pas même lorsque

---

[1] *Luc.*, x, 43. — [2] *Psal.* CXLV, 4.

les prophéties s'évanouiront et que la science humaine sera abolie[1] : » la charité ne finira pas, et rien ne périra que ce qu'il y a d'imparfait en nous.

Viendra le temps de sortir de la retraite et de rentrer dans les exercices ordinaires : mais le partage de Marie ne périra pas. La parole qu'elle a écoutée, la suivra partout : l'attention secrète qu'elle y aura, lui fera tout faire comme il faut : elle ne rompra ce silence intime qu'avec peine et lorsque l'obéissance et la charité le prescriront : une voix intérieure ne cessera de la rappeler dans son secret. Toujours prête à y retourner, elle ne laissera pas de prêter son attention à ses emplois : mais elle souhaitera avec une infatigable ardeur sa bienheureuse tranquillité aux pieds du Sauveur, et encore avec plus d'ardeur la vie bienheureuse, où la vérité sera manifestée et où Dieu sera tout en tous. *Amen, Amen.*

« Au reste, mes frères, que tout ce qui est véritable, tout ce qui est honnête, tout ce qui est juste, tout ce qui est saint, tout ce qui nous peut rendre aimables (sans vouloir plaire à la créature), tout ce qui est d'édification et de bonne odeur : s'il y a quelque sentiment raisonnable et vertueux et quelque chose de louable dans le règlement des mœurs; que tout cela soit le sujet de vos méditations et l'unique entretien de vos pensées[2]. » Car à quoi pense celui qui est uni à Dieu, sinon aux choses qui lui plaisent? « Que si quelqu'un parle, que ce soit comme si Dieu parloit en lui. Si quelqu'un sert dans quelques saints exercices, qu'il y serve comme n'agissant que par la vertu que Dieu lui donne, afin qu'en tout ce que vous faites, Dieu soit glorifié par Jésus-Christ[3]. Et tout ce que vous ferez, faites-le de tout votre cœur, » jamais avec nonchalance, par coutume et comme par manière d'acquit : « faites-le, dis-je, de tout votre cœur, comme le faisant pour Dieu, et non pour les hommes. Servez Notre-Seigneur Jésus-Christ[4]; » que ce soit votre seul Maître. *Amen, Amen.* « Oui, je viens bientôt. Ainsi soit-il. Venez, Seigneur Jésus; venez. La grace de Notre-Seigneur Jésus-Christ soit avec vous[5]. » *Amen, Amen.*

---

[1] I *Cor.*, XIII, 8-10. — [2] *Philip.*, IV, 8. — [3] I *Petr.*, IV, 11. — [4] *Coloss.*, III, 23, 24. — [5] *Apoc.*, XXII, 20, 21.

SUR

LE PARFAIT ABANDON.

Quand on est bien abandonné à Dieu, on est prêt à tout, on suppose le pis qu'on en puisse supposer et on se jette aveuglément dans le sein de Dieu. On s'oublie, on se perd ; et c'est là la plus parfaite pénitence qu'on puisse faire, que cet entier oubli de soi-même : car toute la conversion ne consiste qu'à se bien renoncer et s'oublier, pour s'occuper de Dieu et se remplir de lui. Cet oubli est le vrai martyre de l'amour-propre : c'est sa mort et son anéantissement, où il ne trouve plus de ressource : alors le cœur se dilate et s'élargit. On est soulagé en se déchargeant du dangereux poids de soi-même, dont on étoit accablé auparavant. On regarde Dieu comme un bon père, qui nous mène comme par la main dans le moment présent ; et on trouve tout son repos dans l'humble et la ferme confiance en sa bonté paternelle.

Si quelque chose est capable de rendre un cœur libre et de le mettre au large, c'est le parfait abandon à Dieu et à sa sainte volonté : cet abandon répand dans le cœur une paix divine, plus abondante que les fleuves les plus vastes et les plus remplis. Si quelque chose peut rendre un esprit serein, dissiper les plus vives inquiétudes, adoucir les peines les plus amères, c'est assurément cette parfaite simplicité et liberté d'un cœur entièrement abandonné entre les mains de Dieu. L'onction de l'abandon donne une certaine vigueur dans toutes les actions, et épanche la joie du Saint-Esprit jusque sur le visage et dans les paroles. Je mettrai donc toute ma force dans ce parfait abandon entre les mains de Dieu par Jésus-Christ, et il sera ma conclusion pour toutes choses en la vertu du Saint-Esprit. *Amen.*

ACTE D'ABANDON.

O Dieu saint, ô Dieu vengeur des crimes, j'adore vos saintes et inexorables rigueurs, et je m'y abandonne entièrement en Jésus-Christ, qui s'y est abandonné pour moi, afin de m'en délivrer. Il s'est soumis volontairement à porter mes péchés et ceux de tout l'univers. Il s'est livré pour eux tous aux rigueurs de votre justice, parce qu'il a un mérite infini à lui opposer pour vous apaiser envers moi. Je vous offre ses mérites et sa sainteté parfaite, dont il m'a couvert et revêtu : ne me regardez pas en moi-même ; mais regardez-moi en Jésus-Christ, comme un membre dont il est le chef : donnez-moi telle part que vous voudrez à son sacrifice et à sa sainte mort et passion, afin qu'en Jésus-Christ votre Fils je sois sanctifié en vérité. *Amen.*

AUTRE ACTE.

Mon Dieu, qui êtes la bonté même, j'adore cette bonté infinie ; je m'y unis, je m'appuie sur elle, plus encore en elle-même que dans ses effets. Je ne sens en moi aucun bien, aucunes bonnes œuvres faites dans l'exactitude de la perfection que vous voulez, ni par où je puisse vous plaire : aussi n'est-ce pas en moi ni en mes œuvres que je mets ma confiance ; mais en vous seul, ô bonté infinie, qui pouvez en un moment faire en moi tout ce qu'il faut pour vous être agréable. Je vis dans cette foi ; et je remets durant que je vis, jusqu'au dernier soupir, mon cœur, mon corps, mon esprit, mon ame, mon salut et ma volonté entre vos divines mains.

O Jésus, Fils unique du Dieu vivant, qui êtes venu en ce monde pour racheter mon ame pécheresse, je vous la remets. Je mets votre sang précieux, votre sainte mort et passion, et vos plaies adorables, et surtout celle de votre sacré cœur, entre la justice divine et mes péchés ; et je vis ainsi dans la foi et dans l'espérance que j'ai en vous, ô Fils de Dieu, qui m'avez aimé et qui vous êtes donné pour moi. *Amen.*

Ne craignez rien avec cet acte (*a*), qui efface les péchés en un moment. Faites-vous le lire dans vos peines ; tenez-le tant que vous pourrez entre vos mains ; et quand vous croyez ne le pouvoir plus produire, tenez-en le fond et incorporez-le dans l'intime de votre cœur.

(*a*) Avec cet *acte* de charité parfaite.

SUR L'ATTENTE DE LA GRACE

ET

L'UNION AVEC LE BIEN-AIMÉ (a).

Demeurez en attente de ce que Dieu veut faire de vous, et en vous; c'est à lui d'y mettre la main : éloignez votre cœur de toute attention à vous-même, je veux dire que ni l'amour, ni l'estime de la créature, soit celle que vous avez, soit celle qu'on a pour vous, ne vous soit plus rien. Dites en attente le Psaume xiv : « Seigneur, qui habitera dans votre tabernacle, ou qui se reposera sur votre sainte montagne? » Pesez en foi toutes ces paroles et toutes celles qui suivent : revêtez-vous de cordialité, de douceur, de sincérité, de charité envers tout le monde; et quand vous viendrez à ces paroles : *Qui facit hæc, non movebitur in æternum:* « Celui qui fait ces choses demeure ferme éternellement, » faites un acte de foi sur cette immobilité que Dieu seul peut faire, et qu'il ne peut faire que dans ceux qui s'y préparent et qui se livrent à lui, afin qu'il les y prépare lui-même. C'est là donc où vous trouverez cette continuelle oraison, dans l'immobilité d'une ame fondée en foi et en amour : c'est là que vous deviendrez vous-même comme une montagne sainte où Dieu fera sa demeure, conformément à cette parole du Psaume cxxiv : *Qui confidunt,* etc. : « Ceux qui mettent leur confiance au Seigneur seront comme la montagne de Sion : les habitans de Jérusalem ne seront jamais ébranlés. » Ne faites aucun effort de tête ni même de cœur pour vous unir ; tirez seulement votre cœur à part. L'Epoux vous trouvant dans la solitude, fera son œuvre. Ne faites rien d'extraordinaire, ni aucune austérité particulière. Ouvrez tout à l'Epoux, qui ne veut que jouir. Oh! quel admirable secret! Est-il possible qu'un Dieu fasse de telles choses dans sa créature? Il agit en maître, puisque

(a) Ne se trouve pas dans les éditions précédentes.

c'est un maître si rempli d'amour. Vous me demandez le moyen de faire écouler en Jésus-Christ tout son amour : quoi que je vous dise pour cela, vous me pourrez demander encore le moyen de pratiquer ce moyen, et ainsi on iroit à l'infini. Sachez donc qu'il y a des choses où le moyen de les faire est de les faire sans autre moyen ; car les faire c'est les vouloir fortement, c'est commencer tout d'abord à les vouloir fortement en soi, c'est-à-dire dans la confiance que Dieu fait en nous le vouloir et le faire, comme dit saint Paul. Mais ce qu'on demande ordinairement quand on demande des moyens, c'est qu'on demande à quelle pratique particulière, extérieure ou intérieure, il faut s'attacher, ou quel effort il faut faire ; au lieu que très-souvent le moyen, c'est de ne se faire aucun effort violent et de ne faire dépendre son action d'aucune pratique particulière, mais de se laisser conduire aussi librement que doucement à l'Esprit qui nous pousse. *Expectans expectavi Dominum* : « J'ai attendu le Seigneur en l'attendant. » Ceux qui se tourmentent, comme si en se tourmentant ils faisoient venir l'Epoux, attendent, mais ce n'est pas en attendant, parce qu'ils l'attristent et qu'ils s'empressent. Attendre en attendant, c'est attendre en simplicité, sans rien faire comme pour violenter l'Epoux céleste : ce qu'il faut faire uniquement, c'est de se séparer, se mettre à part, se laisser tirer à l'écart hors de la foule, hors des distractions, des amusemens, des vaines satisfactions, des propres recherches, etc., et là attendre en attendant ce que l'Epoux voudra faire. Si en attendant il caresse l'ame ou la pousse à le caresser, il faut livrer son cœur, et lui dire tout ce qu'inspire un amour libre qui ne peut souffrir de contrainte. Je n'en dirai pas davantage : c'est en cela que consiste la fidélité de l'épouse ; c'est son état, c'est son caractère.

Que vous puis-je dire sur l'union avec le bien-aimé ? L'union, c'est l'union, et non autre chose ; le moyen de l'union, c'est l'union même : se séquestrer et laisser faire l'Epoux, c'est là toute la correspondance de l'Epouse ; elle ne doit ni recevoir, ni donner des bornes à son amour, à ses transports, etc. L'onction vous enseignera ce que je ne vous puis dire ; où je manque, je vous donne Dieu et son Esprit pour docteur : mon ignorance est heureuse.

L'Epoux compare son épouse à une belle cavale mise sous le joug ; c'est là comme il veut les ames ; nul mouvement irrégulier, ni aucun pas qui ne soit utile. Attendez donc en attendant : revenons-en là ; mais observez certains égards où le Saint-Esprit met l'ame tout en mouvement par rapport à lui : c'est alors ordinairement qu'il prépare à la chaste jouissance ; mais souvent elle est faite sans qu'on le sache ; la cinquième préparation contient l'effet, et on a ce que l'on cherche. Il ne faut point cesser de chercher ce qu'on ne peut jamais avoir assez trouvé en cette vie. Cela est ainsi. *Amen.*

RÉNOVATION

DE L'ENTRÉE DANS LA SAINTE RELIGION.

Il faut la célébrer tous les ans dans les transports de joie, de reconnoissance et d'amour, pour le choix plein de miséricorde et de bonté que Dieu a fait de nous, en nous attachant pour jamais à lui. « O mon ame, bénissez le Seigneur ; et que tout ce qui est en moi loue son saint nom » en Jésus-Christ et par Jésus-Christ. « O mon ame, bénissez le Seigneur, et n'oubliez jamais toutes les grâces qu'il vous a faites [1] ; » et efforcez-vous sans cesse avec son divin secours à y répondre de plus en plus, à mériter celles qu'il vous prépare, et à parvenir à leur parfaite consommation par une heureuse persévérance. *Amen.*

Laissons de nouveau évanouir le monde et tout son faux éclat tout ce qui le compose et qui fait l'empressement des hommes insensés ; et quand par les lumières de la foi tout sera mis en pièces et en morceaux et que nous le verrons comme déjà détruit, restons seuls avec Dieu seul, environnés de ce débris et de ce vaste néant : laissons-nous écouler dans ce grand tout qui est Dieu, en sorte que nous-mêmes nous ne soyons plus rien qu'en lui seul.

[1] *Psal.* CII, 1, 2.

RÉNOVATION DE L'ENTRÉE EN RELIGION.

Nous étions en lui avant tous les temps dans son décret éternel; nous en sommes sortis pour ainsi dire par son amour qui nous a tirés du néant. Retournons à cette fin adorable, à cette idée, à ce décret, à ce principe et à cet amour ; et le jour anniversaire que nous partîmes pour aller à la maison de Dieu, la sainte religion, afin de nous immoler à lui, disons avec une plénitude de cœur, dans une joie pure, le Psaume cxxi : *Lætatus sum in his*. Le jour de notre arrivée et de notre entrée, le Psaume lxxxiii : *Quam dilecta;* et le lxxxiv : *Benedixisti*, appuyant sur les versets 8 et 9. Le lendemain, le Psaume xc : *Qui habitat ;* et le lxxxi : *Memento, Domine, David ;* arrêter sur le vers. 15. Le troisième jour, le Psaume lxxxvi : *Fundamenta*. Admirons les fondemens de Sion, qui sont l'humilité et la confiance. Le quatrième jour, pour rendre graces à Dieu de notre liberté, les Psaumes cxiv : *Dilexi, quoniam exaudiet,* et cxv : *Credidi propter,* qui n'en font qu'un dans l'original et qui sont de même dessein. Appuyer sur les versets 7, 8 du Psaume *Credidi*. Le cinquième jour dans les mêmes vues encore, mais avec une plus intime joie de notre sortie du monde, le Psaume cxiii : *In exitu Israel de Ægypto*. Le sixième jour, le Psaume cxxv et le xxii : *In convertendo,* et *Dominus regit me*. Le septième jour, adorons l'Epoux céleste dans le sein et à la droite de son Père, et au sortir des temps de sa sainte enfance, par les Psaumes xxix : *Exaltabo te, Domine ;* et xxxix : *Expectans expectavi*. Le huitième jour de l'octave, disons avec une pleine effusion de cœur, en éclatant en reconnoissance et en action de graces, le Psaume cii : *Benedic, anima mea, Domino;* le cxliv : *Exaltabo te ;* et le cxvii : *Confitemini*. Ainsi se célébrera notre heureuse délivrance de la servitude du siècle.

Consacrons-nous donc de nouveau au Seigneur notre Dieu, de tout notre cœur, de toute notre ame et de toutes nos forces, comme des victimes qu'on mène librement à l'autel, qui est le sens des versets 26, 27 de ce dernier Psaume. Voilà les Psaumes pour la veille et l'octave de la fête de notre sainte dédicace. Lisons encore, durant cette aimable octave, les chapitres li et liv d'Isaïe, le chapitre viii de l'Evangile de saint Jean ; et demandons à Dieu la liberté véritable, qui est celle que Jésus-Christ donne par la vérité.

Ecoutons plutôt les promesses que les menaces ; accoutumons-nous à craindre la vérité, mais à espérer encore davantage en la grande bonté de Dieu : lisons-en les merveilles dans le chapitre v de l'*Epître aux Romains*.

DU PROPHÈTE ISAIE.

CHAPITRE LII, VERSETS CHOISIS.

1. Levez-vous, Sion, levez-vous ; revêtez-vous de votre force, parez-vous des vêtemens de votre gloire, Jérusalem ville du Saint, parce qu'à l'avenir il n'y aura plus d'incirconcis et d'impurs qui passent au milieu de vous.

2. Sortez de la poussière, levez-vous, asseyez-vous, ô Jérusalem, rompez les chaînes de votre col, filles de Sion captive.

3. Car voici ce que dit le Seigneur : Vous avez été vendues pour rien, et vous serez rachetées sans argent.

4. Il viendra un jour auquel mon peuple connoîtra la grandeur de mon nom ; un jour auquel je dirai : Moi qui parlois autrefois, me voici présent.

7. Que les pieds de celui qui annonce et qui prêche la paix sur les montagnes, sont beaux ! les pieds de celui qui annonce la bonne nouvelle, qui prêche le salut, qui dit à Sion : Votre Dieu va régner.

8. Alors vos sentinelles se feront entendre : ils élèveront leur voix ; ils chanteront ensemble des cantiques de louanges, parce qu'ils verront de leurs yeux que le Seigneur aura converti Sion.

9. Réjouissez-vous, désert de Jérusalem ; louons tous ensemble le Seigneur, parce qu'il a consolé son peuple et racheté Jérusalem.

10. Le Seigneur a fait voir son bras saint à toutes les nations, et toutes les régions de la terre verront le Sauveur que notre Dieu doit envoyer.

11. Retirez-vous, sortez de Babylone, ne touchez rien d'impur : sortez du milieu d'elle ; purifiez-vous, vous qui portez les vases du Seigneur.

12. Vous n'en sortirez point en tumulte, ni par une fuite précipitée, parce que le Seigneur marchera devant vous, le Dieu d'Israël vous rassemblera.

13. Mon serviteur sera rempli d'intelligence ; il sera grand et élevé ; il montera au plus haut comble de la gloire.

14. Il paroîtra sans gloire et sans éclat devant les hommes, et dans une forme méprisable.

15. Il arrosera beaucoup de nations; les rois se tiendront devant lui dans le silence : ceux à qui il n'a pas été annoncé le verront, et ceux qui n'avoient point entendu parler de lui le contempleront.

CHAPITRE LV, VERSETS CHOISIS.

1. Vous tous qui avez soif, venez aux eaux; vous qui n'avez point d'argent, hâtez-vous, achetez et mangez ; venez et achetez sans argent et sans aucun échange, le vin et le lait.

2. Pourquoi employez-vous votre argent à ce qui ne peut vous nourrir, et vos travaux à ce qui ne peut vous rassasier? Ecoutez-moi avec attention : nourrissez-vous de la bonne nourriture que je vous donne ; et votre ame, en étant comme engraissée, sera dans la joie.

3. Abaissez votre oreille, et venez à moi ; écoutez-moi, et votre ame trouvera la vie : je ferai avec elle une alliance éternelle.

6. Cherchez le Seigneur pendant qu'on le peut trouver ; invoquez-le pendant qu'il est proche.

7. Que l'impie quitte ses voies, et l'injuste ses pensées, et qu'il retourne au Seigneur ; et il lui fera miséricorde : qu'il retourne à notre Dieu, parce qu'il est plein de bonté pour pardonner.

8. Car mes pensées ne sont pas vos pensées ; et vos voies ne sont pas mes voies, dit le Seigneur.

9. Mais autant que le ciel est élevé au-dessus de la terre, autant mes voies et mes pensées sont au-dessus de vos pensées.

10. Et comme la pluie et la neige descendent du ciel et n'y retournent plus, mais qu'elles abreuvent la terre, la rendent féconde et la font germer ; et qu'elle donne la semence pour semer, et le pain pour s'en nourrir :

11. Ainsi ma parole, qui sort de ma bouche, ne retournera point sans fruit ; mais elle fera tout ce que je veux.

12. Vous sortirez avec joie et vous serez conduits dans la paix.

Les campagnes et les collines retentiront de cantiques de louanges.

13. Le sapin s'élèvera au lieu des herbes les plus viles ; le myrte croîtra au lieu de l'ortie ; et le Seigneur éclatera comme un signe éternel qui ne disparoîtra jamais.

RÉFLEXIONS.

Il y a un livre éternel où est écrit ce que Dieu veut de tous ses élus, et à la tête ce qu'il veut en particulier de Jésus-Christ, qui en est le chef. Le premier article de ce livre est que Jésus-Christ sera mis à la place de toutes les victimes, en faisant la volonté de Dieu avec une entière obéissance. C'est à quoi il se soumet ; et David lui fait dire : « Mon Dieu, je l'ai voulu, et votre loi est au milieu de mon cœur[1]. »

Soyons donc à l'exemple de Jésus-Christ en esprit de victime, soyons abandonnés sans réserve à la volonté de Dieu : autrement nous n'aurons point de part à son sacrifice. Fallût-il être un holocauste entièrement consumé par le feu, laissons-nous réduire en cendres plutôt que de nous opposer jamais à ce que Dieu veut de nous. C'est dans la sainte volonté de Dieu que se trouvent l'égalité et le repos. Dans la vie des passions et de la volonté propre, on pense aujourd'hui une chose et demain une autre, une chose durant la nuit et une autre durant le jour, une chose quand on est triste, une autre quand on est de bonne humeur. Le seul remède à ces alternatives journalières et à ces inégalités de notre vie, c'est la soumission à la volonté de Dieu. Comme Dieu est toujours le même dans tous les changemens qu'il opère au dehors, l'homme chrétien est toujours le même lorsqu'il est soumis à sa volonté. On n'a pas besoin de chercher des raisons particulières pour se calmer ; c'est l'amour-propre ordinairement qui les fournit ; la souveraine raison, au-dessus de toute raison, c'est ce que Dieu veut. La volonté de Dieu, seule sainte en elle-même, est elle seule sa raison et toute notre raison pour toutes choses. Prenons garde néanmoins que ce ne soit pas par paresse, et pour nous donner un faux repos, que nous ayons recours à la volonté de Dieu : elle nous fait reposer, mais en agissant et en faisant tout ce qu'il faut.

[1] *Psal.* XXXIX, 8.

Qu'importe donc ce que nous devenions sur la terre? Arrive ce qui pourra de nous! Il n'y a qu'une seule chose à vouloir et à demander toujours : c'est d'accomplir la divine volonté, parce que quiconque fait la volonté de Dieu, demeurera éternellement. *Amen.*

ÉLÉVATION

POUR LE RENOUVELLEMENT DES VŒUX,

LE JOUR DE LA TOUSSAINT.

Seigneur, qui ne manquez jamais de vous laisser trouver à ceux qui vous cherchent, qui avez tendu la main à votre peuple toutes les fois qu'il a levé les siennes vers vous, et que du comble de son iniquité et de son ingratitude, aussi bien que de son affliction et de son malheur, il a eu recours à votre clémence.

Seigneur, de qui les yeux sont incessamment ouverts sur les besoins de ceux qui s'appliquent à ne rien vouloir en ce monde, que l'exaltation de votre saint nom et la sanctification de leurs ames, recevez dans votre miséricorde les promesses que nous vous faisons aujourd'hui pressés par le désir de réparer les maux que nos langueurs, nos négligences et nos infidélités nous ont causés, et par la crainte que nous avons de continuer à vous déplaire et enfin de vous perdre.

Formez dans le fond de nos cœurs ces protestations saintes que nous allons faire, avant que nos bouches les prononcent, afin qu'étant votre œuvre beaucoup plus que la nôtre, le même esprit qui les aura dictées veille sans cesse pour les rendre inviolables; et que malgré les tentations qui s'opposent toujours aux résolutions les plus saintes, rien n'empêche que celle-ci n'ait son effet et son accomplissement tout entier.

Nous renouvelons donc, Seigneur, dans la présence de tous vos Saints dont nous célébrons aujourd'hui la fête, et sous la protection de votre sainte Mère que nous regardons comme le soutien de notre foiblesse et l'appui de notre fragilité, les engagemens que nous avons déjà pris au pied de vos sacrés autels ; et nous vous promettons tout de nouveau de garder notre sainte règle d'une manière plus exacte que nous n'avons fait jusqu'ici, conformément aux usages, aux pratiques et aux maximes établies dans ce monastère, que nous avons reçues de nos Pères et de nos saints instituteurs, comme si vous nous les aviez données par le ministère de vos anges. Nous vous promettons donc de nouveau de vivre dans l'oubli de toutes les choses qui passent, dans la fuite et dans l'éloignement des hommes, dans l'amour de la retraite, dans la prière, dans l'observation d'un silence rigoureux, dans la mortification des sens, dans l'austérité de la nourriture, dans la pauvreté, dans les travaux des mains, dans l'humiliation de l'esprit, dans l'exercice des humiliations si utiles et si sanctifiantes, dans cette obéissance, dans ce parfait délaissement et abandon de nous-mêmes entre les mains de celui qui aura l'autorité pour nous conduire, tant qu'il aura votre esprit et vos lumières; et que conformément à nos obligations et à nos désirs, il n'aura point d'autres vues que de nous élever à la perfection à laquelle notre profession nous destine ; dans cette confiance sincère et cette affection cordiale que notre règle nous ordonne d'avoir pour nos supérieurs ; et enfin dans cette charité si ardente, si soigneuse et si tendre, que nous devons exercer à l'égard de nos frères, et que nous reconnoissons selon votre parole être le véritable caractère qui distingue vos élus de ceux qui ne le sont pas.

Nous espérons, Seigneur, que vous ferez descendre les flammes sacrées de votre divin amour sur le sacrifice que nous vous offrons, comme vous fîtes autrefois tomber le feu du ciel sur celui qui vous fut offert par votre prophète ; et que l'odeur qui s'élèvera de l'embrasement de la victime, étant portée jusqu'à votre trône, obtiendra de votre bonté toutes les graces qui nous sont nécessaires; afin que persévérant tous ensemble, d'un même zèle et d'une même fidélité, dans cette sainte carrière dans laquelle nous nous trouvons engagés par l'ordre de votre providence, nous puissions terminer nos combats et consommer heureusement notre course ; et que dans ce jour redoutable auquel vous viendrez juger le ciel et la terre, lorsque votre archange nous éveillera de notre sommeil, nous allions malgré toutes les puissances de l'air à votre rencontre, pleins de cette joie et de cette confiance que vous donnerez à tous ceux qui, selon vos déterminations éternelles, doivent avoir part à votre gloire et à votre triomphe.

RETRAITE DE DIX JOURS
SUR LA PÉNITENCE.

AVERTISSEMENT.

Quand je dis dans tout ce discours : Qu'on pèse, qu'on appuie, qu'on considère sérieusement, je veux dire qu'on s'arrête un peu en faisant un acte de foi : Je crois ; cela est vrai ; celui qui l'a dit est la vérité même.

Considérer cette vérité particulière comme une parcelle de la vérité qui est Jésus-Christ même ; c'est-à-dire Dieu même s'approchant de nous, se communiquant et s'unissant à nous : car voilà ce que c'est que Jésus-Christ. Il faut donc considérer cette vérité qu'il a révélée de sa propre bouche, s'y attacher par le cœur, l'aimer, parce qu'elle nous unit à Dieu par Jésus-Christ qui nous l'a enseignée, et qui dit qu'il est « la voie, la vérité et la vie [1]. »

AVANT LA LECTURE OU MÉDITATION.

Veni, sancte Spiritus, etc.
Parlez, Seigneur ; votre serviteur, votre servante vous écoute.

En finissant.

Faites croître, ô mon Dieu, dans mon ame la divine semence que vous venez d'y jeter : je vous le demande par les mérites in-

[1] *Joan.*, XIV, 6.

finis et au nom de votre Fils Jésus-Christ Notre-Seigneur, par l'intercession de la très-sainte Vierge, de saint Joseph et de tous les anges et saints.

PREMIER JOUR.

Lisez le chapitre III de saint Matthieu, pesez sur ces paroles : « Faites pénitence; car le royaume des cieux est proche, » vers. 2; et sur celles-ci : « Préparez les voies du Seigneur ; faites ses sentiers droits, » vers. 3. Entrez dans les dispositions qui ouvrent le cœur à Dieu, et l'invitent à demeurer en nous : faites ses sentiers droits : redressez votre cœur : excitez-vous à aimer Dieu, après avoir tant aimé la créature, vous-même principalement et la moindre partie de vous-même, c'est-à-dire votre corps. Rétablissez en vous-même la droiture, en préférant l'ame au corps, et Dieu à l'un et à l'autre : c'est ce qui rend le cœur droit et les voies droites.

Pesez sur ces paroles du verset 4 : « Jean avoit un habit de poil de chameaux, » etc. Si un innocent et un juste si parfait s'affligeoit ainsi lui-même, combien plus les pécheurs ? Pesez encore sur les paroles du verset 6 : « Ils étoient baptisés par lui au Jourdain, » etc. C'est faire sortir le pus de l'ulcère ; et celles-ci : « Faites de dignes fruits de pénitence, » vers. 8, en vous corrigeant, et en évitant comme la mort les choses d'ailleurs innocentes, ou même permises ou les moins défendues, si elles vous disposent au péché : en vous châtiant vous-même par des mortifications volontaires, lorsqu'on trouvera à propos de vous en prescrire ou de vous en permettre. Pesez enfin ces paroles du vers. 9 : « Dieu peut de ces pierres faire naître des enfans d'Abraham. » Ne désespérez jamais de votre conversion : d'un cœur endurci, Dieu en peut faire un cœur pénitent; d'un cœur de pierre, un cœur de chair, pourvu qu'on lui soit fidèle : car il faut de la fidélité et du courage, pour faire de dignes fruits de pénitence.

Il se faut faire violence, « afin que la coutume de pécher cède à la violence du repentir, » comme dit saint Augustin [1]. Méditez et goûtez cette parole.

[1] S. August. *In Joan.*, Tract. XLIX, n. 19.

Le même jour, le Psaume vi, qui est le premier de la pénitence. Se présenter soi-même à Dieu, comme un malade ulcéré, gangrené, affoibli, épuisé: demander à Dieu qu'il nous guérisse; lui dire du fond du cœur : *Sed tu, Domine, usquequo?* « Mais vous, Seigneur, jusqu'à quand?» vers. 4 : jusqu'à quand me laisserez-vous dans ma nonchalance? Excitez ma langueur, excitez ma foi ; donnez-moi de la force et du courage, car il faut vous être fidèle. Vous m'excitez au dehors par vos ministres, vous m'excitez au dedans par vous-même ; et si je n'étois pas sourd, j'entendrois votre voix. Tâchez d'attendrir votre cœur sur ce verset : « J'ai été travaillé dans mon gémissement : toutes les nuits je laverai mon lit, et je l'arroserai de mes larmes,» vers. 7.

O Dieu, quand pleurerai-je ma malheureuse ame, plongée volontairement dans les ombres de la mort ? O Dieu, frappez cette pierre, et faites-en découler les larmes de la pénitence.

Je n'étends et n'exclus pas les autres pensées ; je vous donne celle-ci pour vous aider : si une suffit, vous vous y tiendrez. Vous passerez une demi-heure le matin, et autant l'après-dînée, dans cet exercice. Vous laisserez passer dans la lecture ce que vous n'entendrez pas, sans même vous efforcer de l'entendre ; et vous tâcherez de graver dans votre cœur ce que vous entendrez, en pesant chaque parole, surtout celles que je viens de marquer, en en remarquant quelques-unes pour les rappeler de temps en temps durant le jour et la nuit.

Vous commencerez par vous mettre à genoux, en invoquant le Saint-Esprit et vous mettant devant Dieu. Vous pourrez lire le chapitre assise, et vous direz le Psaume à genoux, et ainsi tous les autres jours.

IIe JOUR.

Lisez le même chapitre iii de saint Matthieu; appuyez sur ces paroles : « La hache est déjà à la racine de l'arbre. » Vers. 10. Etat d'une ame pécheresse sous le coup inévitable et irrémédiable de la justice divine, prête à trancher non-seulement les branches, mais la racine : la main déjà appliquée et le tranchant enfoncé; il va tomber, et il n'y a plus que le feu pour un tel arbre. Mais quel feu ! Pesez ces paroles : « Il brûlera la paille dans un feu qui ne s'éteindra jamais. » Vers. 12.

A ces paroles : « Celui qui vient après moi est plus fort que moi, » vers. 11, pensez à Jésus-Christ, qui est venu laver nos péchés en nous donnant le baptême et le feu du Saint-Esprit pour nous purifier ; et après le baptême de l'eau, il nous donne encore le baptême de la pénitence et des larmes : s'exciter aux regrets et dire : O mon ame, seras-tu encore longtemps insensible ? O Jésus, attendrissez, amollissez mon cœur. En continuant, appuyez sur cette parole : « C'est ici mon Fils bien-aimé, en qui je me plais uniquement. » Vers. 17. Excitez votre cœur à se plaire en celui en qui le Père met toute sa complaisance.

Le Psaume XXXI, qui est le second de la pénitence. Appuyez sur ces mots : « Bienheureux l'homme à qui les iniquités sont remises, et dont les péchés sont couverts. » Vers. 1. Goûtez le bonheur de celui à qui les péchés sont pardonnés, et qui est réconcilié avec Dieu. Et encore sur ces paroles : « J'ai dit : Je confesserai mon iniquité au Seigneur. » Vers. 5. O bonté, j'ai dit : Je confesserai ; et vous avez déjà pardonné : vous prévenez même l'exécution de la résolution de me confesser, et vous me pardonnez avant que je m'acquitte de ce devoir. C'est ce qui arrive à ceux qui ont le cœur contrit de la contrition parfaite ; et pour les autres, c'est déjà un commencement de pardon que de leur donner un commencement de repentir. Dieu achèvera son ouvrage : mais il faut lui être fidèle et coopérer à sa grace, c'est-à-dire en suivre les impressions et les mouvemens.

Sur ces paroles : « Ne soyez pas comme le cheval et le mulet, » vers. 9 ; inclinations bestiales, l'abrutissement dans les sens de la chair, impétuosité, aveuglement, volonté indomptable ; toujours devant soi au gré de son appétit insensé ; mais dans la suite écoutez : O Seigneur, « tenez-leur la mâchoire par le mors et par la bride : » puisqu'ils sont comme des chevaux et des mulets, traitez-les comme ces animaux. Toi-même, ame chrétienne, prends la bride en main, retiens tes emportemens : car il faut être fidèle ; et pendant qu'il tient la bride, la tenir aussi soi-même et se faire violence.

IIIe JOUR.

Lisez le chapitre XIII de saint Luc, jusqu'au vers. 18. Appuyez sur la parabole de l'arbre infructueux, vers. 6. C'est un figuier, un excellent arbre, dont le fruit est des plus exquis. Ce que Dieu attend de nous est excellent, un très-bon fruit, qui est son amour. Pesez ces paroles : « Il y a trois ans que je cherche du fruit sur cet arbre, et je n'en trouve point ; » et celles-ci : « Coupez l'arbre, » vers. 7 : pourquoi tient-il la bonne place, et occupe-t-il inutilement la culture et les soins de l'Eglise ? Et encore ces paroles : « Laissez-le encore cette année. » Vers. 8. Prolongation du temps de la pénitence, les soins de la culture redoublés, le coup bientôt après si on n'est fidèle : espérer, mais craindre, et se souvenir de cette hache terrible, et de son tranchant appliqué par une main toute-puissante à la racine, dans l'évangile des jours précédens.

Le Psaume XXXVII, qui est le troisième de la pénitence, vers. 5. Considérer encore les plaies de notre ame, ses ulcères invétérés, la corruption, la gangrène, la mort dans les veines, le cœur attaqué et déjà presque tout pénétré par le venin. Appuyez encore sur ces paroles : « Ma force m'a délaissé, et la lumière de mes yeux n'est plus avec moi, » vers. 11 ; et sur celles-ci : « Mes amis et mes proches se sont approchés de moi, et se sont arrêtés pour me considérer, » vers. 12. Les prêtres, les confesseurs, les supérieurs sont venus auprès de moi, pour m'aider dans mon mal extrême : saisis d'étonnement, ils se sont arrêtés, ne sachant plus que me faire : enfin ils se sont retirés, ils se sont éloignés de moi: *De longè steterunt.* O Seigneur, où en suis-je ? Mais, « ô Seigneur, j'espère en vous : » *In te speravi, Domine.* Vers. 16. « Ne me délaissez pas, Seigneur : » *Ne derelinquas me, ne discesseris à me : intende in adjutorium meum.* « O Seigneur, Dieu de mon salut, qui en êtes le seul auteur, appliquez-vous à mon secours. » Vers. 22, 23. Apprenez par ces paroles qu'il faut faire tous nos efforts pour prendre de bonnes résolutions ; mais encore en faire davantage pour demander de tout son cœur à Dieu son secours, sans lequel on ne peut rien. Il faut encore appuyer sur ce verset : « J'annoncerai mon péché : » *Iniquitatem meam annuntiabo.*

Vers. 19. C'est la confession ; mais il faut y joindre : *Cogitabo pro peccato meo :* « Je penserai pour mon péché ; » je ferai réflexion sur un si grand mal et sur les moyens de m'en délivrer.

IV° JOUR.

Le même chapitre XIII de saint Luc jusqu'au même endroit. Appuyez sur cette femme qui avoit, depuis dix-huit ans, un esprit d'infirmité, une habitude de foiblesse, qui la rendoit incapable de soutenir sa tête, et qui ne pouvoit même en aucune sorte regarder en haut, vers. 11. Appliquez-vous le tout à vous-même; et prenez cette habitude dans toutes les lectures que vous faites. Passez au vers. 12 : *Et Jésus la guérit.* Il n'y a rien à désespérer : le mal est grand; mais le médecin est tout-puissant. Pesez encore, dans le vers. 16 : « Ne falloit-il pas délivrer cette fille d'Abraham, que Satan tenoit liée ? » etc. Songez ce que c'est une ame liée par Satan, par l'habitude du mal : nul autre que Jésus-Christ ne la pouvoit délier. Il s'applique avec un amour particulier à délivrer les filles d'Abraham : celles qui sont dans l'alliance; celles qui, à l'exemple de ce patriarche, ont quitté leur pays et tout ce qu'elles avoient pour suivre Dieu. Il en a pitié : « Ne falloit-il pas, dit-il, la délier et rompre ses mauvaises habitudes ? » Finissez enfin votre lecture avec ces paroles : « Tout le peuple se réjouissoit, » vers. 17. Goûtez la joie que vous donnerez à tous ceux qui, ayant été témoins de votre indifférence pour votre salut, le seront du renouvellement de votre zèle.

Le Psaume L, qui est le quatrième de la pénitence. Tout y parle également en faveur du pécheur, qui a pitié de lui-même, et qui prie Dieu de le regarder aussi avec compassion. Appuyez sur ces paroles : « Créez en moi un cœur pur, » vers. 12. C'est un ouvrage du Tout-Puissant, et plus qu'une création. Et encore sur ces paroles : « Fortifiez-moi par l'esprit principal, » vers. 14, l'esprit de courage, de persévérance et de force, opposé à cet esprit de foiblesse que vous venez de voir dans cette femme de notre évangile. A ces mots : « Usez, Seigneur, de votre bonté, afin que les murailles de Jérusalem soient rebâties, » vers. 20. Songez à Jérusalem ruinée, ville autrefois si belle, si sainte, qui n'est plus qu'un amas de pierres : ainsi est votre ame. Il la faut réédifier depuis le fondement jusqu'au comble, avec tous ses ornemens. Quel travail! quel courage! quelle application! mais aussi quelle joie après l'accomplissement d'un si bel ouvrage !

Vᵉ JOUR.

Lisez le chapitre xvi de saint Luc, depuis le vers. 19 jusqu'à la fin. Considérez-y deux choses : la fin des plaisirs par la mort, le commencement des supplices dans l'enfer. Pesez ces mots : « Le riche mourut, » vers. 22. Que lui servirent ses plaisirs? Quelle folie de tant travailler pour un corps mortel! Appuyez sur la pensée de la mort; c'est là où commence le supplice éternel de ceux qui sont attachés à leur corps. Appuyez sur ces paroles : « Je suis tourmenté, je souffre cruellement dans cette flamme ; » et sur celles-ci : « Qu'il trempe le bout de son doigt dans l'eau pour rafraîchir ma langue, » vers. 24. A quoi en est-on réduit? A quoi se termine cette abondance de plaisirs tant recherchés? On se réduit à demander une goutte d'eau, éternellement demandée, éternellement refusée. Et encore sur ces paroles : « Il y a un grand chaos entre vous et moi, » vers. 26. Voir de loin le lieu de repos et de gloire : voir entre soi et ce lieu un espace immense, un impénétrable chaos : on voudroit s'y élancer, on ne peut : on voudroit que quelqu'un vînt de ce lieu-là pour nous apporter quelque soulagement; rien n'en viendra jamais : on n'aura que supplice, désespoir, grincemens de dents, des ennemis impitoyables autour de soi, soi-même plus ennemi que tous les autres ennemis ensemble : trouble immense au dedans; au dehors nul secours, et rien à espérer. Quel état! Pesez enfin sur cette parole : « Ils ont Moïse et les prophètes, » vers. 29. Ils sont inexcusables : combien plus le sommes-nous, nous qui avons Jésus-Christ et les apôtres, tant de graces, tant d'exemples des saints, tant d'instructions et de moyens de sanctification?

Le Psaume ci, qui est le cinquième de la pénitence. Pesez ces mots : « Hâtez-vous de m'écouter dans mon extrême foiblesse ; j'ai besoin d'un prompt secours : mes jours se sont dissipés comme une fumée; j'ai oublié de manger mon pain, » vers. 3, 4, 5. J'ai perdu le pain de vie, la sainte parole, le goût de la vérité et celui de la table sacrée de Jésus-Christ. Revenez encore à la pensée de la mort, à ces mots : « Mes jours se sont abaissés et échappés comme l'ombre, » vers. 12; et encore : « Il est temps de vous souvenir de Sion, de Jérusalem ruinée : les pierres en sont agréables à vos serviteurs, et ils les aiment, » vers. 14, 15. Il faut aimer en soi-même ce qui reste de la ruine des nôtres : ces pierres, quoique renversées, qui ont composé l'édifice : conserver soigneusement dans son ame le peu qui reste de bien, et songer à rétablir Jérusalem, c'est-à-dire à renouveler l'ame ruinée et désolée par le péché.

VIe JOUR.

Lisez le chapitre IX de saint Marc, depuis le vers. 42. Appuyez sur ces mots, que Jésus-Christ inculque tant : « Où le ver ne mourra point, et où le feu ne s'éteindra jamais. » Ce ver rongeur est la conscience réveillée après le long assoupissement de cette vie, qui ne nous laissera de repos ni jour ni nuit. Songez à ce feu qui ne s'éteint pas : pesez encore ces paroles de saint Matthieu [1] : « Les enfans du royaume, » ceux à qui le royaume céleste étoit destiné, « seront envoyés, » à cause de leurs infidélités, « dans les ténèbres extérieures, » hors de la lumière céleste : « c'est là qu'il y aura des pleurs et des grincemens de dents ; » là, les graces méprisées ou négligées se tourneront en fureur : il n'y aura plus moyen d'apaiser les reproches de sa conscience ; un mal si extrême ne laissera aux damnés que la rage et le désespoir. Concluez que pour éviter un mal si étrange, ce n'est pas trop nous demander que nos mains, nos pieds, nos yeux : il faut arracher tous nos membres, toutes nos mauvaises habitudes, toutes nos mauvaises inclinations les unes après les autres, plutôt que de périr à jamais dans de si cruels supplices. Songez aussi à la violence qu'il se faut faire par la pénitence, comme s'il falloit s'arracher un pied, une main, ses propres yeux. Pesez enfin quel aveuglement c'est de s'attacher à son corps, qu'il faut pour ainsi dire mettre en pièces, de peur qu'il ne soit l'instrument de notre supplice après avoir été l'appât qui nous a trompés.

[1] *Matth.*, VIII, 12.

Le Psaume cxxix, qui est le sixième de la pénitence. Entonner un lugubre *De profundis*, sur la mort de votre ame : vous représenter dans l'enfer, au milieu de ces affreux et intolérables supplices que vous venez de voir ; crier à Dieu du fond de cet abîme : *De profundis*, et n'attendre rien que de sa miséricorde. Pesez surtout cette parole : *Copiosa apud eum redemptio* : « La rédemption chez lui est abondante, » vers. 7. Pensez ici à ses infinies miséricordes et aux mérites infinis du sang de Jésus-Christ. Ah ! que la rédemption est abondante du côté de Dieu ! Que la fidélité soit égale de votre côté par le secours de sa grace, qu'il faut demander avec ardeur. Interposez souvent dans vos prières, entre Dieu et vous, le nom adorable de notre Sauveur Jésus-Christ, à l'exemple de l'Eglise, qui conclut toutes ses prières par ces mots : *Per Dominum nostrum Jesum Christum* : Par Notre-Seigneur Jésus-Christ.

VIIe JOUR.

Lisez le chapitre xxv de saint Matthieu, jusqu'au vers. 14 : « Le royaume des cieux est semblable à dix vierges. » Elles ont toutes des lampes allumées : toutes étoient en grace : toutes également dans une profession sainte où elles attendoient l'Epoux céleste, et ne demandoient que d'entrer dans son festin nuptial ; mais la moitié en est exclue. Pesez sur cette huile qui devoit entretenir les lampes : ce sont les saintes pratiques et en particulier celles de la vie religieuse, toutes faites pour entretenir la présence de Dieu et l'esprit de piété. Faute de s'attacher à ces observances, les lampes s'éteignent. C'est en vain qu'on demande aux autres une partie de leur huile ; chacun a à répondre de soi.

Pesez sur cette forte clameur, ce grand cri qui se fait entendre tout à coup : « Voici l'Epoux qui vient, il faut aller au-devant de lui, » vers. 6. Il faut mourir ; il arrive, il faut aller comparoître à son jugement. On craint d'y paroître avec des lampes éteintes ; on va pour acheter de l'huile. On s'efforce près de la mort de faire de bonnes œuvres, et on regrette le temps perdu : il n'est plus temps : il y avoit le moment à prendre. Ce n'est pas qu'il ne soit toujours temps à notre égard, parce que nous ne savons pas jusqu'où l'Epoux veut étendre ses miséricordes ; c'est pourquoi il faut toujours approcher, à quelque heure qu'il nous invite. Mais l'Epoux sait ses momens, et il faut aussi toujours veiller ; parce qu'on ne sait ni le jour ni l'heure ; et si on la passe, on criera en vain : « Seigneur, Seigneur, ouvrez-nous. » Le Seigneur nous répondra : *Nescio vos :* « Je ne vous connois point, » vers. 12. O terribles paroles ! Je ne vois en vous aucune des marques que j'ai mises dans mes enfans, aucune marque de la vraie piété chrétienne, aucune vraie observance de la vie religieuse : retirez-vous ; la porte est fermée à jamais ; je ne sais qui vous êtes : allez, allez avec ceux que je ne connois pas, et qui ne me connoissent pas aussi. Elles périrent donc par leur négligence, et pour avoir méprisé ou négligé ce qui entretenoit la lampe allumée, c'est-à-dire la piété véritable, la piété fervente. Pesez encore le mal de la négligence : ce n'est pas tant le crime qui nous perd que la négligence et la tiédeur ; c'est elle qui, en empêchant d'entretenir l'esprit de piété, fait venir les crimes qui l'éteignent tout à fait. Ceci est bien à peser.

Le Psaume CXLII, qui est le septième de la pénitence. Appuyez sur ces paroles : « N'entrez point en jugement avec votre servante, » vers. 2 : ne m'imputez point toutes mes négligences : qui se peut sauver si vous les imputez ? Mais il faut donc travailler sans cesse à les diminuer ; autrement c'est se moquer que de le prier de ne les pas imputer. Et encore : « Mon ennemi m'a mis dans des lieux obscurs ; ma vie est éteinte, et on me va mettre en terre ; je suis parmi les morts, » vers. 3, 4. Et encore : « Mon ame est comme une terre desséchée ; hâtez-vous de m'écouter : mon esprit est défailli, et je tombe sans force : si vous ne m'aidez, mes résolutions seront vaines ; apprenez-moi à faire votre volonté, » vers. 6, 7, 10. Mais il faut donc que je vous écoute ; autrement je n'apprendrai rien, et tous vos enseignemens seront sans effet.

VIIIe JOUR.

Le même chapitre XXV de saint Matthieu, depuis le vers. 14 jusqu'à la fin. Les talens sont les dons de Dieu. Pesez sur la nécessité de les faire valoir : pesez sur la rigueur extrême du compte qu'on vous en demandera. Appuyez sur ces paroles : « Le serviteur inutile..., » vers. 30, et voyez où on le jette. Son crime, c'est son inutilité ; c'est de n'avoir pas fait profiter les graces. Ce sont des talens enfouis ; ce qui est confirmé par ces paroles : « Serviteur paresseux et mauvais, » vers. 26. Un serviteur est assez mauvais, quand il est paresseux, lâche, nonchalant ; il n'en faut pas davantage pour le chasser : on lui ôte même ce qu'il a, vers. 28, 29 ; il est nu, dépouillé, dans une indigence éternelle. Le bon serviteur profite de sa perte, parce qu'il devient encore plus soigneux et plus diligent par l'exemple d'une si sévère punition de la négligence. Pesez encore ces paroles : « Parce que vous avez été fidèle en peu, il vous sera donné beaucoup, » vers. 21 ; car il le répète deux fois. Prenez garde à ne pas négliger les petites choses ; car de là dépendent les grandes ; et le Sage a raison de dire : « Qui méprise les petites choses, tombe peu à peu[1]. » L'on se trouve sans y penser dans l'abîme, d'où l'on ne sort point ; car le Juge a dit : « Allez, maudits, retirez-vous, » vers. 41. Cet abîme, c'est le chaos que vous avez déjà vu. Tremblez à ces mots : « Retirez-vous ; » et à ceux-ci : « au feu éternel ; » et encore à ceux-ci : « préparé au diable et à ses anges. » Quel est le lieu où l'on est banni ? Avec qui est-on ? Et pourquoi ? On ne raconte point d'autres crimes que celui d'avoir omis et négligé les bonnes œuvres. Ainsi, à vrai dire, la négligence est le seul crime qu'on punit : donc tout faire, et toujours avec zèle, avec ferveur, avec persévérance.

Le Psaume LXXXVII. Appuyez sur ces mots : « Mon ame est remplie de mal ; ma vie est proche de l'enfer : je suis mis au rang de ceux qui ont été jetés dans le lac, » vers. 4, 5. C'est le cachot des criminels, si profond qu'on a trouvé l'eau en le creusant ; et encore : « Dans le lac inférieur, » vers. 7 ; dans le cachot le plus profond et le plus ténébreux, « comme ceux qui sont blessés et déjà mis dans le tombeau, dont vous ne vous souvenez plus, » vers. 6. Il faut donc crier jour et nuit, et prévenir Dieu dès le matin : car encore que par votre long endurcissement vous vous soyez mis au rang des morts, vous pouvez ressusciter par sa bonté.

[1] *Eccli.*, XIX, 1.

Les médecins ne ressuscitent pas : mais Jésus-Christ est un médecin tout-puissant, qui peut rendre la vie à l'ame, et qui ressuscite les morts.

IXe JOUR.

Le chapitre XVI de saint Matthieu, depuis le vers. 21 jusqu'à la fin ; et en saint Luc, le chapitre IX, vers. 21 jusqu'au 27. Pesez ces mots : « Porter sa croix, » vers. 24; et ce mot que saint Luc ajoute : « Tous les jours, » vers. 43. Crucifier ses passions, c'est l'ouvrage de tous les jours. Pesez encore ces mots : « Qu'il renonce à soi-même ; » à son corps, à ses sens, à tout ce qu'ils présentent; à son ame, comme Jésus-Christ dit ailleurs, à sa propre volonté, à sa propre joie. Si cela semble rude, deux choses adoucissent cette peine : la première, c'est que Jésus-Christ nous a précédés dans cette voie; c'est ce qu'il pose pour fondement. Il ajoute : Qu'il faut le suivre. C'est la première considération, *Matth.*, XVI, 24 ; *Luc*, IX, 23.

La seconde, qui adoucit cette croix et ce prodigieux renoncement que l'Evangile nous prescrit, c'est que par là on sauve son ame : « Qui la perd » en cette sorte, la « sauve, » la trouve, la garde : « mais qui la garde » en cette vie, qui lui épargne les croix, qui lui procure les plaisirs, qui ménage ses inclinations, « la perd sans ressource [1]. » Jésus-Christ achève de surmonter la difficulté, en nous disant: « Que sert à l'homme, » etc. Que lui sert d'avoir tout le monde, s'il perd son ame, s'il se perd lui-même? « Et que donnera-t-il en échange pour son ame [2] ? » Il faut donc le répéter souvent pendant le jour. Quand il faut quitter quelque chose qui plaît, se dire toujours, quand ce seroit tout le monde : « Que sert à l'homme ? » Hélas ! encore un coup, que sert à l'homme ? Que peut gagner celui qui se perd soi-même ? que lui reste-t-il de ce qu'il croyoit avoir gagné, après que lui-même il s'est perdu ? Cette parole a fait tous les solitaires, tous les pénitens, tous les martyrs, tous les saints. Faute de l'avoir entendue, saint Pierre est appelé Satan [3], et les apôtres sont jugés indignes d'annoncer Jésus-Christ.

Le Psaume XII : *Usquequo, Domine :* « Jusqu'à quand, Sei-

---
[1] *Matth.*, XVI, 25; *Luc.*, IX, 24. — [2] *Matth.*, XVI, 26. — [3] *Ibid.*, 23.

gneur , jusqu'à quand m'oublierez-vous ? » Mais vous ne m'oubliez que parce que je m'oublie moi-même. Jusqu'à quand oublierai-je mon ame , et tâcherai-je de lui gagner ce qui la perd? Serai-je encore longtemps à rouler de vains desseins dans mon esprit ? Ne me résoudrai-je jamais ! Pourquoi veux-je faire triompher mon ennemi ? Quel plaisir prends-je à me perdre ? Mon ame, prends une fois une bonne résolution. Et vous, Seigneur, éclairez-moi de peur que je ne m'endorme dans la mort. Pesez ces mots : « S'endormir dans la mort. » Affreux sommeil, funeste repos, perte irréparable, quand on est dans la mort ; et que loin de veiller pour en sortir, on s'y endort volontairement.

Xe JOUR.

Le chapitre ix de saint Matthieu, depuis le vers. 9 jusqu'au 14; et le chapitre xv de saint Luc tout le long. Pesez ces paroles : « Je ne suis pas venu appeler les justes, mais les pécheurs [1]. » Les pécheurs sont la cause de sa venue : il leur doit en quelque sorte son être humain : combien donc les aime-t-il? S'approcher de Jésus-Christ comme d'un médecin des maux incurables , lui exposer ses plaies cachées, considérer combien « il aime à exercer la miséricorde. » Contempler des yeux de la foi la brebis égarée et perdue, soi-même; le bon Pasteur, qui la cherche, qui s'abaisse pour la relever ; sa pitié, sa condescendance, qui la porte, parce qu'elle est foible ; qui la charge sur ses épaules, et ne se plaint point de ce fardeau, parce qu'il l'aime et qu'il ne la veut plus perdre ; la joie du ciel. Le pécheur pénitent est, en un certain sens, préféré au juste ; et un seul, à quatre-vingt-dix-neuf[2] : Le grand prix d'une ame devant Jésus-Christ, la grande douleur qu'il a de la perdre, et la joie de la recouvrer comme la drachme perdue, vers. 8. Le prodigue qui veut son bien hors des mains et de la maison de son père, vers. 12 : il perd tout par ses plaisirs : ses propres excès le ramènent : il a honte d'avoir à nourrir les pourceaux, ses passions, ses sens, troupeau immonde et infâme. Il ne dit pas seulement : « Je me lèverai, » vers. 18, ne prend pas de vaines résolutions : il se lève, il marche, il arrive : « Mon

---

[1] *Matth.*, ix, 13. — [2] *Luc.*, xv, 4.

père, dit-il, j'ai péché, je ne suis pas digne....,» vers. 21. Dire cela du fond du cœur. Plus il s'humilie, plus le père s'attendrit. Il le voit de loin ; dès le premier pas qu'il fait, il accourt, il s'attendrit, il tombe sur son cou : remarquez, il ne s'y jette pas, il y tombe ; il ne se peut retenir, il s'incline, il s'abaisse lui-même : il semble qu'il ne veuille plus avoir de soutien que ce fils qu'il a recouvré ; et il le comble de tant de biens, que le juste, qui a toujours persévéré, semble avoir quelque sujet d'entrer en jalousie. Laissez-vous toucher à une telle bonté ; dites souvent, mais dites tout de bon : « Je me lèverai, j'irai à mon Père. » Ayez pitié de vous-même, en disant : « Je meurs ici de faim, » vers. 17. Mon père donne à toutes ses créatures, jusqu'aux plus viles, ce qui leur est nécessaire, et il nourrit jusqu'aux corbeaux : et moi, qui suis son fils, « je meurs ici de faim : » je cherche une nourriture qui m'affame, parce qu'elle me prive du pain de vie : allons, allons, je me lèverai, j'irai à mon père : il est temps, il est plus que temps.

Qui ne pleureroit son ame égarée, en disant ces paroles? Qui ne s'empresseroit de se ranger parmi les pécheurs pénitens? On a vu dans le second Psaume de la pénitence, que tous les saints prient pour nous et pour notre iniquité : il faut donc les appeler tous à notre secours et dire les Litanies des Saints avec les prières qui suivent ; et pour Psaume, le LXIX, qui fait partie de ces prières. Pesez ces mots : « Hâtez-vous. » Le prodigue, qui dit déjà : « Je me lèverai, j'irai... » sent qu'il a eu besoin de Dieu pour le dire, et qu'il en a encore besoin pour l'exécuter. Il dit donc, dans son besoin et dans sa foiblesse : Hâtez-vous, hâtez-vous : je suis un mendiant, je suis un pauvre ; aidez-moi, Seigneur : je n'ai rien à vous donner ; je suis pauvre et mendiant, je suis votre pauvre ; je n'ai rien pour vous exciter à la pitié que mon extrême misère. Voulez-vous faire un coup digne de votre miséricorde, voici une occasion dans mes péchés pour la signaler. Mais, mon Aide, mon Libérateur, ne tardez pas : hâtez-vous, ne tardez pas : hâtez-vous, je péris : la force me manque ; je ne puis me tenir à ce bâton que vous me tendez au-dessus de l'eau : je n'en puis plus ; mes mains défaillent. Tirez-moi de cet abîme ; je me noie.

CONCLUSION.

Finir la retraite en lisant les derniers versets de saint Matthieu, chapitre xi, depuis le verset 28 : « Venez à moi, vous tous qui êtes chargés, » etc. C'est Jésus-Christ qui vous invite, le même que vous avez offensé : il vous cherche, il revient à vous. A qui vient-il ? A moi qui suis un pécheur, un ingrat, un prodigue, un malade. Il revient donc à moi comme un médecin, comme un Sauveur aussi bon que puissant. Venez, ô ame malade et mourante ; venez, vous que vos foiblesses troublent, que vos péchés accablent : venez ; imitez ma douceur. Ne vous plaignez pas, ne vous aigrissez pas, ne vous soulevez pas contre ceux qui vous veulent guérir : soyez doux quand on vous reprend ; je l'ai bien été quand on m'a mis à la croix, moi en qui il n'y avoit rien à reprendre. Soyez humble à mon exemple : si vous êtes humble, vous vous laisserez conduire, vous vous laisserez reprendre : vous changerez votre aigreur indocile en douceur et en reconnoissance. N'appréhendez pas mon joug, il est doux; ni mon fardeau, il est léger. Le saint amour que j'inspire adoucit tout, il rend tout agréable et aisé. C'est un joug cependant, c'est un fardeau : il faut du courage pour le porter ; mais on est bien payé de sa peine : j'ai beaucoup à donner en cette vie et en l'autre ; on ne perd rien avec moi; il n'y a qu'à venir lorsque j'appelle. Croyons toujours entendre cette douce invitation du Sauveur, ce doux « Venez à moi. »

Quelle doit être notre espérance et notre consolation, dans quelque angoisse que nous puissions nous trouver ! Comme c'est à titre de misère que Jésus-Christ nous invite de venir à lui, les plus misérables sont les plus appelés. *Amen.*

RETRAITE DE DIX JOURS
SUR LES JUGEMENS TÉMÉRAIRES
ET AUTRES SUJETS.

PREMIER JOUR.

« Ne jugez pas[1] ; car qui êtes-vous pour juger le serviteur d'autrui ? S'il demeure ferme ou s'il tombe, cela regarde son maître, et c'est à lui de le juger. Mais le Seigneur est puissant pour l'établir et le faire demeurer ferme[2], » soit en le soutenant ou en l'empêchant de tomber, soit en le relevant de sa chute. Celui que vous croyez tombé ou dont vous regardez la chute comme prochaine, sera peut-être élevé plus haut que vous dans le ciel. Car savez-vous la grace que le Seigneur lui réserve? Songez à cette parole du Sauveur : « Les femmes de mauvaise vie et les publicains vous précéderont dans le royaume de Dieu[3]. » Vous qui nous vantez votre zèle pour observer la loi, à qui donc oserez-vous désormais vous préférer, si les excès de ceux que vous méprisez n'empêchent pas la préférence que Dieu leur réserve en ses miséricordes? Qui êtes-vous donc, encore un coup, pour juger votre frère? Qui vous a donné ce droit sur votre égal, ou pourquoi méprisez-vous votre frère? « Car il faut que nous comparoissions tous devant le tribunal de Jésus-Christ : chacun de nous rendra compte à Dieu pour soi-même, » et non pour les autres qu'il juge si sévèrement. « Ainsi ne nous jugeons plus les uns les autres ; » nous devons être assez occupés du jugement que nous avons à craindre pour nous-mêmes. Voyez saint Paul *aux Romains*, XIV, 10, 12, 13.

Représentez-vous par la foi ce redoutable jugement de Jésus-Christ, et combien vous avez d'intérêt à en éviter la rigueur :

---

[1] *Matth.*, VII, 1. — [2] *Rom.*, XIV, 4. — [3] *Matth.*, XXI, 31.

mais vous l'évitez en ne jugeant pas. « Ne jugez point, dit-il, et vous ne serez pas jugés : car, poursuit-il, on vous jugera comme vous aurez jugé les autres et par la même règle[1]. C'est pourquoi, dit saint Paul, vous êtes inexcusable, ô vous, qui que vous soyez, qui jugez votre frère : car en ce que vous jugez les autres, vous vous condamnez vous-même, puisque vous faites les mêmes choses que vous jugez[2] : » et quand vous ne feriez pas les mêmes, vous en faites d'autres qui ne sont pas moins mauvaises ; et vous devez vous souvenir de cette parole : « Celui qui transgresse la loi en un commandement, la méprise en tous les autres. Car celui qui a dit : Tu ne commettras point d'impureté, a dit aussi : Tu ne tueras point[3]. »

Regarde-toi donc toi-même comme transgresseur de toute la loi, et vois si en cet état de criminel tu oseras entreprendre de juger ton frère. Prends garde, sévère censeur de la vie des autres et trop rigoureux exacteur de ses devoirs ; prends garde que tu ne prononces toi-même ta propre sentence, et qu'il ne te soit dit un jour : « Tu seras jugé par ta bouche, mauvais serviteur[4]. »

IIe JOUR.

« Pourquoi voyez-vous ce fétu dans l'œil d'autrui, et que vous ne songez pas plutôt à la poutre qui crève le vôtre[5] ? » Songez premièrement à vous rappeler en votre mémoire les paroles de saint Paul : « En jugeant les autres, vous vous condamnez vous-mêmes. » Vous laissez vivre vos vices, et vous condamnez ceux d'autrui. Clairvoyant en ce qui ne vous touche pas, vous êtes aveugle pour vous-même. Que vous serviront vos lumières, votre vaine curiosité et la pénétration dont vous vous savez si bon gré à connoître les vices des autres, et à juger de leurs secrètes intentions ? Que vous servira tout cela, sinon à vous perdre ? Hypocrite, songez à la qualité que le Sauveur, c'est-à-dire la vérité même, donne à ces sévères censeurs, qui trop attentifs aux vices des autres, oublient les leurs que leur amour-propre leur cache. Vous auriez honte d'avoir à vous reprocher un vice si bas et si

---

[1] *Matth.*, VII, 1. — [2] *Rom.*, II, 1. — [3] *Jacob.*, II, 10, 11. — [4] *Luc.*, XIX, 22. — [5] *Matth.*, VII, 3.

honteux que celui de l'hypocrisie : c'est Jésus-Christ, c'est la vérité même qui vous le reproche.

Songez à cette parole du Sauveur, lorsqu'on accusa devant lui la femme adultère : « Que celui qui est innocent jette la première pierre [1]. »

Ne songez pas à accuser ou à juger les autres, mais à vous corriger vous-même. Lisez les paroles de saint Paul : « La charité est patiente, elle est douce, elle n'a point de jalousie, elle n'est point maligne ni malicieuse dans les jugemens : elle ne s'enfle point elle-même par la présomption ou par la fierté : elle n'est point ambitieuse, ni ne s'élève au-dessus des autres par les jugemens : elle ne s'aigrit ni ne s'irrite contre personne : elle ne soupçonne pas le mal, elle ne prend pas plaisir de trouver le mal dans les autres : » toute sa joie est d'y trouver du bien, et elle regarde toujours le prochain du beau côté. Loin de se laisser aigrir par le mal qu'elle croit qu'on lui a fait, « elle souffre tout, elle croit tout, elle espère tout de son prochain, elle en endure tout [2], » trop heureuse, par l'équité qu'elle garde envers les autres et par la condescendance qu'elle a pour eux, d'obtenir de Dieu qu'il la traite avec une pareille miséricorde, et d'éviter ce reproche : Hypocrite !

Faisons donc un rigoureux examen de nos propres défauts, et laissons à Dieu à juger de ceux des autres.

IIIe JOUR.

« Ne donnez pas les choses saintes aux chiens, ni les perles aux pourceaux [3]. »

La chose sainte des chrétiens, c'est l'Eucharistie. L'ange, en parlant à la sainte Vierge de Jésus-Christ qu'elle devoit concevoir dans ses bénies entrailles, lui dit : « La chose sainte qui naîtra de vous [4]. » Cette chose sainte, c'est le corps de Jésus-Christ, c'est le même corps que nous recevons : ne le donnez pas aux chiens ni aux pourceaux.

Les chiens et les pourceaux, à qui il ne faut pas donner la chose sainte, sont ceux dont parle saint Pierre : « Un chien qui

---

[1] *Joan.*, VIII, 7. — [2] I *Cor.*, XIII, 4-6. — [3] *Matth.*, VII, 6. — [4] *Luc.*, I, 35.

ravale ce qu'il a vomi ; un pourceau qui, vraiment lavé, se vautre de nouveau dans le bourbier [1] ; » c'est-à-dire un pécheur qui ne prend aucun soin de se corriger, et se salit de nouveau après la communion et la pénitence : ne lui donnez pas aisément la chose sainte ; qu'il s'en rende digne par sa fidélité.

Les choses saintes aux saints : c'est ce qu'on crioit autrefois et ce que l'Eglise orientale crie encore avant la communion. « Quelle société entre la justice et l'iniquité, entre la lumière et les ténèbres, entre Jésus-Christ et le démon [2] ? » Ne venez donc à la chose sainte que lorsque vous serez saints.

Mais quand donc y viendrons-nous ? Dieu tiendra pour saint à cet égard celui qui aura un sincère désir de l'être ; et qui après avoir travaillé sérieusement à se corriger, va chercher la sainteté dans sa source et dans le corps du Sauveur, dans le dessein de s'en remplir et de soutenir sa foiblesse.

Les pourceaux qui foulent les perles aux pieds et se jettent avec fureur contre ceux qui les leur présentent, sont ceux qui étant repris et recevant de saints avis de leurs supérieurs ou de leurs frères, s'aigrissent par orgueil et s'irritent contre ceux qui les leur donnent. Prenez garde à n'être pas de ce nombre ; et en quelque sorte qu'on vous fasse connoître vos défauts, humiliez-vous et profitez de l'avis.

IVᵉ JOUR.

« Demandez [3]. » Ce n'est pas assez : n'attendez pas que Dieu vous donne tout sans vous-même, ni que les bonnes œuvres que vous souhaitez d'obtenir tombent du ciel toutes seules, sans que vous vous excitiez à coopérer à la grace. Demandez et cherchez tout ensemble. Ne demandez pas foiblement : frappez fortement et persévéramment à la porte. Lisez attentivement la parabole de l'ami qui presse son ami, en saint Luc, XI, 5 et suiv.

Cherchez la cause profonde de ce que vous n'êtes pas toujours exaucé, et apprenez-la de saint Jacques, I, 5, 6, 7 ; et encore IV, 3.

Demandez à Dieu le vrai bien, qui est la sagesse du ciel : demandez-la persévéramment et avec foi au Père des lumières ; elle

---
[1] II *Petr.*, II, 22. — [2] II *Cor.*, VI, 14, 15. — [3] *Matth.*, VII, 7.

vous sera donnée : car il donne abondamment et sans reprocher ses bienfaits.

Demandez à Dieu comme à un père, et pesez bien ces paroles : » Si vous qui êtes mauvais ; » et encore : « Si vous donnez volontiers les biens qui vous sont donnés » et que vous n'avez que par emprunt, « combien plus votre Père céleste, » qui est la source du bien et la bonté même, dont la nature pour ainsi parler est de donner, combien plutôt « vous donnera-t-il les biens véritables[1]? » Demandez donc, encore un coup, comme à un père ; demandez avec foi et confiance ; votre Père céleste ne vous pourra rien refuser.

Demandez avec confiance jusqu'aux moindres choses : mais insistez principalement sur les grandes, qui sont le salut et la conversion, qui sont celles qu'il ne refuse jamais.

Ne vous découragez point de vos chutes si fréquentes ; ne dites pas : Jamais je ne viendrai à bout de ce défaut : « Opérez votre salut avec tremblement, » mais en même temps avec confiance, parce que ce n'est pas vous seul qui devez agir : « C'est Dieu qui opère en vous le vouloir et le faire, » comme dit saint Paul[2]. Appuyez-vous donc sur la grace, et demandez-la avec foi à celui qui ne demande que de vous la donner.

Ve JOUR.

« Faites comme vous voulez qu'on vous fasse[3]. » C'est la règle la plus simple qu'on se puisse proposer, et en même temps la plus droite et la plus naturelle. C'est sur cette loi qu'est fondée la société et l'équité naturelle ; mais Notre-Seigneur l'a relevée, en ajoutant : « C'est la loi et les prophètes. »

La racine de cette loi est dans ce précepte : « Tu aimeras ton prochain comme toi-même. » Tu lui souhaiteras la même chose qu'à toi-même : tu ne voudras donc point lui faire ce que tu ne voudrois pas en souffrir. Tous ces préceptes sont compris dans ce seul précepte : apprenez-le de saint Paul, *Rom.*, XIII, 8, 9, 10.

Lisez aussi dans la même *Epître,* chapitre XII, 15, 16, 17, 18,

---

[1] *Matth.*, VII, 11. — [2] *Philip.*, II, 12, 13. — [3] *Matth.*, VII, 12.

19, 20, 21; appuyez sur ces paroles du vers. 18 : « S'il se peut et autant qu'il est en vous. » Quand votre frère ne répondroit pas au désir que vous avez de vivre en paix avec lui, vous de votre côté, « autant qu'il est en vous, gardez la paix et la charité : » car si vous aviez l'esprit droit, vous souhaiteriez qu'on en usât ainsi avec vous-même. Faites-le donc avec les autres, et imprimez dans votre cœur cette belle règle de l'Evangile.

VI° JOUR.

Appuyez sur ces paroles : « Efforcez-vous : » le salut ne se fait point avec mollesse et nonchalance : « Le royaume des cieux souffre violence, et les violens l'emportent [1]. D'entrer : » ne vous contentez pas d'approcher ; entrez en effet « par la porte étroite » de la mortification de vos passions, par la crainte de votre humeur altière qu'il faut dompter en toutes choses. « La porte est large, la voie est spacieuse [2]. » Se laisser aller à ses désirs, c'est la voie large : il est aisé d'entrer par cette porte ; mais songez où elle mène : à la perdition. Peu entrent par la porte étroite ; beaucoup trouvent la voie large. Ne songez donc pas à ce qu'on fait communément : les mauvais exemples l'emportent par le nombre. Imitez le petit nombre de ceux qui pensent solidement à leur perfection. Pesez encore sur cette parole : « Que la porte est petite, et que la voie est étroite ! » comme qui diroit : Vous ne sauriez assez comprendre combien elle l'est. Concluez donc : il faut faire effort, il faut se faire violence ; point de paresse ni de langueur dans la voie du salut. Qui n'avance pas, recule. Ainsi le soin de la perfection et celui du salut sont inséparables. Qui ne vise pas à être parfait, à monter jusqu'au haut avec un effort continuel, retombe par son propre poids.

La voie étroite, en un autre sens, est la voie large. Plus on se met à l'étroit en mortifiant ses désirs, plus Dieu dilate le cœur par la consolation de la charité.

La vie religieuse est la voie étroite par l'observance des conseils évangéliques : il y faut donc entrer, non-seulement par la profession et par l'habit, mais par la pratique. Il ne suffit pas d'y être

---

[1] *Luc.*, XIII, 24; *Matth.*, XI, 12. — [2] *Matth.*, VII, 13.

appelé, il faut entrer jusqu'au fond. « Beaucoup d'appelés et peu d'élus[1] : » peu entrent de bonne foi dans la voie étroite.

VIIe JOUR.

« Vous les connoîtrez par leurs fruits[2]. » Le figuier, que Jésus-Christ maudit avec ses feuilles, avoit l'apparence d'un bel arbre; mais parce qu'il manquoit de fruit, il fut maudit.

La malédiction consista à le priver de fruit à jamais : prenez-y garde.

Les feuilles sont l'apparence d'un bonne vie : les fleurs sont les fruits commencés. Si l'on ne porte de vrais fruits et des œuvres parfaites de la justice chrétienne, on est maudit.

« Faites de dignes fruits de pénitence[3]. » Quand un arbre produit continuellement de mauvais fruits ou qu'il n'en porte pas de bons, il est mauvais : triste état d'un arbre qui, faute de porter des fruits, n'est plus propre que pour le feu. « Tout arbre qui ne porte pas de bons fruits est coupé et jeté au feu[4]. » Songez à ces paroles : « La cognée est à la racine des arbres : » non aux branches, mais à la racine : tout va périr tout d'un coup.

Interrogez-vous vous-même : Quel bon fruit ai-je porté? Quelle passion ai-je corrigée? Quelle bonne habitude ai-je acquise?

Si un sage confesseur vous prive quelquefois des sacremens parce qu'il ne voit en vous que des feuilles ou des fleurs, et non des fruits, ne vous en étonnez pas.

Lisez le chapitre XIII de saint Luc jusqu'au verset 10; et appuyez sur la parabole du figuier infructueux malgré la culture, vers. 6 et suiv.

VIIIe JOUR.

Versets 21, 22, 23[5] : ces versets sont la confirmation des précédents. Celui qui répète si souvent : « Seigneur, Seigneur, » et n'accomplit pas ses préceptes, c'est l'arbre qui porte des feuilles et des fleurs tout au plus, mais nul fruit. Il vaudroit mieux ne pas tant dire : Seigneur, Seigneur, et accomplir ses préceptes.

« Je ne vous connois pas, » ô vous qui n'avez que des paroles :

---

[1] *Matth.*, XX, 16. — [2] *Matth.*, VII, 20. — [3] *Matth.*, III, 8. — [4] *Ibid.*, 10. — [5] *Matth.*, VII.

je ne vous connois pas; vous n'avez pas le vrai caractère du chrétien. « Retirez-vous; » vous n'êtes pas de mes brebis. Pesez et tremblez à ces paroles : « Je ne vous connois point; retirez-vous. » Et où irez-vous, en vous retirant de la vie et de tout le bien, sinon à la mort et à tout le mal?

Eussiez-vous fait des miracles au nom de Jésus-Christ, retirez-vous; il ne vous connoît pas. Les bonnes œuvres sont les vrais miracles et la vraie marque qu'il désire. Humiliez-vous, abaissez-vous aux pieds de tous vos frères et de toutes vos sœurs; cela vaut mieux que des miracles.

O mon Jésus, comment pourrai-je entendre ces paroles : « Retirez-vous? » Quoi! mon bien et le seul objet de mon amour, vous perdrai-je à jamais? Ne vous verrai-je jamais dans toute l'éternité? Ah! plutôt mille morts.

IXe JOUR.

« Celui qui écoute et fait, » en qui la vertu se tourne en habitude par la pratique, « c'est l'homme sage qui bâtit sur la pierre, » versets 24, 25, 26, 27.

Ecouter n'est rien; faire c'est tout. Toutes les fois qu'on conçoit de bons désirs, ou qu'on forme de bonnes résolutions, on écoute; mais on est encore du nombre des écoutans. « Celui qui écoute mon Père et qui apprend, vient à moi[1], » dit Jésus-Christ. Ecoute, ame chrétienne; écoute au dedans de toi-même : retire-toi à l'endroit intime où la vérité éternelle se fait entendre. Ecoute, et apprends sous un tel Maître; écoute ce que dit l'Esprit qui te sollicite, et qui t'appelle à la perfection. Mais la marque que tu auras écouté et appris, c'est que tu viens à Jésus. Marche après lui; suis ses exemples; c'est bâtir sur la pierre. Mais celui qui ne fait qu'écouter, c'est-à-dire que considérer et méditer la sainte parole sans en venir réellement à la pratique, bâtit sur le sable. Les tentations, les afflictions, les dégoûts viennent : la maison tombe, et la ruine est si grande que souvent elle devient irréparable. Songez à la véritable sagesse et à la véritable folie, dont vous voyez un exemple dans cette parabole du Sauveur.

[1] *Joan.*, VI, 45.

X.e JOUR.

Qui n'admireroit la doctrine de Jésus-Christ, sa pureté, sa sublimité, son efficace dans la conversion du monde, dans la mort de tant de martyrs, dans le mépris des grandeurs et des plaisirs, qu'elle a inspiré à tant de millions d'ames?

Par elle les honneurs du monde ont perdu tout leur éclat, toutes les fleurs sont tombées. L'homme est devenu un ange par le détachement de ses sens; et il est porté à se proposer pour modèle la perfection de Dieu même : « Soyez parfaits comme votre Père céleste est parfait[1]. » Qui n'admireroit donc, encore un coup, cette doctrine céleste? Mais ce n'est pas tout de l'admirer. Jésus enseigne avec puissance comme ayant la souveraine autorité[2], parce qu'il est la vérité même : il faut que tout cède, que tout orgueil humain baisse la tête.

Dieu vous préserve d'un docteur timide et vacillant, qui n'ose vous dire vos vérités, ni vous faire marcher à grands pas à la perfection, à la manière des pharisiens et des docteurs de la loi, qui ne songeoient qu'à s'attacher le peuple, et non à le corriger. Demandez à Dieu un docteur qui vous parle avec efficace et avec puissance, sans vous épargner : c'est à celui-là que votre conversion est réservée.

Songez à l'autorité de la doctrine de Jésus-Christ, et combien il lui appartient de parler avec puissance : ainsi laissez-vous conduire à sa direction et à ses maximes.

Lisez pour conclusion le chapitre xvii de saint Jean. Conformez-vous aux intentions et aux prières du Maître céleste; et disposez-vous à en faire le sujet d'une autre retraite, si Dieu vous en fait la grace.

Il est aisé de faire de cette matière des sujets de méditation pour plusieurs heures par jour.

Il n'est pas besoin de multiplier ses pensées : en faisant un acte de foi sur chacune des vérités et en le répétant souvent, ou plutôt en le continuant par une adhérence à la vérité qu'il contient et une soumission à l'autorité du Fils de Dieu qui l'enseigne, il en

---

[1] *Matth.*, v, 48. — [2] *Marc.* 1, 22.

naît naturellement des désirs et des résolutions. On priera Dieu qu'il les tourne en œuvres et en pratiques solides. D'un clin d'œil, on fait l'application de chaque vérité à son état, à sa vocation, à ses besoins particuliers. Plus de foi que de raisonnemens ; plus d'affection que de considération. Digérer, c'est se nourrir; prendre beaucoup de nourriture sans la digérer, c'est se suffoquer : lire peu chaque fois, et en tirer le suc. *Amen, Amen.*

RÉFLEXIONS
SUR LE TRISTE ÉTAT DES PÉCHEURS
ET LES RESSOURCES QU'ILS ONT
DANS LA MISÉRICORDE DE DIEU.

C'est une coutume ordinaire aux hommes, de s'appliquer sérieusement et assidûment à des affaires très-inutiles, et de ne se donner aucun soin pour celles qui leur sont de la dernière conséquence. Vous dépensez beaucoup et vous prenez bien de la peine, pour vous délivrer des maux que votre corps souffre. Certes le péché n'est pas un mal de peu d'importance, qui doive être négligé et dont le malade ait sujet de rire. Il n'y a point d'homme sage sur la terre qui n'aimât mieux perdre tous ses biens, et la vie même, plutôt que de commettre un péché mortel. Les anges et les saints sont si sensibles à l'outrage que le péché fait à Dieu, que malgré la charité dont ils sont remplis pour les hommes, le zèle de la justice qui les dévore les porte à demander vengeance contre les pécheurs impénitens. Saint Paul, transporté du même zèle, trouvoit qu'il lui seroit plus doux de mourir et d'être anathème pour ses frères[1], que de voir régner dans leur cœur le péché qu'ils aimoient, qu'ils y souffroient sans se plaindre. Ce grand Apôtre parloit sincèrement, parce qu'il connoissoit très-bien les deux

[1] *Rom.*, IX, 3.

propriétés essentielles du péché de l'homme, qui sont d'être la vraie mort de l'ame immortelle et la vraie cause de la mort d'un Dieu.

Vous qui employez les années à penser à d'autres choses qu'à votre salut et qu'aux affaires de l'éternité, ne refusez pas à votre conscience le temps pour écouter ce qu'elle vous dira de la part de Dieu sur ce grand sujet. C'est alors que vous pourrez apprendre d'elle l'explication de ces paroles de saint Denis : « Que la lumière porte dans soi la connoissance de la nuit; qu'en se voyant et se connoissant, elle connoît les ténèbres. » Saint Denis veut dire que Dieu pense du péché de l'homme ce que le soleil penseroit de la nuit, s'il pouvoit se voir, et se connoître lui-même.

Et en effet, quoiqu'il n'y ait rien de ténébreux dans le soleil, néanmoins si cet astre avoit de l'intelligence et des yeux vivans, comme il verroit mieux que personne que la lumière est la plus parfaite des beautés visibles, il verroit aussi mieux que la laideur, la plus effroyable des laideurs et la plus ennemie des yeux, c'est la nuit. Quoiqu'il n'ait jamais été avec elle et que jamais il ne l'ait vue, il suffiroit à cet astre d'être parfaitement lumineux pour la connoître et la mesurer parfaitement. Il est vrai qu'il ne se trouve en Dieu aucune tache ni aucun péché, que tout y est parfaitement lumineux : néanmoins c'est dans cette essence pure et impeccable qu'il voit, mieux que tous les hommes ne l'ont jamais vu dans leur substance pécheresse et corrompue, ce que c'est que le péché.

Je vous laisse ici avec vous-même, ame chrétienne : levez les yeux ; contemplez en silence ces vérités théologiques, que Dieu par sa propre sainteté connoît votre péché, qu'il le considère, qu'il l'examine et qu'il en sait toutes les dimensions ; que c'est par elle qu'il mesure ce que vous êtes durant vos désordres ; qu'autant qu'il voit d'infinité dans les beautés et les grandeurs de ses perfections divines, autant il en voit dans les laideurs, les bassesses et les opprobres de votre vie criminelle. Il mesure votre état au sien ; et il trouve qu'il n'y a pas plus de hauteur ni de gloire dans les plus sublimes élévations de sa sagesse et de son amour envers son Verbe, qu'il y a de néant où vous êtes tombée en vous éloignant de lui. Il voit les unes et les autres par la même vision.

Qu'est-ce ceci, grand Dieu, s'écrie le prophète, tremblant d'horreur? Faut-il donc que ce soit dans un jour si éclatant que vous contempliez les disgraces et les hontes de notre vie misérable ; et que, parmi les splendeurs du paradis, le siècle de notre ingratitude soit un spectacle de votre éternité? Voilà comme Dieu connoît ce qui se passe parmi nous, et voilà ce qu'il pense d'un seul et du moindre des péchés.

Mais combien en voit-il? Regardez-vous tandis que votre juge vous regarde. Voyez dans votre ame ce qu'il y voit, ce nombre innombrable de péchés invétérés, cet amas de corruption ancienne et nouvelle, toutes ces funestes dispositions que Dieu contemple dans vous ; contemplez-les vous-même, ne vous cachez rien. Il connoît vos pensées ; connoissez les siennes et considérez ce qu'il médite. Au moins voyez ce qui est autour de vous, à l'heure que je vous parle : sa justice qui vous environne, qui observe et qui écrit votre vie ; sa miséricorde qui vous délaisse et qui vous livre à la mort ; l'une et l'autre, qui par des cris intérieurs vous reprochent ce que vous êtes aujourd'hui et vous annoncent ce que vous serez demain, ou cette nuit, et peut-être dans une heure, inopinément, au milieu de vos plaisirs, mort, jugé, condamné : en trois minutes ce grand changement sera fait. C'est Dieu qui vous parle ; pesez ses paroles ; méditez et accordez à votre conscience la solitude où elle vous appelle, afin que vous réfléchissiez un peu sur ces grands objets et que vous délibériez avec elle. Il est question de vous résoudre ou à périr, en demeurant par un choix de désespoir dans le déplorable état où vous êtes, ou bien à vous en retirer au plus tôt par la pénitence.

Peut-être que ni l'un ni l'autre ne vous plaît. Vous ne répondez que par des larmes, comme un malade désespéré, étendu sur son lit et agité par la violence de son mal, qui ne peut s'exprimer que par des cris ou des soupirs. Il semble que la pensée vous vienne de faire comme le pécheur dont parle le prophète, et de vous informer s'il n'y a point quelque endroit au monde où Dieu ne soit point, et où vous puissiez n'être point vu de lui et n'être point persécuté par sa voix foudroyante. Vous sentez combien il est terrible d'être vu d'un Dieu, tandis qu'on est dans le péché et qu'on ne fait aucun effort pour en sortir ; combien il est malheureux d'être appelé à une nouvelle vie par des inspirations si fortes et si douces, tandis qu'une longue accoutumance nous tient attachés à la vie mondaine, et qu'une cruelle et invincible passion nous engage à aimer la créature. Grand Dieu, dites-vous, ayez pitié de moi. Je ne vous demande qu'une grace, qui est que vous me disiez ce que vous savez vous seul : en quel endroit du monde je pourrai m'enfuir pour me cacher à vos yeux et pour ne plus entendre les menaces de votre justice, ni le bruit des poursuites et des invitations de votre amour.

Voilà certes une résolution bien étrange, de demander à Dieu même ce qu'il faut faire, et où il faut aller pour s'enfuir de sa présence : mais c'est une merveille plus admirable, que ce grand Dieu ne refuse pas de répondre au pécheur et de l'instruire. La réponse qu'il lui donne et que je vous adresse, ame chrétienne, c'est d'aller à l'endroit où habite la miséricorde, c'est-à-dire sur le Calvaire; que là, pourvu que vous disiez sincèrement ce qui doit être dit à la miséricorde souveraine, et que vous la laissiez faire ce qu'il lui plaira dans votre cœur, vous y trouverez le repos et la sûreté que vous désirez.

Jusqu'à ce que les ombres se dissipent et que le jour de la bienheureuse éternité paroisse, j'irai dans la solitude, sur la montagne de la myrrhe et sur la colline de l'encens, pour contempler de là les vérités éternelles et pour m'élever à Dieu par la pénitence et par l'oraison, comme l'encens monte au ciel en se détruisant lui-même et en se consumant dans la flamme.

Ce n'est point ma voix, ame chrétienne, ni la voix de l'homme; c'est quelque chose de plus puissant et de plus digne d'être écouté, qui vous appelle au Calvaire et qui vous y attend, comme à l'endroit le plus propre pour apaiser les agitations de votre cœur, et pour vous établir en l'état heureux où vous aspirez. Dites-y d'abord ce que votre douleur vous inspirera. Continuez de vous y plaindre de la nécessité fatale où vous pensez être d'aimer partout votre péché, et partout d'être vu d'un Dieu et persécuté par ses inspirations et par ses menaces. Levez ensuite les yeux, et contemplez celui qui paroît sur la croix. Vous verrez dans son cœur ouvert une miséricorde qui voit à la vérité les pécheurs en quelque endroit qu'ils puissent être, mais qui ne les regarde que pour mesurer les graces qu'elle leur destine sur ses bontés et les proportionner à la grandeur de leurs fautes et des châtimens qu'ils ont mérités. Vous y verrez que ce Dieu, que vous fuyez, ne vous poursuit que parce qu'il a dans ses mains ce que vous cherchez en le fuyant, le repos de votre ame; et ce que vous ne trouverez jamais, si cet incomparable Bienfaiteur manque à vous atteindre, avant que la mort qui vous poursuit elle-même l'ait prévenu.

Remarquez que le dernier état et le plus bas où l'homme puisse se trouver, est l'état du péché; et que l'éclat le plus haut et le plus divin où puisse être un Dieu, est celui de la grande miséricorde. Dieu et l'homme sont parvenus chacun à cette dernière extrémité, l'un de la hauteur et l'autre de la bassesse, le jour de la passion; l'homme en répandant le sang du Sauveur crucifié, et Dieu le Père en recevant l'oblation de ce sang précieux. Voilà de quoi contempler et vous arrêter un peu. Je n'ai pas de longs discours à vous faire, pour vous porter à entrer dans les sentimens que demande de vous ce grand spectacle. Il me suffit de vous dire que s'il y a de grands péchés dans l'homme, il y a en Dieu une grande miséricorde.

Les grands péchés sont ceux qui se commettent contre les préceptes divins et qui naissent dans le cœur de l'homme ingrat, après le baptême, au milieu des graces et des bienfaits de la rédemption, qui y renaissent après le pardon reçu et après toutes les promesses de la pénitence, qui se multiplient par les rechutes, qui se fortifient par l'impunité, qui s'endurcissent par le châtiment. Voilà les différens degrés par lesquels le pécheur est conduit dans l'abîme le plus profond de l'iniquité. Alors insensible sur ses désordres, il parvient à étouffer les cris de sa conscience; il perd de vue les jugemens de son Dieu, et bannit toutes les craintes qui pouvoient le retenir au commencement.

Mais si Dieu, pour troubler le funeste repos que goûte le pécheur, étend sur lui sa main et lui fait voir l'horreur de son état; bientôt cette fausse paix dont il jouissoit, se dissipera; il ne pourra plus se souffrir lui-même; et continuellement pressé par les inquiétudes qui le dévoreront, il se répandra de tous côtés pour se délivrer de ces insupportables agitations de son cœur : semblable à un cheval, qui, couvert d'une armée d'abeilles et piqué jusqu'aux entrailles par leurs aiguillons, se met en fuite, portant avec soi ses ennemis et son mal ; et qui brisant ce qu'il rencontre, terrassant ceux qui l'arrêtent, et les foulant aux pieds, s'égare où il peut et où la fureur le conduit, à travers les précipices, cherchant partout son remède et partout semblant demander où est la mort. Tel est l'état des pécheurs livrés aux cruels remords de leur conscience.

Quelque terrible que soit l'extrémité où ils se trouvent réduits, qu'ils ne perdent pas confiance : car ils ont encore une ressource assurée dans la grande miséricorde de leur Dieu. La grande miséricorde, c'est celle qui contemple ce spectacle du pécheur épuisé par de vains efforts avec des sentimens de compassion, et qui entreprend efficacement d'y remédier. Elle le fait lorsque rassemblant ce qu'il y a de plus fort et de plus doux dans sa grace victorieuse, elle en forme une lumière semblable à celle de l'aurore. C'est par cette lumière répandue sur le visage des pécheurs profondément endormis, qu'elle ouvre leurs yeux aveugles ; et que sans violence et sans douleur brisant toutes les chaînes de leur sommeil, elle les éveille et les éclaire, et leur fait voir inopinément dans un grand jour toutes les beautés de la vertu. Grande et adorable miséricorde, qui n'a point de bornes dans l'étendue de ses bienfaits ; et qui ne voit aucun crime sur la terre qu'elle ne soit prête d'oublier, si le pécheur après toutes ses impiétés, ses révoltes et ses désordres, entroit dans les sentimens d'une sincère pénitence, et soumettoit son orgueil à faire l'aveu humble de toutes ses iniquités.

Chrétiens qui lisez ces lignes, combien de péchés en votre vie depuis le premier jour que vous avez commencé d'être pécheurs, et combien de bonté dans Dieu depuis ce moment ! Quel jour s'est-il passé où cet aimable Père des enfans prodigues ne vous ait attendus, où il ne vous ait été chercher pour vous tendre la main, et pour vous aider à sortir de cet état d'impénitence ? Que n'a-t-il pas fait pour vous ramener des portes de la mort et de l'enfer, où vous a conduits votre vie licencieuse ? De quelque côté que vous

vous considériez, vous ne voyez en vous que de grands péchés et d'effroyables ingratitudes : mais aussi de quelque côté que vous examiniez la conduite que Dieu a tenue sur vous jusqu'à ce jour, vous ne découvrez en lui que d'ineffables miséricordes. Voudriez-vous ensuite exécuter la résolution que vous aviez prise de vous enfuir assez loin de Dieu pour ne plus entendre sa voix paternelle, et pour courir où le désespoir et l'aveuglement vous mèneront? Ne préférerez-vous pas plutôt de vous abandonner à cette miséricorde si pleine de tendresse, qui vous ouvre son sein et vous invite avec tant d'amour à vous y réfugier?

Quoi ! pécheur, vous hésitez, vous êtes incertain sur le choix que vous devez faire! Hélas! disoit saint Pierre, « à qui irons-nous, Seigneur, vous avez les paroles de la vie éternelle? » *Ad quem ibimus, verba vitæ æternæ habes*[1]? Divin Sauveur, la grace et la vie sont sur vos lèvres pour se repandre sur les hommes : mon cœur soupire après l'une et l'autre. Je suis pécheur, et je suis mort. Je porte dans mon sein la mort et le péché, qui m'étouffent : il ne me reste qu'un moment de vie ; et une éternité de peines m'attend, si je ne pense sérieusement à ma guérison. Où chercherai-je mon remède, si ce n'est auprès de celui qui peut seul me délivrer des maux que je souffre, et de ceux qui me menacent? « Où irai-je, » sinon « à vous qui avez les paroles de la vie éternelle? » Pesez ces paroles, et tâchez d'entendre ce qu'on vous répond du ciel.

Je n'ai rien à vous dire davantage, que ce que je viens de vous représenter : vous avez de grands péchés ; vous avez par conséquent besoin d'une grande miséricorde. Allez au Calvaire; c'est l'unique endroit où elle se trouve, et l'unique endroit où vous la devez chercher. Il est vrai qu'on vous y accusera d'avoir répandu le sang du Sauveur et d'être le parricide qui l'avez crucifié : on vous y montrera sur le haut d'un arbre le plus énorme de tous les crimes, et c'est à vous qu'on l'attribue. Mais ne vous effrayez pas : ayez seulement soin, d'abord que vous entrerez et que vous verrez le Crucifié, de faire sortir la vérité de votre cœur et de votre bouche. Confessez que vous êtes le coupable contre qui le ciel et la terre crient vengeance : dites avec le prophète et dans les

---

[1] *Joan.*, VI, 69.

mêmes dispositions : « Je reconnois mon iniquité : » *Iniquitatem meam ego cognosco* [1]. Vous verrez aussitôt la miséricorde qui sortira du cœur de Dieu pour venir à votre rencontre, pour vous embrasser et joindre sur vos lèvres la grace avec la vérité, c'est-à-dire la confiance du pardon à la sincérité de la douleur qui vous aura fait confesser votre injustice.

Parlez donc et avouez votre crime ; dites avec David : « Mon péché est toujours présent devant moi » : *Peccatum meum contra me est semper* [2]. Il est vrai, Seigneur, mon péché est grand, puisqu'il comprend la multitude infinie des péchés que j'ai commis. Je le vois imprimé sur votre croix qui me le reproche : mais votre miséricorde y est aussi gravée en caractères ineffaçables. C'est sur elle que vous devez régler les desseins de votre cœur envers moi, et c'est par elle qu'il faut que vous appreniez la réponse que vous devez donner à mes larmes. Je n'implore pas la miséricorde des anges et des saints, ni la miséricorde d'un Dieu glorieux dans le ciel. J'ai besoin de la grande et suprême miséricorde, que je ne trouve que dans un Dieu crucifié. Celui que j'ai fait mourir est le seul qui me doit ressusciter. O Dieu souffrant et mourant, le mal que je vous montre en moi n'est pas un mal passager ou indifférent : c'est la mort de l'ame, pour le temps et l'éternité. Ramassez la multitude de vos graces et des pardons que vous avez accordés aux pécheurs depuis le commencement du monde ; ramassez-les aujourd'hui pour moi seul. Vous trouverez en moi tous les pécheurs : il faut que je trouve en vous toutes les bontés et tout l'amour qui les a convertis jusqu'à cette heure. Divin Sauveur, glorifiez votre puissance ; et faites voir dans cette créature si criminelle ce que c'est qu'un Dieu fait homme pour le salut des hommes, et ce que peut sa grace sur un cœur désespéré.

[1] *Psal.* L, 5. — [2] *Ibid.*

DISCOURS

AUX FILLES DE LA VISITATION,

SUR LA MORT,

Le jour du décès de M. Mutelle, leur confesseur.

La mort est la fin de toutes choses : tout passe, tout nous quitte, tout nous abandonne, tout finit; et nous passons et nous finissons aussi nous-mêmes.

C'est la mort, oui, c'est la mort qui finit tout, qui détruit tout, qui renverse tout et qui anéantit tout. Tout fait effort contre la mort, tout se révolte contre elle : les hommes, les bêtes mêmes emploient toutes leurs forces pour se défendre de la mort. Cependant rien ne lui peut résister : elle brise, elle écrase, elle détruit, elle anéantit tout. Grandeur, puissance, élévation, rois, empereurs, souverains, grands et petits de la terre, nul ne s'en peut défendre : elle confond et réduit en poussière les plus superbes monarques, comme les derniers de leurs sujets. C'est donc la mort qui finit tout, qui détruit tout, qui nous réduit au néant; et qui en même temps nous fait voir que nous ne pouvons sortir de ce néant et nous en relever, et que par conséquent nous ne pouvons être quelque chose qu'en nous élevant vers Dieu, qu'en nous portant à Dieu, qu'en nous attachant à Dieu par un immortel amour.

Rien n'établit et ne prouve mieux l'être souverain de Dieu et son domaine sur nous que la mort.

Dieu est celui qui est : tout ce qui est et existe, est et existe par lui. Il est cet Etre vivant, en qui tout vit et respire. Remarquez donc bien, mes filles, ce que je vais vous dire; écoutez-le avec une profonde attention. Quelle consolation et quel sujet de joie pour vous, en quelque état que vous soyez ! quand quelquefois même vous vous trouveriez à l'oraison l'esprit rempli de mille fantômes, sans aucun arrêt, ne pouvant assujettir l'imagination, cette folle de l'ame, comme l'appelle sainte Thérèse ; d'autres fois, sèches et arides, sans pouvoir produire une seule bonne pensée, comme une souche, comme une bête ¹ devant Dieu : qu'importe ? Il n'y a alors qu'à consentir et qu'à adhérer à la vérité de l'être de Dieu. Consentir à la vérité, cet acte seul suffit. Prenez garde que je dis consentir à la vérité : car Dieu seul est le seul Etre vrai. Adhérer à la vérité, consentir à la vérité, c'est adhérer à Dieu, c'est mettre Dieu en possession du droit qu'il a sur nous. Cet acte seul comprend tous les actes : c'est le plus grand hommage de notre foi, c'est le plus élevé que nous puissions faire.

Mais vous me direz : Cela est bien difficile. Non, mes filles, il n'est point difficile ; faites attention à ce que je vous dis. Cet acte est grand, il est parfait ; mais en même temps je dis qu'il doit être fait fort simplement. Il n'y a rien de si simple que cet acte : adhérer à la vérité, consentir à la vérité, se rendre à la vérité, se soumettre à la vérité. Mais cet acte doit être fait sans effort, par un retour de tout le cœur vers Dieu : il doit être, je cherche un terme pour m'expliquer, il doit être affectueux, tendre, sensible. Me comprenez-vous ? Mais me comprends-je bien moi-même ? Car c'est un certain mouvement du cœur, qui n'est point sensible de la sensibilité humaine ; mais qui naît de cette joie pure de l'esprit, de cette joie du Seigneur qu'on ne peut exprimer. Et partant réjouissez-vous ; et dites seulement en tout temps : Je consens, mon Dieu, à toute la vérité de votre Etre : je fais mon bonheur de ce que vous êtes ce que vous êtes ; c'est ma béatitude anticipée ; c'est mon paradis à présent, et ce sera mon paradis dans le paradis. *Amen.*

¹ *Psal.* LXXII, 23.

SENTIMENS DU CHRÉTIEN
TOUCHANT LA VIE ET LA MORT,

Tirés du chap. V^e de la IIe Epître aux Corinthiens.

Scimus enim, quoniam si terrestris domus nostra hujus habitationis dissolvatur, quòd œdificationem ex Deo habemus, domum non manufactam, œternam in cœlis. « Nous savons, » dit l'Apôtre ; nous ne sommes pas induits à le croire par des conjectures douteuses ; mais nous le savons très-assurément et avec une entière certitude, « que si cette maison de terre et de boue, dans laquelle nous habitons, » c'est-à-dire notre chair mortelle, « est détruite, nous avons une autre maison que Dieu nous a préparée au ciel, laquelle n'étant point bâtie de main d'homme, » ni sur des fondemens caducs, ne peut jamais être ruinée, mais « subsiste éternelle » et inébranlable. C'est pourquoi lorsque nous approchons de la mort, nous ne nous affligeons pas comme des personnes qui vont être chassées de leur maison ; mais nous nous réjouissons au contraire comme étant prêts de passer à un palais plus magnifique : et en attendant ce jour, « nous gémissons continuellement par le désir que nous avons d'être bientôt revêtus de cette demeure céleste : » *Nam et in hoc ingemiscimus, habitationem nostram, quæ de cœlo est, superindui cupientes.* Ce qui nous arrivera infailliblement, « pourvu que nous paroissions devant Dieu comme revêtus, et non pas comme dépouillés : » *Si tamen vestiti, non nudi inveniamur,* parce qu'il est écrit « qu'on ne donne rien, sinon à celui qui a déjà quelque chose [1] ; » et que nul ne peut espérer d'être revêtu de cet habillement de gloire, s'il n'a eu soin de couvrir sa nudité ignominieuse par le vêtement des bonnes œuvres.

« Nous donc » qui vivons dans cette espérance, « tandis que

[1] *Matth.*, xxv, 29.

nous sommes enfermés dans cette demeure terrestre, étant appesantis par ce corps de mort » qui est un fardeau insupportable et un empêchement étrange à l'esprit, « nous ne cessons de gémir : » *Nam et qui sumus in hoc tabernaculo, ingemiscimus gravati :* comme ceux qui étant dans une prison soupirent et gémissent, quand ils rappellent en leur souvenir les beautés et les douceurs de la maison paternelle; et la cause la plus pressante de nos gémissemens, « c'est que nous ne voulons point être dépouillés : » *Eo quòd nolumus expoliari.* C'est pourquoi cette vie misérable dans laquelle les ans, qui vont et qui viennent, nous enlèvent continuellement quelque chose, nous est extrêmement à charge, parce que nous sentant nés pour être immortels, nous ne pouvons nous contenter d'une vie qui n'est qu'une ombre de mort. Mais nous soupirons de tout notre cœur après cette vie bienheureuse, qui nous revêtant de gloire de toutes parts, engloutira tout d'un coup ce qu'il y a en nous de mortel : *Sed supervestiri, ut absorbeatur quod mortale est à vitâ.*

Ce seroit véritablement une témérité bien criminelle, si nous prenions de nous-mêmes des pensées si hautes; mais c'est Dieu qui nous a faits pour cela : *Qui autem efficit nos in hoc ipsum, Deus,* parce qu'il nous a créés au commencement pour ne mourir jamais : et après que notre péché nous a fait déchoir de cette grace en laquelle Jésus-Christ nous a rétablis, afin de soutenir notre confiance dans des prétentions si relevées, il nous a donné son Saint-Esprit, Esprit de régénération et de vie, pour nous être un gage certain de notre immortalité : *Qui dedit nobis pignus Spiritûs.* C'est ce qui fait que, contre toute apparence humaine, nous osons espérer sans crainte des choses qui sont si fort au-dessus de nous : *Audentes igitur semper.* Et comme cette loi nous est imposée par un ordre supérieur et irrévocable, que tant que nous serons dans ce corps mortel, nous serons éloignés du Seigneur, nous nous excitons nous-mêmes à concevoir une volonté déterminée de nous éloigner du corps pour être présens devant Dieu : *Scientes quoniam, dum sumus in corpore, peregrinamur à Domino..... Audemus autem et bonam voluntatem habemus magis peregrinari à corpore, et præsentes esse ad Dominum.*

Car nous sentons en effet que nous sommes bien loin de lui, parce que « nous le connoissons par la foi, et non point encore en lui-même et en sa propre nature : » *Per fidem enim ambulamus, et non per speciem.* Cette obscurité de nos connoissances est une marque trop convaincante, que nous sommes fort éloignés de la source de la lumière. C'est pourquoi nous désirons ardemment que les nuages soient dissipés, que les énigmes s'évanouissent; et que nos esprits, qui ne font qu'entrevoir le jour parmi les ténèbres qui nous environnent, soient enfin réjouis par la claire vue de la vérité éternelle.

Nous devons entendre par là que nous avons à faire un double voyage : car tant que nous sommes dans le corps, nous voyageons loin de Dieu; et quand nous sommes avec Dieu, nous voyageons loin du corps. L'un et l'autre n'est qu'un voyage, et non point une entière séparation, parce que nous passons dans le corps pour aller à Dieu, et que nous allons à Dieu dans l'espérance de retourner à nos corps. D'où il faut tirer cette conséquence que lorsque nous vivons dans cette chair, nous ne devons pas nous y attacher comme si nous y devions demeurer toujours; et que lorsqu'il en faut sortir, nous ne devons pas nous affliger comme si nous n'y devions jamais retourner.

Ainsi étant délivrés par ces sentimens des soins inquiets de la vie et des appréhensions de la mort, nous tournons toutes nos pensées à celui auquel seul aboutit tout notre voyage, et nous ne songeons qu'à lui plaire soit que nous soyons absens ou présens, parce que pendant ce temps malheureux que nous passons loin de sa présence, nous travaillons à nous rendre dignes de paroître un jour devant sa face : *Et ideo contendimus, sive absentes, sive præsentes, placere illi.*

Telle doit être la vie chrétienne; et pour vivre comme chrétiens, il faut vivre comme voyageurs : car vivre chrétiennement, c'est vivre selon la foi, selon ce qui est écrit : « Le juste vit de la foi : » *Justus autem ex fide vivit* [1]. Or, vivre selon la foi, c'est vivre comme voyageur, « en ne contemplant pas ce qui se voit, mais ce qui ne se voit pas, » qui est la vraie disposition d'un

[1] *Rom.*, I, 17.

homme qui passe son chemin : *Non contemplantibus nobis quæ videntur, sed quæ non videntur*[1]. Que si nous vivons comme voyageurs, nous devons considérer tout ce que nous possédons sur la terre, non pas comme un bien véritable, mais comme un rafraîchissement durant le voyage : *Instrumentum peregrinationis, non irritamentum cupiditatis*, dit saint Augustin[2]; comme un bâton pour nous soutenir dans le travail, et non comme un lit pour nous reposer; comme une maison de passage où l'on se délasse, et non comme une demeure où l'on s'arrête. C'est pourquoi l'apôtre saint Paul appelle notre corps un tabernacle ; c'est-à-dire une tente, un pavillon, une cabane, en un mot un lieu de passage, et non une demeure fixe.

Cet esprit de pèlerinage qui est l'esprit de la foi, et par conséquent l'esprit du christianisme, nous est excellemment représenté par ces beaux mots de l'Apôtre : « Je vous le dis, mes frères, le temps est court : reste que ceux qui ont des femmes soient comme n'en ayant pas ; et ceux qui s'affligent, comme ne s'affligeant pas ; et ceux qui se réjouissent, comme ne se réjouissant pas ; et ceux qui achètent, comme ne possédant pas ; et ceux qui usent de ce monde, comme n'en usant pas, parce que la figure de ce monde passe : » *Hoc itaque dico, fratres, tempus breve est : reliquum est ut qui habent uxores, tanquam non habentes sint; et qui flent, tanquam non flentes; et qui gaudent, tanquam non gaudentes; et qui emunt, tanquam non possidentes; et qui utuntur hoc mundo, tanquam non utantur : præterit enim figura hujus mundi*[3]. C'est-à-dire, selon saint Augustin, que « ceux qui ont des femmes, ne doivent point y être liés par aucun attachement corporel; que ceux qui s'affligent par le sentiment du mal présent, doivent se réjouir par l'espérance du bien futur; que la joie de ceux qui s'emportent parmi les commodités temporelles, doit être tempérée par la crainte des jugemens éternels; que ceux qui achètent doivent posséder ce qu'ils ont, sans que leur cœur y soit engagé; enfin que ceux qui usent de ce monde, doivent considérer qu'ils passent avec lui, parce que la figure de ce monde passe : » *Qui habent uxores, non carnali concupiscentiæ subju-*

---

[1] II *Cor.*, IV, 18. — [2] *In Joan.* Tract. XL, u. 10. — [3] I *Cor.*, VII, 29-31.

gentur; et qui flent tristitiâ præsentis mali, gaudeant spe futuri boni; et qui gaudent propter temporale aliquod commodum, timeant æternum supplicium; et qui emunt, sic habendo possideant, ut amando non hæreant; et qui utuntur hoc mundo, transire se cogitent, non manere [1].

Si nous entrons comme il faut dans cet esprit de la foi, nous prendrons les choses comme en passant; et lorsque ceux qui nous sont chers s'en iront à Dieu devant nous, nous ne serons pas inconsolables comme si nous les avions perdus; mais nous travaillerons à nous rendre dignes de les rejoindre au lieu où ils nous attendent. De là vient que nous ne devons pas nous laisser abattre par une douleur sans remède, comme si nous n'avions plus aucune espérance; mais nous affliger seulement comme feroient des personnes proches qui ayant longtemps voyagé ensemble, seroient contraints de se séparer; lesquels ayant donné quelques larmes à la tendresse naturelle, vont continuant leur chemin, où leurs affaires les appellent, non sans quelque regret qui les accompagne toujours, mais qui est notablement allégé par l'espérance de se revoir. « C'est ainsi, dit saint Augustin, qu'on permet à la tendresse des fidèles de s'attrister sur la mort de leurs amis, par le mouvement d'une douleur passagère. Que les sentimens de l'humanité leur fassent répandre des larmes momentanées, qui soient aussitôt réprimées par les consolations de la foi, laquelle nous persuade que les chrétiens qui meurent s'éloignent un peu de nous pour passer à une meilleure vie : » *Permittuntur itaque pia corda charorum de suorum mortibus contristari dolore sanabili, et consolabiles lacrymas fundant conditione mortali; quas citò reprimat fidei gaudium, quâ creduntur fideles, quando moriuntur, paululùm à nobis abire et ad meliora transire* [2].

Mais si dans les pertes que nous faisons notre cœur est abattu et désolé, cela nous doit avertir de penser à nous : car c'est par là que nous connoissons qu'une grande partie de nous-mêmes est appuyée sur la créature, puisque ce fondement lui ayant manqué, elle s'abat et tombe par terre; ou bien demeurant comme suspendue, elle souffre beaucoup d'inquiétude pour ne savoir plus

---

[1] S. August. *De Nupt. et Concup.*, lib. I, cap. XIII, n. 15. — [2] *Serm.* CXLII, n. 3.

où se reposer : ce qui nous doit faire recueillir nos forces, pour retirer et réunir au Créateur cette partie de nous-mêmes qui se détachoit sans que nous nous en fussions aperçus : d'où passant encore plus outre, nous devons apprendre à ouvrir les yeux pour reconnoître les autres liens, également imperceptibles, par lesquels notre cœur étant captivé dans l'amour des biens qu'il possède, ne se donne pas tout entier, et ne s'appuie qu'avec réserve sur celui en qui seul il doit espérer, s'il ne veut pas être confondu.

RÉFLEXIONS
SUR L'AGONIE DE JÉSUS-CHRIST.

Ce qui s'appelle agonie selon l'usage ordinaire, c'est cet intervalle de temps qui se passe depuis que l'ame a à se séparer, et à se retirer au cœur qui est le dernier mourant, jusqu'à ce qu'elle s'en sépare effectivement par la mort.

Comme Jésus-Christ dans sa passion voulut que sa nature humaine fît en lui à la mort ce qu'elle fait dans les autres hommes et souffrît sur la croix cette agonie, ce fut dans les derniers momens qui se passèrent entre la plus belle de toutes les vies et la plus précieuse de toutes les morts, que le dernier moment fut celui où, ayant remis son esprit entre les mains de son Père, sa tête, pour donner passage à son ame vers son cœur, se baissa : et son ame divine s'y étant en effet retirée tout entière, s'en sépara pour s'y réunir au troisième jour par sa glorieuse résurrection.

Les chrétiens ont un si grand intérêt à savoir les mystères, et à prendre les sentimens et les dispositions de Jésus-Christ leur adorable Sauveur dans tous ses états, qu'ils devroient sans cesse s'y appliquer ; mais surtout à ces grands et terribles mystères de sa passion et de sa mort, par lesquels il a consommé l'œuvre de notre salut éternel par la rédemption, et terminé sa très-sainte vie. Puisque de tous les temps il n'y en a point de plus important que celui de la mort, qui est celui de la décision de notre sort pour toute l'éternité, c'est celui sur lequel Dieu et le démon ont de plus grands desseins pour ou contre nous : c'est enfin celui où l'on peut réparer toutes les pertes passées, puisque rien des sentimens de l'ame n'y étant médiocre, c'est le temps de pratiquer les plus hautes vertus d'une manière grande et héroïque sur le modèle de celles que le Fils de Dieu a voulu y pratiquer pour notre exemple.

C'est l'opinion de plusieurs célèbres docteurs et même de quelques saints Pères, que le démon, qui avoit tenté lui-même Jésus-Christ au désert, fit encore visiblement un dernier effort lorsqu'il le vit attaché à la croix, ou pour reconnoître avec certitude s'il étoit effectivement le Messie promis et le Libérateur du genre humain, ce qu'il craignoit infiniment; ou, s'il ne l'étoit pas, pour le surprendre et pour lui faire commettre quelques péchés qui rendissent sa mort criminelle ou moins parfaite. Cette opinion a beaucoup de vraisemblance : car cet esprit infernal remarquant tant de sagesse, tant de courage, tant de sainteté en Jésus-Christ dans le désert, désespéra pour lors de le vaincre, et « se retira, dit saint Luc; mais ce ne fut que pour un temps [1]. »

Si nous cherchons ce temps auquel Satan ranima toutes ses espérances et sa rage par de nouveaux efforts, nous l'apprenons du Sauveur même. Car dans cet admirable discours qu'il fit à ses apôtres dans le cénacle immédiatement après l'institution de la divine Eucharistie, et avant que de partir pour aller au jardin des Olives, il leur dit : « Voici le prince du monde qui va venir, et il ne trouvera rien en moi qui lui appartienne [2]. » Ce fut peut-être pour le surprendre d'une manière qui confondit davantage sa fausse et maligne prudence, que le Fils de Dieu s'écria sur la croix : « Mon Dieu, mon Dieu, pourquoi m'avez-vous abandonné [3] ? » Le démon n'en pénétra ni le sens ni le mystère : il crut, comme il l'a inspiré depuis à un hérésiarque, que c'étoit un désespoir, étant pris lui-même au piége qu'il tendoit au Sauveur et qui lui fut un sujet d'aveuglement. Il se trouva donc vaincu par un triomphe d'amour, de puissance, et de sagesse, au moment qu'il se croyoit victorieux. On peut même, sans forcer les

---

[1] *Luc.*, IV, 13. — [2] *Joan.*, XIV, 30. — [3] *Matth.*, XXVII, 46.

paroles, tirer cette opinion de saint Paul *aux Colossiens :* « que Jésus-Christ vainquit en lui-même, et mena en triomphe sur la croix les principautés et les puissances de l'enfer [1]. » Ce terme, « en lui-même, » paroît nous devoir faire conclure que le combat se fit en lui-même et qu'il fut attaqué sur la croix, soit que le démon eût reçu le pouvoir de faire quelque impression sur l'imagination du Sauveur, ou que toute cette tentation demeurât au dehors et se bornât à des efforts inutiles. Le démon se mit dans la partie avec les Juifs et avec les Gentils, et se présenta dans l'agonie de Jésus-Christ pour l'y attaquer et l'y renverser.

Mais de ces mêmes paroles de l'Apôtre, les enfans de la nouvelle alliance tirent un grand sujet de confiance et de consolation : car il n'est pas dit seulement que le Sauveur vainquit les puissances infernales, il est encore ajouté qu'il les désarma. Les démons peuvent donc bien nous attaquer dans ces derniers momens de la vie, comme ils attaquèrent Jésus-Christ ; mais étant sans armes, sans courage et sans force contre ceux qui s'appuient sur le secours d'un si puissant défenseur, ce n'est qu'une rage impuissante, laquelle jette dans l'air des feux et des flèches qui retombent sur elle. Si l'on menace tant les pécheurs du pouvoir et de la malice de Satan à la mort, ce ne sont que ceux qui jusque-là lui ont donné sur eux ce pouvoir et se sont mis à son égard dans une espèce de servitude, dans laquelle il les surprend. Ils ont bien voulu être surpris dans son esclavage ; ils s'y sont exposés librement, en voulant bien risquer leur salut : ils ne peuvent, il est vrai, échapper alors à ce pouvoir que par une grace privilégiée d'une puissance extraordinaire, laquelle il ne se faut pas promettre, parce que Jésus-Christ ne l'a jamais promise ; qu'il a même menacé du contraire, en criant si souvent dans son Evangile que l'on veillât et que l'on se tînt prêt [2] : car cette grace s'étend en effet sur bien moins de personnes qu'on ne pense, même de celles qui meurent au milieu des prêtres et avec les sacremens.

Mais pour ceux que la dernière maladie trouvera dans l'union

---

[1] *Coloss.*, II, 15. — [2] *Matth.*, XXIV, 42 ; *Marc.*, XIII, 33 et seq.; *Luc.*, XII, 37 et seq.

avec Jésus-Christ, qui portent les chaînes sacrées de ceux que la charité fait ses esclaves et qui sont dans son parti comme étant les enfans de Jérusalem, et non pas de Babylone, c'est un droit que la victoire de Jésus-Christ leur a acquis pour ces derniers momens, que d'être hors de la portée des flèches du démon. Sa victoire a tiré la leur en conséquence : c'est pour eux comme pour lui qu'il a vaincu et triomphé, parce que c'est plutôt pour eux que pour lui qu'il a désarmé cet ennemi désespéré.

C'est enfin, en un sens, pour eux comme pour lui qu'il a dit que le démon n'a nul pouvoir contre eux [1], parce qu'étant sous la protection et sous la puissance du vainqueur, le vaincu ne trouve rien en eux qui lui appartienne.

Cette victoire du Fils de Dieu à l'agonie et sur la croix, de quelque manière qu'on la comprenne, est un des grands bienfaits dont les chrétiens lui sont redevables : car qui pourroit échapper dans ces momens de foiblesse à la rage d'un ennemi si puissant et si rusé ? Ce doit donc être là un des principaux objets de la dévotion de ceux qui veulent rendre un hommage singulier à ce dernier état de la vie du Sauveur : ils doivent adorer cette puissance victorieuse et ce triomphe de Jésus-Christ sur la croix. S'il leur paroît alors agonisant, il doit être vu des yeux de la foi comme triomphant dans son agonie, et triomphant déjà par avance pour eux quand ils seront en cet état. Ils doivent se pénétrer de reconnoissance pour un si grand bienfait, se persuader du besoin qu'ils ont, pour avoir part à ce privilége et à ce droit, de vivre sous la puissance et dans le parti de Jésus-Christ, afin de n'être pas surpris dans un assujettissement contraire, qui feroit alors toute la force de Lucifer. Il faut qu'ils demandent à cet adorable victorieux, avec une humble instance, qu'il les associe à sa victoire et à son triomphe ; en un mot, ils doivent, par une entière confiance à cette victoire à laquelle ils ont droit, calmer toutes les agitations qu'une crainte trop vive de la mort, du démon, de leurs péchés passés et des jugemens de Dieu, pourroit faire dans le cœur, en affoiblissant la foi.

Si c'est une grace de l'agonie du Sauveur, que de rendre vains

[1] *Joan.*, XIV, 30.

les efforts de Satan dans un temps où la raison obscurcie, affoiblie et préoccupée, auroit peine à s'en défendre, ou pour mieux dire ne s'en défendroit pas, c'est encore une plus grande grace que d'associer cette ame, par un droit d'union, de société et de commerce entre le chef et les membres vivans, aux emplois divins de l'ame de Jésus-Christ et aux vertus héroïques qu'il pratiqua dans cet état. Le Sauveur s'étoit chargé non-seulement des péchés, mais aussi de tous les intérêts, des obligations et de tous les devoirs de ses enfans et de ses véritables membres mystiques : leur agonie étoit à la croix distinctement présente aux yeux de son cœur : il prévit le genre de maladie dont ils devoient mourir ; et comme il n'ignoroit pas combien les douleurs et les symptômes d'une maladie violente ou précipitée lieroient avec les sens les plus nobles puissances de l'ame, et les rendroient foibles et impuissantes dans leur abattement, qui pourroit comprendre l'étendue et l'effort de la charité avec laquelle il regarda leur agonie comme inséparable de la sienne ? Tout ce qu'il fit alors, il le fit en acquit de leurs obligations, et en supplément de ce qu'ils ne pourroient faire en ce temps : il consacra en lui la peine naturelle que l'ame ressent, quand elle est frappée des sombres et affreuses idées d'une séparation inévitable : il la sanctifia dans un esprit de soumission et de pénitence, de sacrifice et d'hommage à la souveraineté de son Père ; il offrit cette agonie de ses enfans et toute sa suite par un mouvement d'amour qu'il leur communiqua dès lors, s'ils sont en état d'y avoir part, et dont il leur fit le transport aux yeux et dans le sein de son Père en supplément de leur impuissance, si leur raison obscurcie les rendoit incapables de les avoir actuelles : s'ils ne peuvent les avoir en eux-mêmes, ils les ont en Jésus-Christ ; et les avoir en lui, c'est les avoir en soi par le droit de la société que la grace de leur union avec lui met entre lui et eux.

Que de grandeurs, que de priviléges de grace, que de miracles d'amour qu'on ne connoîtra qu'après la mort ! Le chrétien les trouve en Jésus-Christ ; et que ceux-là sont malheureux que le péché mortel excommunie, tient séparés de lui et prive de ces avantages merveilleux en ces derniers momens ! Quelles pertes ! quelles angoisses ! quelles suites de justes frayeurs ! Il faut tirer trois instructions de ce principe, qui est une vérité constante dans la foi et très-bien établie dans les saintes Ecritures. Comme c'est au même degré que la grace aura uni les ames à Jésus-Christ et les aura fait participer à ses sentimens et à son esprit, qu'elles auront part à ce divin supplément, qui dans la foiblesse où la maladie réduit doit être d'un grand secours, il est donc d'une conséquence infinie de s'appliquer pendant la vie à se remplir de cet esprit, en prenant les mesures de sa conduite sur les sentimens, les maximes et les exemples du Sauveur.

Il est vrai que le moindre degré de la grace justifiante, qui lie l'ame à Jésus-Christ, la rend participante de tout ce qu'il a fait pour elle dans cet état, c'est toujours là un grand fonds de consolation pour tant d'ames que leur simplicité rend ignorantes des grandeurs de Dieu et du christianisme, et que l'on ne peut même en informer, parce qu'une éducation grossière et rustique les en rend incapables, et que la misère et la nécessité de leur condition leur fait compter les heures du jour par celles de leur travail. Ces ames, si elles ont observé la loi de Dieu selon le degré de leur lumière, trouveront en Jésus-Christ ce supplément sur le pied de leur bonne foi et de leur innocente simplicité; c'est ce qui sanctifie leur mort, quoique les prêtres, qui seroient peu instruits de ces sentimens, ne les leur inspirent pas. La vertu de Jésus-Christ n'est bornée ni aux sacremens, ni aux ministres, ni à la connoissance de ceux qui y sont intéressés : il nous fait du bien sans nous le dire, parce qu'étant le Verbe et la parole du Père, il nous le dira pour nous charmer durant toute l'éternité. Cependant il n'est pas moins vrai que ces grands priviléges d'amour se communiquent aux ames, avec des effusions beaucoup plus riches et plus abondantes, à qui une union plus étroite d'esprit et de sentiment y donne plus de droit. Ce lien, qui est aussi un canal de communication, à mesure qu'il sera fort et qu'il sera grand, portera du cœur de Jésus-Christ dans l'ame fidèle des gouttes, des ruisseaux, des torrens, des fleuves entiers de grace et de miséricorde.

L'autre instruction est qu'au lieu d'embarrasser, par un zèle mal entendu, les ames agonisantes de mille actes confus au hasard de l'imagination, il faut les faire entrer doucement, de temps en temps, dans la vue de ce que Jésus-Christ leur est et de ce qu'elles lui sont; leur insinuer par cette vue une entière confiance en lui et en ce qu'il a fait pour elles; le leur faire voir agonisant avec elles, et se chargeant de leurs intérêts et de leurs obligations; exciter en elles le désir d'union et de société avec lui, dans toutes les dispositions de son agonie et de sa mort : et si on leur fait produire des actes de contrition, de soumission, de confiance, d'amour, qu'on ne les sépare jamais de Jésus-Christ dans ces actes; mais qu'on leur dise, par exemple : Le cœur sacré de Jésus-Christ a été rempli dans sa passion de la douleur de vos péchés; il faut participer à cette douleur, il faut s'y unir et la demander, l'offrir en supplément de la foiblesse de la vôtre; et pour l'exciter dans leur cœur, faire pour eux en peu de paroles des actes qui en expriment tout le sentiment. Mais animez, leur doit-on dire, un acte formé sur ce modèle par la soumission de Jésus-Christ, qui en acceptant et offrant sa mort, a accepté la vôtre et l'a offerte à son Père : il lui a remis entre les mains votre vie, en lui remettant la sienne; il l'a fait en votre nom et en acquit de votre obligation. Il faut donc dire avec lui, et avoir intention de le dire dans tous les sentimens dans lesquels il l'a dit : *In manus tuas, Domine, commendo spiritum meum*[1].

C'est ainsi qu'il faut rendre conforme, autant qu'on peut, l'agonie des ames chrétiennes à celle du Fils de Dieu leur unique exemplaire, leur chef et leur espérance. Il n'y a presque autre chose à faire, si l'on suppose des ames qui aient fait pendant leur vie une attention principale et souveraine à leur salut : car pour celles qui ont besoin qu'on s'applique alors à l'essentiel, à étonner leur insensibilité, à développer les replis corrompus de leur conscience, à réconcilier, à restituer, à réparer des scandales, il faudroit tenir un autre langage : mais ce ne sont pas de pareilles ames que nous avons ici en vue.

Enfin la troisième instruction qui regarde la dévotion à l'agonie de Jésus-Christ, c'est qu'il faut adorer tous les mouvemens de son divin cœur en cet état, s'y consacrer, en implorer la puissance et la vertu, s'y unir de toute son ame par avance pour ces

[1] *Luc.*, XXIII, 46.

momens-là ; et comme ces mouvemens du sacré cœur de Jésus-Christ sont renfermés et exprimés prophétiquement, pour la plupart, en mêmes termes qu'il les exprima sur la croix, dans les Psaumes XXI et XXX, ce doit être l'application de l'ame de les prononcer souvent de cœur et de bouche, parce que le Sauveur l'a fait, d'en prononcer au moins les principaux versets.

La dévotion à l'agonie du Fils de Dieu doit aussi appliquer l'ame singulièrement à cette grande et importante parole, qui fut la dernière qu'il proféra : *Consummatum est*[1]. Cette parole est comme le sceau du Nouveau Testament et de la nouvelle alliance ; mais sans entrer dans tous les sens dans lesquels on la peut entendre, en voici un de pratique et qui est très-propre à notre salut et à notre sujet.

Il n'y a rien de plus grand dans l'univers que Jésus-Christ ; il n'y a rien de plus grand dans Jésus-Christ que son sacrifice ; et il n'y a rien de plus grand dans son sacrifice que son dernier soupir, et que le moment précieux qui sépara son ame très-sainte de son corps adorable. Ce fut dans cet instant fatal à l'enfer et infiniment favorable à l'Eglise, que toute la vieille loi étant finie et toutes les promesses du Testament étant confirmées, ce qui ne se pouvoit accomplir que par l'achèvement du sacrifice du Médiateur, tous les anciens sacrifices des animaux perdirent alors leur vertu ; tous les enfans des promesses prirent alors leurs places avec le Sauveur ; et devenant des victimes, leur mort, qui n'auroit pu être jusque-là qu'une peine du péché, fut changée dans celle de Jésus-Christ en nature de sacrifice.

« Tout est consommé, » nous crie-t-il ; et les digues de mon cœur étant levées, mon amour va répandre sans bornes dans tout l'univers la vertu de mon sacrifice. « Tout est consommé : » et la mort de mes membres mystiques étant unie à la mienne, ne sera désormais que l'accomplissement de mes promesses et de mes desseins sur eux. « Tout est consommé : » et la consommation de leur vie, dans leur dernier moment, doit recevoir de ma mort la vertu d'être un sacrifice parfait, qui rende hommage à toutes les perfections de la Divinité. C'est dans ce sens que l'Apôtre la com-

[1] *Joan.*, XIX, 30.

prit, quand il dit aux Hébreux, que le Sauveur, « par une seule oblation, a consommé pour toujours ceux qu'il a sanctifiés [1], » c'est-à-dire que la mort des vrais chrétiens, consacrés dans le baptême pour être des victimes, est devenue dans celle de Jésus-Christ un sacrifice parfait et que de son oblation et de la leur il ne s'en est fait qu'une seule oblation.

Voilà le terme de la grace des sacremens et de toute la religion. C'est donc là que toutes les agonies se terminent : c'est ce grand sacrifice qui en est le préparatif, et si on l'ose dire le pompeux appareil. Jésus-Christ en est le souverain Prêtre; n'y envisageons rien de naturel; et un des grands emplois de sa sacrificature, jusqu'à la fin des siècles, sera de renouveler et de perpétuer son sacrifice, non-seulement dans le mystère de la divine Eucharistie, mais encore dans la mort de tous les vrais fidèles.

C'est dans cet esprit qu'il faut recevoir le saint viatique. Le grand Pontife de la loi nouvelle se transporte pour cela dans son temple, c'est-à-dire dans le corps et l'ame du chrétien; il y offre premièrement le sacrifice de lui-même, y étant en état de victime par le sacrement et y représentant cette destruction, qui se fit sur le Calvaire, de sa vie naturelle. Il exerça alors singulièrement auprès de son Père le grand emploi de sa médiation, y traitant avec lui de tous les intérêts éternels de ses élus; et tout cela se fait dans l'ame et le corps du fidèle même : et celui qui est le temple du sacerdoce de Jésus-Christ pour ces augustes usages et ces divines fonctions de son sacerdoce, devient aussi prêtre et victime avec lui.

C'est en dernier ressort que le Pontife souverain prend possession de la victime dans ce sacrement; qu'il consacre sa mort, qu'il devient lui-même le sceau, qui est la marque du caractère de victime; et qu'usant de ses droits sur une vie qui lui appartient, il se sert de la maladie comme du couteau et du glaive avec lequel il égorge et immole cette hostie. Ainsi le chrétien s'unissant alors, non-seulement au corps adorable de Jésus-Christ dans son sacrement, mais encore à son esprit et à son cœur; entrant par soumission et par adhérence dans tous ses desseins; voulant disposer

[1] *Hebr.*, X, 14.

de son être et de sa vie, comme le grand sacrificateur en dispose, devient prêtre avec lui dans sa mort; et achève dans ce dernier moment ce sacrifice auquel il avoit été consacré au baptême, et qu'il a dû continuer tous les momens de sa vie.

C'est ainsi que la vérité de ces paroles : *Consummatum est*, s'accomplit dans les membres comme en Jésus-Christ leur chef.

L'extrême-onction contribue encore à la perfection de ce sacrifice; et c'étoit l'ancien usage de l'Eglise de la donner avant le saint viatique à ceux qui avoient perdu par des crimes l'innocence de leur baptême, et avoient été assujettis à la pénitence canonique. Car quoiqu'on supposât que le sacrement de la réconciliation leur avoit rendu la grace, l'on savoit cependant que les crimes laissent ordinairement dans l'ame de certains vestiges, de certains déréglemens qui sont des impuretés ou des taches. Or il faut à Dieu, qui est infiniment pur, des victimes pures et sans défaut. Ce sacrement et la grace qu'il communique, étoit en partie pour rendre la victime pure : c'est pourquoi il précédoit le saint viatique, afin que le grand Prêtre trouvant la victime en état d'être sacrifiée, pût la présenter toute pure à son Père par l'oblation, avant que de l'immoler par la mort.

Mais quoique l'on donne ce sacrement après l'Eucharistie, l'on doit toujours le donner dans ce sentiment; y avoir en vue l'infinie pureté de Dieu; et aspirer à cette grace de pureté dont le caractère est d'ôter de la victime les impuretés et les taches, qui rendent sa vie moins propre et moins digne d'être immolée à un Dieu si pur et si saint.

Une compagnie de fidèles qui assistent à la réception de ces sacremens et à l'agonie d'une ame, un prêtre qui tient lieu de Jésus-Christ comme son ministre, ne doivent-ils pas détourner leur esprit de tout ce qui frappe les sens, pour ne se remplir que de l'idée d'un sacrifice où celui du Sauveur va se renouveler, et auquel ils doivent concourir chacun en leur manière? Dieu nous fasse la grace d'entrer dans ces vérités, et d'en être remplis à la mort. *Amen.*

PRIÈRE.

En union et hommage des trois heures de vos extrêmes langueurs, et des douleurs de la séparation de votre ame très-sainte d'avec votre corps adorable, ô Jésus, je vous consacre ma dernière agonie et les douleurs de ma mort. Faites, mon cher Sauveur, que mon ame soit entre vos mains toute couverte de vos infinis mérites et de votre précieux sang ; que mon dernier instant honore le vôtre, et que le dernier mouvement de mon cœur soit un acte de votre très-saint et très-pur amour. Je réitère de tout mon cœur la protestation que j'ai faite tant de fois, que je déteste tous mes péchés et tout ce qui vous déplaît ; que je vous aime par-dessus toutes choses ; que je vous rends graces de tous vos infinis bienfaits ; que je veux être à jamais uni à vous, et que je mets en vous seul et par vous en votre Père toute ma confiance, et que j'espère mon salut de son éternelle miséricorde par vos souffrances et par votre mort. O Jésus, victime sacrée, seule digne de Dieu, daignez nous joindre et nous unir à votre sacrifice.

O Jésus, vous êtes le refuge et le salut des pécheurs ; soyez le mien et dites à mon ame : Je suis ton salut. Mettez votre croix, votre mort et votre passion entre nous et vos divins jugemens, afin de nous faire grace et miséricorde. O divine Marie, ouvrez-nous votre sein maternel ; recevez-nous en votre protection toute-puissante : mettez-nous dans le cœur adorable de Jésus-Christ votre Fils. O grand saint Joseph, saint Michel, saint Gabriel, saint Raphaël, tous les anges et saints, intercédez pour nous, maintenant et à l'heure de notre mort. *Amen.*

PRIÈRE

POUR UNIR NOS SOUFFRANCES

A CELLES DE JÉSUS-CHRIST.

Mon Dieu, je m'unis de tout mon cœur à votre saint Fils Jésus, qui dans la sueur de son agonie vous a présenté la prière de tous ses membres infirmes. O Dieu, vous l'avez livré à la tristesse, à l'ennui, à la frayeur ; et le calice que vous lui avez donné à boire étoit si amer et si plein d'horreur, qu'il vous pria de le détourner de lui. En union avec sa sainte ame, je vous le dis, ô mon Dieu et mon Père : « détournez de moi ce calice horrible; toutefois que votre volonté soit faite, et non pas la mienne[1]. » Je mêle ce calice avec celui que votre Fils notre Sauveur a avalé par votre ordre. Il ne me falloit pas un moindre remède, ô mon Dieu : je le reçois de votre main avec une ferme foi que vous l'avez préparé pour mon salut, et pour me rendre semblable à Jésus-Christ mon Sauveur. Mais, ô Seigneur, qui avez promis de ne nous mettre pas à des épreuves qui passent nos forces, vous êtes fidèle et véritable : je crois en votre parole; et je vous prie par votre Fils de me donner de la force, ou d'épargner ma foiblesse.

Jésus mon Sauveur, nom de miséricorde et de grace, je m'unis à la sainte prière du jardin, à vos sueurs, à votre agonie, à votre accablante tristesse, à l'agitation effroyable de votre sainte ame, aux ennuis auxquels vous avez été livré, à la pesanteur de vos immenses douleurs, à votre délaissement, à votre abandon, au spectacle affreux qui vous fit voir la justice de votre Père armée contre vous, aux combats que vous avez livrés aux démons dans ce temps de vos délaissemens et à la victoire que vous avez remportée sur ces noirs et malicieux ennemis, à votre anéantissement et aux profondeurs de vos humiliations, qui font fléchir le genou devant vous à toutes créatures, dans le ciel, dans la terre et dans les enfers : en un mot, je m'unis à votre croix et à tout ce que vous choisissez pour crucifier l'homme. Ayez pitié de tous les pécheurs, et de moi qui suis la première de tous : consolez-moi, convertissez-moi, anéantissez-moi, rendez-moi digne de porter votre livrée. *Amen.*

[1] *Luc.*, xx, 42.

PRÉPARATION A LA MORT.

PREMIÈRE PRIÈRE.

Le coupable attend son supplice, et adore la puissance qui le punit.

« Seigneur, vous n'avez pas fait la mort[1] : » elle n'étoit pas au commencement, et « elle n'est entrée dans le monde qu'en punition du péché[2]. Vous avez créé l'homme immortel[3] ; » et s'il fût demeuré obéissant, la mort eût été pour lui un mal inconnu : mais c'étoit le moindre de nos malheurs. L'ame mortellement blessée par le péché, par la mort temporelle nous précipitoit dans l'éternelle, et l'enfer étoit notre partage.

O Dieu, voici la merveille de votre grace. La mort n'est plus mort, après que Jésus-Christ l'a soufferte pour nos péchés et pour les péchés du monde. Elle n'est plus qu'un passage à l'immortalité ; et notre supplice nous a tourné en remède, puisqu'en portant avec foi et avec soumission la mort à laquelle nous avons été justement condamnés, nous l'évitons à jamais.

Voici donc, Seigneur, votre coupable qui vient porter la mort à laquelle vous l'avez condamné : enfant d'Adam, pécheur et mortel, je viens humblement subir l'exécution de votre juste sentence. Mon Dieu, je le reconnois, j'ai mangé le fruit défendu, dont vous aviez prononcé qu'au jour que je le mangerois, je mourrois de mort. Je l'ai mangé, Seigneur, ce fruit défendu, non-seulement une fois en Adam, mais encore toutes les fois que j'ai préféré ma volonté à la vôtre. Je viens donc subir ma sentence ; je viens recevoir la mort que j'ai méritée. Frappez, Seigneur ; votre criminel se soumet. J'adore votre souveraine puissance dans l'exécution de cette sentence, dont nul n'a jamais pu éviter l'effet, ni même le reculer d'un moment. Il faut mourir, vous l'avez dit, le riche comme le pauvre, le roi comme le sujet. C'est ce coup inévitable

---

[1] *Sapient.*, I, 13. — [2] *Rom.*, V, 12. — [3] *Sapient.*, II, 23.

de votre main souveraine qui égale toutes les conditions, tous les âges, tous les états et la vie la plus longue avec la plus courte, parce qu'il ne sert de rien d'écrire beaucoup, si en un moment et par une seule rature tout est effacé.

J'adore donc, ô mon Dieu, ce coup tout-puissant de votre main souveraine; j'entre dans la voie de toute chair. Il falloit à notre orgueil et à notre mollesse ce dernier coup pour nous confondre. Les vanités nous auroient trop aisément enivrés, si la mort ne se fût toujours présentée en face; si de quelque côté qu'on se peut tourner, on ne voyoit toujours devant soi ce dernier moment, lequel lorsqu'il est venu, tout le reste de notre vie est convaincu d'illusion et d'erreur. O Seigneur, je vous rends graces de ce secours que vous laissez à notre foiblesse, de cette humiliation que vous envoyez à notre orgueil, de cette mort que vous donnez à nos sens. O Seigneur, la vie de nos sens et de notre vanité seroit trop vive, si vous ne la mortifiiez par la vue continuelle de la mort. Taisons-nous, mortels malheureux ; il n'y a plus de réplique : il faut céder ; il faut malgré qu'on en ait mépriser ce squelette, de quelques parures qu'on le revêtisse. La mort en montre le fond à tous les hommes, même à ceux qui y sont le plus attachés. Que toute chair demeure atterrée et anéantie! O Dieu, j'adore ce bras souverain, qui détruit tout par un seul coup. O mort, tu m'ouvres les yeux, afin que je voie mes vanités. Ainsi, ô mort, tu m'es un remède contre toi-même. Il est vrai, tu ôtes tout à mes sens; mais en même temps tu me désabuses de tous les faux biens que tu m'ôtes. O mort, tu n'es donc plus mort que pour ceux qui veulent être trompés. O mort, tu m'es un remède : tu envoies tes avant-coureurs, les infirmités, les douleurs, les maladies de toutes les sortes, afin de rompre peu à peu les liens qui me plaisent trop, quoiqu'ils m'accablent. O mort, Jésus-Christ crucifié t'a donné cette vertu. O mort, tu n'es plus ma mort : tu es le commencement de ma délivrance.

IIe PRIÈRE.

Le chrétien attend sa délivrance et adore son Libérateur.

O Seigneur, nous avions fait un traité avec la mort et un pacte avec l'enfer : nous nous y étions vendus et livrés; et vous avez dit : « Je poserai en Sion une pierre fondamentale, une pierre précieuse et choisie, la pierre de l'angle fondée sur un fondement inébranlable. Que celui qui croit » en celui qui est figuré par cette pierre, « ne se presse pas » d'exécuter le traité qu'il a fait avec la mort et avec l'enfer. « Car le traité que vous avez fait avec la mort sera effacé, et le pacte que vous avez fait avec l'enfer ne tiendra pas [1]. » Et voici comme ce pacte a été rompu. Le Juste, le Saint des saints, celui que Dieu a sacré par une onction qui est au-dessus de tout et par la Divinité même, s'est livré volontairement à la mort : il s'est soumis à la puissance des ténèbres, et en même temps le traité de notre servitude a été annulé. Jésus-Christ l'a mis en croix et l'a effacé par son sang. Il est entré dans le tombeau, il est descendu jusqu'aux enfers ; et au lieu d'y demeurer assujetti, il y a chanté ce cantique que David, son père selon la chair, avoit composé pour lui : « J'avois toujours le Seigneur en vue; je le voyois à ma droite jusque dans les ombres de la mort, » jusque dans les tristes prisons dont j'ai été délivrer les ames qui y attendoient ma venue. « C'est pour cela que mon cœur étoit plein de joie et que mon corps même s'est reposé en espérance parce que vous ne laisserez pas mon ame dans l'enfer, et vous ne permettrez pas que votre Saint éprouve la corruption. Vous m'avez montré le chemin de la vie [2] : » j'y retournerai victorieux de la mort.

Je le crois ainsi, mon Sauveur. David, qui a composé ce divin cantique, ne l'a pas composé pour lui, puisque sa chair a été corrompue comme celle de tous les autres hommes [3] : mais il a vu en esprit la vôtre qui sortoit de lui, et qui est demeurée incorruptible. Il est ainsi, je le crois; il est ainsi. Vous êtes ressuscité le troisième jour; et votre résurrection manifestée à toute la terre par le témoignage de vos saints apôtres, suivie de tant de miracles, a été le signal donné aux Gentils et aux Juifs que vous aviez choisis pour se rassembler sous l'invocation de votre nom : il est ainsi, je le crois.

Mais je crois encore que vous n'avez pas surmonté la mort pour vous seul : vous l'avez surmontée pour nous, qui croyons en vous.

[1] *Isa.*, XXVIII, 15. 16, 18. — [2] *Psal.* XV, 8-10; *Act.*, II, 29-31. — [3] *Act.* II, 29.

Nous n'aurons pas, à la vérité, votre privilége, de ne pas trouver la corruption dans le tombeau : car il faut que notre chair, qui est une chair de péché, soit dissoute et poussée jusqu'à la dernière séparation de ses parties. Mais notre corps sera mis en terre comme un germe qui se reproduira lui-même : « Il est mis en terre dans la corruption ; il sera reproduit incorruptible : il est mis en terre difforme et défiguré ; il sera reproduit et ressuscitera glorieux : il est mis en terre sans force et sans mouvement ; il en sortira plein de vie et de vigueur : il est mis en terre comme on y mettroit le corps d'un animal ; mais il ressuscitera comme un corps spirituel [1], » et ne laissera à la terre que la mort, la corruption, l'infirmité et la vieillesse.

Je vous adore, ô Jésus mon libérateur ; je vous adore, ô Jésus ressuscité pour vous-même et pour tous vos membres que vous avez remplis de votre esprit, qui est l'esprit de vie éternelle. Vous avez enduré la mort, « afin que la mort fût vaincue, Satan désarmé, son empire abattu, et afin d'affranchir ceux que la crainte de la mort tenoit dans une éternelle servitude [2]. Vous serez vraiment libres, quand le Fils vous aura délivrés [3]. » Je le crois, Seigneur, il est ainsi. Mon unique libérateur, je vous adore : il faut que je meure comme vous, afin que je vive comme vous. « Je sais que mon Rédempteur est vivant, et au dernier jour je ressusciterai de la poussière, et je serai de nouveau environné de ma peau, et je verrai mon Dieu dans ma chair. Je le verrai moi-même de mes yeux ; ce sera moi, et non pas un autre. Je conserverai cette espérance dans mon sein [4] : » je la porterai jusqu'au milieu des ombres de la mort. « Qui me donnera que ce discours soit écrit comme avec le fer et le diamant sur le rocher [5] ; » que le caractère en soit immortel et gravé éternellement dans mon cœur, dans un cœur affermi dans la foi ?

Ce sera vous, ô Seigneur, ce sera vous qui mettrez votre main sur moi, et qui me direz comme vous dîtes à votre disciple bien-aimé : « Ne crains point ; je suis le premier et le dernier, je suis vivant, et j'ai été mort, et je vis aux siècles des siècles, et j'ai en

---

[1] I *Cor.*, XV, 42-44. — [2] *Hebr.*, II, 14, 15. — [3] *Joan.*, VIII, 36. — [4] *Job*, XIX, 25-28. — [5] *Ibid.*, 24.

ma main les clefs de la mort et de l'enfer[1]. » Tout le monde entendra ma voix ; « et tous ceux qui sont dans les tombeaux, entendront la voix du Fils de Dieu : et ceux qui auront bien fait, ressusciteront pour la vie ; et ceux qui auront mal fait, ressusciteront pour le jugement[2]. »

IIIe PRIÈRE.

Le chrétien s'abandonne à la confiance.

O mon Dieu, cette dernière parole me rejette dans de plus grandes frayeurs qu'auparavant : car elle m'annonce qu'il faudra comparoître devant votre tribunal redoutable. Et comment oserai-je y comparoître avec tant de péchés? Mais quoi, est-ce donc en vain que vous avez dit : « Qui espère en moi ne sera pas confondu[3]? » Et encore : « Si Dieu est pour nous, qui sera contre nous? Celui qui n'a pas épargné son propre Fils, mais qui l'a livré pour nous à la mort, quels biens ne nous a-t-il pas donnés avec lui? Qui osera accuser les élus de Dieu? c'est Dieu même qui les justifie. Qui les condamnera? c'est Jésus-Christ, qui est mort, mais qui est ressuscité, qui est à la droite de son Père, qui ne cesse d'intercéder pour nous[4]. » Et encore : « Je vis en la foi du Fils de Dieu qui m'a aimé, qui s'est livré pour moi[5], qui a porté nos péchés dans son propre corps sur le bois de la croix ; et nous avons été guéris par ses blessures[6]. » Je n'ai donc point à craindre mes péchés, qui sont effacés au moment que je m'abandonne à la confiance. Je n'ai à craindre que de craindre trop : je n'ai à craindre que de ne me pas assez abandonner à Dieu par Jésus-Christ. O mon Dieu, ma miséricorde, ô mon Dieu, je m'abandonne à vous : je mets la croix de votre Fils entre mes péchés et votre justice.

Mon Sauveur, vous avez deux titres pour posséder l'héritage de Dieu votre Père : vous avez le titre de votre naissance, vous avez celui de vos travaux. Le royaume vous appartient comme étant le Fils, et il vous appartient encore en qualité de conquérant. Vous avez retenu pour vous le premier titre, et vous m'avez abandonné

---

[1] *Apoc.*, I, 17, 18. — [2] *Joan.*, V, 28, 29. — [3] *Eccli.*, II, 11. — [4] *Rom.*, VIII, 31-34. — [5] *Gal.*, II, 20. — [6] I *Petr.*, II, 24.

le second. Je le prends, je m'en saisis avec foi. Mon ame, il faut espérer en Dieu. « Mon ame, pourquoi es-tu triste, et pourquoi me troubles-tu ? » Pourquoi me troubles-tu, encore une fois ? « Espère en lui, » mon ame, et dis-lui de toutes tes forces : « O mon Dieu, vous êtes mon salut [1]. » Mon ame, tu n'as rien à craindre que de ne pas crier assez haut.

IVe PRIÈRE.

A la vue de la mort, le chrétien renouvelle les actes de foi, d'espérance et de charité.

Le temps approche, Seigneur, que les ténèbres seront dissipées et que la foi se changera en claire vue; le temps approche où je chanterai avec le Psalmiste : O Seigneur, « nous avons vu ce que nous avons ouï [2]. » O Seigneur, tout nous paroît comme il nous avoit été prêché. Je n'ai plus qu'un moment; et dans un instant je verrai à découvert toutes vos merveilles, toute la beauté de votre face, la sainteté qui est en vous, votre vérité tout entière. « Mon Sauveur, je crois ; aidez mon incrédulité [3], » et soutenez ma foiblesse. O Dieu, je le reconnois, je n'ai rien à espérer de moi-même : mais vous avez commandé d'aller « en espérance contre l'espérance [4]. » Ainsi en espérance contre l'espérance, je crois avec Abraham. Tout tombe; cet édifice mortel s'en va par pièces. Mais « si cette maison de terre se renverse et tombe sur ses propres ruines, j'ai une maison céleste [5], » où vous me promettez de me recevoir. O Seigneur, j'y cours, j'y vole, j'y suis déjà transporté par la meilleure partie de moi-même. « Je me réjouis d'entendre dire que j'irai dans la maison du Seigneur. Je suis à ta porte, ô Jérusalem; me voilà debout; mes pieds sont en mouvement [6], » et tout mon corps s'élance pour y entrer.

Quand vous verrai-je, ô le bien unique, quand vous verrai-je? Quand jouirai-je de votre face désirable, ô vérité, ô vraie lumière, ô bien, ô source du bien, ô tout le bien, ô le tout parfait, ô le seul parfait, ô vous qui êtes seul, qui êtes tout, en qui

---

[1] *Psal.* XLI, 6, 12, 13. — [2] *Psal.* XLVII, 9. — [3] *Marc.*, IX, 23. — [4] *Rom.*, IV, 18. — [5] II *Cor.*, V, 1. — [6] *Psal.* CXXI, 1.

je serai, qui serez en moi, qui serez tout à tous, avec qui je vais être « un seul esprit [1] ? » Mon Dieu, je vous aime : mon Dieu, ma vie et « ma force, je vous aime, je vous aimerai [2] ; » je verrai vos merveilles. Enivré de votre beauté et de vos délices, je chanterai vos louanges. Tout le reste est passé, tout s'en va autour de moi comme une fumée ; mais je m'en vais où tout est. Dieu puissant, Dieu éternel, Dieu heureux, je me réjouis de votre puissance, de votre éternité, de votre bonheur. Quand vous verrai-je, ô principe qui n'avez point de principe ? Quand verrai-je sortir de votre sein votre Fils, qui vous est égal ? Quand verrai-je votre Saint-Esprit procéder de votre union, terminer votre fécondité, consommer votre éternelle action ? Tais-toi, mon ame, ne parle plus. Pourquoi bégayer encore quand la vérité te va parler ?

Mon Sauveur, en écoutant vos saintes paroles j'ai tant désiré de vous voir et de vous entendre vous-même : l'heure est venue ; je vous verrai dans un moment : je vous verrai comme juge, il est vrai ; mais vous me serez un juge sauveur. Vous me jugerez selon vos miséricordes, parce que je mets en vous toute mon espérance et que je m'abandonne à vous sans réserve. Sainte cité de Jérusalem, mes nouveaux citoyens, mes nouveaux frères ; ou plutôt mes anciens citoyens, mes anciens frères, je vous salue en foi. Bientôt, bientôt, dans un moment, je serai en état de vous embrasser : recevez-moi dans votre unité. Adieu, mes frères mortels ; adieu, sainte Eglise catholique. Vous m'avez porté dans vos entrailles, vous m'avez nourri de votre lait : achevez de me purifier par vos sacrifices, puisque je meurs dans votre unité et dans votre foi. Mais, ô Eglise, point d'adieu pour vous : je vais vous trouver dans le ciel dans la plus belle partie de vous-même. Ah ! je vais voir votre source et votre terme, les prophètes et les apôtres vos fondemens, les martyrs vos victimes, les vierges votre fleur, les confesseurs votre ornement, tous les saints vos intercesseurs. Eglise, je ferme les yeux : je vous dis adieu sur la terre ; je vous trouverai dans le ciel.

[1] I *Cor.*, vi, 17. — [2] *Psal.* xvii, 1.

Vᵉ PRIÈRE.

Le chrétien fait sa dernière confession pour mourir.

« O Dieu, je vous découvre mes péchés, et je ne vous cache point mes injustices. J'ai dit : Seigneur, je confesserai mon injustice contre moi-même, et vous avez remis mon iniquité [1]. » J'ai dit : Je confesserai ; et vous avez déjà remis. Je l'ai dit avec tant de foi et une si vive ardeur, avec tant de contrition et tant d'espérance, que la rémission a prévenu la confession. Mais comment sais-je si je l'ai dit de cette sorte ? Je n'ai pas besoin de le savoir, je ne veux pas le savoir ; ce n'en est pas ici le temps. Mais vous, Seigneur, qui savez ce qu'il faut faire pour le bien dire, donnez ce que vous commandez, et commandez ce qu'il vous plaira. Je vous le demande par vous-même, par votre bonté, par Jésus-Christ, par sa mort, par tous ses mystères. Je vous donne ma volonté, qui est à vous par tant de titres : faites en moi ce qu'il faut qui y soit pour vous plaire. Pour moi je ne puis vous prêter qu'un foible effort, qui encore vient de vous. J'ai dit : Je confesserai. Votre ministre m'ordonnera-t-il de repasser sur les péchés de ma vie passée, j'ai dit : Je confesserai. Me défendra-t-il de me troubler par cette vue effroyable, j'ai dit : Je confesserai de ma vie passée ce qu'il voudra que je confesse. Vous lui avez ordonné de me lier et de me délier, de pardonner, de retenir. Il a vos clefs en sa main ; et c'est à lui à y soumettre ce qu'il trouvera à propos : et vous lui avez donné votre Saint-Esprit ; Esprit de discernement qui sonde le fond des cœurs pour exercer cette fonction : « Recevez le Saint-Esprit [2], » avez-vous dit, grand Pontife. C'est vous qui me gouvernez, qui me purifiez par son ministère. Mon Sauveur, je me réjouis de ce que le péché va finir en moi. Je vous ai tant offensé, bon Père, bon Juge, bon Sauveur ; pardon. Mais les péchés vont finir : la mort ne sera pas la fin de ma vie ; elle le sera de mon péché. O mort, que je t'aime par cet endroit là ! Remettez tout, Seigneur, par votre bonté ; et retirez-moi promptement, de peur que je ne pèche de nouveau.

[1] *Psal.* XXXI, 5. — [2] *Joan.*, XX, 22.

VIᵉ PRIÈRE.

Le chrétien reçoit le Viatique.

« Je suis la résurrection et la vie : celui qui croit en moi, encore qu'il soit mort, il vivra ; et tout homme qui vit et qui croit en moi, ne mourra point à jamais. Le croyez-vous ainsi [1] ? » O chrétien, je ne te dis plus rien ; c'est Jésus-Christ qui te parle en la personne de Marthe : réponds avec elle : « Oui, Seigneur, je crois que vous êtes le Christ, Fils du Dieu vivant, qui êtes venu en ce monde [2]. » Ajoute avec saint Paul : « Afin de sauver les pécheurs, desquels je suis le premier [3]. »

Crois donc, ame chrétienne, adore, espère, aime. O Jésus, ôtez les voiles et que je vous voie. O Jésus, parlez dans mon cœur, et faites que je vous écoute. Parlez, parlez, parlez ; il n'y a plus qu'un moment, parlez. Donnez-moi des larmes pour vous répondre : frappez la pierre ; et que les eaux d'un amour plein d'espérance, pénétré de reconnoissance, vraiment pénitent, coulent jusqu'à terre.

VIIᵉ PRIÈRE.

Le chrétien demande et reçoit l'Extrême-Onction.

Venez, prêtres du Seigneur, venez soutenir mon infirmité de votre huile adoucissante, purifiante et confortative. Hélas ! j'ai désiré d'un grand désir de recevoir ce soutien de vos saintes mains. Je me souviens des prières avec lesquelles on a consacré cette huile sainte le jeudi saint, avec un si grand concours de saints ministres et une si grande attention de tout le peuple. Voici le temps de la lutte : Église sainte, oignez vos athlètes, afin que le démon soit vaincu. O saints prêtres, j'entends votre sainte voix qui m'annonce la promesse du Saint-Esprit, écrite par l'apôtre saint Jacques : « Le Seigneur soulagera le malade ; et s'il est en péché, il lui sera remis [4]. » Voix de consolation et d'espérance ! Effacez, Seigneur, tous mes péchés ; effacez, déracinez : purifiez tous mes sens, afin que je vous sois présenté comme « une oblation sainte [5], » et digne de vous.

---

[1] *Joan.*, XI, 25, 26. — [2] *Ibid.*, 27. — [3] I *Timoth.*, 1, 15. — [4] *Jacob.*, V, 15. — [5] *Rom.*, XII, 1.

VIIIᵉ PRIÈRE.

Le chrétien expire en paix en s'unissant à l'agonie du Sauveur.

Mon Sauveur, je cours à vos pieds dans le sacré jardin : je me prosterne avec vous la face contre terre : je m'approche autant que je puis de votre saint corps, pour recueillir sur le mien les grumeaux de sang qui découlent de toutes vos veines. Je prends à deux mains le calice que votre Père m'envoie. Vous n'aviez pas besoin d'un ange pour vous consoler dans votre agonie [1] : c'est pour moi qu'il vient à vous. Venez, ange saint; venez, aimable consolateur de Jésus-Christ souffrant et agonisant dans ses membres ; venez. Fuyez, troupes infernales; ne voyez-vous pas ce saint ange, la croix de Jésus-Christ en main? Ah! mon Sauveur, je le dirai avec vous : « Tout est consommé [2]. Amen, amen; » tout est fait. « Je remets mon esprit entre vos mains [3]. » Mon ame, commençons l'*Amen* éternel, l'*Alleluia* éternel, qui sera la joie et le cantique des bienheureux dans l'éternité.

« Je chanterai éternellement les miséricordes du Seigneur : » *Misericordias Domini in æternum cantabo* [4].

Amen, alleluia.

O moment heureux, où nous sortirons des ombres et des énigmes pour voir la vérité manifestée! Courons-y avec ardeur. Hâtons-nous de purifier notre cœur, afin de voir Dieu selon la promesse de l'Evangile. Ç'a été le temps du voyage : « Là finissent les gémissemens [5]; » là s'achèvent les travaux de la foi, quand elle va pour ainsi dire enfanter la claire vue. Heureux moment, encore une fois! Qui ne le désire pas, n'est pas chrétien.

---

[1] *Luc.*, XXII, 43. — [2] *Joan.*, XIX, 30. — [3] *Luc.*, XXIII, 46. — [4] *Psal.* LXXXVIII, 1. — [5] *Apoc.*, XXI, 4.

COURTES PRIÈRES

QUE L'ON PEUT FAIRE RÉITÉRER SOUVENT A UN MALADE, AUX APPROCHES DE LA MORT.

CONTRE LES TERREURS DE LA MORT.

« Je suis la résurrection et la vie. Celui qui croit en moi, quand il seroit mort, il vivra; et celui qui vit et croit en moi, ne mourra point à jamais. Celui qui croit en moi ne connoîtra point la mort [1]. »

O Jésus, soyez ma vie et ma résurrection, selon votre parole.

Je me soumets, ô Dieu, ô juste Juge, à la sentence de mort que vous avez donnée contre moi à cause de mon péché. « O mort, je serai ta mort, » dit le Fils de Dieu. « O mort, où est ta victoire? où est ton aiguillon [2] ? » où sont tes armes? Mon Seigneur t'a désarmée.

CONTRE LES TERREURS DE LA CONSCIENCE.

Mon Dieu, ayez pitié de moi, pauvre pécheresse. Mon Dieu, « j'ai péché contre le ciel et contre vous; je ne suis pas digne d'être appelée votre fille : traitez-moi comme le moindre de vos serviteurs [3]. »

« Qui accusera les élus de Dieu.? c'est Dieu qui les justifie. Qui les condamnera? c'est Jésus-Christ, qui est mort, qui est aussi ressuscité, qui est à la droite de son Père et qui intercède pour moi. Qui donc me séparera de la vérité et de la charité de Jésus-Christ [4] ? » Qui me privera de son amour? Qui m'empêchera de l'aimer?

« Celui à qui on remet davantage, aime davantage [5]. »

In te, Domine, speravi; non confundar in æternum. In manus tuas, Domine, commendo spiritum meum. Redemisti me, Domine Deus veritatis [6].

« Où le péché a abondé, la grace surabonde [7]. »

---

[1] *Joan.*, XI, 25, 26; VIII, 51, 52. — [2] *Osee*, XIII, 14; I *Cor.*, XV, 55. — [3] *Luc.*, XV, 18, 19. — [4] *Rom.*, VIII, 33-35. — [5] *Luc.*, VII, 47. — [6] *Psal.* XXX, 2, 6. — [7] *Rom.*, V, 20.

DANS LES GRANDES DOULEURS.

« Je suis attaché à la croix avec Jésus-Christ ; et je vis, non pas moi, mais Jésus-Christ en moi. Je vis en la foi du Fils de Dieu, qui m'a aimé et qui s'est livré à la mort pour moi [1]. »

Que « je porte, » mon Dieu, « sur mon corps l'impression de la mort de Jésus, afin que la vie de Jésus se développe sur moi [2]. O mon Père, si vous le voulez, vous pouvez détourner de moi ce calice ; mais, ô mon Dieu, votre volonté soit faite, et non pas la mienne [3]. »

Mon Dieu, donnez-moi la patience. Vous nous avez promis « que vous ne nous laisseriez pas tenter au-dessus de nos forces [4]. » Vous êtes fidèle, ô mon Dieu ; je me fie à votre promesse. Je le sais, Seigneur ; si ce grain, si ce corps mortel n'est mortifié, il ne portera aucun fruit. Faites-moi faire de dignes fruits de pénitence. O Jésus, j'embrasse la croix que vous m'imposez : je la veux porter jusqu'au bout ; donnez-moi la force de la soutenir.

Acceptez ce foible sacrifice ; et unissez-le au vôtre, qui est parfait et infini.

EN ADORANT ET BAISANT LA CROIX.

O Jésus, vous avez été élevé sur cette croix pour être l'objet de notre espérance. « Il falloit que vous fussiez élevé » sur cette croix « comme le serpent dans le désert [5], » afin que tout le monde pût tourner ses yeux vers vous. La guérison de tout l'univers a été le fruit de cette cruelle et mystérieuse exaltation. O Jésus, je vous adore sur cette croix ; et m'y tenant à vos pieds, je vous dis comme l'Epouse : « Tirez-moi ; nous courrons après vous [6]. » La miséricorde qui vous fait subir le supplice de la croix, l'amour qui vous fait mourir et qui sort par toutes vos plaies, est le doux parfum qui s'exhale pour attirer mon cœur. Tirez-moi de cette douce et puissante manière dont vous avez dit que « votre Père tire à vous tous ceux qui y viennent [7], » de cette manière toute-puissante qui ne me permette pas de demeurer en

---

[1] *Galat.*, II, 19, 20. — [2] II *Cor.*, IV, 10. — [3] *Luc.*, XXII, 42. — [4] I *Cor.*, X, 13. — [5] *Joan.*, III, 14. — [6] *Cant.*, I, 3. — [7] *Joan.*, VI, 44.

chemin. Que j'aille jusqu'à vous, jusqu'à votre croix : que j'y sois uni, percé de vos douleurs, crucifié avec vous ; en sorte que je ne vive plus que pour vous seul, et que je n'aspire plus qu'à cette vie immortelle, que vous nous avez méritée par la croix.

O Jésus, que tout est vil à qui vous a trouvé, à qui est attiré jusqu'à vous, jusqu'à votre croix ! O Jésus, quelle vertu vous avez cachée dans cette croix ! Faites-la sentir à mon cœur, maintenant que mes douleurs m'y tiennent attaché.

Le Psaume *Miserere*, versets choisis.

Le Psaume *Lætatus sum*, de même.

Le Psaume *Benedic, anima mea, Domino*.

Le Psaume *Quàm dilecta*, de même.

Le Psaume *Quemadmodum desiderat*.

Il faut choisir les traits les plus perçans de la Préparation à la mort, et les réciter de temps en temps.

Misericordias Domini in æternum cantabo.

Deus meus, misericordia mea.

On peut dire en latin ce que le malade entend.

EXERCICE
POUR SE DISPOSER A BIEN MOURIR.

Vous ferez un acte de foi en la présence de Dieu, et demeurerez avec respect devant lui, comme si vous n'aviez plus que ce moment à vivre ; et en cet état, vous l'adorerez profondément, lui disant :

Mon Dieu, je vous adore de toute ma volonté, et pour le faire plus dignement, je m'unis à toutes les saintes ames du ciel et de la terre, qui le font maintenant ; et je crois fermement que vous êtes mon Dieu et mon juste Juge, auquel je dois un jour, et peut-être dans ce moment, rendre un compte exact de toutes mes pensées, paroles et actions.

ACTE DE FOI.

Je proteste aussi, mon Dieu, que je crois tout ce que l'Eglise croit; et je veux mourir dans la vraie et vive foi de tout ce qu'elle m'enseigne, étant prête, par votre grace, de donner ma vie et de répandre mon sang jusqu'à la dernière goutte pour confirmer cette divine foi.

ACTE DE DÉSIR DE VOIR DIEU.

Je désire ardemment, ô mon Dieu, de jouir de vous et de vous voir, puisque c'est vous qui êtes mon bonheur et ma vraie félicité. Mais je sais, ô mon Dieu, que je ne le mérite par aucune de mes œuvres, mais uniquement par les mérites de mon Jésus. C'est aussi par tout ce qu'il a fait et souffert pour moi que j'ose espérer, quoique misérable pécheresse, que je jouirai de vous éternellement.

ACTE DE CONTRITION.

Toute ma confiance, ô mon Dieu, est dans les mérites du sang précieux que Jésus-Christ a répandu pour effacer mes crimes; et c'est en son saint nom que je vous demande pardon, prosternée aux sacrés pieds de ce divin Sauveur de mon ame, dans un vrai ressentiment d'humiliation à la vue de mes résistances à vos graces et des infidélités que j'ai commises contre vous. Je vous en demande pardon, dans la confiance que vous ne pouvez refuser un cœur contrit et humilié.

Miserere mei, Deus, etc.

ACTE D'AMOUR.

Ah! mon Dieu, faites-moi miséricorde et la grace que mon cœur brûle de votre saint amour pour le temps et pour l'éternité. Je ne le puis que par votre grace; ô mon Dieu, ne me la refusez pas : je vous la demande de tout mon cœur; et vous proteste que je veux et consens d'être séparée par la mort de tout ce qui m'est le plus cher, quand il vous plaira et de la manière que vous le voudrez, puisque vous m'êtes plus cher que tout et que moi-même.

ACTE DE SOUMISSION.

Prosternée à vos pieds cloués pour moi sur la croix, ô Jésus, je proteste que de toute ma volonté j'accepte la mort par soumission à votre volonté et par hommage à la vôtre, adorant le jugement que vous ferez de moi. Je vous supplie par les mérites de votre mort de me le rendre favorable, pour que je puisse m'unir à vous éternellement : car par votre grace je vous aime et désire vous aimer de tout mon cœur, plus que moi-même et que toutes les choses de ce monde, que je vous sacrifie de toute ma volonté.

FIN DU SEPTIÈME VOLUME.

TABLE

DES MATIÈRES CONTENUES DANS LE SEPTIÈME VOLUME.

ÉLÉVATIONS A DIEU SUR LES MYSTÈRES.

RIÈRE A JÉSUS-CHRIST. 1

PREMIÈRE SEMAINE.

ÉLÉVATIONS A DIEU SUR SON UNITÉ ET SA PERFECTION.

Ire ELÉVATION. L'être de Dieu. 3
IIe ELÉV. La perfection et l'éternité de Dieu. 4
IIIe ELÉV. Encore de l'être de Dieu et de son éternelle béatitude. . . . 6
IVe ELÉV. L'unité de Dieu 7
Ve ELÉV. La prescience et la providence de Dieu 8
VIe ELÉV. La toute-puissante protection de Dieu. 10
VIIe ELÉV. La bonté de Dieu et son amour envers les siens. 13
VIIIe ELÉV. Bonté et amour de Dieu envers les pécheurs pénitens . . . 16
IXe ELÉV. L'amour de Dieu méprisé et implacable. 18
Xe ELÉV. La sainteté de Dieu. 19
XIe ELÉV. Ce qu'on entend par la sainteté. 21

IIe SEMAINE.

ÉLÉVATIONS A LA TRÈS-SAINTE TRINITÉ.

Ire ELÉV. Dieu est fécond : Dieu a un fils. 24
IIe ELÉV. Dieu de Dieu : le Fils de Dieu ne dégénère pas. 27
IIIe ELÉV. Images, dans la nature, de la naissance du Fils de Dieu. . . 28
IVe ELÉV. Image plus épurée dans la créature raisonnable. 31
Ve ELÉV. Le Saint-Esprit : la Trinité tout entière. 33
VIe ELÉV. Trinité créée image de l'incréée, et comme elle incompréhensible. 35
VIIe ELÉV. Fécondité des arts. 39
VIIIe ELÉV. Sagesse essentielle, personnelle, engendrante et engendrée. . 40
IXe ELÉV. La béatitude del' ame, image de celle de Dieu heureux dans la Trinité de ses personnes. 41

IIIᵉ SEMAINE.

ÉLÉVATIONS SUR LA CRÉATION DE L'UNIVERS.

Iʳᵉ ELÉV. Dieu n'est pas plus grand ni plus heureux pour avoir créé l'univers. 45
IIᵉ ELÉV. Avant la création, rien n'étoit que Dieu 46
IIIᵉ ELÉV. Dieu n'a eu besoin de trouver ni un lieu pour placer le monde, ni un temps pour y assigner le commencement de toutes choses. . . 49
IVᵉ ELÉV. Efficace et liberté du commandement divin. 51
Vᵉ ELÉV. Les six jours 53
VIᵉ ELÉV. Actes de foi et d'amour sur toutes ces choses. 54
VIIᵉ ELÉV. L'ordre des ouvrages de Dieu. 56
VIIIᵉ ELÉV. L'assistance de la divine sagesse dans la formation de l'univers. 58

IVᵉ SEMAINE.

ÉLÉVATIONS SUR LA CRÉATION DES ANGES ET CELLE DE L'HOMME.

Iʳᵉ ELÉV. La création des anges. 61
IIᵉ ELÉV. La chute des anges. 64
IIIᵉ ELÉV. La persévérance et la béatitude des saints anges : leur ministère envers les élus. 67
IVᵉ ELÉV. Sur la dignité de la nature humaine. Création de l'homme. . 71
Vᵉ ELÉV. Sur les singularités de la création de l'homme. Première singularité dans ces paroles : *Faisons l'homme* 72
VIᵉ ELÉV. Seconde distinction de la création de l'homme, dans ces paroles, *à notre image et ressemblance* 74
VIIᵉ ELÉV. L'image de la Trinité dans l'ame raisonnable. 75
VIIIᵉ ELÉV. L'empire de l'homme sur soi-même. 76
IXᵉ ELÉV. L'empire de Dieu exprimé dans celui de l'ame sur le corps. . 79
Xᵉ ELÉV. Autre admirable singularité de la création de l'homme : Dieu le forme de sa propre main et de ses propres doigts 81
XIᵉ ELÉV. La plus excellente distinction de la création de l'homme dans celle de son ame. 82

Vᵉ SEMAINE.

SUITE DES SINGULARITÉS DE LA CRÉATION DE L'HOMME.

Iʳᵉ ELÉV. Dieu met l'homme dans le paradis, et lui amène tous les animaux pour les nommer. 84
IIᵉ ELÉV. La création du second sexe 87
IIIᵉ ELÉV. Dieu donne à l'homme un commandement, et l'avertit de son franc arbitre, et en même temps de sa sujétion 90
IVᵉ ELÉV. Sur l'arbre de la science du bien et du mal : et sur l'arbre de vie. 93

TABLE.

V⁰ Elév. Dernière singularité de la création de l'homme, dans son immortalité. 95

VIᵉ SEMAINE.

ÉLÉVATIONS SUR LA TENTATION ET LA CHUTE DE L'HOMME.

Iʳᵉ Elév. Le serpent. 96
IIᵉ Elév. La tentation : Eve est attaquée avant Adam. 98
IIIᵉ Elév. Le tentateur procède par interrogation, et tâche d'abord de produire un doute 100
IVᵉ Elév. Réponse d'Eve, et réplique de Satan qui se découvre. . . . 101
Vᵉ Elév. La tentation et la chute d'Adam. Réflexions de saint Paul. . 103
VIᵉ Elév. Adam et Eve s'aperçurent de leur nudité. 104
VIIᵉ Elév. Enormité du péché d'Adam. 105
VIIIᵉ Elév. Présence de Dieu redoutable aux pécheurs : nos premiers parens augmentent leur crime en y cherchant des excuses. 107
IXᵉ Elév. Ordre de la justice de Dieu. 109
Xᵉ Elév. Suite des excuses. 109
XIᵉ Elév. Le supplice d'Eve : et comment il est changé en remède. . . 110
XIIᵉ Elév. Le supplice d'Adam, et premièrement le travail. 112
XIIIᵉ Elév. Les habits et les injures de l'air. 113
XIVᵉ Elév. Suite du supplice d'Adam ; la dérision de Dieu. 114
XVᵉ Elév. La mort vraie peine du péché. 116
XVIᵉ Elév. La mort éternelle. 117

VIIᵉ SEMAINE.

SUR LE PÉCHÉ ORIGINEL.

Iʳᵉ Elév. Tous les hommes dans un seul homme ; premier fondement de la justice de Dieu dans le péché originel. 119
IIᵉ Elév. Le père récompensé et puni dans les enfans ; second fondement de la justice de Dieu 120
IIIᵉ Elév. La justice originelle dont Adam a été privé pour lui et pour ses enfans ; troisième fondement de la justice de Dieu. 122
IVᵉ Elév. Les suites affreuses du péché originel par le chapitre XL de l'Ecclésiastique. 126
Vᵉ Elév. Sur un autre passage où est expliquée la pesanteur de l'ame accablée d'un corps mortel. 128
VIᵉ Elév. Sur d'autres passages où est expliquée la tyrannie de la mort. 129
VIIᵉ Elév. Le genre humain enfoncé dans son ignorance et dans son péché. 130
VIIIᵉ Elév. Sur les horreurs de l'idolâtrie. 133

VIIIᵉ SEMAINE.

LA DÉLIVRANCE PROMISE DEPUIS ADAM JUSQU'A LA LOI.

Iʳᵉ Elév. La promesse du libérateur dès le jour de la perte. 136

II⁰ Elév. La délivrance future marquée même avant le crime, et dans la formation de l'Eglise en la personne d'Eve. 139
III⁰ Elév. Adam et Eve figures de Jésus-Christ et de Marie : l'image du salut dans la chute même. 140
IV⁰ Elév. Autre figure de notre salut dans Abel. 141
V⁰ Elév. La bonté de Dieu dans le déluge universel. 143
VI⁰ Elév. Dieu promet de ne plus envoyer de déluge. 144
VII⁰ Elév. La tour de Babel : Sem et Abraham 146
VIII⁰ Elév. Jésus-Christ plus expressément prédit aux patriarches . . . 148
IX⁰ Elév. La circoncision 150
X⁰ Elév. La victoire d'Abraham, et le sacrifice de Melchisédech. . . . 152
XI⁰ Elév. La terre promise. 154
XII⁰ Elév. Le sabbat. 155

IX⁰ SEMAINE.

ÉLÉVATIONS SUR LA LOI ET LES PROPHÉTIES QUI PROMETTENT LE LIBÉRATEUR, ET LUI PRÉPARENT LA VOIE.

I⁰ Elév. Le peuple captif. Moïse lui est montré comme son libérateur. . 158
II⁰ Elév. Deux moyens avec lesquels Moïse est montré au peuple. . . . 159
III⁰ Elév. Moïse figure de la divinité de Jésus-Christ. 160
IV⁰ Elév. La Pâque et la délivrance du peuple. 162
V⁰ Elév. La mer Rouge. 164
VI⁰ Elév. Le désert. Durant le cours de cette vie on va de péril en péril, et de mal en mal. 165
VII⁰ Elév. La loi sur le mont Sinaï. 169
VIII⁰ Elév. L'arche d'alliance. 170
IX⁰ Elév. Les sacrifices sanglans, et le sang employé partout. 172
X⁰ Elév. Le campement et la patrie. 175

X⁰ SEMAINE.

ÉLÉVATIONS SUR LES PROPHÉTIES.

I⁰ Elév. Les prophéties sous les patriarches. 177
II⁰ Elév. La prophétie de Moïse. 178
III⁰ Elév. La prophétie de David. 179
IV⁰ Elév. Les autres prophètes 181
V⁰ Elév. Réflexions sur les prophéties. 183
VI⁰ Elév. L'apparition de Dieu d'une nouvelle manière; et ce que fait la venue du Christ promis 186

XI⁰ SEMAINE.

L'AVÉNEMENT DE SAINT JEAN-BAPTISTE, PRÉCURSEUR DE JÉSUS-CHRIST.

I⁰ Elév. Les hommes avoient besoin d'être préparés à la venue du Sauveur. 190

II⁰ Elév. Quatre circonstances de la vie et de la mort de saint Jean, préparatoires à la vie et à la mort de Jésus-Christ. 191
III⁰ Elév. Première circonstance préparatoire de la vie de saint Jean : sa conception. 191
IV⁰ Elév. La conception de saint Jean, comme celle de Jésus-Christ, est annoncée par l'ange saint Gabriel. 192
V⁰ Elév. Suite des paroles de l'ange : l'effet de la prédication de saint Jean est prédit. 195
VI⁰ Elév. Sur l'incrédulité de Zacharie. 196

XII⁰ SEMAINE.

I⁰ Elév. L'annonciation de la sainte Vierge : salut de l'ange. 198
II⁰ Elév. La conception et l'enfantement de Marie : le règne de son Fils, et sa divinité. 200
III⁰ Elév. La virginité de Marie : le Saint-Esprit survenu en elle : son Fils saint par son origine 201
IV⁰ Elév. La conception de saint Jean-Baptiste prépare à croire la conception de Jésus-Christ. 204
V⁰ Elév. Sur ces paroles : *Je suis la servante du Seigneur* 204
VI⁰ Elév. Trois vertus principales de la sainte Vierge dans son annonciation 205
VII⁰ Elév. Jésus-Christ devant tous les temps : la théologie de saint Jean l'Evangéliste 206
VIII⁰ Elév. Suite de l'Evangile de saint Jean. 209
IX⁰ Elév. La vie dans le Verbe. L'illumination de tous les hommes. . . 211
X⁰ Elév. Comment, de toute éternité, *tout étoit vie dans le Verbe*. . . . 213
XI⁰ Elév. Pourquoi il est fait mention de saint Jean-Baptiste au commencement de cet Evangile. 214
XII⁰ Elév. La lumière de Jésus-Christ s'étend à tout le monde. 215
XIII⁰ Elév. Jésus-Christ de qui reçu, et comment. 216
XIV⁰ Elév. Comment on devient *enfans de Dieu*. 217
XV⁰ Elév. Sur ces paroles : *Le Verbe a été fait chair*. Le Verbe fait chair est la cause de la renaissance qui nous fait enfans de Dieu. 218
XVI⁰ Elév. Comment l'être convient à Jésus-Christ, et ce qu'il a été fait. 219

XIII⁰ SEMAINE.

ONCTION DE JÉSUS-CHRIST : SA ROYAUTÉ : SA GÉNÉALOGIE : SON SACERDOCE.

I⁰ Elév. L'onction de Jésus-Christ et le nom de Christ. 223
II⁰ Elév. Comment le Saint-Esprit est en Jésus-Christ. 224
III⁰ Elév. Quel est l'effet de cette onction en Jésus-Christ et en nous. . 225
IV⁰ Elév. Sur les deux vertus principales que nous doit inspirer l'onction de Jésus-Christ 226
V⁰ Elév. La généalogie royale de Jésus-Christ. 228
VI⁰ Elév. Le sacerdoce de Jésus-Christ. 231
VII⁰ Elév. Quelle a été l'oblation de Jésus-Christ et le premier acte qu'il a produit en entrant dans le monde. 233

VIII⁰ Elév. Jésus-Christ est le sacrifice pour le péché : excellence de son oblation............................ 235

XIV⁰ SEMAINE.

LES EFFETS QUE PRODUIT SUR LES HOMMES LE VERBE INCARNÉ INCONTINENT APRÈS SON INCARNATION.

Ire Elév. Marie va visiter sainte Elisabeth.............. 237
II⁰ Elév. Jésus-Christ moteur secret des cœurs : divers mouvemens qu'il excite dans les ames dont il s'approche............. 238
III⁰ Elév. Le cri de sainte Elisabeth, et son humble étonnement.... 239
IV⁰ Elév. Le tressaillement de saint Jean............... 241
V⁰ Elév. Le cantique de Marie : première partie........... 242
VI⁰ Elév. Seconde partie du cantique à ces paroles : *Le Tout-Puissant m'a fait de grandes choses* 243
VII⁰ Elév. Suite du cantique, où sont expliqués les effets particuliers de l'enfantement de Marie, et de l'incarnation du Fils de Dieu...... 243
VIII⁰ Elév. Effets particuliers de l'enfantement de Marie dans les deux derniers versets de son cantique 244
IX⁰ Elév. Demeure de Marie avec Elisabeth............. 246

XV⁰ SEMAINE.

LA NATIVITÉ DU SAINT PRÉCURSEUR.

Ire Elév. On accourt des environs.................. 248
II⁰ Elév. La circoncision du saint précurseur, et le nom qui lui est donné. 249
III⁰ Elév. Le cantique de Zacharie. Première partie : quels sont les ennemis dont Jésus-Christ nous délivre, et quelle est la justice qu'il nous donne. 249
IV⁰ Elév. Sur quoi toutes ces graces sont fondées........... 252
V⁰ Elév. Quel est le serment de Dieu; et ce qu'il opère........ 253
VI⁰ Elév. Seconde partie de la prophétie du saint cantique qui regarde saint Jean-Baptiste........................ 254
VII⁰ Elév. Saint Jean au désert dès son enfance........... 257

XVI⁰ SEMAINE.

LA NATIVITÉ DE JÉSUS-CHRIST.

Ire Elév. Songe de saint Joseph.................. 260
II⁰ Elév. Sur la prédiction de la virginité de la sainte mère de Dieu... 262
III⁰ Elév. Encore sur la perpétuelle virginité de Marie......... 264
IV⁰ Elév. Sur ces paroles d'Isaïe rapportées par l'Evangéliste : *Son nom sera appelé Emmanuel.* 266
V⁰ Elév. Joseph prend soin de Marie et de l'enfant : voyage de Bethléem. 267
VI⁰ Elév. L'étable et la crèche de Jésus-Christ............ 268
VII⁰ Elév. L'ange annonce Jésus-Christ aux bergers......... 270
VIII⁰ Elév. Les marques pour connoître Jésus............ 271

IXe Elév. Le cantique des anges. 272
Xe Elév. Commencement de l'Evangile. 274
XIe Elév. Les bergers à la crèche de Jésus-Christ. 275
XIIe Elév. Le silence et l'admiration de Marie et de Joseph. 276

XVIIe SEMAINE.

SUITE DES MYSTÈRES DE L'ENFANCE DE JÉSUS-CHRIST.

Ire Elév. La circoncision : le nom de Jésus. 279
IIe Elév. L'étoile des Mages. 280
IIIe Elév. Qui sont les Mages? 282
IVe Elév. D'où viennent les Mages? 284
Ve Elév. Quel fut le nombre des Mages? 285
VIe Elév. L'étoile disparoît. 286
VIIe Elév. Les docteurs indiquent Bethléem aux Mages. 286
VIIIe Elév. La jalousie et l'hypocrisie d'Hérode : sa politique trompée. . 289
IXe Elév. Les Mages adorent l'Enfant, et lui font leurs présens. 291
Xe Elév. Les Mages retournent par une autre voie. 293

XVIIIe SEMAINE.

LA PRÉSENTATION DE JÉSUS-CHRIST AU TEMPLE, AVEC LA PURIFICATION DE LA SAINTE VIERGE.

Ire Elév. Deux préceptes de la loi sont expliqués. 295
IIe Elév. La présentation de Jésus-Christ. 296
IIIe Elév. La purification de Marie. 297
IVe Elév. L'offrande des deux tourterelles, ou des deux petits de colombes. 298
Ve Elév. Sur le saint vieillard Siméon. 300
VIe Elév. Dernière préparation à la grace que Siméon devoit recevoir : le Saint-Esprit le conduit au temple. 301
VIIe Elév. Heureuse rencontre de Siméon et de Jésus. 302
VIIIe Elév. Qu'est-ce que recevoir Jésus-Christ entre ses bras? 304
IXe Elév. Qu'est-ce que bénir Dieu en tenant Jésus-Christ entre ses bras? 305
Xe Elév. Le cantique de Siméon. 307
XIe Elév. Admiration de Joseph et de Marie. 308
XIIe Elév. Prédictions du saint vieillard. Jésus-Christ en butte aux contradictions. 310
XIIIe Elév. D'où naissoient ces contradictions. 312
XIVe Elév. Contradictions des chrétiens mêmes contre Jésus-Christ, sur sa personne. 314
XVe Elév. Contradictions contre Jésus-Christ, sur le mystère de la grace. 316
XVIe Elév. Solution manifeste des contradictions par l'autorité de l'Eglise. 317
XVIIe Elév. L'humilité résout toutes les difficultés. 318
XVIIIe Elév. Contradictions dans l'Eglise par les péchés des fidèles, et sur la morale de Jésus-Christ. 319
XIXe Elév. L'épée perce l'ame de Marie. 321

XXe ELÉV. Les contradictions de Jésus-Christ découvrent le secret des cœurs. 321
XXIe ELÉV. Anne la prophétesse. 323
XXIIe ELÉV. Abrégé et conclusion des réflexions précédentes. 324

XIXe SEMAINE.

COMMENCEMENT DES PERSÉCUTIONS DE L'ENFANT JÉSUS.

Ire ELÉV. Sur l'ordre des événemens. 326
IIe ELÉV. Premier avertissement de l'ange à saint Joseph : et la fuite en Egypte. 327
IIIe ELÉV. Saint Joseph et la sainte Vierge devoient avoir part aux persécutions de Jésus-Christ. 329
IVe ELÉV. Le massacre des Innocens. 330
Ve ELÉV. L'enfant revient de l'Egypte : il est appelé Nazaréen. 332
VIe ELÉV. L'enfant Jésus, la terreur des rois. 332

XXe SEMAINE.

LA VIE CACHÉE DE JÉSUS, JUSQU'A SON BAPTÊME.

Ire ELÉV. L'accroissement de l'Enfant, sa sagesse et sa grace. 334
IIe ELÉV. Jésus suit ses parens à Jérusalem, et y célèbre la Pâque. . . . 335
IIIe ELÉV. Le saint Enfant échappe à saint Joseph et à la sainte Vierge. . 336
IVe ELÉV. Jésus trouvé dans le temple parmi les docteurs et ce qu'il y faisoit. 337
Ve ELÉV. Plainte des parens de Jésus, et sa réponse. 338
VIe ELÉV. Réflexions sur la réponse du Sauveur. 339
VIIe ELÉV. La réponse de Jésus n'est pas entendue. 340
VIIIe ELÉV. Retour de Jésus à Nazareth : son obéissance et sa vie cachée avec ses parens. 341
IXe ELÉV. La vie de Marie. 343
Xe ELÉV. Comment nous devons imiter Jésus et Marie dans leur vie obscure. 344
XIe ELÉV. L'avancement de Jésus est le modèle du nôtre. 345
XIIe ELÉV. Recueil des mystères de l'enfance de Jésus. 347

XXIe SEMAINE.

LA PRÉDICATION DE SAINT JEAN-BAPTISTE.

Ire ELÉV. La parole de Dieu lui est adressée. 349
IIe ELÉV. La prophétie d'Isaïe sur saint Jean-Baptiste, et comment il prépara la voie du Seigneur. 350
IIIe ELÉV. Première préparation, par les terreurs de la pénitence. . . . 351
IVe ELÉV. La consolation suit les terreurs. 352
Ve ELÉV. Le baptême de Jean, et celui de Jésus-Christ. 354
VIe ELÉV. Quelle est la perfection de la pénitence. 355

VIIe Elév. Seconde préparation des voies du Seigneur, en montrant au monde Jésus-Christ. 356
VIIIe Elév. Première manière de manifester Jésus-Christ avant que de l'avoir vu 358

XXIIe SEMAINE.

LE BAPTÊME DE JÉSUS.

Ire Elév. Premier abord de Jésus et de saint Jean. 359
IIe Elév. Jésus-Christ commande à saint Jean de le baptiser. 360
IIIe Elév. Jésus-Christ est plongé dans le Jourdain. 361
IVe Elév. Manifestation de Jésus-Christ. 362
Ve Elév. La manifestation de la Trinité, et la consécration de notre baptême. 363
VIe Elév. La généalogie de Jésus-Christ par saint Luc. 364

XXIIIe SEMAINE.

LE JEUNE ET LA TENTATION DE JÉSUS-CHRIST.

Ire Elév. Jésus poussé au désert en sortant du baptême 365
IIe Elév. La quarantaine de Jésus-Christ selon saint Marc 366
IIIe Elév. Les trois tentations et le moyen de les vaincre 367
IVe Elév. Quel remède il faut opposer à chaque tentation. 369
Ve Elév. De la puissance du démon sur le genre humain. 371
VIe Elév. Comment Jésus-Christ a été tenté. 374
VIIe Elév. Le diable se retire, mais pour revenir. 375

XXIVe SEMAINE.

SUITE DU TÉMOIGNAGE DE SAINT JEAN-BAPTISTE.

Ire Elév. Jean déclare qu'il n'étoit rien de ce qu'on pensoit. 377
IIe Elév. Saint Jean appelle Jésus l'*Agneau de Dieu*. 378
IIIe Elév. Jean fait souvenir le peuple de la manière dont il avoit annoncé et connu Jésus-Christ. 381
IVe Elév. Saint Jean appelle encore une fois Jésus-Christ l'*Agneau de Dieu*; et ses disciples le quittent pour le Fils de Dieu. 382
Ve Elév. Saint André amène saint Pierre à Jésus-Christ. 383
VIe Elév. Vocation de saint Philippe. Nathanaël amené à Jésus-Christ. . 384
VIIe Elév. Jésus-Christ se fait connoître par lui-même aux noces de Cana en Galilée. 385
VIIIe Elév. Jésus-Christ baptise en même temps que saint Jean. Nouveau témoignage de saint Jean, à cette occasion, lorsqu'il appelle Jésus-Christ l'*Epoux*. 386
IXe Elév. Suite du témoignage de Jean : sa diminution, et l'exaltation de Jésus-Christ. 388
Xe Elév. Autre caractère de Jésus-Christ découvert par saint Jean. . . 389

XIᵉ ELÉV. Saint Jean explique l'amour de Dieu pour son Fils. 391
XIIᵉ ELÉV. La récompense et la peine de ceux qui ne croient point au Fils.
Conformité du témoignage de saint Jean avec celui de Jésus-Christ . . 391

XXVᵉ SEMAINE.

SUR LES LIEUX OU JÉSUS-CHRIST A PRÊCHÉ ; ET POURQUOI DANS LA GALILÉE.

Iʳᵉ ELÉV. Sur les lieux où Jésus devoit prêcher. 393

DISCOURS SUR LA VIE CACHÉE EN DIEU, OU EXPOSITION DE CES PA-
ROLES DE SAINT PAUL : *Vous êtes morts, et votre vie est cachée en Dieu
avec Jésus-Christ*, etc. 394

TRAITÉ DE LA CONCUPISCENCE, OU EXPOSITION DE CES PAROLES DE
SAINT JEAN : *N'aimez pas le monde, ni ce qui est dans le monde*, etc. . . 412
CHAPITRE Iᵉʳ. Paroles de l'apôtre saint Jean contre le monde, conférées
avec d'autres paroles du même apôtre, et de Jésus-Christ. Ce que c'est
que le monde, que cet apôtre nous défend d'aimer. 412
CHAP. II. Ce que c'est que la concupiscence de la chair : combien le corps
pèse à l'ame. 414
CHAP. III. Ce que c'est, selon l'Ecriture, que la pesanteur du corps, et quelle
elle est dans les misères et dans les passions qui nous viennent de cette
source. 415
CHAP. IV. Que l'attache que nous avons au plaisir des sens est mauvaise
et vicieuse. 417
CHAP. V. Que la concupiscence de la chair est répandue par tout le corps
et par tous les sens. 421
CHAP. VI. Ce que c'est que la chair de péché dont parle saint Paul. . . 422
CHAP. VII. D'où vient en nous la chair de péché, c'est-à-dire la concupis-
cence de la chair. 423
CHAP. VIII. De la concupiscence des yeux, et premièrement de la curio-
sité 427
CHAP. IX. De ce qui contente les yeux. 430
CHAP. X. De l'orgueil de la vie, qui est la troisième sorte de concupiscence
réprouvée par saint Jean. 435
CHAP. XI. De l'amour propre, qui est la racine de l'orgueil. 436
CHAP. XII. Opposition de l'amour de Dieu, et de l'amour-propre. . . . 438
CHAP. XIII. Combien l'amour-propre rend l'homme foible 440
CHAP. XIV. Ce que l'orgueil ajoute à l'amour-propre. 441
CHAP. XV. Description de la chute de l'homme, qui consiste principale-
ment dans son orgueil. 443
CHAP. XVI. Les effets de l'orgueil sont distribués en deux principaux. Il
est traité du premier. 444
CHAP. XVII. Foiblesse orgueilleuse d'un homme qui aime les louanges,
comparée avec celle d'une femme qui veut se croire belle. 447
CHAP. XVIII. Un bel esprit, un philosophe. 449
CHAP. XIX. De la gloire : merveilleuse manière dont Dieu punit l'orgueil,
en lui donnant ce qu'il demande. 452

Chap. XX. Erreur encore plus grande de ceux qui tournent à leur propre gloire les œuvres qui appartiennent à la véritable vertu. 454

Chap. XXI. Ceux qui dans la pratique des vertus ne cherchent point la gloire du monde, mais se font eux-mêmes leur gloire, sont plus trompés que les autres. 455

Chap. XXII. Si le chrétien, bien instruit des maximes de la foi, peut craindre de tomber dans cette espèce d'orgueil. 457

Chap. XXIII. Comment il arrive aux chrétiens de se glorifier en eux-mêmes. 458

Chap. XXIV. Qui a inspiré à l'homme cette pente prodigieuse à s'attribuer tout le bien qu'il a de Dieu ? 460

Chap. XXV. Séduction du démon, chute de nos premiers parens; naissance des trois concupiscences, dont la dominante est l'orgueil. . . . 463

Chap. XXVI. La vérité de cette histoire trop constante par ses effets. . . 466

Chap. XXVII. Saint Jean explique toute la corruption originelle dans les trois concupiscences. 469

Chap. XXVIII. De ces paroles de saint Jean : *Laquelle n'est pas du Père, mais du monde*; qui expliquent ces autres paroles du même apôtre : *Si quelqu'un aime le monde, l'amour du Père n'est pas en lui*. 470

Chap. XXIX. De ces paroles de saint Jean : *Le monde passe, et sa concupiscence passe; mais celui qui fait la volonté de Dieu, demeure éternellement*. 472

Chap. XXX. Jésus-Christ vient changer en nous, par trois saints désirs, la triple concupiscence que nous avons héritée d'Adam. 475

Chap. XXXI. De ces paroles de saint Jean : *Je vous écris, pères; je vous écris, jeunes gens; je vous écris, petits enfans*. Récapitulation de ce qui est contenu dans tout le passage de cet apôtre. 478

Chap. XXXII. De la racine commune de la triple concupiscence, qui est l'amour de soi-même; à quoi il faut opposer le saint et pur amour de Dieu. 481

OPUSCULES.

Questions et réponses. 485

Sur les visites du Seigneur, l'attention à lui plaire, l'efficace de la parole de Dieu. — Pensées détachées. 492

Réflexions sur quelques paroles de Jésus-Christ. 494

Sur la prière. 496

Sur la prière au nom de Jésus-Christ. 499

De la meilleure manière de faire l'oraison. 500

Sur la retraite en silence, en simplicité et avec abandon. . . 501

Méthode pour passer la journée dans l'oraison, en esprit de foi et de simplicité devant Dieu. 504

Exercice journalier pour faire en esprit de foi toutes ses actions, pendant le noviciat. 509

Exercice de la sainte messe. 526

Prières pour se préparer a la sainte communion. *Première partie de*

la prière. Le chrétien reconnoît le dessein du Sauveur dans l'institution de l'Eucharistie, et admire l'excès de son amour. 530
IIe *partie de la prière.* Le chrétien excite sa foi sur ce mystère, et renonce au jugement des sens. 531
IIIe *partie de la prière.* Le chrétien demande à Jésus-Christ les saintes dispositions qu'il faut apporter à la réception d'un si grand sacrement. . 532
Discours sur l'acte d'abandon a Dieu. Ses caractères, ses conditions et ses effets. 533
Sur le parfait abandon. 544
Rénovation de l'entrée dans la sainte religion 548
Elévation pour le renouvellement des vœux, le jour de la Toussaint. 553
Retraite de dix jours, sur la pénitence. 555
Retraite de dix jours, sur les jugemens téméraires et autres sujets. 570
Réflexions sur le triste état des pécheurs, et les ressources qu'ils ont dans la miséricorde de Dieu. 579
Discours aux filles de la Visitation, sur la mort, le jour du décès de M. Mutelle, leur confesseur. 587
Sentimens du chrétien touchant la vie et la mort, tirés du chapitre v de la seconde Epître aux Corinthiens. 589
Réflexions sur l'agonie de Jésus-Christ 594
Prière pour unir nos souffrances a celles de Jésus-Christ. . . . 604
Préparation a la mort. *Première Prière.* Le chrétien attend son supplice, et adore la puissance qui le punit. 606
IIe *Prière.* Le chrétien attend sa délivrance, et adore son libérateur. . . 607
IIIe *Prière.* Le chrétien s'abandonne à la confiance. 610
IVe *Prière.* A la vue de la mort, le chrétien renouvelle les actes de foi, d'espérance et de charité. 611
Ve *Prière.* Le chrétien fait sa dernière confession pour mourir. 613
VIe *Prière.* Le chrétien reçoit le Viatique. 614
VIIe *Prière.* Le chrétien demande et reçoit l'extrême-onction. 614
VIIIe *Prière.* Le chrétien expire en paix en s'unissant à l'agonie du Sauveur. 615
Courtes prières, que l'on peut faire réitérer souvent à un malade, aux approches de la mort. 616
Exercice pour se disposer a bien mourir. 618

FIN DE LA TABLE DU SEPTIÈME VOLUME.

BESANÇON. — IMPRIMERIE D'OUTHENIN-CHALANDRE FILS.

ŒUVRES COMPLÈTES
DE
S. FRANÇOIS DE SALES
ÉVÊQUE ET PRINCE DE GENÈVE

Publiées d'après les manuscrits et les éditions les plus correctes, avec un grand nombre de pièces inédites
précédées de sa Vie, par M. de Sales
et ornées de son portrait et d'un *fac-simile* de son écriture

DEUXIÈME ÉDITION

14 beaux volumes in-8°, papier vélin satiné. — Prix net : 70 francs.

Cette deuxième édition sera imprimée avec même caractère et sur même papier que la première, dont le succès a été tel, qu'elle s'est trouvée épuisée en même temps que terminée.
Une prime du prix de 10 fr. sera accordée aux cinq cents premiers souscripteurs à cette deuxième édition.

Nous ne louerons pas des écrits dont Fénelon mettait « le style naïf et la simplicité aimable au-dessus de toutes les grâces de l'esprit profane, » que l'Académie française proposait à tous pour modèle dans le temps même où elle relevait les fautes de Corneille, et dont l'Eglise dit par toute la terre dans la récitation de l'Office divin : « Pleins d'une doctrine céleste, ils répandent une vive lumière qui montre un chemin sûr et aisé pour arriver à la perfection chrétienne. » (*Brev. Roman.*)

Voici ce qu'un juge compétent, M. Foisset, conseiller à la cour impériale de Dijon, écrit dans le *Correspondant* (numéro du 25 septembre 1857) concernant notre édition des Œuvres complètes de saint François de Sales :

« En réclamant une édition nouvelle des *Pensées* de Pascal, M. Cousin disait qu'il fallait traiter Pascal COMME UN ANCIEN. Que dirons-nous de saint François de Sales ?

» C'est mieux qu'un ancien, c'est un saint. Et pourtant avec quel sans-façon n'a-t-on pas traité ses écrits ? On ne s'est pas contenté de les mutiler, on les a traduits de l'inimitable langage que vous savez, dans l'incolore et insipide français d'un académicien du XVIIIe siècle.

» Puis on est revenu au vrai saint François de Sales, mais avec quelle incurie du texte ! Ouvrez la plus estimée des éditions modernes, celle de M. Blaise, vous y trouvez des *non-sens* comme celui-ci : « Election de la souveraine dilection, » pour « Reyne de la souveraine dilection ; » — ou cet autre : « Dans le précieux gage que ce grand prince vous a laissé de votre mariage, *laquelle* étant une image vivante du père, » au lieu de : *Je veux dire en Mademoyselle de Mercœur, laquelle*, etc. — Notez qu'il y a vingt passages tout aussi inintelligibles, mais dont j'épargne l'énumération aux lecteurs du *Correspondant*, les fautes d'impression de M. Blaise n'ayant pas même l'excuse, si c'en est une, d'être amusantes.

» Le nouvel éditeur littéraire paraît avoir pris sa tâche au sérieux. Il ne se permet pas, comme la plupart de ses devanciers, de corriger saint François de Sales ; il a, si j'ose ainsi parler, la religion du texte original. Il sera le premier qui ait rétabli l'orthographe même du saint évêque de Genève. Il a recouru avec le plus louable scrupule aux plus anciennes éditions, moins complètes évidemment, mais bien plus exactes que les éditions modernes, et surtout à celle du commandeur de Sillery, l'ami de sainte Chantal. Nous n'avons sous les yeux que l'*Introduction à la vie dévote* et le *Traité de l'amour de Dieu*; mais ces deux chefs-d'œuvre du saint évêque ne nous laissent rien à désirer quant à la pureté du texte et à la bonne exécution typographique. »

Toutes les Œuvres sont divisées comme en cinq classes. La première comprend les ouvrages ascétiques et les ouvrages de piété ; la deuxième, les sermons et les discours ; la troisième, les écrits concernant le diocèse de Genève et les congrégations religieuses ; la quatrième, les livres de controverse ; enfin la cinquième, les lettres. Chaque partie est précédée d'un avertissement contenant de courtes notices sur les ouvrages qui la composent. On trouve des détails plus étendus dans la Vie du Saint, par Ch.-A. de Sales, qui est imprimée en tête des Œuvres et y sert d'introduction.

Un vocabulaire, beaucoup plus complet que celui des éditions précédentes, explique les termes et les locutions dont le sens peut s'être obscurci par le cours des années.

BESANÇON. — IMPRIMERIE D'OUTHENIN CHALANDRE FILS.

www.ingramcontent.com/pod-product-compliance
Lightning Source LLC
Chambersburg PA
CBHW071155230426
43668CB00009B/968